Reiner Bischoff

ENTMACHTUNG DER HOCHFINANZ

Demokratie
Frieden
Arbeit für alle
Natur- und Kulturbewahrung
sind möglich

FREILAND

Zum Umschlagbild:

Erzengel Michaels Kampf gegen Satan.
Deckenfresko im Prediger, Schwäbisch Gmünd,
geschaffen von Johannes Anwander (1715-1770).
Fotograf: Johannes Schüle, Schwäbisch Gmünd.

Gesetzt nach alter Rechtschreibung

2002

1. Auflage
Verlag FREILAND, D 24392 Süderbrarup

Druck: DRUCKEREI AM THORSBERG, D 24392 Süderbrarup, Am Thorsberg 5d
Auslieferung: THEODOR STORM-VERSANDBUCHHANDLUNG, 25884 Viöl

ISBN 3-9805847-1-2

Inhaltsverzeichnis

11. Wie kommt es zu Weltwirtschaftskrisen?

Verstrickung in die Weltwirtschaft / Szenario einer Weltwirtschaftskrise / Beispiel Ostasienkrise / Die Grundursache

12. Nationalismus als Weltgefahr?

Nationsverketzerung / Zum Begriff Nationalismus / Masse oder Gemeinschaft? / Das Volk – eine Einheitsgesellschaft? / Heimkehr zum eigenen Volk / Rechtsextremistisch? / Rückbesinnung auf die *„Wurzeln"* / Totale Negierung des Volksgedankens / Erstaunliche Nationsbejahung / Welches Bekenntnis gilt nun? / Sprache als angestammtes Kulturgut / *„Verhaltensmuster aus der Steinzeit"* / Kulturelle Heimatlosigkeit / Was ist deutsch? / Heimatliche Geborgenheit / Sorge um das Überleben von Naturvölkern / Erhaltung der biologischen Vielfalt / *„Kollektiver Gemütszustand"* / Gemeinschaft und Kultur / *„Eine große Familie"* / Drang zur kulturellen Selbstverwirklichung / Mehr Kultur durch Multikulturalismus? / Sind multiethnische Gesellschaften friedensfähig?

13. Mißverständnisse um ein hohes Ziel

Mißbrauch des Nationalgefühls möglich / Falsche Folgerungen / *„Über nationales Denken hinauskommen"*? / Nation als Feindbild / Habermas gegen *„ethnischen Wahn"* / Ist *„Renaissance des Nationalen"* ein *„giftiges Gegengift"*? / *„Heilige Hetzjagd"* / Inländerfeindlichkeit / Persönliche Befangenheit / Besorgnisse wegen der Assimilation / Die Satmar-Chassidim in New York / Friedlicher ethnischer Wettstreit denkbar / Umgekehrter Rassismus / Löblich, aber undurchführbar / Völkerabschaffung – eine Friedenstat? / Erschreckendes Eingeständnis

14. Vaterländisches

Erfreuliche Lesefunde / *„Das jüdische Volk"* möge *„ewig ...feiern"* / *„Jüdische Identität"* / Friedrich Schillers Botschaft / Volk oder Menschheit? / Patriotische Gedankensplitter / Weizmans Gedenkrede

15. Deutscher Sonderweg

Eine Rede, wie sie Roman Herzog nie gehalten hat / Krankhafte nationale Selbstverleugnung / Joschka Fischers *„Geheimbefehl"* / Nationale Pflichtvergessenheit / Deutsche Anomalie / Büßerhaltung / Auch das ist fluchwürdig / Nationalismus gleich Faschismus? / Globalismus contra Nationalismus / Uralte Betrugsmethoden

16. Der polare Gegensatz

Völker – oder die „Eine Welt" / Gustav Ruhlands Forschungsergebnisse

II. Teil: Besseres Geld- und Bodenrecht als Ausweg

A. Zur Geldfrage

Hervorhebungen durch Fettdruck in den Zitaten stammen vom Buchverfasser

Einleitung

„Unsere Welt ist nicht mehr die, die sie einmal war.“

Mit diesen Worten eröffnete Rudolf L. Schreiber seine Dankesrede, nachdem ihm der *Bund Naturschutz* 1998 die Bayerische Naturschutzmedaille überreicht hatte. Der Geehrte, 58 Jahre alt, ökologischer Unternehmensberater und Mitbegründer des *BUND* (*Bund für Umwelt und Naturschutz Deutschland*), Herausgeber der Buchreihe *Rettet die Vögel* usw., zeichnete ein düsteres Gegenwartsbild. Unter anderem sagte er: *„Globalisierung und Konzentration“* führen zur *„Ausbeutung auf höherem Niveau“*. Sie seien *„eine Falle für die demokratische Entwicklung auf unserem Planeten“*. Sie verursachten nicht nur *„einen Niedergang der Natur, ein Aussterben von Arten“*, sondern auch *„einen Niedergang der Kultur, ein Aussterben von regionalen Produkten, Unternehmen und Arbeitsplätzen.“*

Damit waren viele Themen angesprochen, um die es im vorliegenden Buch gleichfalls geht.

Doch auch Froheres konnte R. L. Schreiber verkünden. Er meint, einen Ausweg zu wissen: Wichtig sei die *„Rückbesinnung auf die Regionen in unserem Land als Gegenkraft zur Globalisierung“*. Es gelte, *„ein Netzwerk der Überlebensfähigkeit“* zu flechten und eine *„Allianz mit dem Mittelstand der Regionen“* einzugehen.

Der Preisträger hat hier sicherlich recht. Ein Wiedererstarken des regionalen Eigenlebens wäre dringend nötig.

Aber läßt sich das unter den heutigen Voraussetzungen verwirklichen? Bedarf es dazu nur eines entschlossenen Zupackens? Wohl kaum. Alles weist darauf hin, daß es weitergehen wird wie bisher: *„global“* bleibt Trumpf. Der Drang ins Weite hat dazu geführt, daß, wie Schreiber selber sagt, *„heute in Regionen bis zu 95 Prozent der Waren- und Kapitalströme im großräumigen Austausch stattfinden.“* Kann man diese Entwicklung tatsächlich *„langfristig umkehren“*?

Dem stellt sich ein mächtiger Feind in den Weg: das **Geld** mit seinen fatalen Eigengesetzlichkeiten. Der vielerfahrene Unternehmensberater weiß selbst um diese Macht, sagte er doch in seiner Rede: ***„Money makes the world go round“***, was er so übersetzte: *„Der höchste Gewinn ist das höchste Ziel.“*

Das Geld ist indes sehr viel mächtiger, als es R. L. Schreiber bewußt ist. Wir haben es mit einem Zahlungsmittel zu tun, dem ein uralter, tiefreichender Fehler anhaftet: die Renditepflichtigkeit – der Verzinsungszwang.

Was daraus folgt, macht ein einfaches Rechenbeispiel klar: Angenommen, im Jahre eins, zu Christi Geburt, sei ein Pfennig zu 4 Prozent auf Zinseszins angelegt worden. Welches Geldvermögen wäre daraus bis zum Jahr 1980 erwachsen? Ein phantastisch hoher Betrag: Er entspräche 126 Erdkugeln aus purem Gold (bei 20 Mark je Gramm). Zwei Jahrzehnte später, zur Jahrtausendwende, wären es sogar 270 massivgoldene Erdplaneten gewesen (entsprechend dem gegen Ende sehr steilen Anstieg einer Exponentialkurve).

Solche Reichtumsträume sind natürlich unerfüllbar.

Dies auch deshalb, weil einer derart gigantischen Vermögenszunahme ein ebenso hohes – absolut unbezahlbares – Schuldenwachstum gegenüberstünde.

Man braucht sich also nicht zu wundern, daß immer wieder Wirtschaftsstörungen auftreten. Bereits nach wenigen Jahrzehnten muß ein Zinssystem, muß eine kapitalistische Gesellschaft in schwere Krisen hineingeraten und schließlich zusammenbrechen.

Man hat jetzt auch eine Erklärung dafür, weshalb im Kapitalismus die Wirtschaft unaufhörlich wachsen muß: Die immerfort zunehmende Gesamtverschuldung erfordert einen immer größeren Kapitaldienst, und der ist nur abzuleisten, wenn die Firmen die Gütererzeugung ausweiten.

Auf diesem Zinssystem aber, auf einer solch zweifelhaften Grundlage, sind alle heutigen Gesellschaften errichtet. Daraus vor allem ergeben sich die vielen anscheinend unlösbaren Probleme, mit denen wir uns herumschlagen müssen.

Solch tiefsitzende, leider wenig beachtete Störursachen im Unterbau aller Staatsgebilde sind der Ausgangspunkt der Betrachtungen in dem vorliegenden Buch. Es wird gezeigt, wie sie unser Handeln in eine falsche Richtung drängen und wie dies zur Folge hat, daß entscheidende Lebensbereiche – Natur, Kultur, Wirtschaft und Demokratie – fast zwangsläufig der Zerrüttung und Zerstörung anheimfallen. Viele Beispiele und Belege aus Vergangenheit und Gegenwart sollen das Gesagte leichter verständlich machen. Im zweiten Buchteil werden Modelle eines besseren Geld- und Bodenrechts vorgestellt.

Doch brauchte der Verzinsungszwang keineswegs zu sein. Er ließe sich fast mühelos auf marktwirtschaftliche Weise beseitigen. Leider befassen sich die Fachleute mit dem Thema noch kaum. Auch diejenigen nicht – von rühmlichen Ausnahmen abgesehen –, die es von Berufs wegen tun sollten: die rund zweitausend Wirtschaftsprofessoren, die es in der Bundesrepublik gibt.

Dieses Versäumnis aber hat verheerende Folgen. Wirtschaft, Demokratie, Kultur, Natur – letztlich wir alle – leiden immer mehr darunter. Unsere Lage gleicht dem Schicksal der angeblich unsinkbaren Titanic: Sie ist bekanntlich untergegangen, weil die verantwortlichen Leute nichts davon wissen wollten, daß im Wasser gefährliche Eisberge trieben.

Die immer noch ungelöste Geldfrage ist – zusammen mit dem gleichfalls unbereinigten Problem des geltenden Bodenrechts – solch einer unterirdischen Gefahr vergleichbar.

Sie ist größer denn je: Wirtschaft und Gesellschaft sind heute hochgradig arbeitsteilig, und deshalb hängen sie ganz und gar davon ab, daß das Tausch- und Bewertungsmittel Geld seine Aufgaben fehlerlos erfüllt.

Daran aber hapert es.

Weil das Geld immer noch Mängel mit sich herumschleppt, die ihm seit seiner Entstehung anhaften, ruiniert es die Welt.

Es richtet fast alles zugrunde – auch die **Nationen.**

R. L. Schreiber deutet es vorsichtig an. Er verweist auf die *„Völker- und Kapitalwanderung von ungeahnten Ausmaßen"*. Er bedauert die Konzerne, die *„vaterlandslos"* werden müssen, *„wenn sie überleben wollen"*. Er nimmt den *„Wunsch nach Heimat und Identität"* ernst. Ihm liegt die Bewahrung der Regionen am Herzen, weil es dort noch *„gewachsene Beziehungen"* gibt.

Ja, man muß heute behutsam die Worte wägen, wenn einem Dinge wie Volk und Vaterland noch etwas bedeuten. Sehr rasch wird man als „Rechtsextremist", „Neo-Nazi", „Rassist", „Ewiggestriger" usw. abgekanzelt. Auch hier verstreut der Globalismus seine giftigen Falschmeinungen. Ein extremer und extrem intoleranter Internationalismus beherrscht das Feld.

Eine solch giftige Völkerfeindlichkeit aber ist letztlich geldgeboren und geldgelenkt.

Mit aus diesem Geiste heraus hat Bundesinnenminister Otto Schily beim Festakt zum Tag der deutschen Heimatvertriebenen im Berliner Dom Ende Mai 1999 verkündet (*Sonntag Aktuell*, 30.5.1999; dpa-Meldung):

„Der Glaube an die friedensstiftende Funktion homogener Nationalstaaten habe sich ebenso als schrecklicher Irrtum erwiesen wie das abstrakte Modell des Selbstbestimmungsrechts der Völker."

Das muß man doch so verstehen: Das Vorhandensein selbst *„homogener"* (kulturell einheitlicher) Einzelstaaten ist *„schrecklich"*. Also löst man sie besser auf. Das Selbstbestimmungsrecht der Völker ist vom Übel. Also muß man es abschaffen. Doch was dann? Übernimmt hierauf der liebe Gott das Regiment? Oder nicht eher das internationale Großkapital?

Die Frage des Wechsel- und Zusammenspiels von „national" und „international" wird deshalb in diesem Buch sehr breit behandelt – aus ganz neuer, nämlich geldkritischer Sicht.

I. Teil: Zerstörungsmacht Geld

1. Natur und Kultur in Gefahr

Naturverwüstung

Mit einer Geschwindigkeit, wie es ihr noch nie widerfahren ist, wird heute die Erde und das Leben darauf zerstört – durch den Menschen, und er zerstört sich dabei selbst. Immer neue Enthüllungen machen uns ratlos, welche Nahrungsmittel wir noch unbesorgt essen können. Immer rascher entwickeln sich bisher seltene Krankheiten, beispielsweise Allergien, zur Volksseuche. In Deutschland ist schon jeder vierte betroffen. Auch die Fruchtbarkeit seiner Einwohner schwindet dahin. Im Vergleich zu den vor 1950 geborenen Männern ist bei nach 1980 zur Welt Gekommenen die Zahl der Samenzellen auf einen Bruchteil geschrumpft. Wir büßen bereits für den verantwortungslosen Umgang mit den Lebenselementen Boden, Wasser und Luft. Gnadenlos verschleudern, verschmutzen und vergiften wir sie. Ein beispielloser Rohstoffverbrauch ist im Gange, der riesige Müllberge hinterläßt. Die Wälder kränkeln vor sich hin. Die Alpenzerstörung schreitet mit Riesenschritten voran. Korallenriffe sterben großflächig ab. Immer häufiger treten Klimastörungen auf. Die Roten Listen, eine Aufzählung der gefährdeten oder bereits verschwundenen Pflanzen und Tiere, werden unaufhaltsam länger.

„Das große Artensterben – Abschied von der Tierwelt“ – nach dieser Schlagzeile auf der Titelseite wartete der *Spiegel* (48/1995) erneut mit einer Abhandlung zu diesem Thema auf. Eine Kernaussage lautete: ***„Nur drei von vier Spezies werden die nächsten 25 Jahre überleben.“*** Auch die Kulturpflanzen seien betroffen: ***„Zu Anfang des Jahrhunderts bauten indische Bauern noch 30.000 Reissorten an – heute kaum mehr 30.“*** Das sei gefährlich: Zwar erbrächten solche *„Dünger- und Pestizidjunkies“* hohe Erträge; da es sich aber um genetisch sehr ähnliche Pflanzen handle, würden sie beim Angriff neuer Pilze oder Viren großräumig *„umfallen wie Zinnsoldaten“*.

In derselben Ausgabe des *Spiegels* folgte ein Gespräch mit dem weltbekannten Evolutionsbiologen Edward O. Wilson, welcher unter anderem sagte: *„Dann – ungefähr im 16. Jahrhundert, als speziell die Europäer weltweiten Handel entwickelten – kommt die **dritte große Phase der Zerstörung:** Raub-*

tiere und Pflanzensamen, Moskitos und andere Insekten wurden, mehr oder minder unbeabsichtigt, ***in Lebenräume verschleppt, wo sie nicht hingehörten.“***

Im Hinblick auf unsere Zeit kommt Wilson zu dem Schluß:

„Es ist gut möglich, daß wir den Krieg verlieren – gegen den Moloch der Ökonomie.“

„Moloch der Ökonomie“

Es stimmt. Die *„Ökonomie“*, die heutige Art des Wirtschaftens, dürfte die Hauptursache des *„großen Artensterbens“* sein. Die Merkmale des *„Molochs“*: Das Große wird immer größer, während das Kleine abstirbt. Wenn eine Firma nicht mehr expandieren kann, geht sie unter. Allerorten ist ein gnadenloser Verdrängungswettbewerb im Gange. Eine wahre Wachstumsbesessenheit hat die Wirtschaft erfaßt. Sie ist von einem Rationalisierungsdrang gestachelt, der immer neuen technisch-chemisch-organisatorischen „Fortschritt“ gebiert und erzwingt. Die Folge sind: Spezialisierung, immer größere Strukturen, Globalisierung, weltweite Vereinheitlichung.

Im Gleichschritt mit Unternehmenszusammenschlüssen und einseitigem Firmenwachstum sammelt sich Vermögen und Reichtum bei immer weniger Menschen an.

Letztlich ist die Fehlentwicklung der Wirtschaft offensichtlich Ausdruck und Ausgeburt der ungelösten sozialen Frage, deren Nichtbereinigung sich beispielsweise an der krassen Aufspaltung fast aller Gesellschaften in reich und arm zeigt.

Eine Wirtschaftsweise aber, die so molochartig ausgreifend ist, widerspricht den Schöpfungsgesetzen. Die Natur ist auf Kleinräumigkeit und behutsame Behandlung angelegt. Das aber zerstört sie: industrialisierte Landwirtschaft; Fischfang mit kilometerlangen Schleppnetzen; großflächige Abholzung von Wäldern; ausufernder Straßenbau; Großkonzerne und Großindustrie; Megastädte; Ballungszentren; und so weiter.

Wie ist es dahin gekommen?

Was hat die Wirtschaft zum natur- und menschenfresserischen *„Moloch“* entarten lassen?

Inwiefern ist die soziale Frage ungelöst?

Darauf soll in diesem Buch eine Antwort versucht werden.

Kulturvernichtung und Völkersterben

Der Mensch und seine sozialen Gliederungen, die Volksgruppen und Völker, leben nicht losgelöst im luftleeren Raum. Sie sind Teil des Gesamtorganismus Erde und Kosmos. Zerstört man die Natur, so hat das auch Auswirkungen auf Völker und Kulturen, die im schlimmsten Fall zugrundegehen.

Die gemeinsame Ursache solcher Katastrophen ist der *„Moloch Ökonomie“*, d. h. die oben geschilderte Art zu wirtschaften. Diesem irregeleiteten Wirtschaften liegt aber, wie schon angemerkt, die ungelöste soziale Frage zugrunde.

Besonders krass erkennbar wird das am Schicksal der „indigenen“ Völker, der Ureinwohner eines Landes, die durch die Berührung mit der westlichen Zivilisation ihre Kultur und damit ihre Überlebenskraft verloren.

Das amerikanische Wochenmagazin *Time* hat solch tragischen Ereignissen vor einigen Jahren seine Titelgeschichte gewidmet (Ausgabe vom 23.9.1991): ***„Untergegangene Stämme, versunkenes Wissen“***, lautete die Überschrift. **Die Restbestände von schätzungsweise 15 000 Kulturen auf der Welt seien vom völligen Aussterben bedroht. Die Stämme siechten dahin oder würden von der modernen Zivilisation aufgesogen.** Besonders schlimm sei, daß unersetzlich wertvolle Wissensschätze verloren gingen. Damit gerate die gesamte Menschheit in Gefahr, *„ihre Vergangenheit zu vergessen und vielleicht auch ihre Zukunft zu gefährden.“* Diese Ureinwohner hätten im Laufe der Jahrtausende *„unzählige Techniken und Künste entwickelt“*, wie man überlebt, ohne den Einklang mit der Natur zu verlassen. Sie besäßen z. B. das Wissen, wie man *„Wüsten ohne Bewässerung“* für den Landbau nutzen und wie man dem Regenwald reichliche Ernten abgewinnen könne, ohne das *„empfindliche Gleichgewicht dieses Ökosystems zu zerstören“*. Das Betrübliche sei, daß diese Selbstauslöschung überwiegend ohne Zwang erfolge: ***„Überwältigt von den Bildern des Reichtums der Ersten Welt, wenden sich die Jungen von den Älteren ab und zerreißen damit eine uralte, aber zerbrechliche Kette der mündlichen Überlieferung.“***

Seit 1900 seien 90 von Brasiliens 270 Indianderstämmen völlig verschwunden. Mehr als zwei Drittel der verbliebenen Stämme zählten weniger als 1000 Mitglieder. Nach einer kürzlichen Studie des Sprachforschers Ken Hale vom *Massachusettes Institut für Technologie* seien **3000 der 6000 Sprachen auf der Welt zum Untergang verurteilt,** weil die Kinder sie nicht sprechen.

Hierzu paßt ein Bericht über die Lage der **Waiapi,** denen im brasilianischen Bundesstaat Amapa ein Schutzgebiet zuerkannt ist: *„Gerade zwei Jahrzehnte ist es her, daß das brasilianische Indianervolk in Kontakt mit der weißen Zivilisation kam. Seitdem ist nichts mehr wie es war. ‘Früher wußten wir nichts von Markierung und Landbesitz, weil es zu Zeiten meines Vaters keine Weißen gab’, erzählt Waiwai, dessen Basketballmütze mit ‘Chicago’-Aufdruck in merkwürdigem Kontrast zum roten Lendenschurz steht. Wie die Lebensräume anderer indigener Völker in Brasilien ist auch das traditionelle Territorium der 400 Köpfe zählenden Waiapi im Bundestaat Amapa dem* ***Druck von Goldsuchern, Holzfällern, Händlern, Kleinbauern und Großgrundbesitzern ausgesetzt.*** *Dagegen setzt die brasilianische Regierung die Markierung und rechtsverbindliche Ausweisung der angestammten Lebensräume der Ureinwohner.*

Die Gesellschaft für Technische Zusammenarbeit (GTZ) unterstützt im Auftrag Bonns diese Bemühungen. 30 Millionen Mark stellt das Entwicklungshilfeministerium dafür bereit." (*Sonntag Aktuell*, 30.6.1996)

In diesem Fall waren bzw. sind Bonner Gelder sicherlich gut angewandt, sollen sie doch ein Indianervolk vor der willkürlichen Landnahme durch fremde Eindringlinge schützen.

Wie sehr die Völker- und Kulturenvielfalt weltweit bedroht ist und wie wichtig es wäre, sie vor dem Untergang zu bewahren, geht auch aus einer Anzeige der Kinderschutzorganisation *terre des hommes* hervor, die mit der Überschrift *„Fremde im eigenen Land"* 1996 in vielen Zeitungen und Zeitschriften abgedruckt war:

„Indigene Völker sind immer im Weg. Ob Staudammprojekte oder der Abbau von Bodenschätzen – immer sind es die 'rückständigen Ureinwohner', die dem Fortschritt weichen müssen. ***5000 indigene Völker gibt es weltweit. Vielen von ihnen droht die Auslöschung ihrer Kultur oder sogar Völkermord. terre des hommes setzt sich für diese Völker ein. Ziel ist es, ihre Lebensgrundlagen zu sichern, ihre Sprache und Kultur zu schützen*** *und ihnen die Vertretung ihrer Interessen zu ermöglichen. Bitte unterstützen Sie unsere Projekte ..."*

Auswertung:

Vor allem unter dem Einfluß der **westlich-konzernkapitalistischen Zivilisation,** die inzwischen bis in die letzten Erdwinkel vorgedrungen ist, sind jahrtausendealte Kulturen, und mit ihnen ganze Völker – die Ureinwohner solcher Gebiete – in höchstem Maße bedroht. Besonders in den letzten Jahrzehnten hat sich der Zerfall beschleunigt, und der Untergang scheint unvermeidlich. Fast alle gesellschaftlich bedeutsamen Gruppen, auch linksstehende Kreise wie die Bündnisgrünen und die Kinderschutzorganisation *terre des hommes*, beklagen dies lebhaft und fordern zur Gegenwehr auf. Eine solche Kulturvernichtung komme einem „Völkermord" gleich. Man macht auch darauf aufmerksam, daß nicht zuletzt durch den Zustrom fremder Menschenmassen die indigenen Völker vernichtet würden. Ziel müsse sein, deren *„Lebensgrundlagen zu sichern, ihre Sprache und Kultur zu schützen"*.

Doch nicht nur Urbevölkerungen sind in Gefahr.

Unglückliches Tibet

Kaum weniger schlimme kulturelle Verwüstungen als die westliche Wirtschaftsform richtete und richtet der Kommunismus an. Tibet ist dafür ein bekanntes und vielbeklagtes Beispiel.

Am 20. Juni 1996 war das Schicksal des Himalajalandes Gegenstand einer hitzigen Aussprache im Deutschen Bundestag. Der SPD-Abgeordnete Volker

Neumann sagte: ***„Durch massenhafte Einwanderung werden Tibeter von den Chinesen in ihrer angestammten Heimat verdrängt.“*** Gerd Poppe, Abgeordneter der Grünen, zeigte sich besorgt um die einzigartige Kultur der Tibeter, ***„die – nicht zuletzt durch die massenhafte Ansiedlung von Chinesen in Tibet – in ihrer Substanz bedroht“*** sei. (*Stenographischer Bericht*, 113. Sitzung, S. 10089 und 10092)

Unter der Überschrift *„Katastrophe auf dem Dach der Welt. Umweltzerstörung und Menschenrechtsverletzungen in Tibet“* widmete die Würzburger Zeitschrift *Die Umwelt* dem Schicksal der Tibeter einen längeren Beitrag (7-8/1997). Nachfolgend einige Auszüge:

„Rücksichtslos torpedieren die Chinesen seit dem Jahr 1951 die Lebensformen, die Religion und die Kultur der Tibeter ... Bis heute starben mehr als 1,2 Millionen Tibeter – das sind 20 Prozent der Bevölkerung – bei Aufständen, auf der Flucht oder durch Hunger ... ***Durch die von Peking gezielt forcierte Besiedlung Tibets durch Chinesen sind die Tibeter eine Minorität im eigenen Land geworden, deren kulturelle Identität massiv beschnitten wird.*** *Sie müssen im Supermarkt und in der Bar chinesich sprechen. Wer nicht chinesisch spricht, hat es schwer, einen Brotherrn zu finden. Auch in der Schule ist Tibetisch verpönt ... Wie viele andere Minderheiten sind die Tibeter auch massiven Menschenrechtsverletzungen ausgesetzt.* ***Vor allem die, die sich nicht assimilieren: Sie können willkürlich und ohne Gerichtsverfahren verhaftet werden ...*** *Verheerend ist, was die Regierung an Umweltverbrechen anrichtet ... Binnen 35 Jahren hatte es die chinesische Okkupationsmacht geschafft, die bewaldeten Regionen im Osten um knapp neun Millionen Hektar zu dezimieren. Boden-Erosionen, Steinlawinen und Überschwemmungen sind die Folgen der Entwaldung.“*

Anmerkung:

Die Empörung der Würzburger Natur- und Tibetfreunde ist mehr als berechtigt, und in der Tat sollte das Menschenmögliche unternommen werden, um Tibet und all die anderen indigenen Völker zu retten.

Ein *Spiegel*-Journalist im Zwiespalt

Ähnlich wie die Würzburger Zeitschrift beschäftigte sich auch der *Spiegel* im Rahmen einer langen Abhandlung über Buddhismus, Tibet und Dalai Lama mit der verzweifelten Lage des von China besetzten *„Daches der Welt“* (Nr. 16/1998):

„Einen ***‘kulturellen Völkermord’*** *nennt der Dalai Lama, was sich in seiner Heimat abspielt. Peking versuche,* ***Tibet zu überfremden*** *– mittlerweile seien durch die* ***verordnete Zuwanderung*** *schon fast zwei Drittel der Bevölkerung in den Städten Lhasa und Schigatse Chinesen.* ***An Schulen würde die***

tibetische Sprache und das Brauchtum unterdrückt, die Kinder gegen den Buddhismus indoktriniert … *Und mit der* ***chinesischen Überfremdungspolitik*** *läuft die Zeit gegen ihn* [den Dalai Lama] *und sein Land.* ***'10 bis 15 Jahre, dann ist unsere Identität verloren',*** *meint er …"*

Der Dalai Lama müsse hilflos mit ansehen, wie ***„sein Volk in der Heimat Tag für Tag von chinesischen Immigranten mehr und mehr bedrängt wird und seinen eigenständigen Charakter, seine Kultur verliert*** *in den von chinesischen Geschäftsleuten eröffneten Bordellen, in den chinesischen Karaoke-Bars, in den chinesischen Kinos."*

Feststellungen:

Der *Spiegel* weist darauf hin, daß die Tibeter schon allein durch die massenhafte chinesische Einwanderung in allergrößter Gefahr sind, ihre *„Identität"* zu verlieren.

Auch macht er auf eine seit jeher übliche Taktik aufmerksam, wie ein besiegtes Volk gefügig gemacht werden kann: indem man seine *„Identität"* vernichtet:

Das ist auf mehrerlei Weise durchführbar:

- man setzt eine massenhafte Zuwanderung in Gang;
- man löscht die einheimische Kultur aus, teils gewaltsam, teils mittels Indoktrination (vor allem der Jugend), teils durch vielfache Verlockungen;
- man macht sich die Masse der Menschen durch das Ansprechen tieferstehender Triebe botmäßig und lähmt auf diese Weise den Freiheitswillen (*„Bordelle"*, *„Karaoke-Bars"* usw.).

So einsichtig sich der *Spiegel* hinsichtlich der Schädlichkeit chinesischer Unterdrückungsmethoden zunächst zeigt, so rasch fällt er wieder in seine alte systemgetreue Rolle zurück, wenn er ein paar Seiten weiter im selben Artikel hinsichtlich des zum Buddhismus übergetretenen *„dänischen Reise- und Wander-Lama Ole Nydal"* schreibt:

„Mit Stammtischparolen zur Ausländerproblematik ***('nicht überfremden lassen')*** *bedient er nebenbei auch die unter Sinnsuchern verbreiteten Vorurteile."*

Frage:

Stellt jetzt die *„verordnete Zuwanderung"* von immer mehr Chinesen eine *„Kultur-"* und *„Identitäts"*-vernichtende *„Überfremdung"* dar – oder doch nicht?

Bedrohung der Industrienationen

Nicht nur „indigene" Völker und alte Hochkulturen, auch sogenannte zivilisierte Völker, die im letzten Jahrtausend die Weltgeschicke bestimmten, die Bewohner Europas, Rußlands, Nordamerikas, sind im Kern bedroht. Das ist

z. B. die Meinung Galsan Tschinags, Mongole und Stammesoberhaupt von 4000 Tuwinern. Vor wenigen Jahren führte er seine Volksgenossen aus weiträumiger Zerstreuung in einer Art biblischen Umzugs in ihre angestammte Heimat zurück, *„zu den Weiden und Jagdgründen des Hochaltai-Gebirges“*, *„zurück zu den Wurzeln der tuwinischen Kultur“*. (*natur*, 3/1996) Tschinag, der während eines vieljährigen Aufenthalts in der einstigen DDR die deutsche Sprache erlernte, schreibt auch Gedichte auf deutsch und wurde dafür 1992 mit dem Chamisso-Preis geehrt. In einem Gespräch mit dem *Süddeutschen Rundfunk* (*S 2 Kultur*, am 12.4.1997) sagte er unter vielem anderen Bemerkenswerten:

„Hinter mir steht die Nomadenwelt. Das ist die Welt, die ihre Wurzeln nicht verlassen hat. *Die christlich-abendländische Welt hat längst alle Wurzeln verlassen; sie ist auf der Suche nach dem Fortschritt. Fortschritt ist für mich ein sehr zweideutiges Wort, eher ein negatives Wort unter den heutigen Bedingungen.“*

Tschinag wurde noch deutlicher:

„Unser Volk ist bedroht, das ist wahr. *Wenn man meine Bücher liest, wird man leichter verstehen, daß wir möglicherweise kurz vor dem Ende stehen. Aber dann kommt die andere Frage:* ***Welches Volk ist nicht bedroht?*** *Die ganze Menschheit ist bedroht. Wir haben wenig an Klamotten, wir haben nicht vierzig oder vierhundert Käsesorten jeden Tag, wir haben nicht sechzig oder sechshundert Würste in einer Metzgerei, wir haben weniger Konsumartikel.* ***Aber Sie als europäische Nation sind ja noch schlimmer bedroht.*** *Die Men-*schen sind hier innerlich ausgehöhlt, krank, seelisch kaputt. ***Nun wird fragwürdig, ob die heute großen Nationen in fünfzig oder hundert Jahren noch dasein werden. Die Industrienationen altern, sie sind schwer krank.*** *Ich möchte diesen Menschen helfen.“*

2. Das Beispiel Ladakh

„Lernen von Ladakh“

Wird die Menschheit, werden die Völker mit ihren Kulturen überleben? Werden die Industrienationen in *„fünfzig oder hundert Jahren“* noch da sein? Mit eben diesen Fragen befaßt sich die höchst sehenswerte Videokassette *Ancient Futures* [Vergangene Zukünfte]. *Lernen von Ladakh*. Sie wurde von der *International Society for Ecology and Culture* (mit Sitz in den USA und England) herausgebracht und ist erhältlich bei der *ISEC Deutschland e.V.* (Klauprechtstraße 39, 76137 Karlsruhe). Auf dem Kassettenbehältnis heißt es:

„Die Geschichte, die Ladakh zu erzählen hat, lehrt uns vieles über die eigentlichen Ursachen ökologischer, sozialer und seelischer Probleme. *Sie* *liefert darüber hinaus wertvolle Orientierungshilfen für die Gestaltung unserer eigenen Zukunft".*

Nachstehend soll – aus Platzgründen leider nur teilweise – der Kassettentext wiedergegeben werden. Für unsere Fragestellung ist er außerordentlich aufschlußreich. Zum besseren Verständnis sind von mir Zwischenüberschriften eingeschoben.

Text der Videokassette *Lernen von Ladakh* (gekürzt)

Wo befindet sich Ladakh?

„Sprecher: *Tief inmitten des Himalayas, am westlichen Rand der Tibetischen Hochebene, liegt Ladakh. Kein anderes bewohntes Gebiet der Erde ist so hoch gelegen und so trocken. Versengt von der Sommersonne, der Boden gefroren während der acht Wintermonate: dies ist eine Gegend, die für Menschen unbewohnbar erscheinen könnte. Dennoch wurde den Felsen und Wüsten im Laufe der Jahrhunderte Felder abgerungen, die den Menschen hier nicht nur das Überleben, sondern den Menschen sogar eine blühende Kultur ermöglichen. Aber das Gesicht Ladakhs wandelt sich.* [Lastwagen- und Maschinengeräusche.]

Einfall der Moderne
Ladakh als Anschauungsbeispiel

Sprecher: *Der Modernisierungsprozeß in Ladakh stellt eine Reihe von weit verbreiteten Annahmen über die Industriegesellschaft in Frage. Tatsächlich fordert er uns heraus, den ganzen Fortschrittsbegriff neu zu bewerten. – Helena Norberg-Hodge hat in den letzten achtzehn Jahren lange Zeit in Ladakh verbracht.*

Helena N.-H.: *Ich weiß, daß es vielleicht weit hergeholt erscheint, aber ich bin überzeugt davon, daß Ladakh uns helfen kann, zu verstehen, was im Westen abläuft. Als ich das erste Mal nach Ladakh kam, gab es keine Umweltverschmutzung, keine Verbrechen, und die Menschen lebten seit Jahrhunderten friedlich Seite an Seite. Es gab eine unglaubliche Lebensfreude. Aber jetzt, in den vergangenen Jahren, habe ich die Auswirkungen der modernen westlichen Welt auf eine traditionelle Kultur miterlebt. Diese Möglichkeit, das Neue dem Alten gegenüberzustellen, klärt eine Menge. So kann man die Ursachen erkennen, die hinter vielen Problemen stehen, mit denen wir im Westen konfrontiert sind – die Ursachen hinter den Umweltproblemen und dem Zusammenbruch menschlicher Gemeinschaften. Es hilft zu erkennen, wie wir aus der ganzen Bescherung, die wir angerichtet haben, wieder herauskommen können.*

Weitere Auskünfte zu Ladakh
Bodenordnung in Ladakh

Sprecher: *Ladakh war bis in die Mitte des 19. Jahrhunderts ein unabhängiges Königreich. Heute ist es ein Teil des indischen Bundestaates Dschammu und Kaschmir. Sein kulturelles Erbe ist tibetischen Ursprungs – so weitgehend, daß es noch weithin als „Klein-Tibet" bekannt ist ... Flächenmäßig ist Ladakh fast so groß wie England, aber es wird nur von 130 000 Menschen bewohnt, von denen die meisten als Bauern in kleinen Dörfern wohnen. Da im Jahr weniger als 100 Millimeter Niederschlag fallen, müssen die Ladakhis mit Schmelzwasser von den Gletschern auskommen. Dieses wird durch ein ausgeklügeltes System von Bewässerungskanälen, die oft kilometerlang sind, zu den Feldern gebracht. Durch die kulturellen Traditionen wurde das Bevölkerungswachstum begrenzt, und die natürlichen Lebensgrundlagen wurden nicht überbeansprucht. Mehr als 90 Prozent der Ladakhi-Familien besitzen ihr eigenes Land, durchschnittlich ein bis zwei Hektar, und einige Nutztiere. Landbesitz wird weder verkauft noch aufgeteilt, sondern als Ganzes von einer Generation zur nächsten weitergegeben ...*

Autarke Wirtschaftsweise

Sprecher: *Die Dörfer liegen 3000 bis über 4000 Meter hoch. In dieser Höhe ist die Anbauzeit sehr kurz. Trotzdem produzieren angepaßte Landsorten von Weizen und Gerste ergiebige Ernten Jahr für Jahr. Jede Familie bewirtschaftet auch einen kleinen Gemüsegarten, und in den tieferen Lagen gibt es Obstgärten mit Apfel- und Aprikosenbäumen. – Mit wenigen Ausnahmen werden die Grundbedürfnisse innerhalb der Gemeinschaft gedeckt. Häuser werden aus den Rohstoffen der unmittelbaren Umgebung gebaut: Steine für das Fundament und das Erdgeschoß sowie sonnengetrocknete Ziegel aus Lehm und Stroh. Die Häuser sind groß und stattlich. Und dennoch bedarf es keiner Architekten. Jeder in Ladakh weiß, wie man ein Haus baut. – Die Autarkie beruht auf Fertigkeiten, die genau auf die lokale Umwelt abgestimmt sind. Im Sommer beaufsichtigen die Hirten das Vieh auf den Hochweiden. Auf fast 5000 Meter Höhe sind die Lebensbedingungen hart. Aber die einheimischen Schaf- und Ziegenrassen sind gut an ihre Umwelt angepaßt. Da der Bewuchs spärlich ist, werden die Herden jeden Tag weitergeführt, um Überweidung zu vermeiden. Dies ist ein nahezu zeitloses Leben. Arbeit und Freizeit sind eins ... Im Laufe der Generationen haben die Ladakhis es gelernt, das Beste aus den Ressourcen ihrer Umwelt zu machen ...*

Wirtschaften im Einklang mit der Natur
Bedeutung der Religion

Tashi Rabgya [Dichter, Philosoph und Ladakhs führender Gelehrter für Buddhismus, ein älterer Mann mit klugem, freundlichem Gesicht]: *Die Leute in Ladakh verschwenden nichts, was es auch sei, sei es Holz, Stein, Gras, Wasser oder sonst was. Sie verschwenden es nicht, sie gehen sorgfältig damit um. So können wir sagen, daß die Ladakhis die wirklichen Ökonomen sind. Nicht wie die modernen Ökonomen, die die Produktion erhöhen, die Umwelt zerstören. So nicht. Sondern die auf die Ressourcen achtgeben.*

Sprecher: *Das tägliche Leben in den Dörfern beruht auf einer engen Verbindung zwischen den Menschen und der Erde. Diese lebendige Erfahrung der Verbundenheit aller Dinge wird durch die buddhistischen Lehren bestärkt. Die Religion durchdringt alle Aspekte des Lebens. Fast jedes Dorf hat sein eigenes Kloster. Die meisten Familien haben ein Mitglied im Kloster und es findet ein ständiger Austausch zwischen dem Dorf und den Mönchen statt. In jedem Haus gibt es einen privaten Andachtsraum. Die Landschaft ist übersät von Stupas oder Tschörtens. Diese Bauwerke verkörpern das Wesen der buddhistischen Philosophie: die wechselseitige Verbundenheit aller Dinge im Universum. Auf der Spitze der Stupa wiegt eine Mondsichel die Sonne, ein Symbol für die Einheit allen Lebens. Sogar die Sonne und der Mond, die so weit entfernt voneinander erscheinen, sind unentrinnbar verbunden ...*

Vorhandensein einer Gemeinschaft
Zusammenarbeit und gegenseitige Hilfe

Sprecher: *Die Arbeit in der Landwirtschaft beruht auf Zusammenarbeit. Menschliche und tierische Arbeitskraft sowie Gerätschaften werden stets geteilt.*

Tashi Rabgyas: *Grundlage der Landwirtschaft ist das gemeinsame Zusammenwirken. Die Menschen bitten einfach ihre Nachbarn um Hilfe. Einige Familienmitglieder werden im Gegenzug ihre Hilfe anbieten. Es wird keinerlei Geld dafür bezahlt. Nur für die Mahlzeiten wird gesorgt. – Sie helfen umsonst, Nachbarn und Verwandte – sogar von weit her.*

Sprecher: *Die kleinräumige Wirtschaftsweise stärkt die gemeinschaftlichen Bindungen. Die Menschen haben die sichere Gewißheit, daß sie sich aufeinander verlassen können ...*

Aufbau der Gemeinschaft
Stellung der Frau

Sprecher: *Die Ladakhi-Familien unterstützen sich auch in einer förmlicheren Weise, in einer Einrichtung, die „Paspun" genannt wird. Jede Familie* *gehört zu einer Gruppe von Haushalten, die sich gegenseitig helfen bei Anlässen wie Geburt, Heirat und Todesfall. Bei solchen Gelegenheiten kommen viele Dorfbewohner zusammen, und für alle muß gesorgt werden. – Wenn jemand stirbt, erledigt der Paspun alles Notwendige, vom Waschen und Einhüllen des Leichnams bis zur Durchführung der Rituale im Haus. Seine Arbeit erleichtert die Last auf der betroffenen Familie und gibt den Menschen das Gefühl, zu einer größeren Einheit zu gehören. Auch in den Zeiten größter Bedrängnis ist der einzelne niemals allein ... Entscheidungen auf der Dorfebene werden durch einen Rat getroffen, der aus den Vertretern der 'Chutso' besteht, das sind Gruppen von ungefähr zehn Haushalten.*

Ein ***Ladakhi:*** *Wenn es ein wenig Streit gibt, sorgen wir dafür, daß er rechtzeitig beigelegt wird und daß ein Kompromiß gefunden wird.*

Sprecher: *Obwohl die meisten formellen Entscheidungen von Männern gefällt werden, haben Frauen in Ladakh eine bemerkenswert wichtige Stellung ...*

Erntearbeit
Weltliche und religiöse Feste

Sprecher: *Dies ist die entscheidende Zeit im Jahr, denn die Ernte muß schnell vor dem ersten Schnee eingebracht werden. Trotzdem geht die Arbeit gemütlich voran. – Landwirtschaft beruht in Ladakh auf menschlicher und tierischer Arbeitskraft und auf handgefertigten Geräten ... Nachdem die Erntezeit vorüber ist, vergeht kaum eine Woche ohne Feste. Singen, Tanzen und Musik beziehen die ganze Gemeinschaft mit ein. Hochzeitsfeiern dauern viele Tage oder sogar Wochen. – Sogar religiöse Ereignisse haben den Charakter von Festen, besonders die alljährlichen 'Cham'-Tänze, die in den größeren Klöstern stattfinden. Die Tänzer sind alle Mönche. Die Tänze, die sie aufführen, sind Darstellungen buddhistischer Philosophie. – Das Leben in Ladakh ist mehr als bloßes Überleben. Dies ist tatsächlich eine reichhaltige Kultur, eine, in der die Menschen nicht nur ihre materiellen Bedürfnisse decken können, sondern auch ihr Bedürfnis nach Zugehörigkeit, sowohl zu ihrem Platz auf der Erde als auch zu der Gemeinschaft, von der sie einen Teil bilden.*

Vormarsch der westlichen Zivilisation
Kulturelle und ökologische Folgen

Sprecher: *Seit zwei Jahrzehnten wird Ladakh immer mehr den modernen Einflüssen ausgesetzt. Straßen verbinden heute das Gebiet mit der Indischen Tiefebene und bringen den Ladakhis nicht nur Waren, sondern auch den westlichen Fortschrittsbegriff. – In der Hauptstadt Leh sind nunmehr vielfältige Konsumgüter erhältlich. Für viele Ladakhis wird das Leben körperlich weni-*

ger anstrengend. Die Modernisierung untergräbt jedoch die Fundamente der traditionellen Kultur und führt zu den allzu bekannten verheerenden ökologischen und sozialen Problemen.

Tashi Rabgyas: *Das ganze Wertesystem zerfällt. Alle Werte schwinden dahin. Es wird für die Menschen immer schwieriger, sich an die alten Werte zu halten.*

Sprecher: [Die Hauptstadt] *Leh wächst jetzt exponentiell, denn die neue Wirtschaftsweise ermuntert die Menschen, ihre Dörfer zu verlassen, um bezahlte Arbeit zu finden. Neue Wohnsiedlungen dehnen sich in die Wüste aus, ohne Bezug zu den umgebenden Ressourcen. – Es gibt keine Bäche hier. Die Bewohner sind stattdessen auf die Wasserlieferung durch Tankwagen der Behörde angewiesen. – Die Umweltqualität in Leh verschlechtert sich von Jahr zu Jahr. Die dünne Luft wird nun durch die Dieselabgase der Lastwagen und Busse verpestet, die sich jetzt täglich in die Hauptstadt ergießen. Müll aller Art häuft sich in den Straßen und auf den Müllhalden am Stadtrand an. – Im traditionellen Dorf ist Abfall unbekannt. Alles kommt von der Erde und geht zur Erde zurück. Sogar die menschlichen Abfälle werden kompostiert und als Dünger auf die Felder gebracht. In Leh gibt es fast keine sanitären Anlagen. Die wenigen Wasserspülungen beanspruchen nicht nur die knappen Wasservorräte, sondern sind auch häufig schlecht gebaut. Undichte Sickergruben werden zunehmend zu einem der wichtigsten Verursacher von Verschmutzungen. Wasser aus den Bächen in und außerhalb der Stadt ist jetzt nicht mehr trinkbar.*

Eine ***Ladakhi:*** *Früher hieß es, wirf nichts ins Wasser, verschmutze es nicht. So klug waren die traditionsgebundenen Menschen. Sie warfen nichts ins Wasser, das wurde als Sünde angesehen ...*

Verlust der lokalen Selbstversorgung und Selbstbestimmung
Auswirkungen der neuartigen Geldwirtschaft

Sprecher: *Heutzutage werden die Bewohner von Leh abhängig von weither importierten Waren, nicht nur, was Luxus und Konsumgüter angeht, sondern auch bei den Grundbedürfnissen wie Nahrung, Kleidung und Energie.*

Helena N.-H.: *Entwicklung ist in Ladakh – und es ist das gleiche überall auf der Welt – ein Vorgang des geplanten Wandels. Was getan wird, ist die systematische Zerstörung der lokalen Wirtschaft, der lokalen Selbstversorgung. Das erste Opfer ist der kleine Bauer, dessen ganzer Lebensunterhalt untergraben wird.*

Sprecher: *Aufgrund der massiven Subventionen ist Weizen, der mit Lastwagen über den Himalaya herangeschafft wird, in Ladakh wesentlich billiger als Weizen, der direkt hier angebaut wird. Die örtliche Landwirtschaft sieht dadurch unwirtschaftlich aus. Es gibt kaum Anreize, mit dem Anbau weiterzu-*

machen. – Kurzfristig gesehen mögen importierte Nahrungsmittel als echter Vorteil erscheinen. Aber als Folge davon werden die Ladakhis zunehmend in die Weltwirtschaft eingebunden und so abhängig gemacht von der Gnade von Marktkräften, die weit jenseits ihrer Kontrolle liegen ... In der traditionellen Gesellschaft waren die Menschen überwiegend selbst für ihr Leben verantwortlich. Heutzutage werden immer mehr Entscheidungen, sogar Entscheidungen, die das alltägliche Dorfleben betreffen, in fernen Regierungsbüros gefällt. – Da sich der Brennpunkt der Wirtschaft nach Leh verlagert, werden die Familien in immer kleinere Einheiten aufgespalten. Es gibt keinen Platz mehr für Großeltern in Häusern wie diesen [städtische Hochhauswohnung wird gezeigt], *weder räumlich noch emotional. – In der neuen Geldökonomie hat die Tradition der Zusammenarbeit ihre Bedeutung verloren und verschwindet schnell.*

Dr. Mohamed Deen [Regierungsbeamter]*: In der Vergangenheit waren wir sehr aufeinander angewiesen. Wir hatten ein richtiges Gemeinschaftsempfinden, denn wir waren aufeinander angewiesen. Ich war nicht besorgt, wenn ich ein Problem hatte, mein Bruder half. Nun, da die Leute Geld haben, helfen sie einander nicht. Wenn jemand etwas braucht, sagen wir: Geh, hol's dir auf dem Markt.*

***Tashi Rabgyas:** Alle Beziehungen sind sehr oberflächlich geworden. Sie halten Belastungen und Spannungen nicht mehr stand ...*

Zeitmangel, Hektik

***Helena N.-H.:** Früher hatten die Menschen in Ladakh viel Zeit, ihr Leben zu genießen. Sie arbeiteten in einem geruhsamen Tempo, obwohl die Technologien, die sie hatten, sehr langsam waren. Was ich jetzt beobachte, ist, daß die Entwicklung die Geschwindigkeit des Lebens erhöht. Plötzlich müssen alle mit dem Tempo der Technologie Schritt halten. Eine Freundin in einem abgelegenen Dorf beschrieb das sehr anschaulich: Ich kann es einfach nicht verstehen. Meine Schwester in der Hauptstadt hat all die Sachen, die Zeit sparen. Sie hat einen Petroleumherd, ein Telefon, einen Jeep, aber wenn ich sie besuche, hat sie kaum Zeit, sich mit mir zu unterhalten.*

Zerfall der Familie
Erstmals Armut

***Sprecher:** Die Stellung der Frau leidet gleichfalls. Im typischen Fall geht nun der Mann in die Stadt arbeiten und läßt seine Frau zu Hause allein zurück, abgeschnitten vom Zentrum der neuen Ökonomie ... Heute wächst die Kluft zwischen Reichen und Armen ...*

Im Banne der westlichen Glitzerwelt

Sprecher: *Während des Sommers fallen Tausende von Touristen in Leh ein ... Sie erwecken den Eindruck, daß das Leben in der modernen Welt sauber, einfach und sorgenfrei sei ... Filme und neuerdings das Fernsehen haben dazu beigetragen, die Vorstellung, westlich ist am besten, zu bestärken, indem Bilder von Glanz, Luxus und endloser Freizeit gezeigt werden, wobei Maschinen die menschliche Arbeitskraft ersetzen ...*

*Ein **Jugendlicher:** Hier in Leh ist es genauso langweilig wie in den Dörfern. Keine Spielhalle, keine Räumlichkeiten.*

Helena N.-H.: *Es sind die jungen Männer, die das schwächste Glied in einer Kultur bilden. Man kann feststellen, daß die aufkommende Kultur eine Kultur der männlichen Teenager ist. Hier ist Schnelligkeit angesagt. Auf einem Motorrad durch die Landschaft rasen oder mit Schußwaffen herumballern, den Jungs gefällt so etwas, aber niemandem sonst.*

Unheilvolle Rolle des neuen Erziehungssystems
Westliche Industriegesellschaft als Vorbild
Verzicht auf die eigene Sprache

Sprecher: *Als direkte Folge der Entwicklung verlieren die Ladakhis ihr altes Selbstvertrauen, ihr Selbstwertgefühl. Bei dem Versuch, den westlichen Vorbildern gerecht zu werden, entfremden sie sich von ihrer Familie und Gemeinschaft und werden zunehmend orientierungslos. – Auf die Dauer stellt das Erziehungswesen eine der ernstesten Bedrohungen der Kultur und der lokalen Wirtschaftsweise dar ...* [Es bildet] *bestenfalls für spezialisierte Berufe in den städtischen Zentren aus. Aber solche Arbeitsplätze sind rar. Zunehmend werden die Menschen nur noch für die Arbeitslosigkeit ausgebildet. – In den Schulen von Ladakh lernen die Kinder heute nichts mehr über ihre eigene Kultur oder lokale Ressourcen. Statt desssen folgen sie einem Lehrplan, der auf dem westlichen Modell einer Industriegesellschaft beruht. Sogar die Sprache ist eine Fremdsprache.*

Sonam Angchuk [junger Mann]*: Die Kinder werden in Urdu unterrichtet, einer Sprache, die den Ladakhis völlig fremd ist. Ihre Eltern in den Dörfern würden davon kein Wort benützen. Noch unglaublicher, nach acht Jahren muß man zum Englischen als Unterrichtssprache überwechseln, und zwar ganz plötzlich.*

Sprecher: *In den Schulbüchern werden die Vorzüge der Entwicklung im westlichen Stil gerühmt ...*

Zerstörung des bisherigen Beziehungsgefüges
Menschen nicht mehr so glücklich

Sprecher: *Wenn die Kinder in der Schule sind, wird das Leben für den Rest der Familie auf dem Land schwieriger, besonders für die Frauen.*

Eine **Ladakhi** [Bäuerin und Mutter]*: ... Ich bin ganz auf mich allein angewiesen. Der hier* [auf ein kleines Kind deutend] *ist meine einzige Hilfe.*

Sprecher: *In einem größeren Zusammenhang betrachtet, bringt die Entwicklung stark negative Auswirkungen mit sich. Die Modernisierung hat zweifellos einige kurzfristige materielle Vorteile. Aber dadurch zerstört sie das vielfältige Beziehungsgefüge, das Ladakh über die Jahrhunderte zusammengehalten hat. Sie verschmutzt die Umwelt, läßt die Gemeinschaften zerfallen und untergräbt die persönliche Identität.*

Was der Westen von Ladakh lernen kann

Frau N.-H.: *Ich denke, die wichtigste Lehre aus Ladakh ist, daß die Menschen sich verbunden fühlen. Sie brauchen eine Beziehung zu dem Ort, an dem sie leben, zu der Erde unter ihren Füßen. Sie brauchen eine Gemeinschaft, in der sie langfristige Beziehungen zueinander aufbauen und ihre Identität entfalten können.*

Sprecher: *In der alten Kultur waren diese Beziehungen auf Grund des kleinräumigen Maßstabes des täglichen Lebens möglich. Die politischen und wirtschaftlichen Einheiten waren klein genug, damit die Menschen wirklich sahen, welche Auswirkungen ihre Handlungen auf ihre Umwelt hatten. Und, noch wichtiger, es war ihnen möglich, an den Entscheidungen, die ihr Leben betrafen, direkt teilzunehmen ... In der industrialisierten Welt ist der Maßstab heute so groß geworden, daß in den anonymen Städten und ausgedehnten Vororten die Handlungen des einzelnen so erscheinen, als seien sie mit dem Wohlergehen der gesamten Bevölkerung unverbunden. Und der Maßstab vergrößert sich immer noch weiter ... Das Beispiel Ladakh zwingt uns dazu, neu zu bewerten, was wir mit Wohlstand meinen. In der traditionellen Lebensweise spielt Geld fast keine Rolle, so daß konventionelle Ökonomen diese Völker unter den ärmsten einreihen würden ... Die Wirtschaftsfinanzen im Westen sind nicht weniger absurd. Entsprechend der eng definierten Weise, wie wir Wachstum messen, steht unsere Volkswirtschaft besser da, wenn wir z. B. Gemüse kaufen, das Tausende von Kilometern entfernt erzeugt und mit Lastwagen durch das ganze Land herangeschafft wurde, als wenn es wir vom Bauernhof nebenan kaufen. Alle umfassenden langfristigen Kosten von der Infrastuktur bis zu den Auswirkungen auf die Umwelt bleiben völlig unbeachtet.*

Worte eines Weisen

Tashi Rabgyas: *Wenn man es mit der heutigen Zeit vergleicht, waren die Menschen in der Vergangenheit sehr glücklich. Sie waren der Wirklichkeit, der fundamentalen Wahrheit sehr nahe. Nun sind die Leute kompliziert geworden, und deshalb sind sie nicht glücklich. Sie bekommen mehr Geld, sie haben alle Arten von technischen Geräten. In gewisser Weise ist das Leben sehr bequem geworden. Aber Bequemlichkeit und Luxus, diese Dinge bringen kein Glück ...“*

3. Lehren aus Ladakhs Zerfall

Ähnlichkeiten mit unserem Schicksal

1. Die Videokassette *Lernen von Ladakh* zeigt ein Land, das erst vor etwa dreißig Jahren mit der westlichen Zivilisation Bekanntschaft machte und nun im Begriff ist, in Zeitraffergeschwindigkeit die industrielle Revolution bis hin zu den neuesten Erfindungen nachzuvollziehen. Das alte Ladakh ist freilich nur teilweise mit den vorindustriellen Ländern Europas vergleichbar. Es besaß eine nur gering entwickelte Technik, was vor allem durch das dortige rauhe Klima und den Rohstoffmangel bedingt ist.

Doch Ähnlichkeiten sind vorhanden. Deutschland z. B. war vor etwa 200 Jahren, also vor Beginn der industriellen Revolution, gleichfalls zu 90 Prozent noch ländlich, und die Städte zählten nur wenige tausend Einwohner. Das meiste wurde in Handarbeit erledigt. Das Wirtschaften spielte sich überwiegend auf lokaler Ebene ab. Entsprechend groß war die kulturelle Vielfalt, d. h. es gab deutliche lokale und regionale Unterschiede hinsichtlich Baustil, Kleidung, Essensgewohnheiten, Redeweise usw. Im ländlichen Bereich hielt sich das teilweise bis in die Mitte des 20. Jahrhunderts hinein. Verfasser dieses Buches, Jahrgang 1939, der in Dörfern aufwuchs, konnte das alles noch selbst miterleben: den vielfältigen Bauernhof; den holzgefertigten Leiterwagen von klassischer Schönheit; das Flegeldreschen; das Dachdecken mittels einer langen, die Ziegel weiterreichenden Menschenkette; die wenigen Abfälle bzw. deren völlige Wiederverwertung; die Straße als Spielplatz der Kinder; die vielen Leute, die ihr Leben lang nicht aus dem näheren Umkreis ihres Dorfes herausgekommen waren; usw.

Das mag nach wehmütiger Erinnerung klingen, und vielleicht ist der Bericht vom alten Ladakh in manchem zu idealisierend bzw. schönfärberisch. Dennoch lassen sich einige grundsätzliche Erkenntnisse daraus gewinnen.

2. **Ladakh hatte den großen Vorzug, daß es nicht unter den beiden Hauptstörquellen aller anderen Gesellschaften zu leiden hatte – der ungelösten Geld- und Bodenfrage.** So war das seltene Wunder einer sozial befriedeten Gesellschaft möglich. Der Boden war gleichmäßig unter den Familien aufgeteilt (*„mehr als 90 Prozent der Familien besitzen ihr eigenes Land"*; es wird *„als Ganzes von einer Generation zur nächsten weitergegeben"*), und das Geld spielte so gut wie keine Rolle. Mit aus diesem Grund konnte sich das Gemeinschaftsleben so ungestört entwickeln. Es gab dort keine Armut und keinen übertriebenen Reichtum.

Eine wichtige Zwischenbemerkung sei hier eingeschoben: Es wird hier nicht empfohlen, auf die Zivilisationsstufe des alten Ladakh zurückzukehren. Das ist aus vielen Gründen ausgeschlossen. Es geht darum, besser zu erkennen, was alles in den westlichen Industriegesellschaften schiefgelaufen ist. Es wird auch keineswegs gefordert, das Geld abzuschaffen. Das wäre nicht nur ein Ding der Unmöglichkeit – sechs Milliarden Menschen können nicht zur Tauschwirtschaft zurückkehren –, es wäre auch nicht wünschenswert, weil die durch das Geld ermöglichte Arbeitsteilung auch sehr viele Vorzüge hat. Das Ziel muß sein, das Geld von einigen altererbten Mängeln zu befreien. Es geht darum, aus dem „Raubtier Geld" das ungefährliche und willige „Haustier Geld" zu machen, wie es der große Sozialreformer Silvio Gesell, der „Kopernikus der Volkswirtschaftslehre", einmal ausdrückte.

3. Der Film zeigt, wie eine Menschengruppe ihr Zusammenleben gestalten sollte; man kann auch sagen: wie eine Dorf-, Dörfer-, Stadt- und Volksgemeinschaft aussehen sollte, damit sie über Jahrhunderte hin Bestand hat. Freilich fand das im – alten – Ladakh auf einer vorindustriellen Stufe statt. Doch wird deswegen umso deutlicher erkennbar, welche Voraussetzungen gegeben sein müssen, damit eine Gesellschaft sozial, kulturell und ökologisch gedeiht.

4. Schließlich läßt sich aus dem Film eine sehr wichtige Erkenntnis gewinnen:

Eine volkliche Gemeinschaft ist nicht nur nichts Anstößiges, sie ist etwas höchst Wünschens- und Erstrebenswertes. Sie ist die Voraussetzung für menschliches Glück.

Ihre Erhaltung und gegebenenfalls Wiederherstellung steht im Einklang mit den Schöpfungsgesetzen, ist einem göttlichen Gebot vergleichbar und sollte eines der höchsten Ziele menschlichen Handelns auf Erden sein.

Angesichts des ganz anders gestimmten Zeitgeistes von heute kann man solche Sätze nicht oft genug wiederholen.

Die Ladakhis als vorbildliche Gemeinschaft

Ein paar **wesentliche** Dinge seien hervorgehoben:

Geschwisterliche Verbundenheit. Die Ladakhis fühlten sich wie Angehörige einer großen Familie. Das ist nicht weiter verwunderlich, da sie tatsächlich, der gemeinsamen Herkunft wegen, einen großen Sippenverband bildeten. Ursprünglich war das bei allen Völkern so. Sie gingen aus Stämmen oder Stammesverbänden hervor, waren also Menschen gleicher oder ähnlicher Abkunft. Das liefert eine weitere Erklärung, weshalb gegenseitige Hilfe im alten Ladakh ganz selbstverständlich war: Man unterstützte Menschen, denen man verwandtschaftlich nahe stand.

Soziale Sicherheit. Der einzelne fühlte sich in der Gemeinschaft geborgen. Er mußte selber etwas geben, erhielt dafür aber jederzeit etwas zurück. Echte Nachbarschaftshilfe beruht eben auf Geben und Nehmen. In allen Lebenslagen, bei Geburt, Hochzeit, Krankheit, Tod, stand einem die Gemeinschaft bei. Ritualisierte Formen der Unterstützung, d. h. dafür geeignete Sitten und Gebräuche, bildeten sich heraus.

Naturbewahrung. Man war sich bewußt, daß das eigene Überleben von der behutsamen Behandlung der natürlichen Umwelt abhing. Man wußte, daß ökologisches Fehlverhalten sofort auf einen selber zurückschlug. Bei der kleinräumigen Wirtschaftsweise konnte man nicht auf Ersatzlieferungen von außerhalb hoffen. Man war deshalb zu einem sparsamen, schonenden, vor allem auch vorausschauenden Umgang mit den Naturschätzen gezwungen. So lebte man – unter dem Druck des kargen Angebots – im Einklang mit den Schöpfungsgesetzen und gemäß den Nachhaltigkeitserfordernissen der rauhen Bergwelt. Zugleich trat man der Natur voller Ehrfurcht gegenüber.

Lokale Wirtschaftsweise. Notgedrungen mußten sich die Ladakhis mit dem begnügen, was Berge und Täler an Nahrungsmitteln und Rohstoffen hergaben. Diese Begrenzung war auch eine Quelle der Freiheit: Zwar konnten im Falle von Naturkatastrophen die Nahrungsmittel knapp werden, doch lag die Entscheidung über die Versorgung mit lebensnotwendigen Gütern im wesentlichen bei den Ladakhis selber, und sie waren nicht von andauernden Zulieferungen von außerhalb abhängig. Zudem gefährdeten sie nicht ihre Kultur und ihre Umwelt durch unpassende Einfuhren. Und nochmals sei betont: Die Beschränkung auf lokale Vorräte übte den Zwang aus, schonend mit den Naturgütern umzugehen.

Kultur. Die Kultur der Ladakhis entwickelte sich aus der Auseinandersetzung mit ihrer nächsten Umwelt – ihren Verwandten und Bekannten und der rauhen Bergwelt. So war die Kultur nichts sonntäglich Abgehobenes, sondern etwas, das auch den Arbeitsalltag durchdrang. Sie bestimmte das Verhalten eines jeden und drückte den Gebrauchsgegenständen ihren Stempel auf. Da die Rohstoffe für Geräte, Kleidung, Hausbau usw. der nächsten Umgebung ent-

Zerstörung des bisherigen Beziehungsgefüges
Menschen nicht mehr so glücklich

Sprecher: *Wenn die Kinder in der Schule sind, wird das Leben für den Rest der Familie auf dem Land schwieriger, besonders für die Frauen.*

Eine **Ladakhi** [Bäuerin und Mutter]: *... Ich bin ganz auf mich allein angewiesen. Der hier* [auf ein kleines Kind deutend] *ist meine einzige Hilfe.*

Sprecher: *In einem größeren Zusammenhang betrachtet, bringt die Entwicklung stark negative Auswirkungen mit sich. Die Modernisierung hat zweifellos einige kurzfristige materielle Vorteile. Aber dadurch zerstört sie das vielfältige Beziehungsgefüge, das Ladakh über die Jahrhunderte zusammengehalten hat. Sie verschmutzt die Umwelt, läßt die Gemeinschaften zerfallen und untergräbt die persönliche Identität.*

Was der Westen von Ladakh lernen kann

Frau N.-H.: *Ich denke, die wichtigste Lehre aus Ladakh ist, daß die Menschen sich verbunden fühlen. Sie brauchen eine Beziehung zu dem Ort, an dem sie leben, zu der Erde unter ihren Füßen. Sie brauchen eine Gemeinschaft, in der sie langfristige Beziehungen zueinander aufbauen und ihre Identität entfalten können.*

Sprecher: *In der alten Kultur waren diese Beziehungen auf Grund des kleinräumigen Maßstabes des täglichen Lebens möglich. Die politischen und wirtschaftlichen Einheiten waren klein genug, damit die Menschen wirklich sahen, welche Auswirkungen ihre Handlungen auf ihre Umwelt hatten. Und, noch wichtiger, es war ihnen möglich, an den Entscheidungen, die ihr Leben betrafen, direkt teilzunehmen ... In der industrialisierten Welt ist der Maßstab heute so groß geworden, daß in den anonymen Städten und ausgedehnten Vororten die Handlungen des einzelnen so erscheinen, als seien sie mit dem Wohlergehen der gesamten Bevölkerung unverbunden. Und der Maßstab vergrößert sich immer noch weiter ... Das Beispiel Ladakh zwingt uns dazu, neu zu bewerten, was wir mit Wohlstand meinen. In der traditionellen Lebensweise spielt Geld fast keine Rolle, so daß konventionelle Ökonomen diese Völker unter den ärmsten einreihen würden ... Die Wirtschaftsfinanzen im Westen sind nicht weniger absurd. Entsprechend der eng definierten Weise, wie wir Wachstum messen, steht unsere Volkswirtschaft besser da, wenn wir z. B. Gemüse kaufen, das Tausende von Kilometern entfernt erzeugt und mit Lastwagen durch das ganze Land herangeschafft wurde, als wenn es wir vom Bauernhof nebenan kaufen. Alle umfassenden langfristigen Kosten von der Infrastuktur bis zu den Auswirkungen auf die Umwelt bleiben völlig unbeachtet.*

Worte eines Weisen

Tashi Rabgyas: *Wenn man es mit der heutigen Zeit vergleicht, waren die Menschen in der Vergangenheit sehr glücklich. Sie waren der Wirklichkeit, der fundamentalen Wahrheit sehr nahe. Nun sind die Leute kompliziert geworden, und deshalb sind sie nicht glücklich. Sie bekommen mehr Geld, sie haben alle Arten von technischen Geräten. In gewisser Weise ist das Leben sehr bequem geworden. Aber Bequemlichkeit und Luxus, diese Dinge bringen kein Glück ...“*

3. Lehren aus Ladakhs Zerfall

Ähnlichkeiten mit unserem Schicksal

1. Die Videokassette *Lernen von Ladakh* zeigt ein Land, das erst vor etwa dreißig Jahren mit der westlichen Zivilisation Bekanntschaft machte und nun im Begriff ist, in Zeitraffergeschwindigkeit die industrielle Revolution bis hin zu den neuesten Erfindungen nachzuvollziehen. Das alte Ladakh ist freilich nur teilweise mit den vorindustriellen Ländern Europas vergleichbar. Es besaß eine nur gering entwickelte Technik, was vor allem durch das dortige rauhe Klima und den Rohstoffmangel bedingt ist.

Doch Ähnlichkeiten sind vorhanden. Deutschland z. B. war vor etwa 200 Jahren, also vor Beginn der industriellen Revolution, gleichfalls zu 90 Prozent noch ländlich, und die Städte zählten nur wenige tausend Einwohner. Das meiste wurde in Handarbeit erledigt. Das Wirtschaften spielte sich überwiegend auf lokaler Ebene ab. Entsprechend groß war die kulturelle Vielfalt, d. h. es gab deutliche lokale und regionale Unterschiede hinsichtlich Baustil, Kleidung, Essensgewohnheiten, Redeweise usw. Im ländlichen Bereich hielt sich das teilweise bis in die Mitte des 20. Jahrhunderts hinein. Verfasser dieses Buches, Jahrgang 1939, der in Dörfern aufwuchs, konnte das alles noch selbst miterleben: den vielfältigen Bauernhof; den holzgefertigten Leiterwagen von klassischer Schönheit; das Flegeldreschen; das Dachdecken mittels einer langen, die Ziegel weiterreichenden Menschenkette; die wenigen Abfälle bzw. deren völlige Wiederverwertung; die Straße als Spielplatz der Kinder; die vielen Leute, die ihr Leben lang nicht aus dem näheren Umkreis ihres Dorfes herausgekommen waren; usw.

Das mag nach wehmütiger Erinnerung klingen, und vielleicht ist der Bericht vom alten Ladakh in manchem zu idealisierend bzw. schönfärberisch. Dennoch lassen sich einige grundsätzliche Erkenntnisse daraus gewinnen.

2. **Ladakh hatte den großen Vorzug, daß es nicht unter den beiden Hauptstörquellen aller anderen Gesellschaften zu leiden hatte – der ungelösten Geld- und Bodenfrage.** So war das seltene Wunder einer sozial befriedeten Gesellschaft möglich. Der Boden war gleichmäßig unter den Familien aufgeteilt (*„mehr als 90 Prozent der Familien besitzen ihr eigenes Land"*; es wird *„als Ganzes von einer Generation zur nächsten weitergegeben"*), und das Geld spielte so gut wie keine Rolle. Mit aus diesem Grund konnte sich das Gemeinschaftsleben so ungestört entwickeln. Es gab dort keine Armut und keinen übertriebenen Reichtum.

Eine wichtige Zwischenbemerkung sei hier eingeschoben: Es wird hier nicht empfohlen, auf die Zivilisationsstufe des alten Ladakh zurückzukehren. Das ist aus vielen Gründen ausgeschlossen. Es geht darum, besser zu erkennen, was alles in den westlichen Industriegesellschaften schiefgelaufen ist. Es wird auch keineswegs gefordert, das Geld abzuschaffen. Das wäre nicht nur ein Ding der Unmöglichkeit – sechs Milliarden Menschen können nicht zur Tauschwirtschaft zurückkehren –, es wäre auch nicht wünschenswert, weil die durch das Geld ermöglichte Arbeitsteilung auch sehr viele Vorzüge hat. Das Ziel muß sein, das Geld von einigen altererbten Mängeln zu befreien. Es geht darum, aus dem „Raubtier Geld" das ungefährliche und willige „Haustier Geld" zu machen, wie es der große Sozialreformer Silvio Gesell, der „Kopernikus der Volkswirtschaftslehre", einmal ausdrückte.

3. Der Film zeigt, wie eine Menschengruppe ihr Zusammenleben gestalten sollte; man kann auch sagen: wie eine Dorf-, Dörfer-, Stadt- und Volksgemeinschaft aussehen sollte, damit sie über Jahrhunderte hin Bestand hat. Freilich fand das im – alten – Ladakh auf einer vorindustriellen Stufe statt. Doch wird deswegen umso deutlicher erkennbar, welche Voraussetzungen gegeben sein müssen, damit eine Gesellschaft sozial, kulturell und ökologisch gedeiht.

4. Schließlich läßt sich aus dem Film eine sehr wichtige Erkenntnis gewinnen:

Eine volkliche Gemeinschaft ist nicht nur nichts Anstößiges, sie ist etwas höchst Wünschens- und Erstrebenswertes. Sie ist die Voraussetzung für menschliches Glück.

Ihre Erhaltung und gegebenenfalls Wiederherstellung steht im Einklang mit den Schöpfungsgesetzen, ist einem göttlichen Gebot vergleichbar und sollte eines der höchsten Ziele menschlichen Handelns auf Erden sein.

Angesichts des ganz anders gestimmten Zeitgeistes von heute kann man solche Sätze nicht oft genug wiederholen.

Die Ladakhis als vorbildliche Gemeinschaft

Ein paar **wesentliche** Dinge seien hervorgehoben:

Geschwisterliche Verbundenheit. Die Ladakhis fühlten sich wie Angehörige einer großen Familie. Das ist nicht weiter verwunderlich, da sie tatsächlich, der gemeinsamen Herkunft wegen, einen großen Sippenverband bildeten. Ursprünglich war das bei allen Völkern so. Sie gingen aus Stämmen oder Stammesverbänden hervor, waren also Menschen gleicher oder ähnlicher Abkunft. Das liefert eine weitere Erklärung, weshalb gegenseitige Hilfe im alten Ladakh ganz selbstverständlich war: Man unterstützte Menschen, denen man verwandtschaftlich nahe stand.

Soziale Sicherheit. Der einzelne fühlte sich in der Gemeinschaft geborgen. Er mußte selber etwas geben, erhielt dafür aber jederzeit etwas zurück. Echte Nachbarschaftshilfe beruht eben auf Geben und Nehmen. In allen Lebenslagen, bei Geburt, Hochzeit, Krankheit, Tod, stand einem die Gemeinschaft bei. Ritualisierte Formen der Unterstützung, d. h. dafür geeignete Sitten und Gebräuche, bildeten sich heraus.

Naturbewahrung. Man war sich bewußt, daß das eigene Überleben von der behutsamen Behandlung der natürlichen Umwelt abhing. Man wußte, daß ökologisches Fehlverhalten sofort auf einen selber zurückschlug. Bei der kleinräumigen Wirtschaftsweise konnte man nicht auf Ersatzlieferungen von außerhalb hoffen. Man war deshalb zu einem sparsamen, schonenden, vor allem auch vorausschauenden Umgang mit den Naturschätzen gezwungen. So lebte man – unter dem Druck des kargen Angebots – im Einklang mit den Schöpfungsgesetzen und gemäß den Nachhaltigkeitserfordernissen der rauhen Bergwelt. Zugleich trat man der Natur voller Ehrfurcht gegenüber.

Lokale Wirtschaftsweise. Notgedrungen mußten sich die Ladakhis mit dem begnügen, was Berge und Täler an Nahrungsmitteln und Rohstoffen hergaben. Diese Begrenzung war auch eine Quelle der Freiheit: Zwar konnten im Falle von Naturkatastrophen die Nahrungsmittel knapp werden, doch lag die Entscheidung über die Versorgung mit lebensnotwendigen Gütern im wesentlichen bei den Ladakhis selber, und sie waren nicht von andauernden Zulieferungen von außerhalb abhängig. Zudem gefährdeten sie nicht ihre Kultur und ihre Umwelt durch unpassende Einfuhren. Und nochmals sei betont: Die Beschränkung auf lokale Vorräte übte den Zwang aus, schonend mit den Naturgütern umzugehen.

Kultur. Die Kultur der Ladakhis entwickelte sich aus der Auseinandersetzung mit ihrer nächsten Umwelt – ihren Verwandten und Bekannten und der rauhen Bergwelt. So war die Kultur nichts sonntäglich Abgehobenes, sondern etwas, das auch den Arbeitsalltag durchdrang. Sie bestimmte das Verhalten eines jeden und drückte den Gebrauchsgegenständen ihren Stempel auf. Da die Rohstoffe für Geräte, Kleidung, Hausbau usw. der nächsten Umgebung entnommen wurden, war auch hier der Einklang mit der Natur bewahrt und erschienen die menschlichen Werke nur als eine verschönernde Überhöhung des natürlich Vorgegebenen.

Einheit von Arbeit und Freizeit. *„Arbeit und Freizeit sind eins"*, heißt es im Text: Wenn der Alltag kulturell überhöht war, wurde er selber schon zum Ziel und verkümmerte nicht zur lästigen Wegstrecke, die man eben zurücklegen muß. Kein Wunder, daß bei der Feldarbeit gesungen wurde. Auch bei uns war in früheren Jahrhunderten die Arbeit von Gesang begleitet, wovon die zu Beginn des 19. Jahrhunderts – gerade noch rechtzeitig – gesammelten Volkslieder Zeugnis ablegen.

Politische Selbstbestimmung. Die politische Ordnung, die Ladakh sich gegeben hatte, war im besten Sinne demokratisch. Die Meinungsbildung und Beschlußfassung erfolgte von unten her, in Familie und Nachbarschaft, also unter Leuten, die sich kannten, und in den Dorfrat wurde ein Vertreter entsandt, über den man genau Bescheid wußte und der das Vertrauen aller genoß. Zudem ging es im Regelfall um bloße Sachfragen und nicht um Dauerstreit auslösende ideologische Themen. Auch die Frauen redeten dabei mit. Voraussetzung dieser Verfahrensweise sind allerdings Kleinräumigkeit und Überschaubarkeit, die in Ladakh freilich gegeben waren.

Kleinräumigkeit. Die obengenannten Vorzüge konnten in Ladakh nur deshalb zur Geltung kommen, weil es in kleine, überschaubare Einheiten gegliedert war, die in allen wichtigen Fragen ihre Entscheidungen selber treffen konnten und es auch mußten. Damit war eine Grundvoraussetzung gedeihlichen Zusammenlebens gegeben. Die Ladakhis waren zu einer guten Zusammenarbeit geradezu gezwungen, weil sie die Folgen von Fehlentscheidungen – ökonomischen, politischen, ökologischen usw. – sehr rasch am eigenen Leib zu spüren bekamen. Sie waren dazu imstande, weil die Verhältnisse in einem begrenzten Raum gut überschaubar waren und die Menschen einander kannten.

Freiheit. Waren die Ladakhis frei, wenn sie sich dermaßen unausweichlich in eine Gemeinschaft eingebunden fanden? Antwort: Freiheit besteht nicht unbedingt darin, tun und lassen zu können, was man will, sondern stellt das Recht dar, im Rahmen einer bewährten Lebensordnung das Sinnvolle, Richtige und somit Gute zu tun. Die Notwendigkeit des Überlebens in einer unwirtlichen Umwelt zwang die Ladakhis, so eng zusammenzuarbeiten, wie sie es taten. Und sie gewannen dabei. Als Glied einer lebendigen Gemeinschaft fühlten sie sich geborgen; sie waren imstande, eine blühende Kultur zu schaffen und waren glücklich dabei.

Religion. Der Mensch ist nur dann glücklich, wenn er im Leben einen tieferen Sinn erkennt. Ein solcher Glaube gibt ihm z. B. die Kraft, persönliche Unzulänglichkeiten besser zu ertragen und schlimmere Zeiten leichter zu überstehen. Die Ladakhis hatten offensichtlich das Glück, mit dem Buddhismus, wie sie ihn verstanden, eine Religion zu besitzen, die ganz auf ihre alltäglichen Verrichtungen abgestimmt war. Sie hielt sie zur Naturschonung an, forderte sie zu einem freudebestimmten Leben auf und versöhnte sie mit den Mißgeschicken des Lebens und dem schließlichen Sterben. Ihre religiösen Feste dienten dazu, neue seelische Kräfte zu sammeln.

Frieden. Das alte Ladakh war eine durch und durch friedliche Gesellschaft. Bei Abwesenheit der Geld- und Bodenproblematik gab es kein leistungsloses Einkommen, keine Ausbeutung, keine schroffe Aufspaltung in reich und arm. Soziale Spannungen blieben aus, weil Wohlstand nur durch eigene Arbeit möglich war. Kurzum: Ladakh war noch nicht mit der ungelösten sozialen Frage belastet, unter der seit langem alle anderen Völker leiden.

Abschließende Erkenntnis. Ladakh, wie es einmal war, stellte eine Art **Idealfall einer dörflichen und volklichen Gemeinschaft dar.** Es war friedlich, umweltverträglich, kulturbewußt, insgesamt eine auf Überdauern hin angelegte und auf Höheres ausgerichtete Gemeinschaft.

Es sei nochmals betont, daß der Glücksfall Ladakh nur möglich war, weil durch das Nichtvorhandensein der Geld- und Bodenproblematik soziale Spannungen und andere Fehlentwicklungen ausblieben.

Auch die Filmhersteller bedauern, **daß diese alte Kultur, infolge westlicher Einflüsse, unaufhaltsam zu zerfallen begonnen hat,** und wünschen sich, daß sie wieder herstellbar wäre.

Jedenfalls dürfte kaum jemand widersprechen, daß solch ein Gemeinschaftsaufbau in seinen Grundzügen richtig und nachahmenswert ist, auch für westliche Völker, wobei freilich deren höhere zivilisatorische Stufe berücksichtigt werden muß.

Woran krankt die westliche Welt?

Die Berührung mit der westlichen Zivilisation hat Ladakh, wie viele andere Länder der Welt zuvor, tiefgreifend und sehr zu seinem Nachteil verändert.

Weshalb ist das so?

War es nur die Andersartigkeit der westlichen Kultur? Wohl kaum.

Es dürfte weit mehr die Tatsache sein, daß die westliche Welt schon seit langem von einer **tiefreichenden sozialen Krankheit** befallen ist. In den vergangenen 200 Jahren hat sie sich in Gestalt der industriellen Revolution gezeigt, die so viele häßliche Begleiterscheinungen hatte, und im letzten halben Jahrhundert ist sie offensichtlich in ihr Endstadium eingetreten – mit noch ungewissem Ausgang.

Der Schweizer Dichter Gottfried Keller hat diese Krankheitsgefahren vor 140 Jahren in seiner Novelle *Das Fähnlein der sieben Aufrechten* deutlich angesprochen. Den wackeren Schneidermeister Hediger läßt er so reden:

„Glücklicherweise gibt es bei uns keine ungeheuer reichen Leute, der Wohlstand ist ziemlich verteilt, laß aber einmal Kerle mit vielen Millionen entstehen, die politische Herrschsucht besitzen, und du wirst sehen, was die für Unfug treiben! Da ist der bekannte Spinnerkönig, der hat wirklich schon viele Millionen." Er sei freilich noch ein *„guter Bürger"* und lebe wie die anderen Menschen auch. Aber: *„Laß diesen Kauz ein politisches herrschsüchtiges Genie sein ... und dann schau, was er für einen Schaden anrichtet im gemeinen Wesen und wie er den Charakter des Volkes verdirbt.* ***Es wird eine Zeit kommen, wo in unserem Lande, wie anderwärts, sich große Massen Geldes zusammenhängen, ohne auf tüchtige Weise erarbeitet und erspart worden zu sein; dann wird es gelten, dem Teufel die Zähne zu weisen ..."***

Wie Keller sich die Schweizer Einwohner wünschte und wohl noch wirklich vor Augen hatte, erfahren wir aus der berühmten Rede, die der junge Karl Hediger auf dem nationalen Schützenfest von 1849 vor den versammelten Eidgenossen hält:

„... aber sie [die *'sieben Aufrechten'*] *können über die wunderbare Tatsache des Vaterlandes nicht hinauskommen. Zwar sind sie in ihrer Jugend auch gereist und haben vieler Herren Länder gesehen, nicht voll Hochmut, sondern jedes Land ehrend, in dem sie rechte Leute fanden, doch ihr Wahlspruch blieb immer:* ***Achte jedes Mannes Vaterland, aber das deinige liebe!***

Wie zierlich und reich ist es aber auch gebaut! Je näher man es ansieht, desto reicher ist es gewoben und geflochten, schön und dauerhaft, eine preiswürdige Handarbeit!

Wie kurzweilig ist es, daß es nicht einen eintönigen Schlag Schweizer, sondern daß es Zürcher und Berner, Unterwaldner und Neuenburger, Graubündner und Basler gibt, und sogar zweierlei Basler! Daß es eine Appenzeller Geschichte gibt und ein Genfer Geschichte; ***diese Mannigfaltigkeit in der Einheit, welche Gott uns erhalten möge, ist die rechte Schule der Freundschaft, und erst da, wo die politische Zusammengehörigkeit zur persönlichen Freundschaft eines ganzen Volkes wird, da ist das Höchste gewonnen!*** *Denn was der Bürgersinn nicht ausrichten sollte, das wird die Freundesliebe vermögen und beide werden zu e i n e r Tugend werden!"*

Mit anderen Worten:

Im besten Fall ist ein Volk eine **lebensvolle Gemeinschaft** – eine große Schicksalsgemeinschaft, die in sich freilich vielfach gegliedert ist.

Zerstörender westlicher Einfluß

In Ladakh gab es jahrhundertelang die *„persönliche Freundschaft eines ganzen Volkes"*.

Das **Eindringen westlichen Kapitals und westlicher Konzernwirschaft** aber hatte für Ladakh, wie geschildert, **verheerende Folgen.**

Und wie kam es zu dieser Katastrophe?

Durch einen ganz banalen ökonomischen Vorgang: **Von außerhalb strömten Güter herein, die zu niedrigeren Preisen angeboten wurden.** Preiswerter waren sie, weil sie unter günstigeren Voraussetzungen hergestellt werden konnten – wegen besserer klimatischen oder sonstigen natürlichen Voraussetzungen oder wegen einer höherentwickelten Fertigungstechnik.

Der scharfsichtige **Karl Marx** beschrieb das im *Kommunistischen Manifest* (1848) sehr zutreffend:

„Die Bourgeoisie reißt durch die rasche Verbesserung aller Produktionsinstrumente, durch die unendlich erleichterten Kommunikationen alle, auch die barbarischsten Nationen in die Zivilisation. Die wohlfeilen Preise ihrer Waren sind die schwere Artillerie, mit der sie alle chinesischen Mauern in den Grund schießt, mit der sie den hartnäckigsten Fremdenhaß der Barbaren zur Kapitulation zwingt. Sie zwingt alle Nationen, die Produktionsweise der Bourgeoisie sich anzueignen, wenn sie nicht zugrunde gehen wollen; ***sie zwingt sie, die sogenannte Zivilisation bei sich selbst einzuführen,*** *d. h. Bourgeois zu werden. Mit einem Wort, sie schafft sich eine Welt nach ihrem eigenen Bilde."*

Woran Marx noch nicht dachte: Die niedrigen Preise heutiger Erzeugnisse werden großenteils mit der Ausplünderung der Natur bezahlt, mit Bergen von Abfällen, mit der Verschmutzung der Lebensgrundlagen, mit Landschaftsverunstaltung, mit viel anderem Schlimmen.

Ein zweites kommt hinzu. Natürlich könnte man sagen: Die Ladakhis sind selber daran schuld. Hätten sie die westlichen Massenwaren nicht gekauft, hätten sie sich auf das Neue nicht eingelassen, wären sie ihrer überlieferten Wirtschaftsweise treu geblieben, dann hätten sie sich die alten, sparsamen, aber gesunden Zustände bewahren können.

Doch es ist illusorisch, das zu erwarten, und so ist es auch niemals abgelaufen. Die **Verführungskraft westlicher Technik und westlicher Konsumartikel** – auch deren niedrige Preise – ist einfach zu groß. Zudem werden Coca-Cola, Blue Jeans, Pralinen, Ton- und Videokassetten, Motorräder, Computer durch geschickte Werbefeldzüge allzu verlockend dargeboten.

Man fühlt sich hier an den jungen Adeligen Ulrich von Rudenz in Friedrich Schillers ***Wilhelm Tell*** erinnert, der zu den Feinden und zum Volksunterdrükker Geßler überlaufen will, weil er sich vom Glanz des österreichen Kaiserhofes hat blenden lassen. Das einfache bäuerliche Leben zu Hause verachtet er. Auch sein Oheim, der hochbejahrte **Freiherr von Attinghausen,** kann ihn zunächst nicht von seinem Vorhaben abbringen. Beschwörend redet er auf seinen Neffen ein:

„Leider ist die Heimat
Zur Fremde dir geworden! – Uli! Uli!
Ich kenne dich nicht mehr. In Seide prangst du,
Die Pfauenfeder trägst du stolz zur Schau
Und schlägst den Purpurmantel um die Schultern,
Den Landmann blickst du mit Verachtung an
Und schämst dich seiner traulichen Begrüßung [...]
Ach Uli! Uli! Ich erkenne sie,
Die Stimme der Verführung! Sie ergriff
Dein offnes Ohr, sie hat dein Herz vergiftet.“

Man kann Rudenz irgendwie verstehen, wenn es ihn nach Wien trieb, denn dort erwartete ihn eine Welt voller Glanz, die das Herz berechtigterweise höher schlagen ließ, weil sie noch echte Kulturwerte zu schaffen imstande war.

Aber kann man das der westlichen Kommerzwirtschaft und ihren Erzeugnissen nachsagen?

Wie dieser Lebensstil wohl einzuschätzen ist, hat der bekannte – und umstrittene – Schweizer Gesellschaftskritiker und Marxist **Jean Ziegler** gar nicht unrichtig einmal in die Worte gefaßt (*Eine Schweiz – über jeden Verdacht erhaben.* Luchterhand, 1976):

„Eines Tages – und dieser Tag ist heute in der Schweiz und in anderen kapitalistischen Staaten angebrochen – tritt der Kapitalismus in sein hegemonistisches Stadium. Das heißt, in den Händen ganz weniger kommt es zu einer derartigen ***Konzentration wirtschaftlicher Macht,*** *daß der Wettbewerb unter Kapitalisten aufhört und sich in den verschiedenen lebenswichtigen Wirtschaftssektoren eines Landes* ***Monopole*** *bilden. Diese Monopole aber haben eine natürliche* ***Expansionstendenz.*** *Sie müssen weiterwachsen, neue Märkte erschließen, Rohstoffgebiete sichern, kurz ihre Profite, ihren Akkumulationsrhythmus, ihre Macht unaufhörlich steigern. Dies ist nur möglich durch die Eroberung neuer, jenseits der ursprünglich nationalen Grenzen liegender Regionen ... In den Händen der kapitalistischen Oligarchie des Zentrums (das heißt der Länder Westeuropas, Nordamerikas, Japans, auf deren Boden der hegemonistische Kapitalismus gewachsen ist) wird das* ***Finanzkapital zu einer Eroberungswaffe von ungeheurer Macht.*** *Im Vergleich zu ihr sind die Armeen des* Dschingis *Khan, Alexanders und der Cäsaren niedliche Spielzeugwaffen. Dem Finanzkapital unterwirft sich ein Volk der Peripherie nach dem andern ...“ (S. 20)*

S. 28f.: *„Die ... Profitideologie ... schafft die psychologischen Bedingungen für das unangefochtene Einbrechen des* ***Imperialismus*** *in die uralten Kultur- und Zivilisationswelten der afrikanischen, asiatischen und lateinamerikanischen Völker. Pietre hat dafür ein schönes Wort gefunden: der* ***'Imperialis-***

***mus der Leere'**. In der Tat ist der Imperialismus der Staaten nicht mehr Träger einer alternativen Zivilisation. Er zerstört ... die Kultur oder die Kulturen des eroberten Volkes ... Um sie wodurch zu ersetzen? Durch nichts. Oder, genauer, durch eine Marktideologie, **die den Menschen auf seine bloße Warenfunktion reduziert und ihn seiner eigentlichen Daseinsberechtigung, seines persönlichen Schicksals und seiner elementaren kulturellen Mittel beraubt,** mit denen er den ihm vom Kapital aufgezwungenen neuen Werten widerstehen könnte."*

Mit dieser *„Profitideologie"* und ihren wahren, von den Marxisten nicht gesehenen Ursachen werden wir uns in Kürze noch genauer befassen.

Volk als zerbrechliche Einheit

Noch etwas kann man aus dem Niedergang Ladakhs lernen:

Man sollte begreifen, daß die Kultur eines Volkes nichts von seinen anderen Lebensbereichen Abgelöstes ist. Man kann nicht z. B. die Warenherstellung oder die politische Leitung anderen Mächten überlassen und vermeinen, seine Kultur bewahren zu können.

In Wahrheit bilden Wirtschaft, Recht, Politik, volkliche Herkunft, Kultur, Religion ein Ganzes. Sie sind nur verschiedene Bereiche bzw. Ansichten eines gesellschaftlichen Organismus, und wenn ein Teil davon störenden Einflüssen ausgesetzt ist, so leidet alles übrige darunter oder geht gar zugrunde.

Um Mißverständnisse zu verhindern: Das ist verallgemeinernd gesprochen und schließt lokale und regionale Abweichungen und Sonderentwicklungen – im großen Rahmen der volklichen Einheit – keineswegs aus! Es wird auch nicht gefordert, daß zwischen Völkern kein Handel und kein Warenaustausch stattfinden dürfe.

Es soll auch nicht heißen, daß Völker voneinander nicht lernen könnten und keine fruchtbaren Kulturbegegnungen möglich wären!

Aber gehen von den heutigen Industriestaaten noch befruchtende kulturelle Signale aus? Ist der westliche Konzernkapitalismus ein wünschenswertes Exportgut?

Laut Jean Ziegler ist diese Frage – siehe oben – entschieden zu verneinen, und ich meine, zu Recht. Man erinnere sich hier, was der Westen der ladakhischen Jugend alles anzubieten hat!

Hinweise

In den folgenden Kapiteln soll davon die Rede sein, was das Wesen des Konzernkapitalismus ausmacht und wo seine Entstehungsursachen liegen.

Die vorliegende Abhandlung, in der es auch um andere Themen geht, kann das freilich nur begrenzt leisten. Genaueres erfährt man aus den am Ende dieses Buches genannten Schriftwerken. Die Lösunganätze jedoch, insbesondere bezüglich der Geldfrage, sind mit größerer Ausführlichkeit behandelt (siehe zweiten Buchteil).

Leider haben Karl Marx und die Marxisten, so zutreffend viele ihrer Analysen sind, bei der entscheidenden Frage – der nach dem richtigen Lösungsweg – verheerend falsche Antworten gegeben. Auch stehen Marxisten und Antifaschisten, getreu ihrem Lehrmeister, dem Volks- und damit dem Freiheitsgedanken meist feindselig oder doch gleichgültig gegenüber.

4. Westlicher Konzernkapitalismus

Gesellschaftsaufspaltung

„Die Reichen in Deutschland werden von Jahr zu Jahr immer reicher *... Die Zahl der Einkommensmillionäre stieg in diesem Zeitraum* [1989 bis 1992] *sprunghaft um fast 40 Prozent an.“* So las man es am 12.9.1996 in den *Stuttgarter Nachrichten*, die sich dabei auf die Erhebungsergebnisse der Statistischen Landesämter bezogen. Am 11.11.1995 hatte dieselbe Zeitung gemeldet: *„Immer mehr Deutsche an der Armutgrenze ... Nach Angaben des Europäischen Armutsnetzwerks (EAPN) hat sich die Zahl der Sozialhilfeempfänger zwischen 1983 und 1993 vervierfacht.“*

In einer langen Abhandlung zum selben Thema schrieb der *Spiegel* zusammenfassend (37/1999):

„So summiert sich das gesamte Privatvermögen in Deutschland mittlerweile auf den gewaltigen Betrag von 14,5 Billionen Mark; rund 30 Prozent davon befinden sich nach der letzten Erhebung in der Hand von nicht einmal fünf Prozent der Haushalte – und damit sind auch die Startchancen höchst unterschiedlich.“

Hinsichtlich der Verteilung der privaten Geldvermögen kommt das *isw* (*institut für sozial-ökologische wirtschaftsforschung e.v.*, München) bereits für das Jahr 1993 zu dem noch krasseren Ergebnis, ***„daß das reichste ein Prozent der Haushalte etwa 50 Prozent des gesamten Privaten Geldvermögens besitzt.“*** (*isw-grafikdienst*, Nr. 7, S. 5 und 8)

Die Kluft zwischen reich und arm tut sich also immer weiter auf, hierzulande – und weltweit. **Nirgendwo ist die soziale Frage gelöst** (war es freilich auch niemals, oder nur ansatzweise, in der Vergangenheit).

Doch ist es an der Zeit, sie endlich von Grund auf zu bereinigen. Anders kann man die sich verschlimmernden Zustände in allen Gesellschaftsbereichen und überall auf der Welt nicht in den Griff bekommen. Die sozialen Spannungen wirken überall mit herein.

Was sind die Hauptursachen der Auseinanderentwicklung bei Einkommen und Vermögen? Hierzu eine *dpa*-Meldung: *„Der deutsche Gewerkschaftsbund (DGB) hat eine 'totale Schieflage' bei der Vermögensverteilung in Deutschland beklagt. Auf zehn Prozent der reichsten Haushalte entfielen 50 Prozent des erfaßten Vermögens, kritisierte DGB-Vorstandmitglied Michael Greuenich gestern.* ***Sogar nur zwei Prozent der Haushalte mit Zinseinkünften heimsten 32 Prozent aller Zinsen und Dividenden ein.“*** (*Sonntag Aktuell*, 25.8.96)

Der Zins spielt also, neben steuerlichen und anderen Ungerechtigkeiten, bei der einseitigen Vermögensanhäufung – hier und sonstwo – eine ausschlaggebende Rolle. Zinsen aber sind leistungslose Einkünfte. Und sie fallen nicht wie Manna einfach vom Himmel. Jemand mußte dafür gearbeitet haben: die große Mehrheit der Bevölkerung.

Allerdings ist den wenigsten bewußt, daß sie sehr viel Zinsen aufzubringen haben. Größtenteils werden sie **unbemerkt abkassiert:** wenn man Steuern bezahlt, Gebühren entrichtet, und besonders viel, wenn man seine alltäglichen Einkäufe erledigt. In allen Preisen für Waren und Dienstleistungen sind nämlich Zinsanteile versteckt. Sie dürften durchschnittlich ein Drittel ausmachen. Die unvermeidlich anfallenden Kapitalkosten werden von den Unternehmen, auch vom Staat, selbstverständlich auf die Preise überwälzt.

Durch den Zinsmechanismus – auch durch die Inflation – findet also eine unaufhörliche Vermögensumverteilung von der Arbeit zum Besitz statt und wird eine kleine, ohnehin schon reiche Minderheit leistungslos noch reicher. Alljährlich werden so widersinnigerweise **mehrere hundert Milliarden Mark** aus halbleeren Kassen in bereits überfließende umgelenkt.

Erfreulicherweise wird diese schreiende Ungerechtigkeit – d. h. die Hauptursache der ungelösten sozialen Frage – auch öffentlich immer häufiger angesprochen.

„Jede dritte Mark“

Die Einkünfte aus Kapitalerträgen sind beträchtlich. Rainer Eppelmann, CDU-Präsidiumsmitglied und Bundesvorsitzender der *Christlich-Demokratischen Arbeitnehmerschaft (CDA)*, sagte zu diesem Mißstand in einem *Spiegel*-Gespräch (37/97):

„Die Schieflage bei der Vermögensverteilung vergrößert sich unaufhaltsam. ***1980 kam jede vierte verdiente Mark aus Kapitaleinkommen. Heute ist es schon jede dritte Mark.*** *Drei Prozent der Haushalte verfügen über mehr als 80 Prozent des Produktivkapitals. Das gefährdet unsere Demokratie. Da müssen wir dringend gegensteuern.“*

Zum besseren Verständnis:

Wenn Eppelmann sagt, daß heute schon jede dritte verdiente Mark aus Kapitaleinkommen stammt, dann ist das eine Durchschnittszahl: Die große Mehrheit hat überhaupt keine oder nur geringe Zinseinkünfte, einige wenige Haushalte aber desto mehr (siehe oben).

Weitere Zahlenangaben

Noch höhere Zahlen nennt Professor Wolfgang Berger, heute Unternehmensberater und davor langjähriger Personalchef in einem Großunternehmen. In einem auf der Primärbanken-Herbsttagung im November 2000 in Salzburg gehaltenen Vortrag führte er mit Blick auf Österreich aus (*Der Dritte Weg*, Februar 2001):

„Vor 50 Jahren betrugen die Arbeitseinkommen 96 Prozent und die Kapitaleinkommen 4 Prozent des Bruttosozialprodukts; heute betragen die Arbeitseinkommen 60 Prozent und die Kapitaleinkommen 40 Prozent. Ein Arbeiter bei Henry Ford konnte sich mit drei Monatslöhnen ein Auto kaufen; das gibt es heute nicht mehr. Relativ hat sich die Situation der Arbeitnehmer kontinuierlich verschlechtert.

Die Hälfte unserer Einkommen zahlen wir direkt oder indirekt für Zinsen; Zinskosten für Fremdkapital sind in die Preise aller Dinge, die wir kaufen, einkalkuliert, und der Schuldendienst unserer Staaten und Gemeinden ist [vielerorts] *zum größten Ausgabenposten ihrer Budgets geworden. Das bedeutet: Wenn Sie persönlich weniger als 50 Prozent Ihres Einkommens aus Zinsen erzielen, gehören Sie zu den Verlierern des Systems; auf der Gewinnerseite sind Sie nur dann, wenn Ihr Zinseinkommen ihr Arbeitseinkommen übersteigt."*

Anmerkung:

Professor Bergers Ausführungen sprechen für sich. Sie machen deutlich, daß der Zins – im Verein mit den daraus entstehenden Monopolvorteilen – eine sich stetig beschleunigende Vermögensumschichtung in Gang setzt (wobei deren Ausmaß je nach Land und je nach Berechnungsart etwas anders lautet). Die Dynamik dieser Entwicklung aber ist unbestreitbar und unaufhaltsam, auch wenn die Zahlen in Wirklichkeit niedriger lägen. **Ihre verteilungspolitischen Auswirkungen können noch am ehesten durch hohe wirtschaftliche Wachstumsraten abgemildert werden – was nur auf Kosten der Natur geht.** Der beispiellose Raubbau an unseren Lebensgrundlagen hat also im Zinsmechanismus seine eigentliche Ursache (Genaueres siehe unten).

Ausmaß der Zinseinkünfte und -zahlungen

Welche Zinssummen vor allem Reichere kassieren, lassen auch Angaben der Bundesbank erahnen: Laut *Monatsbericht Juli 1999* beliefen sich die Zinsaufwendungen aller deutschen Kreditinstitute, also die **Zinsausschüttungen an die Geldgeber**, im Jahr 1998 auf 455 Milliarden Mark. (Von dieser Bruttozahl ist etwa ein Viertel – es rührt von bankinternen Kreditgewährungen her – abzuziehen; doch sollte man die beträchtlichen Zinserträge, die außerhalb des Bankbereichs anfallen, z. B. für Bundesobligationen, wieder hinzuzählen.)

Die Zinseinkünfte aus schuldenfreiem Sachkapital (einschließlich Bodenbesitz), die gleichfalls eine mindestens dreistellige Milliardensumme ausmachen, sind hier noch nicht berücksichtigt.

Umgekehrt läßt sich auch versuchen, die **Zinszahlungen** zu schätzen, die für die in der Bundesrepublik entstehenden **Schulden** aufzubringen sind. Nach Berechnungen des Aachener Wirtschaftsanalysten und Buchautors Helmut Creutz summierten sie sich 1998 auf rund 900 Mrd. Mark: 600 Milliarden für geldbezogene Schulden und 300 Milliarden für die Nutzung unverschuldeten Sachkapitals. (*Zeitschrift für Sozialökonomie*, Sept. 2000, S. 23f.)

„Enorme gesellschaftliche Umverteilung"

Ingrid Matthäus-Maier, damals stellvertretende Vorsitzende der SPD-Bundestagsfraktion und Vorsitzende des *Arbeitskreises Öffentliche Finanzwirtschaft*, führte im Rahmen ihrer Haushaltsrede am 19. September 1990 vor dem Deutschen Bundestag aus:

„Mit den riesigen Zinsausgaben der öffentlichen Hand ist eine enorme gesellschaftliche Umverteilung verbunden: Von den jährlich 100 Mrd. DM Zinsen, die von allen Deutschen in West- und Ostdeutschland über höhere Steuern Jahr für Jahr aufgebracht werden müssen, profitieren vor allem die Besitzer großer Kapitalvermögen ... Die Bundesregierung darf den Weg in die ungehemmte Schuldenpolitik nicht weiter gehen. ***Die riesigen Zinszahlungen gehen zulasten der breiten Mehrheit der Bevölkerung,*** *der Mieter, der Häuslebauer, der Verbraucher und aller Steuerzahler, die diese Zinsen zahlen müssen."*

Zinsbesteuerung?

Die *„Besitzer großer Kapitalvermögen"*, daher Empfänger *„riesiger Zinszahlungen"*, finden zudem – anders als die Masse der Bevölkerung – meist Wege, der Kapitalertrags- und anderen Steuern zu entgehen. Ex-Präsident des Bundesfinanzhofes Franz Klein meinte dazu (*Spiegel*, 5/1997): *„Die Reichen haben immer und in allen Ländern die Möglichkeit, ihr Einkommen so zu gestalten, daß weniger Steuern anfallen. Und je höher die im Gesetz stehenden Spitzensteuersätze sind, desto exzessiver nutzen sie ihre Chancen."* In seinem Buch *Das Herz schlägt links* geißelte dies Oskar Lafontaine mit den Worten: *„Denn mit der Staatsschuld verhält es sich so: Die Arbeitnehmer und ihre Kinder zahlen die Steuern, während die Vermögenden und ihre Kinder die Zinsen* *bekommen, die oft nicht versteuert werden."* (Zitiert nach *Der Dritte Weg*, Januar 2001.) Laut dem *Großen Wolffen* gibt es für Eingeweihte angeblich *„gewollte Gesetzeslücken"*, die es ihnen möglich machen, der Einkommens- und der Quellensteuer auf Kapitalerträge *„ganz legal"* auszuweichen.

Wachstumszwang

Eine zweite schädliche Auswirkung des Zinses sollte erst recht zu einem öffentlichen Gesprächsthema werden: **seine antreibende Rolle beim Wirtschaftswachstum. Hauptsächlich der Zins macht das Wachstum zu einer andauernden Zwangsveranstaltung, zum Nachteil einerseits der Natur und andererseits der Beschäftigung.**

Weshalb ist das so? – In erster Linie zinsbedingt nehmen in den Industrieländern die Geldvermögen unaufhörlich zu. In der Bundesrepublik haben sie sich (bei privaten Haushalten, Unternehmen, dem Staat) von 66 Mrd. Mark im Jahr 1950 über 2.390 Mrd. im Jahr 1980 auf 9.492 Mrd. Mark im Jahr 1998 vermehrt (nach Berechnungen der Deutschen Bundesbank). Damit wuchsen sie gut dreimal schneller als das Sozialprodukt. **Es ist zum größeren Teil ein Wachstum aus sich heraus, nach dem Zinseszinsprinzip,** weil sehr viele Leute (z. B. bei Lebensversicherungen), vor allem aber die Reicheren, ihre Zinseinkünfte nicht konsumieren; sie lassen sie auf den Guthabenkonten stehen. Der ehemalige Herausgeber der *Wirtschaftswoche*, Wolfram Engels, kommentierte es so: *„Ein weiteres Paradoxon ist die Beobachtung, daß aus Kapitaleinkünften mehr gespart wird als aus Arbeitseinkommen."* (*Der Kapitalismus und seine Krisen.* 1996, S. 69)

Die wachsenden Geldvermögensbestände haben nicht nur den Nachteil, daß sie sich überwiegend bei den Reichen ansammeln; sie haben zweitens eine sehr unschöne Kehrseite: **Fast im Gleichschritt mit ihnen nehmen die Schulden zu.** Ende 1998 beliefen sie sich insgesamt – bei Unternehmen, Staat, privaten Haushalten – auf 9.902 Mrd. Mark. Denn Geldvermögen wollen angelegt sein und bringen nur dann Erträge, wenn sich dafür Schuldner finden. Der Kreditbedarf bei Wirtschaft und Staat, z. Z. besonders bei letzterem, ist meist groß. Kapital aber will bedient sein. Es genügt nicht, die Schulden nur zu tilgen, es muß ein Aufpreis geleistet werden: der Zins.

Damit ist eine Grundursache vieler heutiger Fehlentwicklungen beim Namen genannt: **Um den Zins bezahlen zu können, muß die Wirtschaft – bei immerfort zunehmender Gesamtverschuldung – immerfort mehr produzieren.** Nur so können die Geldgeber zufriedengestellt werden, und nur dann kommt der Staat zu den erhofften Steuern.

Daraus entsteht ein Produzieren um des Zinses willen, ohne Sinn und Verstand, ohne Bezug auf die wahren Bedürfnisse der Menschen, ohne Rücksicht auf die Natur. Der Zins ist es letztlich, der einer Volkswirtschaft

einen unausweichlichen, zerstörerischen Mehrerzeugungszwang auferlegt.

Kybernetiker sprechen hier von **„positiver Rückkoppelung“**, die jedes System zum Schluß explodieren läßt.

Die Masse der Ökonomieprofessoren ist bisher allerdings noch nicht imstande, diese im Grunde einfachen Zusammenhänge zu erkennen. Zu den erfreulichen Ausnahmen zählt z. B. Prof. Edmund Malik: *„Die Dynamik der Geldwirtschaft ergibt sich damit aus den zwangsweise oder freiwillig eingegangenen Schuldverhältnissen und den unwiderruflichen und mit Existenzbedrohung belegten Bedienungs-, d. h. Tilgungs- und vor allem Verzinsungsverpflichtungen.“* (*Geld und Wachstum*. Hrg. H. C. Binswanger und P. v. Flotow, Weitbrecht 1994, S. 130f.)

Ergänzendes

Weil er, wie oben ausgeführt, eine zweifache Fehlsteuerung auslöst, spielt der Zins in Wirtschaft und Gesellschaft eine absolut zerstörerische Rolle.

Nach dem Übergang zum bloßen Papiergeld (Buchgeld inbegriffen) mit seiner uferlosen Vermehrbarkeit hat sich die Zerstörungswirkung des Zinses (im Verein mit dem technischen Fortschritt) in unserer Zeit noch verschlimmert. Von der Geldseite her ist damit ein grenzenloses Wachstum möglich.

Ohne eine Berichtigung unserer Währungsverfassung zur Überwindung von Zins und Inflation – freilich auf marktwirtschaftliche Weise – ist keines der großen heutigen Probleme dauerhaft lösbar, weder im ökologischen noch im sozialen noch im politischen Bereich. Im Gegenteil, die Lage kann sich überall nur noch verschlimmern.

Feststellungen eines Grünen-Politikers

Oswald Metzger, haushaltspolitischer Sprecher der Bundestagsfraktion der Bündnis-Grünen und laut *Spiegel* bei allen Parteien für seine Fachkenntnisse hoch geschätzt, schrieb in einem *Spiegel*-Essay (45/1998):

*„Der riesige Schuldenberg hat eine fatale Konsequenz: **Rasant wachsende Zinsverpflichtungen des Staates müssen aus ständig steigenden Steuereinnahmen bedient werden. Dies ist ein Hauptgrund für den ökologisch schädlichen Wachstumszwang!“***

Erläuterungen:

1. Metzger stellt fest, daß es zwischen *„wachsenden Zinsverpflichtungen“* und dem *„ökologisch schädlichen Wachstumszwang“* einen **unauflöslichen Zusammenhang** gibt.

2. Die Ausführungen des Politikers lassen sich so verstehen: Bei zunehmender Staatsverschuldung sind zur Ableistung des Kapitaldienstes *„ständig steigende Steuereinnahmen"* erforderlich. Die können nur dann aufgebracht werden, wenn die Unternehmen höhere Gewinne erzielen, wenn die Löhne und Gehälter steigen – wenn die Wirtschaft also wächst. Dem Staat liegt deshalb sehr daran, daß sich das Bruttoinlandsprodukt unaufhörlich vergrößert.

3. Doch stehen die Unternehmen aus einem anderen Grund unter sehr viel schlimmerem Wachstumsdruck: **Ihre eigene Schuldenlast ist noch viel *„riesiger"* als die des Staates und gleichfalls *„ständig steigend"*.** Um die davon herrührenden *„wachsenden Zinsverpflichtungen"* erfüllen zu können, müssen sie die Gütererzeugung unaufhörlich ausweiten. Hier zeigt sich eine Hauptursache des *„ökologisch schädlichen Wachstumszwangs"*.

4. Warum nimmt die Gesamtverschuldung der Wirtschaft unaufhörlich zu? Zunächst steckt die Notwendigkeit dahinter, immerfort zu rationalisieren und technisch auf dem neuesten Stand zu sein. Andernfalls gingen die Unternehmen im allgemeinen Verdrängungswettbewerb sehr schnell zugrunde. Doch woher stammen die wachsenden Verschuldungsgelder?

5. Hier sollte man eine noch tiefer sitzende Ursache erkennen: die obenerwähnte Tatsache, daß – hauptsächlich **zinseszinsbedingt** – die Geldvermögen einer Volkswirtschaft unaufhörlich zunehmen.

6. Geldvermögen aber wollen angelegt sein. Einerseits sorgt der Wettbewerb unter den Finanzinstituten dafür, daß dies geschieht; andererseits ist der Finanzbedarf allerorten groß. **Die Kehrseite wachsender Geldvermögen sind also überbordende Schulden,** zunächst bei der Wirtschaft, immer mehr aber beim Staat.

7. Daraus aber ergibt sich das allzerstörende Grundgesetz des Zinssystems, d. h. des Kapitalismus: **wachsen oder weichen.**

Ein Professor mit Klarblick

Eine gute Zusammenfassung der entscheidenden Problemursachen lieferte Professor Hans Kessler in einem Beitrag zu dem 1998 erschienenen Sammelband *Demokratie und Ethik wohin?* (Zitiert nach *Zeitschrift für Sozialökonomie*, Folge 121, Juni 1999, S. 2):

„Der heutige reale Weltmarkt wird vom Kapital beherrscht. Marktwirtschaft und kapitalistische Marktwirtschaft sind nicht dasselbe. Und wer letztere kritisiert, ist damit nicht antimarktwirtschaftlich. Das Marktprinzip läßt sich bei vernünftiger Regulierung mit Gerechtigkeit und Erhaltung der Umwelt versöhnen, der Kapitalismus kaum ... Ein entscheidender Knackpunkt in dem ganzen Problemknäuel von Wirtschaft – Umwelt – Umverteilung ist das System von Zins und Zinseszins. Dieses Zinseszinssystem setzt die Wirtschaft

unter einen ständigen Druck zu endloser Expansion und Profitmaximierung ... So muß, um die exponentiellen Zinseszinsbedürfnisse der großen Geldvermögen zu bedienen, die Wirtschaft ständig weiterwachsen – die ökologischen Folgen sind katastrophal. Der Zinseszins führt zu Wachstumszwang, Ressourcenübernutzung und Umverteilung nach oben ...

Die Wurzel des geschilderten Übels liegt in der Fehlstruktur unseres Geldsystems und – im unkritischen Glauben an die Fehlerlosigkeit des Zinses ... Das Abrücken der Kirchen vom Zinsverbot hat den Aufstieg des modernen Kapitalismus entscheidend begünstigt. Es wird höchste Zeit, daß Kirchen und Sozialethiker umkehren ..., um Gegenkräfte gegen eine aus den Fugen geratene internationale Finanzwelt aufzubauen und Wege zu fördern, die zum Ziel einer umweltverträglicheren (zinsfreien) Marktwirtschaft führen ...

Die heutige kapitalistische Marktwirtschaft, in der das Geld einen absoluten Stellenwert hat, muß umstrukturiert und allmählich in eine öko-sozial verträgliche Marktwirtschaft transformiert werden ... Dafür gilt es auf allen Ebenen und in allen Bereichen, auch politisch, zu kämpfen und dabei nicht zu erlahmen. Es kommt auf jede und jeden einzelnen an."

Wichtige Klarstellung:

Professor Kessler meint natürlich nicht, man müsse zur Überwindung des Zinssystems das einstige kirchliche Zinsverbot wieder einführen! (Näheres im zweiten Buchteil.)

Der Boden als zweites soziales Grundproblem

Zur unbereinigten Geldfrage gesellt sich ein seit langem fehlerhaftes Bodenrecht.

Was stimmt nicht damit?

Das Problem Boden gibt es seit jeher, ist der Boden doch eine unentbehrliche Voraussetzung menschlichen Lebens. Auf ihm geht, wohnt, schläft und arbeitet man. Aus ihm erhält man die Dinge, die man zur Nahrungsherstellung und Gütererzeugung benötigt: Gewächse aller Art; Erze, Kohle, Erdöl, Steine, Kies, Sand usw.

Boden ist aber nur in **begrenzter Menge** vorhanden, stellt also von Natur aus ein **Monopolgut** dar. Seiner Knappheit wegen wirft er – wie das Geld – einen Ertrag ab, einen **Bodenzins,** den man **Grund- oder Bodenrente** nennt. Diese ist umso höher, je größer die Nachfrage nach Grundstücken ist. In dicht besiedelten Gebieten kostet der Boden also am meisten und ist das Wohnen am teuersten. Dem Bodeneigentümer fließen dort – sofern er schuldenfrei ist – die höchsten leistungslosen Gewinne zu.

Um den Besitz von Boden – und daraus beziehbare unverdiente Grundrenteneinkünfte – wurden deshalb seit Urzeiten Kämpfe ausgefochten. Die Machtstellung des Adels im **Zeitalter des Feudalismus** beruhte vor allem auf der Vorherrschaft über den Boden.

Doch auch in unserer Zeit ist die noch immer unbereinigte Bodenfrage eine Hauptursache sozialer und anderer Störungen. Sie wird lediglich überdeckt von einem noch schlimmeren Übel – der ungelösten Geldfrage.

Wie sich die Bodenfrage heute zeigt, wird aus einer Abhandlung deutlich, die der ehemalige Münchener Oberbürgermeister, der SPD-Mann **Georg Kronawitter,** für den *Spiegel* geschrieben hat (Nr. 15/93):

„Seit 1960 sind die Grundstückspreise in München um das 16fache gestiegen, und zwar ohne Arbeit, ohne Leistung, ohne eigenes Zutun des zufälligen Besitzers.

Bei der Entwicklung der Trabantenstadt Neuperlach wurden zum Beispiel im ersten Planungsabschnitt 1967 rund 260 Hektar landwirtschaftlich genutzte Fläche gebraucht. Der Ackerlandwert betrug maximal 30 Millionen Mark. Der Wert nach der Bebauungsplanaufstellung durch den Stadtrat erhöhte sich auf 270 Millionen Mark, so daß über Nacht den damaligen Besitzern ein Planungsgewinn von rund 240 Millionen Mark in die Taschen floß. 24 Jahre später, im Jahr 1991, betrug der Wertzuwachs an die 2 Milliarden Mark. Eine irrsinnige Summe!

Es ist auch unglaublich, wie exorbitant die Mietzahlungen für unsere über 500 000 Mieter in München gestiegen sind. Ich schätze, daß heute pro Monat von Münchens Mietern mindestens 350 Millionen Mark an Mietzahlungen erfolgen, das sind mehr als 4 Milliarden Mark im Jahr. Sie gehen auf das Konto von wenigen tausend Eigentümern."

Das entscheidende Problem beim Boden besteht also darin, daß den jeweiligen Eigentümern *„ohne Arbeit, ohne Leistung, ohne eigenes Zutun"* ein oft riesiges Einkommen zufließt, das gerechterweise der Allgemeinheit zustünde. Denn durch deren Wirken und geldlichen Einsatz ist es zustandegekommen: durch Bevölkerungzuzug, infrastrukturelle Verbesserungen, verwaltungsmäßige Entscheidungen wie Umwidmung von Ackerland zu Baugebiet oder Genehmigung höherer Geschoßzahlen usw.

Erschwerend kommt hinzu, daß es überwiegend eine kapitalstarke Minderheit ist – im Falle Münchens sind es *„einige wenige tausend"* –, die zu Nutznießern dieser beim Boden möglichen leistungslosen Einkünfte werden. Die weitere Konzentration von Kapital, Einfluß und Macht wird dadurch gleichfalls vorangetrieben.

Wie hoch sind die Einkünfte aus Grundvermögen? Leider gibt es hierzu keine amtlichen Zahlen. Jobst von Heinitz vom *Seminar für freiheitliche Ordnung* in Bad Boll hat hierzu einige vorsichtige Schätzungen unternommen. Danach belief sich 1993 bei einer angenommenen Realverzinsung von 3 Prozent (nach Abzug der Inflationsrate) im westlichen Bundesgebiet die gesamte Grundrente auf 110 Mrd. Mark.

5. Zinsverursachte Fehlentwicklungen

Firmenkonzentration

Eine unter Wachstumszwang stehende Wirtschaft muß von Jahr zu Jahr mehr produzieren. Eine Überfüllung der Absatzmärkte ist die Folge. Daraus ergibt sich ein **erbarmungsloser Konkurrenzkampf und Verdrängungswettbewerb,** in dem vor allem die kapitalstärkeren Firmen – keineswegs immer die besseren! – überleben. Der Mittelstand gerät gegenüber den Großkonzernen – die selber ums Überleben kämpfen! – mehr und mehr ins Hintertreffen.

Es kommt hinzu, daß große und geldmächtigere Firmen bzw. Konzerne im kapitalistischen System in den Genuß zahlreicher weiterer Vorteile und Vergünstigungen kommen: Sie können Lobbyisten bezahlen; bei Banken erfreuen sie sich einer besseren Kreditwürdigkeit; sie haben mehr Geld für die Werbung; sie können findige Rechtsanwälte und Steuerfachleute für sich arbeiten lassen; sie müssen sich weniger verschulden; sie können ihre Gewinne in Ländern mit niedrigeren Steuern ausweisen; eigene flüssige Mittel spülen leistungslos große Zinsbeträge in ihre Kassen (so die Lage bei vielen Großkonzernen); teure Patente und Lizenzen sorgen für zusätzliche Einkünfte; usw.

Verhaltensforscher **Konrad Lorenz,** der auch gesellschaftliche Entwicklungen aufmerksam beobachtete, äußerte sich hierzu einmal so:

„In der Industriegesellschaft ist nicht zu verhindern, daß Besitz-Zuwachs auch einen Gewinn an Macht bedeutet. In unserer Welt der Massensozietät ist es unausbleiblich, daß kleinere wirtschaftliche Unternehmen mit ihrem beschränkten Kapital im Wettbewerb mit größeren den kürzeren ziehen. *Es ist klar, daß mit dem Fortschreiten der Technologie die Großproduzenten schließlich alles beherrschen. Es ist ein Irrtum zu glauben, die Welt werde von Politikern regiert. Hinter diesen steht als der wirkliche Tyrann die Großindustrie."* (*Der Abbau des Menschlichen.* Piper 1983, S. 162)

Es ist leider Tatsache, daß in Deutschland, und nicht nur hier, die Zahl der Firmenpleiten und Firmenzusammenschlüsse seit vielen Jahren immerfort nach oben geht.

„Triumph der Größe" schrieb der *Spiegel* einmal schlagzeilengroß und fuhr fort (Nr. 23/97):

„Die weltweite Fusionswelle hat auch die deutsche Wirtschaft voll erfaßt. Der Druck des globalen Wettbewerbs und eine neue Managementphilosophie sorgen für Firmenverkäufe und mehr Konzentration: Die Unternehmenslandschaft wird sich dramatisch verändern ..."

Mit wahrhaft freier Marktwirtschaft hat das nicht mehr viel zu tun.

Rationalisierungszwang

Um im Verdrängungswettbewerb – der letztlich zinsbedingt ist – bestehen zu können, suchen die Firmen ihr Heil ganz wesentlich in unaufhörlichen Rationalisierungen; denn nur so können sie in noch kürzerer Zeit noch preisgünstiger noch mehr erzeugen.

Was heißt rationalisieren? Es heißt: Ersetzung menschlicher Arbeitskraft durch zusätzliche Maschinen, Apparate, Chemieprodukte, organisatorische Vorkehrungen, jetzt auch durch gentechnisch zurechtgemodelte Nutzpflanzen und Haustiere.

Das alles ist **betriebswirtschaftlich kostensenkend,** hat aber häufig und schon seit langem **„externe" (außerbetriebliche) Schäden zur Folge,** die zu Lasten der Natur, des Wohlbefindens vieler anderer und damit des Gemeinwohls gehen: einen noch höheren Rohstoff- und Energieverbrauch; tiefe Eingriffe in den Naturhaushalt; Entlassung von noch mehr Arbeitskräften; Fortsetzung der Spezialisierung; Verschwinden herkömmlicher, kleinräumiger Wirtschaftsformen; Zunahme der Massenproduktion; Herausbildung immer größerer, z. T. weltumspannender wirtschaftlicher und gesellschaftlicher Strukturen; weltweite Arbeitsteilung (auch dank Kostenvorteilen wegen lascherer sozialer und ökologischer Vorgaben in anderen Ländern).

Unter dem Druck des Verdrängungswettbewerbs zustandekommende Rationalisierungen können eine **sinnlose Spiralentwicklung** auslösen: Die sich daraus ergebenden Produktionssteigerungen verschärfen noch den gegenseitigen Verdrängungsdruck, auch die Kapitalkonzentration, was weitere Rationalisierungen erforderlich macht, usw.

Die jüngste Gegenwart liefert hierfür anschauliche Beispiele: Die durch die „Globalisierung" bewirkte Wettbewerbsverschlimmerung nötigte die Unternehmen zu Einsparungen bei den Arbeitskosten, was Rationalisierungswellen in Gang setzte, die noch keineswegs abgeebbt sind.

Das Gesamtergebnis ist eine hektische Produktionstätigkeit und eine in der Menschheitsgeschichte noch nicht dagewesene Warenüberflutung, die ihre traurige Kehrseite in einer beispiellosen Naturausbeutung hat.

Im alten Ladakh gab es so etwas nicht …

Naturzerstörung

Eine Wirtschaft, die unter Wachstumszwang steht, muß ihren Güterausstoß immerfort steigern. Sie muß ihn auch absetzen – selbst bei Überfütterung der Konsumenten.

Zu dem Zweck sind eine Reihe von **Vorgehensweisen** üblich geworden:

- Mit pausenloser Reklame will man jeden einzelnen dazu bringen, auch viel Überflüssiges zu erwerben.

- Andauernder Modewechsel und „Innovationen" sollen die Kauflust wachhalten.
- Dem Staat werden durch rührige Lobbyisten viele entbehrliche oder gar schädliche Großvorhaben schmackhaft gemacht.
- Hilfreich ist die Produktion von Rüstungsgütern – unter der Voraussetzung, daß sie zum Einsatz kommen. Lokale Kriege und gelegentliche NATO-Strafexpeditionen sind deshalb nicht ausschließlich Katastrophen …
- Überall auf der Welt werden neue Absatzmärkte erschlossen, woraus sich z. B. die Dritte-Welt-Problematik entwickelt hat: Vernichtung gewachsener einheimischer Lokalwirtschaften und örtlicher Kulturen; entwurzelte Menschen; ökologische Verheerungen; neuartige Armut; Verschuldung gegenüber dem Ausland – das Ladakh der Gegenwart ist ein Beipiel dafür.

Das Ergebnis: eine in der Menschheitsgeschichte bisher beispiellose Naturzerstörung, Artenvernichtung und Kulturauslöschung.

Doch auch die Industrieländer, nicht zuletzt Deutschland, an erster Stelle Amerika, sind dafür erschreckende Beispiele. **Was sich im 19. Jahrhundert anbahnte, hat sich in den letzten 50 Jahren beängstigend beschleunigt: eine fortschrittsgläubig in Gang gesetzte, alleszermalmende „Modernisierung", die noch keineswegs ihr Ende gefunden hat.**

Verzicht auf moderne Technik?

Um keine Mißverständnisse aufkommen zu lassen: **Es geht nicht darum, vorindustrielle Zustände, wie sie einst in Ladakh herrschten, auch in Deutschland wiederherzustellen.** Man kann und soll das Rad der Zeit und des technischen Wandels nicht zurückdrehen.

Man möge jedoch bedenken, daß der heutige technische Fortschritt unter einem unnatürlichen – zinsbedingten – Wachstumsdruck zustandekommt und dem wahren körperlich-seelischen Wohlbefinden der Menschen oft gar nicht dient.

Ein großer Menschenfreund, Mahatma Gandhi, indischer Freiheitskämpfer und Begründer einer gewaltlosen Vorgehensweise gegen unrechtmäßige Staatsmacht, hat das deutlich herausgefühlt. In dem Büchlein *Gedanken von Mahatma Gandhi* (*Sensen-Verlag*, Wien, 1962, S. 22) finden sich die Worte:

„Die Maschine hat ihren Platz in der Welt: sie ist nun einmal endgültig da. Doch darf sie niemals dafür eingesetzt werden, gute menschliche Arbeit zu verdrängen."

Doch leider geschieht das in immer schlimmerem Ausmaß! Wieviel *„gute menschliche Arbeit"* hat die Maschine inzwischen nicht *„verdrängt"*, angefangen bei so mancher erfüllender Handarbeit über die einst erd- und kosmosverbundene bäuerliche Tätigkeit bis hin zum völlig „unrentabel" gewordenen Aufziehen von Kindern (was der Hauptgrund dafür ist, daß heute in den Industrieländern so wenig Kinder geboren werden!).

Aber das ist nicht der natürliche Lauf der Dinge! **Es ist die Folge des Verzinsungszwanges, der die Automatisierung in eine natur- und menschenfeindliche Richtung gedrängt hat.**

Gandhi fährt fort:

„Ich wende mich gegen die Anbetung der Maschine – nicht gegen sie an sich. Wir lassen uns vor allem von den sogenannten arbeitssparenden Maschinen blenden. Die Menschen werden solange 'Arbeit sparen', bis Tausende, arbeitslos auf die Straße geworfen, verhungern werden. Mein Wunsch ist es, Zeit und Arbeit nicht nur für eine Minderheit, sondern für alle zu sparen; ich befürworte die Anhäufung von Kapital, doch nicht in den Händen weniger, sondern in den Händen aller. ***Heute verhilft die Maschine nur einzelnen dazu, auf dem Rücken von Millionen zu reiten.*** *Die treibende Kraft dabei ist nicht Menschenliebe, sondern Gier. Gegen diese Ordnung der Dinge kämpfe ich mit meiner ganzen Kraft ... Ich strebe nicht die Vernichtung der Maschine an, sondern eine Begrenzung."*

Wie wahr und zutreffend ist das gesprochen! Doch hat Gandhi übersehen, daß das, was die Unternehmer zum Einsatz von immer mehr Maschinen und Automaten drängt, weniger die Gier ist, sondern die Notwendigkeit, ihre Erzeugnisse im letztlich zinsbedingten Verdrängungswettbewerb immer preisgünstiger herzustellen. Von Gier besessen sind eher die reichen *„Minderheiten"*, die sich für ihr Geld möglichst hohe Zinsen, Dividenden und Börsengewinne erhoffen. Aber auch dies ist nicht unbedingt verwerflich; ist es doch legal, und man wäre dumm, würde man sein Erspartes nicht zu den besten Bedingungen anlegen. Selbst der kleine Sparer handelt so (obwohl er im allgemeinen Zinsmonopoly immer der große Verlierer sein wird).

Dieser Irrsinn kann nur durch eine Überwindung des Zinssystems durchbrochen werden.

Anforderungen an ein *„zukunftsfähiges Deutschland"*

Im Auftrag von *BUND* und *Misereor* hat das angesehene *Wuppertal Institut für Klima, Umwelt, Energie* eine umfangreiche Studie erarbeitet, die 1996 im *Birkhäuser-Verlag* unter dem Titel *Zukunftsfähiges Deutschland* erschienen ist. Für den *BUND* (*Bund für Umwelt und Naturschutz Deutschland*) ist dieses Buch zur wichtigsten Grundlage seiner Arbeit geworden.

Darin heißt es (*Kurzfassung* des Buches, S. 3f.):

„Weiter, schneller, mehr – dieses Credo treibt die Industriegesellschaft voran. Produktion und Konsum werden angekurbelt, Wegstrecken schneller überwunden, Kommunikation beschleunigt. Doch immer mehr Menschen spüren, ***daß ein unbegrenztes Wachstum in einer begrenzten Welt nicht möglich ist ...***

Es ist unbestreitbar: Wirtschaftliches Wachstum hat vielen Menschen unerhörten Wohlstand, ja Befreiung von Last und Mühsal gebracht. Es hat aber die Massenarmut in vielen Regionen des Südens nicht beseitigt und die Kluft zwischen Gewinnern und Verlierern sowohl im Nord-Süd-Verhältnis als auch in den Industrieländern selbst vergrößert. ***Gleichzeitig wurde der Planet geplündert.*** *Die Folgen treffen wiederum die Menschen in den armen Ländern des Südens am heftigsten. Ein Ende dieses unheilvollen Prozesses zeigt sich nicht ..."*

Hinsichtlich des Verbrauchs von Bodenfläche, Energie und Rohstoffen müsse mittelfristig (bis zum Jahr 2010) eine Verringerung um durchschnittlich die Hälfte, langfristig (bis 2050) um 80–90 Prozent angestrebt und verwirklicht werden: ***„Verbrauchs- und Emissions-Reduktion von 80 bis 90 Prozent bis Mitte des nächsten Jahrhunderts."*** (*Kurzfassung*, S. 8) Nur so erlange Deutschland *„Zukunftsfähigkeit"*.

Kritische Anmerkung:

Die Lagebeschreibung und die Berechnungen des *Wuppertal Instituts* sind sicherlich zutreffend. Doch stellt sich die Frage, wie die Umweltverbände solche Ziele erreichen wollen. Bis jetzt noch verschließen sie sich der Erkenntnis, daß das Wirtschaftswachstum nicht einfach abgestellt werden kann, weil es im Zinssystem wurzelt und somit zwanghafter Art ist.

Verhängnisvoller Irrtum

Was ist Marktwirtschaft? Das maßgebliche *Gabler Wirtschaftslexikon* (Auflage 1993) schreibt dazu: *„Wirtschaftsordnung mit dezentraler Planung und Lenkung der wirtschaftlichen Prozesse, die über Märkte mittels des Preis-Mechanismus koordiniert werden. Staatliche Mindestaufgaben sind Setzung der Rahmenbedingungen, innerhalb derer die wettbewerbliche Koordination wirkungsvoll erfolgen kann ..."*

Gegen diese Begriffserklärung ist nichts einzuwenden: Freier Wettbewerb, das Spannungsverhältnis von Angebot und Nachfrage, selbststeuernde Handlungsabläufe nach den Erkenntnissen der Kybernetik, die Schiedsrichterrolle und rahmensetzende Aufgabe des Staates – das alles sind Grundprinzipien, die schon deshalb richtig sind, weil sie ähnlich überall in der Natur, ja im ganzen Kosmos anzutreffen sind.

Dasselbe Lexikon leistet sich aber einen schlimmen Patzer: Unter dem Stichwort *„Kapitalismus"* gibt es die Auskunft, dieser sei lediglich eine andere, nämlich eine *„wertende"* Bezeichnung für Marktwirtschaft. Leider findet man ähnliche Begriffsauslegungen in fast allen anderen ökonomischen Lehrbüchern der Gegenwart und Vergangenheit.

In dieser begrifflichen Gleichsetzung aber steckt seit jeher der entscheidende Irrtum der Ökonomenzunft.

Marktwirtschaft ist nämlich nicht gleich Kapitalismus! Beides ist so wenig miteinander vergleichbar wie richtig und falsch, gut und böse, freiheitserhaltend und freiheitsvernichtend, lebensfördernd und lebenszerstörend.

Kapitalismus ist Zinswirtschaft, und der Zins ist es, der eine unbremsbare einseitige leistungslose Vermögenszunahme und Wirtschaftsausweitung erzwingt, eine wachsende Monopolisierung in allen Bereichen.

Wolfgang Kartte, ehemaliger deutscher Kartellamtspräsident, meinte dazu in einem *Spiegel*-Gespräch (46/1989): *„Marktwirtschaft heißt eben auch Dezentralisierung der Macht. Wenn ich für Vielfalt sorge, dann habe ich zugleich Macht zersplittert ...* ***Den Rubikon zwischen der Marktwirtschaft Ludwig Erhards und einer von Gruppeninteressen beeinflußten Industriegesellschaft haben wir längst überschritten.*** *Wir leben in einem gemischtwirtschaftlichen System. Wirtschaftliche Macht gab es auch damals, aber sie konzentriert sich immer mehr auf immer weniger Akteure."*

Bundesbank-Direktionsmitglied Helmut Schieber machte ergänzende Angaben: *„Mittlerweile gehe mehr als jede zweite Mark durch Staatskassen, führte der Bundesbank-Direktor aus und stellte die rhetorische Frage, ob man da denn überhaupt noch von einer Marktwirtschaft sprechen könne. Der Staat müsse sich unbedingt auf seine Kernaufgaben beschränken, forderte Schieber."* (*Remszeitung*, Schwäbisch Gmünd, 19.5.1994)

Massenarbeitslosigkeit

Bei unaufhörlich zunehmender Verschuldung der Wirtschaft werden die **Zinslasten immer größer und schwerer.** Stockt nun plötzlich der Warenabsatz und gelingt auch die Produktionsausweitung nicht mehr, geraten viele Unternehmen in immer größere Schwierigkeiten und geben schließlich auf. Die Folge: noch mehr Arbeitslosigkeit.

Der Absatz geht vor allem deshalb zurück, weil bei der Bevölkerungsmehrheit die **Kaufkraft schrumpft.** Immer größere Teile des Volkseinkommens fließen nämlich über Zinsen, Dividenden, überhöhte Gehälter, Spekulationsgewinne, Bodenrenten, sonstige Sachzinsen an die ohnehin Begüterten.

Die aber können oder wollen ihre Geldüberfülle gar nicht mehr konsumieren. Investiert wird sie von den Unternehmen auch nicht, weil die Massenkaufkraft fehlt.

So liegen immer mehr Gelder brach, werden liquide gehalten. Der Geldkreislauf ist unterbrochen. Sie werden bestenfalls für kosten- bzw. arbeiteinsparende Rationalisierungen verwendet – was die Arbeitslosigkeit noch verschlimmert.

Für die Zeit von 1991 bis 1996 faßte der *Spiegel* diese Vorgänge in die Worte (12/97): *„Arbeitsmarkt in Deutschland: minus 2,3 Millionen; Aktienmarkt in Deutschland: plus 247 Prozent."*

Auf mehrerlei Art versucht man heute, aus dieser Zwangslage herauszukommen: indem der Staat künstlich Beschäftigkeitsmöglichkeiten schafft (und sich dabei noch schlimmer verschuldet); indem die Zentralbank durch niedrigere Zinsen den Geldzugang erleichtert (und damit künftige Inflationen vorbereitet); indem die Gewerkschaften höhere Löhne fordern und möglicherweise durchsetzen (und so zahllose Unternehmen in den Ruin treiben); indem umgekehrt die Unternehmerverbände auf eine Absenkung der Arbeitskosten drängen (bis hinunter auf amerikanische Lohntiefen?). Und so weiter.

Das alles ist nur eine Zeitlang machbar und hilft oft nur kurzfristig, wenn überhaupt.

Die wahre Ursache – die kaufkraftmindernde bzw. -verschiebende Wirkung des Zinses und die zunehmende Geldhortung – geht man sehr zögernd an; außerdem auf untaugliche Weise: durch höhere Besteuerung der Kapitalerträge; durch vermehrte Jagd auf Steuersünder; durch eine Erschwerung der Kapitalflucht in die Schweiz, nach Luxemburg, auf die Kaiman-Inseln usw.

Denn der Zins, die Hauptquelle des leistungslosen Reichtums, bleibt letztlich unantastbar. Im kapitalistischen System ist er es nämlich, dem für die wirtschaftliche Tätigkeit die auslösende Rolle zufällt: Wird kein Zins mehr bezahlt, gerät alles ins Stocken.

Doch der Zins ist überwindbar. (Näheres dazu im zweiten Buchteil.)

Trugbild Sozialstaat

Nicht der Staat ist der beste, der nach allen Seiten hin Geld verstreut, sondern ein Staat, der dafür sorgt, daß seine Bürger wo immer möglich aus eigener Kraft und ohne fremde Hilfe durchs Leben kommen. **Wenn aber heute bereits jede dritte ausgegebene Mark als Zinszahlung vor allem an eine reiche Minderheit fließt, entsteht zwangsläufig Bedürftigkeit und muß der Staat helfend einspringen.** Er kann jedoch nur umverteilen, was er bei der Bevölkerung über Abgaben und Steuern zuvor abgeschöpft hat. Das summiert sich zu einer Menge Geld. Der bekannte Wirtschaftspublizist Michael Jungblut stellte dazu fest: *„Alles in allem wird in der Bundesrepublik Deutschland ein Drittel der gesamtwirtschaftlichen Leistung (das entspricht über tausend Milliarden Mark) für soziale Zwecke aufgewendet."* (*Wundertüte Marktwirtschaft*. Hrg. von *wir*, 1996, S. 63)

Beim staatlichen Einsammeln und Auszahlen kommt es aber unvermeidlich zu Ungerechtigkeiten. Dazu der bekannte Sozialrichter und Buchautor Jürgen Borchert (*Stern*, Nr. 1/97): *„Bleibt das System, wie es ist, wird es sich zwangsläufig selbst zerstören ... Sowohl die Finanzierungs- wie die Leistungsseite des Sozialbudgets weisen krasse Verteilungsasymmetrien zu Lasten der ökonomisch Schwächeren auf."*

Vor allem der **Mittelstand** ist es, der steuerlich belastet, geschröpft – und schließlich zugrundegerichtet wird. Bei den Ärmeren ist nicht viel zu holen. Und die ganz Reichen haben es seit jeher verstanden, sich der Besteuerung weitgehend zu entziehen.

Im Rahmen der Aufsatzreihe *„Projekt Deutschland 2000"*, welche bundesrepublikanischen *„Tabu-Themen"* gewidmet war, hat sich der *Spiegel* in einem Grundsatzartikel so über das hiesige Wohlfahrtssystem geäußert (Nr. 30/1998):

„Der Sozialstaat deutscher Prägung ist kein Modell mit Zukunft mehr. *Er ist zum Monstrum geworden, das an seiner eigenen Größe zu ersticken droht.*

Der deutsche Sozialstaat ist unbezahlbar. Er macht die Bürger unfrei, über ihr Einkommen selber zu befinden, und erzieht sie zum Anspruchsdenken. Vor allem aber: Er ist zutiefst ungerecht, weil er seine Leistungen oft willkürlich und nicht selten an den wirklich Bedürftigen vorbei verteilt ... 'Mehr Freiheit wagen' könnte das Motto jener Debatte lauten, die nun geführt werden muß. Denn nur der Verzicht auf ein Stück kollektiver Absicherung schafft Spielräume für die individuelle Lebensplanung ... Nur der Sozialstaat, der sich zurücknimmt und sich Selbstbeschränkung auferlegt, ist auf Dauer sozial."

Notlage des Mittelstandes

Wie vor allem die mittlere Wirtschaft unter der Besteuerung zu leiden hat, zeigen z. B. die Angaben, die Prof. Eberhard Hamer, Leiter des Mittelstandsinstituts Niedersachsen, im Gespräch mit der Sparkassenzeitschrift *Geschäfts-Welt* machte (Nr. 2/1996; s. auch sein Buch *Was ist ein Unternehmer?*, 2001):

Die Lage des Mittelstands sei beängstigend. Für das laufende Jahr rechne man damit, daß fast 100 000 von insgesamt 3,6 Millionen selbständigen Betrieben schließen – *„ein gewaltiges stilles Sterben"* ereigne sich. Daran sei weniger der Druck der Konzerne und Konkurrenten schuld, sondern vor allem der *„Würgegriff des Staates"*. Von den mageren Unternehmenserträgen – inzwischen weniger als ein Prozent des Umsatzes – gingen rund 70 Prozent als Steuern ab.

Die Großunternehmen könnten sich der gestiegenen Steuerlast durch legale Flucht ins Ausland weitgehend entziehen. Die Körperschaftssteuer mache daher nur noch 2,6 Prozent des Steueraufkommmens aus. Die Konzerne kassierten im Inland mehr Subventionen, als sie Steuern abführen. Prof. Hamer kommt zu dem abschließenden Urteil: *„Für die wertvollste Truppe unserer Wirtschaft aber, nämlich die 96 Prozent Inhaberbetriebe, die 80 Prozent der Unternehmensmitarbeiter beschäftigen und damit auch 80 Prozent der Soziallasten tragen, die insgesamt 80 Prozent der Nettofinanzierung unserer Steuern schultern, tut der Staat nichts."*

Weshalb immer weniger Kinder?

Das Wachstum der Weltbevölkerung findet heute fast ausschließlich in den **Dritte-Welt-Ländern** statt. Es ist in erster Linie eine Folge der erschreckend weitverbreiteten Armut, also der ungelösten sozialen Frage. Weil der Staat kaum imstande ist, Hilfe zu leisten, müssen die Menschen dort selbstverantwortlich vorsorgen. Sie tun das überwiegend auf die Weise, daß sie sich viele Kinder anschaffen. In den Notlagen des Lebens – bei Erwerbslosigkeit, Krankheit, Altersschwäche usw. – sollen diese sich um ihre Eltern kümmern. Auch als Arbeitskräfte, bereits von klein auf, braucht man sie. Zudem verursachen sie nur wenig Kosten, weil man sehr einfach lebt und weil eine teure Ausbildung meist nicht in Frage kommt. – Freilich spielen beim überbordenden Bevölkerungswachstum andere Ursachen mit herein: Festhalten an überlieferten Denkweisen; mehr Überlebende dank medizinischem Fortschritt; kein Zugang zu Verhütungsmitteln; usw.

Die Kinderarmut in den **Industrieländern** läßt sich einerseits mit einer gewandelten, die eigene Freiheit betonenden Lebensauffassung erklären, auch mit wirksameren Methoden der Empfängnisverhütung. Doch dürfte überraschenderweise der Verzicht auf Kinder hierzulande, also das entgegengesetzte Verhalten zu dem in den Armutsregionen der Welt, seine Hauptursache in der gleichen Ausgangslage haben, nämlich in tiefreichenden sozialen Störungen: ***„Kinderreichtum heiße heute wieder zunehmend Armut,*** *sagte* [die DGB-Vorsitzende] *Engelen-Kiefer. Ehepaare mit drei Kindern hätten im Westen ein sechsmal höheres Verarmungsrisiko als Ehepaare ohne Kinder. Im Osten sei es zehnmal höher."* (*STN**, 17.9.1997) Deshalb: *„Eltern müssen nach Berechnungen des Deutschen Kinderschutzbundes mit 800 bis 900 Mark an monatlichen Ausgaben pro Kind rechnen. Schon bis zum 18. Lebensjahr der Kinder belaufen sich die Gesamtkosten für Leben und Unterhalt auf nahezu eine Million Mark."* (*STN*, 26.11.1994) Mitgerechnet ist hier offensichtlich, und berechtigterweise, der Aufwand für die Betreuung des Nachwuchses entsprechend dem Gehalt einer Heimerzieherin. Soviel Zeit und Mühe können die Frauen heute schwerlich erübrigen, vor allem dann nicht, wenn sie gleich den Männern einer außerhäuslichen Arbeit nachgehen. Sehr oft fehlt auch das Geld, um eine Haushaltshilfe anzustellen. Deshalb müssen sich die meisten Ehepaare bei der Kinderfrage einschränken. Leider läßt hier der Staat – vor allem aus Kostengründen, weil z. B. für Ganztagsbetreuung das Geld fehlt – die Familien großenteils im Stich (wobei, soviel sei angemerkt, eine überwiegend staatliche Kinderbeaufsichtigung keineswegs die beste Lösung darstellt).

Ursprünglich waren eigene Kinder, wie dies heute noch in den Dritte-Welt-Ländern zu beobachten ist, eine erkennbare wirtschaftliche Notwendigkeit; sie

---

* *STN = Stuttgarter Nachrichten*

sollten, es sei nochmals gesagt, bei der Arbeit, im Alter und bei sonstigen Wechselfällen des Lebens Gewähr für Unterstützung sein. Dementsprechend achtete vormals auch hierzulande das Familienoberhaupt auf eine ausreichende Kinderzahl.

Das Wissen um solche Zusammenhänge aber ist im Zeitalter sozialstaatlicher Fürsorge beinahe verlorengegangen. Die Folgen sind verhängnisvoll. Im Vertrauen auf Vater Staat ersparte und erspart man sich das Aufziehen eigener Kinder. **Die versprochene staatliche Altersversorgung führt also zwangsläufig zur Kinderlosigkeit.**

Erst heute, nachdem die Rentenkassen leer und die Pensionen unbezahlbar zu werden drohen, fängt man an zu begreifen, daß das Vertrauen auf staatliche Beschirmung jenseits des Arbeitslebens trügerisch ist. Denn wenn es immer weniger arbeitsfähige Junioren gibt, fallen logischerweise die Ausschüttungen an die Senioren wesentlich geringer aus.

Doch ist hier ein entschuldigende Hinweis angebracht: Dem Staat blieb fast nicht anderes übrig, als die Rolle eines – leider unzuverlässigen – Nothelfers zu übernehmen, nachdem in den Industriestaaten, vor allem kapitalismusbedingt, die natürlichen solidarischen Gemeinschaften (Familie, Verwandtschaft, Nachbarschaft) zu zerfallen begannen.

Freilich hat die Elternausbeutung inzwischen einen Geburtenstreik ausgelöst: Die durchschnittliche Kinderzahl je Frau ist z. B. in Deutschland inzwischen auf 1,3 gefallen.

Aus geldkritischer Sicht lassen sich die Zusammenhänge auch so beschreiben: **Unter kapitalistischen Voraussetzungen – weil sich beim Kinderaufziehen wenig rationalisieren läßt – ist in den Industrieländern das Kinderkriegen absolut unrentabel geworden, unterbleibt also weitgehend.**

Im Kapitalismus steuern nämlich nicht so sehr menschliche Wünsche, sondern Rentabilitätserwägungen – der Verzinsungszwang des Geldes – die Wirtschaft und das Privatleben.

Umverteilung durch Steuern

Nicht nur Zins und Inflation, auch ein **ungerechtes Steuersystem** begünstigt die Auseinanderentwicklung der Gesellschaft in reich und arm.

Die *GEW* (*Gewerkschaft für Erziehung und Wissenschaft*, Baden-Württemberg) schreibt dazu in ihrer Veröffentlichung von 1997 *Reden wir übers Geld!*, S. 26:

„Der Staat verzichtet darauf, einen ausreichenden Anteil dieses wachsenden Reichtums einzuziehen. Er betreibt seit Jahren eine ***gigantische Umverteilung,*** *bei der die Besitzenden zunehmend entlastet werden. Diese Umverteilung hat solche Ausmaße angenommen, daß selbst die drastisch in die Höhe getriebene Belastung abhängig Beschäftigter und Nichtbeschäftigter nicht ausreicht, um den Einnahmeverzicht auf der anderen Seite auszugleichen.*

Das Ergebnis sind zunehmende öffentliche Schulden."

SPD-Politiker Henning Voscherau äußerte sich ähnlich in einem *Zeit*-Gespräch (12.6.96):

„Nur ein kleiner Teil der Hochverdiener zahlt ja wirklich die so oft beklagten Höchststeuersätze. Es ist kein Geheimnis, wenn ich sage, daß etwa die Hälfte der Einkommensmillionäre in Hamburg keine Einkommensteuer bezahlen."

Schlußfolgerungen:

Die durch die ungelösten sozialen Grundstörungen hervorgerufenen finanziellen Notstände und Ungerechtigkeiten bei Privaten und Unternehmen lassen sich, wie die Erfahrung zeigt, durch Steuern – also durch nachträgliche Umverteilung – nur ansatzweise wieder ausgleichen.

Einmal verschenktes Geld ist so leicht nicht wieder einzusammeln!

Weil sich die Reichen und Mächtigen gegen Steuern zu wehren wissen – seit jeher mit Erfolg –, ist vor allem der Mittelstand das Opfer. So wird der staatliche Ausgleichsversuch regelmäßig zur Ausplünderung der noch Arbeitleistenden.

So sollte man es machen (genauere Auskünfte im zweiten Buchteil): Man befreie Geld- und Bodenrecht von ihren altererbten Mängeln, unterbinde – freilich auf marktgemäße Weise! – die leistungslosen Einkünfte aus Zins, Inflation und Grundrente, verstopfe hiermit die Hauptquelle sozialer Fehlentwicklungen, verstetige die Wirtschaftsabläufe, verhindere somit Massenarbeitslosigkeit – dann schrumpft die Notwendigkeit staatlicher Unterstützungen auf ein Mindestmaß.

Dann werden Sozialabgaben – in der Bundesrepublik lagen sie 1997 bei fast 43 Prozent des Bruttolohns bzw. -gehalts – **weitgehend entbehrlich.**

Imperialismus

Der wichtigste Antrieb imperialistischer Bestrebungen ist das **renditeheischende Zinsgeld.** „Wachsen oder weichen" – so lautet das Grundgebot kapitalistischen Wirtschaftens. Wenn ein Konzern im eigenen Land keine Wachstumsmöglichkeiten mehr sieht, sucht er sonstwo auf der Welt nach gewinnbringenden Anlagen.

Es sei nochmals gesagt: **Er muß es tun, um des eigenen Überlebens willen.**

Gab es früher überwiegend regionale und nationale Wirtschaftsräume, so sind heute weltweit agierende Konzerne und Finanzkreise bestimmend geworden, die inzwischen fast alle Grenzen niedergerissen, gewachsene Kulturen vernichtet und bewährte einheimische Lebensformen verdrängt haben. Sie überschütten alle Weltgegenden mit ihren Massenanfertigungen, verstricken sie in Verschuldungsprobleme und machen sie auch politisch abhängig.

Das neue Ladakh ist ein Beispiel dafür. Selbst die letzten heilen Oasen bleiben nicht mehr verschont. So ist auch schließlich das kleine Ladakh der global ausgreifenden imperialistischen Machtergreifung zum Opfer gefallen.

Zur Friedensfrage

Zinsgeld ist die Grundursache der Friedlosigkeit auf der Welt. Weil es Ausbeutungs- und Herrschaftsverhältnisse schafft, erzeugt es überall feindselige Spannungen: zwischen Mann und Frau, zwischen Unternehmer und Arbeiter, zwischen Besitz und Arbeit bzw. Arbeitslosigkeit, zwischen Bevölkerungsschichten, zwischen Regierung und Volk, zwischen Religionen, zwischen den Völkern, zwischen Weltregionen. Der große Sozialreformer Silvio Gesell (1862-1930) sagte dazu: *„Wer darum den Völkerfrieden will, muß wissen, daß er ihn nur vom Altar des Bürgerfriedens holen kann."* (*Die natürliche Wirtschaftsordnung*. Ausgabe 1949, S. 77)

Karl Marx

Karl Marx dürfte der bekannteste Sozialist und zugleich derjenige sein, der mit seinen Forderungen die umfassendsten – und blutigsten – Revolutionen auslöste. Es soll deshalb kurz auf ihn eingegangen werden.

1848 veröffentlichte er zusammen mit Engels das im wesentlichem von ihm verfaßte *Kommunistische Manifest.*

Gleich aus dem Anfang seien einige hier passende Stellen abgedruckt:

„Die Geschichte aller bisherigen Gesellschaft ist die Geschichte von Klassenkämpfen."

Mit dieser Aussage, auch den nachfolgenden, liegt Marx gar nicht so falsch. Er fährt fort:

„Freier und Sklave, Patrizier und Plebejer, Baron und Leibeigener, Zunftbürger und Gesell, kurz, Unterdrücker und Unterdrückter standen in stetem Gegensatz zueinander, führten einen ununterbrochenen, bald versteckten, bald offenen Kampf, einen Kampf, der jedesmal mit einer revolutionären Umgestaltung der ganzen Gesellschaft endete oder mit dem gemeinsamen Untergang der kämpfenden Klassen ...

Die aus dem Untergang der feudalen Gesellschaft hervorgegangene moderne bürgerliche Gesellschaft hat die Klassengegensätze nicht aufgehoben. Sie hat nur neue Klassen, neue Bedingungen der Unterdrückung, neue Gestaltungen des Kampfes an Stelle der alten gesetzt."

Auch diesen Sätzen kann man im wesentlichen zustimmen. Desgleichen den folgenden:

„Die Bourgeoisie, wo sie zur Herrschaft gekommen, hat alle feudalen, patriarchalischen, idyllischen Verhältnisse zerstört. Sie hat die buntscheckigen Feudalbande, die den Menschen an seinen natürlichen Vorgesetzten knüpften,

unbarmherzig zerrissen und kein anderes Band zwischen Mensch und Mensch übriggelassen, als das nackte Interesse, als die gefühllose 'bare Zahlung' ...

Das Bedürfnis nach einem stets ausgedehnteren Absatz für ihre Produkte jagt die Bougeoisie über die ganze Erdkugel. Überall muß sie sich einnisten, überall anbauen, überall Verbindungen herstellen."

Die überwiegende Richtigkeit dieser und ähnlicher Aussagen wird gerade heute, im Zeitalter der Globalisierung, immer deutlicher.

Der entscheidende Fehler liegt im Lösungsvorschlag. Marx sah im Vorhandensein des Unternehmerstandes die Hauptursache der Ausbeutung, weshalb er diesen abzuschaffen gebot und dazu aufforderte, *„alle Produktionsinstrumente in den Händes des Staates ... zu zentralisieren"*.

Verblüffend deutlich schreibt er auch:

„In diesem Sinn können die Kommunisten ihre Theorie in dem einen Ausdruck: Abschaffung des Privateigentums, zusammenfassen."

So zutreffend und scharfsinnig viele seiner Aussagen sind, so grundfalsch und folgenschwer war diese letztgenannte Handlungsanweisung. Von den kommunistischen Praktikern wurde sie oft gnadenlos in die Tat umgesetzt – und hat achtzig bis hundert Millionen Menschen den Tod gebracht. (s. Courtois: *Schwarzbuch des Kommunismus*)

Die richtige Losung hatte schon zu Marxens Zeiten der von ihm heftig befehdete Pierre Proudhon ausgegeben: Überwindung des Zinsgeldsystems.

Klassengesellschaft

In einem weiteren Punkt hatte Marx recht: mit seiner Behauptung, daß es ***„Klassengegensätze"*** und ***„Klassenkämpfe"*** gebe.

Sein Fehler war, daß er nicht die wahren Entstehungsursachen erkannte (oder benannte) – sie liegen im Zinsgeld – und deshalb eine falsche Trennungslinie zog. Sie verläuft nicht zwischen Unternehmern und Arbeitern, sondern zwischen denjenigen, die Zinsen und Grundrenten massenhaft kassieren, und solchen, der großen Bevölkerungsmehrheit, die sie vor allem aufzubringen haben. (Eine säuberliche Sonderung in Kapitalisten und Ausgebeutete ist freilich selten möglich, weil die meisten Kapitalisten doch auch irgendeiner Arbeit nachgehen und fast jeder kleine Mann etwas Sparvermögen besitzt, wofür er Zinsen erhält.)

Jede Zinsgeldgesellschaft spaltet sich deshalb unaufhaltsam in zwei Klassen auf, in Reiche und Arme, ein Vorgang, der sich innerhalb der Völker, aber auch zwischen ihnen vollzieht.

Hierzu nochmals ein paar Belege. Zunächst eine *AP*-Meldung:

*„Das Einkommensgefälle zwischen den **reichen Industriestaaten** und den **armen Ländern der Dritten Welt** wird immer größer. Dies ist das Ergebnis des jüngsten Jahresberichts der UNO-Entwicklungskommission, der am Don-*

nerstag in Washington veröffentlicht wurde. Auch ***innerhalb der einzelnen Länder*** *sei in vielen Fällen eine äußerst ungleiche Einkommensverteilung festzustellen."* (*STN*, 24.4.1992)

Sehr ungleich ist bekanntlich die **Vermögensverteilung in den USA:**

„1995 legte die OECD, Spitzenorganisation der westlichen Industrieländer, eine Studie über ihre damals 17 Mitgliedsstaaten vor: In keinem war die Kluft zwischen Arm und Reich so groß wie in den USA. Fast nur in dem Top-Fünftel der amerikanischen Haushalte hat es in den letzten 20 Jahren reale Einkommensverbesserungen gegeben. Jede achte amerikanische Familie lebt heute unter der Armutsgrenze." (*Spiegel*, 36/1997)

Yale-Professor Paul Kennedy ergänzte obige Darstellung im Gespräch mit dem *Spiegel* so:

„Spiegel: *Bezahlt haben die USA ihren Fortschritt auch mit einer weiter aufreißenden Kluft zwischen Reich und Arm. Kommt das unweigerlich auch auf Europa zu?*

Kennedy: *Ich hoffe nicht. Amerikanische Manager, die vor 20 Jahren 40-mal soviel verdienten wie der durchschnittliche Lohnempfänger, kassieren heute 200mal mehr. Und die US-Milliardäre gebieten über einen ebenso großen Anteil am globalen Reichtum wie das ärmste Drittel der Weltbevölkerung. Das ist doch obszön."*

Erläuterungen:

Das Zinsgeldmonopoly kennt viele Verlierer, aber auch Sieger. Spekulationsgewinne, Einkünfte aus Grundbesitz, inflationäre Vermögensumschichtung und steuerliche Ungerechtigkeiten spielen gleichfalls eine Rolle. In jeder kapitalistischen Gesellschaft setzt sich also weit oben, wie Rahm auf der Milch, eine **Geldkaste** ab, eine Schicht von Reichen und Überreichen, **die weniger durch ihre Verdienste um die Allgemeinheit nach oben gekommen ist, sondern nach den Gesetzmäßigkeiten des Finanzkapitals.**

Die aber heißen: Suche nach immer neuen Anlagemöglichkeiten für renditehungriges Geld; unbedingtes Machtstreben; Errichtung immer umfassenderer Monopole; weltweite Beherrschung der Märkte; Globalisierung; rücksichtslose Ausbeutung der Natur; Niederreißen aller regionalen und nationalen Schranken; usw.

Aller Propaganda zum Trotz ist das immer weniger mit dem Wohlergehen der Mehrheit in Einklang zu bringen.

Die Interessenskluft zwischen dem Volk und den in einer Gesellschaft Mächtigen ist deshalb system- bzw. zinsgeldbedingt allezeit und außerdem unüberwindbar vorhanden. Sie pflegt sich immer weiter zu öffnen. Dann schwindet allmählich selbst bei der Masse der Bevölkerung das Vertrauen zu den Politikern.

Das Vorhaben einer Europäischen Union mit Einheitswährung kann hierfür als Beispiel dienen: Was in höchsten Führungs- und Kapitalkreisen ausgeheckt worden ist, bemühte man sich, mit viel Propaganda und uneinlösbaren Versprechungen dem widerstrebenden Volk nahezubringen.

„Marktwirtschaft ist menschlich“

1998 hat Stefan Baron, Chefredakteur der *Wirtschaftswoche*, ein mit obigem Titel versehenes Buch herausgebracht. Es ist eine leidenschaftliche Aufforderung zur Wiederherstellung der *„sozialen Marktwirtschaft“* in unserem Land. **Zugleich ist es ein Musterbeispiel dafür, wie blind ein hochgebildeter Ökonom für die Tatsache sein kann, daß die heutige Marktwirtschaft vor allem deswegen schlimme Mängel aufweist und unverdientermaßen in Verruf gekommen ist, weil sie kapitalistisch wüst verfälscht ist.**

Der folgenden Besprechung liegt ein in der *Wirtschaftswoche* abgedruckter Buchauszug zugrunde (Nr. 10/1998).

Baron bedauert zunächst, daß die Marktwirtschaft von den Deutschen als *„unsozial“* betrachtet werde. Er lobt die Amerikaner dafür, daß ihr *„Vertrauen in den Marktmechanismus“* größer sei. Statt dessen fordert er von den Deutschen – zu Recht! – *„eine rundum positive Einstellung zu Freiheit, Selbstverantwortung, Wettbewerb, Leistung, Risiko – und eine andere Einstellung zu dem, was sozial heißt.“* Es müsse ihnen wieder bewußt werden, *„daß es keine bessere Wirtschaftsform gibt als die Marktwirtschaft. Besser nicht nur in materieller, sondern auch in moralischer Hinsicht.“*

Baron begründet das unter anderem so: Der Wettbewerb bewirke eine *„effiziente Verwendung von Ressourcen“*. Das verhindere Verschwendung und sei deshalb nicht nur *„ökologisch vernünftig“*, sondern auch *„gerecht gegenüber den nachfolgenden Generationen, also zutiefst moralisch“*. – Dagegen ist nichts einzuwenden! – *„Wahre Gerechtigkeit“* sei *„nicht Gleichheit am Ziel, sondern Gleichheit am Start, Chancengleichheit, gleiche Bildungs- und Aufstiegsmöglichkeiten, ein fairer Wettbewerb.“* – Stimmt! – *„Marktwirtschaft, also Wettbewerb, begrenzt Privilegien unter den Produzenten.“* – Auch richtig! – *„Wettbewerb ist die effizienteste Form der Nächstenliebe und am Ende solidarischer als Teilen.“* – Einverstanden! – *„Wer den Menschen durch hohe Steuern persönliche Freiheitsräume nimmt, sie durch übermäßige staatliche Wohltaten entmündigt, durch Gleichmacherei ihrer Kreativität beraubt, begeht einen schweren Verstoß gegen die Menschenwürde. Diese verlangt Freiheit und Selbstbestimmung.“* – Gut gesprochen! – *„Natürlich ... kann der Markt auch zu unsozialen Ergebnissen führen. Diese müssen korrigiert werden, ohne dabei allerdings den Marktmechanismus auszuhöhlen ... Dies ist Aufgabe der (Bildungs-, Familien-, Rechts-, oder Steuer-) Politik.“* – Durchaus zutreffend! Man könnte auch sagen: Der Staat hat dem Wettbewerb eine gute Rahmenordnung zu verpassen.

Stefan Baron hat recht: *„Marktwirtschaft, also Wettbewerb"* sollten beide voll bejaht werden. Er sieht aber nur die störenden Eingriffe, die vom Staat (z. B. durch zu hohe Steuern) und vom Tarifpartner Gewerkschaften (deren starren, teilweise überhöhten Lohnforderungen) ausgehen.

Die Verfälschung des Leistungsmaßstabs durch den Störfaktor Zins erkennt er nicht. Im Gegenteil! Das von ihm redigierte Wirtschaftsmagazin spricht vor allem Kapitalanleger an und ist voll von Hinweisen und Empfehlungen, wie sie ihre leistungslosen Einkünfte aus Zinsen, Dividenden und Aktiengewinnen noch verbessern können!

Auch Stefan Baron erliegt unbesehen dem **fundamentalen Irrtum,** daß Kapitalismus und Marktwirtschaft ein und dasselbe wären!

„Die soziale Marktwirtschaft in der Bewährung"

Offensichtlich hängt auch Prof. Kurt Biedenkopf, Ministerpräsident des Freistaates Sachsen, demselben schwerwiegenden Irrtum an. Dieser Eindruck entsteht, wenn man seine Laudatio liest, die er unter obigem Titel anläßlich einer von ihm vorgenommenen Plaketten-Verleihung am 9.2.1998 gehalten hat (*Fragen der Freiheit*, Heft 247, S. 38-54):

Ähnlich wie Stefan Baron bekennt er sich entschieden zur *„Idee der sozialen Marktwirtschaft"*. Sie sei ein *„Motor der Evolution"*, eine *„schöpferische Zerstörung des Überholten, des Älteren, um Platz zu machen für Neues."*

Doch muß er bedauernd feststellen, daß die Zustimmung zu dieser Wirtschaftsordnung in West- wie Ostdeutschland rapide zurückgegangen sei. Er bringt dafür sogar Verständnis auf. Deshalb: Wir hätten es heute mit einem Zerrbild der Marktwirtschaft zu tun. Ähnlich wie Baron rügt er, daß sie durch die **Einmischung des Staates** zu einer ***„Interventionswirtschaft"*** verkommen sei: *„Der Umfang staatlicher Interventionen in den Prozeß der sozialen Marktwirtschaft hat in den letzten Jahrzehnten ständig zugenommen."* Dementsprechend hoch sei heute die **Staatsquote:** 1960 habe sie noch 39 Prozent betragen, heute sei sie auf 50 Prozent geklettert: *„Etwas mehr als die Hälfte der volkswirtschaftlichen Leistungen werden nicht nach Wettbewerbsgesichtspunkten organisiert."* Das letztere kennzeichne auch das ***„umfassende und undurchsichtige Sozialsystem"***. Kritisch merkt Biedenkopf an: *„Bürokratien, die über rund 30 Prozent des Bruttoinlandsprodukts zum Zwecke der Umverteilung oder der Bedienung sozialer Bedürfnisse verfügen, sind machtvoller als jedes Parlament und jede Regierung."*

Damit hat Biedenkopf sicherlich recht, auch mit seiner Aussage, daß der Wettbewerb ein ***„Entmachtungsinstrument"*** sei. Er hebt lobend hervor, daß man dies in den USA sehr viel deutlicher und schon vor hundert Jahren erkannt und bereits 1890 ein Anti-Trust-Gesetz, den *Sherman-Act*, in den Senat eingebracht habe.

Aber weshalb – sollte man hier fragen – gibt es in den USA trotzdem so viele und so große Konzerne und so wenig Mittelstand? Welche Rolle spielte hierbei die ungelöste Geldfrage?

Mit einer Aussage freilich dürfte Biedenkopf voll und ganz recht haben: ***„Die zweite zentrale Bedingung für die Ordnung der sozialen Marktwirtschaft ist das stabile Geld.*** *Es wird immer wieder übersehen, daß die Geldverfassung eine zentrale Bedeutung für die Funktionsfähigkeit der sozialen Marktwirtschaft hat ... Geldentwertungen sind deshalb unsoziale Umverteilungen zu Lasten derer, die nicht die Möglichkeit haben, sich dagegen zu schützen.“*

Jedoch – war die Bundesbank-Mark tatsächlich stabil? Eine Währung, die seit 1948, in rund 50 Jahren, drei Viertel ihres Wertes eingebüßt hat?

Ein Geld bereitzustellen, das wahrhaft inflationsfrei ist, das wäre in der Tat eine *„tiefgreifende strukturelle Reform“*, und sie wird von Biedenkopf zu Recht angemahnt. Doch müßte sie darüber hinaus zinsfrei sein. Sonst kommen wir – auch die anderen Völker – aus den sich immerfort verschlimmernden Nöten nicht heraus. Erst dann lassen sich die von ihm zu Recht getadelten Fehlentwicklungen – die *„Interventionswirtschaft“*, der *„hohe Staatsanteil“*, das *„umfassende und undurchsichtige Sozialsystem“* – erfolgreich zurückdämmen.

6. Erzwungenes Fehlverhalten

Fehlgeleiteter Eigennutz

Angesichts der angeblichen Konsumverfallenheit der Erdbewohner von heute gibt man gerne dem Eigennutz die Schuld und klagt von neuem darüber, wie egoistisch, profitgierig und materialistisch die Menschen doch seien, so als habe man damit die Hauptursache aller Fehlentwicklungen in unserer Zeit benannt. Was ist davon zu halten?

Antwort: **Der Eigennutz ist etwas Naturgegebenes. Von Hause aus ist er weder gut noch böse. Er ist eine blinde Naturkraft, die aber der richtigen Anleitung bedarf.** Beim Tier erledigen das die Instinkte. Sie zwingen es zu artrichtigem und überlebenssicherndem Verhalten. Der Mensch ist hier wesentlich freier. Er kann richtig, aber auch falsch handeln. Je nachdem, welchen Zielen er zustrebt, bewirkt er Gutes oder Schlimmes.

Diese Ziele erwachsen zwangsläufig aus den in einem Gemeinwesen vorherrschenden Auffassungen über gut und böse, richtig und falsch; sie leiten sich auch von den Gesetzen und Regelungen ab, die dort bestimmte Vorgehensweisen gebieten oder untersagen.

Nun leben wir bekanntlich in einem kapitalistischen System, welches durch wirtschaftlichen Wachstumszwang, Verdrängungskämpfe und allgemeine Verschwendung gekennzeichnet ist; woraus sich sehr fragliche Wertungen und Leitbilder ergeben – von deren Richtigkeit aber viele überzeugt sind!

In solch einem System ist der Eigennutz dann großenteils auf gemeinschädliche Handlungsziele festgelegt. Wer diesen nachfolgt – man denke z. B. an die umweltbeeinträchtigenden Nebenwirkungen vieler Tätigkeiten –, ist meistens imstande, sich und seiner Familie den Lebensunterhalt zu sichern und beruflich aufzusteigen. Wer ökologische, ästhetische, moralische oder soziale Bedenken hat – solche Menschen gibt es –, kommt in der Regel nicht sehr weit.

So braucht man sich über den umfassenden kulturellen Niedergang der heutigen Gesellschaften – siehe Konsumismus, Naturzerstörung, Rohstoffverschwendung, materialistisches Denken, Zukunftsblindheit usw. – keineswegs zu wundern.

In Ladakh genügte eine kurze Berührung mit dem westlichen Kapitalismus, um innerhalb weniger Jahre das Wertesystem völlig umzukrempeln und eine jahrhundertealte Kultur zum Einsturz zu bringen.

Vorherrschaft der Lüge

Zinsgeldsysteme sind zutiefst unmoralisch und auf allseitige Zerstörung hin angelegt. Mehr oder weniger ist jedermann gezwungen, dabei mitzuwirken, sei ihm das klar bewußt oder nicht. Das gilt nicht zuletzt für die tonangebenden Kreise. Ihre Entscheidungen haben oft weitreichende schädliche Auswirkungen. Das darf man nicht offen zugeben. Also heuchelt und lügt man, gibt täuschende Gutachten in Auftrag, setzt irreführende Bücher in Umlauf oder nutzt die Medien, um falsche Ansichten am Leben zu erhalten, wichtige Wahrheiten zu unterdrücken und echt fortschrittliche Vorhaben zu Fall zu bringen. Das Machtmittel Geld in der Hand jener, die es – vielfach zinsbedingt – überreichlich ihr eigen nennen, ermöglicht vieles.

Alle Gesellschaftsbereiche sind bewußt oder unbewußt solchen Wahrheitsverfälschungen ausgesetzt, nicht zuletzt Forschung und Wissenschaft.

Es sei aber zugestanden, daß sehr viele Wissenschaftler und Entscheidungsträger – wegen (kapitalistisch gesteuerter) Unterdrückung von Minderheitsmeinungen – an die Richtigkeit ihrer Aussagen tatsächlich glauben!

Freilich lassen sich die Menschen, da sie nun einmal unvollkommen sind, immer wieder zu schlimmen Unehrlichkeiten verleiten.

Aber eine kapitalistische Epoche wie die jetzige, mit ihren herabziehenden Zwängen und Wettbewerbsabwürgungen, kann nicht anders als irrtums- und lügendurchseucht sein.

„Widerstreit der Werte"

Eben diesem Widerspruch zwischen ökonomischen und moralischen Zielvorstellungen war am 31.1.1994 ein Leitartikel der *Stuttgarter Nachrichten* gewidmet, verfaßt von Arnd Bäucker.

Das Oberschulamt Nord-Württemberg fand den Zeitungsbeitrag bedeutsam genug, um ihn im selben Jahr den Abiturienten Baden-Württembergs im Fach Deutsch zur schriftlichen Beurteilung vorzulegen.

Laut Bäucker haben damals Bundeskanzler Kohl und andere die *„Rückbesinnung auf alte Tugenden ... wie Mitmenschlichkeit, Solidarität, Anteilnahme, Zuwendung, Treue"* beschworen; darüberhinaus seien auch *„altpreußisch zu nennende Tugenden wie Bescheidenheit, Pflichtbewußtsein, Augenmaß, Fleiß, Bereitschaft zum Verzicht"* eingefordert worden.

Jedoch verlange man auch, die Bundesbürger müßten *„mobiler und flexibler"* werden.

„Stehen solche Werte nicht im Widerstreit?" fragt Bäucker und fährt fort: *„Flexibilität und Mobilität lassen sich schlecht mit mehr Familiensinn vereinbaren"*, weil sich dann Vater und Mutter berufsbedingt nicht um die Kinder kümmern könnten. Die geforderte *„Bescheidenheit widerspricht den Zielen der Werbung und somit dem Imperativ des wirtschaftlichen Wachstums"*, der es nötig mache, daß der geschaffene Überfluß auch gekauft werde.

Nach Besprechung weiterer Widersprüche dieser Art kommt Bäucker zu dem Schluß: ***„Was die moderne Industriegesellschaft von den Menschen fordert, widerspricht nicht selten dem teils jüdisch-christlichen, teils humanistischen Anliegen einer solidarischen Gesellschaft mit Refugien der Langsamkeit und Verläßlichkeit."***

Er fragt sich: *„Läßt sich das Dilemma lösen?"* und gelangt zu dem Schluß: *„Auch die Wirtschaft muß sich befragen lassen, wo es hinführt, wenn sie nach Prinzipien ausgerichtet ist, die alte Spielregeln menschlichen Zusammenlebens zunehmend relativieren, wenn nicht gar ignorieren."*

Bäucker zeigt sich am Ende ratlos. Aber immerhin hat er auf den heutigen *„Widerstreit der Werte"* – den Zwiespalt zwischen ökonomischen Erfordernissen und höheren Werten – aufmerksam gemacht.

Solche Mißverhältnisse sind im Kapitalismus, d. h. in einem Zinsgeldsystem, unausweichlich und können letztlich nur durch eine grundlegende Verbesserung der bestehenden Geld- und Bodenordnung behoben werden.

Das Bessere als Dauerverlierer

Die Weltgeschichte war bisher vor allem auch eine Aufeinanderfolge von Kampf und Streit, von blutigen und grausamen Kriegen. Nicht Gleichberechtigte standen sich da in freiem Wettbewerb gegenüber, und keineswegs siegte jeweils der Tüchtigere. Es war meist ein Kampf zwischen Ungleichen. Auf der einen Seite rang man um Freiheit und Selbstbestimmung, auf der anderen verteidigten übermächtige Unterdrücker und Ausbeuter ihre Vorrechte. Dieser Streit fand innerhalb von Völkern, aber auch zwischen ihnen statt. Unterschiedlich begüterte Volksschichten bzw. Stände traten gegeneinander an und Völker gegen Völker, die zudem meist nicht wußten, daß sie oft nur die Geschäfte übernationaler und imperialistischer weltlicher oder geistlicher Mächte besorgten.

Es ist ein Krieg, der auch heute noch andauert.

Und leider waren, und sind, die Freiheit, die Völker selbst, immer mehr auch die Natur, meistens auf der Verliererseite.

Das konnte auch nicht anders sein. **Denn unter kapitalistischen Verhältnissen ist der Angreifer, der Ausbeuter, der Ungerechte im Regelfall der Stärkere.** Bertolt Brecht – der freilich irrtümlicherweise glaubte, der Marxismus-Kommunismus bringe die Lösung der sozialen Frage – hat dennoch in seinen Dichtungen die systembedingten Widersprüche und Ungerechtigkeiten des Kapitalismus durchaus richtig dargestellt. In seinem Bühnenstück *Der gute Mensch von Sezuan* läßt er die freundliche, hilfsbereite und deshalb immer wieder ausgenutzte Shen Te am Ende zu Recht klagen:

„Warum
Ist auf die Bosheit ein Preis gesetzt und warum
Erwarten den Guten
so harte Strafen?“

Das ist durchaus richtig gesehen. Im Kapitalismus werden die Anständigen und die wahren Menschen- und Naturfreunde fast immer auf der Verliererseite sein. Das Böse war und ist – systembedingt – meist übermächtig.

Freilich, auch nach Abschaffung des Kapitalismus, d. h. nach Überwindung des Geld- und Bodenmonopols, wird sich keineswegs der ewige Friede einstellen und wird sich die Erde nicht in ein Paradies oder Schlaraffenland verwandeln.

Wenn Friedrich Schiller in seinem Gedicht *Worte des Wahns* sagt:

„Das Rechte, das Gute führt ewig Streit,
Nie wird der Feind ihm erliegen,“

so bleibt das weiterhin wahr, denn unter den schöpfungsgewollt unvollkommenen Menschen wird es immerfort Streit und Auseinandersetzungen geben.

Aber eine wichtige Veränderung tritt ein: **Ist die Grundursache der sozialen Ungerechtigkeit ausgeräumt, dann wird *„das Rechte, das Gute“* dem *„Feind“* – dem Bösen und Satanisch-Zerstörerischen – nicht mehr, so wie heute, fast schutz- und hilflos ausgeliefert sein; nein, es wird ihm ähnlich stark und ähnlich wehrhaft entgegentreten können.** Damit ist ein entscheidener Fortschritt zum Besseren hin erreicht.

George Soros im Zwiespalt

In einem *Spiegel*-Gespräch (51/1998) mußte sich der bekannte und sehr erfolgreiche Großspekukant George Soros auch mit dem Vorwurf auseinandersetzen, in Asien und anderswo schlimme Finanzkrisen ausgelöst und ganze Völker ins Unglück gestürzt zu haben:

*„**Spiegel:** Aber plagt sie nicht ein Schuldgefühl, wenn Sie an den Märkten Gewinne machen, während ganze Länder ruiniert werden?*

***Soros:** Nein, ich empfinde absolut kein Schuldgefühl.*

***Spiegel:** Kein schlechtes Gewissen?*

***Soros:** Überhaupt kein schlechtes Gewissen, **denn ich halte mich an die Regeln. Aber ich mache mir Sorgen über die negativen Folgen. Deshalb meine ich, es ist wichtig, die Spielregeln zu verändern.** Wenn man glaubt, daß irgend etwas am System falsch ist, dann muß man das System verändern. **Wenn ich die Spekulation aufgebe, dann sind viele andere an meiner Stelle …** Wenn ich Aktien kaufe und verkaufe, dann geht es einzig und allein darum, ob ich Gewinn oder Verlust mache. Ich denke nur an Risiko und Chance.*

***Spiegel:** Und der Bürger in Ihnen denkt an die soziale Verantwortung.*

***Soros:** Ja. Aber die Märkte sind **amoralisch.** Da zählen moralische Überlegungen nicht … Ich fürchte, ich könnte ein Idealist sein.*

***Spiegel:** Ein desillusionierter Idealist.*

Soros:** Ich bin nicht wirklich desillusioniert. Ich denke, es ist besser, mit Idealen zu leben … **Neben der moralischen Welt gibt es die amoralische, und die ist in unserem Leben zu wichtig geworden.“

Erläuterungen:

Aus dem Gespräch geht sehr klar hervor, welcher **Zwiespalt** sich für den Marktteilnehmer Soros in einem kapitalistischen Handlungsrahmen auftut: Wenn er *„Gewinn“* machen bzw. *„Verlust“* vermeiden will, muß er *„amoralisch“* – zutreffender: unmoralisch – vorgehen; täte er es nicht, träten Tausende andere an seine Stelle. Es mißfällt ihm aber, bzw. er leidet darunter, daß die Spielregeln des Systems moralisches Verhalten nicht erlauben. Deshalb möchte er sie abgeändert wissen und hat in dieser Absicht 1998 das Buch *Die Krise des globalen Kapitalismus* geschrieben, worin er seine Vorschläge für eine

Verbesserung des heutigen Finanzsystems unterbreitet. Denn es ist ihm wichtig, entsprechend seinen *„Idealen zu leben"*.

Doch was schlägt er vor? Es ist bezeichnend: eine strengere Überwachung der Finanzmärkte; ***„letztlich etwas ähnliches wie eine internationale Zentralbank"*** (*Spiegel*, s. o.) – also einen Super-Euro oder gar Super-Americo! Wer aber rein kapitalistisch denkt, dem kann nichts anderes einfallen.

Solche symptomatischen *„Abänderungen"*, unter Beibehaltung des kapitalistischen Systems, verschlimmbessern nur alles (wovon später noch die Rede sein wird).

„Negative natürliche Selektion"

Im obengenannten Buch *Die Krise des globalen Kapitalismus* spielt George Soros immer wieder darauf an, daß in der kapitalistischen Wirtschaft die *„Moral leicht zu einer Bürde"* werden könne (S. 248). Was sich daraus hinsichtlich der heute herrschenden Kreise ableiten läßt, schildert er so:

„In einer von starker Konkurrenz geprägten Umwelt werden Menschen, die sich mit der Sorge um andere belasten, wahrscheinlich das Nachsehen haben gegenüber denen, die frei von allen moralischen Skrupeln sind. So unterliegen soziale Werte einem Prozeß, den man als negative natürliche Selektion bezeichnen kann. ***Die Skupellosen gelangen nach oben.*** *Das ist einer der beunruhigendsten Aspekte des* ***kapitalistischen*** *Weltsystems."*

Es sei noch angemerkt, daß auch Soros – wie aus dieser und anderen Stellen seines Buches hervorgeht – dem verhängnisvollen Irrtum unterliegt, Kapitalismus und Marktwirtschaft seien ein und dasselbe.

7. Produzieren um der Rendite willen

Zinsgesteuertes Wirtschaften

Aufgabe der Wirtschaft sollte es sein, dem Menschen zu dienen und seine materiellen wie ideellen Wünsche zu erfüllen – natürlich gegen angemessene Bezahlung –, sofern das mit moralischen, ökologischen und sozialen Grundsätzen vereinbar ist.

Wer sich heute aber umschaut, wird rasch feststellen – ein Blick auf die aufdringliche Werbung, die ungeheuere Rohstoffverschwendung, die überquellenden Müllberge genügt –, daß dem nicht so ist.

Es kann anders gar nicht sein. **Denn im Zinsgeldsystem, d. h. im Kapitalismus – der mit Marktwirtschaft nicht zu verwechseln ist! – steht alles auf dem Kopf: Nicht mehr die Menschen mit ihren wahren Bedürfnissen sind Richtpunkt der wirtschaftlichen Tätigkeit. Hauptzweck ist stattdes-**

sen: Erzielung der Kapitalrentabilität, eines Zins- oder Dividendenertrags, eines immer höheren „shareholder value".

Das ist das unheilige Grundgesetz des Kapitalismus.

Alles andere – höhere Werte wie Kulturförderung, Naturbewahrung, soziale Gerechtigkeit, Anstand, Ehrenhaftigkeit, Wahrheitsliebe, Schönheit, gegenseitige Rücksichtnahme u.a.m. – haben davor zurückzutreten.

Erläuterungen hierzu

Zuvorderst aus zwei Gründen, die zusammenwirken, ist das so:

a) Im heutigen System will der Kapitalist immer mitverdienen. Für das, was keine Zinsen einbringt, und sei es noch so gut oder dringend nötig, rückt er kein Geld heraus. Was das für Unternehmen bedeutet, hat Stefan Baron, Chefredakteur der „Wirtschaftswoche", einmal in die Worte gefaßt (43/1999): *„Arbeitsplätze* [und Arbeitserzeugnisse] *entstehen nur, wenn sie den Unternehmen eine angemessene Verzinsung ihres eingesetzten Kapitals versprechen."*

b) Man erinnere sich an das früher Gesagte: Vor allem zinseszinsbedingt nehmen die Geldvermögen unaufhörlich zu. Spiegelbildlich dazu gehen die Schulden in die Höhe. Daraus entstehen Wachstums- und Rationalisierungszwänge, weil die Firmen anders den Kapitaldienst nicht ableisten können.

Die Gütererzeugung wird dadurch immer mehr zu einer Veranstaltung, die vornehmlich dem Zweck dient, die *„Tilgungs- und vor allem Verzinsungsverpflichtungen"* noch erfüllen zu können (Prof. Malik, s. o.). Es erfolgt also eine Mehrproduktion, ohne daß dafür bei den Menschen wirklicher Bedarf vorhanden wäre. Trotzdem muß weiterproduziert werden, und zwar von allen Firmen – theoretisch bis ins Unendliche.

Es ist eine Irrsinnsspirale: Um preiswerter produzieren zu können, verstärkt man seine Rationalisierungsbemühungen. Dadurch wird alles aber noch schlimmer. Die Folge sind erneute Produktionsausweitungen und eine noch hoffnungslosere Überfüllung der Absatzmärkte.

Aus dem Kampf um verbliebene Kunden und Märkte ergibt sich eine gnadenlose gegenseitige Verdrängung und Vernichtung der Firmen – mit den bekannten katastrophalen Auswirkungen: Naturzerstörung, Firmenzusammenbrüche (vor allem der kapitalschwächeren), Arbeitslosigkeit, Gigantismus, Verschwinden alles Kleineren, Aushöhlung der Demokratie, Eroberung neuer Märkte, Imperialismus, Globalismus, Handelskriege, blutige Kriege usw.

Das Bessere und wahrhaft Menschliche bleibt dabei auf der Strecke.

Der Zinsmechanismus löst also, angetrieben vom Geldvermögenswachstum aus sich heraus, (kybernetisch gesprochen) „positive Rückkoppelungen" aus, d. h. aus sich heraus nicht bremsbare krebsartig-zerstörerische Wucherungen, bis hin zum allgemeinen Zusammenbruch.

Zusammenfassend kann man sagen: **Im Zinsgeldsystem werden alle Gesellschaftstätigkeiten – Wirtschaft, Politik, Kultur, Umgang mit der Natur – letztlich von einem zwanghaften Geldvermehrungsmechanismus zugunsten einiger weniger gesteuert.**

Nur derjenige, der hohe Zinsen und Dividenden ausschütten und steigende Aktiengewinne erzielen kann, erhält Banken- und Aktionärsgeld.

Auch getrieben von Überlebensangst ist damit ein schmarotzerhafter Bereicherungswille als letztlich bestimmende Kraft auf den Thron erhoben und lenkt die Geschicke der Welt – und sein Regiment ist danach.

Da braucht man sich über den Krisenzustand, in dem die Welt heute steckt, nicht mehr zu wundern.

Daß die Wirtschaft vor allem zinsgesteuert ist, sollen ein paar Beispiele erhellen.

Unter kapitalistischem Erfolgsdruck

Selbst für den Weltkonzern Siemens gibt es kein Ausweichen mehr: Jetzt muß er sich gänzlich dem Diktat der *„Finanzmärkte"* unterwerfen. Für Vorstandschef Heinrich von Pierer hatte bisher der Grundsatz gegolten: *„Keine Gewinnmaximierung gegen die Interessen der Mitarbeiter."* Doch damit ist es nun vorbei. Die *Wirtschaftswoche* (11/1998) meldete:

„Ende der Konsenskultur:** 20 000 Jobs sollen in einen Billigtarif geschoben werden."* H. v. Pierer stehe ***„unter einem enormen Druck der Finanzmärkte." In der Vergangenheit sei er nur zu oft wegen seiner *„mageren Performance"* gescholten worden. Die Eigenkapitalrendite sei von 10,5 Prozent auf 9,7 Prozent gesunken. Man müsse daran zweifeln, ob er sein selbstgestecktes Ziel von 15 Prozent bis zum Jahr 2000 erreichen könne. Die neue Firmenpolitik bedeute seinen stufenweisen Abschied von der Rolle des *„guten Kapitalisten"*. Doch sei er vom Aktionärsvertreter Thilo Hasler für den verschärften Sozialabbau gelobt worden: *„Die beabsichtigten Einsparungen machen die Aktie für Anleger attraktiver und sind somit ein Schritt in die richtige Richtung."*

Fall Höchst

Auch der Pharmakonzern Höchst sah sich seinerzeit dem *„Druck der Finanzmärkte"* ausgesetzt. Es drohe sogar *„die Gefahr einer feindlichen Übernahme"*. Vorstandschef Jürgen Dormann stellte gegenüber der *Wirtschaftswoche* (12/1998) die Lage so dar:

„Es geht doch darum, daß wir unsere Effizienz im Pharmageschäft steigern müssen – Konzerne wie Roche oder Novartis sind uns voraus ... Wir haben in den vergangenen 10 Jahren unsere Pharmaforschungsausgaben von 950 Millionen auf 2,4 Milliarden Mark hochgefahren. Trotzdem haben wir kein

wirklich neues Arzneimittel als erster oder zweiter auf den Markt gebracht. Das muß anders werden: Ab 1999 wollen wir jedes Jahr zwei neue Topmedikamente mit einem Umsatzvolumen von mindestens 600 Millionen Mark jährlich auf den Markt bringen.“

Wohlgemerkt! Weil die Aktienkurse zu fallen drohen, muß Höchst mit Milliardenaufwand neue, zugkräftige Medikamente entwickeln. Die Absicht, menschliches Krankheitselend zu lindern, ist nur Mittel zum Zweck. Doch gibt es – glücklicherweise, möchte man fast sagen – Abermillionen Kranke. Denen wäre viel besser geholfen, müßten sie nicht in einer weithin chemieversuchten Umwelt leben und rängen sie sich zu einer gesünderen Lebensführung durch. Aber da sei Gott vor! Gesundheitsbewußtes Verhalten bei immer mehr Menschen und strengere umweltpolitische Forderungen gegenüber Firmen hätten – jedenfalls für eine Übergangszeit – katastrophale Auswirkungen auf die Wirtschaft. Dabei gingen Millionen von Arbeitsplätzen verloren. Denn aufgrund strengerer Auflagen und mangels Nachfrage könnte viel von dem, was uns körperlich und seelisch schadet, nicht mehr produziert werden.

Und man vergesse nicht: **In einer zinsgesteuerten Wachstumswirtschaft muß von Jahr zu Jahr mehr produziert werden, ob die Menschen es brauchen oder nicht, und muß der Binnenkonsum im Gleichschritt damit zunehmen, soll es nicht zu krisenhaften Wirtschaftseinbrüchen kommen.**

Deshalb müssen auch immer mehr Kraftfahrzeuge gekauft und gefahren werden, im eigenen Land und weltweit. So konnte Daimler-Benz-Chef Schrempp im September 1997 froh verkünden, daß seine Firma *„in diesem Jahr mit mehr als 700 000 PKW einen neuen Rekord setzen wird“* (*STN*, 11.9.1998) …

Inzwischen gibt es Höchst als selbständige Firma nicht mehr: Sie wurde aufgekauft und ist nun Bestandteil des Konzerns Aventis …

Manager als *„Diener“* des Geldes

Manager von Aktien-, Pensions- und anderen Fonds sind es, die zunehmend die Wirtschaft beherrschen. Hubertus von Grünberg, Chef des Reifenherstellers Continental, läßt sich über die Macht der Investoren [Geldgeber] so aus (*Spiegel*, 10/1999):

„Manchmal fragen die Investoren, ob es nicht besser für den Profit sei, noch mehr Arbeitsplätze abzubauen. Dann antworte ich ihnen, daß ich als 'Jobkiller' im Unternehmen nicht akzeptiert würde und meine Ziele nicht verwirklichen könnte. Das sei mein Problem, meinen dann die Investoren, ihr Auftrag sei, nach der Ertragskraft und dem Potential der Kurssteigerung eines Unternehmens zu fragen.

Dazu mag man stehen, wie man will: ***Ich brauche die Investoren, weil ich auf einen hohen Aktienkurs angewiesen bin.*** *Je höher der ist, desto größer ist mein unternehmerischer Manövrierraum.* ***Die Investoren sind die Könige, ich der Diener. Schließlich stellen sie*** *mich ein und bezahlen mich als ihren Angestellten ...*

Die Leute [Investoren], *die zu mir kommen, werden ja selbst nach ihrer Rendite beurteilt ... Sie werden dafür bezahlt, daß sie möglichst viel Geld machen. Das ist ein eisenhartes Geschäft.*

Diese Fondsmanager stehen unter enormem Druck. Wer eine zu geringe Rendite vorweist, ist weg vom Fenster."

„Entwicklungshilfe" für Brasilien

José Lutzenberger, bekanntester Vorkämpfer des Naturschutzes in Brasilien und dort einige Jahre lang Vorsitzender des Sondersekretariats für Umweltfragen, wurde auf der *BUND*-Bundestagung 1981 mit einem Preis ausgezeichnet. In seiner Dankesrede klagte er über verschiedene *„Entwicklungshilfe"*-Projekte, u. a. über dieses:

„Ich kenne noch einen anderen Fall, wie diese Entwicklung in Wirklichkeit aussieht: Es wird momentan ein ***Riesenstaudamm*** *gebaut, der* ***Staudamm am Tucurui.*** *Zwei Indianerstämme sind bereits versetzt worden. Wenn ein Indianderstamm von seiner angestammten Heimat vertrieben wird, dann stirbt er meistens aus! Es werden – ich glaube – 10.000 Quadratkilometer überflutet, und wem soll eigentlich dieser Staudamm dienen? Der Staudamm wird – soweit ich informiert bin – von Japanern finanziert, und zurückgezahlt wird er mit Bauxit, das mit dem Strom dieses Staudamms zu Aluminium verarbeitet wird.* ***Was hat eigentlich die brasilianische Bevölkerung davon? Nichts, gar nichts, nur die Zerstörung, die Entfremdung, die Verarmung! Reich werden einige Bonzen,*** *die gar nicht in der Gegend wohnen, die entweder unten in Sao Paulo, in Rio de Janeiro oder in Frankfurt oder in New York oder sonstwo wohnen!"*

Grenzenlose Wucherungen

Weil die heutige Industriewelt den Naturzusammenhang an vielen Stellen verlassen hat, gerät sie in immer neue Schwierigkeiten hinein, die man mit noch kostspieligeren technischen Mitteln in den Griff zu bekommen versucht. Das alles ist ungeheuer aufwendig und naturverbrauchend.

Banken und Unternehmen sehen diese Entwicklung nicht ungern und fördern sie auch, die einen, weil sie ihre (zinsbedingt) anschwellenden Geldmittel besser unterbringen können, die andern, weil sich neue Absatzmöglichkeiten ergeben.

Hierzu nur ein einziges Beispiel: Weil die Wirtschafts- und Siedlungstätigkeit unnatürlich **großräumig** geworden ist, entsteht ein riesiger Verkehrsmittelbedarf. Dazu braucht es zahllose Fahrzeuge. Zu ihrer Herstellung müssen aus aller Welt Rohstoffe und Teilfabrikate herbeigeschafft werden, was die Herstellung von noch mehr Lastern, Flugzeugen und Schiffen erforderlich macht. Im Gleichschritt damit muß man das Verkehrsnetz immer weiter spannen. Ein neuer Industriezweig – die Straßenbaubranche – bildet sich heraus. Die Folge ist ein noch größerer Energie- und Rohstoffverbrauch. Unendlich viel Abfälle häufen sich an, um die man sich – mit immer neuen Techniken – kümmern muß. Giftige Abgase verpesten die Atemluft und lösen Krankheiten aus, die ihrerseits mit zusätzlichen Anstrengungen zu bekämpfen sind. Auch für die Millionen von Verkehrsopfern muß gesorgt werden. Und so weiter.

Der vielgepriesene wissenschaftlich-technische Fortschritt ist großenteils nichts anderes als ein krebsartig wuchernder Prozess – vor allem im Interesse der Geldanleger.

Wir sollten uns von den vielen technischen Wunderdingen der heutigen Zeit nicht täuschen lassen.

Zinsgeld und Krebs

Unter dem **Stichwort *„Krebs"*** liest man im *Großen Brockhaus*: Der Krebs bestehe zunächst in der *„örtlichen Wucherung eines Epithels"*. Dieser *„Primärtumor"* breite sich in die Umgebung aus, indem er *„Ausläufer vorschiebt"*. Einzelne der wuchernden Zellen *„können sich aus dem Verband lösen und gelangen dann mit dem Saft-, Lymph- oder Blutstrom in entfernte Organe. Dort wachsen sie an und bauen einen neuen Geschwulstherd auf."*

Damit ist genau die Wirkungsweise des aus sich heraus wachsenden Zinsgeldes beschrieben. Nach seiner selbsttätigen Vermehrung sucht es überall Anlagemöglichkeiten, auch an weit entfernten Orten, nur um weiterwuchern zu können, ohne daß dort, siehe das Beispiel Ladakh, für das jetzt Produzierte ursprünglich ein Bedarf vorhanden war.

Brockhaus: *„Die neu, wahrscheinlich durch Mutation, entstandene Geschwulstzelle fällt aus der Organisation des Ganzen heraus. Sie beteiligt sich nicht mehr an der Leistung der Zellen, denen sie entstammt."*

Die durch *„Mutation"* entstandene Krebszelle ist also ein Fremdkörper im menschlichen Organismus. Dasselbe trifft auf den Zins und seine Rolle im Gesellschaftskörper zu. Durch einen fehlerhaften Mechanismus ins Leben getreten, ordnet er sich nicht der *„Organisation des Ganzen"* unter, sondern führt ohne eigene *„Leistung"* ein Schmarotzerdasein.

Brockhaus: *„Die Krebszelle ist eine Katastrophe nicht nur der Form, sondern auch der organismischen Zusammenarbeit der Organzellen des Körpers. Mit ihrem Wachstum geht gleichlaufend eine schädigende Wirkung auf den* *ganzen Organismus einher. Diese trifft die Lebenskraft des ganzen Menschen. Sie gipfelt in Verfall und Tod des Kranken."*

Ähnlich unglücklich entwickelt sich auch das Schicksal einer jeden Zinsgesellschaft samt ihrer naturgegebenen Umwelt. Das immerfortige *„Wachstum"* der leistungslosen Einkommen führt nicht nur zu einer Aufspaltung in reich und arm; es hat überall *„schädigende Wirkungen"*: Massenarbeitslosigkeit, Verbrechenszunahme, Wanderungsbewegungen, Friedlosigkeit, Handelskriege, Naturzerstörungen, Überschuldungen. Die *„Lebenskraft ... ganzer"* Völker ist getroffen. Am Ende steht: *„Verfall und Tod"*.

Nicht das Vorhandensein von Völkern, nicht der Wettbewerb, nicht das Privateigentum, nicht der dem Menschen von Hause aus mitgegebene Eigennutz sind die Grundursache gesellschaftlicher Katastrophen, sondern die immer noch ungelöste Geld- und Bodenfrage.

Dieses Versäumnis aber hat zur Folge, daß Zins, Bodenrente, Inflation – und ähnliches mehr – als „Wucherungszellen" den Gesellschaftsorganismus befallen und schließlich zugrunde richten.

Die Hölle ist los

Zinsgeld hat satanischen Charakter. Will man sein Wesen voll durchschauen, ist es hilfreich, sich an Mephistopheles zu erinnern, eine im *Faust*, Goethes berühmtestem Drama, auftretende Teufelsgestalt, welche sich so vorstellt:

„Ich bin der Geist, der stets verneint!
Und das mit Recht, denn alles was entsteht,
Ist wert, daß es zugrunde geht;
Drum besser wär's, daß nichts entstünde.
So ist denn alles, was ihr Sünde,
Zerstörung, kurz, das Böse nennt,
Mein eigentliches Element."

Diese Worte kennzeichnen voll und ganz das Zinssystem mit seinen Zwängen und Versuchungen.

Zinsgeld lockt im Menschen das Böse hervor. Es stachelt Habsucht und Machtgier an. Es drängt zum Bösehandeln und zwingt oft dazu, will man nicht der beruflichen Vernichtung anheimfallen. Es hinterläßt verbrannte Erde und hat keine Hemmungen, die ganze Welt in ein Totenhaus zu verwandeln. Es kennt keine Ruh noch Rast. Es stirbt erst ab mit dem letzten verwertbaren Gegenstand, vergleichbar der Bakterienkultur im Reagenzglas, die erst dann ihre Vermehrung einstellt, wenn sie im eigenen Unrat erstickt ist. Zinsgeld vernichtet alles Kleinräumige, alle Vielfalt. Es brennt großflächig die letzten Urwälder dieser Erde nieder. Mit kilometerlangen Schleppnetzen fischt es die Weltmeere leer. Es reißt Löcher in den Himmel. Es heizt die Atmosphäre auf. Mit seinen Finanzmachenschaften zerrüttet es ganze Volkswirtschaften. Millionen Menschen macht es arbeitslos. Es setzt Diktatoren auf den Thron. Es löst Weltkriege aus.

Zinsgeld ist in den Zentralismus vernarrt. Je größer etwas ist, desto besser. Gigantomanie muß sein: Hochhäuser, Massentierställe, Supertanker, Großstädte, Ballungszentren, Riesenstaudämme, Atomkraftwerke, Stromgiganten, Großfirmen, das WTO, Nahrungsmittelkartelle, Großstaaten, die EU, die UNO, die Supermacht USA als *„Herrin der Welt"* (*Spiegel*, 36/97) – der Weltstaat.

Zinsgeld ist extrem internationalistisch. Es will alle regionalen und nationalen Abgrenzungen weghaben. Es wirbelt die Völker und Volksgruppen durcheinander. Es heuchelt Liebe zur Menschheit – und gibt Abermillionen der Vernichtung preis.

Zinsgeld ist das schlimmste Entzweiungs- und Zerstörungselement auf Erden.

Jedoch – Zinsgeld kann gebändigt werden.

8. Geld regiert die Welt

Monopolmächte

Die ungelöste soziale Frage zeigt sich zuallererst darin, daß einige wenige über sehr viel mehr Geld- und Sachvermögen verfügen als die allermeisten anderen. Solcher Reichtum gibt ihnen die Möglichkeit, Hunderte und Tausende von Menschen für die eigenen Ziele, auch hochpolitische, in Bewegung zu setzen und ein Stück Welt nach ihrem Sinne zu gestalten.

Hätten wir tatsächlich eine freie und soziale Marktwirtschaft, wäre derartiges unmöglich. Denn der Wettbewerb, sofern er sich innerhalb einer guten Rahmenordnung abspielt, würde dafür sorgen, daß niemand so reich wird, daß er monopolartige Bastionen errichten könnte.

Wenn es diese trotzdem gibt, dann deshalb, weil Zins- und Inflationsgeld (zusammen mit den daraus entstehenden zusätzlichen Begünstigungen) den freien Wettbewerb untergräbt. Nach den Regeln des Unterhaltungsspiels Monopoly läßt es geradezu zwangsläufig eine Minderheit von Einzelpersonen, Organisationen und Firmen immer reicher und mächtiger werden. Vor allem deshalb bilden sich beherrschende Monopole heraus.

Das Schlimmste dabei ist, daß solche Machtgebilde den Gesetzen verhaftet bleiben, nach denen sie angetreten und groß geworden sind. Wenn sie ihnen den Gehorsam verweigern, verfällt ihre herausragende Stellung wieder.

Diese Gesetze aber tragen den Stempel des Zinsgeldes, und sie heißen: Ausbeutung der Mehrheit; Wachstumszwang; immer größere Strukturen; Globalisierung; Aushebelung von Marktwirtschaft und Demokratie; Ausbeutung der Natur; Kultur- und Völkervernichtung; usw.

Derartige zinsgesteuerte Machtgebilde finden sich in allen Gesellschaftsbereichen und stellen das größte Hindernis für wohlgemeinte Reformvorhaben dar.

Hierzu einige Beispiele.

Monopolbeherrschter Buchmarkt

Auf die ***„fortschreitende Amerikanisierung“*** des Buchmarkts auch in der Bundesrepublik wies die *Wirtschaftswoche* hin (41/1998). Es drohe ein *„bestsellerorientierter Kannibalismus“*, *„der der Vielfalt jede Chance nehmen und das große Sterben von Traditionshäusern nach sich ziehen werde.“*

Der Buchhandel in den Vereinigten Staaten entspreche inzwischen nicht mehr demokratischen Erfordernissen: ***„Heutzutage wählen nur noch eine Handvoll Verleger und Händler die Autoren aus, deren Bücher prominent in die Regale kommen.*** *Zugleich ist der Anteil der unabhängigen Buchgeschäfte von 32 Prozent im Jahr 1991 auf 18,5 Prozent geschrumpft. Die Superstores dominieren den Markt.“*

Wie nirgends auf der Welt gebe es in Deutschland noch viele unabhängige Verleger, die aber großenteils nur mit einer *„selbstausbeuterischen Geschäftsauffassung“* überleben könnten. Denn der Markt sei eng: ***„75 Prozent des Geldes, das Händler mit Buchverkäufen einnehmen, fließen auf die Konten von nur drei Prozent aller Verlage.“*** *dtv*-Verleger W. Balk wird zitiert: *„Der Wille, den Markt total zu beherrschen, verselbständigt sich.“*

Bertelsmann, die Nummer eins der Verlagsbranche, sei gerade dabei, rund um den Globus Ladenketten zu errichten, Buchclubs zu gründen und den Online-Handel voranzutreiben. Seine übervollen Kassen erlaubten es. Falle auch noch, wie die EU es verlangt, die seit 1887 bestehende Buchpreisbindung, breche in Deutschland die *„Infrastruktur der Buchläden“* ein: von den noch vorhandenen über 4000 dürften in den nächsten zehn Jahren höchstens 1000 überleben.

Schon heute flüchteten immer mehr Kleinverlage unter die Fittiche der Großunternehmen, *„um nicht von der Entwicklung gefressen zu werden, sondern an ihr zu partizipieren.“*

Frage:

Wie sollen sich da neue, das Gemeinwohl bezweckende Gedanken Bahn brechen können, falls sie nicht den (Kapital-)Interessen der Mediengiganten dienen und deshalb (hoffentlich nicht auch dieses Buch!) **der allgemei-**

nen Nichtbeachtung anheimfallen – oder überhaupt nicht zur Veröffentlichung gelangen?

Das Energiesyndrom

Hermann Scheer, 1944 geboren, seit 1980 als SPD-Abgeordneter Mitglied des Deutschen Bundestags, Empfänger des *Alternativen Nobelpreises* 1999, legte in seinem 1995 bereits in fünfter Auflage erschienenen Buch *Sonnenstrategie* mit überzeugenden Gründen dar, daß man darauf hinwirken müsse, die herkömmlichen atomaren und fossilen Energiequellen vollständig durch die unerschöpfliche **Sonnenenergie** zu ersetzen. Allein dadurch könne man *„dem Organismus der Menschheit die Wiedergenesung auf Dauer ermöglichen."* (S. 17)

Doch schon am Eingang des Buches findet sich der Hinweis, daß die **Verwirklichung dieses Konzepts nicht etwa *„ein technisches oder wirtschaftliches Problem"* sei, *„sondern ein politisches."***

Wie ernst es Scheer, Präsident von *EUROSOLAR*, mit der *„Sonnen-Strategie"* ist, geht aus den Sätzen hervor: ***„Das herrschende Energiesystem, das sich auf die Alt-Energien stützt, verkörpert ... die einflußreichste wirtschaftliche Macht auf dem Globus ...*** *Es stellt sich die Schicksalsfrage, ob die Sonnenenergie die konventionellen Energien rechtzeitig ablöst! Je länger wir warten, desto sicherer wird die Zukunft zum grausamen Leidensweg für den allergrößten Teil der wachsenden Menschheit."* (S. 292f.)

Der Wechsel zur Sonnenenergie sei heute die wichtigste *„wirtschaftliche und soziale Basis-Innovation der Weltgesellschaft"* (S. 282).

Technisch gesehen, könne diese Umstellung – selbst in Deutschland – großenteils bereits heute vorgenommen werden.

Sonnenenergie sei nicht nur sehr umweltfreundlich; sie habe den weiteren Vorzug, frei verfügbar zu sein; dadurch begünstige sie lokale Strukturen: *„Sonnenenergie bietet gesicherte Versorgung mit Energie, die von keinem Energiekartell manipuliert oder kanalisiert werden kann. Weiterer Raubbau an fossilen und biologischen Ressourcen ... wird vermieden."* Energiegewinnung und -verbrauch finde wieder am selben Ort statt, und daraus erwachse *„die Möglichkeit, daß andersartige dezentrale industrielle und gewerbliche Strukturen entstehen"* – in Deutschland, aber auch in den Entwicklungsländern. Dadurch würden auch die *„Abwanderung von ländlichen Räumen in die Städte und internationale Wanderungsbewegungen"* stark gebremst (S. 45).

Das wären höchst wünschenswerte Entwicklungen.

Doch genau das versetze die Energiekonzerne in Alarmstimmung, weil sie *„genau wissen"*, daß *„mehr Dezentralität und Autonomie"* in ihrem Herrschaftsgebiet *„die bestehenden Strukturen"* – die sehr zentralistisch sind – *„verändern würden"* (S. 202).

Das *„herrschende Energiesystem"* ist nämlich eine Musterbeispiel für kapitalistische Machtzusammenballung. Es sei ein ***„internationales Kartell der Elektrokonzerne"***, schreibt Scheer, das sich zu Beginn dieses Jahrhunderts herauszubilden begann und dessen Netz, *„geheimdienstmäßig organisiert"*, sich bis nach Japan erstreckt. Die *„Energierenten der Profiteure des Weltenergiesystems"* vergrößerten den Gegensatz zwischen armen und reichen, entwickelten und weniger entwickelten Ländern in immer extremerer Weise und stellten die Kolonialausbeutung von einst weit in den Schatten. (S. 40f.)

Das Energie-Imperium habe es bisher gut verstanden, sich der *„Sonnen-Strategen"* zu erwehren. Mehr als 100 Millionen DM im Jahr gäben allein *„die großen deutschen Stromversorger für Werbekampagnen gegen die Sonnenenergie aus – mehr als sie bisher für Photovoltaik oder Windstromanlagen insgesamt investiert haben."* (S. 182)

Schlußfolgerungen:

Man muß leider beipflichten, wenn Scheer hier die Klage anstimmt: ***„Die alternativen Kräfte laufen gegen die Gummiwände einer sich zum Irrenhaus verwandelnden westlichen Hochkultur, die ihren allmählichen Absturz nicht wahrnimmt, weil andere schneller abgestürzt sind."*** (S. 286f.)

Der Hauptschuldige an solch *„irren"* wirtschaftlich-gesellschaftlichen Verwerfungen ist jedoch das herrschende Zinsgeldsystem, weil es zuläßt, nein, die Weichen so stellt, daß sich mächtige, internationale Monopole bilden, die die Welt nicht nur regieren, sondern auch ruinieren.

Dabei sollte man nicht übersehen, daß die Energie-Manager häufig selber Getriebene sind. In den letzten Jahren haben sie wieder Hunderte von Millarden Mark neu investiert. Um den Kapitaldienst ableisten zu können und um ihre Aktionäre bei guter Laune zu erhalten, müssen sie laufend Überschüsse erwirtschaften.

In der Energiefrage spielt darüber hinaus das fehlerhafte Bodenrecht eine unheilvolle Rolle, indem es einzelnen erlaubt, sich der Bodenschätze zu bemächtigen, die in Wirklichkeit, weil sie naturgegeben sind, der Allgemeinheit gehören.

Recht treffend kennzeichnet Scheer die heutige Weltlage: ***„Auf dem Globus herrscht nunmehr uneingeschränkt der 'Westen'. Hier konzentriert sich eine einzigartige globale Macht – finanziell, industriell, technologisch, militärisch, ideologisch."*** (S. 102)

Der *„Westen"* aber ist schwer erkrankt. Woran er leidet und womit er tragischerweise inzwischen die ganze Welt angesteckt hat – ist vor allem der Zinsgeld-Virus.

Die Nahrungsmittel-Kartelle

Der in der Schweiz erscheinenden, katholischen Zeitschrift *Philomena* war zu diesem Thema folgendes zu entnehmen (4. Quartal, 1996):

Die FAO, die Weltlandwirtschafts- und Ernährungsorganisation der UNO, habe bereits Mitte der 80er Jahre festgestellt, **daß 85 Prozent des gesamten Weltgetreidehandels von nur sechs Firmen abgewickelt werden.** Es sind dies: *Cargill*, *Continental Grain*, *Dreyfus*, *André*, *Bunge y Born* und *ADM* (*Archer Daniel Midland/Töpfer*). Die ersten fünf seien ***„rein private Firmen, die sich im Besitz von Milliardärsfamilien befinden, die deren Geschäfte auch leiten.“*** Den sechs Firmen gehöre zudem die gesamte für den Handel erforderliche Logistik wie Schiffe, Umschlagplätze, Eisenbahnwaggons, Lagerhäuser, Trocknungsanlagen usw. Bei den langjährigen Verhandlungen der Uruguay-Runde im Rahmen des GATT (das inzwischen in der WTO, der Welthandelsorganisation, aufgegangen ist) hätten sie eine ausschlaggebende Rolle gespielt. Weitere offizielle Statistiken zeigten, *„daß die Ausfuhr von Getreide mit dem Handel der Konzerne gleichzusetzen ist.“* Sie kontrollierten *„95 % des Handels bei Weizen, 95 % bei Mais, 90 % bei Hafer und 80 % bei Sorghum.“ Der Rest des Marktes werde von einigen kleineren Firmen versorgt, „die sich aber im Umkreis der Kartelle bewegen“*. Die Kontrolle der *„Großen Sechs“* über den amerikanischen Getreidehandel sei *„absolut“*. In Frankreich, dem zweitgrößten Getreideexporteur der Welt, liege sie zwischen 60 und 70 Prozent.

Die Landwirtschaftspolitik auf der Welt werde maßgeblich von den Getreide-Kartellen und deren Interessenlage bestimmt: *„Der Leitgedanke der großen Agrarreformen, die in den letzten Jahren in den USA und in der EG/EU durchgeführt wurden, lautete Kartellierung und Konzentration.“* Das Ergebnis sei die ***„Enteignung der Landwirtschaft“*** gewesen. Durch eine Herabsetzung der Erzeugerpreise bei gleichzeitiger Verhinderung der Produktionsausweitung habe man den Bauernstand in den Ruin getrieben: *„Sein Eigentum fällt den Banken, Versicherungsgesellschaften und oft genug direkt den Kartellen und ihren Hunderten von Tochterfirmen zu. So gelang es z. B. Cargill, in diesem Zeitraum zu einem der größten Landbesitzer in Zentralfrankreich aufzusteigen.“*

Die Politik der Kartelle werde von der Absicht geleitet, ***„Produzenten und Verbraucher möglichst weit voneinander entfernt zu halten.*** *Wenn ein Gut in der Region, in der es angebaut wurde, auch verzehrt wird, kann der Handel nichts verdienen. Lohnend sind für die Kartelle nur Geschäfte, bei denen ein Gut über möglichst große Strecken transportiert werden muß. Es mußte also verhindert werden, daß die Staaten ihren Selbstversorgungsgrad anhoben.“* Zu dem Zweck habe man dafür gesorgt, daß die Abhängigkeit der Entwicklungsländer von der Nahrungsmitteleinfuhr groß blieb. *„Die Industriestaaten hingegen, die einen hohen Selbstversorgungsgrad hatten, wurden durch Spezialisierung auf zwei, drei Erntegüter erpreßbar gemacht."*

Dwayne Andreas, der Vorstandsvorsitzende von ADM, habe seine eigenen Vorstellungen von Marktwirtschaft und Demokratie. Gegenüber einem amerikanischen Magazin habe er gescherzt: *„Es gibt kein Körnchen von irgend etwas, das auf einem freien Markt verkauft wird. Nicht ein einziges! Der einzige Ort, in dem es einen freien Markt gibt, ist in den Reden der Politiker." Philomena* meinte dazu: *„Die Herablassung, mit der Dwayne Andreas über die Regierungen spricht, ist typisch für die Kartelle. Sie beherrschen die Regierungen und nicht umgekehrt."* Es gehe ihnen nicht mehr um Geld und Reichtum, weil sie davon genug hätten; es gehe ihnen um *„politische Macht"*.

Anmerkung:

Die Wichtigkeit von Freiheit, Demokratie, nationaler Selbstbestimmung und Umwelterhaltung sind unbestritten. Sie setzen aber eine breite Vermögensverteilung und die Fähigkeit zur regionalen und nationalen Selbstversorgung voraus. Wer sich im Krisenfall nicht mehr ernähren kann, ist erpreßbar. Auch wahrer Naturschutz erfordert eine regionale Wirtschaftsweise und bäuerlich-naturgemäßen Landbau.

Genau das Entgegengesetzte aber erstreben solch weltbeherrschende Machtgebilde wie die Nahrungsmittelkartelle (und ähnliche Großorganisationen). Doch anders läßt sich ihre Machtstellung nicht aufrechterhalten. Wenn sie die Oberhand behalten wollen, müssen sie die Menschen und Völker versklaven und die Natur verwüsten.

Solch unheilbringende Ungetüme gedeihen aber nur auf dem Sumpfboden unseres vorsintflutlichen, dringend verbesserungsbedürftigen Geld- und Bodenrechts.

Blick nach Rußland

In Rußland bestimmt, vermutlich immer noch, eine kleine Zahl von *„Oligarchen"*, zwielichtigen Leuten, die in der Umbruchszeit nach dem Zerfall der Sowjetunion ein Milliardenvermögen zusammenrafften, über Wirtschaft und Politik des Riesenreiches.

Im Hinblick auf die Wahl der neuen Abgeordenten für die Duma im Dezember 1999 berichtete der *Spiegel* (30/1999):

„Wer da siegt, hat einen eminenten Platzvorteil für die Präsidentenwahl 2000, wenn er nur ***genügend Geld*** *für die Kampagne und hinreichend* ***Echo in den Medien*** *findet. Ein Abgeordnetenmandat erfordert nach einer Rechnung der Moskauer 'Obschtschaja gaseta' eine Million Dollar. Bis zu zehn-*

mal soviel sind aufzuwenden für die Chance einer Partei, über die Fünf-Prozent-Hürde zu grätschen. Für die letzte Präsidentschaft Boris Jelzins 1996 investierten die Sponsoren schätzungsweise 100 Millionen Dollar.“

Und Jelzin, anfangs hoffnungslos unterlegen, siegte! Auch dank Mithilfe einer amerikanischen Wahlkampftruppe. Nach zehnjähriger Amtszeit konnte er aber laut Verfassung nicht mehr antreten. Wie sollte es weitergehen? Deshalb kamen Ende Juni 1999 in Österreich eine Reihe russischer Politgrößen und *„Oligarchen“* zusammen, darunter der Milliardär Beresowski, der *„derzeitige Königsmacher des Kreml“*. Laut *Spiegel* ging es in erster Linie darum, wer nach Jelzin zum Präsidenten zu küren sei ...

Anmerkung:

Geld regiert also tatsächlich die Welt, zumindest ganze Länder!

An diesem Beispiel wird wieder einmal deutlich, wie absolut vordringlich die grundlegende Lösung der sozialen Frage ist. Riesiger Reichtum, zudem großenteils auf Mafia-Art erworben, gibt einigen wenigen die Mittel an die Hand, eine Politik zum Wohle der Allgemeinheit zu hintertreiben. So geht das schon seit Jahrhunderten, vielleicht Jahrtausenden. Doch hat sich die Ungleichheit der Vermögensverteilung – damit der Machtverhältnsse – in unserer Zeit extrem zugespitzt. Bei den technischen Möglichkeiten heute stellt das eine riesige Gefahr für das Überleben der Menschheit dar, auch im Hinblick auf die Zerstörung der Lebensgrundlagen.

Greenspan als *„oberste Gottheit“*

Welch große Bedeutung der Geldfrage zukommt, ist an einem zentralen monetären Vorgang zu beobachten – der **Geldpolitik der Notenbank.** Zur Veranschaulichung dieser Feststellung sollen einige Sätze aus einem *Spiegel*-Bericht (18/1997) dienen, in dem es um ein Buch geht, das der amerikanische Arbeitsminister Reich nach seinem Rücktritt aus Bill Clintons Kabinett 1997 veröffentlicht hat:

„Bittere Lektüre für den Präsidenten: Sein Freund und ehemaliger Arbeitsminister Robert Reich rechnet mit der Regierung ab – unter dem Diktat der Wall Street seien alle guten Vorsätze aufgegeben worden ... Oberste Gottheit dieser Straße ist Zentralbank-Chef Greenspan. ***Er allein hat Macht über die Zinsraten und kann mit einer Erhöhung jede Konjunktur abwürgen.“***

Anmerkung:

Doch auch Greenspan, der als *„oberste Gottheit“* der Wallstreet angesprochen wird und der angeblich ganz *„Washington“* und *„Clinton in der Hand“* hat, **kann bei der jetzigen Währungsbeschaffenheit, wenn es um Inflationsabwehr geht, kaum anders handeln.**

Es ist aber sehr wohl eine verbessertes Geldwesen denkbar, das der Zentralbank eine dauerhafte Aufrechterhaltung der Währungsfestigkeit ermöglicht, ohne daß sie zugleich wirtschaftliche Einbrüche auslöst.

Damit würde die Notenbank zu einer politisch völlig neutralen Instanz. (Genaueres hierzu im zweiten Buchteil.)

9. Globalismus – aus zinskritischer Sicht

Die Natur ist kleinräumig

Der Natur ist Gleichmacherei und Globalismus fremd. Ihr Wesen ist Kleinräumigkeit und Vielfalt. Sie baut sich aus kleinen und kleinsten Einheiten auf. Diese sind weitgehend selbständig, vernetzen sich aber durch selbststeuernde Mechanismen zu immer größeren Zusammenhängen.

Die Artenfülle der Natur setzt Abgrenzungen voraus.

Bei dieser Vorgehensweise hat die Natur im Laufe der Jahrmillionen immer schönere und kunstreichere Formen und Gestalten hervorgebracht.

Größendrang der heutigen Wirtschaft

Die heutige Industrie- und Konzernwirtschaft hingegen ist extrem zentralistisch und großräumig. Damit befindet sie sich zur Natur in krassem Gegensatz. Sie ist außerstande, sich deren Kreisläufen einzuordnen. Statt dessen plündert sie die Erde aus, vergiftet und verwüstet sie.

Dabei wird immer deutlicher, daß der Mensch einen Krieg gegen die Natur nicht gewinnen kann. Er vernichtet damit nur seine eigenen Lebensgrundlagen.

Zinsgeld erzwingt Großstrukturen

Der inzwischen weltumspannende Globalismus unserer Tage ist nichts anderes als das Spiegelbild einer extremen Kapitalzusammenballung in den Händen weniger. Die eigene Region, das eigene Land, sogar der eigene Kontinent sind zu klein geworden, um die Spargeldmassen noch gewinnbringend anlegen zu können. **Also suchen Banken, Geldfonds, Investmentfonds, Versicherungskonzerne, Pensionsfonds u.a.m. schon längst global – auf dem ganzen Erdball – nach guten Anlagemöglichkeiten.** Sie tun es notgedrungen. Auch Geldverleiher sind einem harten Verdrängungswettbewerb ausgesetzt und damit dem Druck, für die erhaltenen Einlagen möglichst hohe Erträge zu erzielen. **Das ist die eine Ursache des globalistischen Ausdehnungsdranges.**

Jedoch nur hochmoderne, innovative, durchrationalisierte Betriebe werfen die ersehnten hohen Renditen ab. Solch gewinnträchtige Ableger der westlichen Hochzivilisation sind jetzt freilich in fast allen Weltgegenden anzutreffen. Sie sind in erster Linie das Werk der Großindustrie, des Großhandels und der vielen transnationalen Konzerne, die sich mit der Ausbeutung der Bodenschätze befassen.

Damit sind wir bei der zweiten Hauptursache des Globalismus angelangt. Denn die Wirtschaft – vom kleinsten Unternehmen bis zu den Großkonzernen – steht gleichfalls unter Wachstumsdruck: **Sie muß die Zinsen (und Dividenden) für eine immerfort wachsende Verschuldung aufbringen.** Dazu muß sie immer mehr Güter auf den Markt werfen, was zu dessen Überfüllung führt. Besonders deswegen ist ein gnadenloser Verdrängungskampf im Gange.

Das hat mehrere Folgen:

1. Den Sieg davontragen können nur die kapitalstärkeren Firmen, weil die wichtigste Waffe in diesem Kampf – Rationalisierungen zur Einsparung von Arbeitskräften – sehr kostenaufwendig ist. Den kleineren Unternehmen geht deshalb bald die Puste aus, die hochgerüsteten Großbetriebe überleben. **Damit setzen sich die naturwidrigen Großstrukturen durch.** Die Vielfalt kleiner Erzeuger (und deren Einfallsreichtum und Wandlungsfähigeit) bleibt auf der Strecke; das Große, Starre und Eintönige (Kaufhäuser, Gastronomiekonzerne, Pharmakonzerne usw.) werden beherrschend.

Der bekannte Spruch, daß im Kapitalismus „die Großen die Kleinen fressen", trifft somit zu. Das ist – in noch größerem Ausmaß – inzwischen auch auf Weltebene zu beobachten.

2. **Der gegenseitige Verdrängungskrieg veranlaßt andererseits zur Suche nach neuen Absatzmärkten.** Im eigenen Land sind sie oft nicht mehr zu finden. Das ist vor allem dann der Fall, wenn zu Hause die Konjunktur lahmt. Also schaut man sich in den fernsten Ländern um und knüpft dort Wirtschaftsbeziehungen an. Die großen Liberalisierungen der letzten Jahre machten es möglich. Sie zielten u. a. darauf ab, die noch verbliebenen Grenzsperren zu öffnen und somit tatsächlich die ganze Welt einschließlich der noch „unentwikkelten" Erdwinkel in einen allgemein zugänglichen Marktplatz umzuwandeln. Die Folge war, daß man dort ähnliche wirtschaftliche Entwicklungen wie bei uns auslöste und auslöst – mit denselben krankhaften Auswüchsen.

Man bedenke, daß solche Wirtschaftsinvasionen hauptsächlich zinsgesteuert sind. Der Antrieb dazu geht weniger vom dortigen Bedarf aus, sondern einerseits von der Notwendigkeit, Sparermilliarden renditebringend anzulegen; und andererseits von der noch drückenderen Schwierigkeit, eine zinsbedingt wachsende Überproduktion verkaufen zu müssen; denn andernfalls wäre der Kapitaldienst für die Milliardenschulden nicht aufzubringen.

Die Werbekampagnen der westlichen Sendboten fallen meistens auf fruchtbaren Boden, weil die moderne Technik in der Tat sehr verlockend ist. Sie ermöglicht ein schnelleres und bequemeres Arbeiten; sie verschafft ganz neue Genüsse. Sie vermittelt den Menschen in den Zielländern das Gefühl, schrecklich „rückständig“ und „unterentwickelt“ zu sein, was schnellstens überwunden werden müsse. So stolpert man blind und ahnungslos in den „Fortschritt“ hinein – wie einst die westlichen Völker. Man holt sich dieselben Übel ins Land, die der „Ersten Welt“ schon seit langem zusetzen: ökologische Verheerungen, soziale Verwerfungen, kulturelle Verluste, hoffnungslose Verschuldungen, Abhängigkeit vom Ausland und mächtigen Geldgebern, ewige Zinsschufterei – und wirtschaftliche Zusammenbrüche wie 1997 bei den Tiger-Ländern in Ostasien.

Schlußbemerkung:

Was obenstehend geschildert wurde, ist so neu nicht. **Entscheidend neu ist aber die Erkenntnis, daß das zinsbedingte Anschwellen der Geldvermögen – spiegelbildlich dazu der Schulden – der eigentliche Motor des Globalismus ist.**

Nur durch Wegnahme dieses Antriebs kann der extreme, imperialistische und deshalb natur-, kultur- und völkerzerstörende Globalismus gebremst und zurückgedämmt werden.

Zur Gigantomanie verdammt

Nachdem der bisher beherrschende Neoliberalismus dafür gesorgt hat, daß die ganze Welt weitgehend zu einem einheitlichen Markt geworden ist, spielt sich auf globaler Ebene ungefähr dasselbe ab, was bisher schon im nationalen Raum stattgefunden hat: Immer mehr Firmen müssen aufgeben oder sind zu Fusionen gezwungen. Nur die Allergrößten überleben. Entscheidend ist die Kapitalstärke.

Erhellend sind hierzu einige Auszüge aus einem *Spiegel*-Artikel, der sich auf das überraschende Zusammengehen von Daimler-Benz und Chrysler bezog (20/1998):

„Die wirtschaftliche Bedeutung des neuen Riesen liegt weit darüber. Gemessen an dem vereinten Umsatz von 234 Milliarden Mark, wird es der drittgrößte Autokonzern der Welt, der damit doppelt soviel Geld einnimmt wie der VW-Konzern (113 Milliarden Mark).

Die Vereinigung setzt die Wettbewerber gewaltig unter Druck. Vor allem Konzerne, die mit ihrer Fahrzeugproduktion und ihrem Absatz bislang auf nur einem Kontinent konzentriert waren, werden es noch schwerer haben gegen Daimler-Chrysler, die in Europa und den USA über weit ausgebaute Werks- und Vertriebsnetze verfügen.“

In derselben *Spiegel*-Abhandlung wird die Notwendigkeit von Großfusionen noch genauer erklärt:

*„**Wer auf dem Weltmarkt bestehen will,** muß in den wichtigsten Regionen mit Fabriken und Vertriebszentren vertreten sein, er muß eine möglichst komplette Modellpalette vom Kleinwagen bis zur Luxuslimousine anbieten und groß und mächtig genug sein, um bei den Zulieferern niedrigere Preise durchzusetzen ... **Konzerne, die nicht rechtzeitig auf eine überlebensfähige Größe wachsen, werden zum Opfer des Konzentrationsprozesses.** Seit 1960 sank die Zahl der selbständigen Automobilhersteller in Europa, Japan und den USA von 42 auf 18."*

Rendite-Steigerung als Hauptziel

Die weiteren Ausführungen desselben *Spiegel*-Beitrags (20/1998) machen schonungslos klar, daß die global agierenden Firmen jegliche nationale Bindung abzustreifen beginnen und ihr fast alleiniger Daseinszweck die Geldvermehrung ist:

„Mit einer Art Urgewalt" entstünden in allen Branchen ***„staatenlose Konglomerate"***, die sich eine ***„neue, internationale Identität"*** zulegten und deren beherrschendes Firmenziel das Gewinnstreben sei. Ähnlich hatte es in einem früheren *Spiegel*-Bericht geheißen (13/1997): ***„Die Finanzmärkte sind die treibende Kraft in der Globalisierung der Wirtschaft ...*** *Die* ***Konzerne*** *orientieren sich immer mehr an den Vorgaben dieser Märkte, sie* ***verfolgen das Ziel des Shareholder-value, der Mehrung des Aktionärvermögens,*** *sie stoßen deshalb Firmenteile ab, die keinen entsprechenden Ertrag bringen, und kaufen andere hinzu, die mehr Profit versprechen. Viele Ökonomen bewerten diese Form des Wirtschaftens als* ***brutalen Kapitalismus."***

Anmerkung:

„Brutal" sind weniger die Firmenlenker: sie müssen so handeln, wenn sie nicht von der Wirtschaftsbühne vertrieben werden wollen. *„Brutal"* sind auch nicht unbedingt die kleinen und großen Geldbesitzer und Aktionäre – sie bedienen sich eines Mechanismus, der ihnen Gewinne einbringt: ein paar hundert oder tausend Mark im Jahr dem kleinen Sparer; Millionen oder gar Milliarden den Großaktionären und Großspekulanten.

Wahrhaft *„brutal"* ist jedoch der *„Kapitalismus"*, verstanden als Zinsgeldwirtschaft.

Vor allem dieser ist schuld, wenn im kapitalistischen Verdrängungsmachtkampf gegenüber Mensch und Natur immer „brutalere" Methoden zur Anwendung kommen – bis hin zur großflächigen Naturzerstörung und zur Vernichtung ganzer Volkwirtschaften.

Menschengemäße Siedlungsweise

Menschliche Gemeinschaften sind evolutionsbedingt auf Kleinräumigkeit hin angelegt. Ursprünglich bestanden sie aus Sippen und Stämmen, die später zu Völkern zusammenwuchsen. Nach Edmund Stoiber, dem bayerischen Ministerpräsidenten, sind es ***„gewachsene historische Schicksalsgemeinschaften“*** (*Spiegel*, 50/93). Jahrzehntausendelang waren sie von überschaubarer Größe. Bei noch wenig entwickelter Technik verhielten sie sich weitgehend naturangepaßt. Nur deshalb hat die Menschheit bisher überlebt.

Unter dem Einfluß des Konzernkapitalismus haben sie sich seit dem 19. Jahrhundert, mit zunehmender Geschwindigkeit, zu **monströsen Massengesellschaften** verändert. Aber die sozialen Muster aus Frühzeiten sind immer noch gültig.

Es sei mir erlaubt, einige weitere Aussagen des Ladakh-Berichts zu dieser Frage heranzuziehen. Der Filmsprecher führte aus:

„Im traditionellen Dorf ist der einzelne ein Teil eines Netzes von unterstützenden Beziehungen, von der Großfamilie über die Gruppen benachbarter Haushalte zu den Paspuns und der ganzen Dorfgemeinschaft ... Wenn der Maßstab des Lebens größer wird, werden die Gemeinschaftsbande geschwächt und das Konkurrenzdenken nimmt zu. In der industrialisierten Welt ist der Maßstab heute so groß geworden, daß in den anonymen Städten und ausgedehnten Vororten die Handlungen des einzelnen so erscheinen, als seien sie mit dem Wohlergehen der gesamten Bevölkerung völlig unverbunden.“

Helena Norberg-Hodge fügte hinzu:

„Eine Sache, die wir von Ladakh lernen können, ist der Wert und die Bedeutung der lokalen Strukturen: der lokalen Wirtschaft, der lokalen Gemeinschaft. Aber auf der ganzen Welt geht der Druck in Richtung größerer Märkte, größerer Maßstäbe. Die Globalisierung und Internationalisierung der Wirtschaft macht es dem kleinen Bauern oder kleinen Ladenbesitzer unmöglich, dem Wettbewerb standzuhalten.“

Mit dem Eindringen der billigen Massenwaren von weither war der Untergang des alten Ladakh besiegelt. Jedermann wollte jetzt auch noch die vielen anderen westlichen Konsumgüter und Produktionsmittel haben. Dafür brauchte man Geld, und dieses war nur in einer „modernisierten“ Wirtschaft, in einer Wirtschaft westlichen Stils zu verdienen. Von da an begann der Zerfall der alten Gemeinschaftsordnung, beginnend bei der Familie und dem Sippenverband.

„Sterbenskranke Industrienationen“ (Galsan Tschinag)

Der westlich-zivilisatorische Gemeinschaftszerfall hat die Völker inzwischen weltweit erfaßt.

Überall sterben Sprachen ab, womit unersetzlicher Kulturgüter verlorengehen. Oder sie werden mit Wörtern aus anderen Sprachen überschwemmt. Begreiflicherweise stammen sie meist aus den USA, der heute beherrschenden kapitalistischen Machtzentrale.

In Deutschland unternimmt man bisher fast nichts gegen diese Form des Kulturverfalls.

Auch sonst ist dieser Staat ein Vorreiter in Sachen Gemeinschaftsbeseitigung.

Aus einer *„Schicksalsgemeinschaft"* ist hierzulande eine hektisch unruhige Menschenmasse geworden, die der eigenen Überlieferung weitgehend entfremdet ist. Man führt ein Eintagsfliegendasein ohne tiefere Verwurzelung in der Vergangenheit und ohne waches Verantwortungsbewußtsein für die Zukunft. Dementsprechend hat man vor allem materiell bestimmte Lebensziele.

Im alten Ladakh dagegen fragte man – vielleicht früher auch in Deutschland – : *„Wie wirkt es sich auf unsere Kinder aus?"*

Echte Gemeinschaften sind in Deutschland selten geworden – wie im neuen Ladakh.

Selbst die Familie, die Keimzelle jeder Gemeinschaft, zerfällt. In den Großstädten endet schon jede zweite Ehe vor dem Scheidungsrichter, was jährlich Hunderttausende von Scheidungswaisen zurückläßt. Den Sippenverband gibt es ohnehin nur noch in loser Form. Und nun hat auch die Familienauflösung fast ihr Endstadium erreicht. In Ballungsgebieten machen die Einpersonenhaushalte bereits 40 Prozent aus.

Die Frauen sind überlastet. Viele müssen aus Einkommensgründen einen Beruf ausüben, was meist auf Kosten der Kinderbetreuung und des Familienlebens geht.

Kinderlosigkeit ist weit verbreitet (von den systembedingten Ursachen war schon die Rede).

Der Volkstod steht bevor, ohne daß es jemand groß aufregt.

Statt dessen propagierte man – bis vor kurzem, jetzt von neuem wieder – die millionenfache Einwanderung aus nah und fern, und für alle maßgeblichen bundesrepublikanischen Personenkreise ist – oder war? – die „multikulturelle Gesellschaft" ein erstrebenswertes bevölkerungspolitisches Ziel.

Die Kriminalitätsrate, auch der Drogenkonsum, sind außerordentlich hoch.

Viele alte Menschen sind völlig vereinsamt und werden in der Wohnung oft erst Wochen nach ihrem Tod aufgefunden.

Mangelndes Wissen um bessere Lebensziele und das Verlangen nach seelischem Halt treibt zahllose Menschen den Sekten in die Arme – sogar zu satanistischen Zirkeln.

In Baden-Württemberg ist die Selbstmordrate (ganz abgesehen von der noch viel höheren Zahl mißlungener Freitodversuche) dreimal größer als die Zahl der Verkehrstoten.

Unfreiwillige Mobilität

Was steckt letztlich dahinter? Tiefer betrachtet, ist es wiederum die ungelöste soziale Frage.

Doch befassen wir uns zuerst mit den näherliegenden Ursachen.

Eine davon ist die sprunghaft angestiegene **Mobilität.**

Politik aktuell, eine Zeitschrift für Schulen, die sich in einer ihrer Ausgaben mit den „*Wirkungen des Globalismus*" befaßte, schrieb dazu (Nr. 26/1997, S. 3):

„Zu den marktwirtschaftlichen Trends gehört auch eine erhöhte Mobilität des Produktionsfaktors Arbeit. Das gilt besonders für die armutsbedingte Wanderung. Dieser Trend wird sich noch verschärfen. Das gilt aber auch für Fachleute aus den Industrieländern. Für sie existiert heute ein weltweiter Arbeitsmarkt. Gerade die europäischen Länder mit ihren Zugangsbeschränkungen zum Arbeitsmarkt für junge Menschen laufen Gefahr, einen Teil dieses Nachwuchses zu verlieren."

Doch auch im eigenen Land findet die Berufsausübung meist weit weg von zu Hause statt. Die modernen Verkehrsmittel ermöglichen zudem weite Ausflugsfahrten. Das alles schadet dem familiären Zusammenhalt und dem Gemeinschaftsleben in Dorf und Stadt. Auch sind die letzteren zu anonymen Großgebilden aufgequollen.

Arnd Bäucker, Leitartikler der *Stuttgarter Nachrichten*, schrieb einmal über diese Veränderungen (30.3.1998):

„Der soziale Zusammenhalt, der vielerorts das Leben prägte, hat sich selbst auf dem Land gelockert. Erste breite Breschen in die geschlossenen Lebenswelten schlug der Zustrom der Millionen Flüchtlinge nach dem Krieg. Dann kam das Auto auf: Nachbarn sind heute ungleich häufiger unterwegs. Man ist nicht mehr so stark auf Beziehungen vor Ort angewiesen. Im Gefolge der Motorisierung und der Modernisierung der Wirtschaft wechseln immer mehr Menschen Stellung und Wohnort, immer neue Gesichter tauchen auf, verschwinden wieder. Andere Veränderungen sind hinzugekommen, etwa die Schließung vieler kleiner Läden. So wuchs die Anonymität. Schließlich haben die Wellen der Zuwanderung von Ausländern und Aussiedlern vor allem in größeren Städten ganze Straßenzüge verändert, haben einst vertraute Räume denen, die von den Alteingesessenen wohnen geblieben sind, entfremdet. Die Nachbarschaft zerbröselte, wurde eine andere, teilweise mit anderen Gewohnheiten und anderen Regeln. Oft – nicht immer – sind neue Barrieren entstanden: die andere Sprache, das andere Erscheinungsbild der neuen Nachbarn, die andere Kultur. Welche Chancen hat in einer derart stark veränderten Nachbarschaft der gutgemeinte Appell an Solidarität und Gemeinsinn? ... Es gab auch – und gibt es noch – Verfechter der 'multikulturellen Gesellschaft', die aus dem Auseinanderklaffen der kleinen Welten in den alten Wohnvierteln der Städte eine Tugend machen möchten und dabei leicht übersehen, daß der Weg zu echtem Verständnis erheblich weiter ist als die paar Schritte zum Kebab-Stand beim Straßenfest."

Man sollte hinzufügen, daß die Vertrautheit der alten Dörfer, Städte und Landschaften weitgehend verschwunden ist: Die vom zwanghaften Wirtschaftswachstum vorangetriebene, niemals endenwollende Bautätigkeit – neue Häuser, Fabriken, Straßen allüberall – verändert unaufhörlich die nahe und fernere Umgebung; zudem haben weltweit übliche Bauweisen Einzug gehalten.

Schlußbemerkung:
Und woher rührt die Rast- und Ruhelosigkeit der Menschen heute?

Sie ist wesentlich die Folge von Rentabilitätszwängen und der immer weiträumiger werdenden wirtschaftlichen Beziehungen, auch des gestörten sozialen Gleichgewichts, was Wanderungsbewegungen hervorruft. Nüchtern feststellend schreibt dazu *Politik aktuell* (Nr. 26/1997, S. 2):

„Die lokalen Bindungen und der Erhalt der Arbeitsplätze werden immer weniger wichtig als der Nutzen für die Aktionäre (shareholder value). Die Finanzmärkte sind in der Regel losgelöst von der Produktion. Sie orientieren sich nur an der kurzfristigen Gewinnmöglichkeit."

Auf dem Weg zum *„Menschheitskollektiv"*

Unter der Überschrift *„Die weltweiten Wanderungen"* schrieb Alfred Zänker – er gilt laut *Mut* als *„liberaler Publizist von weltweitem Ruf"* – in einem Beitrag für diese Monatszeitschrift (Juni 1996):

„Mit der Erklärung, Deutschland wolle kein Einwanderungsland sein, ist es nicht getan. ***Die Globalisierung von Wirtschaft und Gesellschaft, von Arbeit und Kapital, wird fast alle Länder mit der Zeit zu Einwanderungsgebieten machen*** *... Daran kommen die Politiker längerfristig nicht vorbei. Denn das 21. Jahrhundert wird, mehr noch als das zu Ende gehende, im Zeichen der weltweiten Wanderungen stehen."*

Damit hat Zänker sicherlich recht. Globalisierung heißt ja Abriß aller Grenzhindernisse und freie Bahn für fast alles – in erster Linie für das Großkapital.

Zugleich setzen sich auch Menschenmassen in Bewegung. Für Zänker ist das etwas Natürliches, Unvermeidliches und sogar Begrüßenswertes: *„Auch die heutige Migration erscheint in weiterer Perspektive als ein Schritt auf dem Weg ... zum allmählich zusammenwachsenden Menschheitskollektiv."*

Das *„Menschheitskollektiv"* als Schöpfungsziel? Mit der Frage wollen wir uns später noch befassen. **Zweifel wecken sollte schon der Umstand, daß die Hauptursache der Massenwanderungen das konzernkapitalistische System ist, also eine Geld-, Boden- und Wirtschaftsordnung, die auch die rasante Umweltverwüstung verschuldet.**

Solange dieses nicht überwunden ist, in dem Punkt hat Zänker recht, sind die Millionenwanderungen kaum aufzuhalten.

Dazu eine Nachricht aus jüngerer Zeit. Unter der Schlagzeile *„Land soll sich für Zuwanderer öffnen"* war am 18.3.1998 in den *Stuttgarter Nachrichten* zu lesen: *„Baden-Württemberg soll jedes Jahr 25000 qualifizierte Einwanderer ins Land holen, um damit der drohenden Überalterung der Bevölkerung zu begegenen. Dies empfiehlt der von der Landesregierung eingesetzte Innovationsbeirat in einem Entwurf für ein baden-württembergisches 'Leitbild'. Auf 38 Seiten geben darin führende Vertreter aus Wissenschaft und Wirtschaft – darunter der Ditzinger Maschinenfabrikant Berthold Leibinger – Empfehlungen zur Weiterentwicklung von Politik, Staat und Gesellschaft."*

Einer *dpa*-Meldung war einige Zeit später zu entnehmen (*Remszeitung*, Schwäbisch Gmünd, 23.3.2001): *„Der Bundesverband der Deutschen Industrie (BDI) sieht einen jährlichen Zuwanderungsbedarf von rund 450 000 Arbeitskräften."*

Nachbemerkung:

Weil in den Industrieländern – z. B. in Deutschland – aus den bereits dargestellten konzernkapitalistischen Gründen die Völker abzusterben beginnen (es gibt viel zu wenig Kinder), weil aus denselben Gründen in den Armutskontinenten die Geburtenhäufigkeit kaum einzudämmen ist und weil in den Industrieländern – besonders in der Bundesrepublik – die ebenfalls konzernkapitalistisch verursachte Entwurzelung das Gefühl der Volkszugehörigkeit fast völlig ausgelöscht hat, geraten Politiker und Wirtschaftsführer bei der Lösungssuche wie zwangsläufig auf solche Aus- und Abwege und können sie fast ungestört zum Regierungsprogramm erheben.

Solange man also nicht die eigentlichen Ursachen angeht – die Krankheitsherde Geld- und Bodenzins –, ist auch das Übel der weltweiten Wanderungsbewegungen und damit der Fortgang der Völkervermengung und -auflösung – worunter beide Seiten leiden! – nicht aufzuhalten.

„Die Globalisierungsfalle"

1996 haben zwei *Spiegel*-Autoren, Hans-Peter Martin und Harald Schumann, das vielbeachtete Buch *Die Globalisierungsfalle. Der Angriff auf Demokratie und Wohlstand* herausgebracht. Es erschien bereits in zwölfter Auflage und ist zu Recht berühmt. Wie Titel und Untertitel besagen, ist es eine sehr kritische Auseinandersetzung mit dem Thema.

Im folgenden wird auf die Aussagen Bezug genommen, die aus zinskritischer Sicht bedeutsam sind.

Die globale Integration sei begleitet vom Aufstieg einer wirtschaftspolitischen Heilslehre: des **Neoliberalismus**. Vereinfacht laute seine Grundthese: *„Der Markt ist gut, staatliche Eingriffe sind schlecht."* (S. 18) Die Regierungen und die internationalen Wirtschaftsorganisationen – Weltbank, Internationaler Währungsfonds (IWF), Welthandelsorganisation (WTO) – forderten demgemäß: *„Deregulierung statt staatlicher Aufsicht, Liberalisierung von Handel und Kapitalverkehr sowie Privatisierung der staalichen Unternehmen ...* ***Mit diesen Instrumenten fochten sie einen Freiheitskampf fürs Kapital, der bis heute andauert*** *... Befreit von der Drohung der Diktatur des Proletariats, wird seitdem um so härter an der* ***Errichtung der Diktatur des Weltmarktes*** *gearbeitet."* (S. 19)

Überall auf der Welt spalteten sich die Gesellschaften in eine *„Minderheit von Gewinnern und eine Mehrheit von Verlierern"* auf. Für viele hundert Millionen Menschen gelte: *„Der globale Fortschritt ist gar keiner."* (S. 19)

Immer wieder finden sich Hinweise auf die umverteilende Rolle des Zinses: *„Die Lohneinbußen der Arbeiter und Angestellten sowie die Kürzungen der Sozialtransfers kommen eben nicht den Entwicklungsländern zugute, sondern lediglich jenem Fünftel der Gesellschaft aus Vermögenden und Hochqualifizierten, deren Zinseinkünfte und Gehälter in dem Maße steigen, wie der große Rest mit weniger auskommen muß."* (S. 327)

Dank Globalisierung nehme die Arbeitslosigkeit unaufhörlich zu. Dem *Wall Street Journal* wird recht gegeben: *„Die Konkurrenz in einer brutalen globalen Wirtschaft schafft einen globalen Arbeitsmarkt. Kein Job ist mehr sicher."* (S. 147) Wie man sich irren könne: Der mehr als 1000seitige Cecchini-Bericht, mit dem die EG-Kommission 1988 das Binnenmarktprojekt begründete und in Gang setzte, habe damals vorausgesagt, daß es *„sechs Millionen neue Arbeitsplätze, zwei Prozent weniger Haushaltsdefizit und 4,5 Prozent zusätzliches Wirtschaftswachstum"* gäbe!

Absage an das westliche System

Erstaunlich ist die folgende Einsicht der Autoren: ***„Das einst in Europa ersonnene Modell der Zivilisation hat sich zwar als konkurrenzlos dynamisch und erfolgreich erwiesen. Doch für die Gestaltung der Zukunft ist es nicht geeignet."*** (S. 46) Nicht das von Fukuyama 1989 verkündete *„Ende der Geschichte"* sei erreicht, sondern das Ende des Projekts, genannt *„die Moderne"*: ***„Eine Zeitenwende von globaler Dimension ist angebrochen, da nicht Aufstieg und Wohlstand, sondern Verfall, ökologische Zerstörung und kulturelle Degeneration zusehends den Alltag der Menschheitsmehrheit bestimmen."*** (S. 47)

Allerdings fehlt hier, wie anderswo im Buch, die befreiende Erkenntnis, wo denn die wahren Triebkräfte dieses Niedergangs zu orten sind: in der ungelösten Geld- und Bodenfrage.

Der zinseszinsbedingte Wachstumszwang ist es nämlich, welcher folgendes verschuldet: *„Mit beängstigender ökologischer Ignoranz schreitet inzwischen die Industrialisierung der sich entwickelnden Länder voran. Chinas*

Städte speien eine gewaltige Giftwolke aus, die sich 1700 Kilometer weit über den Pazifischen Ozean hinzieht.“ (S. 51) Die Eindrücke eines Fernost-Reisenden werden wiedergegeben: *„Ich habe die Zukunft eines Großteils des pazifischen Raumes gesehen und bin zu Tode erschrocken. Ein Viertel der Erdbevölkerung verändert seinen Lebensstandard und richtet dabei einen wichtigen Teil des Erdballs zugrunde.“* (S. 52) Weitere Katastrophenmeldungen aus Fernost: *„Gleichzeitig hält der Raubbau an hochwertigen Böden an. Die asiatischen Länder Japan, Südkorea und Taiwan, die als erste den Sprung zu Industrienationen schafften, opferten seit den sechziger Jahren insgesamt 40 Prozent ihrer Getreideanbauflächen für den Bau Tausender Fabriken, Siedlungen und Straßen.“* (S. 57f.)

Diktatur des „internationalen Finanzmarktes“

Bundesbankpräsident Tietmeyer habe im Februar 1996 vor dem Weltwirtschaftsforum in Davos erklärt, ***„daß sich die meisten Politiker immer noch nicht darüber im klaren sind, wie sehr sie bereits heute unter Kontrolle der Finanzmärkte stehen und sogar von diesen beherrscht werden.“*** (S. 90)

Völlig richtig stellen die Autoren klar, daß solche Zustände nicht von der Machtwillkür einzelner verschuldet seien. Der Fehler stecke im System: ***„Auch die professionellen Geldverwalter erfüllen nur ihren Auftrag, indem sie die höchstmögliche Rendite für das ihnen anvertraute Kapital fordern.“*** (S. 102)

Die Folge aber sei die Entmachtung des Nationalstaats: *„Denn je abhängiger die Staaten vom Wohlwollen der Anleger werden, umso rücksichtsloser müssen die Regierungen eine ohnehin privilegierte Minderheit begünstigen: die Besitzer von Geldvermögen ... Der finanzökonomische Kurzschluß zwischen den Staaten zwingt ihnen einen Wettlauf um niedrige Steuern, sinkende Staatsausgaben und Verzicht auf sozialen Ausgleich auf, der im Resultat nichts anderes bringt als eine globale Umverteilung von unten nach oben. Belohnt wird, wer den (Kapital-)Starken die besten Bedingungen schafft. Strafe droht jeder Regierung, die sich diesem Gesetz des Dschungels in den Weg stellt.“* (S. 91)

Auf allen Ebenen offenbare sich der Systemfehler der globalen Integration: *„Nach und nach verlieren die Regierungen in aller Welt die Fähigkeit, überhaupt noch steuernd in die Entwicklung ihrer Nationen einzugreifen.“* (S. 289f.)

Die Mexiko-Krise

Die Mexiko-Krise im Januar 1995 wird von den *Spiegel*-Autoren in vielen Einzelheiten geschildert. Hier etwas länger zu verweilen ist auch deshalb gerechtfertigt, weil sich in Ostasien Ende 1997 fast nach demselben Ablaufmuster eine weitere **Finanzkatastrophe** abspielte.

Der Anlaß in Mexiko sei gewesen, daß die Regierung den Peso überraschend um 15 Prozent abwertete. Amerikanische Banken hatten aber weit über 50 Milliarden Dollar in mexikanische Wertpapiere investiert. Panik brach aus. Wer immer konnte, zog sein Geld aus Mexiko ab. Das ließ den Peso um weitere 15 Prozent abstürzen. Als Präsident Clinton aber ankündigte, seine Regierung werde Mexiko mit Kreditgarantien in Höhe von 40 Milliarden Dollar unterstützen, zweifelte man erstens an der Zustimmungswilligkeit des amerikanischen Kongresses und deutete es zweitens als einen Hinweis auf die Zahlungsunfähigkeit des mexikanischen Staates. Der Pesokurs gab weiter nach. Doch plötzlich habe eine *„gespenstische Entwicklung"* eingesetzt. An allen wichtigen Börsenplätzen der Welt sei ein gutes Dutzend Währungen unter Druck geraten. Denn in allen *„aufstrebenden Schwellenländern"* – denen man jetzt ähnlich wie Mexiko mißtraute – seien Aktien und Anleihen abgestoßen worden. Eine weltweite Kapitalflucht in *„Qualitätswährungen"* wie Yen und Deutsche Mark begann. Die Lage verschlimmerte sich noch, als der neue mexikanische Finanzminister ins Weiße Haus melden mußte, daß sein Dollar-Vorrat verbraucht sei und er den Peso-Umtausch beschränken müsse. Der Zusammenbruch des internationalen Währungssystems drohte. Camdessus, der IWF-Präsident, sah es so: *„Breche der mexikanische Markt zusammen, so ... werde es kein Halten mehr geben. Die Furcht vor ähnlichen Krisen in anderen Entwicklungsländern werde eine Kettenreaktion auslösen, an deren Ende ein weltweiter Finanzkrach stehen könne."* (S. 68) Jetzt ging es nur noch darum, binnen wenigen Stunden und am Parlament vorbei soviel Geld zusammenzubekommen, um die mexikanische Regierung freizukaufen. Für diesmal gelang es. Clintons Krisenstab, Camdessus und Crocket vom BIZ (Bank für internationalen Zahlungsausgleich) hatten noch einmal Glück. Mexiko erhielt einen Stützungskredit von über 50 Milliarden Dollar. Doch dafür geradestehen müssen letztlich die Steuerzahler in vielen Ländern der Welt, auch in Deutschland. Die Gewinner aber waren die Spekulanten, die in Erwartung hoher Renditen Mexiko Milliardenbeträge anvertraut hatten.

Die *Spiegel*-Autoren lassen ihrem Bericht diese Überlegung folgen: *„In seltener Schärfe beleuchtete die Mexiko-Krise das Gesicht der neuen Weltordnung im Zeitalter der Globalisierung. Wie noch nie zuvor demonstrierten die Akteure, mit welcher Wucht die globale ökonomische Integration das Machtgefüge der Welt verändert hat. Als seien sie von unsichtbarer Hand gesteuert, unterwarfen sich die Regierung der Supermacht USA, der einst allmächtige IWF und alle europäischen Notenbanken dem* ***Diktat einer höheren Gewalt,*** *deren Zerstörungskraft sie gar nicht mehr einschätzen können:* ***dem internationalen Finanzmarkt."*** (S. 70)

Was ist zu tun? Martin und Schumann schlagen vor, *„spekulativ verursachte Wechselkursschwankungen mit einer Devisenhandels- und Kreditsteuer"* zu belegen, wie sie der US-Ökonom James Tobin empfiehlt. Sie sprechen sich auch dringend zugunsten der europäischen Einheitswährung, des Euro, aus. Wenn man Europas monetäre Zersplitterung beseitige, stelle man das Kräfteverhältnis zwischen den Finanzmärkten und den europäischen Staaten vom Kopf auf die Füße. Ihre Grunderkenntnis: *„Größe ist der einzig wichtige Machtfaktor in der globalisierten Ökonomie."* (S. 332)

Zweiflerische Fragen – und Erklärungsversuche:

- Doch wo endet die Größe? Bei der Welteinheitswährung und beim Weltstaat? Wenn *„Größe"* das einzig Richtige ist – soll man also nach den Vorstellungen des Großspekulanten George Soros die Finanzmärkte *„strikten Kontrollen"* unterwerfen? Zu dem Zweck ein *„System der Kreditgarantien"* entwickeln und *„etwas ähnliches wie eine internationale Zentralbank"* gründen? (*Spiegel*, 51/1998) Liegt aber das Heil, so sollte man fragen, in der Schaffung zentralistischer Großeinrichtungen? Sind diese nicht selbst schon monströse Auswüchse krankhafter Entwicklungen?
- Die sogenannte Tobin-Steuer (s. o.) stellt an sich einen brauchbaren Vorschlag dar, hätte aber als einzelne Vorkehrung – wie andere Ökonomen nicht grundlos einwenden – unerfreuliche Nebenwirkungen.
- Deshalb gilt: Weil der entscheidende Fehler im Vorhandensein des kapitalistischen Systems steckt, lassen sich durchgreifende Verbesserungen nur mit dessen entschlossener Überwindung erreichen. In einer solchermaßen befreiten Marktwirtschaft aber würden die Geldvermögen – nach Wegfall der Zinseszinswirkung – keineswegs mehr eine derart wasserköpfige Aufblähung erfahren und auch nicht so gewinnsüchtig um den Erdball vagabundieren. (Näheres hierzu im zweiten Buchteil.)

„Dicht an der Kernschmelze"

Knapp zwei Jahre nach dem Finanzdebakel in Mexiko ereignete sich in Ostasien und dann in Rußland Vergleichbares. Darüber tief besorgt zeigte sich im selben *Spiegel*-Gespräch George Soros (Nr. 51/1998):

***„Soros:** In Wahrheit haben wir doch einen gewaltigen Zusammenbruch an der Peripherie des weltweiten kapitalistischen Systems erlebt. Die Größenordnung und die Wucht sind erschreckend. Bis jetzt allerdings wurde das Zentrum des Systems davon kaum berührt.*

***Spiegel:** Das Zentrum ist dort, wo das Geld sitzt?*

***Soros:** Genau. Und an der Peripherie wird das Geld gebraucht. Das weltweite kapitalistische System müssen Sie sich als einen gigantischen Kreislauf vorstellen: Die Institutionen im Zentrum saugen das Kapital an, und sie spukken es wieder aus, verteilen es.*

***Spiegel**: Und dieser Kreislauf ist gestört?*

***Soros:** Ja. **Wir waren ganz, ganz dicht an einer Kernschmelze des internationalen Finanzsystems, des gesamten Bankensystems.** Es war wirklich furchterregend. Die Russen wurden zahlungsunfähig, und die Hedge Fonds Long-Term Capital Management ging fast unter. Wenn die New Yorker Zentralbank nicht eingegriffen hätte, wären Kreditrisiken entstanden, auf die niemand vorbereitet war.*

***Spiegel:** Kommt das Schlimmste erst noch, wie Sie in Ihrem Buch schreiben?"*

Nachbemerkung:

Ist es nicht himmelschreiend? Die Völker dulden immer noch ein Geldsystem, das von heute auf morgen zusammenbrechen und die ganze Welt in eine Katastrophe stürzen kann! Ein Finanzgebilde, welches so verletzlich ist, daß es von der Geistesgegenwart einiger weniger abhängt, ob der GAU plötzlich eintritt oder nicht!

Ökologische und kulturelle Folgen der Globalisierung

Solange es in Deutschland – und anderen Ländern – noch bäuerlichen Akkerbau, viel Handwerksarbeit und nur kleine und mittlere Unternehmen gab, also vor allem Lokal- und Regionalwirtschaft, hatte jede Gegend ein eigenes Gesicht und ihre eigene Alltagskultur. Heute, im Zeitalter der Konzerne, des Zwangswachstums und immerfortiger Rationalisierungen, ist die Landschaft, sind Land und Stadt weitgehend **normgerecht vereinheitlicht,** entsprechend den Erfordernissen einer weiträumigen, jetzt auch global gewordenen Wirtschaftstätigkeit. Stichworte hierzu: Flurbereinigung, Bach- und Flußbegradigungen; ausufernder Straßenbau; überquellende Siedlungstätigkeit, Spezialisierung, weiträumige Arbeitsteilung. Die einförmigen Erzeugnisse der Massenhersteller sind längst bis in die hintersten Winkel gedrungen – landes- und weltweit.

Hierzu ein paar Auszüge aus dem schon vorgestellten, maßgeblichen Grundlagenwerk *Zukunftsfähiges Deutschland*:

„Erst in den vergangenen Jahrhunderten wurde die heutige Kulturlandschaft mit ihrer Arten- und Biotopvielfalt durch den Eingriff des Menschen geschaffen – als kostenloses Koppelprodukt einer meist umweltverträglichen Landnutzung. Bei den heutigen Erzeugerpreisen, bei der heute erzwungenen Intensivproduktion, bei dem Verfall der Weltmarktpreise und aufgrund von Holz- und Nahrungsmittelimporten zu Dumping-Preisen aus nicht nachhaltiger Bewirtschaftung ist den meisten Land- und Forstwirten eine ökonomisch rentable Produktion bei gleichzeitiger Berücksichtigung ökologischer Belange nicht mehr möglich." (S. 242)

Hieraus wird deutlich, wie wichtig für Natur- und Kulturerhalt die

richtige Wirtschaftsform ist. Doch ist die kapitalistisch erzwungene, vielfach schädliche Internationalisierung schon weit fortgeschritten:

„Bei der heute üblichen ***internationalen Arbeitsteilung*** *kommen in vielen Regionen in Deutschland 95 Prozent des Nahrungsmittelangebotes über Großmärkte aus ganz Europa. Dabei könnten mindestens zwei Drittel der Waren auch in der Region selbst produziert werden, wenn geeignete Rahmenbedingungen für den Absatz dieser Qualitätsprodukte geschaffen würden. Das weltweite Angebot an Produkten wird mit umweltschädlichen Transporten, gesundheitsgefährdenden Konservierungsverfahren oder energieaufwendigen Anbauverfahren erkauft."* (S. 249)

Und wer denkt bei den nachstehenden Sätzen nicht an das Schicksal Ladakhs in jüngster Zeit: *„In vielen wirtschaftlich schwach entwickelten Regionen hat sich die Verkehrsinfrastruktur zwar positiv auf die Importe von Konsumgütern, Agrarprodukten und anderem ausgewirkt; dadurch wurden aber heimische Anbieter und Produzenten häufig vom Markt verdrängt und eine bestehende, vielfältige Infrastruktur aufgelöst."* (S. 232)

Die unnatürliche Intensivierung, Zentralisierung und Internationalisierung der Wirtschaft geht also auf Kosten der natürlichen Vielfalt, vor allem aber der wirtschaftlichen, ökologischen, politischen und kulturellen Selbstbestimmung der Menschen – und der Völker.

Verlust der Selbstbestimmung

Wenn die Güter des täglichen Gebrauchs nicht mehr selbst erzeugt werden, sondern aus aller Welt eintreffen, zudem häufig Massenwaren sind, bringt das, für die eigene wie die nationale Selbstbestimmung, eine Reihe schwerwiegender Nachteile mit sich:

- erstens hat man keinen Einfluß mehr auf ihre Gestaltung und geht somit seiner kulturellen Autonomie verlustig;
- zweitens liefert man sich Herstellern aus, die häufig ökologische und soziale Erfordernisse mißachten – Pestizideinsatz, Hungerlöhne, kaum Arbeitsschutz usw. – und nimmt in Kauf, daß bei dem weiten Transport unnötigerweise Energie und Rohstoffe verbraucht, oft auch Tiere gequält werden;
- drittens setzen sich einheimische Erzeuger und Verbraucher einem launenhaften Weltmarkt aus, der mit unliebsamen Preisänderungen aufwarten kann;
- viertens bestimmt dann der Weltmarkt, genauer: wenige Nahrungsmittelkonzerne darüber, welcher Wirtschaftszweig im eigenen Land noch überleben darf oder nicht; so ist, um nur ein Beispiel zu nennen, das Ende der deutschen Landwirtschaft so gut wie besiegelt;
- fünftens entscheidet dann auch großenteils der Weltmarkt darüber, wie hoch die Löhne, die sozialstaatlichen Leistungen, die Steuern sein dürfen. Mit die-

sem Verzicht auf eine eigene Sozialpolitik legt der Weltmarkt auch fest, wie groß die Millionenzahl der Arbeitslosen jeweils sein wird;

- sechstens wird ein Land bei solcher wirtschaftlicher Arbeitsteilung politisch abhängig und erpreßbar. Das Embargo gegen den Irak, es mag nun berechtigt sein oder nicht, hat dort zur Verelendung und zum Hungertod von Hunderttausenden von Kindern geführt.

Die überlebenswichtigen Nahrungsmittel kommen letztlich doch nicht aus dem Supermarkt, sondern vom Bauernhof. Falls dieser nicht mehr im eigenen Land steht, kann das katastrophale Folgen haben, wenn auch nur für eine Zeitlang, z. B. bei einem großen Finanz-Crash, der weltwirtschaftliche Handel unterbrochen ist. In Deutschland aber wandelt man Felder und Wiesen immer schneller in Bauland, Straßenflächen – und Golfplätze um!

Verschwinden des Heimat- und Nationalgefühls

Wenn aber Deutschland (wie die meisten anderen Länder) durch die internationalistische Konzernwirtschaft viele seiner landschaftlichen, volklichen und kulturellen Besonderheiten eingebüßt hat – eine keineswegs beendete Entwicklung –, war es unvermeidlich, daß darunter auch die heimatliche Verbundenheit litt.

Deshalb ist das Wissen um elementare volkliche Zusammenhänge und um die Notwendigkeit lokaler, regionaler und nationaler Selbständigkeit und Unabhängigkeit bei uns weitgehend verschwunden.

Denken und Fühlen der Menschen sind ohnehin kapitalistisch-internationalistisch gepolt, weil sich kleinräumiges Wirtschaften unter den heutigen Verhältnissen, trotz seiner ökologischen und sozialen Überlegenheit, als umständlich, unergiebig, langwierig und deshalb unrentabel herausgestellt hat. Infolgedessen wird es nicht nur aufgegeben, man empfindet es auch als rückständig und veraltet.

Freilich spielen hier weitere Ursachen mit herein: Die im Besitz weniger Finanzgewaltiger befindlichen Medien – eine Folge der ungelösten sozialen Frage – haben eine einseitig internationalistische Ausrichtung und tun das Menschenmögliche, alles Nationale in einem widerwärtigen Licht erscheinen zu lassen.

Auch Politik und Bildungswesen sind so geprägt.

Wertumbrüche

Josef Joffe, einst Ressortleiter bei der Süddeutschen Zeitung, dann Mitherausgeber der *Zeit*, wies in einem Beitrag zunächst darauf hin, daß sich in einer globalisierten Welt die *„klassischen Tugenden des Nationalstaates: Ehre, Treue, Glauben, Opfermut und Gehorsam“* unaufhaltsam verflüchtigen und fuhr dann fort (*Süddeutsche Zeitung*, 4./5.9.1999):

*„An ihre Stelle sind **selbstbezogene Werte** gerückt: Konsumlust, Freizeit, Karrierestreben, 'Love Parades', also Werte, die das Individuum ins Zentrum rücken ... **Per Definitionem ist eine sich globalisierende eine sich entnationalisierende Welt.** Wenn der Markt global ist, sind es auch Produktion, Investition und Distribution. Logischerweise können deren Gesetze nicht dem Nationalstaat gehorchen; es zählen Ertrag, Bilanz und die Aktionäre, die viele Pässe haben ... Heute läßt sich die Wirtschaft für nichts mehr einspannen; ihre Treue gehört dem Staat nur so lange, wie der vernünftige Investitionsbedingungen garantiert. Tut er es nicht, heißt es 'goodbye, Berlin' und 'hello Bombay'."*

10. Grundvoraussetzungen nationaler Selbstbestimmung

Wichtigste Aufgabe

Im Hinblick auf den immer beherrschenderen Globalismus gilt leider:

Solange Güteraustausch, Wanderungsbewegungen, Kapitalfluß und Meinungsbildung (unbeeinflußbar) internationalisiert bleiben, deshalb der lokalen, regionalen und nationalen Einwirkung großenteils entzogen sind, ist eine echte, alle Bereiche umfassende nationale Erneuerung so gut wie unmöglich.

Will man die nationale Handlungsfähigkeit zurückgewinnen, muß man den extremen Internationalismus mit seinen zersetzenden Auswirkungen überwinden. Dazu ist unerläßlich, daß man die einseitige Vermögensanhäufung und den zinsbedingten Wachstumszwang angeht. Dies erfordert jedoch die Lösung der Geld- und Bodenfrage.

Nur im Gleichschritt mit der Bewältigung der sozialen Frage kann man auch die volksauflösenden Schwierigkeiten in den Griff bekommen.

Deshalb gilt auch: **Wenn patriotische Bewegungen sich nicht zum Hauptziel machen, den Kapitalismus zu überwinden, werden sie letztlich scheitern.**

Freilich muß man einen genauen Begriff davon haben, wie diese schwerste Aufgabe zu meistern ist. Das Angebot an Scheinlösungen ist nämlich groß.

Wie erfolgreich waren Umweltverbände?

Im ***Greenpeace***-Rundbrief vom September 1996 stehen die Sätze:

„Die kaum noch überschaubare Vielzahl von Umweltkatastrophen bringt uns an die Grenzen unserer finanziellen Möglichkeiten ... Und wir müssen weitermachen, damit nicht die gigantischen Industriemächte gewinnen! Sonst sind wir soweit, daß wir die noch verbliebenen Reste an Urwäldern oder die Welt-

meere denen überlassen, die sie zerstörerisch ausbeuten, bis sich kein Lebewesen mehr darin bewegt."

Aus diesem Brief spricht das Ohnmachtgefühl der wohl bedeutendsten Umweltschutzgruppe, die im Einsatz für die Bewahrung der Lebensgrundlagen oft das Äußerste wagt.

Wieviel hat Greenpeace erreicht? In einzelnen, spektakulären Fällen – man denke an den Shell-Boykott zur Verhinderung von Bohrinsel-Versenkungen – konnte Greenpeace Erfolge erzielen.

Ansonsten geht die Naturverwüstung großflächig weiter, in jedem Dorf, in jeder Stadt, auf Feldern und Wiesen, in den Wäldern, zu Lande und zu Wasser, in allen Ländern, überall auf dem Erdball.

Ähnlich unbefriedigend ist auch die Erfolgsbilanz des ***BUND*** (*Bund für Umwelt und Naturschutz Deutschland*), des zweitwichtigsten Verbandes dieser Art hierzulande. Verfasser weiß das aus eigenem langjährigen Mitmachen. Brigitte Dahlbender, Vorsitzende des baden-württembergischen *BUND*, klagte am 8.11.1997 auf der Delegiertenversammlung: *„Wenn wir uns umschauen, kommen wir kaum daran vorbei, daß es um den Natur- und Umweltschutz in unserem Land nicht zum Besten steht ... Ein wahrhaft düsteres Bild ... Der von uns miterstrittene hohe Natur- und Umweltschutzstandard ist mehr als nur bedroht, er droht zu zerfallen."*

Solange der zinsbedingte Wachstumszwang nicht durch geeignete geldtechnische Verbesserungen ausgeschaltet wird, ist der „Zerfall" nicht aufzuhalten und wird sich die Weltverwüstung fortsetzen.

Völkerbedrohung abwendbar?

Ähnlich erfolglos ist die Arbeit der „Völkerschützer", betreffe sie nun die Freiheit und Kultur des eigenen Landes oder die Gefährdung der Völkervielfalt anderswo. In den vorausgehenden Kapiteln wurde darzustellen versucht, daß die Auflösung der *„gewachsenen historischen Schicksalsgemeinschaften"* (Stoiber) ein Vorgang ist, der heute überall auf der Welt anzutreffen ist und der im Grunde im Gleichschritt mit der Zerstörung der überlieferten Naturzusammenhänge erfolgt. Als man anfing, in der Wirtschaft auf Intensivierung und Internationalisierung zu setzen, man also den *American way of life* übernahm, begann unvermeidlich die Mißachtung ökologischer Zusammenhänge und zerfielen zugleich die dörflichen, regionalen und nationalen Gemeinschaften und Kulturen.

Die letzte Ursache hinter diesem Niedergang ist jedoch die ungelöste soziale Frage, weshalb es zu einseitigen Kapitalanhäufungen und dem daraus erwachsenden wirtschaftlichen Ausdehnungsdrang kommt als den wahren Triebkräften des allgemeinen Verfalls.

Solange man aber versäumt, diese sozialen Urübel – auf richtige Weise – anzugehen und zu bereinigen, solange ist die nationale Frage ebensowenig lösbar wie die ökologische.

Selbst wenn wahre Patrioten mit den lautersten Absichten durch irgendwelche glücklichen Umstände an die Macht kämen, die Zustände im Geld- und Bodenbereich aber unverändert ließen, könnten sie ihre gutgemeinten Vorhaben bestenfalls ansatzweise verwirklichen. Der Verfall volklicher Gemeinschaften und ihrer Lebensumwelt würde sich vielleicht verlangsamen, aber ansonsten fortsetzen.

Lehrbeispiel Algerien

Zufällig stieß Verfasser bei Durchsicht des *Spiegels* auf die Notiz (44/97, S. 167), daß die frühere Staatspartei FLN, die Algeriens Unabhängigkeit gegen Frankreich erkämpft hatte, während ihrer fast 30 Jahre dauernden Alleinherrschaft in *„Korruption und Bonzenwirtschaft"* versunken sei.

Eine Ausnahme? Wohl kaum. Wie im Falle der FLN ist bisher fast jede Befreiungsbewegung, selbst wenn sie anfangs von glühendem Patriotismus getragen war, einige Zeit nach Übernahme der Regierungsverantwortung schließlich doch in *„Korruption und Bonzenwirtschaft"* versackt.

Das konnte gar nicht anders sein. Abgesehn von ein paar wenigen zeitlich begrenzten Ausnahmen (siehe zweiter Buchteil) ist in der Menschheitsgeschichte die Grundursache der sozialen Mißstände, die ungelöste Geld- und Bodenfrage, noch niemals zielbewußt angegangen worden. So war es bisherigen Revolutionären selbst nach einem Sieg versagt, die sozialen und politischen Zustände im Land grundlegend zu verbessern. Meistens erlahmte dann der idealistische Anfangsschwung und erstickte schließlich in würdelosen Parteihändeln.

Der entsetzliche Bürgerkrieg, der sich während der letzten Jahre in Algerien abspielte, ist schlußendlich eine Folge dieser Ziellosigkeit.

Es kommt hinzu, daß bei den allermeisten Aufständen die Reichen und Mächtigen sehr rasch und meistens unerkannt die Leitung an sich rissen und die Dinge in die ihnen genehme Richtung lenkten. Es sollte nachdenklich machen, daß die FLN von Anfang an, so wie in Südafrika der ANC, auch mit marxistisch-kommunistischen Lösungsentwürfen liebäugelte.

Erkenntnisse aus der Asienkrise

Wer sich dem Kapitalismus ausliefert, bleibt dessen Regeln verhaftet und verliert die eigene Handlungsfreiheit. Auch Ladakh mußte am Ende diese Erfahrung machen. Wie fürchterlich das sein kann, bekamen vor ein paar Jahren die fernöstlichen „Tigerländer" zu spüren, die sich unklugerweise seit einigen Jahrzehnten, trotz Abschüttelung des kolonialen Jochs, *„westlichem Denken"* ergeben hatten (so Sin-Ming Shaw in der *Wirtschaftswoche*, 52/ 1997), d. h. dem westlichen Zinsgeldimperium eingegliedert wurden.

Südkorea diene als Anschauungsbeispiel.

Westlichem Spekulationskapital vertrauend, arbeitete es sich in kürzester Zeit zum elftgrößten Industrieland der Welt hoch. Doch das meiste war auf den Treibsand auswärtiger Gelder gebaut. Als das Wachstum ins Stocken geriet und immer mehr Firmen und Banken aufgeben mußten, verließen Hunderte von Dollarmilliarden ausländischen Kapitals fluchtartig das Land. Die einheimische Währung Won und die Aktienkurse fielen um mehr als die Hälfte. Die Wirtschaft und der Wohlstand brachen schlagartig zusammen.

Was nun folgte, beschrieben der *Spiegel* (1/1998) und die *Wirtschaftswoche* (1/2/3/1998) so:

„Nur mit Hilfe eines 57-Milliarden-Dollar-Kredits vom Internatioalen Währungsfonds (IWF) hält sich Südkorea derzeit so einigermaßen über Wasser. Aber selbst diese Gelder werden nicht reichen. Der Staatsbankrott droht ... Korea stehen extrem harte Einschnitte ***unter IWF-Regie*** *bevor, Millionen könnten ihren Job verlieren ... Asiens Finanzsystem wird umgepflügt. Der Krisenmanager* [Lawrence Summers] *kommt aus Washington ... so arbeitet Summers heute an einer* ***Weltwirtschaftsordnung im amerikanischen Interesse: Offene Grenzen für Waren und Kapital ...*** *In konzertierter Aktion handelten IWF-Ökonomen und US-Finanzdiplomaten Anfang Dezember mit der Führung in Seoul eine Liste beispielloser Reformen aus, die* ***Koreas Wirtschaft für Ausländer öffnen ...“***

Kim Dae Jung, Südkoreas neugewählter Präsident, hatte noch im Wahlkampf die *„nationale Empörung“* über das IWF-Abkommen geschürt und einen *„Tag der nationalen Schande“* ausgerufen. Als er aber merkte, daß seine aufmüpfigen Reden ausländische Investoren verschreckten, besann er sich anders und gelobte schließlich die Einhaltung der IWF-Bedingungen. Zum Beweis seiner Aufrichtigkeit *„plauderte er per Satellit gar mit zwei der bei konservativen Asiaten verpönten Idolen der freien Marktwirtschaft – dem US-Milliardär und Devisenspekulanten George Soros und dem Popsänger Michael Jackson.“*

Lehren daraus:

Was da *„unter IWF-Regie“* Südkorea an harten Einschnitten abverlangt wird, mag unter den gegebenen kapitalistischen Voraussetzungen großenteils sogar richtig bzw. unvermeidlich sein, auch im Hinblick auf die Rettung des internationalen Finanzsystems; es bedeutet aber, **daß dem neuen Präsidenten *„die Wirtschaftspolitik diktiert“* wird und er hier *„nicht den geringsten Spielraum“* mehr hat.**

Es bedeutet auch **den Ausverkauf der nationalen Wirtschaft an ausländische Interessenten,** was bald darauf bei den spottbilligen Preisen besonders von amerikanischen Firmen genutzt wurde. Unter der Schlagzeile *„Ausverkauf im Reich der Tiger"* berichtete der *Spiegel* (21/1998): *„Westliche Firmen nutzen die Asienkrise: Einst so verschlossene Staaten wie Südkorea und Thailand, aber auch Japan müssen sich notgedrungen ausländischen Investoren öffen, Scharen von Managern und Investmentbanken sind auf Shopping-Tour."* Die Asienkrise habe die Währungen und die Aktienkurse nach unten geknüppelt, und das drücke auf die Preise. Die westlichen Aufkäufer ließen sich jedoch Zeit: *„Mit jeder Woche, in der die Erholung ausbleibt, wird die Not der großen Konzerne größer – und damit ihre Bereitschaft zur Kooperation"* – bei noch niedrigeren Preisen.

Sogar **Japan** konnte in der Krise seine bisherige nationale Abschottung nicht länger aufrechterhalten: *„1990 gingen erst 19 japanische Firmen in ausländische Hand über, 1997 waren es bereits 51 Firmen ... Besonders in der Finanzbranche sind die Ausländer präsent."* John Gutfreund, Ex-Chairman der US-Investmentbank Salomon Brothers, wußte zu berichten: *„Wenn man jetzt kauft, gehen die Blüten in drei, vier Jahren auf."*

Das scheint auch George Soros so zu sehen, der bekannte Währungsspekulant, der an vorderster Stelle die Tiger-Länder zu Fall brachte: *„Für seine Investorengruppe legt er 45 Milliarden Dollar auf den Philippinen an – sein erstes Engagement in der Region seit Ausbruch der asiatischen Wirtschaftskrise."* (*Spiegel*, 12/1998)

Schlußfolgerung:

Solange es einem Land nicht gelingt, sich vom Konzernkapitalismus mit seinen internationalistisch-imperialistischen Bestrebungen loszulösen (wie sie zum Beispiel im Forderungskatalog des IWF zum Ausdruck kommen), **kann es schwerlich** – siehe das Einlenken des neuen südkoreanischen Präsidenten Kim Dae Jung – **dem Ziel einer wahrhaft nationalen und freiheitlichen Politik zugunsten seiner Einwohner näherkommen.**

Der wichtigste Schritt in dieser Richtung ist die zinsüberwindende Neuregelung der Geld- und Bodenordnung.

11. Wie kommt es zu Weltwirtschaftskrisen?

Verstrickung in die Weltwirtschaft

Hier soll nicht dem autarken Staat das Wort geredet werden, also einem Staat, der sich wirtschaftlich nach außen völlig abschließt. So etwas gab es weder in der Vergangenheit noch wird es das zukünftig geben. Seit eh und je stehen die Länder untereinander in Handelsverkehr, und so soll es auch bleiben.

Was hier angeprangert wird, ist die unnatürliche, Natur, Kultur und Freiheit zerstörende Auflösung kleinerer Wirtschaftseinheiten und die Einbindung von immer mehr Ländern in eine immer beherrschender auftretende Weltwirtschaft.

Solch eine Entwicklung ist kapitalistisch gesteuert. Dagegen sollte man angehen! Und so spielt sich das ab:

- Als Spiegelbild der zunehmenden Kapitalzusammenballung in immer weniger Händen werden im wirtschaftlichen, gesellschaftlichen und politischen Bereich die Strukturen immer größer und weiträumiger. Aus Rentabilitätszwängen wird selbst die Nation als Betätigungsraum zu klein. Transnationale Wirtschafts- und Finanzkonzerne, internationale Organisationen und überstaatliche politische Gebilde entstehen.
- Nach dem Bedeutungsverlust der lokalen, regionalen und nationalen Märkte und Wirtschaftsformen bildet sich eine Globalwirtschaft heraus. Die ganze Welt soll in einen einzigen, einheitlichen Marktplatz umgewandelt werden. Zu dem Zweck fordert man, hemmende nationale Besonderheiten und Grenzsperren zu beseitigen. „Liberalisierung", „Privatisierung" und „Deregulierung" heißen hierfür die politischen Schlagworte, Schlachtrufe und Handlungsgebote. Alles will man „harmonisieren", d. h. vereinheitlichen und auf einen – meist tieferen – allgemeinen Nenner bringen.
- Dahinter stecken die Überlebensängste, auch die Gewinnhoffnungen der Großfirmen, doch nicht zuletzt die Machtlust und Entschlossenheit geldmächtiger Planer, die einen Weltstaat für erforderlich halten.

Szenario einer Weltwirtschaftskrise

Dieselben (letztlich zinsbedingten) Kräfte, die nationale Krisen auslösen, sind hauptsächlich am Werk, wenn auf globaler Ebene Katastrophen eintreten. Das Ablaufmuster ist ähnlich:

Keine kleinräumige Selbstversorgung mehr

- Aufgrund weitgehender Deregulierungen und der Beseitigung von Grenzhindernissen sind die Länder zu einem einzigen Wirtschaftsraum zusammengerückt, woraus sich globale Firmen- und Kapitalverflechtungen ergeben.
- Fast überall sind die altüberlieferten, selbstgenügsamen Wirtschaftsformen verschwunden und hat statt dessen der *American way of life*, der kapitalaufwendige westliche Produktions- und Lebensstil, Einzug gehalten.
- Wenn sich die Völker auf diesen Weg begeben haben, sind sie selbst für den alltäglichen Bedarf – hinsichtlich Waren- und Rohstoffnachschub, Herstellerwissen, Kapital – mehr oder weniger vom Ausland abhängig und letzt-

lich auf Gedeih und Verderb mit der übrigen Welt verflochten. Störungen, die irgendwo auftreten, ziehen deshalb sehr rasch auch viele andere Länder in Mitleidenschaft und stürzen sie oft in schlimme existenzielle Schwierigkeiten. Und leider sind in einem Zinsgeldsystem, wie wir es haben, solche Krisen unvermeidlich vorprogrammiert.

Handelsblatt (28.8.1998): *„In unserer eng verbundenen Welt kann aus einem regionalen Krisenfeuer leicht ein weltweiter Flächenbrand werden, transportiert durch die digitalen Netzwerke des Finanzhandels. Durch Tastendruck ziehen Investoren Milliarden aus einem Land ab, dem sie nicht mehr vertrauen."*

Geldvermögens- und Schuldenspirale

- Auch weltweit nehmen – letztlich zinseszinsbedingt – die frei verfügbaren Geldvermögen, vor allem bei den überreichen Minderheiten, unaufhörlich zu (allein in Deutschland täglich um mehr als eine Milliarde). Diese anschwellenden Sparbeträge müssen wieder in den Geldkreislauf zurückgeschleust werden, soll es nicht – wegen unterbrochener monetärer Nachfrage – zu krisenhaften Stockungen kommen.
- Daraus ergibt sich, daß ungefähr im Gleichschritt mit der Zunahme der Geldvermögen die Verschuldung von Wirtschaft, Staat und privaten Haushalten nicht nur im eigenen Land, sondern weltweit (die Geldströme sind heute globalisiert) immerfort ansteigt.
- Je größer die allgemeine Verschuldung wird, desto abhängiger wird die ganze Welt von einer immer geldmächtiger werdenden Finanzkaste.

Riskante Geldgeschäfte

- Den Kreditinstituten bzw. den Geldsammelstellen aller Art obliegt die Aufgabe, für die immerfort wachsenden Sparsummen noch geeignete Vergabemöglichkeiten zu finden – was immer schwieriger wird. Da sie zueinander in einem Konkurrenzverhältnis stehen, müssen sie bei der Auswahl ihrer Kunden immer größere Risiken eingehen (die sie sich freilich häufig vom Staat bzw. vom Steuerzahler, z. B. durch Hermesbürgschaften, absichern lassen). Deshalb weitet sich die Pleitegefahr immer mehr aus. Jüngere Beispiele sind die Asien- und die Rußlandkrise.
- Die Hauptaufgabe des IWF (des Internationalen Währungsfonds) besteht darin, solche Brandherde wieder zu löschen. Durch Milliardenkredite an die vom Bankrott bedrohten Staaten versucht er, das Vertrauen der Geldgeber wiederherzustellen, um so das Kapital zur Rückkehr zu bewegen (wobei er die gefährdeten Länder noch enger in das Weltfinanzsystem einzubinden pflegt). Diese Kredite – an Mexiko gingen 1995 über 50 Milliarden Dollar, nach Ostasien bisher 100 Milliarden, für Rußland waren rund 23 Milliarden vorgesehen – sind aber nichts anderes als zwangsmäßige und enteignende Umverteilungen

zur Rettung des internationalen Finanzsystems: die noch kreditwürdigen IWF-Mitglieder müssen, indem sie sich auf Kosten des Steuerzahlers noch ärger verschulden, die Geldmittel bereitstellen.

Die Aktienhausse

o Allmählich wird es immer schwieriger, für die unausgesetzt wachsenden Finanzkapitalströme rentable Anlagemöglichkeiten zu finden. Auf dem Kapitalmarkt waren die Zinsen seit Jahren außerordentlich niedrig. Wohin dann mit der überschüssigen Liquidität?

o Bisher seien institutionelle Großanleger wie Versicherungen und Pensionsfonds *„stets nur auf allerbeste Qualität bedacht"* gewesen, schreibt die *Wirtschaftswoche* (19/1999). Der *„aktuelle Anlagennotstand"* lasse sie jetzt zu *„drittklassigen Zinspapieren"* greifen, zu *„Junk-Bonds"*, also zu hochriskanten und deshalb hochprozentigen argentinischen, mexikanischen, türkischen und ähnlichen Staatsanleihen.

o So bleibt für viele andere „Investoren" als letzte Möglichkeit der gewinnbringenden Geldanlage die Börse. Dort treibt die Übernachfrage die Kurse hoch, was zu erstaunlichen Gewinnen führt. Die Hausse nährt bekanntlich die Hausse. Doch ist die Gefahr groß – das ist in der Vergangenheit und auch jetzt wieder geschehen –, daß die Spekulationsblase platzt und die Aktienkurse abstürzen. Sollte sich das noch häufiger ereignen, kann das – auch begünstigt durch die geringe Inflationsrate – eine allgemeine Geld- bzw. Kaufzurückhaltung auslösen, also eine Deflationsspirale in Gang setzen. Damit wären wir endgültig in die gefürchtete Weltwirtschaftskrise hineingeschlittert.

Wachstum als Ausweg?

o Solange die Wirtschaft national und global kräftig wächst, solange ist der Schuldendienst von Wirtschaft und Staat noch zu leisten, solange besteht die Möglichkeit, auch kaufwillige Abnehmer für den weltweit immer größer werdenden Güterüberfluß zu finden, und solange läuft alles noch leidlich gut.

o Dementsprechend antwortete Horst Köhler, einst Chef der Osteuropabank, jetzt des IWF, auf die Frage der *Wirtschaftswoche*, ob sich Europa von der Entwicklung in Rußland abkoppeln könne (37/1998): *„Die beste Krisenprävention ist, das europäische Wirtschaftswachstum stabil zu halten ... Der Westen muß sicherstellen, daß die Wirtschaft in den USA und Europa auf Wachstumskurs bleibt und Japan endlich auf Wachstumskurs kommt."*

o Unaufhörliches Wirtschaftswachstum kann aber nicht die Lösung sein, weil die Natur das nicht aushält. Man bedenke: Ein weltweites Dauerwachstum von real mindestens 4 Prozent wäre erforderlich. Das ergäbe in 18 Jahren einen Anstieg des Sozialprodukts auf das Doppelte und in 180 Jahren auf das Tausendfache!

Fehlende Kaufkraft

o So hohe Wachstumsraten als Dauerzustand sind aus einem anderen Grund nicht möglich: weil die Kaufkraft dahinschwindet. Schuld daran ist die kapitalistisch verursachte Vermögensumverteilung. Die ohnehin schon Wohlversorgten erhalten immer mehr, während der Mittelstand, welcher in erster Linie dafür gradestehen muß, immer mehr ausblutet. Doch nicht nur innerhalb eines Landes spaltet sich die Gesellschaft nach reich und arm auf, dieselbe Kluft öffnet sich auch zwischen Staaten und sogar Weltteilen. Es sei hier an den „Nord-Süd-Konflikt" und an den bekannten Ausspruch erinnert, daß 20 Prozent der Weltbevölkerung, die Bewohner der Industrieländer, zu den Gewinnern des heutigen Wirtschaftssystems, die restlichen 80 Prozent zu den Verlierern gehören.

o Der Masse der Menschen fehlt einfach das Geld, um sich die Überfülle des heutigen Warenangebots, sei es im Norden oder Süden, im Westen oder Osten hergestellt, noch kaufen zu können. Auch ihre Verschuldungsfähigkeit ist irgendwann einmal ausgereizt. Und die Reichen konsumieren ihre Einkünfte kaum noch, sondern setzen sie lieber für weitere Geldheckung ein, z. B. an der Börse. Die Firmen geraten dadurch weltweit in immer schlimmere Absatznöte. Obendrein stehen sie unter Wachstumszwang. Sie passen sich auf die Weise an die auf sie zurollenden Schwierigkeiten an, daß sie entweder aufgeben oder rationalisieren oder sich mit anderen Unternehmen zusammentun. Dabei gehen massenhaft Arbeitsplätze verloren. Das aber hilft nur eine Zeitlang. Auch aus dem Grund, weil sich die Kaufkraftauszehrung bei der Bevölkerungsmehrheit ja unaufhörlich fortsetzt.

Verdrängungsgerangel

o Daher wird der Verdrängungswettbewerb zwischen den Firmen immer schärfer und bösartiger. Immer drohender wird auch der Umgangston zwischen den Regierungen. Selbst Großkonzerne fusionieren, um so gegenüber der verbleibenden Konkurrenz einen Vorsprung herauszuholen. Mangels Kaufkraft und Kauflust breiter Bevölkerungskreise kränkeln wirtschaftlich fast alle Länder, und selbst die bis vor kurzem als besonders fortschrittlich gepriesenen Reformstaaten fallen wieder in ihren früheren kläglichen Zustand zurück. Durch harte Lohndrückerei, auch infolge der ausgeprägten privaten Verschuldungsbereitschaft, konnten die USA ihre Wirtschaft fast ein Jahrzehnt lang in Fahrt halten. Aber inzwischen, im Jahre 2001, ist es mit den hohen Wachstumsraten in der größten Volkswirtschaft der Welt offenbar endgültig vorbei, und es droht, auch wegen des beispiellosen Terroranschlags auf die symbolträchtigsten Wahrzeichen des Landes, die Gefahr einer Rezession.

o Auch die Preiskämpfe werden immer härter. Die Preise auch nur zu halten, wird immer schwieriger. Die abgesunkenen Außenwerte vieler Währungen tragen ihr Teil dazu bei. Die Inflation hat weltweit einen rekordverdächtig niedrigen Stand erreicht. Maßgebliche Fachleute – US-Zentralbank-Vorsitzender Greenspan, Professor Norbert Walter von der Deutschen Bank – warnen bereits, daß dies der Beginn einer allgemeinen Deflation, eines Abrutschens des Gesamtpreisstandes, sein könnte. Denn die letzte große Weltwirtschaftskrise – sie dauerte in Deutschland von 1929 bis 1933 und machte sechs Millionen Menschen arbeitslos – war eine Deflationszeit. In Japan ist dieser Schrecken ansatzweise Wirklichkeit geworden. Dort ziehen die Menschen ihr Ersparnisse sogar schon von den Banken und Fonds ab (weil sie diesen mißtrauen), bewahren sie zu Hause auf, oft in neugekauften Tresoren, und verschieben zudem Einkäufe in der Erwartung, daß alles noch billiger wird. Solch eine Geldzurückhaltung (Geldhortung) treibt die Wirtschaft aber erst recht in die Krise hinein. Auch niedrigste Zinsen für Bankkredite ermuntern dann die Unternehmen nicht zur Wiederaufnahme der Produktion.

Beispiel Ostasienkrise

Wie ist in diesem Zusammenhang die inzwischen angeblich überwundene Ostasienkrise zu betrachten? Die meistgenannten Gründe – undurchsichtige Bankenverhältnisse, Kumpanei zwischen dem Staat und den Chaebols (Südkorea), unrentable Großbauten – waren nur die auslösenden Ursachen. Die tieferen Fehler waren das Vorhandensein andrängender renditesuchender Finanzmassen und die Verführungskraft westlicher technologischer Errungenschaften. Sie brachten die Asiaten dazu, sich gegenüber dem Ausland schwer zu verschulden, aus dem Verlangen heraus, einen ähnlichen zivilisatorischen Hochstand zu erreichen. Sie kamen damit sehr weit, aber der Preis waren eine schlimme Beschädigung ihrer Lebensgrundlagen Natur und Kultur und der Verlust der nationalen Unabhängigkeit. Das wurde deutlich, als sich das die Gefahr witternde Finanzkapital Ende 1997 plötzlich aus dem Land davonmachte, woraufhin die asiatischen Wirtschaftswunder wie Kartenhäuser in sich zusammenfielen. *Spiegel* (37/1998): *„Westliche Banken, Investoren, Geldanleger und Spekulanten pumpten von 1990 bis 1997 rund 900 Milliarden Dollar in die Börsen der Schwellenländer, gelockt von rosigen Gewinnaussichten. Allein 1996 drückten Investoren 100 Milliarden Dollar nach Südostasien – ein Jahr später saugten sie es ebenso schnell wieder ab.“* Großspekulant Soros ist hier nicht der Hauptschuldige. Er hat mit seinen Währungsmanövern zwar den entscheidenden Schlag geführt; doch bediente er sich lediglich der Möglichkeiten, die das kapitalistische Geldsystem bietet, denn dieses hat die ganze Welt inzwischen zu einem profitreichen Spielkasino für findige Milliardäre gemacht. *Spiegel* (37/1998): *„An den Weltbörsen sind heute rund 20 Billionen Dollar angelegt. Doch die Macht über einen Großteil des Geldes liegt in wenigen Händen."*

Ein entscheidender Fehler war außerdem die Festpflockung der Wechselkurse gegenüber dem Dollar. Sie hat zwar den Zustrom ausländischen Finanzkapitals begünstigt – weil sie Sicherheit vorspiegelte –, sie entspricht auch den Wünschen der Ausfuhrindustrie: Starre Wechselkurse schaffen aber überhaupt erst die Voraussetzungen dafür, daß Leute wie Soros ihre spekulativen Großjagden inszenieren können.

Die Grundursache

In einem Zinssystem kommt es unvermeidlich zu sich immerfort vergrößernden Scherenöffnungen zwischen Geldvermögensaufblähung und hinterherhinkender Wirtschaftsleistung, zwischen Überreichtum und Überverschuldung, zwischen Liquiditätsschwemme und Kaufkraftmangel, zwischen prassender Oberschicht und Massenelend. Ein im Spiegel vor fast anderthalb Jahrzehnten erschienener Wirtschaftskommentar hat das so geschildert (20/1987):

„Einige Indizien stützten die düstere Vorstellung. Zum einen schwimmt die Welt seit geraumer Zeit in einer stetig wachsenden Geldflut. Jeden Tag werden fast 250 Milliarden Dollar quer über den Globus gehandelt. Das ist viermal soviel wie zu Beginn der 80er Jahre ... Das Kapital wird, ohne Sekunde Schlaf oder Ruhe, rund um den Globus gejagt ... Für Industriefirmen, die weltweit kaufen und einkaufen, sind die irren Schwankungen der Währungen zuweilen lebensgefährlich ... Einem fernen Betrachter der Weltkugel, der die Lage von einem anderen Stern analysiert, böte sich eine seltsame Situation. Einerseits jagt eine sich ständig vergrößernde Geldmenge ruhelos über den wohlhabenden Teil des Globus und bedroht das Finanzsystem. Andererseits haben die armen Schlucker in der Dritten Welt die Hosenbeutel nach außen gekehrt – ihre Zahlungsunfähigkeit ist die andere große Drohung, die über der Weltwirtschaft hängt."

1996 hatte der tägliche Umsatz von Devisen und Wertpapieren, die *„quer über den Globus gehandelt"* werden, einen Umfang von 1500 Milliarden Dollar erreicht (*Die Globalisierungsfalle*, S. 74f.). Zu Beginn des neuen Jahrtausends sind es mehr als 2000 Milliarden. Die Spannungen zwischen den auseinanderlaufenden Entwicklungen sind also noch gewachsen.

Und früher oder später werden sie sich entladen.

12. Nationalismus als Weltgefahr?

Nationsverketzerung

Die unbereinigte Geld- und Bodenfrage ist die folgenreichste Störursache überhaupt. Die uns am meisten bedrängenden Probleme entspringen letztlich aus ihr. Sie stellt das größe Weltproblem dar. Sie sollte überall erörtert werden, insbesondere in Fachkreisen, und in den Medien müßte sie das beherrschende Thema sein.

Doch nichts dergleichen geschieht. Zwar liest man jetzt viel von Börsen- und Finanzkrisen, aber tieferreichende Überlegungen stellt man nicht an, und fast niemand bezweifelt die Berechtigung des Zinsnehmens.

Über eines aber sind sich alle Maßgeblichen einig, vor allem hierzulande. Fast alltäglich wird es uns eingebleut: Ein furchtbares Unglück sei es, daß weltweit der Nationalismus wieder auflebt.

Wäre damit der Chauvinismus gemeint, der gewalttätige Nationalismus, oder auch nur der bloße Hurrapatriotismus, möchte man nicht widersprechen. **Doch solch feinere Unterscheidungen nimmt man meist nicht vor.** Als böse und anrüchig gilt heute eigentlich alles, was mit Volk, Nation, Abstammung, Nationalgeschichte, Vaterland u.dgl.m. zusammenhängt. Weh ihm, der hier nicht verächtlich tut.

Dabei ist der Volksgedanke, es sei an die Ausführungen zu Ladakh erinnert, ein hohes Ideal, und seine wahre Verwirklichung eine unserer wichtigsten, zutreffender: heiligsten Pflichten.

Doch davon unberührt wird der Nationalismus, wo immer er sich regt, als schlimme Bedrohung herausgestellt – wobei meist undeutlich bleibt, was darunter alles zu verstehen sei. War nicht der Balkankrieg mit seinen Mordorgien und seinen „ethnischen Säuberungen" dafür ein erschreckender Beweis? Zeigte sich hier nicht überdeutlich, daß alle nationalen Bestrebungen und Sonderwege, ja selbst der Patriotismus – auf alle Fälle der deutsche! – zu Völkerhaß, zu blutigen Kriegen, zu Völkermord, zu „Faschismus" führen müssen? So etwas sollte man nicht noch einmal heraufbeschwören! Ist da nicht zu fragen, ob nicht bereits das Vorhandensein von Völkern, von Nationalstaaten, die Gliederung der Menschheit in Nationen – weil sich daraus die Forderung nach nationaler Selbstbestimmung ergibt – eine mögliche Kriegsursache darstellt?

Nicht sehr weit entfernt von solchen Schlußfolgerungen war, was vor mehreren Jahren anläßlich des Balkankriegs z. B. im *Spiegel* zu lesen war:

„Die alten Dämonen tanzen" – mit diesen unheilverkündenden Worten war ein Artikel überschrieben, der sich mit dem Phänomen des Nationalismus befaßte, welcher sogleich mit Faschismus gleichgesetzt wurde (Nr. 1/94):

„Nationale Demütigung, Verelendung und Orientierungslosigkeit treiben Menschen in Ost und West dem wieder auferstehenden Faschismus zu ... Da nehmen jählings auch völkervergiftende, nach dem Zweiten Weltkrieg auf dem Müllhaufen der Geschichte gelandete Ideen wieder Gestalt an, die Europa vor einem halben Jahrhundert in den Abgrund stürzten. Der Faschismus droht aus historischer Asche aufzuerstehen ... Der Rückfall in Nationalismus, ja in Tribalismus ist die Rache von Völkern, deren Instinkte in der bipolaren Welt durch die Machtblöcke lange unterdrückt wurden. Angetrieben von materieller Not und sozialem Verfall, staut sich ein wachsendes Aggressionspotential Zukurzgekommener aller Art auf."

Ist also vor allem der Nationalismus an Kriegen schuld? War er die Hauptursache des Zweiten Weltkriegs und der damit verknüpften Greuel?

Zum Begriff Nationalismus

Auch wer der nationalen Idee nicht ablehnend gegenübersteht, vermeidet häufig den Begriff Nationalismus. Angeblich haftet ihm etwas Fanatisches an. Zudem bezwecke er eine Höherstellung und Überbewertung der eigenen Nation bis hin zur blutigen Unterdrückung anderer Völker.

Für diese schlimme Entartung des Volksgedankens hat sich aber schon längst das Wort **Chauvinismus** eingebürgert. Im Rahmen dieser Untersuchung soll Nationalismus nur das Substantiv zum Adjektiv „national" bedeuten.

Ich kann mich auch nicht der Meinung anschließen, daß alle „Ismen" verwerfliche und abzulehnende Ideologien seien. Fast täglich verwenden wir Worte wie Idealismus, Realismus, Impressionismus; solche Namen für bestimmte Epochen und Stilrichtungen wollen das Umfassende betonen und haben keinen abwertenden Nebensinn.

Freilich, wer alles Nationale von vorneherein für etwas Abzulehnendes und Gefährliches hält, für den sind Begriffe wie Nationalismus oder gar nationalistisch etwas sehr Schlimmes.

Doch ist zu überlegen, ob man bei Verwendung dieses Wortes nicht böswilligen Unterstellungen Vorschub leistet.

Auch sei zugegeben, daß die nationale Idee bzw. der Begriff Nationalismus als Ordnungsprinzip nicht ausreichend bzw. nicht genau genug zum Ausdruck bringen, wie sich das Zusammenleben innerhalb eines Volkes und zwischen den Völkern gestalten sollte.

Dafür steht aber die Wortprägung **Föderalismus** bereit, welche den bündischen Gedanken hervorhebt. **Ein Nationalstaat sollte sich demnach weder nach innen noch nach außen starr gebärden bzw. abgrenzen, sondern sozusagen die richtige Mischung aus Kommunalismus, Regionalismus, Nationalismus und Internationalismus verkörpern.**

Um zu verdeutlichen, daß die nationale Idee bzw. der Nationalismus ihrer richtigen Auslegung nach nichts Schlechtes bedeuten, sondern sogar einen hohen Wert bezeichnen, sollen zunächst zwei weitere Begriffe erläutert werden.

Masse oder Gemeinschaft?

Die **„Masse“** ist eine Vielzahl von Menschen, die im Unterschied zur Gemeinschaft kein Ordnungsgesetz in sich trägt, wohl aber einheitliche Gefühle und Willensantriebe entwickeln kann. Sie ist leicht beeinflußbar und neigt zu „Psychosen“. In der Masse verliert der einzelne sehr oft seine Besonnenheit. Freilich gibt es auch harmlose und natürliche Formen der Massebildung: die Zuschauermenge bei einem Fußballspiel, die Ansammlung Neugieriger bei Unfällen, die Warteschlangen vor Geschäften usw. Doch ist die Masse in der Tat etwas Formloses und kann daher schwerlich als Grundlage eines auf Dauer abzielenden Staatswesens dienen.

Die **„Gemeinschaft“** stellt eine Gruppe von Menschen dar, die durch viel stärkere Bande miteinander verknüpft sind. Gemeinsam wollen sie bestimmte übergeordnete Ziele erreichen.

Gabler Wirtschaftslexikon (1993) gibt die Auskunft: Gemeinschaften sind *„Formen des Zusammenlebens, die als besonders eng, vertraut, als ursprünglich und dem Menschen wesensgemäß angesehen werden, z. B. Familie, Nachbarschaft, kleine Gemeinde und Freundesgruppe. Nach F. Tönnies ... werden im Prozeß der Industrialisierung und Verstädterung die gemeinschaftlichen Sozialverhältnisse mehr und mehr in gesellschaftliche (anonyme und abstrakte) transformiert. Die Rückgewinnung gemeinschaftlicher Lebensverhältnisse und Arbeitsformen ist seither Ziel sozialer und politischer Bewegungen.“*

Diese ursprünglichen *„gemeinschaftlichen Sozialverhältnisse“* werden hier zu Recht als erhaltens- und erstrebenswert dargestellt. Schließlich sind sie *„dem Menschen wesensgemäß“*. Das Zusammenleben der Menschen in einem Volk sollte sich in der Tat nach derartigen Grundregeln vollziehen – auch heute noch. *„Familie, Nachbarschaft, kleine Gemeinde“* – sie sollten die ersten Bausteine eines Gemeinwesens sein.

Das *Wirtschaftslexikon* bedauert, daß solche Gemeinschaftsformen im Zuge der Industrialisierung immer mehr verschwanden und allzuhäufig einem *„anonymen“* Nebeneinander der Menschen Platz machen mußten.

Auf den westlichen Konzernkapitalismus als Ursache dieser Entwicklung wurde im Rahmen der vorliegenden Abhandlung schon mehrmals hingewiesen. Er hat auch das alte Ladakh zerstört, welches einst die *„gemeinschaftlichen Sozialverhältnisse“* geradezu vorbildlich verkörperte.

Die *„Rückgewinnung gemeinschaftlicher Lebensverhältnisse und Arbeitsformen“*, welche laut Lexikon *„seither Ziel sozialer und politischer Bewegungen“* ist, setzt allerdings die Überwindung der Zinsgeldherrschaft voraus.

Doch erfordern Gemeinschaften, die ein ganzes Leben – oder länger – Bestand haben sollen, noch etwas Wesentliches: einen tiefreichenden inneren Gleichklang der dazugehörigen Menschen.

Das Volk – eine Einheitsgesellschaft?

Das Verhalten des Menschen wird seit jeher von dem Drang bestimmt, zusammen mit anderen in einer Gemeinschaft zu leben. Es blieb ihm auch keine andere Wahl, wollte er nicht zugrundegehen. Urformen solcher Gemeinschaften sind z. B. die Familie, der Großverband Sippe (die Verwandtschaft) und der Stamm. Wie bereits erörtert, haben es vor allem kapitalistisch-industrielle Einwirkungen verschuldet, daß in jüngerer Zeit die *„gemeinschaftlichen Lebensverhältnisse und Arbeitsformen"* (s. oben) weitgehend zerfielen. Trotzdem ist deren *„Rückgewinnung"* heute noch ein erstrebenswertes Ziel. Das gilt auch für die Großgemeinschaft Volk.

Was ist ein Volk? Im *Volksbrockhaus* (1975) findet sich hierzu der Satz: *„Die Gemeinschaft der durch gemeinsame Abstammung, Kultur, Überlieferung und Sprache Verbundenen."* Ganz ähnlich erklärte Edmund Stoiber die *„Nation"* als *„eine gewachsene historische Schicksalsgemeinschaft"* (s. unten). Aus historischer Sicht ist ein Volk aus dem Zusammenschluß benachbarter und meist nahverwandter Stämme hervorgegangen.

Ein Volk ist von Hause aus keineswegs eine „Einheitsgesellschaft". Eine wahre Gemeinschaft ist das niemals. Wenn es jedoch unter eine Gewalt- und Unrechtsherrschaft gerät und in all seinen Lebensäußerungen von oben her gleichgeschaltet werden soll, kann es sehr wohl ein unnatürlich „einheitliches" Aussehen annehmen. Viele Diktaturen der Weltgeschichte, insbesondere der jüngeren Vergangenheit, liefern hierzu Beispiele. Man hat dann keine Volks-„Gemeinschaften" vor Augen, sondern totalitär verformte Menschenmassen.

Doch weisen die „Demokratien" von heute ganz ähnliche Entartungserscheinungen auf. Auch sie bieten vielfach den Anblick von „Einheitsgesellschaften". Dies ist die unvermeidliche Folge der Kapital- und Machtzusammenballung in den Händen weniger, wie sie in jedem kapitalistischen System anzutreffen ist, und den sich daraus ergebenden Vereinheitlichungszwängen. Weitgehend gleichgerichtet ist dann auch, was freilich oft unbemerkt bleibt, die meinungsformende Tätigkeit der Medien, von Zeitungen, Hör- und Sehfunk.

Eine wahre „Volksgemeinschaft" jedoch – um ein übelbeleumdetes Wort hier in bejahendem Sinne zu verwenden – weist sich schon ihrer Bezeichnung nach als „basisdemokratisch" und kleinräumig aus, ist von unverfälschtem Freiheitswillen beseelt, besitzt rechtsstaatliche Einrichtungen und ist imperialistischen Vorhaben abgeneigt.

Daß ein lebendiges Volk sich durch *„Mannigfaltigkeit in der Einheit"* auszeichnet, daß es aus vielen kleinen und großen Gemeinschaften besteht, die bei aller Eigenwüchsigkeit dennoch dem Volksganzen innerlich verbunden sind, daß dieses Zugehörigkeitsgefühl sie zu selbstlosen und aufbauenden Taten im Dienste des Gemeinwohls beflügelt, dies alles hat Gottfried Keller in seiner Novelle *Das Fähnlein der sieben Aufrechten* – es wurde schon daraus zitiert – geradezu leitbildhaft dargestellt.

Die **Grundvoraussetzung** für die Entstehung einer solch vielgestaltigen, echt demokratischen volklichen Gemeinschaft ist aber die **Bereinigung der sozialen Frage** in Gestalt einer freiwirtschaftlichen Geld- und Bodenrechtsverbesserung. Dann bliebe das Geld in der Hauptsache dort, wo es erarbeitet wurde, und wäre daher weitgestreut und dezentral unter die Bürgerschaft verteilt. Es gäbe kein allbestimmendes Großkapital mehr, und der zinsbedingte Wachstumswang verschwände.

Hand in Hand damit käme eine weitere höchst segensreiche Entwicklung in Gang, nämlich die allmähliche Rückverlagerung der wirtschaftlichen und politischen Entscheidungen in die nähere Umgebung: die Gemeinde, die Region und schließlich den nationalen Raum. Dezentrale Einrichtungen jeglicher Art nähmen an Bedeutung wieder zu. Der Gesellschaftsaufbau erfolgte von unten nach oben und wäre – machtmäßig – nicht mehr so kopflastig wie heute.

Damit aber hätte man den Boden bereitet, worauf allein eine wahre Demokratie erblühen kann.

Was wegfiele, ist insbesondere der Übelstand, daß ferne Kapitalinstanzen gemäß ihrem zentralistischen Drang in die Völker und Volksgruppen hineinregieren, sie bis ins einzelne zu gängeln versuchen, sie zwangsmäßig vereinheitlichen und dabei entwurzeln. (Anmerkung: All diese Dinge werden in den Kapiteln 18 und 25 noch ausführlicher behandelt.)

Volksgruppen und Völker und deren Kulturen wären dann keineswegs hermetisch voneinander abgeriegelt. Was in volklicher, wirtschaftlicher, kultureller und politischer Hinsicht näher zusammengehört, würde sich enger zusammenschließen. Eine bessere europäische Völkergemeinschaft entstünde, und selbst weltweit bildeten sich – durch ähnliche Bedürfnisse hervorgerufen – mehr oder weniger feste, nach föderalen Grundsätzen gestaltete Bündnisse heraus. Auch fänden sich – wie schon bisher – z. B. Wissenschaftler, Künstler und sonstige Kulturschaffende, die in unterschiedlichen Ländern beheimatet sind, zu völkerüberspannender gemeinsamer Arbeit zusammen.

Wie das Miteinander der Völker beschaffen sein sollte, haben im Jahr 1929 – in genauem Gegensatz zur heutigen Denk- und Vorgehensweise – die *Deutschen Philologen* auf einer Tagung in Salzburg in die Worte gefaßt: *„Es muß uns wieder ganz klar werden, daß Nationalidee, Europäertum und Mensch-*

heitsgedanke sich nicht ausschließenn, sondern wie konzentrische Kreise sich umringen, wobei naturgemäß der teuerste Lebenskreis für uns die Gemeinschaft des eigenen Volkes ist."

Heimkehr zum eigenen Volk

Chaim Noll, freier Schriftsteller, 1954 geboren und einer deutsch-jüdischen Familie entstammend, wuchs im Milieu der DDR-Nomenclatura auf. 1984 siedelte er nach Westberlin über. Sein heutiger Wohnort ist ein Wüstenort in Israel. In einem Beitrag für die Zeitschrift *Mut* (Okt. 1998) schilderte er, was der Besuch der Synagoge am *„Shabat"* ihm bedeutet:

„Gemeinsam gesungen, nach einer sehr alten Melodie, die vielleicht noch aus der Zeit des Tempels stammt. Und zum ersten Mal an diesem Tag fühle ich mich nicht mehr einsam. ***Ich fühle, daß ich zu einem Volk gehöre. Zu meinem Volk. Es ist ein uraltes Volk,*** *ein Volk, das vieles überstanden hat ... Unser Volk, buntgemischt aus aller Herren Ländern, singt doch Freitagabend gemeinsam dieselben Psalmen. Weltweit. Es waren diese Psalmen und Gebete, die uns zusammengehalten haben durch Jahrtausende ... Noch nie hat eine* Gesellschaft *überlebt ohne Gebete ... Das* ***gemeinsame Beten*** *zu festen Stunden, das Zusammenkommen und Beisammensein im Gebet, hat uns erhalten und unsere Identität bewahrt. Denn dort, wo nicht mehr gemeinsam gebetet wird, zerfällt die Gemeinsamkeit, löst sich das Gemeinwesen auf zugunsten von tausend, abertausend Einzelinteressen ... Es folgt noch kaddish jatom, das 'Gebet der Waisen', der Söhne und Töchter für ihre verstorbenen Eltern, ein Jahr lang täglich zu sagen, eine harte Übung, um nicht zu vergessen, daß wir Eltern und Vorfahren haben,* **Glieder sind in einer langen Kette,** *daß wir 'historische Wesen' sind, die sich erinnern, und daß uns erst dieses Erinnern zu Menschen macht."*

Schlußfolgerungen:

- Noll spricht von dem befreienden und erhebenden Erlebnis, sich als Glied eines Volkes, eines *„uralten Volkes"* zu fühlen.
- Man dürfe nicht vergessen, daß man Glied *„in einer langen Kette"* von Vorfahren sei und daß erst das Bewußtsein um diese Tatsache dem Leben einen Sinn gebe, den einzelnen zum *„Menschen"* mache.
- Das *„gemeinsame Beten"*, d. h. die andauernde Erinnerung an das gemeinsam Erlebte und der Glaube an einen gemeinsamen, höheren Auftrag, halte eine Volk zusammen und bewahre seine *„Identität"*; anderenfalls gehe es zugrunde.
- **Das letztere ist gegenwärtig das Schicksal der Deutschen. In schroffem Gegensatz zu dem von Noll Gesagten befinden sie sich in einem unseligen Zustand: Das *„gemeinsame Beten"*** (s. obige Erklärung) **ist ihnen**

immer noch verwehrt; das wäre ja „Rechtsextremismus"! Stattdessen sind sie zu andauernder Selbstverfluchung und Selbstpreisgabe verpflichtet.

o Das ist mit eine Ursache, weshalb die Deutschen so nationsvergessen sind und weshalb sich ihr *„Gemeinwesen ... zugunsten von tausend, abertausend Einzelinteressen"* auflöst.

Rechtsextremistisch?

In einem *Diskussionspapier des Bundespräsidiums* zur Bundestagswahl 1988 (S. 5) schrieb eine allgemein angefeindete Partei:

„Die Republikaner wollen:

daß Deutschland weiterhin die Heimat der Deutschen bleibt. Deshalb halten wir an dem Begriff der Nation als ***überzeitlicher Gemeinschaft der Toten, Lebenden und Zukünftigen*** *fest. Diese überzeitliche Gemeinschaft garantiert die Identität, die ein Heimatgefühl erst möglich macht.*

Aus diesen Gründen lehnen wir die von linksliberalen Kreisen propagierte 'multikulturelle Gesellschaft' scharf ab. Sie führt unweigerlich zur Auflösung kultureller Identität und damit zum Verlust des Heimatgefühles. Wir Republikaner verteidigen das Recht auf Heimat als ein zentrales Menschenrecht."

Fragen:

Schreiben hier die Republikaner sehr viel anderes als Chaim Noll? Gelten die Republikaner auch solcher Aussagen wegen als „rechtsextremistisch"? Ist Chaim Noll ein „Rechtsextremist"?

Rückbesinnung auf die *„Wurzeln"*

Die Ministerpräsidenten Oskar Lafontaine und Edmund Stoiber haben sich vor Jahren auf Einladung des *Spiegels* zu einem Streitgespräch zusammengefunden, dem nachstehender Auszug entnommen ist. Unter anderem ging es um das Thema **„Nation"** (Nr. 50/93):

„Lafontaine: *Die Nation ist für mich eine Geburtsgemeinschaft.* ***Sie von der CDU/CSU sprechen im Gegensatz zu allen Europäern von einer Abstammungs- und Blutsgemeinschaft.***

Stoiber: Für mich ist die Nation eine gewachsene historische Schicksalsgemeinschaft ...

Lafontaine: *Sie hängen noch immer einem überlieferten völkischen Staatsverständnis an. Danach bilden Nation und Volk eine Einheit. Das deutsch sprechende Kind einer türkischen Familie, die in dritter Generation hier lebt, ist nach Ihrem Nationenbegriff nicht Deutscher, wohl aber das in Kasachstan geborene Kind, dessen Familie dort in der siebten Generation lebt und das die deutsche Sprache nicht kennt ...*

Stoiber: *Wenn Sie recht hätten, dann dürfte es in Frankreich oder in den Vereinigten Staaten keine Integrationsprobleme geben. Dort gibt es aber gerade wegen dieser Probleme gegenwärtig eine Diskussion mit dem Ziel, von dem Geburtsrecht, dem 'ius soli', abzuweichen ...*

Lafontaine: *Das 'ius sanguinis'* [Abstammungs- und Blutsgemeinschaft] *erleben wir auf dem Balkan. Wir wollen doch wohl nicht wieder den völkischen Nationenbegriff, damit wir uns die Köpfe einschlagen ..."*

Anmerkung:

Ist Lafontaines Beweisführung schlüssig? Ist die Unterschiedlichkeit von Völkern die eigentliche Kriegsursache? Wenn das richtig wäre, müßte man alle volklichen Unterschiede einebnen, um endlich Frieden zu haben auf der Welt. Und genau das schlußfolgern die extremen Internationalisten!

Aber es gilt auch der Satz: „Hohe Mauern machen gute Nachbarn". Zum Krieg und gegenseitigen *„Köpfeeinschlagen"* zwischen Serben, Bosniern, Kroaten und Albanern kam es vor allem deshalb, weil sie von den Siegermächten des Ersten und Zweiten Weltkriegs in einen gemeinsamen Staat hineingezwungen worden waren. Dabei handelte es sich hier um Völker, die sich nach Religionszugehörigkeit und geschichtlichem Schicksal sehr voneinander unterscheiden. Kaum war der Druck der kommunistischen Gewaltherrschaft gewichen, fingen sie an, sich gegenseitig *„die Köpfe einzuschlagen"*. Das „ius sanguinis" scheint also wie eine Naturkraft zu wirken, auch wenn viele Politiker und internationalistische Ideologen das nicht wahrhaben wollen.

Totale Negierung des Volksgedankens

Oskar Lafontaine hat aus seiner völkerverneinenden Sicht der Dinge nie ein Hehl gemacht. Hierzu eine *dpa*-Meldung in den *Stuttgarter Nachrichten* vom 18.9.1990:

„Auch das vereinigte Deutschland soll nach Ansicht von SPD-Kanzlerkandidat Oskar Lafontaine ein 'Provisorium' bleiben. Es müsse eines nicht mehr fernen Tages in einem Europa aufgehen, sagte er gestern in Bonn. Der Nationalstaat sei längst überholt. ***Die Deutschen müßten sich von einem Nationenbegriff lösen, der an die ethnische Abstammung gebunden sei, und zu einem universalistischen Verständnis kommen. Dies sei die Grundlage für eine zeitgemäße Einwanderungspolitik."***

Diese *„Grundlage"* haben sich offensichtlich auch die Mitglieder der *Unabhängigen Kommission Zuwanderung* zu eigen gemacht. Zu deren Vorsitzenden hatte Bundesinnenminister Otto Schily Rita Süßmuth berufen, Mitglied des CDU-Bundesvorstands und ehemals Bundestagspräsidentin. Der Bericht, er wurde am 4. Juli 2001 der Öffentlichkeit vorgestellt, redet einer fast schrankenlosen Zuwanderung von Menschenscharen aus aller Welt das Wort. Geradezu leitwortartig mutet der Satz auf Seite 121 an:

„Von der ethnisch oder abstammungsdefinierten Nation muß der Weg zu einer durch gemeinsame Werte definierten Staatsbürgergemeinschaft gegangen werden."

Erstaunliche Nationsbejahung

Jörg Schönbohm, in der Mark Brandenburg geboren, Generalleutnant a. D., 1992 zum Staatsekretär auf die Bonner Hardthöhe berufen, 1996 bis 1998 Berlins Innensenator, dann CDU-Vorsitzender in Brandenburg und dort schließlich Innenminister, führte im Gespräch mit der Wochenzeitung *Junge Freiheit* aus (26.3.1999):

„Mir bedeutet der Begriff ***Nation*** *sehr viel. Die deutsche Einheit können Sie nur aus dem Begriff der Nation heraus erklären. Ich glaube, die Nation ist ein* ***ganz wichtiger Identifikationsrahmen*** *in der Geschichte:* ***Schicksalsgemeinschaft, Staatsvolk, Kultur und gemeinsame Zukunftsgestaltung.*** *Diejenigen, die den Begriff der Nation ablehnen, haben noch nicht begriffen, daß auch in einem mehr zusammenwachsenden Europa die Nation für die Menschen in Europa weiterhin der entscheidende Bezugs- und Orientierungsrahmen bleibt ...* ***In Westdeutschland hat man lange Zeit Angst gehabt, den Begriff der Nation überhaupt in den Mund zu nehmen. Das hat zu einer gewissen verkrümmten Haltung geführt."***

Nachbemerkungen:

Diese unbefangenen Worte zum Begriff Nation sind in Deutschland heute selten. Um so erfreulicher ist, daß eine hochrangige Persönlichkeit des öffentlichen Lebens dazu den Mut aufbringt. Treffend ist auch Schönbohms tadelnder Hinweis auf den *„verkrümmten Rücken"* der Westdeutschen.

Jedoch: Seine Hoffnung, die europäischen Nationen könnten im Rahmen der EU ihr politisches und kulturelles Eigenleben bewahren, ist angesichts der kapitalistischen Zentralisations- und Vereinheitlichungszwänge trügerisch.

Welches Bekenntnis gilt nun?

Wie sich die Zeiten – und die Verkündigungen – wandeln! Auf dem Evangelischen Kirchentag zu Königsberg im Jahr 1927 erklangen die Worte:

„Wir sind Deutsche und wollen Deutsche sein. Unser Volkstum ist uns von Gott gegeben. Es hoch zu halten ist Pflicht. Ein Weltbürgertum, dem das eigene Volk gleichgültig ist, lehnen wir ab."

Frage:

Was ist nun Gottes Gebot? Die kirchlichen Verlautbarungen von damals – oder die von heute?

Sprache als angestammtes Kulturgut

Die volkliche Andersartigkeit zeigt sich schon bei der Sprache. **Sie ist offensichtlich ein Kulturgut, das tief in der Seele verankert ist.** Andrea James-Biggoose, Washo-Indianerin, berichtete (*Spiegel*, 30/1995):

„Ich bin zweisprachig aufgewachsen und habe Washo bis zu meinem sechsten Lebensjahr gesprochen.

Heute gibt es nur noch etwa 75 Washo-Sprechende im Reservat. Meine eigenen Kenntnisse frische ich auf, indem ich den Alten zuhöre. ***Erst mit Anfang dreißig habe ich begriffen, wie wichtig es ist, die Washo-Sprache zusammen mit unserer Kultur und Tradition am Leben zu erhalten. Ohne all dies fühlen wir uns leer und verloren, wie ausgestorben.***

Vorher gab es eine Zeit, da bemühte ich mich sehr, assimiliert zu leben. Aber ich habe nur gelitten, wie viele Indianer. Jahrelang hatte ich nicht die geringste Idee, wo der Schmerz herkam. Ich wußte nicht, daß ich mich in einem Krieg befand, der nie beendet wurde; die Wunden sind noch immer offen. So begann ich zu trinken und Marihuana zu rauchen, um den Schmerz loszuwerden. Ich war alkoholsüchtig."

Andreas Ehemann, ein Ponca-Indianer aus Oklahoma, ergänzte:

„Wir müssen uns mit der Außenwelt arrangieren, wir gehen auf sie zu – aber nicht in ihr auf, denn das wäre Assimilation. Die Narben in meinem Gesicht stammen aus der Zeit, als ich es versuchte. Sie kommen vom Alkohol, ich habe betrunken mit einem Messer gekämpft und wäre fast gestorben.

Bis zu meinem 16. Lebensjahr habe ich Englisch und Ponca gesprochen und beide Sprachen fließend gelernt. ***Aber in Englisch kann ich die Dinge nicht so beschreiben, wie ich gern möchte; auch das Beten fällt schwerer. In Ponca lassen sich spirituelle Dinge besser ausdrücken.*** *Erde etwa heißt in Ponca 'I-Naha' – das bedeutet: 'Mutter, die zu mir spricht und alles weiß'."*

Anmerkung:

Diese Sätze machen deutlich, **daß Kultur nichts Äußerliches, sondern etwas in der Seele tief Verankertes ist.** Die Sprache stellt einen wesentlichen Bestandteil der Kultur dar, ist sie doch eines der wichtigen Hilfsmittel, um Gedanken und Gefühlen Ausdruck zu verleihen. Wenn ein Volk seine Sprache verliert, hat das auch eine innere Verarmung zur Folge, weil dann einzelne Seelenbereiche nicht mehr mitschwingen können.

Das mag damit zuammenhängen, daß die Sprache in der Urheimat von Menschengruppen entstanden ist, in welcher diese anfangs jahrtausendelang siedelten. Die Sprache ist daher auch Spiegelbild der körperlichen, geistigen und seelischen Auseinandersetzung mit bestimmten vorgegebenen Umweltverhältnissen, und umgekehrt erweckt sie beim Gebrauch bestimmte Vorstellungen und Empfindungen. Insofern gleicht die Seele des Menschen einem Resonanzboden, der durch die angestammten Laute und Sprachbilder am besten zum Klingen kommt. Mit deshalb wiegt der Verlust der Muttersprache so schwer.

Der *Spiegel* fährt in seiner Darstellung fort:

„In Kalifornien lernen Indianerkinder die Sprache ihrer Väter und Mütter nicht mehr, sondern nur Englisch. Jahrzehntelang war es amerikanische Politik, Indianer-Idiome mit Gewalt auszulöschen. Jetzt soll ein Hilfsprogramm die verbliebenen 50 Stammessprachen des westlichen US-Staats vor dem Aussterben bewahren ... Hinton, Professorin an der University of California in Berkeley, fand, daß dort 'kein einziges Indianerkind mehr mit seiner Stammessprache aufwächst' ... ***Faszinierend an den Indianersprachen findet Hinton denn auch deren völlig andersartige Weltsicht, sie seien 'Fenster zu ganzen Systemen von Überzeugungen'.“***

„Verhaltensmuster aus der Steinzeit“

Edward O. **Wilson,** emeritierter Harvard-Professor und berühmtester Ameisenforscher der Welt, hat bereits in seinem 1975 erschienenen Grundlagenwerk *Soziobiologie* auf die biologischen Ursachen menschlichen Verhaltens hingewiesen. Der *Spiegel* führte mit ihm ein Gespräch (46/1998):

„Spiegel: *Aus der Soziobiologie folgt, daß das menschliche Verhalten in weiten Teilen genetisch gesteuert ist.*

Wilson: *Sagen wir es so: Unsere Instinkte haben einen großen Einfluß.*

Spiegel: *Wie kam diese Programmierung des Menschen zustande?*

Wilson: Viele dieser Instinkte haben wir von unseren Vorfahren übernommen, *den Menschenaffen. Bei der Entwicklung zum Homo sapiens hin vergrößerte sich zwar das Gehirn ... Aber das Vorderhirn hat keineswegs das Kommando im Kopf übernommen, die Instinkte verbannt und das Gehirn zu einem Allzweckcomputer umgewandelt. Im Gegenteil:* ***Die biologische Programmierung ist geblieben und übt nach wie vor ihren Einfluß aus ...***

Spiegel: *Sie schreiben, selbst die privatesten Erlebnisse seien durch genetisch programmierte Regelmäßigkeiten der geistigen Entwicklung bedingt, zum Beipiel Träume. Nachtmahre von Schlangen quälten uns, weil unsere biologischen Vorfahren giftige Vipern fürchten mußten – was einen Hinweis darauf gebe, daß die Erlebnisse der Affen unsere kulturelle Symbolik geformt hätten. Übertreiben Sie da nicht?*

Wilson: *Überhaupt nicht. Alle großen Affen fürchten sich vor Schlangen, und an Schimpansen wurde beobachtet, daß sie selbst dann Angst davor haben, wenn sie nie eine Schlange gesehen haben.“*

Zwischenbemerkung:

Diese Darlegungen erinnern mich an die Erzählung eines inzwischen verstorbenen österreichischen Lehrers: Seiner Grundschulklasse habe er einmal die Aufgabe gestellt, einen Baum zu zeichnen. Mit passenden Armbewegungen war er bemüht, dessen Aussehen bildlich zu vergegenwärtigen. Nach einiger Zeit sah er sich die Malergebnisse an. Nun war unter seinen Schülern auch ein Besatzungskind, das einen Schwarzen zum Vater hatte. Als er dessen Zeichnung anschaute, stutzte er, sagte aber nichts. Er erblickte – eine Palme.

*„**Wilson:** Wir Menschen starren heute so sehr auf uns selbst, daß wir glauben, wir hätten uns über unsere Umwelt und über unsere Instinkte erhoben: Wir halten uns für engelsgleiche Kreaturen und glauben, daß wir nun alles mit unserem Wissen anstellen könnten. Doch wer das meint, verkennt das menschliche Wesen. **In Wahrheit entstammen die meisten unserer Gefühle, Wünsche und Vorlieben unserer biologischen Geschichte,** und wir sind von unserer Umwelt abhängig."*

Erläuterndes:

Zu unserer *„biologischen Geschichte"* gehören allerdings nicht nur Menschenaffen, sondern auch unsere Altvorderen in Menschengestalt; wobei man beachten sollte, daß diese in sehr unterschiedlichen Lebensräumen zu Hause waren.

In seinen Ausführungen spricht Wilson übrigens den heutigen Menschen keineswegs die Willensfreiheit ab, noch bestreitet er das Vorhandensein von Umwelteinflüssen. Er will lediglich sagen, daß unsere *„Gefühle, Wünsche und Vorlieben"* ganz wesentlich von unserer *„biologischen Geschichte"* mitgeprägt sind (die aber, je nach Herkunft der Urahnen, sehr unterschiedlich verlaufen ist).

Kulturelle Heimatlosigkeit

Wie leichtsinnig und im Grunde herzlos die Befürworter bzw. ideologischen Einpeitscher der Einwanderung kulturfremder Menschen nach Deutschland, fern der eigenen Heimat, handeln, zeigt z. B. das Schicksal zahlloser Türkinnen und Türken.

„Türkinnen in Deutschland. Zerrissen zwischen zwei Welten" – mit dieser Schlagzeile versah der *Stern* einen Bericht (Nr. 18/93), der sich mit den Schwierigkeiten befaßte, denen viele junge Frauen dieser Volksgruppe in einer nicht-türkischen und nicht-islamischen Umgebung ausgesetzt sind. Die einleitenden Sätze:

„Sie sind hier geboren und aufgewachsen. Sie wollen nicht über sich bestimmen lassen wie ihre Mütter. Sie haben eigene Wünsche, eigene Träume – und müssen sie gegen ihre Familie durchsetzen. Manche bezahlen dafür mit ihrem Leben."

Auch junge Türken haben es nicht leicht. Auf die Fragen des *Spiegels* gab der 24jährige Hakan Durmus, der vier seiner letzten zehn Jahre im Gefängnis verbracht hatte, folgende aufschlußreiche Antworten (Nr. 16/97):

*„**Ich bin fast international aufgewachsen,** Deutsche, Italiener, Türken – alles ... **Wenn ich in der Türkei aufgewachsen wäre, wäre ich heute bestimmt nicht so. Dann wäre ich ganz anders. Die zwei Kulturen, die Spannung, das hat uns total fertiggemacht ... Man fühlt sich heimatlos, man weiß nicht, wohin man gehört.** In der Türkei bin ich ein Deutschtürke, hier bin ich ein Türke. In Kreuzberg lebe ich seit 24 Jahren. Also bin ich ein Kreuzberger ... **Meine richtige Heimat ist die Türkei. Das ist klar.** Aber wenn ich jetzt in die Türkei gehe, brauche ich wieder 24 Jahre, um Freunde zu finden. Das schaffe ich nicht, da geh' ich drauf."*

Was ist deutsch?

Eher beiläufig hatte Friedrich Merz, Fraktionsvorsitzender der CDU/ CSU, im Oktober 2000 von *„deutscher Leitkultur"* gesprochen, der sich zugewanderte Ausländer anzupassen hätten. Diese Wortprägung (die übrigens von dem deutsch-syrischen Professor Bassam Tibi stammt) löste in der Öffentlichkeit eine hitzige Debatte aus. Von deutscher Anmaßung und Überheblichkeit war die Rede. Höhnisch wurde gefragt, ob es denn überhaupt eine deutsche Kultur gäbe, und Außenminister Joschka Fischer lieferte den spöttischen Beitrag: *„Gehört Entenhausen nun zur deutschen Leitkultur, oder ist das amerikanische Überfremdung?"* (*Remszeitung*, Schwäbisch Gmünd, 31.10.2000) Daran ist soviel richtig, daß im Alltag hierzulande dank Vorherrschaft von Amerikanismus und Kapitalismus von heimischer Kultur tatsächlich nicht mehr viel zu spüren ist.

Doch wird von Menschen ausländischer Herkunft offensichtlich deutlicher wahrgenommen, daß es so etwas wie deutsche Eigenart gibt. Das geht aus einem Gespräch hervor, welches der *Spiegel* mit drei eingebürgerten Deutschen farbiger Abstammung führte (Nr. 47/2000).

Minh-Khai Phan-Thi, als Tochter vietnamesischer Eltern in Darmstadt aufgewachsen, wurde vom *Spiegel* gefragt, ob es ihr *„leicht falle, mit zwei Kulturen zu leben"*. Sie antwortete: ***„Es gibt nichts, was schwerer sein könnte.** Die vietnamesische **Sprache** hat nichts, aber auch gar nichts mit der deutschen gemein. Die vietnamesiche Kultur ist das Gegenteil der deutschen ... Ich kann in Vietnam nicht deutsch sein, schon von der Sprache her nicht. Ich könnte meinen Eltern auf Vietnamesisch zum Beispiel nie sagen: Ihr spinnt. Umgekehrt vertrete ich in Deutschland Ansichten, die meine Eltern nicht verstehen. **Ich schlüpfe also von einer Rolle in die andere, es gibt mindestens zwei Minh-Khais."***

Feridun Zaimoglu, türkischstämmiger Deutscher und Verfasser mehrerer Bücher, drückte sich feindseliger aus. Er wünscht sich, daß die Deutschen möglichst wenig *„Nationalgefühl"* haben. Der CDU-Chefin Angela Merkel nimmt er übel, daß sie gesagt hatte, beim Anblick eines Birkenwäldchens denke sie an Rußland, nicht an Deutschland. Er folgert daraus: *„Sie definiert Deutschland also über den Ausschluß des Fremden. Das ist verräterisch.“*

John A. Kantara, *„Sohn einer deutschen Krankenschwester und eines Ghanaers“*, Mitbegründer der *„Initiative Schwarze Deutsche“* und *„Dokumentarfilmer für mehrere TV-Sender“*, ist ähnlich aufgebracht. Er meint herauszuspüren, daß es Edmund Stoiber und Friedrich Merz *„vor allem um ethnische Abgrenzung“* gehe. In Amerika sei das ganz anders: *„Dort sieht man die nationale Identität gerade in der Vielfalt. Und ich denke, darin liegt auch unsere Zukunft. Auch Deutschland wird ethnisch weiter aufgesplittert werden.“* Dazu trage das neue Staatsbürgerrecht bei: *„Es wird in Zukunft mehr schwarze Polizeibeamte geben, mehr fremdstämmige Richter.* ***Ich finde es gut, dass es hier immer bunter wird.“***

Zum Schluß fragte der *Spiegel*: *„Was ist an so einer Gesellschaft noch* ***deutsch?“***

Phan-Tha antwortete: ***„Gerade eine Gesellschaft, in der sich ethnische Grenzen verwischen, wäre für mich eine schöne deutsche Utopie.“***

Zaimoglu: ***„Deutsch ist für mich das Bekenntnis zu einer täglich gelebten Multirealität.“***

Kantara: *„Wir werden Deutschland verändern, wir verändern es jetzt schon.“*

Fragen:

Sind solche Deutungen des Eigenschaftswortes „deutsch“ nicht grauenhaft leer? Ist es für unser Land ein Gewinn, wenn es der Zuwanderung zuliebe seine Identität, seine Seele, seine nationale Einheit und Selbstbestimmung aufgeben muß? Werden kulturfremde Ausländer in unserem Land jemals glücklich und zufrieden sein? Schafft man hier nicht Unruheherde, aus denen nur endloser Streit, ja Bürgerkriege hervorgehen?

Heimatliche Geborgenheit

Unter dem Titel ***„Juden in Deutschland“*** erschien im *Spiegel* vor Jahren eine Reihe von Berichten, in denen die Befragten, nach 1945 geboren und in der Bundesrepublik aufgewachsen, ihre Erfahrungen zu Protokoll gaben. Eine **Jüdin** berichtete (Nr. 12/1985):

„Je älter ich wurde, desto stärker wurde mein jüdisches Bewußtsein. Entscheidend war eine Reise nach Israel mit meinen Eltern, als ich 15 Jahre alt war. ***Dort in Israel waren auf einmal alle so wie meine Eltern. Vor allem der Tonfall, die Musik und der Rhythmus der Sprache, alles war mir plötzlich vertraut und bekannt.***

Hier in diesem Land stimmte alles, es paßte alles zueinander. Wenn jemand sich aufregte, bewegten sich seine Arme und Hände, wie es auch mei-

ne Eltern taten. Sie lachten so wie meine Eltern, und ärgerten sich so, und ich war ein Teil von ihnen, ging unter in einer Masse von Ähnlichkeiten und Wiederholungen. Es war ein herrliches Gefühl …

Israel war ein wichtiges Erlebnis für mich. ***Zwei Dinge wurden mir damals klar. Erstens ist man nicht so allein,*** *wie ich bis jetzt immer glaubte; auch wenn man oft die einzige Jüdin in einer Gruppe ist.* ***Und zweitens ist man anders als die anderen; und sie werden einen nie verstehen.***"

Sorge um das Überleben von Naturvölkern

„Anerkennung und Stärkung der Rolle der eingeborenen Bevölkerungsgruppen und ihrer Gemeinschaften" – so lautet eine Kapitelüberschrift in der *Agenda 21*, der *Dokumente*-Sammlung der *Konferenz der Vereinten Nationen für Umwelt und Entwicklung*, die im Juni 1992 in Rio de Janeiro stattgefunden hat.

Auf Seite 225 der vom Bundesumweltministerium herausgegebenen Übersetzung wird dazu ausgeführt:

„Indigene **[=eingeborene]** ***Völker und ihre Lebensgemeinschaften haben eine historische Beziehung zu ihrem Land und sind im allgemeinen Nachfahren der Ureinwohner solcher Gebiete …*** *Auf indigene Bevölkerungsgruppen und ihre Lebensgemeinschaften entfällt ein erheblicher Anteil der Weltbevölkerung. Sie haben sich über viele Generationen hinweg ganzheitliche, traditionelle, wissenschaftliche Kenntnisse über ihr Land, die natürlichen Ressourcen und ihre Umwelt angeeignet. Indigene Bevölkerungsgruppen und ihre Lebensgemeinschaften sollen in den vollen Genuß der Menschenrechte und der Grundfreiheiten kommen, ohne behindert oder diskriminiert zu werden."*

Unter den Maßnahmen zur *„Stärkung der Rolle der indigenen Bevölkerungsgruppen und ihrer Gemeinschaften"* wird u. a. genannt:

„○ ***die Anerkennung der Notwendigkeit, das von den indigenen Bevölkerungsgruppen und ihren Gemeinschaften bewohnte Land vor Aktivitäten zu schützen, die umweltschädlich sind oder von den betroffenen Indigenen als sozial und kulturell unangemessen betrachtet werden;***

○ ***die Anerkennung ihrer Wertvorstellungen,*** *ihrer überlieferten Kenntnisse und der von ihnen praktizierten Form der Ressourcenbewirtschaftung zur Förderung einer umweltverträglichen und nachhaltigen Entwicklung;*

○ *die Anerkennung der Tatsache, daß die traditionelle und unmittelbare Abhängigkeit von erneuerbaren Ressourcen und Ökosystemen einschließlich nachhaltiger Erntepraktiken auch in Zukunft für das kulturelle, wirtschaftliche und physische Wohlergehen der indigenen Bevölkerungsgruppen und ihrer Gemeinschaften unentbehrlich ist; …"*

Anmerkung:

Aus der *Agenda 21* spricht eine hohe Wertschätzung indigener Völker, ihrer besonderen Wertvorstellungen und Kulturen und ihrer naturangepaßten Lebensweise. Die *„Stärkung"* solcher *„eingeborenen Bevölkerungsgruppen und ihrer Gemeinschaften"* sei wichtig. Wenn *„indigene Völker und ihre Lebensgemeinschaften"* so definiert werden – sie *„haben eine historische Beziehung zu ihrem Land und sind im allgemeinen Nachfahren der Ureinwohner solcher Gebiete"* – kann man das sehr wohl auf alle anderen Völker, auch die „zivilisierten" beziehen, nicht zuletzt auch auf die Deutschen.

Die *Agenda 21* bejaht also die noch vorhandene Völker- und Kulturenvielfalt und fordert nachdrücklich zu ihrer Erhaltung und *„Stärkung"* auf.

Erhaltung der biologischen Vielfalt

Unter obiger Überschrift ist auf Seite 124 der *Agenda 21* zu lesen:

„Die wesentlichen auf unserem Planeten zur Verfügung stehenden Güter und Dienstleistungen hängen von der ***Vielfalt und Variabilität von Genen, Arten, Populationen und Ökosystemen ab.*** *Die biologischen Ressourcen ernähren und kleiden uns, gewähren uns Obdach und liefern uns Arzneimittel und geistige Nahrung. Die natürlichen Ökosysteme der Wälder, der Savannen, der Gras- und Weideflächen, der Wüsten, der Tundren, der Flüsse, Seen und Meere beheimaten den größten Teil der biologischen Vielfalt unserer Erde. Auch die Felder der Bauern und die Gärten sind als Vorratsträger enorm wichtig; hinzu kommen Genbanken, botanische Gärten, Zoos und andere Verwahrungsorte für Keimplasma, die einen zwar kleinen, aber bedeutenden Beitrag leisten.* ***Der gegenwärtig zu verzeichnende Verlust der biologischen Vielfalt ist zum großen Teil Folge menschlichen Handelns und stellt eine ernste Bedrohung für die menschliche Entwicklung dar."***

Im folgenden Abschnitt mit der Überschrift *„Handlungsgrundlage"* heißt es:

„Trotz zunehmender Bemühungen in den letzten zwanzig Jahren dauert der Verlust der biologischen Vielfalt auf unserer Erde, der in erster Linie auf die Zerstörung der Lebensräume, die Übernutzung der natürlichen Ressourcen, die zunehmende Schadstoffbelastung und die unangemessene Einbringung nichteinheimischer Pflanzen- und Tierarten zurückzuführen ist, immer weiter fort. Die biologischen Ressourcen stellen ein Kapital dar, das ein enormes Potential für die Erzielung nachhaltiger Gewinne in sich birgt. Es bedarf eines sofortigen und entschlossenen Handelns, um Gene, Arten und Ökosysteme im Sinne einer umweltverträglichen und nachhaltigen Bewirtschaftung und Nutzung der biologischen Ressourcen zu erhalten und zu bewahren."

Anmerkung:

Zum wiederholten Male sei gesagt, daß der geldzinsbedingte Wachstumszwang über seine Folgenkette – Rationalisierungsdruck, Vernichtungs-„Wettbewerb", Firmen- und Vermögensgigantismus – alles Kleinräumige auslöscht und damit die Grundursache des *„Verlustes der biologischen Vielfalt"* darstellt.

Der Wachstumszwang löscht aber mit denselben Mechanismen auch den Arten- und Völkerreichtum aus. Auch hier ist die *„Vielfalt und Variabilität"* von *„Genen, Arten und Ökosystemen"*, bei indigenen wie zivilisierten Völkern, im Verschwinden begriffen. Das sollte man gleichfalls als Verlust bezeichnen. Man erinnere sich hier an die bereits wiedergegebenen Worte des Tuwinerhäuptlings Galsan Tschinag: *„Aber Sie als europäische Nation sind ja noch schlimmer bedroht ... Nun wird fragwürdig, ob die heute großen Nationen in fünfzig oder hundert Jahren noch dasein werden."*

Wenn es in der *Agenda 21* heißt, der *„Verlust der biologischen Vielfalt"* sei auch auf *„die unangemessene Einbringung nichteinheimischer Pflanzen- und Tierarten zurückzuführen"*, so ist zu fragen, ob ähnliche Ereignisse im anthropologischen Bereich nicht auch als *„Verluste"* zu betrachten seien (s. Tibet).

„Kollektiver Gemütszustand"

Im Jahre 1911 hatte der deutsch-jüdische Schriftsteller Franz Kafka ein Erlebnis, das ihn erkennen ließ, wie wichtig es sei, sich als Glied einer lebendigen volklich-kulturellen *„Gemeinschaft"* zu fühlen. Die *Allgemeine Jüdische Wochenzeitung* berichtete (17.6.1983):

„Am 5. Oktober 1911 hält Kafka im Tagebuch den Eindruck fest, den am Abend zuvor die erste von ihm besuchte Vorstellung der kleinen, eher armseligen, von Jizchak Löwy geleiteten jiddischen Theatergruppe aus Warschau auf ihn gemacht hat. Dieser Eindruck kann als ***erschütternd*** *betrachtet werden,* ***denn Kafka erlebt da als eine Art befreiender Überraschung, daß er tief gerührt an einem kollektiven Gemütszustand teilhat*** *und daß er dessen noch fähig ist, was er für sich bereits so gut wie aufgegeben hatte. Dieses Erlebnis bedeutet einen Wendepunkt von großer Wichtigkeit für Kafkas weiteres Leben und Wirken.* ***Erst das hier erwachende Interesse am Judentum eröffnete vor ihm die Perspektive einer neuen Lebens- und Schaffensmöglichkeit,*** *die sich einige Monate später in hoffnungsvolle Taten umzusetzen begann. Man denke da sowohl an die großen literarischen Leistungen des Jahres 1912 als auch an den gleichzeitigen ersten Versuch, der Einsamkeit durch eine Ehe zu entkommen ...*

Zweitens fand sich Kafka plötzlich zwischen ***zwei jüdischen Traditionen*** *in einer für ihn charakteristischen Lage.* ***Die ihn umgebende, die des westjüdischen Assimilantentums, erschien ihm im Lichte jenes Erlebnisses als tot***

in dem Sinne, daß sie jegliche gemeinschaftsbildende und -bindende Kraft eingebüßt hatte, während die andere, die lebendige, nicht die seine war und ihn höchstens als Zuschauer zuließ. Nichtsdestoweniger blieb er dieser letzteren bis zu seinem Lebensende gefühlsmäßig verbunden. *Daraus ergab sich ihm drittens die Erkenntnis, daß es das moribunde* [im Sterben liegende] *Westjudentum war, das ihm den Zutritt zur Gemeinschaft verstellte, weil es mit der eigenen Vergangenheit gebrochen hatte und wie ein vom Baume abgefallener Ast nunmehr verdorrte ... Die lebenswichtige Verbindung mit der Vergangenheit mußte daher gleichsam über die Köpfe der Väter hinweg hergestellt werden."*

Anmerkung:

Laut dem Verfasser dieses Beitrags für die *Allgemeine Jüdische Wochenzeitung* erkannte der heute weltberühmte Schriftsteller Franz Kafka von 1911 an klar, daß es *„zwei jüdische Traditionen"* gebe: erstens die des *„westjüdischen Assimilantentums"*, das eine internationalistische Richtung eingeschlagen hatte und ihm deshalb als *„tot"* erschien; und zweitens die der ostjüdischen Gemeinden, die sich in einer günstigeren zivilisatorischen Umwelt ihre volkliche Eigenart und ihre *„gemeinschaftsbildende Kraft"* bewahrt hatten. Die Begegnung mit diesen Menschen löste bei ihm das *„befreiende"* Erlebnis eines tief empfundenen *„kollektiven Gemütszustands"* aus.

Was könnte damit gemeint sein?

Vielleicht das, was ich 1985 auf einer Studienreise durch das damals noch kommunistisch beherrschte Polen erlebte. Einige Sätze aus meinem damaligen Reisebericht:

„Diesen polnischen Nationalismus gibt es wirklich, und ich erlebte ihn einmal auf ein Weise, die mich tief berührte. In Gdingen, einer Stadt nicht weit von Danzig, waren wir zur Teilnahme an einem polnischen Gottesdienst eingeladen. Auch Lech Walesa war anwesend. Jankowski, sein Beichtpfarrer, hielt eine kurze Ansprache. Es wurde viel gesungen. Die Kirchenbesucher, hauptsächlich Anhänger der „Solidarnosz", waren wie von religiöser Begeisterung ergriffen und stimmten immerfort patriotische Gesänge an, wobei sie die erhobenen Hände zum V-Zeichen formten. Niemals zuvor habe ich eine Menschenmenge mit solcher Inbrunst nationale Lieder singen hören."

Etwas Ähnliches – ein erhebendes, ichbefreiendes Gefühl des Einsseins mit Gleichgestimmten – ereignete sich 1782 bei der Uraufführung von Friedrich Schillers Erstlingswerk *Die Räuber*. Sie fand, in Anwesenheit des Dichters, am Mannheimer Nationaltheater statt. Wie sehr die von Freiheitsliebe durchglühte Tragödie die Zuschauer im Innersten anrührte, beschrieb ein Augenzeuge so:

„Das Theater glich einem Irrenhause, rollende Augen, geballte Fäuste, stampfende Füße, heisere Aufschreie im Zuschauerraum! Fremde Menschen fielen einander schluchzend in die Arme, Frauen wankten, einer Ohnmacht nahe, zur Türe. Es war eine allgemeine Auflösung wie im Chaos, aus dessen Nebeln eine neue Schöpfung hervorbricht!"

Gemeinschaft und Kultur

Wenn Franz Kafka damals die Judenheit für gefährdet hielt, so sieht Michael Wuliger ihre Lage heute in noch düstererem Licht. In einem Beitrag für die *Allgemeine Jüdische Wochenzeitung* vom 9.7.1998 schrieb er:

„Jüdische Kultur gibt es gar nicht ... Oder besser: Es [derartiges] *existiert nicht mehr. Denn es gab eine jüdische Kultur. Nicht in Deutschland, auch nicht in den anderen Ländern des assimilierten Westens. Wohl aber in Osteuropa, in den jüdischen Siedlungsgebieten Rußlands, der Ukraine, Polens und Rumäniens.* ***Dort war jüdische Kultur auf dem Humus jüdischen Gemeindelebens gewachsen."*** Freilich gebe es eine *„lebendige ... israelische Nationalkultur"*. Aber die Judenheit der Diaspora nehme daran nur als Zaungast Anteil. Zwar gebe es *„massenhaft jüdische Individuen, die Kultur machen"*. Aber was dabei herauskomme, sei *„noch lange nicht jüdisch"*, sei bestenfalls *„Brauchtumspflege"* oder *„Ausgeliehenes aus Israel"*. Das gelte auch für das kulturelle Schaffen der Millionen Juden in den USA: *„Das Thema Nummer Eins der jüdischen Kulturdebatte in den USA seit Jahren ist weniger das Vorhandenseins des Judentums, als vielmehr sein allmähliches Verschwinden.* ***Assimilationsbedingt nämlich werden die bekennenden Juden in Amerika von Generation zu Generation signifikant weniger.*** *Was von jüdischer Kultur bleibt, hat mehr mit der* **Identitätsbestimmung [=Identitätssuche]** ***in einer multiethnischen und multikulturellen Gesellschaft,*** *wie die USA es sind, zu tun. Wie Italiener, Iren und Hispanics pflegen jüdische Amerikaner Restbestände heimischer Folklore, analog hierzulande den Trachtengruppen der Vertriebenen. Auf mittlere Sicht wird bei der Masse jüdischer Amerikaner die jüdische Kultur wahrscheinlich sich reduzieren auf Bagels, Pastrami und ein paar pittoreske jiddische Ausdrücke."*

Aus solchen Feststellungen ergibt sich:

Echte Kultur kann nur dort gedeihen, wo es noch lebendige Gemeinschaften gibt.

Die aber lösen sich weltweit immer mehr auf. Wie oben dargestellt, ist auch das Judentum davon betroffen.

Zwangsläufige Folge ist ein Kulturensterben. Denn Kulturen – um Wuligers Worte zu verwenden – blühen nur *„auf dem Humus"* eines kraftvollen *„Gemeinschaftslebens"*. Wahre Kultur wächst nämlich aus tiefsten seelischen Seinsschichten hervor, und weil sie ein Gemeinschaftswerk ist, bedarf sie dazu des dauerhaften Zusammenseins gleich- bzw. ähnlichartiger und -strebender Menschen.

Mit der Auflösung von Gemeinschaften verdorren daher beste seelische Fähigkeiten; weil dann viele daran gehindert sind, den wahren Lebenssinn zu erkennen, und deshalb versäumen, ihr tiefstes Inneres zur Entfaltung zu bringen. Dann gibt man sich *„tausend, abertausend Einzelinteressen"* hin (Chaim Noll). Die Folge sind oft innere Unerfülltheit, Haltlosigkeit, Vereinsamung, Verzweiflung, Lebensüberdruß.

Die Zerstörung volklicher Gemeinschaften ist also einer der schlimmsten Unglücksfälle überhaupt.

Schuld am Kulturverfall sind in erster Linie der gemeinschaftsauflösende Wachstumszwang und die dabei entstehenden Großstrukturen, welche alles organisch Gewachsene vernichten. Im Endstadium zeigt sich ein extremer Internationalismus, der zwar marktschreierisch laut und bunt ist, ansonsten aber kahl und kalt.

Hinter allem aber steckt letztlich das Versäumnis, die fehlerhafte Geld- und Bodenordnung zu berichtigen.

„Eine große Familie"

Edgar Bronfman, Enkel russischer Juden und Präsident des *World Jewish Congress (WJC)*, ist als Chef des amerikanisch-kanadischen Spirituosenimperiums *Seagram* einer der reichsten Männer der Welt. Seit neuestem kämpft er um das Vermögen der Holocaust-Opfer. Gegenüber der *Wirtschaftswoche* (30/1998) begründete er es so:

„Klar werden die Schweizer nicht gerne mit ihrer Vergangenheit konfrontiert. Aber auch andere Länder mußten ihre Vergangenheit aufarbeiten. Wir wollen Gerechtigkeit, und wir wollen das Geld zurück, das die Holocaust-Opfer auf den Schweizer Banken hatten ... Das Wichtigste an meiner Arbeit ist, daß ich mich um die jüdische Erziehung kümmere. ***Ich möchte, daß jeder junge jüdische Mensch etwas über seine Wurzeln lernt.*** *Der Holocaust passierte auch, weil sich viele Juden ihres Judentums zuwenig bewußt waren und es zuwenig pflegten* [?] *... Historisch gesehen wird meine größte Leistung sein, daß ich die Aufmerksamkeit der Welt darauf gerichtet habe, den Holocaust nicht zu vergessen."* Keines seiner Familienmitglieder sei *„im Holocaust umgekommen.* ***Aber ich sehe uns Juden alle als eine große Familie,*** *also habe ich sechs Millionen Angehörige verloren."*

Ein Ratschlag:

Wie die *Wirtschaftswoche* Bronfman gegenüber anmerkt, ist dieser durch seine Angriffe auf die Schweiz dort zum *„meistgehaßten Mann"* geworden. War seine Vorgehensweise richtig? Aus haßerzeugenden Anklagen ist selten

Gutes erwachsen. Und sind die Juden und Israelis frei von Sünde, frei von Fehlern? Sind sie immer nur Opfervolk gewesen? Bedarf es denn des Antisemitismus einerseits und der andauernden Erinnerung an den Holocaust andererseits – selbst Juden sagen das –, um die *„große Familie“* der Judenheit zusammenzuhalten?

Es gäbe eine viel bessere und wirksamere Möglichkeit, die Juden ihres *„Judentums“* wieder *„bewußt“* zu machen.

Man müßte in erster Linie bemüht sein, den alle Völker entwurzelnden Kapitalismus zu überwinden. Dann gäbe es auch für die Judenheit eine bessere Zukunft. Schon mehrmals wurde ausgeführt, daß hierfür die Abänderung des überlieferten Geld- und Bodenrechts im freiwirtschaftlichen Sinne die entscheidende Voraussetzung wäre.

Diese gewaltige Aufgabe erfordert sehr viel Aufklärungsarbeit und Geld. Edgar Bronfmans Milliardenreichtum wäre hier weit sinnvoller eingesetzt. Nicht nur, daß sich die Aussichten auf die Errettung des eigenen Volkes vergrößerten, er würde auch einen wesentlichen Beitrag dazu leisten, die ganze Welt vor entsetzlichen Katastrophen zu bewahren.

Freilich verschwänden damit die Möglichkeiten, auf Kosten anderer riesige Reichtümer zusammenzuraffen. Aber eine von der Zinsgeißel befreite neue Welt ließe diesen Verlust leicht verschmerzen.

Drang zur kulturellen Selbstverwirklichung

Kulturbewußte Völker und Volksgruppen – sofern sie durch den Kapitalismus nicht völlig entwurzelt worden sind – bestehen meist auf der Erhaltung ihrer Besonderheiten und wehren sich gegen Unterdrückung und Auflösungsversuche. Selbst die Wortprägung „multikulturelle Gesellschaft“ bringt das, vielleicht ungewollt, zum Ausdruck: Selbst kleinste Volkssplitter sollen sich in einer fremden Umwelt die eigene Art und Überlieferung erhalten. Sind aber unterschiedliche Nationalitäten in einem zu kleinen Raum zusammengesperrt und fühlen sie sich in ihren Entwicklungsmöglichkeiten behindert, entstehen Spannungen.

So fordert z. B. Abraham B. Jehoschua, einer der bekanntesten Schriftsteller Israels, die *„Völkertrennung in Palästina“*, weil er sich anders die *„Aussöhnung zwischen Juden und Palästinensern“* nicht vorstellen könne:

„Nach dem Bombenattentat von Bet Lid bei Netanja gibt es nur noch eine Lösung – ***die Trennung der beiden Völker, das Ziehen einer unüberwindlichen Grenze.*** *Sie soll nicht hermetisch geschlossen sein.*

Überall auf der Welt lösen sich die Völker voneinander, selbst Slowaken und Tschechen, die viele Jahre in Eintracht miteinander gelebt und unter gemeinsamen Feinden gelitten haben ... Gangbar ist allein der Scheideweg. ***Nur wenn es zwischen den Völkern keine schmerzhafte Berührung mehr gibt,***

***wird man an den Aufbau normaler Beziehungen denken können** – zwischen zwei Völkern, die Herr sind im eigenen Land.“* (*Spiegel*, 7/1995)

Gianfranco Miglio, der Ideologe der Liga Nord, antwortete auf die Frage des *Spiegels* (52/1992), ob sich unter dem Eindruck der damaligen Bestechungsskandale in Italien einiges ändern werde:

*„Im Süden sicher nicht. Da helfen nur Grenzpfähle zwischen denen und uns ... **Für uns ist Italien eine multinationale Republik, in der Sarden, Sizilianer, Lombarden mehr schlecht als recht zusammenleben.** Der Begriff der Nation ist ein Mythos des 19. Jahrhunderts, der für unsere Zeit nicht mehr taugt. **Die Lösung für Italien liegt in einer Föderation der drei Makroregionen des Nordens, des Zentrums und des Südens.** Jede soll eigene Polizeistreitkräfte haben, für sich selber wirtschaften und die Steuern im eigenen Land verbrauchen können – unbeschadet der Pflicht, einander zu helfen. Gemeinsam wären nur die Außen- und die Verteidigungspolitik. Was wir vorhaben, ist ein friedliche Revolution.“*

Zusätzliche Begründung:

Wenn in unserer Zeit das Verlangen vieler Volksgruppen und Völker nach einem eigenen Staat oder wenigstens nach mehr Autonomie so unüberhörbar geworden ist, dürften auch hier wieder systembedingte Veränderungen der letzten Jahrzehnte eine Rolle spielen. Was ist geschehen? Immer mehr Geldmittel fließen zunehmend an immer fernere Machtzentralen. Im Zusammenhang damit verlagern sich dorthin auch immer mehr Entscheidungen, was sich selbst im Alltag bemerkbar macht. Vor Ort wird das als Fremdbestimmung, Mißachtung überlieferter Rechte, soziale Benachteiligung und Einmischung in die eigenen Angelegenheiten empfunden.

Diese wirtschaftliche, politische und kulturelle Zentralisation ist jedoch, wie schon dargestellt, im wesentlichen das Spiegelbild einer unaufhörlich fortschreitenden Zusammenballung von Kapital und Macht in immer weniger Händen an immer ferneren Stellen, sowohl im nationalen als auch im internationalen Bereich.

Mehr Kultur durch Multikulturalismus?

Wie soll man über die heutige „multikulturelle Gesellschaft“ denken, die ja weniger einem traditionsreichen Vielvölkerstaat zu vergleichen ist, sondern weitgehend aus einer erst kürzlich entstandenen Zusammenwürfelung von Menschen aus aller Herren Ländern besteht?

Erhellend hierzu ist ein Bericht der Schwäbisch Gmünder *Remszeitung* (29.3.96), der über die ethnische Zusammensetzung der Asylsuchenden in einer städtischen Sammelunterkunft Auskunft gibt:

„In der ehemaligen Hardtkaserne sind im Durchschnitt 850 Personen untergebracht ... Im November 1995, so die letzten exakten Zahlen, sah die Zusammensetzung der Asyslbewerber wie folgt aus: Restjugoslawien 270 Personen; Türkei 170, Afghanistan 100, Sri Lanka 30, Bosnien-Herzegowina 30, Iran 30, Armenien 20, Togo 15, China 15, Vietnam 15, Angola 10, Kroatien 9, Algerien 9, Pakistan 6, Sudan 5, Mazedonien 5, Georgien 5, sonstige Staaten 95."

Die Flüchtlinge kommen demnach aus 112 Ländern. Insgesamt gibt es heute (1999) auf der Erde 193 Staaten. **Ein Großteil der Nationalitäten der ganzen Welt sind hier also auf kleinstem Raume versammelt.**

Ist eine so vielfältig gemischte Gesellschaft wünschenswert? Können die jeweiligen Menschen – wie es in dem Ausdruck „multikulturell" als Anspruch ja enthalten ist – gemäß ihrer angestammten Kultur leben? Bedarf es dazu nicht viel größerer Gemeinschaften? Oder ist Kultur etwas Äußerliches, das man ablegen kann wie ein Kleidungsstück, um dann in ein anderes zu schlüpfen? Hat Kultur nichts mit den innersten seelischen Bedürfnissen einer besonderen Menschengruppe zu tun?

Wenn dem so wäre, dann allerdings wären Menschen und Völker nichts Einmaliges und Unverwechselbares; dann hätten alle Menschen eine Einheitsseele; dann wäre Kultur eine reizvolle Maskerade, die man eine Zeitlang trägt und die man, wenn man sie satt hat, gegen eine andere vertauscht.

Dann allerdings würden sich die Bemühungen zahlreicher Menschenrechtsgruppen, auch der UNO (s. o.), erübrigen, die sich ja vorgenommen haben, die *„indigenen Völker"* vor dem Verlust ihrer *„Identität"* und ihrer *„Sprache und Kultur"* zu schützen und auch vor *„massenhafter Zuwanderung"*.

Sind multi-ethnische Gesellschaften friedensfähig?

Sind Gesellschaften, in denen sich so viele Nationalitäten tummeln, friedensfähig?

Die Erfahrung spricht dagegen. Überall kam es immer wieder zu Streit und Krieg, wo verschiedene Völker in einem Staat zusammenleben bzw. zusammenleben müssen, auch wenn dieser Zustand schon Jahrzehnte oder gar Jahrhunderte andauert.

Beispiele aus jüngster Zeit: der Tamilenaufstand gegen die Singalesen in Sri Lanka; der millionenfache Mord der Hutu an den Tutsi (wobei anzumerken wäre, daß die vielen Kriege in Afrika hauptsächlich von den weißen Kolonialherren verschuldet sind, weil sie falsche Landesgrenzen zogen, so daß sehr unterschiedliche Stämme in ein Staatswesen hineingezwungen wurden); der blutige Zwist zwischen (katholischen) Iren und (protestantischen) Engländern in Nordirland; der mehrjährige Krieg auf dem Balkan, welcher nicht die Gefährlichkeit des „Nationalismus" beweist, sondern die Unvernunft von Politikern, die nach dem Ersten Weltkrieg ganz unterschiedlichen Völkern einen gemeinsamen Staat verordneten.

Einige weitere Texte zu diesem Thema:

***„Georgien.** Ein Land vieler Nationalitäten: Ein besonders brisantes Thema ist heute in Georgien die Frage der nationalen Minderheiten. Das Land erlebte in den letzten Jahren zwei bewaffnete ethnische Konflikte, und die Regierung kontrolliert auch heute noch einen großen Teil des Landes nicht ... Die Abchasen eroberten in den Kämpfen das gesamte Territorium Abchasiens und wiesen alle ungefähr 300 000 Georgier, denen insgesamt nur 100 000 Abchasen gegenüberstehen, aus."* (*Wostok*, 3/1996)

Die Lage in **Ghana:**

„Wie alle ehemaligen Kolonien ist dieses Land ein Kunstgebilde, ein Vielvölkerstaat, dessen Grenzen allein nach den Interessen der Großmächte gezogen worden sind. 40 Sprachen werden in Ghana gesprochen. Die Völker, die in Ghana leben, findet man auch in den umliegenden Ländern wieder. Dauernde Spannungen sind die Folge." (Bericht über eine Veranstaltung der Evangelischen Erwachsenenbildung. *Remszeitung*, Schwäbisch Gmünd 4.2.1995)

Aus einem *Spiegel*-Gespräch mit dem **Literatur-Nobelpreisträger Wole Soyinka** über *„Schwarzafrikas Niedergang"* (29/1994):

„Soyinka: ... Und was ist mit dem Sudan? Der Süden des Landes mit seiner völlig anderen Tradition und Kultur wird immer noch durch eine Art heiliges Gesetz dazu verdammt, zum Sudan zu gehören, obwohl die Menschen dort seit drei Jahrzehnten Widerstand leisten. Afrika und die Welt ignorieren den Befreiungskrieg im Südsudan. ***Bestimmte Kunstgebilde der Kolonialgeschichte zusammenzuhalten, kostet Millionen Menschenleben und bremst darüber hinaus den Fortschritt auf dem Kontinent."***

Kalifornien, 1992:

„Die massenhafte Einwanderung bedroht den sozialen Frieden. Ende April legte ein marodierender Mob in den Slums von South Central Los Angeles 5 400 Brände; 58 Menschen kamen ums Leben. Zu Bruch ging auch das sorgsam gepflegte Selbstverständnis Kaliforniens als Einwanderungsstaat für Rassen aus aller Welt ... Doch die Volksgruppen grenzen sich längst gegeneinander ab, sehen in anderen Minderheiten eher Konkurrenten als Schicksalsgefährten." (*Spiegel*, 44/1992)

13. Mißverständnisse um ein hohes Ziel

Mißbrauch des Nationalgefühls möglich

Der Volksgedanke ist ein Wertbegriff von unvergänglicher Gültigkeit. Gerade deswegen ist er immer wieder mißbraucht worden – wie andere hehre

Dinge auch. Im Namen Gottes sind die entsetzlichsten Verbrechen begangen worden. Man erinnere sich an die Greuel der Inquisition und an die Verbrennung von Millionen unschuldiger Frauen als Hexen durch höchste Würdenträger der katholischen Kirche bis ins 18. Jahrhundert hinein. Überhebliches Herabblicken auf die Vergangenheit wäre fehl am Platz: Auch in unserer Zeit werden von islamistischen Terrorbanden in Algerien im Namen Allahs in einer Nacht oft Dutzende von Dorfbewohnern niedergemetzelt.

Trotzdem gilt Gott zu Recht auch heute noch als das höchste und verehrungswürdigste aller Wesen.

Auch im Namen der Freiheit, der Demokratie und der Humanität sind entsetzliche Verbrechen begangen worden. Man denke nur an all das Schreckliche, das im Zusammenhang mit den großen Revolutionen der letzten Jahrhunderte, die doch soviel Gutes bringen sollten, geschehen ist.

So sind auch der nationale Gedanke, die Vaterlandsliebe, der Patriotismus, die Freiheitssehnsucht eines Volkes immer wieder mißbraucht und geschändet worden – und behalten dennoch ihren unvergänglichen Wert.

Wie oft schon haben Völker für ihre Freiheit gekämpft. Doch brachten nationale Erhebungen bisher, auch wenn sie siegreich waren, nur selten durchgreifende Verbesserungen, noch hoben sie ein Volk auf eine höhere Seinsstufe. Freilich haben Algerien und Indien ihre einstigen Kolonialherren schon längst vertrieben. Befinden sie sich heute in einem besseren Zustand? (Es war schon davon die Rede.) Kaum anderes läßt sich vom übrigen Afrika vermelden. Auch aus der deutschen Geschichte wissen wir von Aufständen, Revolutionen und Befreiungskriegen, die zunächst erfolgreich waren, dann aber sehr unbefriedigende Ergebnisse zeitigten. Friedrich Nietzsche beispielsweise war entsetzt darüber, daß Bismarcks siegreiche Einigungspolitik, die von soviel patriotischer Begeisterung getragen war, in Deutschland nicht zuletzt bewirkte, daß ein börsengesteuertes „Gründungsfieber" losbrach, eine hemmungslose Bereicherungssucht einsetzte und eine niegekannte Massenarmut zu schwären begann.

Was sind die Ursachen dieser Fehlschläge bei den Anstrengungen um die Verwirklichung nationaler Werte?

Erstens: Unter kapitalistischen Voraussetzungen, d. h. ohne Neuordnung der Geld- und Bodenfrage, lassen sich die großen sozialen Probleme – die Massenarbeitslosigkeit ist eines davon – nicht grundlegend lösen und andere hehre Ziele nur ansatzweise verwirklichen. Der idealistische Anfangsschwung muß geradezu gesetzmäßig erlahmen und schließlich in wüsten egoistischen Machtkämpfen oder im Pfründendenken ersticken.

Zweitens war es bisher fast die Regel, daß das Nationalgefühl – welches freilich aufputschbar ist – mißbraucht wurde. Man erinnere sich daran, daß in allen kapitalistischen Gesellschaften die „politische Klasse" bzw. die besitzenden Schichten vom System her in ihrer Tätigkeit auf nationsfeindliche und auch sonst gemeinschädliche Ziele festgelegt sind. Es dürfte nur wenige Kriege geben, in denen es nicht letztlich um Macht- und Geldinteressen einiger weniger ging. Hat man die Medien in der Hand, ist es im allgemeinen nicht schwer, die Massen nationalistisch aufzuhetzen und ihnen vorzugaukeln, daß man für hohe Ideale kämpfe, nur aus Notwehr handle und die Nation in höchstem Maße bedroht sei.

Drittens können Völker und Volksgruppen tatsächlich in eine verzweifelte Lage geraten, vor allem, wenn sie in Vielvölkerstaaten hineingepfercht wurden. Man unterdrückt sie dann oft mit chauvinistischer Härte (s. frühere und folgende Beispiele). Viele blutige Aufstände haben darin ihre Ursache.

Ist daran der Nationalismus bzw. der nationale Gedanke schuld?

Umso verwerflicher ist eine Politik, die solche Kriegsursachen und nationalen Spannungen künstlich und mutwillig herbeiführt. Das gilt auch für die heutige Völkervermengungsstrategie in Gestalt „multikultureller Gesellschaften".

Viertens ist der Kapitalismus bzw. das Zinsgeldsystem von Hause aus unsozial und ausbeuterisch gegenüber allem. Stichworte hierzu: Naturzerstörung, wachsende Kluft zwischen reich und arm, zunehmende Staatsverschuldung, Massenarbeitslosigkeit, Abbau der Sozialleistungen usw. Das erzeugt Spannungen, die sich schließlich in Bürgerkriegen und oft auch in Völkerkriegen entladen. Die Demokratie geht dabei häufig zu Bruch. Unter solchen Umständen sind die Massen aufhetzbar, auch nationalistisch-chauvinistisch, und die beherrschenden Kreise verstehen es dann oft, einen ihnen genehmen Diktator an die Staatsspitze zu bringen.

Kurzum: Der Mißbrauch des Nationalgefühls ist vor allem dann möglich und fast unvermeidlich, wenn sich die Geldmittel eines Landes sehr undemokratisch in wenigen Händen befinden, wenn die Gesellschaftsstrukturen eine kapitalistisch-zentralistische Beschaffenheit haben und wenn Denken und Handeln der Mächtigen systembedingt hauptsächlich darauf gerichtet ist, noch mehr Macht und Reichtum zu erlangen.

Wem also der Völkerfrieden wahrhaft am Herzen liegt, der sollte schleunigst darauf hinwirken, daß die Grundursachen solcher gesellschaftlichen Fehlentwicklungen ausgeräumt werden.

Von Hause aus ist der Volksgedanke unbedingt zu bejahen. Wie sonst sollte das Miteinander von Menschen aussehen? Sollen sie als halt- und gestaltlose, leicht manipulierbare Masseteilchen nebeneinander herleben? Der Volksgedanke besagt nichts anderes, als daß eine Menschenschar zu einer unverbrüchlichen Überlebens-, Kultur-, Sprach-, Rechts- und Wirtschaftsgemeinschaft verbunden ist, daß sie darauf achtet, die Voraussetzungen dafür zu erhalten bzw. zu entwickeln, und daß sie diese im Bedrohungsfall auch verteidigt.

Ein paar Gestaltungsregeln solch eines Zusammenlebens wurden zu Beginn dieses Buches am Beispiel des Bergvolks der Ladakhis verdeutlicht.

Falsche Folgerungen

Weil unter kapitalistischen Voraussetzungen das Nationalgefühl mißbraucht und fehlgeleitet werden kann – und dies auch oft geschehen ist –, unterliegen viele dem Irrtum, daß die nationale Idee (der Volks- und Nationsgedanke, der Denkansatz des Nationalismus) von Natur aus kriegslüstern sei und damit unterdrückt und bekämpft werden müsse.

Und weil der Ursprung nationaler Bestrebungen das Vorhandensein unterschiedlicher Völker als Abstammungsgemeinschaften ist, folgern manche daraus, daß es am besten wäre, sie aufzulösen, z. B. durch Vermischung.

Vor allem extreme Internationalisten argumentieren – und handeln so. Denn wenn man vorhat, weltweit Geschäfte abzuwickeln und überstaatliche Machtgebilde zu errichten, gelingt das leichter, wenn man es mit verführbaren und abwehrschwachen Bevölkerungsmassen zu tun hat als mit festgefügten und wachen Kulturgemeinschaften.

Wer in Wirklichkeit kriegslüstern ist, wird am Beispiel der USA deutlich, die keine wahre Nation, sondern eine kapitalistisch gelenkte Vielvölkeransammlung sind und mit aus diesem Grund bisher sehr imperialistisch auftraten und zahllose Kriege geführt haben – bis zum heutigen Tage.

Dasselbe ist auch vom ehemaligen kommunistischen „Völkergefängnis“, der Sowjetunion, zu vermelden.

Der Volksgedanke aber ist friedlich, weil er die Schaffung echter, gerechter und freiheitlicher Gemeinschaften fordert. Damit sind die besten Voraussetzungen für Friedensbereitschaft gegeben.

Allerdings sind wahre volkliche Gemeinschaften bzw. deren Wiederherstellung erst nach Lösung der sozialen Frage, d. h. nach Bereinigung der alleszerstörenden Zinsgeldproblematik und der daraus fast zwangsläufig erwachsenden strukturellen und ideologischen Fehlentwicklungen möglich.

Über *„nationales Denken hinauskommen“*?

Thomas Reiter, der bekannte deutsche Astronaut, der von September 1995 ab 179 Tage auf der russischen Raumstation Mir verweilte und sie zweimal zu einem Spaziergang im All verließ, schrieb in einem Beitrag für die Weihnachtsausgabe der *Stuttgarter Nachrichten* (24.12.97):

„Wenn man in Ruhe die Erde aus dem All betrachtet, sieht man die Welt mit anderen Augen an. Wer in nur 90 Minuten einmal um den Globus fliegt, bekommt ein Gefühl für so etwas wie eine globale Zusammengehörigkeit, für

die Belange aller, nicht nur einzelner Staaten. Die Erkenntnis, wir sitzen letztlich alle in einem Boot namens Erde, leuchtet vom All aus ganz besonders ein, zumal am Fest des Friedens.

... Die Frage stellt sich natürlich: Warum schlagen sich da unten die Menschen gegenseitig die Köpfe ein? Schaut euch diese Erde an, muß es denn so schwierig sein, wenn dieses Fleckchen Erde etwas will, was jenes Fleckchen nicht will? ...

Was nun, wenn Politiker sich in einer Umgebung mit Weitblick treffen würden? Der Weltraum ist das klassische neutrale Territorium. Die Lösung bestimmter Probleme ließe sich dort schneller und leichter finden. Die Fähigkeit, über den eigenen Schatten zu springen, über das nationale Denken hinauszukommen, wäre leichter möglich. Jeder bekommt dort plastisch vor Augen geführt, wie bestimmte Dinge in einen Gesamtzusammenhang einzuordnen sind. Dieser Ort könnte dazu beitragen, daß Politiker unkomplizierter und zielgerichteter im Interesse der Menschheit entscheiden und weniger im Interesse persönlichen oder nationalen Machterhalts."

Antwort:

Es ist richtig, daß wir *„alle in einem Boot namens Erde"* sitzen und daß es eine *„globale Zusammengehörigkeit"* und Verantwortung füreinander geben sollte.

Die Frage ist nur, wie man dieser Friedensverpflichtung gegenüber anderen Menschen und Völkern und gegenüber der Erde gerecht wird. Es ist falsch, wie es immer wieder geschieht und wie es auch Thomas Reiter tut, im *„nationalen Denken"*, im *„nationalen"* Egoismus und im Streben nach *„nationalem Machterhalt"* die entscheidende Ursache zu sehen. Eine wahrhaft nationale Regierung würde sehr wohl erkennen, daß sie auch eine internationale Verantwortung trägt, daß Schöpfungsbewahrung oberstes Gebot ist, daß ihr das Schicksal anderer Völker nicht gleichgültig sein darf – schon allein aus dem Grund, weil das eigene Wohlergehen mit den Lebensumständen in selbst fernen Weltgegenden mehr oder weniger eng verknüpft ist.

Das Hauptproblem besteht darin, daß die heutigen Regierungen keine wirklich *„nationale"* Politik mehr machen, die nationale Wohlfahrt großenteils aus den Augen verloren haben und vielfach nur noch Sprachrohr und Handlanger mächtiger Interessengruppen sind; vor allem solcher, die über viel Kapital verfügen: Großverbände, Großindustrie, multinationale Konzerne und die *„internationalen Finanzmärkte"*. (*Die Globalisierungsfalle,* s. o.)

Die *„Fähigkeit, über das nationale Denken hinauszukommen"*, ist durchaus vorhanden, aber leider eher bei Leuten und Institutionen, die sich zum vorrangigen Ziel gesetzt haben, ihre Waren-, Finanz- und Politgeschäfte vermehrt *„global"* zu betreiben. Das hat inzwischen die Völker überall auf der Welt in grenzenlose Unruhe versetzt und die Natur *„global"* in Mitleidenschaft gezogen.

Die Grundursache dieser politischen und ökonomischen „Globalisierung" ist ein Tatbestand von primitiver und brutaler Einfachheit: daß die Verantwortlichen der Investitionsfonds und Firmen von der Notwendigkeit getrieben sind, für die ihnen anvertrauten Geldmittel – die sich zudem zinseszinsverursacht insgesamt immerfort vermehren – auch diesmal noch Zinsen, Dividenden, „shareholder values" zu erwirtschaften.

Beim fehlerbehafteten Geldwesen und Bodenrecht sollte man also tätig werden, wenn man hinsichtlich Kriegslärm und Naturausplünderung Abhilfe schaffen will.

Nation als Feindbild

Unter den Schlagzeilen ***„Epidemie des Wahnsinns. Die Wiederkehr des Nationalismus und seine Folgen"*** schrieb der *Spiegel*-Autor S. Kogelfranz (3/93):

„Das Gespenst des Nationalismus, in Westeuropa als Kinderkrankheit des Kontinents überwunden geglaubt, im Osten vom Kommunismus jahrzehntelang unterdrückt, ist mit atavistischer Wucht wieder über die Welt gekommen. Es läßt am Ende des 20. Jahrhunderts ganze Völker in das 19. der erwachenden Nationalbewegungen zurückfallen, wenn nicht, siehe Bosnien, ins Mittelalter.

Und Bosnien ist überall ... Der Drang nach einem eigenen Gemeinwesen wächst mit der Verweigerung von Minderheitsrechten, zu der gerade neu erstandene Staaten neigen." Das führe zum *„Splitterismus"*.

Zwischenbemerkung:

Die tiefersitzende Ursache dieses ***„Splitterismus"***, d. h. des Loslösungsdranges von übergeordneten staatlichen Bindungen, dürfte, es sei nochmals gesagt, das Gefühl bzw. die Tatsache der Fremdbestimmung sein. Bei den heute überall anzutreffenden zentralistischen Strukturen sind die Regierungen nämlich unfähig, erstens die Wirtschaftsprobleme zu lösen und zweitens den *„Minderheiten"* ein größeres Eigenleben zu gestatten. Das erweckt dann öfters nationalen Haß. Es kommt hinzu, daß beim Vorhandensein wertvoller Rohstoffvorkommen die staatliche Vormacht einen Landesteil nicht einfach in die Unabhängigkeit entlassen kann (s. Rußlands Probleme mit Tschetschenien) – eine Folge der ungelösten Bodenfrage (siehe zweiter Buchteil).

Wenn der *„Nationalismus"* zu *„Splitterismus"* entartet, ist daran letztlich nicht der Volksgedanke an sich, sondern hauptsächlich die umfassende Störursache Kapitalismus schuld.

Kogelfranz:

„Strategen denken über eine ***schnelle Eingreiftruppe für den Sicherheitsrat der Vereinten Nationen*** *nach, die der Uno-Generalsekretär fordert, um*

künftige Konflikte im Keim ersticken oder ein 'Interventionsrecht' durchsetzen zu können, über das in der Völkergemeinschaft beraten wird."

Einwand:

Alle Völker tragen heute den Keim des Unfriedens in sich, weil nirgendwo die Grundursache sozialer Spannungen ausgeräumt ist. Kommen noch nationale Zwistigkeiten hinzu, im Innern oder im Verhältnis zu anderen Völkern, so entstehen daraus häufig Bürger- oder Völkerkriege. Weil man dann nicht weiß, wie man solcher Gemetzel Herr werden könnte, sucht man das Heil bei internationalistischen Machtstrukturen auf Kosten der nationalen Selbstbestimmung: eine *„schnelle Eingreiftruppe"* im Auftrag der UNO – oder die amerikanisch geführte NATO – möge irgendwelche Aufstände mit Waffengewalt niederschlagen. **So wenig aber, wie ein innerlich zerstrittenes Volk als Friedensvorbild taugt, so wenig kann aus einer Vielzahl problembelasteter, sozial unbefriedeter Völker zukünftig ein friedlicher und gerechter Überstaat hervorgehen. Dieser kann nichts anderes als ein despotisch-unterdrückerischer Leviathan sein. Ein Ganzes ist niemals besser als seine Teile.**

Statt einer Vielfalt freier Völker hätten wir am Ende eine großkapitalistisch-zentralistische Weltregierung und einen „Internationalen Gerichtshof" (den es inzwischen – mit Sitz in Den Haag – schon gibt!), die zwangsläufig in erster Linie für die Interessen des dann in noch weniger Händen gebündelten Weltkapitals eintreten werden. Solch ein Überstaat wird ebenso zwangsläufig – dem Wesen des Zinsgeldes entsprechend – von bösartig-zerstörerischer Beschaffenheit sein.

Kogelfranz:

Er beklagt schließlich, daß es keine ernstzunehmenden *„politischen Visionäre mehr zu geben scheint"*, welche *„die Menschheit von der Plage des Nationalismus befreien"* könnten.

Einspruch:

Wer irrtümlicherweise im Volks- und Nationsgedanken die Grundursache von Kriegen und ähnlichem zu erkennen vermeint, beraubt sich besserer Zukunfts-„*Visionen*". Auf Grund solch falscher Einschätzungen kommt er zu dem schrecklichen Fehlschluß, die Völker als solche auslöschen oder wenigstens entmachten zu müssen und sie zu einer Einheitsmenschheit in einem diktatorischen Weltstaat zu verschmelzen.

Es gibt jedoch eine verwirklichbare *„Vision"*: Es geht darum, das Zinsgeldsystem zu überwinden und so die Hauptursache des Unfriedens in und zwischen den Völkern zu beseitigen. Dann erst können sich der Gemeinschaftsgedanke und die nationale Idee in einem Volk entfalten und lebendige Gestalt annehmen. Diese Ideen aber sind grundsätzlich friedlich.

Habermas gegen *„ethnischen Wahn"*

In Hinblick auf den Balkan-Krieg sprach sich der Philosoph Jürgen Habermas in einem *Spiegel*-Gespräch entschieden gegen *„Nationalismus"* – gemeint ist die nationale Idee an sich – und den *„Ethnopluralismus"* aus (Nr. 32/1995):

„Wenn wir schon, trotz des unsäglichen Leidens, von Prinzipien reden, müssen wir über Nationalismus und Internationalismus reden. Soll die Menschenrechtspolitik der Uno, die ganz in den Anfängen steht, vom ethnischen Wahn auf Jahrzehnte, vielleicht auf unabsehbare Zeit diskreditiert werden? Sollen gar die triumphieren, die auch bei uns mit dem sogenannten Ethnopluralismus flirten und völkische Identitäten für die eigentliche Realität halten?"

Anmerkung:

„Ethnischer Wahn", so blutig, wie er sich z. B. auf dem Balkan abspielt, ist in der Tat entschieden abzulehnen, und Habermas geißelt ihn zu Recht.

Aber darf man deshalb das Prinzip des *„Ethnopluralismus"* wirklich als falsch verwerfen? Muß es zu Blutvergießen führen? Was ist dann von der heute propagierten *„Vision"* der „multikulturellen Gesellschaft" zu halten?

Ist *„Renaissance des Nationalen"* ein *„giftiges Gegengift"*?

Ulrich Beck, Professor für Soziologie in München, schrieb in einem *Spiegel*-Essay (47/1993):

„Eine Exportnation wie Deutschland, die vom freien Austausch der Waren und Ideen buchstäblich lebt", zerstöre mit *„Fremdenhaß und -hatz"* ihre eigenen Existenzgrundlagen. Es sei also höchst gefährlich, wenn der *„Konservatismus neonationalistische Töne anschlägt."*

Beck läßt die Frage folgen: *„Warum eigentlich diese Anhimmelung des Nationalen in einer transnationalen Welt?"* Das Nationale sei ursprünglich doch eine *„Erfindung des 19. Jahrhunderts, eine linke Waffe übrigens gegen die herrschenden, sich selbst auf Gott berufenden Dynastien."* Man forderte stattdessen die *„Volksherrschaft"*, weil man *„Herrschaft diesseitig zu begründen"* versuchte. Auch mußte beim Aufbau der Nationalstaaten die *„Vielfalt der 'natürlichen' Ethnien unterdrückt werden, um den nationalen Raum staatlich und kulturell aufzuspannen und zu sichern."*

Beck faßte zusammen: *„Die Renaissance des Nationalen ist ein giftiges Gegengift"* gegen den heutigen *„Weltzerfall"*. Man müsse begreifen, *„daß* ***jede Art von Nationalismus*** *und der Unbegriff der 'ethnischen Säuberung', das* ***barbarische Schlachten*** *im Herzen Europas, zusammengehören."*

Erwiderung:

o Es ist richtig, daß wirtschaftlicher Internationalismus einerseits und Nationalismus bzw. volklicher *„Konservatismus"* andrerseits nicht zusammenpassen. Doch dieser Widerspruch verschwindet, wenn man erkennt, daß der Internationalismus von heute das Spiegelbild einer extremen Kapitalkonzentration und damit etwas höchst Unnatürliches ist. Nach Durchführung einer sachgemäßen Geld- und Bodenreform wird er sich zurückbilden. Fordern heute doch viele nachdenkliche Leute, vor allem auch Naturschutzverbände, immer lauter die Rückkehr zu regionalen und lokalen Wirtschaftskreisläufen.

o Es trifft zu, daß dem oft lärmenden Nationalismus des 19. Jahrhunderts etwas Unehrliches und Gewalttätiges anhaftete. Auch die damaligen Wirtschaftsführer klatschten dazu Beifall und unterstützten die nationalen Einigungsbestrebungen. Die letzteren waren überwiegend zentralistischer Art und entsprachen weitgehend den Wünschen der Großbankiers und Großfabrikanten nach ausgedehnten und einheitlichen Wirtschaftsräumen. Es war eine Politik im Sinne der immer mächtiger werdenden Zinsgeldherren. Darunter litt in der Tat *„die Vielfalt der 'natürlichen' Ethnien"*, d. h. der vielen Einzelstämme und Volksgruppen. Man lese hierzu die damals entstandenen Bücher des föderalistischen Denkers und Bismarck-Kritikers Konstantin Frantz.

o Auch Ulrich Beck setzt irrtümlicherweise Nationalismus bzw. die nationale Idee mit Brutalität, Vertreibung und Völkermord gleich. Die größte Vertreibung der Weltgeschichte jedoch, nämlich die von 15 Millionen Deutschen aus ihren angestammten Siedlungsgebieten in Osteuropa, die kurz nach Ende des Zweiten Weltkriegs stattfand und zweieinhalb Millionen Menschen das Leben kostete, wurde zwar von östlichen Nationen vorgenommen, aber mit Erlaubnis und Anstiftung der alliierten Sieger von 1945 und gemäß den Interessen des westlichen Konzern- und des östlichen bzw. Stalinschen Staatskapitalismus.

„Heilige Hetzjagd"

Der Autor **Harry Mulisch,** vom *Spiegel* als *„Doyen* [Ahnherr] *der niederländischen Literatur"* vorgestellt, schrieb in einem Beitrag *„über die Wiederkehr des Nationalismus"* (Nr. 40/1993):

„Wie sollen wir die heilige Hetzjagd auf diese nationalistischen, rassistischen und religiösen Gespenster der negativen Art führen? *...*

Den Nationalisten könnten wir beispielsweise sagen, daß diese ganze Idee einer 'Nation', für die man bereit ist zu morden und zu sterben, ein Denkfehler ist ..., denn das einzige, das mit unumstößlicher Sicherheit existiert, ist das Individuum ...

Die Zugehörigkeit zu einer Familie, einer Gruppe oder einem Volk kann der persönlichen Identität eine zusätzliche Bedeutung verleihen, wie das auch geschieht durch Kleidung, die immer den Charakter einer Uniform hat; aber wenn die Uniform zum Sinn ihres Trägers wird, dann haben wir es mit einer fundamentalen Lüge zu tun.

Wir versuchen ihnen klarzumachen, daß ihre ethnozentrische Einstellung auch sonst völlig idiotisch ist … *Doch das sind Perlen vor die Säue; sie schießen schon wieder auf einen Friedhof, wo Menschen ihre Toten begraben, sie werfen schon wieder Molotowcocktails in Kinderzimmer …*

Wer an … überlegene Rassen glaubt, der wird in der Wirklichkeit Beweise dafür finden …"

Berichtigungen:

In Mulischs *Spiegel*-Beitrag kommen die üblichen Einwände und Vorurteile gegenüber dem nationalen Gedanken gleich gebündelt vor:

- Das Individuum sei alles, die Volkszugehörigkeit bestenfalls ein schmucker Rahmen. Doch der Mensch ist ein soziales Wesen und kann sich nur im Rahmen einer Gemeinschaft entfalten, am besten im Kreise ähnlichdenkender und -fühlender Menschen.
- Ein Volk sei von Hause aus auf Mord und Totschlag aus. Doch ist das bei einer wahren Gemeinschaft, zu der sich ein Volk im Idealfall entwickelt, am allerwenigsten der Fall. Das Umgekehrte ist richtig: entnationalisierte und deshalb haltlos gewordene Menschenmassen und auch multi-„kulturelle" Gesellschaften sind durch eine hohe Kriminalitätsrate gekennzeichnet – siehe die heutige BRD.
- Das Verlangen, seine Eigenart zu bewahren und nicht der Überfremdung zu erliegen, wird auch von Mulisch bösartigerweise zu der Absicht umgedeutet, man halte andere Menschen für minderwertig und empfinde sich selbst als einer *„überlegenen Rasse"* zugehörig, die andere Rassen und Völker unterdrücken oder gar ausrotten dürfe.
- Ein kulturell „höher"-stehendes Volk zeichnet sich gerade dadurch aus, daß es andere Völker achtet und frei von Ausländerfeindlichkeit ist (sofern sich die Fremden zu betragen wissen und die unveräußerlichen Rechte der Einheimischen achten).
- Gerade der Balkan-Krieg hat gezeigt, welch verrohende Auswirkungen es hat, wenn Menschen jahrzehntelang durch internationalistische und völkerverneinende – hier: kommunistische – Regierungen geknechtet worden sind.
- Erst die Befreiung der Menschen von der Vormundschaft und Vorherrschaft des internationalistischen Konzern- und Staatskapitalismus, erst die Bereinigung der Geld- und Bodenfrage, erst das „Unfruchtbarwerden" dieses „Schoßes", woraus – frei nach Bertolt Brecht – eine Unzahl lebensfeindlicher Lehrmeinungen und wüster Greueltaten „kroch", läßt die Völker gesunden und eine friedensfähige Weltgemeinschaft entstehen.
- Erschreckend ist Mulischs Aufruf zu einer *„heiligen Hetzjagd"* gegen alle Menschen, die nicht nur *„Individuen"*, sondern auch Glied einer Nation, einer *„gewachsenen historischen Schicksalsgemeinschaft"* (Edmund Stoiber), sein

wollen. Eben diese *„Hetzjagd"* ist heute in vollem Gange, letztlich wohl im Auftrag schwerreicher internationalistischer und imperialistischer privatkapitalistischer Finanzkreise, weil selbständige und selbstbewußte Völker ihren Plänen im Wege stehen.

Inländerfeindlichkeit

Die vielbeklagte **„Ausländerfeindlichkeit"** der Deutschen kommt der Aufregung um ein Phantom gleich. Es gibt sie gar nicht. Kein anderes Volk dürfte so sehr in fremde Kulturen verliebt, ja vernarrt sein, oft bei Mißachtung der eigenen. Hinzu kommt, daß die Deutschen von oben her seit Jahrzehnten – und richtigerweise! – zur Wertschätzung von Menschen anderer Länder und Kulturkreise erzogen und angehalten werden, was erfreulicherweise Früchte getragen hat.

Dennoch trifft es zu, daß die überwiegende Mehrheit der Deutschen den Abermillionen Zuwanderern und Flüchtlingen im eigenen Land mit inneren Vorbehalten, ja mit fassungslosem Verstummen gegenübersteht.

Das aber hat nichts mit Mißachtung fremder Nationalitäten zu tun, sondern mit der unerhörten Tatsache, daß riesige Scharen andersartiger Menschen, von BRD-Politikern ausdrücklich dazu ermuntert, Deutschland zunehmend in Besitz nehmen. Die alteingesessenen Deutschen haben daher immer deutlicher das Gefühl, „überfremdet" zu werden und im eigenen Land nicht mehr wirklich zu Hause zu sein. Auch sonst werden Eigentumsrechte verletzt: Wer z. B. bezahlt die hohen Kosten für Wohnung und Unterhalt, für die Gerichtsverfahren, für die vielen Erwerbslosen unter den Ausländern u.dgl.m.? Und trotz der Schweigsamkeit der Medien weiß man inzwischen, daß der Kriminalitätsanteil der Neuankömmlinge außerordentlich hoch ist. Ferner: Ist unser kleines Land nicht jetzt schon restlos überbevölkert?

Wenn sich bei solchem Mißbrauch so etwas wie „Ausländerfeindlichkeit" regt (es sind, zutreffender gesagt, Abwehrreflexe gegen unberechtigte Übergriffe) – wer sind dann die **wahren Schuldigen**? Man sollte also fragen: Wer ist es, der solch konfliktträchtige Zustände überhaupt erst herbeigeführt hat?

Darauf zu antworten, dürfte nicht schwer sein: **Das weite Offenhalten der Grenzen ist das Werk der Regierenden bzw. der sie dazu Anstachelnden.** Für all diese gibt es offensichtlich keine Völker und keine Volksrechte mehr, sondern nur noch Bevölkerungen im Rahmen einer farblosen Gesamtmenschheit. Dorthin verstreuen sie denn auch ziemlich wahllos deutsche Steuergelder.

Was dementsprechend heute nicht nur hierzulande, sondern europa- und weltweit zu beklagen ist, ist in Wahrheit und genau umgekehrt eine extreme **Inländerfeindlichkeit**, d. h. eine schreiende Mißachtung des Volksgedankens durch die herrschenden Kreise und der sich daraus ergebenden Rechte und Notwendigkeiten. Solche volksfeindlichen Handlungsweisen kommen in Deutschland zudem einem Verstoß gegen die Verfassung gleich, denn das Grundgesetz geht eindeutig vom Vorhandensein und Vorrang des *„Deutschen Volkes“* aus (siehe z. B. die Präambel und Art. 1, Abs. 2). Demgemäß erinnerte das Bundesverfassungsgericht in seiner Entscheidung vom 21.10.1987 an die *„verfassungsrechtliche Pflicht, die Identität des deutschen Staatsvolkes zu erhalten.“*

Doch läßt sich auch Entschuldigendes anführen: Hinter dem weltweiten Flüchtlingselend steckt als **Hauptursache** das **kapitalistische System** mit seinen bereits dargestellten üblen Auswirkungen: Es spaltet alle Gesellschaften in reich und arm auf und verwandelt ganze Weltregionen in Elendsgebiete (Folge: Wirtschaftsflüchtlinge); es ruft inner- und zwischenstaatliche Spannungen hervor, die sich oft kriegerisch entladen (Folge: Kriegsflüchtlinge); es vernichtet weltweit die natürlichen Lebensgrundlagen (Folge: Umweltflüchtlinge); es macht in den Industrieländern kollektivistische Sozialsysteme nötig, die für die Armen der Welt eine magnetische Anziehungskraft entwickeln (Folge: Unterschichtsflüchtlinge); es ist lebenskräftigen Völkern feindlich gesinnt, weil sie seinem wirtschaftlichen und politischen Ausbreitungsdrang hinderlich im Wege stehen (Folge: imperialistische Völkerunterdrückung); es führt zur Verrükkung der Wertmaßstäbe (Folge: Mißachtung und Kriminalisierung des Volksgedankens); usw.

Um zum Schluß nochmals auf den **Kernpunkt** zurückzukommen:

o Seit Ende des Zweiten Weltkriegs sind in die Bundesrepublik etwa 25 Millionen Menschen eingeströmt: vertriebene Deutsche, Spätaussiedler, Gastarbeiter, schließlich Abermillionen Flüchtlinge aus aller Welt. Die deutsche Bevölkerungsmehrheit aber steht der unaufhörlichen Zuwanderung – aus nachvollziehbaren Gründen – immer ablehnender gegenüber. Die Art und Weise nun, wie solch eine Haltung von den völkerverneinenden extremen Internationalisten, einer leider tonangebenden kleinen Minderheit, in eine rassenverachtende „Ausländer-“ und „Fremdenfeindlichkeit“ umgefälscht wird, ist aufs schärfste anzuprangern!

o Um möglichen Mißverständnissen vorzubeugen: Gewaltübergriffe gegen Ausländer sind entschieden abzulehnen.

o Wirkliche Patrioten, deren besonderes Kennzeichen eine freiheitlich-rechtsstaatliche Haltung ist, bedürfen dieser Ermahnung im Grunde nicht. Weit eher sollte sich eine derartige Aufforderung an linksextreme deutsche Demonstrantengruppen und auch an bestimmte Ausländerkreise richten. Deren Gewalttätigkeit gegenüber deutschen Staatsbürgern ist um ein Vielfaches häufiger als umgekehrt. Doch der Staat, auch die Medien, zeigen hier empörenderweise und wider Recht und Gesetz auffallende Nachsicht und Zurückhaltung.

Persönliche Befangenheit

Harry Mulisch läßt seinen Ausführungen noch ein persönliches Bekenntnis folgen, das einen sehr nachdenklich machen sollte:

„Vielleicht ist es mir erlaubt, an dieser Stelle mich selbst als trostreiches Beispiel zu nehmen. Ich wurde in den Niederlanden geboren, in Haarlem, meine Mutter aber in Flandern, in Antwerpen – das paßt heute also ganz gut. So etwas wie eine Flämin war sie indes nicht; mütterlicherseits stammte ihre jüdische Familie aus Frankfurt, das paßt also noch besser, heute. In der Schule sprach sie Niederländisch, wo mein Niederländisch letztendlich herkommt, mit ihrer Gouvernante Französisch und mit den Eltern Deutsch. Die Familie ihres Vaters stammte aus dem Österreich und Ungarn der Habsburger Monarchie. Auch mein Vater stammte aus diesem Kakanien ..., aus böhmischen Gefilden, die jetzt zur Tschechischen Republik gehören ... Ein ethnisch 'unreinerer' Niederländer als ich ist also kaum denkbar."

Anmerkung:

Weil Mulisch sich ethnisch für sehr *„unrein"* hält – darf er deshalb fordern, daß eine ethnische Totalvermischung stattzufinden habe? Sollen sich Völker ihrer Herkunft nach überhaupt nicht mehr voneinander unterscheiden? **Darf man für solch ein Ziel zu einer *„heilige Hetzjagd"* aufrufen?** Dürfen gegenteilige Meinungen zu diesem Thema nicht mehr geäußert werden? Was ist bei Fortsetzung solcher Hetzkampagnen sonst noch zu befürchten?

Richtet sich Mulischs *„heilige Hetzjagd"* auch gegen Israel? Bekanntlich gilt man dort nur dann als Jude, wenn man von einer jüdischen Mutter abstammt. Das Familienrecht liegt in den Händen der Orthodoxen. *Spiegel* (11/1998): *„Ohne den Segen der Rabbis wird in Israel kein Jude beschnitten, verheiratet, geschieden und beerdigt. Vor allem aber obliegt den Haredim die Hoheit über die heikle Grundsatzfrage, wer überhaupt als Jude gelten darf."*

Besorgnisse wegen der Assimilation

In einem *Spiegel*-Streitgespräch zwischen dem säkularen Juden Nachman Ben-Jehuda, einem Soziologen, und dem ultraorthodoxen Rabbiner Israel Eichler führte der letztere aus (Nr. 19/1998):

„Die meisten Juden Israels, rund 80 Prozent ... sind auf der Suche nach einer jüdischen Identität, *sie wollen als Juden heiraten, sie wollen als Juden begraben werden, sie wollen eine jüdische Kultur. Doch eine kleine Elite, die unsere Medien, die Gerichte und den Regierungsapparat beherrschen, versucht, den Israelis eine Kultur aufzuzwingen, die nicht jüdisch ist ... Die Idee der Demokratie, so wie sie uns von den Medien und der Politik als Ideal angepriesen wird, stammt aus Mitteleuropa.* ***Im Ergebnis wird sie in einer vollkommenen Assimilierung und im Verlust der Einzigartigkeit des jüdischen***

***Volkes enden.** In den USA kann man sehen, wohin das führt: In 50 Jahren* wird es dort keine eindeutig identifizierbaren *Juden mehr geben. In Israel ist dieser Prozeß gefährlich: Wir sind von lauter arabischen Ländern umgeben. Irgendwann wird der jüdische Staat einfach von der Landkarte verschwinden – wegen der physischen und der kulturellen Assimilierung. Deshalb müssen die Juden wieder zum Weg der Tora zurückkehren."*

Auch **Michael Wolffsohn,** seiner Herkunft nach Israeli und in München an der Unversität der Bundeswehr als Professor tätig, hat (auch angesichts der hohen Mischehenrate) wenig Hoffnung, daß die außerhalb Iraels befindlichen Juden als Volk überleben. In einem Gespräch mit der Zeitschrift *Mut* (Dezember 1997, S. 74f.) sagte er recht melancholisch:

„Die nichtreligiösen Juden der Diaspora, das sind mehr als 90 Prozent, sind also Juden ohne Judentum ... Weil die meisten Juden der Diaspora eben Juden ohne Judentum sind, wird die jüdische Gemeinschaft außerhalb Israels bald völlig verschwinden. Was Hitler mit seiner 'Endlösung' nicht geschafft hat, vollbringen wir selbst: die Auflösung des Judentums. Eine wahre Tragödie."

Anmerkung:

Würden Wolffson und andere um das Überleben ihres Volkes besorgten Juden in der ungelösten Geldzins- und Grundrentenfrage die Hauptursache der großen Weltprobleme erkennen, hätten sie auf einmal den Schlüssel in der Hand, um die allgemeine Völkerauflösung, wovon auch die jüdische Gemeinschaft betroffen ist, zu beenden.

Es wäre hilfreich, wenn Deutsche, Juden, Japaner, Iraner, Türken, Franzosen, Amerikaner und die Angehörigen möglichst vieler weiterer Länder sich zu einer Internationale zusammentäten, um das gemeinsame Ziel einer Zinsüberwindung möglichst bald zu erreichen. Die Folgen wären in jeder Hinsicht segensreich.

Die Satmar-Chassidim in New York

In diesem Zusammenhang sei eine jüdische Glaubensgemeinschaft vorgestellt, die sich noch mehr als die Ultraothodoxen in Israel aus dem Treiben der großen Welt zurückgezogen und eine Ghetto-Kultur begründet hat: die Satmar-Chassidim in New York. Im *Spiegel* hat der Reporter Matthias Matussek vor Jahren darüber berichtet (Nr. 14/1994), allerdings sehr voreingenommen und von vorneherein ablehnend. Er weist lobend auf zwei Fotografen hin, denen es gelungen sei, *„was bisher niemand schaffte – in die hermetische, geheimnisvolle Welt der Satmar vorzudringen."*

Die Bewegung der Chassidim, der *„Frommen"*, entstand bei den Juden Osteuropas und ergab sich aus dem Verlangen, der Assimilierung in

andere Völker zu entgehen. Die Satmar-Chassidim, einstmals an der ungarisch-österreichischen Grenze heimisch, wanderten während der Hitlerzeit nach Amerika aus. Sie sind Antizionisten und halten die israelische Staatsgründung für eine Gotteslästerung. Erst der Messias werde sie heimführen und den Tempel in Jerusalem wiedererrichten. Ihren Rebbe verehren sie als höchste geistliche und weltliche Autorität.

Da sie sehr viele Kinder haben, verdoppelt sich ihre Volkszahl alle sieben Jahre. *Spiegel*: *„Von weltweit 150 000 Satmar drängen sich allein 40 000 in einem Viertel Brooklyns, einem Schtetl mit Ziegelstein-Häuschen und engen Treppen, mit koscheren Krämerläden, Talmud-Schulen und Geschäften für Schwangerschaftsmoden ... Fernsehen ist untersagt.“* Sie leben nach strengen Regeln, die seit Jahrhunderten gelten. *„Es sind die 613 Mizwot, die Gebote und Verbote der Tora und des Talmud und ihre Myriaden von Ausdeutungen. Die Frauen tragen Perücken ... Tora und Talmud sind Herrschaftswissen ... Ein Get* [Scheidung] *ist nahezu ausgeschlossen ... Die Frau ist in erster Linie Gebärerin ... Die moderne Welt der Popmusik, der Gleichberechtigung, der Drogen, der Videos wird ausgesperrt ... Zwar verdienen viele Satmar ihr Geld in den Foto- und Elektronikläden Manhattens, arbeiten als Juweliere oder im Immobiliengeschäft, doch abends kehren sie zurück in eine Gemeinde, in der die Zeit stillgestanden ist. Es gibt kaum Abtrünnige.“* Für Vergehen innerhalb der Gemeinschaft haben sie *„ihre eigene Gerichtsbarkeit“*. Die Eltern weigern sich, ihre Kinder auf öffentliche Schulen zu schicken. Statt dessen wurde für die Satmar-Siedlung ein eigener Schuldistrikt eingerichtet.

Auch das ist erwähnenswert: *„Ausnahmslos alle Ehen werden über Heiratsvermittler angebahnt. Peinlich genau werden dabei Blut- und Erblinien verfolgt. Eine Rabbinerlinie gilt als prestigereich. Nie würden Ehen mit Ungläubigen gestattet ... Mit unverkennbar rassistischen Untertönen verdammt Hertz Frankel das Übel der Mischehen.“* Die Deutschen hält er für *„genetisch böse“*: *„Eine Blutmischung mit diesen Genen – ausgeschlossen.“*

Rudolph Giuliani, der auf Ordnung und Sauberkeit bedachte Bürgermeister New Yorks, pries die Satmar-Gemeinde *„als leuchtendes Beispiel“*. Hier gebe es *„keine Drogen, keine Kriminellen.“*

Friedlicher ethnischer Wettstreit denkbar

Die besondere Lebensweise der Satmar-Chassidim dient auch dem Zweck, **den Auflösungszwängen ihrer kapitalistischen Umwelt zu entgehen und als Volksgruppe zu überleben.**

Es soll nun nicht behauptet werden – dies sei deutlich herausgestellt –, daß zur Erreichung dieses Zieles eine solch ungewöhnliche Gemeinschaftsgestaltung erforderlich sei. Bei weitem nicht. Dafür ist sie allzusehr von orthodoxjüdischen Glaubenslehren geprägt und stimmt deshalb nur wenig mit den Verhaltensformen anderswo überein.

Doch lassen sich weitere wichtige Erkenntnisse daraus gewinnen. Eine davon wäre: Wenn eine Volksgruppe bzw. Glaubensgemeinschaft auf die *„Reinhaltung"* ihrer *„Erblinien"* achtet, so ist das deren eigene Angelegenheit. Andere haben hier nicht dreinzureden, sofern kein Verstoß gegen die Rechtsordnung und das *„Sittengesetz"* vorliegt (Grundgesetz, Art. 2, 1). Wenn darüber hinaus die Satmar-Chassidim die Deutschen für *„genetisch böse"* halten und eine *„Blutmischung"* mit diesen Unholden grundsätzlich ausschließen, so ist das wenig schmeichelhaft für uns, muß aber hingenommen werden.

Es gilt auch: **Bemühungen, die vor allem die Identität und damit das Überleben der eigenen Gruppe samt ihrer Kultur sichern sollen, sind grundsätzlich friedlicher Art und geben – vor allem nach der Zinsüberwindung – keinen Anlaß, andere Menschen und Völker zu verfolgen oder zu bekriegen.**

Freilich grenzt man sich hier als Gruppe von anderen Menschen, Gesellungen und Völkern ab und tritt mit ihnen in eine Art Wettbewerb ein.

Wäre das ein Grund, das Beharren auf ethnische Selbstbewahrung zu bekämpfen? Wohl nicht. Sonst müßte man auch die Marktwirtschaft und das freie Unternehmertum beseitigen, weil auch hier einzelne und Gruppen (Firmenbelegschaften) versuchen, sich im freien Wettbewerb mit den eigenen Ideen und Erzeugnissen auf dem Markte zu behaupten. Das geht oft nur auf Kosten der Mitbewerber. Dies eben macht das Wesen des freien Wettbewerbs aus. Aber er ist friedlicher Art – erst recht in nachkapitalistischer Zeit! –, und wird als Regelungsinstrument zurecht bejaht, spornt er doch den einzelnen, Gewinner wie Verlierer, an, sein Bestes zu geben. Das nützt der Allgemeinheit, aber auch dem einzelnen.

Solch ein freier und unblutiger Wettbewerb ist auch zwischen Völkern und Volksgruppen denkbar – nach der Besiegung des Kapitalismus (und des daraus erwachsenden Imperialismus).

Dazu gehört auch, daß man, wie bei der freien Marktwirtschaft, eine gerechte, das Besondere berücksichtigende, gesetzlich abgesicherte Rahmenordnung für alle schafft.

Im Katastrophenfalle freilich, wenn feindliche und identitätszerstörende Angriffe erfolgen, ob sie nun von der eigenen Regierung oder von anderen Ländern ausgehen, werden sich kulturbewußte Gemeinschaften und Völker zur Wehr setzen.

In nachkapitalistischer Zeit jedoch dürfte sich derartiges weit seltener ereignen.

Es stimmt, im Namen des Rassismus finden heute Verfolgungen statt – allerdings mit ganz anderer Zielrichtung als vermutet.

Wer sich beispielsweise gegen die millionenfache Zuwanderung oft völlig kulturfremder Ausländer wendet, bekommt sehr rasch zu hören, daß er ein „Rassist" sei.

Das ist deshalb gefährlich, weil der Wortprägung Rassismus ein tückischer Doppelsinn innewohnt bzw. angeheftet wurde:

- Erstens prangert sie – zu Recht und gemäß *Grundgesetz*-Artikel 3 – die Schmähung und Verfolgung von Menschen an, die einer anderen Rasse angehören.
- Zweitens aber bestreitet der Antirassismus – im Widerspruch zu allgemein wahrnehmbaren Tatsachen –, daß es bedeutsame ethnische Unterschiede gebe. Menschen und Völker sind nach ihm austauschbar. So sehen das offenbar auch die heutigen Politiker und dementsprechend treffen sie ihre Entscheidungen. Weh ihm, der dennoch am Volksgedanken festhält. Er bekommt sehr schnell zu hören (siehe erstens), daß er – was natürlich nicht zutrifft – Menschen anderer nationaler Herkunft mißachte, ihre Würde verletze, ein „Ausländerfeind" sei – wohl gar ein Neonazi?

Die Vokabel „Rassismus" wird dadurch in der Hand der Völker- und Freiheitsfeinde zu einem Kampfbegriff, der Hinweise auf das Vorhandensein ethnischer Unterschiede zu einer riskanten Angelegenheit macht. Schon allein das Gespräch darüber, erst recht die wissenschaftliche Befassung damit, wird daher immer wieder zu einer diskriminierenden, ja kriminellen Handlungsweise umgedeutet. Der tödliche Nazi-Vorwurf ist dann nicht fern. Dies mußte z. B. 1994 die damalige Leiterin des *Bundesinstituts für Bevölkerungsforschung,* Charlotte Höhn, leidvoll am eigenen Leibe erfahren. Wegen einiger ungeschickter Äußerungen – u. a. sagte sie: *„Selbst das Wort Rasse darf man ja nicht mehr in den Mund nehmen"* – wurde sie sofort ihres Amtes enthoben. (*STN*, 10.9. und 17.9.1994)

Der Gebrauch des verfemenden Wortes „Rassismus!" erleichtert es den Extremglobalisten außerordentlich, eine ganze Gedankenwelt aus dem öffentlichen Gespräch zu verbannen. Damit gelingt es ihnen auch, den Widerstand gegen die ethnische Auflösung von Völkern zu lähmen.

Gegen diesen **umgekehrten Rassismus** – er führt vielfach zur Identitäts-Auslöschung des eigenen Volkes wie auch der Zuwanderer, am Ende gar zu bürgerkriegsähnlichen Auseinandersetzungen – sollte man sich entschieden zur Wehr setzen.

Letztlich verbietet der heute beherrschende Antirassismus die Bewahrung

„gewachsener historischer Schicksalsgemeinschaften" (Stoiber) und der volklichen Vielfalt. Genauer: Er vernichtet sie. **Der fehlgeleitete Anti-Rassismus von heute ist also in Wahrheit schlimmster Rassismus!**

Grundlegend lösbar ist das ethnische Problem freilich erst nach Überwindung des Kapitalismus mit seinen Wanderungs- und sonstigen Zerstörungszwängen.

Löblich, aber undurchführbar

Die multikulturellen Ideologen bejahen vom Ansatz her die Erhaltung von Minderheitskulturen. Ein Beispiel sind die Ausführungen Marieluise Becks, der Ausländerbeauftragten der Bundesregierung, anläßlich der Verabschiedung des neuen Staatsbürgerschaftsrechts im Bundestag. Die *Stuttgarter Nachrichten* berichteten (8.5.1999):

„Die Grünen streben nach Becks Worten ausdrücklich nicht die Anpassung der hier geborenen Ausländer an die Deutschen an. Vielmehr solle die Andersartigkeit für die bundesdeutsche Gesellschaft fruchtbar gemacht werden. Mit anderen Worten: Die Grünen wollen, daß die Ausländer mit deutschem Paß anders bleiben."

Fraglich ist aber, ob sich die Andersartigkeit bei zu kleinräumigem Zusammenwohnen aufrechterhalten läßt. Gar unter den kapitalistischen Verhältnissen von heute sind die gleichmacherischen und kulturauflösenden Kräfte übermächtig.

Dann hätte man es am Ende überall mit Menschen zu tun, die einheitlich vom *American way of life* geprägt und ihrer volklichen Eigenart weitgehend entblößt sind.

Völkerabschaffung – eine Friedenstat?

Der **Kommunismus** versprach, die durch das Kapital verursachte Ausbeutung der Menschen zu überwinden und den Werktätigen ihren vollen Arbeitsertrag zu erkämpfen. Zu dem Zweck beseitigte er – Marxens Vorschrift gemäß – das private Eigentum, den freien Unternehmerstand und den Wettbewerb. Heute wissen wir, ausgenommen die Unbelehrbaren, daß dies falsch war. Weil man nicht gegen die wahre Ausbeutungsursache – den Geld- und Bodenzins – vorging, mußte alles noch viel schlimmer kommen. Das Ergebnis dieses Experimentes war – um die Worte des so hellsichtigen Immanuel Kant zu verwenden (s. *Zum ewigen Frieden*) – ein *„seelenloser Despotism"*, der zum *„Kirchhofe der Freiheit"* wurde, der die *„Kräfte schwächte"* und bei den Menschen *„die Keime des Guten ausrottete"*.

Die marxistisch-kommunisitische Nationsfeindlichkeit liegt auf der gleichen Linie: Es darf keine freie Völkervielfalt mehr geben. So schrieb Karl Marx im *Kommunistischen Manifest* im Hinblick auf die *„nationalen Absonderungen* *und Gegensätze der Völker": „Die Herrschaft des Proletariats wird sie noch mehr verschwinden machen."*

Für die marxistisch inspirierten „Antifaschisten" von heute sind demgemäß nationalgesinnte Menschen, sofern sie Völker auch als ethnische Einheiten begreifen, schlimmste „Faschisten", die gnadenlos zu verfolgen sind.

Wie der Kommunismus einst den freischaffenden einzelnen, den Unternehmer, als angeblichen Ausbeuter anfeindete und dann beseitigte, so wurde und wird auch heute noch von denselben Eiferern das freie Volk, das in Wirklichkeit eine Schaffensgemeinschaft ist, als angeblicher Friedensstörer verleumdet, bekämpft, nach Möglichkeit ausgeschaltet.

Der **westliche Konzernkapitalismus** jedoch, der gar nicht so ungleiche Bruder des Marxismus-Kommunismus, zeitigt ganz ähnliche Ergebnisse: Vernichtung des kleinen und mittleren Unternehmertums und der volklichen Gemeinschaften – weniger durch offene Verbote, sondern durch ökonomische Zwänge.

Auch im Westen geißelt man demgemäß den Nationalismus – letztlich gemeint ist die gewachsene Völkervielfalt – als eine Art Weltpest, die zu überwinden sei.

Denn freilich: Auf Unabhängigkeit bedachte, kulturbewußte Nationen stehen den globalistisch-imperialistischen Strategien von Konzernlenkern, Machtpolitikern und Großkapitalisten störend im Wege.

In Wahrheit ist das Vorhandensein von Völkern, sofern sie noch lebendige Gemeinschaften sind, das Unterpfand für alle höheren Werte: Freiheit, Rechtsstaatlichkeit, Demokratie, Kultur, blühende Wirtschaft, höhere Sittlichkeit, Naturbewahrung, Friedenssicherung.

Nur in lebendigen, bündisch (föderal) gegliederten Gemeinschaften, die durch vielfache Bande zu einem Gesamtvolk vernetzt sind, können solche Werte aufblühen und am Leben erhalten werden.

Freilich gibt es derartige nationale Gemeinschaften heute kaum noch, sind sie doch schon seit langem der zersetzenden Einwirkung des Kapitalismus ausgeliefert. Dann allerdings ist, das sei zugegeben, das Nationalgefühl gegebenfalls für üble Zwecke aufputschbar. Die Zustimmung der USA-Bevölkerung zu vielen kriegerischen Unternehmungen ihrer Regierungen wäre hierfür ein Beispiel.

Kommunismus und Kapitalismus – diese zwei nahverwandten Ausbeutungssysteme – sind also entschieden auf völker-, freiheits-, rechts- und kulturfeindliche, am Ende auch menschheitszerstörende Ziele festgelegt. Sie erstreben die *„Universalmonarchie"* (Immanuel Kant: *Zum ewigen Frieden*), **den totalitär geleiteten Weltstaat, in dem der einzelne dem privaten Kapitalmonopol weniger Mächtiger restlos und hilflos ausgeliefert ist.**

Es sind an erster Stelle die unentrinnbaren Zwänge des Zinsgeldsystems, die solche Kapital- und Machtkonzentrationen herbeiführen, welche schließlich in einer *„Universalmonarchie"* gipfeln. Und es finden sich unausbleiblich genug Leute, die solche Entwicklungen zu nutzen wissen und freilich auch vorantreiben. Durchaus mit Erfolg, weil auch die Masse der Menschen auf den vom System gewiesenen, anscheinend einzig möglichen Wegen meist gehorsam mittrottet.

Der entscheidende Widerpart der beiden Kapitalismusformen aber sind freie, lebendige, auf Unabhängigkeit und Rechtswahrung bedachte Völker.

Deshalb wird der Volksgedanke heute so erbittert bekämpft – denn er ist in der Tat der entscheidende Spielverderber und Bremsklotz bei den transnationalen geschäftlichen und politischen Machenschaften extremer Globalisten und künftiger Weltdiktatoren.

Erschreckendes Eingeständnis

Wie feindselig der Globalismus dem Volksgedanken gegenübertritt und wie unverzichtbar für ihn die Auflösung und Auslöschung vorhandener Volksgemeinschaften ist, hat kürzlich der einstige UN-Administrator für den Kosovo, Sergio Vieira de Mello, mit brutaler Offenheit bekannt. In einer Ausstrahlung des US-Radiosenders *PBS* am 4.8.1999 stellte er klar:

„Ich wiederhole es: ***Unvermischte Völker sind eigentlich ein Nazikonzept. Genau das haben die alliierten Mächte im 2. Weltkrieg bekämpft. Die Vereinten Nationen wurden gegründet, um diese Konzeption zu bekämpfen, was seit Dekaden auch geschieht.*** *Genau das war der Grund, warum die NATO im Kosovo kämpfte. Und das war der Grund, warum der Sicherheitsrat der Vereinten Nationen eine solch starke Militärpräsens im Kosovo verlangte – nämlich* ***um ein System ethnischer Reinheit zu verhindern****."*

14. Vaterländisches

Erfreuliche Lesefunde

Der *Spiegel* läßt gelegentlich Leute zu Worte kommen, die sich auch zugunsten einer volklichen Gliederung der Menschheit aussprechen.

Einer davon war der damals noch in der DDR lebende Schriftsteller **Rolf Schneider** (Nr. 49/88):

„Die Theoretiker einer sich herausbildenden sozialistischen Nation in DDR-Grenzen erliegen, was sie hoffentlich selber wissen, einem beklagenswerten

Augentrug. ***Es existiert keine sozialistische Nation, nirgends. Es existiert eine französische, britische, japanische Nation, das Qualitativ der Nation ist ethnisch, nicht gesellschaftspolitisch …***

Die Kraft der nationalen Idee ist gewaltig. Sie hat Revolutionen und Bürgerkriege erzeugt, sie hat Grenzen verschoben, sie hat Herrschaften zerstrümmert. Angesichts solcher Dynamik wäre es fahrlässig, die mögliche Existenz dieser Idee in unserem Mitteleuropa durch eine von oben behauptete Negation zu bewältigen.“

Fast erstaunlicherweise ist auch in ***Schulintern***, einer Veröffentlichung des *Ministeriums für Kultus, Jugend und Sport Baden-Württemberg*, welche *„Informationen für Lehrer und Lehrerinnen“* enthält, einmal ein Beitrag erschienen (Dez. 1991), in dem *„Nation und Nationalstaat“* bejaht und *„postnational gestimmte“* Intellektuelle gerügt werden:

„Wer indes glaubt, Nation und Nationalstaat seien heutzutage nur noch museale Relikte, der muß klarmachen, was die für jede Demokratie unerläßliche politische Identität dann ersetzen soll. Nation und Nationalstaat können sicherlich nicht als höchste menschliche Werte gelten, sie sind aber in ganz Europa immer noch eine seelische, identitätsstiftende Notwendigkeit.“

„Das jüdische Volk“ möge *„ewig … feiern“*

Charlotte Knobloch, langjährige Vorsitzende der *Iraelitischen Kultusgemeinde München und Oberbayern* und seit Oktober 1997 auch Vizepräsidentin des *Zentralrats der Juden in Deutschland,* nahm das Pessachfest einmal zum Anlaß, um an ihre Gemeindemitglieder ein Grußwort zu richten (*Allgemeine Jüdische Wochenzeitung*, 24.3.1993). Auszüge:

„Wieviel Sorgfalt und Liebe widmen wir der Erziehung unserer Kinder, damit sie ihre jüdische Identität in der Diaspora erleben und erfahren und damit bewahren können? *Besonders in unseren Tagen wird die Bedeutung des Lernens für uns Juden immer bewußter, das Studium der eigenen Geschichte, deren Ursprünge in der Tora festgehalten sind.*

Gerade hier in München, wo unsere Brüder und Schwestern aus Osteuropa so zahlreich Zuflucht gesucht und gefunden haben …

Klar werden muß ihnen aber auch, daß sie nicht nur wegen des Wohlstands hierhergekommen sind, sondern auch, ***um wieder zu ihren Wurzeln zu finden.*** *Dabei wollen wir ihnen alle behilflich sein.*

Darum wünsche ich Ihnen nicht nur ein koscheres und freudiges Pessach, sondern ich wünsche auch, daß das ***jüdische*** *Volk immer und ewig in Jerusalem – im ungeteilten Jerusalem – feiern wird.*

Mit den besten Wünschen zum Fest

Chag koscher wesameach!“

„Jüdische Identität"

Rabbiner Roland Gradwohl schien es ein Jahr später aus ähnlichen Gründen für dringend nötig zu halten, seinen jüdischen Glaubens- und Volksgenossen ins Gewissen zu reden. Unter der Überschrift *„Pessach: Fest der Freiheit und der jüdischen Identität"* schrieb er am 24.3.1994 in der *Allgemeinen Jüdischen Wochenzeitung:*

„Rabbi Elasar Hakappar sagte: 'Wegen vier Dingen sind die Israeliten aus Ägypten erlöst worden: ***Weil sie ihre Namen nicht änderten, weil sie ihre Sprache beibehielten, Geheimnisse nicht enthüllten und keine Blutschande begingen'*** *(Midrasch tehillim, 114). Wer erlöst werden will, muß sich lösen – von der Tendenz, die eigenen Werte preiszugeben und die Werte der Unterdrücker anzunehmen.* ***In der Assimilation*** *– und das heißt wörtlich: 'Angleichung' – an jene, die jedes und alles zu einem 'similis', zu einem 'Gleichen' machen wollen,* ***liegt der Verzicht auf die Besonderheit, auf das Recht, anders zu sein. Weil die Israeliten sich nicht anglichen, wurden sie erlöst, konnten sie erlöst werden.***

Nichts hat sich an dieser Grundwahrheit geändert. ***Bei allem Trend zum gesamtmenschlichen Verständnis muß der Akzent auf der eigenen Sprache, Kultur, Religion erhalten bleiben. Wer alles gleichschalten will, schaltet falsch. Die Vollkommenheit liegt in der Vielfalt, nicht im kulturell-religiösen Eintopfgericht ...***

Selbst im Staat Israel, in dem – nach einem Wort David Ben Gurions – der Jude während vierundzwanzig Stunden täglich sein Judentum einatmet, ist Judesein oft fragwürdig geworden. Mit dem alten und trotz seines Alters nicht minder verwerflichen Slogan 'Wir wollen sein wie alle Völker!' wird das Wesentliche übersehen: Daß Israel nur dann seine Aufgabe erfüllt, wenn es 'Israel' ist, – ein 'Streiter für Gott', der innerhalb der Menschheit unbeirrbar seinen beim Auszug aus Ägypten eingeschlagenen Weg weitergeht. ***Nicht wenn es weniger, sondern wenn es mehr Israel ist, ist Israel 'Israel'".***

Anmerkung:

○ Nicht einmal das Judentum, das seit jeher weit mehr als andere Völker auf der Erhaltung seiner Eigenart besteht, hat sich, wie die verzweifelt mahnenden Worte des Rabbiners Gradwohl zeigen, unter dem zersetzenden Einfluß des konzernkapitalistischen Systems vor der Assimilation und einer hohen Mischehenrate (*„Blutschande"*, s. o.) bewahren können, zwar noch großenteils in Israel, aber kaum in den USA.

○ In Israel ist auch deswegen zur Zeit bekanntlich ein *„Kulturkampf"* zwischen ultraorthodoxen und eher weltlich gesinnten Juden im Gange, der sich immer mehr verschärft und die jüdische Nation in zwei feindliche Lager zu spalten droht.

o Wenn die Satmar-Chassidim in New York und die Ultraorthodoxen in Israel krampfhaft an den überlieferten Gebräuchen festhalten und sich nach außen hin extrem abschließen, ist das der verzweifelte Versuch, auf diese Weise in einer allesauflösenden kapitalistischen Umwelt das besondere Eigene zu bewahren.

o **In einer nachkapitalistischen Welt gäbe es dazu andere und bessere Wege.**

Friedrich Schillers Botschaft

Fast wundert man sich, daß im heutigen Deutschland Friedrich Schillers *Wilhelm Tell*, ein Bühnenwerk, das höchst patriotisch ist, nicht schon längst aus den Bildungsplänen der Schulen verbannt wurde. Ist es doch eine Art Lehrstück darüber, welche Bedeutung dem Volks- und Vaterlandsgedanken zukommt und was ein von Feinden unterdrücktes Volk beim Freiheitskampf zu beachten hat. Schiller hatte beim Schreiben vermutlich die bevorstehende Eroberung Deutschlands durch Napoleon innerlich vor Augen.

Der in Schillers Drama auftretende Freiherr von Attinghausen, ein ehrwürdiger Greis, leidet schwer darunter, daß sein Neffe, Ulrich von Rudenz – er wird sein Erbe und Amtsnachfolger sein –, sich auf die Seite des Landesfeindes geschlagen hat. Mit diesen Worten möchte er ihn umstimmen:

„O lerne fühlen, welches Stamms du bist!
Wirf nicht für eiteln Glanz und Flitterschein
Die echte Perle deines Wertes hin -
Das Haupt zu heißen eines f r e i e n Volks,
Das dir aus Liebe nur sich herzlich weiht,
Das treulich zu dir steht in Kampf und Tod -
D a s sei dein Stolz, d e s Adels rühme dich –
Die angebornen Bande knüpfe fest,
Ans Vaterland, ans teure, schließ dich an,
Das halte fest mit deinem ganzen Herzen.
Hier sind die starken Wurzeln deiner Kraft;
Dort in der fremden Welt stehst du allein,
Ein schwankes Rohr, das jeder Sturm zerknickt.“

Auswertung:

In obigen Zeilen findet sich in knapper Zusammenfassung, was es mit den Begriffen Volk, Vaterland und Heimatliebe auf sich hat. Ist das alles nicht sehr veraltet? Ist Schiller gar ein „Neonazi“ oder „Rechtsextremist“? Denn er läßt Freiherrn von Attinghausen sagen:

o daß ein Volk ursprünglich eine Abstammungsgemeinschaft war;

o daß man seinem eigenen, angestammten Wesen treu bleiben sollte;

- daß das von den Vorvätern Ererbte einen hohen Wert – eine „*Perle*" – darstellt;
- daß ein Volk bzw. ein Stamm eine gefolgschaftsartige Gemeinschaft sein möge, die unverbrüchlich, selbst Todesgefahren trotzend, zusammensteht;
- daß die Liebe das einigende Band sein solle;
- daß Liebe und Treue nur in einem „*freien*" Volk zu finden seien;
- daß es wichtig ist, die „*angeborenen Bande*" enger zu knüpfen;
- daß das „*Vaterland*" ein höchster Wert sei und mehr als alles andere unsere Liebe und Hingabe verdient;
- daß einem erst aus dem „*Vaterland*" wahre seelische Kräfte erwachsen;
- daß man ohne „*Vaterland*" innerlich haltlos und verloren sei.

Volk oder Menschheit?

Walter Flex, 1887 geboren und 1917 im Ersten Weltkrieg als Kriegsfreiwilliger gefallen, war in den 20er und 30er Jahren Leitbild und gefeierter Dichter der Deutschen Jugendbewegung. Seine Kriegserzählung *Der Wanderer zwischen beiden Welten* fand weite Verbreitung.

Wenige Monate vor seinem Tod schrieb er aus dem Feld nach Hause:

„Es ist nicht damit getan, sittliche Forderungen aufzustellen, sondern man muß sie an sich vollstrecken, um ihnen Leben zu geben. Abenteuerlust und Idealismus sind zu Anfang des Krieges viel verwechselt worden, und der unbeugsame und zu keiner Konzession bereite Idealismus, in dem allein das Heil für Gegenwart und Zukunft unseres Volkes liegt, ist selten geworden ... Ich bin innerlich so kriegsfreiwillig wie am ersten Tage ... ***Ich glaube, daß die Menschheitsentwicklung ihre für das Individuum und seine innere Entwicklung vollkommenste Form im Volke erreicht und daß der Menschheitspatriotismus eine Auflösung bedeutet, die den in der Volksliebe gebundenen persönlichen Egoismus wieder freimacht und auf seine nackteste Form zurückschraubt."***

Patriotische Gedankensplitter

- Patriotismus – die Vaterlandsliebe – entspringt dem Bewußtsein, Teil einer „*gewachsenen historischen Schicksalsgemeinschaft*" (E. Stoiber) zu sein. Aus diesem Empfinden heraus übernimmt man freiwillig Aufgaben und Verpflichtungen. Es ist wie bei einer heilen Familie, wo sich die Eltern fraglos und selbstlos um den Nachwuchs kümmern. Man tut es ja für die eigenen Kinder, sie sind Teil von einem selber. Man tut es aus Liebe, und so ist bei der Pflichterfüllung auch Freude mit dabei. Es geschieht jedoch nicht ganz selbstlos: Man stattet damit den Eltern Dank ab, die einen großgezogen haben. Man kann damit rechnen, daß man im Alter gleichfalls Unterstützung erfährt (was heute im

Sozialstaat freilich weniger durch persönlichen Einsatz erfolgt, sondern mittelbar über die Einzahlungen in die Rentenkasse).

- Der einzelne braucht die Gemeinschaft, weil er andernfalls kaum lebensfähig ist. Umgekehrt ist der einzelne zur Anteilnahme am Ganzen verpflichtet.
- Die Menschen sind heute auch deshalb haltlos, weil die nationale Idee verteufelt wird.
- Das Volksganze ist eine jahrtausendealte Schicksalsgemeinschaft – ein erweitertes Ich.
- Was ist Heimat? – Antwort: Heimische Natur, heimische Kultur, aber auch ähnlich fühlende und denkende Menschen.
- Der Unsterblichkeitswunsch des Menschen findet seine irdische Erfüllung in den Kindern, in welchen, genetisch bedingt, seine Empfindungsweise, die aus ferner Vergangenheit stammt, auch in Zukunft, freilich in etwas abgewandelter Form, weiterlebt. Der große Rahmen für diese Unsterblichkeit ist das Volk (auch verwandte Völker).
- Was ist eine patriotische Aufgabe? Daß es dem Vaterland im weitesten Sinne immer besser gehe; daß es auf die irdische Verwirklichung des „Wahren, Guten, Schönen" hinwirke; daß die Menschen darin an Leib und Seele so gesund als möglich sind; daß sie sich nicht nur äußerer, sondern auch innerer Schönheit erfreuen; daß sie gegenüber Schwachen und Kranken Hilfsbereitschaft zeigen; daß sie wahre Werte zu schätzen wissen und vorzuleben versuchen; daß sie nationales Ehrgefühl haben; daß sie „Einigkeit und Recht und Freiheit" als „des Glückes Unterpfand" anerkennen und hochhalten.
- Die vaterländische Verbesserungsaufgabe beginnt aber vor Ort: in der Familie, im beruflichen Umkreis, in der Gemeinde; sie setzt sich ringweise fort, gelangt an die Volksgrenzen, reicht aber noch weit in die übrige Menschheit hinein.
- Der überschaubare kommunale, regionale und schließlich nationale Raum ist unser Betätigungsfeld (was heute nur eingeschränkt zutrifft). Hier können auch politische Fähigkeiten geübt werden.
- Der Patriot ist auch dem eigenen Land gegenüber kritisch. Er prangert Ungerechtigkeiten gegenüber Volksangehörigen an, aber auch Fehlverhalten gegenüber Fremden im Land und gegenüber anderen Völkern.
- Böswillige Anschuldigungen vom Ausland her zurückzuweisen, ist ebenfalls wichtig, weil man damit einen Beitrag leistet, nicht nur im eigenen Staat, sondern auch auswärts freiheitliche und gerechte Zustände wiederherzustellen.
- Auch der Deutsche hat das Recht, ja die Pflicht zur Wahrung nationaler Belange.
- Es gibt übernationale Zusammenhänge: Mein Wohlbefinden ist nicht nur vom Gedeihen meines Landes abhängig. Das Wohlergehen anderer Länder ist eine der Voraussetzungen für das Wohlergehen des eigenen Landes.

- Mitwirkung bei der Volks- und Völkererhaltung, -befreiung und -veredelung ist höchster göttlicher Auftrag.
- Vaterlandsliebe ist die edelste und höchste Form der Liebe. Sie hat Ewigkeitswert. Sie gilt dem höchsten Gut auf Erden: dem Vaterland, der dort ansässigen Menschengemeinschaft, ihrer Höherentwicklung in ihrem Lebensraum.
- **Neuer – und wichtigster – Auftrag für Patrioten (wie auch für alle anderen Vordenker): Sie müssen erkennen, daß die ungelöste Geld- und Bodenfrage absolut vordringlich zu bereinigen ist. Ohne das werden sie niemals ans Ziel gelangen. Ansonsten führen sie einen Kampf gegen Windmühlenflügel, mühen sie sich bei einer Sisyphusarbeit ab.**

Weizmans Gedenkrede

Anläßlich seines Deutschlandsbesuchs hat der ehemalige israelische Staatspräsident General a. D. Ezer Weizman am 16. Januar 1996 im Deutschen Bundestag zu Bonn eine bewegende Rede gehalten, in der er sich deutlich zur eigenen Nation bekannte und voller Stolz in die Ahnengemeinschaft seines Volkes einreihte:

„Zweihundert Generationen sind seit den historischen Anfängen meines Volkes vergangen, und sie erscheinen mir wie wenige Tage. Erst zweihundert Generationen sind vergangen, seit ein Mensch namens Abraham aufstand, um sein Land zu verlassen und in ein Land zu ziehen, das heute mein Land ist. Und ich, geboren aus den Nachkommen Abrahams, war überall mit dabei. Ich war ein Sklave in Ägypten und empfing die Thora am Berg Sinai, und zusammen mit Josua und Elijah überschritt ich den Jordan, mit König David zog ich in Jerusalem ein, und mit Zedekiah wurde ich von dort ins Exil geführt. Ich habe Jerusalem an den Wassern zu Babel nicht vergessen, und als der Herr Zion heimführte, war ich unter den Träumenden, die Jerusalems Mauer errichteten. Ich habe gegen die Römer gekämpft und bin aus Spanien vertrieben worden, ich wurde auf den Scheiterhaufen von Magenza, in Mainz, geschleppt und habe die Thora im Jemen studiert. Ich habe meine Familie in Kishinev verloren und bin in Treblinka verbrannt worden. Ich habe im Warschauer Aufstand gekämpft und bin nach Eretz Israel gegangen, in mein Land, aus dem ich geboren wurde, aus dem ich komme und in das ich zurückkehren werde."

Nachdenkenswertes:

- Weizman macht deutlich, daß er sich als Teil eines größeren Ganzen, eben des eigenen Volkes fühlt, mit dem er alle Freuden und Leiden zu teilen bereit ist.
- Er betont, daß er sich als *„Nachkomme Abrahams"*, des jüdischen Stammvaters, betrachtet und somit als Angehörigen einer uralten Abstammungsgemeinschaft.

- Die *„zweihundert Generationen"* seit den *„historischen Anfängen"* seines Volkes kommen ihm wie *„wenige Tage"* vor: Er erhofft sich also ein vieltausendjähriges Weiterleben seines Volkes und glaubt fest daran.
- Er fühlt sich seinem Volk so eng verbunden, daß er bereit ist, dieser Zugehörigkeit wegen die schrecklichsten Martern auf sich zu nehmen.
- Er hat keine Bedenken, den deutschen Gastgebern furchtbare Anklagen entgegenzuschleudern.
- Er ist stolz darauf, mit der Waffe in der Hand auch Widerstand geleistet zu haben.
- Er lebt aus der jüdischen Überlieferung heraus, wobei ihm die Vergangenheit seines Volkes voll gegenwärtig ist.
- Er fühlt sich dem Land, das nach seiner Überzeugung eine jüdische Heimstatt ist, unauflöslich verbunden.
- Er glaubt fest daran, daß sein Volk einen göttlichen Auftrag hat.

15. Deutscher Sonderweg

Eine Rede, wie sie Roman Herzog nie gehalten hat

Die Antwort auf Weizmans Rede war langanhaltender Beifall aller Abgeordneten. Die höchsten Repräsentanten der Bundesrepublik, Kanzler Kohl und Frau Süßmuth, dankten Weizman mit tiefen Verneigungen, wobei sie Weizmans Rechte mit beiden Händen umfaßten.

Man stelle sich nun vor, irgendein bekannter Deutscher, gar der Bundespräsident, hätte sich vorgenommen, gleichfalls von Vaterlandsliebe durchglüht, eine Rede ähnlichen Inhalts, dann auf deutsche Schicksalsereignisse bezogen, vor dem Deutschen Bundestag oder in der Paulskirche oder sonstwo an einem wichtigen Ort zu halten – was wäre geschehen?

Etwas ganz anderes.

Vor Entsetzen wäre das Publikum zunächst erstarrt. Sehr weit wäre der deutsche „Weizman" in seiner Rede aber nicht gekommen. Schon nach wenigen Minuten hätten ihn Buhrufe und Empörungsschreie unterbrochen: „Neonazi! Rassist! Rechtsextremist! Aufhören! Schaltet das Mikrophon ab!"

Von den Medien angeheizt, wäre daraus ein beispielloser, republikerschütternder Skandal geworden.

Krankhafte nationale Selbstverleugnung

Wie weit die offene, krankhaft selbstzerstörerische Deutschfeindlichkeit bei unseren Parteien gediehen ist, erhellt aus einem Leserbrief an die *Pforzheimer Zeitung* vom 15.11.1997. Frieder Schababerle wußte zu berichten:

„Im September 1989 luden die ‘Grünen’ zu einem Vortrag ihres damaligen Bundestagsabgeordneten ***Dr. Alfred Mechtersheimer*** *zum Thema ‘Deutschlandpolitik’ in den Ratskeller ein. Die ersten DDR-Flüchtlinge waren im Land und das Interesse war entsprechend groß. Der Vortragende wußte durch fundiertes Wissen, eine sachliche ruhige Art und gute Rhetorik zu überzeugen ... Daß er sich als Friedensforscher gegen das Wettrüsten und den ‘atomaren Wahnsinn’ stellte, war zu erwarten. Daß er aber gleichzeitig die* ***Rolle Deutschlands als eigenständige Kulturnation*** *in den Raum stellte, die nicht zwischen den damaligen Machtblöcken – als geteiltes Land – aufgerieben werden darf, war für einen Bonner Politiker völlig neu.* ***Einigen im Saal anwesenden ‘Grünen’ wurde die unerschrockene Vortragsweise ihres eigenen Abgeordneten und die Aufforderung zur nationalen Selbstbestimmung sichtbar unangenehm.*** *Als der Vortragende, zu ‘allem Übel’, auch noch eine Meinungsumfrage aus der Aktentasche zog, aus der hervorging, daß die Mehrheit der Deutschen angeblich für ein ‘einig Vaterland’ eintritt, wurde dieser Patriotismus einer Handvoll grüner Funktionsträger dann doch zuviel.* ***Spontan, mitten im Vortrag, verließen sie, in seltener Einigkeit, demonstrativ den Saal*** *... Ich dachte mir: Diese Leute wollen politische Verantwortung übertragen bekommen, die der* ***Haß auf die eigene Nation*** *und das eigene, schmerzlich geteilte Volk verbindet. Die diesen Selbsthaß auch noch demonstrativ zur Schau tragen ... Der Vortragende indes versuchte sich nichts anmerken zu lassen und legte nach. Er forderte an diesem Septemberabend 1989 dazu auf, die Teilung zu überwinden und endlich auf eine Vereinigung Deutschlands hinzuwirken.“*

Anmerkung:

Dieser *„Haß auf die eigene Nation“* – oft nur unter Anpassungsdruck –, ist aber die beherrschende Grundstimmung auch bei den anderen Parteien und zudem bei den meisten maßgeblichen Gruppen, Verbänden und Einrichtungen in diesem unseren Land, ganz zu schweigen von den Großmedien.

Dieser künstlich erzeugte, krankhafte *„Haß“* zeigt sich im kleinen wie im großen.

Aus dieser gestörten Seelenlage heraus haben die hierzulande bestimmenden Kräfte – vom nationalen Standpunkt aus betrachtet – Deutschland in fast allen Bereichen in eine trostlose Lage hineingebracht.

Joschka Fischers *„Geheimbefehl“*

Der *„Haß auf die eigene Nation“* bzw. auf den Volksgedanken zeigt sich auch deutlich bei Außenminister Joschka Fischer. Ihm scheint die gegenwärtige Völkerummodelung durch massenhafte Zuwanderung noch zu langsam voranzuschreiten. So hat er im Jahr 2000, wie erst später bekannt wurde, die deutschen Botschafter und Konsulate angewiesen, *„die Erteilung von Einreisevisa nicht mehr als Instrument der Abschottungspolitik zu benutzen."* Z. B. sollten die Visa für Familiennachzug *„großzügiger"* ausgestellt werden. In der Tat nahm daraufhin die Visa-Vergabe sprunghaft zu.

Von ähnlichen Haßgefühlen angespornt ist offensichtlich auch Fischers Parteigenossin Kerstin Müller, Fraktionsvorsitzende der Grünen im Bundestag. Wie sie in einem öffentlichen Vortrag kundtat, erstrebt sie eine *„zusätzliche Einwanderung von zirka 300 000 Menschen pro Jahr bis 2050"*. Das liefe darauf hinaus, daß sich weitere 15 Millionen Menschen aus allen Weltgegenden in der Bundesrepublik niederlassen. **Durch diese Vermischungspolitik,** so meinte sie, **könne man dem *„Nationalismus und Rechtsextremismus das Wasser abgraben."*** (*National-Zeitung*, 23.3.2001)

Hat Kerstin Müller recht damit? Ist das Vorhandensein von Völkern die Hauptursache von Gewalt, Rassenkrawallen und Kriegen? Ist die nationale Frage nur durch eine Politik der Völkerauslöschung zu lösen? Ist auf diese Weise ein dauerhafter Weltfriede erreichbar?

Nationale Pflichtvergessenheit

Die in Tel Aviv erscheinende deutschsprachige Tageszeitung ***Israel Nachrichten*** – sie wird von aus Deutschland einst ausgewanderten Juden gestaltet – hat ihre Sicht der in der BRD herrschenden Zustände einmal in die Worte gefaßt:

„Deutschlands Politiker haben schlecht regiert. 15 Jahre Kanzlerschaft von Kohl sind eine Katastrophe. Eine Regierung muß die Interessen ihres Landes vertreten. Das haben die Minister der Regierung Kohl/Kinkel und Konsorten nie gemacht. Sie waren immer zu Kniefällen bereit. Sie haben immer eine offene Hand gehabt. Wenn irgendwo Geld gebraucht wurde, die Deutschen haben bezahlt. Blind und übereifrig steuern die Bonner Minister zum Ziel: Auflösung Deutschlands zugunsten einer fragwürdigen Internationalisierung." (Zitiert nach *Deutsche Wochen-Zeitung*, 28.11.97)

Hierzu ein passendes weiteres Beispiel: Eine wichtige Aufgabe des Staates wäre es, für den Ehrenschutz seiner Bürger einzutreten. Denn der Ehrverlust bringt nicht nur Schande, er führt zudem materielle Nachteile mit sich, z. B. Wiedergutmachungszahlungen.

Auch diese Pflicht vernachlässigt die Bundesrepublik. Da geisterte vier Jahre lang die Ausstellung *Vernichtungskrieg. Verbrechen der Wehrmacht 1941-1944* durch die Bundesrepublik, zusammengestellt von Altkommunist Hannes Heer und finanziert von Jan Philipp Reemtsma, dessen Milliardenvermögen – wo bleibt hier die Moral? – aus Herstellung und Vertrieb von Zigaretten und alkoholischen Getränken stammt. Die Austellung diente dem Zweck, die Wehrmacht, welche 18 Millionen Menschen umfaßte, als eine verbrecherische Organisation darzustellen. Von der Anklage betroffen sind so gut wie alle deutschen Familien, also das gesamte deutsche Volk. Das gezeigte Beweismaterial ist aber mehr als fragwürdig. Es ist so zweifelhaft, daß sich die Veranstalter schließlich genötigt sahen, die Ausstellung aus dem Verkehr zu ziehen. Doch fast niemand, nicht die Bundesregierung, nicht die Oppositionsparteien, nicht die Kirche, nicht das Bundesverfassungsgericht, niemand – abgesehen von wenigen Einzelpersonen, ein paar nationalen Vereinigungen und Kleinverbänden der CDU/CSU – stellte sich schützend vor die deutschen Mitbürger von einst. Und bezeichnenderweise wurden die Irreführungen erst eingestanden, als zwei ausländische Historiker sich zu Worte meldeten.

Wie grotesk und empörend das alles ist, macht folgendes deutlich: Rußland richtete 1993 eine Zentralstelle zur Rehabilitierung von Opfern der stalinistischen Unrechtsjustiz ein. Leiter ist bzw. war Waleri Alexandrowitsch Wolin. Bis Ende 1997 sprach diese Stelle anhand der aufgefundenen Gerichtsakten mehr als 7000 seinerzeit als „Kriegsverbrecher" verurteilte Deutsche nachträglich frei. Doch erhielt Wolin von der deutschen Regierung keinerlei Unterstützung. Dem *Spiegel* gegenüber klagte er (Nr. 3/1997): ***„Die deutsche Seite ist nicht übermäßig begeistert, daß wir so viele Leute rehabilitieren. Ich weiß aus zahlreichen Briefen, daß die deutschen Behörden keinerlei Interesse haben, die Opfer oder deren Nachkommen in ihren Rechten zu unterstützen."***

Es ist kaum zu fassen: Da ist eine ehemalige Feindmacht in vorbildlicher Weise darum bemüht, Unrecht einzugestehen, das sie vor einem halben Jahrhundert deutschen Soldaten zugefügt hat – und die deutschen Verantwortlichen haben daran *„keinerlei Interesse!"* Es ist ihnen gleichgültig, ob eigene Bürger – *„die Opfer oder deren Nachkommen"* – rehabilitiert werden, und sie wehren sich geradezu dagegen, daß sich die Last der Schuldvorwürfe gegenüber Deutschland verringert. Andererseits nehmen sie hartnäckig wiederholte Schuldvorwürfe von anderer Seite außerordentlich ernst. Welchen Schluß muß man daraus ziehen? Ist das Gewissen denn teilbar? Ist hier deutscher Selbsthaß am Werk? Oder sind deutsche Stellen in ihrem Handeln nicht frei? Wie weit reicht die Souveränität der Bundesrepublik? (Dazu mehr im Schlußkapitel.)

Deutsche Anomalie

Das gestörte Verhältnis der Deutschen zur eigenen Nation nimmt man auch sonst im Ausland wahr. Der britische Schriftsteller Frederick Forsyth, der 1997 in einem *Offenen Brief* bereits Kanzler Kohl wegen seiner Euro-Besessenheit getadelt hatte (*Spiegel*, 14/1998), wandte sich aus demselben Anlaß in einem zweiten *Offenen Brief* an den damaligen Kanzlerkandidaten der SPD Gerhard Schröder (*Süddeutsche Zeitung. Magazin*, 30.4.1998):

„Lieber Herr Schröder, stoppen Sie den Euro! Ich sage Ihnen, warum ...

Nun lassen Sie mich Ihnen, lieber Herr Schröder, etwas wirklich Verrücktes vorschlagen. Stellen Sie sich vor, ein Deutscher von landesweitem Ansehen stünde auf und sagte: ***'Paßt mal auf, ich bin Deutscher. Ich liebe mein Heimatland und bin stolz darauf.*** *Ich bin stolz auf den unermeßlichen Beitrag, den unsere Vorväter für die zivilisierte Welt geleistet haben, für die Literatur, das Theater, die Malerei, für Musik, die Wissenschaft, die Mathematik, die Philosophie und die übrigen Geisteswissenschaften. Ich möchte das Land meiner Väter nicht in Euro-Regionen aufgeteilt sehen, vermanscht zu einem Euro-Pudding ohne Konturen. Ich möchte unser Land souverän und frei wissen, und zwar mit der besten Währung, die wir jemals hatten. Das ist meine Meinung.'*

Was würde geschehen? Nun, das gesamte deutsche Establishment würde einen Schrei des Entsetzens ausstoßen. *Man kann sich ... gut vorstellen, wie sie ... an ihre Schreibmaschinen stürzen, um den Sprecher zu verleumden ... als was? Als Nationalisten, natürlich. Und wir alle wissen, was ein deutscher Nationalist ist, nicht wahr? Nichts anderes als eine Nazi.*

Dabei wäre der Redner höchstens so sehr ein Nazi, wie ich ein britischer Faschist bin. ***Patriotismus ist nichts Verkehrtes.*** *Die Amerikaner, die Kanadier, die Japaner – ihnen allen ist erlaubt, ihr Land zu lieben. Warum sagt man gerade uns Europäern, daß wir unsere Nationen in ein von Brüssel regiertes Potpourri auflösen müssen?"*

Büßerhaltung

Forsyth hat mit seiner Schilderung außerordentlich treffend den kranken Seelenzustand verdeutlicht, in dem sich die Deutschen heute befinden.

Das Nationale ist hierzulande geächtet. Nur hinter vorgehaltener Hand – oder am Stammtisch – kann man sich als Deutscher bekennen. Mit allen Mitteln hat man bisher auch verhindert, daß eine nationale Opposition in den Bundestag einzog. Denn das Nationale gilt als das politisch Böse an sich.

Wie konnte es soweit kommen?

Forsyth scheut sich nicht, noch deutlicher zu werden:

„Kohls zweite Obsession neben dem Traumstaat Europa scheint diese dunkle Epoche **[die Hitlerzeit]** ***zu sein ...*** *Die Erinnerung daran scheint ihn nie verlassen zu haben, und ich fürchte, sie liegt auch seiner Überzeugung zugrunde, daß der deutsche Nationalstaat aufgelöst werden muß. Damit steht er nicht allein. Das deutsche Establishment, Kohls Altersgruppe, erhebt keine Einwände.*

Ich aber tue es – wie die meisten Briten. ***Denn ich weiß nicht, warum sich Deutschland weiterhin Jahr um Jahr, Jahrzehnt um Jahrzehnt, Gene-***

***ration um Generation für diese zwölf Jahre geißeln sollte** ... Kohl will die alte Kriegsschuld sühnen."*

Sollte Forsyth mit seiner Vermutung recht haben, dann scheint Kohl die Lektion gelernt zu haben, die noch während des Zweiten Weltkrieges in den USA für Deutschland ausgedacht worden ist.

General Eisenhower, Oberbefehlshaber der alliierten Landungsarmee, bekundete im Sommer 1944, ganz unter Henry Morgenthaus Einfluß stehend: *„Den Deutschen darf nicht gestattet werden, sich von einem persönlichen Schuldgefühl zu befreien angesichts der schrecklichen Tragödie, in die sie die Welt gestürzt haben."* (David Irving: *Der Morgenthauplan 1944/45*, S. 17) Und laut einem Tagebucheintrag Morgenthaus stellte der amerikanische **Präsident Roosevelt** am 19.8.1944 fest: *„Wir müssen Deutschland hart anpacken, und ich meine damit das deutsche Volk und nicht bloß die Nazis. Man muß die Deutschen entweder kastrieren oder sie so behandeln, daß sie nicht erneut Leute in die Welt setzen, die so handeln, wie sie es in der Vergangenheit getan haben."* (S. 23)

Und in der Tat wurden die Deutschen nach Kriegsende sehr hart angefaßt. Allein nach Kriegsende kostete das sieben Millionen Deutschen das Leben (als Opfer von Vertreibung, Kriegsgefangenschaft, alliiertem Einmarsch, Internierung.) Die Millionen deutscher Hungertoter außerhalb der Lager in den ersten Jahren nach Kriegsende, darunter sehr viele Neugeborene, sind hier nicht mitgezählt.

Auch das ist fluchwürdig

Nicht nur an fremden Völkern, auch am eigenen kann man sich versündigen. Aus lauter Bußfertigkeit – oder aus Angst davor, sich nicht bußfertig genug zu zeigen – das eigene Volk dem Untergang preiszugeben, ist genauso eine Todsünde wie die Vernichtungsabsicht gegenüber anderen.

Nationalismus gleich Faschismus?

Forsyth gestattet sich ein unbefangenes Ja zu *„Nationalismus"* und *„Patriotismus"*. Sie seien das Natürlichste von der Welt. Er lehnt es entschieden ab, unter dauerndem Verweis auf die *„Hitlerzeit"* alles Nationale zu verfemen.

Bis zur Stunde geschieht das in Deutschland, und zwar auf die Weise, daß man Nationalismus und Patriotismus mit Nationalsozialismus bzw. Faschismus (entsprechend der heutigen Sichtweise) **einfach gleichsetzt – und dann losprügelt.** Hierher paßt ein bekanntes Sprichwort: Man schlägt den Sack und meint das Tragtier.

In Wahrheit haben Patriotismus und Vaterlandsliebe – weil sie Inbegriff höchster Tugenden sind – mit solchen Zerrbildern überhaupt nichts zu tun.

Wie gelingt es aber, so Ungleiches gleichzusetzen?

Mit den Methoden der Firmenwerbung im Fernsehen (aber zum Zwekke der Herabsetzung!), bringt man unaufhörlich alles Nationale mit schauerlichen Verbrechen in Verbindung, so daß sich in Hirn und Herz der Leute die Vorstellung immer tiefer eingräbt, beides sei fest miteinander verkoppelt.

Der immer von neuem aufflackernde Balkankrieg mit seinen Grausamkeiten, die blutigen Stammeskämpfe in Afrika, die ethnischen Unruhen auf den Philippinen – das alles muß dazu herhalten, um die Gefährlichkeit des „Nationalismus", somit des nationalen Unabhängigkeitsstrebens, darzutun. Von den tieferen Gründen solch gräßlicher Ereignisse – religiöser Fanatismus, falsche Grenzziehungen nach 1918, Überbevölkerung, millionenfache Zuwanderung Gebietsfremder, Naturzerstörungen, politische Unterdrückung usw., dies vielfach auch als Folge der ungelösten sozialen Frage – davon ist nur selten die Rede.

Ein Hauptzweck dieser einseitigen Schreckensdarstellungen in den Medien dürfte sein, alles Nationale, und damit dessen unveräußerlich berechtigte Forderungen, zu kriminalisieren, zu ächten – und auf solche Weise bei den Völkern den nationalen Selbstbehauptungswillen zu lähmen.

Bei der Dauerberichterstattung über das vor mehr als einem halben Jahrhundert untergegangene Dritte Reich dürften solche Absichten mit eine Rolle spielen.

Angeblich soll das unaufhörliche Erinnern an damalige Untaten als Warnung vor Wiederholungen dienen, hierzulande und anderswo. Aber ist das gelungen? Sind die Zustände auf der Welt tatsächlich besser geworden? Allzuviel spricht dagegen. Man denke an die zahllosen Kriege und Massenmorde auch nach dem Jahr 1945, bereits unmittelbar nach Ende des Zweiten Weltkriegs; an die dann noch brutaler und großräumiger losbrechende Naturverwüstung; an die quälerische Haltung von Milliarden von Haustieren; an die sich beschleunigende Zerstörung bewährter Lebensordnungen. Das sollte uns sehr nachdenklich machen. Denn die Regierungen ließen und lassen das alles geschehen, aus welchen Gründen auch immer.

Dabei gäbe es nach Meinung des Verfassers mit Sicherheit ein sehr viel besseres Mittel, um künftighin Grausamkeiten gegen Mensch und Tier, um Massen- und Völkermord, um die Vernichtung der Lebensgrundlagen und um sonstige Großkatastrophen wirkungsvoll zu verhindern: die Bereinigung der Geld- und Bodenfrage. Hier sollte man zuallererst ansetzen. Dann betriebe man wahre Ursachenbehandlung.

Unbestreitbar stand im Dritten Reich der Volksgedanke (und was damit zusammenhängt) im Mittelpunkt. Aber daraus den Schluß zu ziehen, daß die nationale Idee deswegen wertlos oder gar gefährlich und verbrecherisch sei, ist falsch. Es war schon davon die Rede: Der nationale Gedanke kann politisch mißbraucht werden, und trotzdem bleibt er eines der höchsten Ideale und Verpflichtungen.

Die Absicht, ihn zu schmähen und zu kriminalisieren, wird heute besonders deutlich bei der Berichterstattung über angebliche oder tatsächliche Übergriffe gegen Ausländer in der Bundesrepublik. Bloße Rabauken werden dann plötzlich zu „Rechten" oder „Rechtsextremen" hochstilisiert – ohne daß geklärt wäre, was „rechtsextrem" eigentlich ist. Daraufhin entfacht man eine wahre Pogromstimmung gegen alles Nationale, die oft wochenlang am Kochen gehalten wird. Später stellt sich immer wieder und allzuoft heraus, daß Nazi-Schmierereien, Anzünden von Häusern und Anschläge auf Ausländer von kriminellen Widersachern, bloßen Nachahmungstätern und selbst von Ausländern verübt wurden, bei den letzteren häufig aus sehr eigennützige Gründen, z. B. zur Einheimsung von Versicherungsprämien. Ein besonders krasses Beispiel für grundlose Beschuldigungen, diesmal aus ideologischem Fanatismus heraus, war in jüngerer Zeit (Ende 2000) der Fall *Sebnitz:* die unwahre Beschuldigung einer mit einem Ausländer verheirateten Apothekersfrau, ganze Horden einheimischer Besucher des Sebnitzer Freibads hätten ihren sechsjährigen Sohn unter Hohngelächter und in aller Öffentlichkeit grausam mißhandelt und dann ertränkt, ohne daß jemand zu seiner Hilfe herbeieilte. Die Medien nahmen diesen Fall zum Anlaß, einen orkanlauten Protestlärm – gegen „rechts" – zu inszenieren, der auf der ganzen Welt gehört wurde. Doch zeigte sich bald, daß die Behauptungen der Mutter falsch waren. Trotzdem zogen sich die Untersuchungen endlos hin. Am 26.7.2001 brachten dann die *Stuttgarter Nachrichten* eine abschließende kurze Meldung: *„Die Ermittlungen zum Tod des kleinen Joseph aus Sebnitz sind endgültig eingestellt worden. Es könne ausgeschlossen werden, daß der Sechsjährige durch fremdes Verschulden zu Tode gekommen sei."*

Selbst die Verfassungsschutzämter, also behördliche Stellen, beteiligen sich unverzeihlicherweise an ähnlichen Irreführungen der Öffentlichkeit, z. B. indem sie verdeckte Ermittler im Einsatz haben, die Jugendliche nicht nur aushorchen, sondern zu abstoßenden und selbst strafbaren „rechtsextremistischen" Handlungsweisen geradezu aufhetzen (siehe z. B. die Fälle Michael Wobbe, *taz*, 13.5.1996; Axel Reichert, *Stern*, 16/1998; Tino Brandt, *Süddeutsche Zeitung*, 17.5.2001).

Auch Sachsens Ministerpräsident Kurt Biedenkopf mußte schon vor Jahren ähnliche Beobachtungen machen. In einem *Spiegel*-Gespräch führte er zum „Rechtsextremismus" in Deutschland aus (Nr. 41/1992):

„Ich weigere mich, die Parallele zum Linksextremismus zu ziehen. Es gibt bei den Krawallen der letzten Wochen offenkundig ein Wechselspiel zwischen

öffentlicher Aufmerksamkeit und der Präsentation nationalsozialistischer Embleme. Wenn gewalttätige Jugendliche von Fernsehteams aufgefordert werden, die Hand zum Hitlergruß zu heben, kann von einem ideologisch begründeten Angriff auf die Gesellschaft wohl keine Rede sein."

Was sonst noch versteckt sich hinter der Absicht, alles Nationale in Verruf zu bringen?

Globalismus contra Nationalismus

Forsyth ist freilich vorsichtig genug, in Sachen Patriotismus nicht alles anzusprechen. Auch in Deutschland ist es möglich, sich zum Patriotismus zu bekennen – wenn man es bei allgemeinen Floskeln beläßt. Aber bestimmte Dinge, die unabtrennbarer Bestandteil des Patriotismus sind, läßt man besser unerwähnt: die Umvolkungsfrage durch millionenfache Zuwanderung völlig Kulturfremder; das Völkerrechtswidrige der großen Deutschenvertreibung nach dem Krieg; die Souveränitätsfrage im Hinblick auf bestimmte Paragraphen der UNO-Charta usw. Tut man es trotzdem, landet man schnell im politischen Abseits.

Anderswo, auch in England, gibt es ähnliche Schweigegebote. Die Kriminaliserung des Nationalen – oft mit Hinweis auf die „Hitlerzeit" – ist also weit verbreitet.

Was treibt letztlich zu solcher Verfemung?

Es sei nochmals gesagt.

Es ist der unversöhnliche Gegensatz zwischen Globalismus und Nationalismus, zwischen extremem Internationalismus und volksbezogenem Denken – zwischen Zinsgeldmacht und freier Völkervielfalt.

In einer Welt, die sehr zentralistisch von gebündeltem Privatkapital und daraus entstehenden imperialistischen Ideologien und Machtgruppen beherrscht wird, ist für freie Völker und Volksgruppen kein Platz mehr. Deshalb haben sie sich aufzulösen und zu verschwinden – eine Tragödie, die sich weltweit abspielt.

Zu dem Zweck muß der Gedanke des volklichen Zusammenhalts verächtlich gemacht und ausgemerzt werden. Nationaler Selbstbehauptungswille und Freiheitsdrang sind zu ersticken.

Hinter dieser Strategie steckt letztlich – es sei nochmals betont – der zinsbedingte Wachstums- und Globalisierungsdruck, der einzelne immer reicher und mächtiger werden läßt. Er erlegt ihnen Handlungsweisen auf, die desto schlimmer ausfallen, je weniger sie öffentlich zu überwachen sind. Um sich im weltweiten Verdrängungsgerangel behaupten zu können, muß alles größer und stärker werden – Einzelpersonen, Firmen, Organisationen, wirtschaftliche und politische Machtzentren, ganze Staaten. Die Auflösung gewachsener Gemeinschaften und die Öffnung aller Grenzen sind teils ungeplant, teils beabsichtigt die Folge.

Es war und ist ein Kampf zwischen fundamentalen, unversöhnlichen Gegensätzen. Genauso unerbittlich wurde und wird er auch geführt, bis zur bedingungslosen Kapitulation.

Nur die Verbesserung des Geld- und des Bodenrechts, d. h. die Überwindung der kapitalistischen Sachzwänge, könnte die Gegensätze allmählich auflösen und so zur Entwicklung gerechter und friedlicher Verhältnisse entscheidend beitragen.

Uralte Betrugsmethoden

Der Kampf zwischen Imperialismus und Völkerfreiheit ist uralt – seitdem der Kapitalismus die Bühne der Welt betrat, seitdem es beherrschende Geldkasten gibt, für die es zur Überlebensnotwendigkeit wurde, die ohnmächtigen Bevölkerungsmassen zu gängeln.

Und uralt sind auch die dabei angewandten lügnerischen Verfahren.

Es sei nochmals betont, daß sich die Herrschenden systembedingt dabei in einer Art Zwanglage befanden, weil sie wußten, daß die Zukunftsaussicht von Abweichlern meist der gesellschaftliche Absturz war (oder noch Schlimmeres).

Da es – systembedingt – immer wieder notwendig wurde, fremde Völker zu unterwerfen, mußte man sie, um sie botmäßig zu erhalten, auch zerstören. Hauptsächlich ging es darum, ihren nationalen Selbstbehauptungswillen zu lähmen.

Der Machiavelli der Chinesen, der vor 2500 Jahren verstorbene Sun-Tsu, verfaßte dazu zehn Regeln:

„o *Zersetzt, was immer im Land eurer Feinde gut ist.*

o *Macht ihre Götter lächerlich und zerrt alles Herkömmliche in den Kot.*

o *Unterhöhlt mit allen Mitteln das Ansehen ihrer führenden Schichten, verwickelt sie, wo immer möglich, in dunkle Geschäfte und gebt sie im richtigen Augenblick der Schande preis.*

o *Verbreitet Streit und Uneinigkeit unter den Bürgern.*

o *Stachelt die Jugend gegen die Alten auf.*

o *Bringt überall eure Spitzel unter.*

o *Behindert in jeder Weise die Arbeit der Behörden.*

o *Scheut die Mitarbeit auch der niedrigsten und abscheulichsten Kreaturen nicht.*

o *Stört, wo immer ihr könnt, die Ausbildung und die Versorgung der feindlichen Streitkräfte, untergrabt ihre Disziplin und lähmt ihren Kampfwillen durch schwüle Musik, schickt dann noch leichtfertige Frauen in ihr Lager und laßt sie das Werk des Verfalls zu Ende führen.*

o *Spart weder mit Versprechungen noch mit Geld und Geschenken, denn all dies trägt reiche Zinsen.“*

Ergänzendes:

- Der offene Terror wird von klugen Besatzern vermieden.
- Stattdessen muß man herabziehende Instinkte ansprechen. Triebverhaftete Menschen sind für einen Freiheitskampf untauglich.
- Doch ohne den Appell an humanitäre Gefühle geht es auch nicht. Die müssen dann auf die gewünschten Ziele gelenkt werden; entsprechend dem Aphorismus der deutschen Dichterin Marie von Ebner-Eschenbach (1830-1916): *„Es könnte sehr wenig Böses getan werden, wenn das Böse niemals im Namen des Guten getan werden könnte."*
- Daher verfehlen Greuelpropaganda und Mitleidskampagnen selten ihren Zweck.
- Voraussetzung ist allerdings, daß man als Besatzer im Hintergrund weiterhin die Fäden zieht und z. B. die meinungsbildenden Einrichtungen in der Hand behält.

16. Der polare Gegensatz

Völker – oder die „Eine Welt"

Dieser Tatsache sollte man sich klar bewußt sein: **Weit davon entfernt, eine Gefahr darzustellen, ist der Volksgedanke das einzig richtige und unbedingt zu bejahende Gliederungsprinzip der Menschheit.**

Stämme und Völker haben sich im Laufe von Jahrtausenden – wenn nicht länger – in Anpassung an ihren naturgegebenen Lebensraum gebildet. Sollte es falsch sein, das bewahren zu wollen, was die Natur, was göttlicher Schöpfungswille, was kulturelle menschliche Anstrengungen in der Vergangenheit geschaffen haben?

Sollte statt dessen richtig sein, was der zinsgesteuerte, ausbeuterische Kapitalismus in den letzten Jahrhunderten, am sichtbarsten in dem jetzt zu Ende gehenden, zusammengewirbelt hat: die gesichtslosen Massengesellschaften unserer Tage?

Völker sind im Idealfall – man denke hier an Ladakh – lebendige, überschaubar gegliederte Gemeinschaften, die ihren Angehörigen soziale Sicherheit, zuverlässige Rechtsvorschriften, Geborgenheit, richtig verstandene Freiheit und demokratische Mitbestimmung gewährleisten.

Die Hauptstörenfriede darin waren seit jeher und sind es heute mehr denn je und mit immer schrecklicheren Ergebnissen: die ungelöste Bodenfrage und später, in Deutschland vom Spätmittelalter an, das Zinsgeldsystem. Aus beidem ergibt sich die unsoziale Einrichtung, die man Kapitalismus nennt.

Diesen Kapitalismus gilt es aus dem Völkerleben auszuscheiden, wenn es darin friedlicher zugehen soll. Nur der freie, leistungsbezogene, einer Gesamtordnung unterstellte Wettbewerb entscheidet dann über Verfall oder Gedeihen von einzelnen, Gruppen und Völkern.

Schließlich muß man sich darüber klar werden, daß wir grundsätzlich nur die Wahl zwischen zwei Möglichkeiten haben: **weltweit Völkerfreiheit – oder menschheitsüberspannende Finanzdiktatur.**

Das Gegenbild zur Vielfalt kulturgeprägter und freiheitsbewußter Völker und Volksstaaten sind planlos zusammengewürfelte Menschenmassen ohne festen inneren Zusammenhalt, die aus sich heraus politisch weitgehend handlungsunfähig sind.

Im Kapitalismus drängt die Entwicklung in die zweite Richtung. Ohne Volk aber gibt es keine Volksherrschaft, keine Demokratie. Die unausbleibliche Herrschaftsform über solch haltlosen Massen ist deshalb die von den Kapital- und Machtinteressen sehr kleiner Kreise gelenkte Finanzdiktatur, möglicherweise auch in der Gestalt einer Scheindemokratie. Einige wenige bestimmen dann willkürlich über das Schicksal von Millionen. Dann sind alle Propagandamittel in den Händen einer allmächtigen Regierung. Es wird eine sehr unfriedliche Epoche werden. Denn selbstverständlich können diese Regierungen kein einziges wichtiges Problem lösen. Es wird Armut, Arbeitslosigkeit, Hunger, Naturzerstörungen, Aufstände, gräßliche Blutbäder, Kriege, Völkermord, doch auch „Brot und Spiele“ geben. In den diktatorischen Großstaaten des vergangenen Jahrhunderts wurde vorgeführt, zu welch schrecklichen Taten unbeschränkte konzern- oder staatskapitalistische Macht, in die Hände einzelner gelegt, imstande ist.

Am Ende werden wir einen Weltstaat, d. h. eine Weltdiktatur haben.

George Orwell und Huxley haben mit ihren Romanen *1984* und *Schöne neue Welt* zu zeigen versucht, wie diese Zukunft aussehen könnte.

Wir befinden uns geradewegs auf dem Marsch dorthin.

Wir werden ihn kaum aufhalten können, wenn wir nicht bereinigend das Geld- und Bodenunrecht angehen.

Gustav Ruhlands Forschungsergebnisse

An dieser Stelle ist es passend, aus Gustav Ruhlands dreibändigem Werk *System der politischen Ökonomie* eine Textprobe herzusetzen. Seltsam, aber irgendwie bezeichnend ist, daß dieser bedeutende Mann heute in keinem Nachschlagewerk mehr vorkommt. Er war Professor der Nationalökomie und hatte von Reichskanzler Otto von Bismarck einen ganz besonderen Auftrag erhalten: die Ursachen zu erforschen, weshalb so viele Völker untergegangen und aus der Weltgeschichte verschwunden sind. Daraus wurde eine Arbeit, die Ruhland jahrzehntelang in Anspruch nahm. Als entscheidender Grund stellte sich dabei etwas Altbekanntes heraus: der Kapitalismus. Im dritten Band seines Werkes schreibt Ruhland zusammenfassend (*System der politischen Ökonomie*. Puttkammer und Mühlbrandt, Berlin 1908, S. 297-299):

***„Der heute herrschende Kapitalismus in der Gesellschaft bedeutet ewigen Krieg.** Jeder echte Kapitalist strebt, wie einst Cäsar, nach der Weltherrschaft. Das liegt begrifflich schon in der Unersättlichkeit seiner Habgier. Aus der stetig wachsenden Zahl der Welteroberer ergibt sich eine quadratisch wachsende Zahl wirtschaftlicher Konflikte, zunächst schon innerhalb der Familie, wo sich die Geschwister und Verwandten schamlos gegenseitig übervorteilen, dann innerhalb der Gemeinde, wo der Nachbar den Nachbarn um sein Vermögen bringt, dann innerhalb der Provinz und innerhalb des Staates in den tausend Formen des unlauteren Wettbewerbs, der Verleumdung, der Spekulation aller Art, bis zu den Streiks der Lohnarbeiter, dem vergifteten Kampfe der politischen Parteien und dem immer kostspieligeren Ringen der Staatsgewalt mit der rasch wachsenden Zahl von Verbrechern aller Art. Das alles trägt den verruchten Stempel der Friedlosigkeit und muß nach und nach aus dem Stadium des latenten Bürgerkrieges zum offenen Bruderkriege ausarten. **Wo die kapitalistischen Welteroberer im Auslande neue Millionen zu gewinnen trachten, wissen sie in der Regel sehr geschickt ihre Erwerbsucht mit der Ehre und dem Ansehen der Nation, der sie angehören, zu verflechten.** Deshalb werden hier so leicht wirtschaftliche Konflikte mit den Welteroberern anderer Nationalitäten oder Konflikte mit den Opfern ihrer Ausbeutung zu staatlichen kriegerischen Konflikten ...*

***Die Kriege sind Lösungsversuche wirtschaftlicher Fragen in kapitalistischem Sinne.** Namentlich die griechische Geschichte ist angefüllt mit blutigen Kämpfen um neue Märkte und neue Absatzwege für Handel und Industrie. Alle Schlachten der niedergehenden römischen Republik wurden geschlagen auf Befehl kapitalistischer Welteroberer."*

Und schon damals, im Jahr 1908, hat Gustav Ruhland vorhergesehen:

„Schauen wir in die Zukunft, so drohen vor allem die großen Entscheidungsschlachten zwischen den führenden Welthandelsstaaten Deutschland und England auf der einen Seite, Nord-Amerika und Japan auf der anderen Seite des Meeres, denen aber auch Kriege zwischen Deutschland und Nord-Amerika, zwischen England und Japan zugerechnet werden müssen."

Ruhland gibt einige Sätze aus einer Rede des *„nordamerikanischen Schatzsekretärs Shaw"* wieder, der gesagt hat: ***„Das neue Jahrhundert wird Zeuge sein eines erbitterten und riesenhaften internationalen Handelskrieges zwischen England, Frankreich, Deutschland und den Vereinigten Staaten von Nordamerika um die Märkte der Welt."***

Ruhland beendet seine Ausführungen mit den Worten:

„Die entscheidende Frage der Friedensbewegung lautet: Wird es gelingen, den heute herrschenden Kapitalismus aus der Gesellschaft zu beseiti-

gen? … Bleibt aber das kapitalistische Erwerbssystem herrschend, dann müssen die Zeiten der ewigen Kriege fortdauern trotz aller Friedenskonferenzen."

Nachbemerkung:

Ruhland erkannte zwar den friedlosen und zerstörerischen Charakter des Kapitalismus, wußte aber noch nicht, daß dieser aus der ungelösten Zinsfrage erwuchs.

17. Antifaschismus

„Antifaschismus" – Herkunft und heutige Tätigkeit

„Wenn sich die Welt selbst zerstört, dann fängt es so an: Die Menschen werden zuerst treulos gegen die Heimat, treulos gegen die Vorfahren, treulos gegen das Vaterland; sie werden dann treulos gegen die guten Sitten, *gegen den Nächsten, gegen die Frauen und gegen die Kinder."*

Das schrieb einst der große nationale Freiheitskämpfer Ernst Moritz Arndt (1769-1860). Die Wahrheit dieses Ausspruchs ist am heutigen Zustand Deutschlands zu besichtigen.

Nun gibt es eine politische Bewegung, welche eben diese Weltveränderung betreibt, den Volksgedanken zum absolut Bösen erklärt und ihn mit terroristischer Gewalt bekämpft.

Die Rede ist vom **„Antifaschismus".**

Was ist darunter zu verstehen?

Das Wort „Antifaschismus" wurde von Kommunisten geprägt und wurde zum Bestandteil der bolschewistischen Faschismustheorie. Am Anfang setzte man es auch im Kampf gegen die bürgerlich-demokratischen und sozialdemokratischen Parteien ein. Stalin und die *Komintern* (*kommunistische Internationale*) erkannten schnell, daß sich das neugeschaffene Schlagwort für ihre großangelegten propagandistischen Feldzüge vortrefflich eigne, und so fand es schließlich Eingang in die Bezeichnung *Antifaschistische Volksfront*, wie man die Zusammenfassung der kommunistischen Länder nannte, die gegen Hitler-Deutschland kämpften.

Weil der Volksfront später auch die Westmächte beitraten und der „antifaschistische" Kampf 1945 mit einem Sieg endete, blieb der „Antifaschismus" auch im westlichen Teil Deutschlands stets einflußreich.

Dabei ist es kein Geheimnis, daß der „Antifaschismus" in der Bundesrepublik in erster Linie von der DKP, der Deutschen Kommunistische Partei, gesteuert wurde und wird. Noch im V*erfassungsschutzbericht Baden-Württemberg 1992* wurde die **VVN-BdA** als eine *„Vorfeldorganisation"* der DKP aufgeführt.

Im *Verfassungsschutzbericht Baden-Württemberg 1996* ist darüber zu erfahren:

„Trotz eines Rückgangs der bundesweiten Mitgliedszahlen von ca. 8500 im Jahr 1995 auf ca. 8000 im Jahr 1996 ... blieb die 'Vereinigung der Verfolgten des Naziregimes – Bund der Antifaschisten' (VVN-BdA) die mitgliederstärkste linksextremistisch beeinflußte Organisation. Insbesondere auf der Funktionärsebene ist ein maßgeblicher linksextremistischer Einfluß erkennbar." (S. 140) Und: ***„Das Hauptbetätigungsfeld der VVN-BdA stellt traditionell die 'Antifaschismusarbeit' dar mit der Zielsetzung, dem angeblichen Rechtstrend in der Bundesrepublik Deutschland entgegenzuwirken."*** (S. 140) Ferner: *„Unbeschadet der Tatsache, daß es in der VVN-BdA auch Anhänger nichtextremistischer Auffassungen gibt, ist auch auf regionaler Ebene erkennbar, daß die Organisation in ihrem politischen Engagement immer wieder das Bündnis auch mit linksextremistischen Parteien und Zusammenschlüssen sucht, darunter in erster Linie die DKP, aber auch die MLPD, die PDS, der trotzkistische 'Revolutionär-Sozialistische Bund' (RSB) sowie autonome Gruppen.* ***Gerade die Verbindung zu autonomen Kreisen wird von der VVN-BdA ausdrücklich gesucht."*** (S. 141)

Wenn es sich der „Antifaschismus" zur Aufgabe machte, diktatorische Herrschaftssysteme und inhumane Vorgehensweisen wahrheitsgemäß anzuprangern, wäre nichts dagegen einzuwenden. Man müßte das sogar gutheißen.

Doch trifft das auf den heutigen „Antifaschismus" zu? Er trat unter stalinistischen Vorzeichen ins Leben und wird zudem immer noch von linkstotalitären Parteien und Gruppen gelenkt.

Man sollte bedenken, daß der Kommunismus, überall wo er zur Macht kam, Ströme von Blut vergoß und nach neuesten Erkenntnissen französischer Wissenschaftler weltweit 80 bis 100 Millionen Menschen einen gräßlichen vorzeitigen Tod bereitete. (*Schwarzbuch des Kommunismus*. Hrsg. von Courtois; s. *Spiegel*, 48/97)

Über die **„Autonomen"** schreibt der *Verfassungsschutzbericht 1996*:

„Die überwiegende Zahl der linksextremistisch motivierten Gewalttaten geht auf das Konto militanter Autonomer ... Die Bandbreite der Aktionsformen dieses Spektrums reicht von Demonstrationen über Flugblattaktionen bis hin zu Körperverletzungen und Sachbeschädigungen. Die Anwendung von Gewalt wird als legitimes Mittel im Kampf gegen den Staat angesehen ... Hauptaktionsfeld ist nach wie vor der 'Antifaschismus'." (S. 131f.)

„Das Gesamtpotential gewaltbereiter Autonomer im Bundesgebiet wird gleichbleibend auf über 6000 Personen geschätzt. Auch in Baden-Württemberg ist die Zahl der Szeneangehörigen mit ca. 450 unverändert geblieben." (S. 136)

Bezeichnend ist, daß von der VVN-BdA laut *Verfassungsschutzbericht 1996* zu den *„gewaltbereiten Autonomen"* die *„Verbindung ... ausdrücklich gesucht wird"*.

Wirkliche Ziele des „Antifaschismus"

Seiner Herkunft getreu – und entgegen seinem schönklingenden Namen –, ist der „Antifaschismus" also eine Bewegung, welche – auch mit Gewalt und Terror – jede nationale Regung schon im Keim ersticken möchte.

Er bedient sich dabei der schon gekennzeichneten Vernebelungstaktik, gewaltbereiten Faschismus und wahrhaften Patriotismus einfach gleichzusetzen. **Die getreuesten Patrioten sind seine bevorzugte Zielscheibe.**

Er besorgt damit, bewußt oder unbewußt, die Geschäfte des extremen zinsgeldgesteuerten Internationalismus, die letztlich auf die Errichtung einer weltumspannenden Finanzdiktatur hinauslaufen.

Bereits Silvio Gesell bezeichnete die Marxisten-Kommunisten als *„die rote Garde vor Mammons Thron"*.

Es sei aber zugestanden, daß mit Sicherheit die große Mehrzahl der „Antifaschisten" nicht weiß, daß sie nur Werkzeug für üble Zwecke sind.

Obwohl die Zahl der aktiven Mitglieder der VVN-BdA und der „Autonomen" verhältnismäßig klein ist, stellen sie dennoch eine beträchtliche Macht dar, weil der „Antifaschismus" mit seiner Stoßrichtung gegen alles Nationale – wie einst in der Sowjetunion und der DDR – beinahe zur Staatsdoktrin der konzernkapitalistischen Länder geworden ist, so auch in der Bundesrepublik. Die „Antifaschisten" können sich dabei der Unterstützung durch die großen Medien sicher sein.

Zum Schrecken aller nationsverleugnenden Linken hat sich aber kurz vor seinem Tod **Francois Furet,** Mitglied der *Adademie Francaise*, erste Kapazität in Sachen Französische Revolution und Autor des vielgepriesenen Groß-Essays *Das Ende der Illusion* (einer Bilanz der kommunistischen Weltbewegung), mit ganz neuen Ansichten zu Worte gemeldet: Die ***„Obsession des Antifaschismus"***, führte er aus, sei ***„von der kommunistischen Bewegung instrumentalisiert worden"*** und habe ***„die Macht einer Religion erlangt."*** (*Focus*, 11/ 1998) Furet hatte die Courage, die Bücher des wegen seiner angeblich „rechtsextremen" Ansichten verfemten Professors Ernst Nolte zu loben, und trat mit ihm sogar in einen Briefwechsel ein.

Angst vor den „Antifaschisten"

Der *„Antifaschismus ... amputiert und simplifiziert"* die Geschichte (E. Nolte). Doch auch heute noch traut man sich nicht, an seiner beherrschenden Rolle zu rütteln. **Die Angst, von den „Antifaschisten" als „rechtsradikal" gebrandmarkt zu werden, treibt oft die seltsamsten Blüten.**

Man konnte das an dem aufgeschreckten Verhalten des früheren Verteidigungsministers Rühe beobachten, als 1998 längstvergangene angeblich „rechtsradikale“ Vorkommnisse in der Bundeswehr von der Presse plötzlich an die Öffentlichkeit gezerrt wurden. Noch panikartiger gebärdeten sich die Post und Postminister Wolfgang Bötsch, als man entdeckte, daß auf dem Abreißrand der Heinrich-Heine-Gedenkmarke ein paar Ornamente abgebildet waren, die man als germanische Runen deuten konnte. Die Aufregung war groß. Zwar sind Runen eine altgermanische Erfindung, aber eben deswegen haftet ihnen NS-Geruch an! Zahllose Krisensitzungen wurden anberaumt. Bötsch war inständig um den Nachweis bemüht, daß ihn keine Schuld treffe. 25 Millionen Briefmarken wurden sofort aus den Postämtern zurückgeholt und in Handarbeit ihrer anstößigen Bogenränder entledigt.

Ist diese angstgesteuerte Beflissenheit nicht beschämend? Wie erfrischend vernünftig klingt im Gegensatz dazu, was der einstige sowjetische Staatspräsident und Weltbeweger, **Michael Gorbatschow,** in einem Brief an Rudolf Augstein zum Thema „Vergangenheitsbewältigung“ einmal geschrieben hat (*Spiegel*, 15/1998):

„Wie ich immer empfohlen habe: In der Politik sollten alle Arten von Vergeltung und Abrechnung, alles, was an Hexenjagd erinnern kann, vermieden werden. *Wie etwa die Strafverfolgung des inzwischen verstorbenen Erich Honnecker oder* ***ähnliche*** *Aktionen.* ***Nach meiner Überzeugung muß das in Sackgassen führen, aus denen man nur schwer wieder herausfindet.***

Allerdings bleibe ich Optimist. In den letzten Jahren hatte ich viele Kontakte mit Deutschen. Und ich glaube an sie. Ich glaube an ihren gesunden Menschenverstand.“

Gorbatschow hätte hinzufügen können: Aber wenn man schon die Vergangenheit aufarbeiten will, dann bitte auf ehrliche Weise, frei von Einseitigkeit und ohne Denk- und Schreibverbote!

Wichtige Schlußbemerkung:

Auch für das Antifaschismus-Syndrom gilt: **Wenn Patrioten sich zu der Erkenntnis durchringen könnten, daß das Zinssystem das entscheidende Problem darstellt und daß man mit dessen Beseitigung die Voraussetzung für eine breite Vermögensstreuung schafft, hielte man den unwiderleglichen Beweis in Händen, daß nationalbewußte Deutsche keineswegs – wie man ihnen laufend unterstellt – eine neue nationalsozialistische Diktatur errichten wollen.** Sie würden dadurch, verkündete man diese Neuheit laut und vernehmlich, für die sogenannten „Antifaschisten“ – und ihre Hintermänner – weit weniger angreifbar.

18. Zur Demokratiefrage

Aushöhlung der Demokratie

Gibt es heute irgendwo, bei noch ungelöster sozialer Frage, echte Demokratien?

Der 1997 jubiläumsgemäß groß gefeierte ehemalige deutsche Wirtschaftsminister und Bundeskanzler **Ludwig Erhard** hat es seinerzeit deutlich genug gesagt:

„Demokratie und freie Wirtschaft gehören logisch ebenso zusammen, wie Diktatur und Staatswirtschaft.“ (*Wohlstand für alle*. Econ 1960, S. 14)

Welchen Schluß muß man aus der Tatsache ziehen, daß es nirgendwo mehr eine *„freie Wirtschaft“* gibt?

Vincent Vickers, einst weltbekannter Großindustrieller und langjähriger Gouverneur der Bank von England, kam in seinem 1939 auf dem Sterbelager fertiggestellten Buch *Wirtschaft als Drangsal* zu dem erschreckenden Schluß (S. 68f.):

„Kurzum, man beginnt, sich in zunehmendem Maße der Tatsache bewußt zu werden, daß das freie Wahlrecht des Volkes nicht auch eine demokratische Regierung verbürgt, ausgenommen den Namen einer solchen, und daß ***der weitreichende Einfluß des Geldes, der Finanz, des ‘big business’ und vor allem der internationalen Hochfinanz*** *mit ihrem sich keinem Lande verpflichtet fühlenden ‘Patriotismus’ nicht nur die Innen- und Außenpolitik der Regierung beherrscht und so das Leben und die Lebenshaltung des Volkes beeinflußt, sondern bereits in bedenklich weitgehendem Maße unsere* ***vielgerühmte Demokratie*** *in das umgewandelt hat, was seinem Wesen nach* ***Finanzdiktatur*** *ist.“*

Ist es heute ganz anders? Hierzu beachte man die Schlagzeilen, mit denen am 27.1.1997 die *Stuttgarter Nachrichten* aufwarteten:

„Volksvertreter und Sprachrohr von Verbänden: Im Bonner Parlament schon fast die Regel. Zwei Drittel der Bundestagsabgeordneten kassieren Gelder durch gutdotierte Nebentätigkeiten“.

Aus dem dazugehörigen Bericht war zu erfahren:

„Lobbyisten als Volksvertreter, Abgeordnete als Verbandsfunktionäre – im Bundestag sind die Grenzen zwischen der Wahrnehmung organisierter Sonderinteressen und der Vertretung eines allgemeinen Wählerwillens längst unscharf geworden. Sozialminister ***Norbert Blüm*** *(CDU) beklagte schon früh:* ***‘Die Verbände übernehmen die Herrschaft, und der Staat wird zum Notar, der lediglich das Ergebnis der Kungelei beglaubigt.’***

Heute sitzen zwei Drittel der 672 Bonner Palamentarier in Vorständen, Aufsichtsräten, Stiftungskuratorien oder Kontrollausschüssen.“

Rupert Ley, von *Sonntag Aktuell* (13.9.1998) als Jesuit, Ketzer, Philosoph, Psychoanalytiker und begehrter Berater vorgestellt, ist von einem *„grundsätzlichen Mißbehagen an den deutschen Verhältnissen"* erfüllt:

„So aber ist der Staat in die Hände der Parteien gefallen *... Es herrscht weitgehend ein Fraktionszwang. Die Ministerialbürokratie entwirft Gesetze, und die werden von den Fraktionsspitzen entweder angenommen oder verworfen.* ***Was das Kabinett dazu sagt, ist gleichgültig. Es beschließt oder verstärkt nur, was die Fraktionsspitzen ausgehandelt haben. Das Parlament wiederum ist*** *– mit Ausnahme von zwei, drei Abstimmungen im Jahr, in denen es anders entscheidet als die Fraktionsspitzen –* ***machtlos, sinnlos geworden."*** Solche Zustände widersprächen ganz und gar dem *Grundgesetz.*

Bereits zur Zeit der Weimarer Republik erhob der Verfasser des berühmten Buches *Untergang des Abendlandes,* **Oswald Spengler,** ähnliche Anklagen. In einer Rede vor dem *Hochschulring Deutscher Art* am 26.2.1924 in Würzburg führte er aus:

„Parteien waren zuerst begeisterte Einheiten des Denkens und Wollens." Heute seien sie *„rings auf der Erde"* einem *„Klüngel"* zu vergleichen, der den wahren Volkswillen mißachte: *„Die Freiheit der Völker, für welche die Väter ihr Blut vergossen, hat sich in eine drückende Abhängigkeit von dem Klüngel ... verwandelt. Die fürstliche Willkür, Genußsucht und Torheit, mochte sie gelegentlich noch so schlimm sein, ist durch Schlimmeres ersetzt worden."* Die Menschen seien *„trotz des Gaukelspiels allgemeiner Wahlen und einer freien Presse – die davon schweigt, wem sie wirklich dient – rücksichtlos entmündigt"*, schlimmer als *„im Zeitalter des aufgeklärten Despotismus"*.

Das sind harsche Worte. Doch ähnlich schroff drückt sich der italienische Professor **Danilo Zolo** in seinem 1997 erschienenen Buch ***Die demokratische Fürstenherrschaft*** aus:

Der *„Durchschnittsbürger"* lasse sich bei seinem politischen Urteil von *„gefühlsmäßigen Impulsen"* leiten. Die *„Machtelite"* der *„Berufspolitiker"* nütze das schamlos aus, zielstrebig verfolge sie ihre eigenen Interessen. Die Demokratie befinde sich am Rande des Bankrotts. Den *„komplexen"* Problemen von heute – der Arbeitslosigkeit, der Umweltkrise, den Völkerwanderungen der Gegenwart – stünden die Politiker hilflos gegenüber. Mit schuld an der allgemeinen Verdummung sei die *„Telekratie"*, die Meinungssteuerung über das Fernsehen (s. *Spiegel,* 20/1997).

Anmerkung:

Diese *„Verdummung"* ist aber nur deshalb möglich, weil eine Handvoll Leute dank ihres überquellenden Reichtums darüber bestimmen kann, was dem Fernsehvolk vorgesetzt wird.

Nicht die Demokratie als Staatsform ist falsch, auch weniger das Vorhandensein von Parteien, sondern darin steckt der Fehler, daß die Demokratie – wie bereits die Staatsformen davor – kapitalistisch verfälscht ist und war. Deshalb vor allem ist es den Politikern unmöglich, der vielen Probleme Herr zu werden.

Der Schlüssel zur Schaffung einer wahren und dauerhaften Demokratie ist die Lösung der sozialen Frage.

Schmerzliche Erkenntnis

Der bekannte Parteienkritiker Professor **Hans Herbert von Arnim** sah sich in seinem Buch *Staat ohne Diener* zu den Sätzen veranlaßt (S. 335):

„Das Grundübel unserer Demokratie liegt darin, daß sie keine ist. *Das Volk, der nominelle Herr und Souverän, hat in Wahrheit nichts zu sagen. Besonders kraß ist es auf Bundesebene entmündigt, obwohl gerade dort die wichtigsten politischen Entscheidungen fallen.“*

Plutokratischer Absolutismus

Noch deutlicher drückte sich **Artur Mahraun** (1890-1950) aus, ein wirklicher Demokrat und bedeutender Vordenker des Föderalismus. In den zwanziger Jahren veröffentlichte er sein Buch ***Jungdeutsches Manifest***. Darin rechnete er mit der Weimarer Demokratie ab und wagte sich an den Entwurf eines tatsächlich demokratischen ***„Volksstaates“***. So wie bisher könne es nicht weitergehen:

„An die Stelle der absolutistischen Dynastien des 19. Jahrhunderts ist der ***Absolutismus der großen Geldmächte*** *getreten. Durch das ‘allgemeine gleiche’ Wahlrecht ist eine scheinbar vorhandene Mitverantwortlichkeit des Volkes entstanden. Eine Untersuchung der wahren Verhältnisse ergibt jedoch, daß ein gleichberechtigtes Staatsbürgertum nicht vorhanden ist und daß die absolutistische Gewalt des Geldes das deutsche Volk aufs neue zu völlig machtlosem Untertanentum herabgedrückt hat. Dies war nur möglich, weil die Form der Gliederung des deutschen Staatsbürgertums heute die Masse ist. In der Masse ist der einzelne machtlos. Die tatsächliche Gewalt geht auf diejenigen über, welche im Besitze der Machtmittel sind, mit denen die Masse beeinflußt werden kann. Der Kampf gegen diese Neuart des Untertanentums ist schwerer wie der des 19. Jahrhunderts, denn die absolutistischen Fürsten des Geldes sind nicht sichtbar wie die einstigen absoluten Fürsten.“* (S. 48)

Nach Artur Mahraun liegt einer politischen Partei, so wie sie sich zu seiner Zeit darstellte, ein verfehltes Organisationsprinzip zugrunde:

„Die ***Partei*** *besteht aus einer Clique, die sie regiert, aus Angestellten, welche von dieser Clique abhängig sind, und einer Masse, welche durch Parteitaktik gelenkt wird.*

Die Zahl der Idealisten, die einer Partei selbstlos dienen, ist verschieden. Sie ist jedoch in der Abnahme begriffen, da die Partei aus Wesensgründen nicht in der Lage ist, die Werte des Idealismus zu schaffen oder zu hüten. Alle plutokratisch geführten Parteien haben kein Interesse an der Entwicklung eines Gemeinschaftsgeistes. Die plutokratischen Machthaber können die Masse ohne diesen besser beeinflussen. In der Umbildung der Masse zur Gemeinschaft liegt für sie eine Gefahr." (S. 69)

Der Aufbau einer echten Demokratie ist also – nach Mahrauns Auffassung – unmöglich, solange das auf kapitalistischer Grundlage geschehen soll.

Machtloses Wahlvolk

Joachim Becker, zwei Wahlperioden lang Oberbürgermeister der Stadt Pforzheim und bundesweit für seine eigenwilligen Ansichten bekannt, ließ sich anläßlich einer Besprechung von H. H. von Arnims Buch *Fetter Bauch regiert nicht gern* so vernehmen (*Mut*, Februar 1998, S. 24):

„*Für besonders wichtig halte ich sein Kapitel über die mangelnde Kontrolle unserer politischen Klasse* ... ***In einer repräsentativen Demokratie ist der praktische Einfluß der Bürger durch Bundes- und Landtagswahlen auf die konkrete Politik zu vernachlässigen.*** *Das gilt nicht nur für Deutschland, das gilt für die westlichen Demokratien ganz allgemein und ist die zwangsläufige Folge des Prinzips der Repräsentation, dem zufolge die Macht im Staate einer spezialisierten Elite durch Delegation übertragen wird* ... ***Die Geschichte der Bundesrepublik Deutschland ist eine Geschichte der Entäußerung von Verantwortung des Volkes,*** *eine Entwicklung, die jetzt durch die Finanzkrise der öffentlichen Hand schlaglichtartig sichtbar wird.*"

Kommentar:

Becker schildert hier die Entfremdung zwischen Volk und Führung, die im Kapitalismus freilich unvermeidlich ist. Nicht das „*Prinzip der Repräsentation*" an sich ist falsch, sondern ein Geld- und Wirtschaftssystem, das zuallererst vom Rentabilitätsmechanismus gesteuert wird und nur solche Ziele anstrebt, die leistungslose Gewinne – Zinsen, Dividenden, Grundrenten usw. – abwerfen. So bildet sich unvermeidlich eine Geld- und Machthaberkaste heraus, die ebenso unvermeidlich auf solche Handlungsziele festgelegt ist.

Hans Herbert von Arnim hat sich an anderer Stelle – *Sonntag Aktuell*, 8.2.1998 – zu diesen Problemen so geäußert:

Die besten Eigenschaften der Menschen nützten nichts, wenn das „*System*", die Gesamtheit der „*Institutionen*", nichts tauge. Als Lösungsvorschläge fallen ihm allerdings nur so kümmerliche Dinge ein wie das „*Mehrheitswahl-*

recht" der USA oder Großbritanniens und die *„Direktwahl des Ministerpräsidenten"*.

Professor von Arnim verkennt, daß das *„System"*, in dem wir leben, viel tiefersitzende Mängel hat und daß es am treffendsten, wie schon gesagt, als Zinswirtschaft bezeichnet wird. Der Zinsmechanismus hat zur Folge, daß eine reiche Minderheit zwangsläufig immer reicher wird, großenteils auf Kosten der arbeitenden Menschen. Daraus erwachsen zahllose, unlösbare Probleme.

Fast gesetzmäßig ergibt sich z. B. daraus, daß wir – um von Arnims Worte zu benützen – **eine *„politische Klasse"* bekommen, die *„selbstbezogen und abgehoben"* lebt und *„Diener vieler Herren"*, aber kaum des Volkes ist.**

„Vom neuen Götzen"

Man erinnere sich hier, was **Friedrich Nietzsche** im *Zarathustra* unter der Kapitelüberschrift *„Vom neuen Götzen"* über den (kapitalistischen) Staat geschrieben hat. Die einleitenden Sätze seien wiedergegeben:

„Irgendwo gibt es noch Völker und Herden, doch nicht bei uns, meine Brüder: da gibt es Staaten.

Staat? Was ist das? Wohlan! Jetzt tut mir die Ohren auf, denn jetzt sage ich euch mein Wort vom Tode der Völker.

Staat heißt das kälteste aller kalten Ungeheuer. Kalt lügt es auch; und diese Lüge kriecht aus seinem Munde: 'Ich, der Staat, bin das Volk.'

Lüge ist's! Schaffende waren es, die schufen die Völker ...

Dieses Zeichen gebe ich euch: jedes Volk spricht seine Zunge des Guten und Bösen: die versteht der Nachbar nicht. Seine Sprache erfand es sich in Sitten und Rechten.

Aber der Staat lügt in allen Zungen des Guten und Bösen; und was er auch redet, er lügt – und was er auch hat, gestohlen hat er's."

Hölderlins Zukunftstraum

Es könnte auch anders sein.

Wie schön lesen sich die Worte **Friedrich Hölderlins** (1770-1843), wenn er im *Hyperion* seinen Helden sagen läßt, wie ein Staat beschaffen sein sollte: ***„Die rauhe Hülse um den Kern des Lebens, und nichts weiter, ist der Staat. Er ist die Mauer um den Garten menschlicher Früchte und Blumen."***

Doch solch ein Staat ist nur dann möglich, wenn durch die richtige Lösung der sozialen Frage die Übermacht des Geldes gebrochen ist.

Verschwinden des Nationalstaats?

Wie **Roman Herzog** über den Nationalstaat denkt, ist aus einer Rede zu erfahren, die er im September 1996 gehaltenen hat. Die *Stuttgarter Nachrichten* berichteten kurz darüber (18.9.96):

***„Der Nationalstaat mit seinen überkommenen Souveränitätsvorstellungen hat sich überlebt,** erklärte Bundespräsident Herzog am Dienstag in München.*

Vor dem 41. Deutschen Historikertag sagte Herzog, der Nationalstaat sei dabei, zu klein zu werden für die großen Probleme und zu groß für die kleinen. Heute könne kein Staat allein seine Bevölkerung vor militärischen oder ökologischen Bedrohungen schützen. Das Verschwinden des Nationalstaats bedeute aber nicht das Verschwinden von Nationen. Für die Deutschen liege der Weg in die Zukunft in der europäischen Integration. Europa dürfe sich jedoch nicht darauf beschränken, ein bürokratischer Superstaat oder eine Freihandelszone zu sein. Wegen des Verschwindens der Nationalstaaten habe auch die nationale Geschichtsschreibung keinen Sinn mehr. Die Historiker seien aufgefordert, sich künftig insbesondere um die Geschichte der europäischen und außereuropäischen Länder zu kümmern."

Dazu wäre zu sagen:

1. Herzog denkt – wie heute fast alle Maßgeblichen – völlig im Rahmen des jetzigen konzernkapitalistisch geprägten Wirtschafts- und politischen Systems, und insofern sind seine Überlegungen irgendwie logisch, wenn auch falsch und verhängnisvoll.

2. Der Nationalstaat ist schon heute viel zu zentralistisch und hat viel zu viel Befugnisse an sich gezogen. Das hat auch den Ländereinfluß weitgehend ausgehöhlt – von den Befugnissen der drunter liegenden Verwaltungsebenen ganz zu schweigen. Der zentralistische Staat ist hierin das genaue Abbild der Konzentrationsvorgänge in der Wirtschaft. Ein unaufhörlicher „Strukturwandel" ist im Gange. Kleine Betriebe gibt es immer weniger, der Mittelstand insgesamt schrumpft, und die Konzerne fusionieren zu noch größeren Gebilden. Der Staat mischt sich immer häufiger ein, ablesbar auch an der hohen Staatsquote (von über 50 Prozent) und der unbremsbar wachsenden Steuer- und Abgabenlast, welche 1999 eine Rekordhöhe von 56,8 Prozent erreichte. In den anderen Ländern sieht es nicht viel besser aus.

Die Aufgabe besteht umgekehrt darin, die Allmacht des Staates und seine Bürgerferne bereits im nationalen Raum zu verringern und nicht durch Souveränitätsverzichte zugunsten Brüssels noch ärger zu machen.

3. Die länderübergreifenden Probleme können nicht durch noch größere Zusammenschlüsse, eine noch schlimmere Zentralisierung der Entscheidungen, gelöst werden. Wenn diese Strategie richtig wäre, hätte die untergegangene Sowjetunion mit dem allmächtigen Politbüro ihre ökologischen, wirtschaftlichen und sonstigen Schwierigkeiten spielend bewältigen können. Das Gegenteil war der Fall! Man verkennt, daß wir deshalb in die Katastrophen hineinschlittern, weil wir zuviel Zentralismus, zuviel Großstrukturen, zuviel Konzer-

ne haben. **Im bloßen Vorhandensein und Weiterwuchern dieser Großgebilde steckt das Grundübel!** Man sollte nicht den törichten Entschluß fassen, dem Bock noch mehr Gärtnersaufgaben zu übertragen.

4. Es ist eine gefährliche Selbsttäuschung, wenn nicht gar eine fromme Lüge, zu sagen, **die Beseitigung der Nationalstaaten *„bedeute aber nicht das Verschwinden von Nationen"*. Das Gegenteil ist wahr.** Die EU verhilft vor allem dem Großkapital, den Großbanken und der Großindustrie zu entscheidenden Vorteilen. Die kulturprägenden Klein- und Mittelbetriebe werden noch mehr ins Abseits geraten. Der europaweite, alle Bereiche erfassende Druck zur Vereinheitlichung, welcher alle Mannigfaltigkeit auszulöschen droht, wird sich fortsetzen.

Ferner ist die Freizügigkeit von Gütern, Kapital und Menschen bereits in der *Einheitlichen Europäischen Akte*, die am 1.7.1987 in Kraft trat und den *„Binnenmarkt"*, *„einen großräumigen Markt ohne Grenzen"*, vorbereiten half, fest verankert worden. Die Wanderbewegungen innerhalb Europas, auch die von außerhalb, werden beschleunigt weitergehen. Die europäischen Völker werden auch ethnisch-kulturell ihr jeweiliges eigene Gepräge, „Identität" genannt, noch mehr verlieren.

Hinter all diesen Entwicklungen steckt, es sei zum wiederholten Male gesagt, die ungelöste soziale Frage.

Demokratie ohne Volk?

Demokratie heißt Volksherrschaft. **Wenn es keine Völker mehr gibt, wie soll dann noch Demokratie möglich sein?**

Wahre Demokratie setzt wache, lebendige Völker voraus. Ein Volk ist dann lebendig, wenn es sich aus einer Vielzahl echter und überschaubarer Gemeinschaften aufbaut, seien sie privater oder öffentlicher Art, seien sie klein oder groß, handle es sich um verwandtschaftliche Beziehungen oder um politische Einheiten. Das Ganze kann nämlich niemals besser sein als seine Teile. Eine echte Gemeinschaft aber zeichnet sich dadurch aus, daß sich das Bessere und Höherwertige darin durchzusetzen pflegt. Hat dieser bessere Geist in vielen Einzelbereichen die Oberhand gewonnen, wird er schließlich das ganze Volk und gerade auch die tonangebenden Schichten durchdringen.

Ein lebendiges Volk ist zudem von starkem Gemeinschaftsbewußtsein erfaßt.

Ein solches Volk ist gegen Gewaltherrschaften gefeit, wird sie nicht lange dulden bzw. überhaupt nicht zulassen.

Ein solch waches Volk ist die wichtigste Voraussetzung einer Demokratie.

Wer also die Sache der Demokratie verficht, muß sich entschieden zugunsten des Volksgedankens und der Völkererhaltung aussprechen, weil Demokratie andernfalls gar nicht möglich ist.

Leider sind solche Völker und Demokratien kaum mehr anzutreffen. Wie schon dargestellt, waren und sind sie durch den Kapitalismus alle einer Zerrüttung ausgesetzt, die bis in die kleinsten Gemeinschaftsformen hineinreicht.

Gibt es aber keine Völker mehr, hat man es nur noch mit zufälligen Menschenansammlungen zu tun, so kann sich auch kein gemeinsamer, geschweige denn höherer Volkswille herausbilden. Schon rein begrifflich fehlt damit die wichtigste Vorbedingung einer wahrhaft demokratischen Regierung. Die Politiker werden fast zwangsläufig zu Vertretern der mächtigsten, meist nur rein materiell ausgerichteten, Interessengruppen im Land. **Die unvermeidliche Staatsform über solchen Völkertrümmern ist dann entweder die offene Diktatur oder die totalitäre Scheindemokratie. Beide aber sind geldmachtbestimmt und folgen deren Zerstörungsgesetzen.**

Merke:

Soll das Bekenntnis zur Demokratie nicht nur leeres Wortgeklingel bleiben, muß man sich an erster Stelle mit der Geld- und der Bodenfrage beschäftigen, weil ohne deren Umgestaltung keine wahren und keine friedlichen Demokratien möglich sind.

Zum Thema Meinungsfreiheit

Überall wird die Forderung nach Freiheit der Meinungsäußerung erhoben. In den meisten Staatsverfassungen ist sie auch zugesichert. Doch wird sie allzuhäufig mißachtet oder durch Sonderbestimmungen in vielen Punkten wieder aufgehoben.

Was aber ist unter Meinungsfreiheit zu verstehen?

Sie besagt eindeutig nicht, daß man öffentlich sagen und schreiben könne, was man will. Man hat sich an die allgemein verbindlichen Gesetze und Regeln zu halten und sollte auch nicht gegen das Wahrheitsgebot und die guten Sitten verstoßen.

Es gilt eine weitere Einschränkung: Ist man Mitglied eines Verbandes, sei er ökologischer, politischer, religiöser Art, habe er privaten, beruflichen oder öffentlichen Charakter, muß man sich an die dort geltenden Regeln und Satzungsziele halten; sonst wird man zu Recht vermahnt und – im äußersten Fall – ausgeschlossen.

Wenn sich z. B. ein Naturschutzverein mehrheitlich auf bestimmte Ziele festgelegt hat, wenn er etwa die sogenannte friedliche Nutzung der Kernenergie ablehnt, kann er nicht zulassen, daß ein führendes Mitglied öffentlich das Gegenteil verkündet. Der Betreffende kann sich dann ja einer anderen Gruppe anschließen oder selber eine gründen.

Ähnlich ist es bei einem Zeitungsverlag. Der Besitzer und Geldgeber hat letztlich das Recht, die Einhaltung bestimmter programmatischer Ziele, die ihm wichtig sind, zu verlangen. Wer hier nicht mitziehen will, kann sich ja einen ihm genehmeren Arbeitsplatz suchen.

Aber da stößt man auf die eigentliche Schwierigkeit! Wo ihn finden? Wir leben nun mal *„in Zeiten, da die Medienmärkte von wenigen Weltkonzernen beherrscht werden."* (*STN*, 18. 2.1998) Und deren inhaltliche Programmatik ist im Regelfall einseitig internationalistisch geprägt. Wo gibt es da noch Verlage und Zeitungen für Leute mit abweichenden Meinungen und unerwünschten Wahrheiten, für die wahren Menschen- und Menschheitsfreunde?

Das Problem besteht also weniger darin, daß man je nach Zugehörigkeit zu einer Berufsgruppe, einer Gemeinschaft oder sonst einem Verband in seiner Meinungsäußerung beschränkt ist, sondern in dem Übelstand, daß es an der erforderlichen Vielfalt von Lebensformen und meinungsbildenden Einrichtungen fehlt. Infolgedessen sind viel zu viele Menschen, die ideenreich, weitblickend und verantwortungsbewußt sind, davon ausgeschlossen, ihre Gedanken, seien sie widersprechend oder weiterführend, frei und weithin hörbar vorzutragen.

Die Grundursache solch undemokratischer Freiheitsbegrenzungen ist die **Kapitalkonzentration** in den Händen weniger, so daß z. B. die Meinungsbildung ganzer Völker, ja selbst der Menschheit, *„wenigen Weltkonzernen"* (s. o.) zufällt. Die aber sind zinsgeldgesteuert und somit kaum geeignet, aufrechte Wahrheitsverkünder und entschlossene Verfechter der guten Sache zu sein. Wenn einem das nicht gefällt, kann man nicht einfach gehen – wo sonst soll man sich den Lebensunterhalt verdienen? Auch fehlt fast immer das Kapital zur Gründung einer eigenen Firma, z. B. eines Verlags.

Schlimm ist es, wenn sich der Staat auf bestimmte „Wahrheiten" festgelegt hat, die man nicht anzweifeln darf. Das ist besonders einschnürend, wenn er zentralistisch geprägt ist. Wohin will man da ausweichen? In der kommunistischen, d. h. staatswirtschaftlichen Welt war dergleichen einst die Regel. Doch auch in den konzernkapitalistischen Ländern gibt es Denk- und Redeverbote. Freilich merkt das die Masse der Leute oft gar nicht mehr, weil sie der einseitigen Meinungseinimpfung schon sehr lange unterliegt. Das macht die Lage der wacheren Geister noch schwieriger.

Ein Aufruf

Vor allem die Zone der nationalen Frage ist mit Warnschildern umstellt. Es wurde schon zu klären versucht, weshalb das so ist. Das führt dann zu Hilferufen wie jenem, der von einem Rechtsschutzverband, vielfach unterschrieben, an mehrere nationale und internationale Menschenrechtsorganisationen verschickt wurde:

„Mit Besorgnis müssen wir, die Unterzeichner, feststellen, daß in Deutschland in zunehmendem Maße Menschenrechte verletzt werden. Insbesondere

werden verstärkt Sondergesetze und strafrechtliche Verfolgungen gegen Andersdenkende eingesetzt. Es sind sogar Fälle nachgewiesen, in denen staatliche Agenten als Provokateure Straftaten verübten oder dazu anstifteten, um die strafrechtliche Verfolgung Oppositioneller zu ermöglichen.

In wachsendem Maße werden in der Bundesrepublik Deutschland Versammlungen und Demonstrationen untersagt. Bücher, Zeitschriften, Tonträger und Filme werden verboten. Speziell solche, die mit der staatlich festgelegten Zeitgeschichtsschreibung nicht konform gehen. Dadurch wird eine wissenschaftliche Forschung verhindert. Ohne zu dem Inhalt dieser nonkonformen Forschungsergebnisse Stellung zu nehmen, weisen wir in große Sorge um die in der 'Allgemeinen Erklärung der Menschenrechte' garantierte Freiheit der Meinungsäußerung auf diese gefährlichen Zustände hin und wenden uns an alle Verantwortlichen im In- und Ausland, dafür einzutreten, daß derartige Verletzungen der Menschenrechte in der BRD künftig unterbleiben."

Unanständiges beim „Aufstand der Anständigen"

Seit ein paar Jahren gehen Banken dazu über, sogenannten rechtsgerichteten Verlagen und Organisationen das Konto zu kündigen, um sie auf diese Weise zum Schweigen zu bringen. Am 5. Januar 2001 traf es die konservative Wochenzeitung *Junge Freiheit*: Die Postbank – sie ist überwiegend staatseigen und hat rund zehn Millionen Kunden – entzog ihr das Geschäfts-Girokonto. Als Grund wurde genannt: In den Verfassungsschutzberichten werde die *Junge Freiheit* als „rechtsextremistisch" aufgeführt. (Die in denselben Berichten angeprangerten linksextremen Gruppen erhielten jedoch keine Kündigungsbriefe!) Nachdem aber wider Erwarten ein gewaltiger Proteststurm losbrach, mit Beteiligung vieler namhafter Leute – darunter auch Helmut Markwort, Chefredakteur des Nachrichtenmagazins *Focus* – nahm die Postbank ihre Entscheidung zurück.

Der Fernsehjournalist und Buchautor Franz Alt, gleichfalls Unterzeichner des Prostestaufrufs, führte gegenüber der *Jungen Freiheit* aus (16.2.2001):

„Die Pressefreiheit ist ein so wichtiges Gut: Sie ist Voraussetzung für Demokratie ... Freiheit ist immer ein Kampf. Da geht es um Interessen ... Wir haben formal eine Demokratie *in Deutschland: Formal! In Wirklichkeit muß* man die Demokratie immer *wieder aufs Neue erkämpfen, jeden Tag, und das tun zu wenige ... Wirkliche Freiheit ist immer auch die Freiheit des Andersdenkenden ... Es gibt aber links und rechts, wieso soll man das per Unterdrükkung ignorieren?"*

19. Das Beispiel EU

„Grünes Licht für Euro-Start"

Am Donnerstag, 23.4.1998, hat der Bundestag *„mit überwältigender Mehrheit"* (*STN*, 24.4.1998) der Teilnahme Deutschlands an der Währungsunion zugestimmt und damit der Ablösung der D-Mark durch den Euro. In namentlicher Abstimmung entschieden sich 575 Abgeordnete für die Teilnahme, 35, darunter die gesamte PDS-Gruppe, lehnten sie ab, fünf Volksvertreter enthielten sich der Stimme.

Eine ähnlich *„überwältigende Mehrheit"* der Bundesbürger stand der Aufgabe der eigenen Währung jedoch ablehnend gegenüber.

Einen Tag später stimmte auch der Bundesrat der Euro-Einführung zum 1. Januar 1999 mit elf Teilnehmerstaaten zu. Kanzlerkandidat Gerhard Schröder und Bayerns Ministerpräsident Edmund Stoiber, die immer wieder laute Zweifel geäußert hatten, verweigerten jetzt ihr Ja-Wort nicht. Nur Sachsens Ministerpräsident Kurt Biedenkopf blieb bei seiner ablehnenden Haltung.

Am 25. März 1998 hatte die *Europäische Kommission* verkündet, daß sich elf von zwölf Kandidaten für den Euro-Start qualifiziert hätten. Nur Griechenland erhielt eine Absage. Freilich verfehlten auch die anderen Staaten manche Konvergenzkriterien oder erreichten sie nur mittels Buchungskniffen.

Anfang Februar 1998 hatten 155 deutsche Ökonomen die Verschiebung der Europäischen Währungsunion gefordert. Ähnlich wie Biedenkopf lehnten sie den Euro nicht grundsätzlich ab; nur sei die Zeit dafür *„noch nicht reif"*: *„Der dauerhafte Erfolg des Euros ist wichtiger als der Zeitpunkt seiner Einführung."*

Auch die *Deutsche Bundesbank* hatte Vorbehalte. Dennoch stimmte sie zu.

Die Verfassungsbeschwerde der Professoren Hankel, Nölling, Schachtschneider und Starbatty wurde vom *Bundesverfassungsgericht* nicht einmal angenommen. Dessen Zweiter Senat wies sie am 2. April 1998, wenige Wochen vor der entscheidenden Bundestagssitzung, mit einstimmigem Beschluß zurück.

Für Bundeskanzler Kohl aber war die europäische Einheitswährung ein *„Meilenstein"* und ein *„Glücksfall der Geschichte"*. Und Jacques Santer, Präsident der *EU-Kommission*, nannte den Euro beim Festakt zur Gründung der *Europäischen Zentralbank* in Frankfurt den *„Höhepunkt des europäischen Aufbauwerkes"*. (*STN*, 1.7.1998)

Der Grundirrtum

Daß die europäischen Nationalstaaten allesamt in einer schwierigen Lage sind, ist unbestreitbar: zunehmende Arbeitslosigkeit, grenzüberschreitende Umweltzerstörung, immer ärgere Verschuldung, länderübergreifende Kriminalität, transnationale Konzerne, die nach Belieben den Standort wechseln usw.

Die Politiker werden der Schwierigkeiten nicht mehr Herr.

Will man ein Problem dauerhaft lösen, muß man an die Grundursachen gehen.

Die aber stecken – eben dies will das vorliegende Buch zeigen – in der ungelösten Geld- und Bodenfrage. Daraus vor allem entwickeln sich die vorgenannten Probleme.

Die wahre Lösung bestünde daher in der Bereinigung der Grundeinrichtungen einer jeden Gesellschaft: des Geld- und Bodenrechts.

Dazu bedarf es keiner übergeordneten Instanz wie der EU, sondern lediglich des Wissens um solch einen Lösungsweg – und der Handlungsfreiheit. Die aber wäre in den noch bestehenden Einzelstaaten viel besser gegeben. Mit der freiwirtschaftlichen Geld- und Bodenreform könnte man sogar auf regionaler Ebene beginnen. Fast augenblicklich begänne die Gesundung. Eine Rückverlagerung der Geldmittel – auch der Lenkungsbefugnisse – von oben nach unten, vom Großen zum Kleineren setzte ein. **Der alleszerstörende Drang zum Gigantismus würde erlöschen.** Damit ließen sich die meisten der heute noch als unüberwindbar geltenden Hindernisse allmählich abbauen.

Statt dessen hat man sich für die EU jetziger Machart und den Euro entschieden und somit genau den anderen Weg beschritten: Alles soll noch größer und weiträumiger werden. **Man ergab sich den Forderungen des Großkapitals.** Man machte den Bock endgültig zum Oberaufseher des europäischen Gartens. Die Währungsunion – sie ist laut Altbundeskanzler Kohl *„unumkehrbar"* – trägt ihr Teil dazu bei, die Mitgliedsländer noch enger aneinanderzuketten. Die Übel, an denen schon die Nationalstaaten krankten – der Wachstumsdruck, der schädliche Einfluß des Großkapitals, der Zentralismus – werden sich mit der Machtverlagerung nach Brüssel noch mehr verfestigen, für Verbesserungsversuche noch weniger erreichbar sein.

Die großen Probleme sind damit – aus geldkritischer Sicht – endgültig unlösbar geworden.

Zur Vorgeschichte des Euro

Rudolf Augstein, Herausgeber des *Spiegels*, weiß dazu mitzuteilen (*Spiegel spezial*, Nr. 2/1998, S. 17ff.):

„Tatsächlich muß man daran erinnern, daß Jacques Delors damals als Präsident der Europäischen Kommission mit einer sehr negativen Sicht der Dinge aufwartete. ***Er wollte sich mit der Wiedervereinigung und der Mark nicht abfinden.*** *Präsident Francois Mitterand sprach sogar ausdrücklich von dem 'Opfer', das Bonn bringen müsse ... Die ganze Euro-Kiste ist verkehrt*

herum gebaut, ***weil sie nicht in erster Linie die Zukunft Europas ansteuert, sondern auch darauf aus ist, Deutschland zu schwächen.***"

Kritisches:

Als es um die EWU (Europäische Währungsunion) ging, waren französischerseits also nicht sachliche Erwägungen, sondern machtpolitische – genauer: deutschlandfeindliche! – Ziele bestimmend.

Schon allein aus dem Grund ist es fraglich, ob das Euro-Abenteuer ein gutes Ende nimmt.

Doch den deutschen Politikern ging es weniger um deutsche Überlebensbelange. Ihr Bekenntnis zum Euro war echt. Ihr Zögern hatte eher verfahrenstechnische Ursachen. Ihre Auffassung war: Erst wenn die EU politisch und wirtschaftlich eng zusammengewachsen sei, könne als abschließende Krönung die Einheitswährung kommen.

Sich gegen den Euro an sich zu stellen? Das wäre ja anrüchiger, strafwürdiger Nationalismus! Deutschland mußte doch – das eben ist die verinnerlichte Überzeugung aller Maßgeblichen hierzulande – europäisch eingebunden sein.

Selbst Rudolf Augstein fragt hier zweiflerisch: *„Ist es nötig, die Deutschen vor sich selbst zu schützen?"* Was heißen soll: Bedürfen die Deutschen eines Vormunds in Gestalt fremder Regierungen?

Die EU als Ziehkind der Großindustrie

Doch weit wichtigere Antriebe für die Schaffung von Binnenmarkt, EU und EWU als französische Ängste vor deutscher Übermacht dürften die Rentabilitätsüberlegungen von Großkapital und Großindustrie gewesen sein.

isw (*sozial-ökologische Wirtschaftsforschung München e.v.*), eine gewerkschaftsnahe Gruppe, schreibt hierzu in ihrem *Report Nr. 15* (1993), S. 15: *„In der Konstruktion der EG und des Binnenmarktes bündeln sich die Interessen der großen transnationalen Konzerne auf einen großen, von Grenzen und Regulatorien befreiten Markt ...*

Es sind ausschließlich die ***wirtschaftlichen Interessen der beherrschenden Konzerne,*** *die das Unternehmen Binnenmarkt und Europäische Gemeinschaft auf den Weg brachten und lebendig erhalten ... Was sich hinter dem anonymen Sachzwang des Marktes bzw. der internationalen Konkurrenzfähigkeit verbirgt, sind die Profitinteressen des international agierenden Kapitals."*

Und der frühere Präsident des Bundeskartellamtes Wolfgang Kartte befürchtete, daß ***„Europa einer Oligarchie der Konzerne ausgeliefert wird."*** (Zit. nach *isw-report Nr. 13* (1992), S. 5)

Vorhersagen eines bekannten Konzernführers

Beachtenswert ist, was Lothar Späth, einst baden-württembergischer Ministerpräsident und danach Vorstandsvorsitzender des thüringischen Unternehmens *Jenoptik*, zu diesem Problemkreis geschrieben hat.

Die Inflationsängste anderer Euro-Kritiker teilt er nicht: Der *„knallharte Wettbewerb"* in Europa werde dafür sorgen, daß *„die Zinsen stabil bleiben"* und *„die Inflationsrate niedrig"*.

Profitieren würden vor allem die großen Unternehmen, auch die deutschen, weil sie in den vergangenen Jahren durch *„harte Kostensenkungen"* u.a.m. ihre Vorbereitungen getroffen hätten. Er vermutet, daß ***„ein gewaltiger Konzentrationsprozeß"*** einsetzen werde, der mit der Übernahme von *Rover* durch *BMW* und von *Rolls-Royce* durch *VW* erst begonnen habe.

Er fürchtet, daß sich die Arbeitslosigkeit noch verschlimmern könne. Der größere Wettbewerbsdruck erzwinge nämlich *„immer größere Einheiten"*, und zur Steigerung der Produktivität müsse noch mehr rationalisiert werden.

Besorgt ist er auch um den Mittelstand. Er hat Zweifel, ob es ihm gelingt, *„rasch ein europäisches Netz aufzubauen"*. Nur mit politischer Hilfe könne das gelingen. Bleibt sie aus, drohe ***„die große Gefahr, daß die Großen die Kleinen aufkaufen*** *und unter dem Dach einer Firma die Organisation von solchen Netzwerken in die Hand nehmen."* (*Sonntag Aktuell*, 24.5.1998)

Nachbemerkung:

Was Späth 1998 vorhersagte, hat sich rasch bewahrheitet. Als Beispiel sei auf die Tourismusbranche verwiesen. Drei Jahre später las man in derselben Zeitung (*Sonntag Aktuell*, 10.6.2001):

„Drei Konzerne beherrschen den Urlaubsmarkt ... Die Großen der Branche feiern eine Elefantenhochzeit nach der anderen, während mittelständische Reiseveranstalter zunehmend auf der Strecke bleiben. Hinter vielen namhaften Urlaubsmarken steht längst kein unabhängiges Unternehmen mehr ... Diese drei Konzerne teilen inzwischen über 70 Prozent des deutschen Pauschalreisemarkts unter sich auf – und international profilieren sie sich zunehmend als Global Players."

Großindustrie als Verfertiger des Maastricht-Konzepts?

Folgt man der Darstellung, wie sie Foresta und Grün in ihrem 1993 erschienenen Buch *Warnung vor EG-Europa* bringen, dann ist der ursprüngliche Text des Vertrages von Maastricht von dem Gremium *European Round Table of Industrials* (*ERT*) erarbeitet worden, und zwar noch bevor die Minister und Ministerpräsidenten der Staaten Europas darüber berieten. Die Gestaltung der EU geschah also in einer Form, die der Großindustrie und dem Großkapital nützlich erschien.

Beim *ERT* (zu deutsch: *Europäischer Industriekreis*) sind die bedeutendsten europäischen Konzernführer versammelt, wie aus der auf den neuesten Stand gebrachten Mitgliederliste hervorgeht. Die im *ERT* vertretenen Firmen beschäftigen weltweit 3 Millionen Menschen und haben gegenwärtig einen Gesamtumsatz von etwa 1100 Mrd. DM.

Die Buchverfasser zeigen auch die Querverbindungen zwischen *ERT* und anderen großkapitalistischen Gruppen wie Bilderbergern und Trilateralen.

Die EU als Wachstumsbeschleuniger

Aus der am 1. Juli 1987 in Kraft getretenen *Einheitlichen Europäischen Akte (EEA),* einer Programmschrift der damaligen EG, ergibt sich klar:

Mit ein Hauptzweck der Schaffung eines grenzfreien Binnenmarktes – und der angestrebten EU – war die Wiederankurbelung des wirtschaftlichen Wachstums. Dann nämlich sei es möglich, *„das innere Wachstumspotential der Gemeinschaft zu nutzen"* (S. 9), ***„ein stärkeres und beschäftigungswirksameres Wachstum"*** herbeizuführen (S. 39), *„einen positiven Beitrag von seiten der Gemeinschaft an dem Weltwirtschaftswachstum"* zu leisten (S. 75).

Zur Beachtung:

Hier wird besonders deutlich, daß der (zinsbedingte) Wachstumszwang – und die damit verkoppelten Schwierigkeiten – eine entscheidende Hauptursache für die Entstehung von Großgebilden wie die EU darstellt. Weil man sich nicht um die tiefere Ursache kümmert – die ungelöste Geldfrage –, auch nicht kümmern will, weil dann die eigenen Reichtums- und Machtprivilegien auf dem Spiel stünden, beschreitet man lieber den bequemeren, nur scheinbar hilfreichen, letztlich alleszerstörenden Weg, in Wirtschaft und Politik immer größere Organisationen zu schaffen.

EU-Zentralismus

Hierzu ein paar kennzeichnende Aussagen:

Schroff ablehnend urteilte Margarete Thatcher in ihren 1993 veröffentlichten Memoiren:

„Ich selbst war strikt gegen die 'Politische Union' ... Denn ... sie [die Deutschen] *waren besessen von dem Gedanken der Zentralisierung, während der weltweit größte Versuch, ein zentralisiertes System zu regieren –* ***die Sowjetunion*** *–, vor dem Zusammenbruch stand.*

Wenn es je ein Konzept gab, das sich als überholt erwiesen hatte, dann das eines künstlich geschaffenen Mega-Staats."

Christoph Blocher, Schweizer Politiker und erfolgreicher Unternehmer, urteilt ähnlich. Er ist immer noch froh darüber, daß sein kleines Land 1992 in einer von ihm in Gang gesetzten Volksabstimmung den Beitritt zur EU ablehnte. Im Gespräch mit der *Wirtschaftswoche* (37/1997) führte er aus:

„Ich stehe zur Selbstbestimmung der Schweiz, zu unserer Neutralität und insbesondere auch zur direkten Demokratie ... ***Die zentralistische, bürokratische Konstruktion der EU wäre für unser Land schlecht ... Der souveräne Staat wird immer moderner werden.*** *Sowohl in der Wirtschaft als auch in der Politik haben große, zentralistische Einheiten keine Überlebenschance, weil sie schlußendlich nicht mehr führbar sind.* ***Ich bin für ein weltoffenes Land und freien Handel – aber Entscheidungen müssen in kleineren Einheiten fallen.*** *In großen Gebilden sind alle für alles verantwortlich, aber kein Politiker für irgend etwas. Das kann nur schiefgehen."*

Bedeutung des Nationalstaates

Der Münchener Professor für Alte Geschichte, Christian Meier, offenbarte in einem Gespräch mit dem *Spiegel* sehr ketzerische Ansichten (Nr. 41/1997):

„Es heißt ja immer, die Zukunft liege in Europa und in den Regionen. Ich glaube daran nicht ganz; wir sollten uns vielmehr über die Notwendigkeit der klassischen Nationalstaaten neu verständigen. Bei all meinen Studien hat sich immer wieder bestätigt, ***daß Demokratie ohne die Existenz von Nationalstaaten unmöglich ist ...***.

Ich hänge auch an diesem Europa, das ist klar, aber ob es nun ausgerechnet das Maastricht-Europa sein muß, bezweifle ich. Mir jedenfalls ist es zu wenig, wenn wir für dieses Europa nur Wirtschaftsinteressen und Verträge namhaft machen können. Das läuft nämlich darauf hinaus, ***daß am Ende wieder nur Big Business und Big Money das Rennen machen."***

Drohende *„Totalüberwachung"*

Erschreckend, aber eigentlich nicht erstaunlich ist, was der *Spiegel* (31/1995) über den wachsenden Brüsseler Leviathan berichtete:

„Auch brave Bürger müssen damit rechnen, daß ihre Daten im Super-Computer von ***Europol*** *gespeichert werden ... Befugnisse in bisher unbekanntem Ausmaß soll die Eurobehörde mit ihrem* ***Super-Computer*** *erhalten ... ein Speichersystem, das mehr als eine Million Datensätze faßt. Die schwammigen EU-Paragraphen machen eine* ***Totalüberwachung*** *möglich ... Aber im Vergleich zur entschlossenen Rasterfahndung per Europa-Datenverbund erscheint die deutsch-föderalistische Polizeiarbeit geradezu als rechtsstaatliche Idylle."* Laut Datenschützer Thilo Weichert könne bei der *„Unbestimmtheit"* der Europol-Satzung *„praktisch jede Person erfaßt werden"*.

Noch Schlimmeres kommt jetzt mit ***Enfopol*** auf uns zu, einer beim Europäischen Rat angesiedelten Arbeitsgruppe für polizeiliche Zusammenarbeit auf europäischer Ebene. Die Telekommunikationsanbieter sollen gezwungen werden, jedes Telefongespräch, jedes Telefax und jede E-Mail mindestens sieben Jahre lang zu speichern. *Enfopol „arbeitet eng mit dem amerikanischen FBI und der NSA* [National Security Agency] *zusammen."* Man befaßt sich mit Plänen zu einer *„lückenlosen Überwachung, die man an den nationalen Parlamenten vorbei ... durchsetzen will."* (*Zeitfragen*, Zürich, 28.5.2001)

Zur Ursachenfrage:

Der Kapitalismus ist auch hier die letztlich treibende Kraft: weil er mit der Auflösung langjährig gewachsener Gemeinschaften die Menschen vielfach zu bindungslosem Treibsand macht; weil er Armut erzeugt; weil er die Moralbegriffe zersetzt. Immer mehr Menschen gleiten deshalb in die Kriminalität ab. Die Regierenden sehen sich dann zur *„lückenlosen Überwachung"* ihrer Bürger gedrängt.

Doch nicht nur gewöhnliche Verbrechenstaten geben Anlaß dazu. Häufig dient die Kriminalitätsbekämpfung als Vorwand. Denn mit dem Kapitalismus sind die Politiker national wie international in ein System verstrickt, das ausbeuterisch, ungerecht, freiheitsgefährdend, völkerfeindlich und zudem imperialistisch ist. Das ruft unvermeidlich Widerstand hervor, der in schlimmeren Fällen notwehrhaft-freiheitskämpferische Züge annimmt oder gar ins Terroristische abgleitet. Doch nicht nur solche Gegenwehr, auch völlig gewaltfreies und rechtsstaatlich zulässiges Aufbegehren bei staatlichem Unrechthandeln wird von den herrschenden Mächten als gefährlich empfunden. Immer umfassender bespitzeln und unterdrücken schließlich die Herrschenden ihre Mitbürger; und immer gewaltsamer gehen dann imperiale Mächte gegen aufsässige Völker vor; immer dringlicher wird für sie die *„Totalüberwachung"* – am Ende die Totalunterwerfung – der ganzen Welt.

Von dieser Warte aus betrachte man z. B. den brutalen Terroranschlag vom 11. September 2001 auf die Wahrzeichen des US-Kapitalismus. Man übersehe nicht, was nachfolgte: eine weitere Verschärfung der Bürgerüberwachung auch bei uns (Rasterfahndung, „gläserne Konten" u.dgl.m.); Bemühungen um eine globale Vernetzung der geheimdienstlichen Tätigkeiten; schließlich der globale „Feldzug" der Atommacht Amerika gegen den „internationalen Terrorismus" und den „Schurkenstaat" Afghanistan; wobei von jetzt an für alle Staaten der Welt die *„Bush-Doktrin"* gilt: *„Entweder Sie sind mit uns oder mit den Terroristen."* (*STN*, 8.10.2001) Wer vor Amerika nicht kuscht, so läßt sich das verstehen, muß mit einem Angriff rechnen. Laut George W. Bush betrifft das gegenwärtig fünf weitere Staaten. Für US-Vizeverteidigungsminister Paul Wolfowitz sind sogar 59 Länder ins *„terroristische Netzwerk"* verstrickt! (*National-Zeitung*, 30.11.2001)

Der geschilderte Teufelskreis ist letztlich nur durch eine grundlegende soziale Bereinigung, d. h. durch eine richtige Verbesserung der Geld- und Bodenstatute, aufzubrechen.

Gegenentwürfe zu Maastricht

Im oberbayerischen Kösching trafen sich am zweiten November 1997 auf Einladung der *Nation Europa Freunde* 800 Patrioten aus ganz Deutschland, um zur Vereinigung der nationalgesinnten Kräfte im Lande einen Beitrag zu leisten. Bekannte Patrioten aus anderen europäischen Ländern saßen mit auf dem Podium.

Draußen vor der Halle hatten sich „Antifaschisten" versammelt und versuchten angestrengt, diesmal ohne Erfolg, die Veranstaltung zu verhindern.

Köschings Bürgermeister Siegfried Betz war *„geschockt"*. Im Marktflekken Kösching stellt seit 37 Jahren die SPD den Rathauschef, und *„nun das"*. Seine Empörung faßte er in die Worte: *„Wir waren bisher die rote Insel im schwarzen Meer, wir wollen nicht die braune werden."* Er wolle *„alles tun"*, um das Treffen zu verhindern. Doch mußte er sich vom Innerstaatssekretär belehren lassen, daß ein Verbot der Veranstaltung aus rechtlichen Gründen schwierig sei. Auch der Versuch, auf den Hausherrn, den Pächter der Gaststätte, Druck ausüben, mißlang. Der zeigte sich standhaft.

So konnte die Versammlung weitgehend ungestört die ***Köschinger Resolution*** verabschieden, die die einhellige Zustimmung der Anwesenden fand:

„Europa ist in höchster Gefahr. Seine geschichtlichen und kulturellen Grundlagen, seine Identität und Vielgestaltigkeit werden durch die in Maastricht konzipierte Politik zerstört. Wir rufen die Verantwortlichen zum Verlassen dieses Irrweges auf und bekennen uns zu einem Europa der Vaterländer. Das Recht jedes Volkes, seine Freiheit und Souveränität im eigenen Staat zu verwirklichen, muß durchgesetzt und geschützt werden. Demokratische Selbstbestimmung und soziale Ordnung bedürfen des nationalstaatlichen Rahmens. Europa kann nur leben und gedeihen, wenn die Rechte und Interessen seiner Völker gewahrt werden ..."

Weshalb Menschen, Gruppen und Parteien, die solche Resolutionen verfassen, als *„rechtsextrem"* verunglimpft, von den Medien verteufelt und von Staats wegen nicht selten verfolgt werden, dürfte dem Normalverstand unbegreiflich sein.

Aus dem Blickwinkel internationalistisch-konzernkapitalistischer Machtzentralen mit deren freiheits- und völkerfeindlicher Sicht der Dinge ergibt sich jedoch ein ganz anderes Bild ...

Jedoch:

An die Adresse der in Kösching Versammelten und als „Rechtsradikale" Verfemten sei gleichfalls eine Mahnung gerichtet: Ihre hehren Ziele bleiben hohle Worte und lassen sich solange nicht verwirklichen, wie sie nicht erkennen, daß es vor allem unentrinnbare kapitalistische Zwänge sind, die Europa auf den Maastrichter und Amsterdamer Weg gebracht haben.

Ohne eine Überwindung der innersten Antriebe solcher Verirrungen – die im bestehenden Geld- und Bodenunrecht zu orten sind – ist eine Umkehr, und zwar auf streng freiheitlich-rechtsstaatliche Weise, kaum möglich.

„Vielfalt der nationalen Identitäten" gesichert?

Eigentlich hätten die antifaschistischen Demonstranten von Kösching samt SPD-Bürgermeister Siegfried Betz umgehend nach Bonn fahren müssen, um vor dem Bundestagsgebäude und auch in ihm zu randalieren, weil sich dort offensichtlich – „Rechtsextremisten" und „Braune" zu versammeln pflegen. In einem Gespräch mit *Sonntag Aktuell* (29.3.1998), in dem es um den *„Euro und die Zukunft der EU"* ging, ließ sich Klaus Kinkel, damals noch Außenminister, so aus:

„Einen zentralistischen Moloch, einen Schmelztiegel nationaler Eigenheiten wird es mit uns nicht geben. ***Die Vielfalt der nationalen Identitäten*** *ist ja gerade das Pfund, mit dem Europa wuchern kann und muß."*

Ähnlich „rechtsextremistisch" zeigten sich Helmut Kohl und der französische Staatspräsident Jacques Chirac, als sie im Hinblick auf den Mitte Juni 1998 in Cardiff stattfindenden EU-Gipfel dem Gastgeber Tony Blair einen Brief zukommen ließen, worin sich der Satz fand, daß man *„alles mögliche unternehmen sollte,* ***um Vielfalt und Reichtum von Europas politischen, kulturellen und regionalen Traditionen und Charakteristiken zu fördern."*** (*STN*, 13.6.1998)

Zweiflerisches:

Doch sind das leider bloß Worte. Die Auslieferung Europas an transnationale Konzerne mit ihren gleichmacherischen Wirtschaftspraktiken wird dafür sorgen werden, daß die übriggebliebenen *„politischen, kulturellen und regionalen Traditionen und Charakteristiken"* auch noch verschwinden. Ferner gilt ja innerhalb der EU die *„komplette Freizügigkeit"* (*STN*, 6.3.1998), immer mehr auch für Zuwanderer von außen. Wie können da die regionalen und nationalen Kulturen erhalten bleiben?

„Westliche Werte und Normen"

In der *Frankfurter Allgemeinen Zeitung* vom 8.5.1995 fand sich der Beitrag eines Hans D. Barbier – die *Deutsche Bundesbank* nahm ihn auch in ihre *Auszüge aus Presseartikeln* auf –, der besonders deutlich zeigt, was es mit der EU auf sich hat und wohin sie uns führt. Einige Abschnitte seien hierhergesetzt:

„Der politische Aufbruch der jungen Bundesrepublik in die ***Welt der westlichen Werte und Normen*** *ist der* ***Streckenführung ökonomischer Einrichtungen*** *gefolgt.* ***In diesen Organisationen haben nationale Grenzen und die Homogenität der Völker nie eine tragende Rolle gespielt;*** *über fünf Jahrzehnte hin haben sie weiter an Bedeutung verloren. Das ist die* ***Ratio der Erfindung*** *solcher* ***supranationaler Einrichtungen*** *gewesen; sie haben sich, bei allen Unzulänglichkeiten, als politische Innovation von hohem Wert erwiesen. Der Weg führte von den Europäischen Gemeinschaften zur Europäischen Union, vom Allgemeinen Zoll- und Handelsabkommen zur umfassenderen Welthandelsorganisation als ökonomisches Pendant zu den Vereinten Nationen."*

Mit anderen Worten: **Von Anfang an haben im letzten halben Jahrhundert völkerübergreifende *„ökonomische Einrichtungen"* wie die Montanunion, die EWG, die EG, das GATT, die UNO u.v.a.m. dazu gedient, die Völker auf einen zunehmend extremeren Internationalismus zu trimmen, welcher ihre nationale Selbständigkeit und Eigenart – ihre *„Homogenität"* – zerstören mußte.**

Barbier fährt fort:

„Die Gesellschaft der Bundesrepublik ist geprägt durch die nichtdiskriminierende ***Händlermentalität*** *der offenen Welt.* ***Mehr als eine kleine Marktnische findet die sogenannte demokratische Rechte einstweilen nicht für ihr restauratives Angebot der selbstbewußten Nation.*** *Jenseits der ökomischen Vorteile des großen Marktes macht es den Wert des Projekts Europa aus, daß die programmatischen Angebote eines wiederzubelebenden* ***Nationalismus als Ideen von gestern*** *vergleichsweise leicht zu erkennen sind."*

Schlußfolgerungen:

- Der Artikel stellt ein ausdrückliches und freudiges **Bekenntnis zum extremen Internationalismus** unserer Epoche dar.
- Dieser Internationalismus wird mit der ***„Welt der westlichen Werte und Normen"*** gleichgesetzt.
- Er kennzeichne sich durch immer **größere und *„umfassendere"* Beziehungsverhältnisse,** die schließlich bei den globalen Einrichtungen der Welthandelsorganisation WTO und der UNO enden.
- Diese internationalistische Entwicklung sei von vornherein und von langer Hand geplant gewesen.
- Die **Gegensätzlichkeit von Globalismus und Völkerbewahrung** ist deutlich gesehen.
- Jedoch begrüßt Barbier die Auflösung von Völkern und Volksgruppen – auch aller anderen gewachsenen Ordnungen – ganz entschieden.
- Den Volksgedanken – den **„Nationalismus"** und den **souveränen Nationalstaat** – verunglimpft er als ***„Ideen von gestern"*.** Stattdessen findet er es

anscheinend gut, daß in die Bunderepublik die ***„Händlermentalität der offenen Welt“*** Einzug gehalten hat.

o Solche Ausführungen zeigen, wie Denken und Empfinden der maßgeblichen Leute eines Landes von den jeweiligen wirtschaftlichen Verhältnissen bestimmt werden. Angesichts der Tatsache, daß heute, bei kapitalistischem Wachstumszwang und einer *„Streckenführung“* durch *„supranationale Einrichtungen“*, unternehmerisches Handeln nur dann rentabel ist, wenn möglichst alle Grenzsperren beseitigt sind, ist Barbier zu einem **überzeugten Globalisten** geworden, der mit Kleinräumigkeit und nationalen Ideen nichts mehr anzufangen weiß.

o **Versprechungen** wie die von Kinkel und Kohl, in der EU lasse sich die ***„Vielfalt der nationalen Identitäten“*** und der *„politischen, kulturellen und regionalen Traditionen und Charakteristiken“* erhalten, erweisen sich bei solcher *„Streckenführung“* als **uneinlösbar** und dienen lediglich der allgemeinen Beruhigung.

o Die Herausbildung eines alle menschlichen Gemeinschaften zersetzenden extremen Internationalismus und der ihn kennzeichnenden *„Händlermentalität der offenen Welt“* ist aber nicht der natürliche Lauf der Dinge, sondern – wie schon dargestellt – letztlich das Ergebnis eines fehlerhaften Geld- und Bodenrechts.

o Schlußerkenntnis: **Ohne Überwindung des extremen wirtschaftlichen Internationalismus – der letztlich zinsbedingt ist – läßt sich die Völkerauflösung nicht abbremsen, geschweige rückgängig machen.**

Einheitswährung für Europa unerläßlich?

Für Dr. Heinrich Matthes, Stellvertretender Generaldirektor für *Wirtschaft und Finanzen der Europäischen Kommission*, ist diese Frage mit einem entschiedenen Ja zu beantworten. In einem Referat, das in den *Auszügen aus Presseartikeln* der Deutschen Bundesbank veröffentlicht wurde (Nr. 69/1996), führte er aus:

*„Naturgemäß war Europa angesichts seiner historischen, nationalstaatlichen Zersplitterung in seiner Flexibilität immer stark behindert. Im Zeichen der Globalisierung der Weltwirtschaft verlangen freilich die **Spannungen zwischen national bestimmten Währungsräumen und übernational bestimmtem Wirtschaftsraum** (A. Predöhl, 1971) angesichts der unendlich schnellen Anpassungsfähigkeit des **Faktors Kapital** nunmehr immer gebieterischer nach ihrem Ausgleich. Dieser Ausgleich heißt: **Integration der Währungsräume zu einem einheitlichen Wirtschaftsraum.“***

Erwiderung:

o Auch Matthes nimmt die *„Globalisierung der Weltwirtschaft“* wie eine Naturtatsache hin, der man sich eben anpassen müsse. In Wirklichkeit ist ein *„übernational bestimmter Wirtschaftsraum“*, d. h. ein vom Großkapital beherrschtes Europa, ein (auch künstlich herbeigeführter) Krankheitszustand, der dringend behoben werden muß.

○ Die Globalisierung ist zuallererst die Folge des kapitalistischen Wachstumszwanges, wurde andererseits aber durch die planmäßige Schaffung *„supranationaler Einrichtungen"* noch beschleunigt.

○ Nach der freiwirtschaftlichen Geldreform wird es, unter Beibehaltung marktwirtschaftlicher Grundsätze, kaum mehr soviel spekulationsbereite Liquidität geben, die mit ihrer *„unendlich schnellen Anpassungsfähigkeit"* innerhalb kurzer Zeit die Wechselkurse nach oben oder unten drücken und ganze Länder – siehe Asienkrise – ins Unglück stoßen kann.

○ Matthes' Betrachtungsweise ist bezeichnend für eine Ökonomen- und Politikerzunft, die bei ihren Überlegungen ganz und gar, sozusagen monomanisch, in den vorgegebenen kapitalistischen Gleisen bleiben und nicht an die tieferen Ursachen unserer Probleme rühren will. Ihre Flickschustereien helfen nicht, sondern vergrößern noch das Katastrophenpotential.

○ Aber selbst unter den heutigen Verhältnissen stiftet eine europäische Einheitswährung weit mehr Schaden als Nutzen, wie aus den folgenden Darlegungen hervorgeht.

Währungsvielfalt ist sinnvoll und wünschenswert!

Lawrence B. Lindsey, eine Zeitlang Harvard-Professor, von 1991 bis 1997 Mitglied des Direktoriums der US-Notenbank, später Chef-Wirtschaftsberater des republikanischen Präsidentschaftskandidaten George W. Bush, hat laut einem 1997 für ein Brüsseler Institut verfaßten Diskussionsbeitrag (auszugsweise nachgedruckt von der Kreissparkassenzeitschrift *GeschäftsWelt,* Nr. 1/1998) in Währungsfragen ganz eigene Ansichten.

Er glaube nicht, daß der Euro so stabil werde wie die D-Mark, denn er sehe voraus, daß auf den für die kommende *Europäische Notenbank* Verantwortlichen ein ungeheurer Druck laste. Er habe das in seiner Zeit als Direktoriumsmitglied der *Fed* (der amerikanischen Zentralbank) erlebt, also bei einer weltweit anerkannten Währung: *„Denn zu jeder Zeit durchleben Teile des nordamerikanischen Kontinents einen gewaltigen wirtschaftlichen Niedergang, während andere einen aufsehenerregenden Aufschwung verzeichnen."* Gegen solche Verwerfungen könne die Geldpolitik der Zentralbank wenig ausrichten: *„Ein Teil der amerikanischen Wirtschaft durchlebt einen Boom, andere leiden unter einer Rezession. Eine Geldpolitik, die richtig für Kalifornien ist, kann daher für die Neuengland-Staaten reinstes Gift sein."* Da der Dollar aber eine bundesweite Einheitswährung sei, müsse eine einheitliche Geldpolitik durchgesetzt werden – zum Nachteil vieler Einzelstaaten.

Zum Glück gebe es in den Vereinigten Staaten *„zwei wichtige Anpassungsmechanismen, die die Auswirkungen regionaler Wirtschaftsfluktuationen abmildern: die* ***Mobilität auf dem Arbeitsmarkt*** *und* ***Steuertransfers."***

Zum ersten Anpassungsmechanismus führt Lindsey aus: *„In jedem Jahr wechseln rund 17 Prozent der Amerikaner ihren Wohnort. Dies gilt besonders für junge Leute. Rund ein Drittel der Menschen in den Zwanzigern verlassen ihre Gemeinde, über 40 Prozent ziehen in einen anderen Bundesstaat um. Kurz, rund 7,7 Mio. Menschen ziehen jährlich von einem Bundesstaat in einen anderen um.*

Dieses Phänomen hilft den örtlichen Ökonomien erheblich bei der Anpassung."

Jetzt wissen wir also des Rätsels Lösung, weshalb die Amerikaner bekanntlich wie ruhelose Nomaden in ihrem Land umherziehen. **Es ist eine von der unnatürlichen Einheitswährung künstlich erzwungene Wanderschaft!**

Europa steht nun dasselbe bevor! Lindsey fährt fort: *„In Europa gibt es grenzüberschreitende Wanderungen in diesen Größenordnungen nicht. Dies könnte sich in den kommenden Jahrzehnten ändern ..."* – zur Freude der transnationalen Konzerne und aller Befürworter der Völker- und Kulturvermischung bzw. -einebnung! Vorläufig gelte aber noch: *„Die kulturellen, sprachlichen und auch kulinarischen Unterschiede bilden ein derart hohes Hindernis, daß die Migration als Linderungsmittel für unterschiedliche regionale Geschäftszyklen nur eine geringe Rolle spielen wird."*

Er kommt dann auf den zweiten Anpassungsmechanismus zu sprechen, die *„Steuertransfers"*: *„Der zweite wichtige Grund für die überregionale makroökonomische Stabilität in den Vereinigten Staaten sind die automatischen fiskalischen Stabilisatoren. Eine progressive und uniforme nationale Steuerstruktur schafft diese Stabilität."* Das soll heißen: Bei der einheitlich progressiven Steuerstruktur in den USA erfolgt hinsichtlich des Umfangs der an die Bundesregierung abzuführenden Steuern automatisch eine Änderung auf die Weise, daß für Einzelstaaten mit schwacher Konjunktur ein Steuernachlaß eintritt, während florierende Staaten beträchlich höhere Steuern nach Washington abzuliefern haben.

Europa besitze diesen einheitlichen Steuerautomatismus noch nicht. Eine ähnliche Aufgabe hätten in der Vergangenheit aber **flexible Wechselkurse** zwischen den einzelnen Ländern erfüllt. Lindsey: *„In der Vergangenheit halfen in Europa die Wechselkurse, regionale Rezessionen aufzufangen."* Das läßt sich so erklären: Bei nachlassender Wirtschaftskraft in einem Land sinken die Wechselkurse, was die Ausfuhr eigener Erzeugnisse erleichtert und die Einfuhr ausländischer Güter verteuert; beides schützt und unterstützt die einheimische Wirtschaft. Bei steigendem Wechselkurs infolge einer konjunkturellen Erholung tritt das Umgekehrte ein.

Erschreckendes:

Weil nun aber bei der Euro-Währung die Wechselkurse zwischen den EU-Ländern auf immer festgeschrieben sind, können sie diese Pufferaufgabe nicht mehr erfüllen.

Dieser Nachteil haftet jeder Währung an, die größere Wirtschaftsräume überspannt, und kann nur dadurch notdürftig ausgeglichen werden, daß – wie in den USA zu beobachten – Arbeitsssuchende auf Wanderschaft gehen oder von der Zentrale aus Unterstützungszahlungen erfolgen. Deshalb melden sich in Amerika bereits Ökonomen zu Wort, die die Rückkehr zu regionalen Währungen fordern (s. beispielsweise das Buch von Jane Jacobs: *Cities and the Wealth of Nations*. Random House, New York, 1984).

EU-Bundesstaat durch die Hintertür?

Lindsay kam damals ein sehr unschöner Verdacht: In der EU seien die beiden Anpassungsmechanismen – Wanderungsbewegungen und Unterstützungszahlungen – noch nicht voll verfügbar, weil noch *„keine zentralen Institutionen über Steuern und Politik entscheiden"*. Also müßten diese geschaffen werden. Dieser Hintergedanke habe bei der überstürzten Einführung der Europäischen Währungsunion offensichtlich Pate gestanden: *„Tatsächlich glaube ich, daß viele proeuropäischen Meinungsführer diesen Schwachpunkt sehen und deswegen die* ***Währungsunion als Mittel erachten, den Prozeß der europäischen Integration zu beschleunigen."*** Er fährt fort: „Ich bin mir nicht so sicher, daß die europäischen Wähler sehr glücklich sein werden, wenn sie entdecken, **daß sie mit der Annahme einer einheitlichen Währung ihre nationale Souveränität aufgegeben haben."**

Wer die Währung kontrolliert ...

Dem damaligen SPD-Kanzlerkandidaten **Gerhard Schröder** war der bereits wiedergegebene *Offene Brief* des englischen Schriftstellers **Frederick Forsyth** wichtig genug, um darauf zu erwidern. (*Spiegel online*, 29/1998) Er erklärte, daß er jetzt den Euro, da *„doch die Entscheidung für den Euro gefallen"* sei, als *„eine Option für die Zukunft"* betrachte.

Forsyth schrieb in seinem Antwortbrief (*Spiegel online*, 32/1998):

„Ich muß leider zugeben, daß keines der Argumente, die Sie vortragen, mich auch nur einen Deut von meinem Standpunkt abbringt ...

Sie erwarten, daß die 'einzelnen Nationen' des neuen ***Mega-Europa*** *innerhalb des heraufziehenden 'europäischen Bundesstaats', nach dem Ihnen nun der Sinn steht, selbstbewußt und stark sein werden.* ***Die Bestandteile eines Bundesstaats sind aber keine Nationen, sondern Provinzen.*** *Wenn Sie wirklich das alte, stolze, wohlhabende Deutschland in eine Ansammlung deutsch-*

sprachiger Provinzen einer Mega-Union, die von anderswoher regiert wird, verwandeln wollen, warum sagen Sie es dann nicht frei heraus? ...

Es gibt einen alten Ausspruch, in dem viel Wahrheit steckt. Er lautet: Wer die Währung kontrolliert, kontrolliert auch die Wirtschaft; und wer die Wirtschaft kontrolliert, der kontrolliert auch das Land. Die D-Mark ist nicht bloß ein buntes Stück Papier. Sie ist das Instrument, mit dem Deutschland (und ergo die Deutschen) ihr wirtschaftliches Schicksal und damit ihr Land kontrollieren. ***Wer die höchste Kontrolle über die D-Mark einer Institution außerhalb Deutschlands übergibt, der gibt im Endeffekt auch die Kontrolle über die deutsche Wirtschaft und damit auch über Deutschland selbst in fremde Hände.*** *Diese Hände mögen überaus guten, fähigen Leuten gehören; vielleicht sind sie nett zu ihren Kindern, geben Bettlern Almosen und treten nie einen Hund. Aber darum geht es nicht, und es geht auch nicht darum, daß Deutschland zu den elf Euro-Teilnehmern gehören wird und eines von 15 in Brüssel vertretenen EU-Ländern ist.* ***Es geht darum, daß Deutschland aufgehört haben wird, als souveräner, sich selbst regierender Nationalstaat zu existieren*** *... Und so lautet die grundsätzliche Frage, die Sie vor sich selbst, im Dunkel der Nacht und jenseits aller Klischees und Platitüden des Euro-Speak, beantworten müssen: Wollen Sie wirklich die Kontrolle über die deutsche Währung, die deutsche Wirtschaft und damit über die Zukunft des deutschen Volkes* ***den Eurokraten in Brüssel, den Richtern in Luxemburg und den Bankern in Frankfurt*** *überlassen, ohne die Deutschen je um Erlaubnis gefragt zu haben?"*

20. Kommt der Weltstaat?

Der richtige Weg?

In seiner Rede auf dem Wirtschaftsforum in Davos im Februar 1995 sagte der damalige Bundespräsident Roman Herzog vor mehr als tausend Politikern und Managern zur Rolle der *Vereinten Nationen* (*STN*, Februar 1995):

„Die Vereinten Nationen zu kritisieren sei nicht schwer ... Doch schadeten sich die Mitglieder damit nur selbst. Da Handel und Finanzmärkte weltweit immer stärker miteinander verflochten seien, benötigten die Märkte verläßliche Rahmenbedingungen, ein Gefüge nationaler und internationaler Rechtsnormen. Wo diese fehlten, würden Verträge nicht erfüllt, Zahlungen nicht geleistet, Gewinne nicht an den Unternehmenssitz zurückgeführt und Eigentumsrechte nicht gesichert." Es sei wichtig, *„die Vereinten Nationen zu stärken"*. Deutschland sei dazu bereit. Darum gehe es: *„Das von den Vätern der Weltorganisation vor 50 Jahren entworfene Ideal müsse jetzt verwirklicht werden."*

Das klingt, flüchtig angehört, alles sehr vernünftig: Wenn die Wirtschaftsbeziehungen immer internationaler werden, bedarf es auch einer internationalen Aufsicht. Die Frage ist nur, welcher Art solch eine Rahmenordnung sein soll und ob sie die in sie gesteckten Erwartungen erfüllen kann. Auch darüber muß nachgedacht werden, ob eine so weit getriebene Internationalisierung von *„Handel und Finanzmärkten"* überhaupt sinnvoll und sachlich berechtigt ist.

Braucht man zur Lösung solcher und damit zusammenhängender Probleme gar eine Weltregierung? Denn auf diese Forderung zielen Herzogs Ausführungen letztlich ab.

„Der Weg zum Weltstaat"

Die Idee eines Weltstaats ist immer wieder aufgetaucht, allerdings eher in Gestalt einer Horrorvision. Es sei an die zwei berühmtesten Zukunftsromane *Schöne neue Welt* (von Aldous Huxley) und *1984* (von George Orwell) erinnert. Doch man höre und staune: Der berühmte britische Philosoph Bertrand Russel – er starb 1970 im Alter von 98 Jahren – hat bereits vor einem halben Jahrhundert vorausgesagt, was US-Präsident George Bush am 29.1.1991 in einer Rede – der gegen Saddam Hussein gerichteten Golfkrieg war in vollem Gange – als *„Neue Weltordnung"* ankündigte. Unter obigem Titel veröffentlichte Russel im Oktober 1948 seine Überlegungen auf deutsch im US-Lizenzblatt *Der Monat*:

„Wenn nicht gänzlich unvorhersehbare Ereignisse eintreten, wird noch vor Ablauf dieses Jahrhunderts die Welt unter einer einzigen Regierung vereinigt sein, die das Monopol für alle Kriegswaffen besitzt *... Wir sollten uns meiner Meinung nach zu der Erkenntns durchringen, daß eine Weltregierung auf dem Wege der Gewalt erzwungen werden muß."*

In einer solchen Welt, die nach Russels Vorstellung von den USA geführt wird, *„wird ein erfolgreicher Aufstand unmöglich sein"*.

Russels Kernaussagen: *„In einem gewissen Stadium, das heißt, wenn das Bündnis stark genug geworden ist, sollte jede Großmacht, die sich noch weigert beizutreten, mit der Strafe der Ächtung bedroht, und falls sie dann noch widerstrebt, als* ***öffentlicher Feind*** *betrachtet werden. Ein daraus entstehender Krieg würde ... die siegreiche Allianz in die Lage versetzen, ein* ***militärisches Monopol*** *aufzurichten und damit den Frieden zu sichern."*

Jetzt (1948) gebe es nur noch zwei völlig unabhängige Staaten: *„US-Amerika"* und die UdSSR. ***„Der nächste Schritt in dieser langen historischen Entwicklung müßte darin bestehen, daß beide in einem einzigen Staat zusammengefaßt werden."***

Was die Welt am dringendsten brauche, sei *„eine wirksame Gesetzgebung zur Regelung der internationalen Beziehungen"*. Der erste und schwierigste Schritt auf dem Wege zu einer solchen Gesetzgebung sei die *„Festlegung angemessener Sanktionen"*. Diese würden nur durch die Bildung einer einzigen bewaffneten Streitmacht unter der Kontrolle der *„Weltregierung"* ermöglicht.

Frage an Bertrand Russel:

Kann man sichergehen, daß diese *„Weltregierung"* ihr *„Monopol für alle Kriegswaffen"* **nicht** mißbraucht? Kann man das von den heutigen USA behaupten?

Ähnliche Vorschläge zur Friedenssicherung

SPD-Mann und weiland Bundesminister **Erhard Eppler** kam zu einer ähnlichen Schlußfolgerung (*Spiegel*, 43/1993):

„Ziel der Linken muß eine handlungsfähige Uno sein, die Nord und Süd in allen Gremien immer fester verbindet und schließlich, irgendwann im nächsten Jahrhundert, ein internationales Gewaltmonopol zustandebringt."

Prof. **Sibylle Tönnies** formulierte es so (*Spiegel*, 43/1993): *„Die Kriegsverhinderung durch polizeilichen, laserstrahlartigen chirurgischen Eingriff wird einmal die Aufgabe der Völkerbund-Zentrale sein ... Würde sie von einer* ***legitimierten Weltzentrale*** *wahrgenommen, verlöre sie den völkerrechtswidrigen Charakter, den sie hat, solange sie im Dienste einer Partikularmacht steht."*

Noch präziser äußerte sich dazu der frühere Uno-Generalsekretär **Butros Ghali** in einem *Spiegel*-Gespräch (20/1997): Die Uno sollte *„in Krisengebieten rascher eingreifen können, sobald sich die Mitgliedsstaaten zu solch einem Schritt entschlossen haben."* Dazu brauche man aber kein *„stehendes Heer der Uno"*, sondern *„Truppen, die im Bedarfsfall von ihren Heimatbasen jederzeit abberufen und bereits in wenigen Tagen in die jeweiligen Krisengebiete geschickt werden können, um rasch einzugreifen."*

Überlegungen dazu:

- Unter den heutigen – kapitalistischen – Voraussetzungen wären bzw. sind angeblich *„kriegsverhindernde"* militärische Eingreiftruppen der UNO oder sonst einer *„Weltzentrale"* eine höchst fragwürdige Sache. Deshalb:
- **Von solch einer militanten UNO wäre schwerlich Gerechtigkeit zu erwarten.** Das *„internationale Gewaltmonopol"* würde sicherlich von bestimmenden Kapitalmächten immer wieder für ihre Zwecke mißbraucht; wahrscheinlich zur Niederschlagung auch wahrhaft nationaler Freiheitsbewegungen; z. B. solcher, die sich gegen die Unterdrückung durch die Weltregierung richten. Vorbereitet würden die *„polizeilichen Einsätze"*, wie schon gegenwärtig üblich, mit lügnerischen Hetzkampagnen.
- **Die Befreiung von der Plage der Völker- und Bürgerkriege würde mit Sicherheit viel eher eintreten, wenn in allen Gesellschaften die soziale Frage gelöst, d. h. an erster Stelle die Geld- und Bodenproblematik bereinigt würde.** (Infolgedessen wäre z. B. die Vorherrschaft mächtiger Cliquen gebrochen.)
- Dann würde sich die Schaffung einer Weltregierung bloß zur Kriegsverhinderung weitgehend erübrigen.

o Transnationale Einrichtungen – bis hin zu einer UNO –, denen von freien Völkern zeitweise nicht nur ein Gewaltmonopol zuerkannt, sondern auch andere Aufgaben übertragen würden, sind nicht grundsätzlich abzulehnen. **Doch erst in nachkapitalistischen Zeit wäre einigermaßen gesichert, daß diese Instanzen** – weil sie definitionsgemäß nicht mehr von Geldmächten gelenkt sind – **ihre Rechte nicht mißbrauchen.**

Zweifelhaftes von der *Gruppe von Lissabon*

Die *Gruppe von Lissabon* sieht in der Zukunft *„die Welt von globalen Unternehmen beherrscht, unterstützt von willfährigen Regierungen"* (*Spiegel*, 10/1997). In ihrem Buch *Grenzen des Wettbewerbs* legte sie dar, wie der *„globale Kapitalismus reguliert werden"* könne.

Auf die Weise: *„Ein Weltvertrag schwebt ihnen vor, eine globale Bürgerversammlung und eine **allmähliche Umwandlung der Uno-Versammlung in einen Weltstaat.** Sie propagieren einen runden Tisch der 1000 größten Unternehmen der Welt und hoffen auf eine globale Zivilgesellschaft. Und mit Hilfe von Weltverträgen sollen Mittel von reichen zu armen Nationen, den Verlierern des globalen Wettbewerbs fließen."*

Einige Fragen:

o Schon im nationalen Raum, wie weiter oben dargelegt und dokumentiert, pflegt die soziale Umverteilung gröblich zu mißlingen. Doch auf globaler Ebene will man damit erfolgreicher sein?

o Um dieses zum Scheitern verurteilten Versuches willen möchte man die Freiheit der Völker (damit auch des einzelnen Menschen) dem Götzen und Golem Weltstaat zum Opfer hinwerfen?

o Die Kapitalismus- und Großkonzernfrage ist nicht hinterher zu lösen, z. B. durch nachträgliche Umverteilung, sondern nur vorbeugend, indem man deren Entstehungsursachen angeht.

„Eine Art Weltregierung"

Der Ruf nach einer „Weltregierung" ertönt immer häufiger und lauter. Der 74jährige J. David Singer, Professor für Internationale Politik an der Universität Michigan und Berater verschiedener amerikanischer Bundesministerien, sagte im Gespräch mit der *Wirtschaftswoche* (20/1999; es ging um den Nato-Krieg gegen Jugoslawien):

*„Die Rolle des UN-Sekretärs und seiner Führungstruppe muß und wird wichtiger werden. Das UN-Sekretariat muß so reformiert werden, daß es in Zukunft genügend legitimierte Macht und Einfluß hat, um international Frieden stiften zu können ... **Ich wünsche mir in der Tat eine Art Weltregierung.** Eine globale Ordnung bedarf dringend Instrumente, um effektiv ihre friedens-*

stiftende Weltpolitik im Einklang mit den nationalen Regierungen durchsetzen zu können.“

Nachbemerkung:

J. David Singers Ausführungen sind auch deshalb ärgerlich, weil er so tut, als stelle die von ihm gewünschte *„Weltregierung“*, wenn sie nur *„genügend legitimiert“* sei, einen gewaltigen Fortschritt dar und als wäre es fraglos zutreffend, daß diese globale Einrichtung eine wahrhaft *„friedensstiftende“* Politik betreiben könne.

Demnächst eine Weltwährung?

Unter der Schlagzeile *„Die Welt braucht ein Geldsystem“* brachte *The Wall Street Journal Europe* am 15.7.1999 einen Beitrag, der aufhorchen läßt (wiedergegeben nach *Deutsche Bundesbank, Auszüge aus Presseartikeln*, Nr. 48/1999). Daraus der entscheidende Satz:

„Wenn das Ziel ist, nicht nur in Europa, sondern ***weltweit einen gemeinsamen Markt*** *zu haben ..., wie können wir dann übersehen, daß wir zugleich eine gemeinsame Verrechungseinheit, eine* ***globale Form des Geldwesens*** *brauchen?“*

Hinweise:

- Auch hier wird deutlich, daß ein Übel – der *„weltweit gemeinsame Markt“* – ein weiteres Übel nach sich zieht: die Weltwährung.
- Unter kapitalistischen Voraussetzungen ist das scheinbar unausweichlich, macht aber alles nur noch schlimmer (s. dazu insbesondere den Abschnitt „Währungsvielfalt ist sinnvoll und wünschenswert“, Kapitel 19).
- Der nächste, gleichfalls unvermeidliche Schritt ist – die Weltregierung. Die aber wird kapitalgelenkt und den Zerstörungsmechanismen des Zinsgeldes ausgeliefert sein.

Zinsbedingtes Geldvermögenswachstum

Woher rühren die anschwellenden Kapitalströme, die weltweit investiert sein wollen? – Es war schon davon die Rede: Nicht so sehr als Ergebnis angesparter eigener Arbeitserträge, sondern vor allem zinseszinsbedingt (letztlich aus erzwungener Mehrarbeit anderer) und dank Börsengewinnen gehen die Geldvermögen in die Höhe, und zwar umso rascher, je größer sie vorher schon waren. **Es ist ein Wachstum der Geldguthaben aus sich heraus.** Täglich kommt allein in Deutschland mehr als eine Milliarde DM hinzu.

Aus solchen Quellen speisen sich die wachsenden Geldmassen, die an den Börsen gehandelt werden: *„Rund um die Uhr bewegen Devisenspekulanten unglaubliche Geldströme um den Globus. An einem durchschnittlichen Tag werden 1500 Milliarden US-Dollar per Telefon, Fax oder am Computer um-*

geschlagen. Die neuen Kommunikationsmöglichkeiten haben auch die internationalen Finanzmärkte revolutioniert." (*Euro*, Nr. 1/1998)

Es ist aber ein Reichtum, der sich zwangsläufig – nach den Regeln des Zins-Monopoly – bei immer weniger Menschen ansammelt. *„Die Reichen"*, sagte **Heiner Flassbeck** vom *DIW*, später Staatssektretär unter dem damaligen Finanzminister Lafontaine, *„sind reicher geworden, weil sie ihr Geldvermögen* ***durch ansehnliche Erträge*** aufstocken konnten." Und: *„Der wahre Treibsatz"* für die soziale Polarisierung seien nicht so sehr die unterschiedlichen Arbeitseinkommen: ***„Es sind die Vermögen – Geld, Immobilien, Wertpapiere, ob ererbt oder an der Börse verdient –, die eine ungleiche Verteilung beschleunigen."*** (*Spiegel*, 31/1998)

Ein Wolf, der Kreide gegessen hat?

Der *Spiegel* fand ein Streitgespräch zwischen Israels Ex-Premier Schimon Peres und dem *„Finanz-Guru"* George Soros wichtig genug, um es nachzudrucken (Nr. 15/1998). Soros, der 1997 in Ostasien mit seinen Währungsspekulationen eine Entwicklung auslöste, die ganze Länder in Elendszonen verwandelte, sagte unter anderem:

„Die Finanzmärkte brauchen Aufsicht und Regeln. Wir haben nationale Institutionen wie die Notenbanken, die auf Geldwertstabilität achten, auf den Markt reagieren und intervenieren. ***Aber uns fehlen vergleichbare Institutionen auf globaler Ebene.*** *Ohne solche Einrichtungen laufen wir auf einen Kollaps des globalen kapitalistischen Systems mit unabsehbaren Folgen zu ... Ich bin für soziale Verantwortung. Ich liebe das kapitalistiche System, aber ich weiß, daß es unvollkommen ist ... Bestimmte Dinge können nur international geregelt werden.* ***Wir können keine globale Wirtschaft haben, ohne eine globale Gesellschaft zu errichten."***

Einwände:

- Soros, der einerseits bekennt, daß er den Kapitalismus *„liebt"*, sagte dennoch bei anderer Gelegenheit: *„Wenn Leute wie ich ein Währungssystem stürzen können, stimmt das System nicht."* (*Euro*, Nr. 1/1998) Damit hat er zweifellos recht. Doch weil er nicht um die wahre Störursache weiß – sie steckt im fehlerhaften, zinserzwingenden Geldsystem – verfällt auch er auf die Idee, nachträgliche Reparaturen anbringen zu wollen und auf dem vom System gewiesenen falschen Weg weiterzuschreiten. **Der zinserzwungenen Überschüttung der Welt mit Finanzkapital will er mit ähnlich globalen Vorkehrungen entgegenwirken:** Die *„global"* gewordene Finanz-*„Wirtschaft"* solle durch *„Institutionen auf globaler Ebene"* und eine *„globale Gesellschaft"* gebändigt werden. **Das geht alles in Richtung Weltstaat.** Der aber wird uns vom Regen in die Traufe befördern.

o Zu dieser Sichtweise paßt auch, daß Soros als begeisterter Verfechter der *„offenen Gesellschaft"* auftritt – so hat er seine Stiftungen in Osteuropa benannt – und den „multikulturellen" Staat gutheißt.

o Auch hier sieht man, wie der Kapitalismus zu immer gigantischeren Abhilfen bzw. Scheinlösungen drängt – bis man schließlich in der Falle eines despotischen Weltstaates festsitzt.

o Was der bisherige Gigantismus von Konzern- und Staatskapitalismus an Unheil über Mensch und Natur gebracht hat, ist wahrlich schlimm genug. Doch wenn die totalitäre Weltregierung kommt, dürfte es noch sehr viel ärger werden.

o Weil man nicht an die eigentlichen Ursachen herangeht – die zinsbedingte Aufblähung des Finanzkapitals, die es zu einem Gefahrenherd auf nationaler wie globaler Ebene macht –, kuriert man an den Symptomen und treibt den Teufel der Krise mit dem Beelzebub weltstaatlicher Zwangsmaßregeln aus.

o Übrigens: Strobe Talbott, stellvertretender US-Außenminister, ließ verlauten, daß Washington seine Außenpolitik auch mit George Soros abstimmt. (*Euro*, Nr. 1/1998)

o Soros nimmt auch an den Treffen der *Bilderberger* teil, so z. B. an der Konferenz, die am 27.5.2001 in Stenungsbaden in Schweden stattfand.

Wahrwerden einer Prophezeiung?

Klaus D. Vaqué, ein gläubiger Christ, welcher (bis zum Jahr 2000) von Südafrika aus sein Blatt *Der Insider* verschickte, warnte unablässig vor dem Globalismus. In der Ausgabe vom 1.4.1998 las man:

„George Orwell hatte recht, als er in seinem Buch '1984' schrieb, daß wir einer totalitären, alleskontrollierenden Gewaltherrschaft entgegengehen. Eines der Mittel zur Erreichung dieser Herrschaft ist die bewußte Schwächung bestehender Nationalstaaten durch den Multikulturalismus ... Multikulturelle Nationen entstehen nicht von allein. Sie sind künstliche Gebilde, die von eigennützigen Kräften im Hintergrund gefördert und von abhängigen Vasallenregierungen gebildet werden. Der Multikulturalismus wird gegenwärtig allen Nationen Westeuropas, den Vereinigten Staaten von Amerika, Kanada, Australien und Neuseeland aufgezwungen. Die bewußte Völkervermischung in diesen Staaten und der damit einhergehende Verlust nationaler Identität sind die Voraussetzung für die Schaffung einer 'Neuen Weltordnung', wie sie von elitären Gruppen der Hochfinanz angestrebt wird. Das Ziel sind militärisch schwache und in sich zerstrittene nationale Gebilde, die von einer kommenden Weltregierung leichter gefügig gehalten werden können. Ihre Führer sind längst nicht mehr dem Wohle ihres Volkes, sondern den Zielen einer weltumspannenden Freimaurerbrüderschaft verpflichtet. Der grenzenlose Weltstaaat am Anfang des kommenden Milleniums wird eine Epoche der Menschheit einleiten, in der

es kein Bargeld und keine persönliche Freiheit mehr geben wird. Der Staat wird allmächtig sein und seine Kontrolle auf alle Bereiche des Lebens seiner Bürger ausweiten. In den Offenbarungen der Bibel wird diese Zeit als das 'Reich des Antichristen' vorausgesagt. Es ist erschreckend, wie diese Prophezeiungen sich heute vor unseren Augen erfüllen."

Berichtigungen:

o Die Flüchtlingswellen, die multikulturelle Staaten entstehen lassen, werden auch durch Arbeitslosigkeit, Kriege und Naturkatastrophen ausgelöst, und diese Nöte verschuldet in erster Linie das fehlerhafte kapitalistische System.

o Zwar ist kaum zu bezweifeln, daß es *„elitäre Gruppen der Hochfinanz"* gibt, die eine *„Neue Weltordnung"* und einen *„grenzenlosen Weltstaat"* errichten wollen (s. hierzu die nachfolgenden Abschnitte und Kapitel 22). Man mag darüber empört sein. Doch sollte man begreifen, daß unter den Voraussetzungen der altüberlieferten Geld- und Bodenrechtsverhältnisse eine andere Entwicklung eigentlich ausgeschlossen ist. Man verkneife sich hier eine allzu verkürzte Sichtweise. Absichten zur Erringung der Weltherrschaft bilden sich vor allem deshalb heraus, weil systemgegebene Mechanismen hierzu geradewegs auffordern, ja nötigen. Ansonsten blieben derartige Bemühungen erfolglos. **Der Drang und Zwang zum Imperialismus ist ein bestimmendes Merkmal des kapitalistischen Systems und haftet ihm seit jeher an, auch heute noch.** Das kann man sich so verdeutlichen: Ein Unternehmen, das nicht mehr „wachsen" kann, muß „weichen"; wer im Geschäftsleben nicht selbst „gefressen" werden will, muß andere „fressen" – ein rüder Verdrängungskampf ist im Gange. Der spielt sich nicht nur in der Wirtschaft ab, er tobt auch in den Arenen der Politik. Die Folge: Immer mehr Kapital – und Macht – sammelt sich bei immer weniger Mitspielern an. (Letztlich stecken dahinter, es sei daran erinnert, zinsverursachte Wachstumszwänge.) **Unter solchen Voraussetzungen ist es geradezu als unausweichlich zu bezeichnen, daß sich in Wirtschaft und Politik, inzwischen weltweit, die imperialistischen und zentralistischen Bestrebungen immer mehr verstärken.** Man denke z. B. an die Schaffung der EU, der NAFTA, an das neueste Vorhaben: die Errichtung einer *„Freihandelszone von Alaska bis Feuerland"* (*dpa* vom 21.4.1998). Was wird am Ende dieser Entwicklung stehen? Sehr wahrscheinlich, und vielleicht schon bald, die dann öffentlich ausgerufene ***„Weltregierung"*** in Gestalt einer ***„totalitären, alleskontrollierenden Gewaltherrschaft".***

o Natürlich geschieht das alles nicht von alleine, sondern meist durch von Menschen vorgenommene Weichenstellungen. Doch sind die Mitwirkenden überwiegend selbst Getriebene, oft völlig Unwissende. Zudem gewinnen sie angesichts der vom Kapitalsystem vorgegebenen Abläufe den Eindruck, daß die – den Weltstaat herbeiführenden – Vorgehensweisen durchaus richtig, ja zwingend notwendig seien. Freilich spielt bei vielen die Verlockung, eine einflußreiche Stellung zu ergattern und höhere Einkünfte zu beziehen, eine entscheidende Rolle. Aber selbst unter den tonangebenden Finanzgewaltigen dürften es nur wenige sein, welche sich die Versklavung der gesamten Menschheit klar bewußt zum Handlungsziel gemacht haben; wobei offenbleiben muß, ob sie es aus krankhafter Machtbesessenheit tun oder aufgrund der seltsamen Vorstellung, etwas Besseres könne der Menschheit gar nicht widerfahren.

o Dieses Buch soll dazu beitragen, den Gutwilligen – die man selbst in höchsten und voll eingeweihten Kreisen antreffen dürfte – die Augen zu öffnen und ihnen Auswege zu zeigen aus der für das Leben auf unserem Planeten ansonsten immer hoffnungsloser werdenden Lage.

Bill Clinton in China

Mit Bill Clinton besuchte Ende Juni 1998 nach langer Pause wieder einmal ein amerikanischer Präsident das Riesenreich China. Die Weltpresse lobte einhellig sein Auftreten in dem sich wandelnden Land. Ihm sei der schwierige Drahtseilakt gelungen, *„die Ideale von Freiheit und Gleichheit offensiv zu verkaufen, ohne seine Gastgeber zu verärgern."*

Dann wurde das protestantische Gotteshaus Chongwemen, ein Backsteinbau amerikanischer Missionare aus dem Jahre 1870 unweit des Pekinger Bahnhofs, Schauplatz der Weltpolitik: Bill Clinton bestieg die Kanzel der Kirche, um im atheistischen China, dem letzten Bollwerk des Kommunismus und leninistisch-marxistischer Ideen, *„Worte der Versöhnung und des Friedens"* zu predigen:

„Unser Glaube ***verlangt die Vereinigung von Menschen jeglicher Herkunft und Rassen*** *von überall in der Welt",* sagte er und berief sich auf einen *Spruch aus der Bibel:* ***„Gott hat die Menschen aus einem Blut geschaffen,*** *damit sie alle auf dieser Erde wohnen."* (*STN*, 29.6.98)

Bewertungsversuch:

o Vordergründig klingen diese Worte wundervoll friedliebend und versöhnungsbereit. Aber sind sie nicht auch anders zu verstehen? Ist hier nicht die Leugnung des Volks- und Abstammungsgedankens herauszuhören und die Entschlossenheit, alle Völker dieser Erde aufzulösen? Denn anders ist eine Weltrepublik bzw. Weltdiktatur nicht zu schaffen.

o **Lebenskräftige Völker stellen hier das größte Hindernis dar. Deshalb muß dieser natürliche Pluralismus beseitigt werden, auf welche Weise auch immer.**

o **Für alle Menschenfreunde und Freiheitliebende gilt folglich: Weil lebenskräftige Völker das wichtigste Bollwerk gegen die Errichtung einer Weltdiktatur sind** – auch gegen sonstige Gewaltherrschaften –, **ist deren Erhaltung und innere Festigung von größter Wichtigkeit.**

o Entscheidende Voraussetzung für das Gelingen ist aber die Überwindung des Kapitalismus, was zuallererst die Bereinigung der Geld- und Bodenfrage (im Sinne Silvio Gesells und der Weiterentwickler seiner Kerngedanken) erforderlich macht.

Aus der Rede Roman Herzogs vor der *Trilateralen Kommission*

Die vor knapp 30 Jahren von dem US-amerikanischen Banken-Milliardär David Rockefeller gegründete Trilaterale Kommission hielt vom 20. bis 23. März 1998 in Berlin eine Tagung ab. Anwesend war auch David Rockefeller, früher erster Vorsitzender und jetzt Ehrenvorsitzender. Die *Trilaterale Kommission* ist aus dem *Bilderberger Club* als einer Art vorgeschalteter Organisation hervorgegangen. Nach den Statuten gehören ihr 200 Personen aus Europa, den USA und Kanada an. Obwohl sie juristisch ihren Sitz in Paris hat, vertrat sie, so heißt es, vorrangig immer die politischen Interessen der Vereinigten Staaten und Israels bzw. der dort maßgeblichen Kreise. Der politische Einfluß der *Trilateralen Kommission* ist weitaus bedeutender als der der UNO und auch des Welt-Wirtschaftsgipfels in Davos. Eine Besonderheit der Kommission besteht darin, daß alle Beschlüsse und Redetexte geheimgehalten werden. Es gibt auch keine öffentliche Redner- oder Teilnehmerliste. Obwohl in der Vergangenheit auch immer die Chefredakteure großer Medienkonzerne teilgenommen hatten, las man hinterher in deren Zeitungen noch nie etwas über die Tagungsergebnisse. So war es auch dieses Mal.

Die *„Begrüßungsworte“* des Bundespräsidenten **Roman Herzog** jedoch wurden im *Bulletin des Bundespresseamtes der Bundesregierung* veröffentlicht. Daraus ein paar bezeichnende Auszüge:

„Auch Sie haben sich, wie ich höre, in den vergangenen Tagen mit den Themen des 21. Jahrhunderts beschäftigt. Daß dieses Jahrhundert eine Ära gemeinsamen Handels [Handelns?] *sein muß, darüber kann es* ***angesichts der unaufhaltsamen Globalisierung*** *keinen Zweifel geben ...*

Die Strategie der Kooperation gehört als zweites Element zu einer neuen Politik. ***Im Zeitalter der Globalisierung ist eine wachsende Zahl von Aufgaben durch Nationalstaaten allein nicht mehr lösbar ...*** *Der anspruchsvollste Teil der Dreifachstrategie ist natürlich die* ***Strategie der Integration.*** *Ich denke hier nicht nur an die* ***supranationale Integration im Stil der Europäischen Union,*** *obwohl die Idee der Integration gerade von Europa aus mit der Wirtschafts- und Währungsunion einen großen Sprung nach vorn macht.* ***Integration*** **[be]*****wirken im Zeitalter der Globalisierung auch die vielfachen Formen zwischenstaatlicher, transnationaler oder auch nur ökonomischer Verflechtung.*** *APEC und ASEAM sind Beispiele solcher Verflechtungstendenzen, die Amerika, Asien und Europa verbinden.* ***Auch hier hat natürlich die Trilaterale Kommission Vorarbeit geleistet.“***

Erläuterungen:

o Aus Herzogs Rede ergibt sich klar, womit sich die *Trilaterale Kommission*, vorläufig noch abseits der Öffentlichkeit, vorrangig beschäftigt: mit der *„Integration"* von Völkern und Nationalstaaten in immer größere *„supranationale"* Einheiten. Dabei ist *„Integration"* nur ein beschönigender Ausdruck für Entmündigung – wie es anders gar nicht ablaufen kann, wenn das Großkapital tonangebend ist.

o Zur Entschuldigung der *Trilateralen* sei aber gesagt: Wer die Grundursache unserer *„drängenden Probleme"* – die ungelöste Geld- und Bodenfrage – nicht kennt bzw. das Wissen darüber verdrängt, wird wie zwangsläufig auf den breiten Pfad der *„supranationalen"*, *„globalistischen"* und zentralistischen Scheinlösungen hingelenkt.

Bilderberger-Treffen in der Schweiz

Es kann gar nicht anders sein, als daß auf dem Boden des internationalistischen, alle gewachsenen kleinräumigen Ordnungen auflösenden Kapitalismus eine Unzahl *„supranationaler"* Gruppen, Organisationen und Bünde gedeihen, die sich einem oft extremen Internationalismus verschrieben haben und dafür teils öffentlich, teils insgeheim tätig sind. Der *Bilderberger*-Club zählt auch dazu.

Unter der Schlagzeile *„Die 'geheime' Weltregierung tagte"* berichtete am 9.6.1995 die *Augsburger Allgemeine*:

„Völlig abgeschirmt von der Öffentlichkeit sind am Donnerstag 120 Politiker und Spitzenmanager aus Europa und Nordamerika auf einem Berg oberhalb des Vierwaldstätter Sees in der Schweiz zur **43. *Bilderberger*-Tagung** *zusammengekommen. Die verschiedentlich als* ***'geheime Weltregierung'*** *bezeichnete Konferenz – benannt nach dem ersten Treffen 1953 im 'Hotel Bilderberg' im niederländischen Oosterbeek – widmet sich nach einer Erklärung der Veranstalter hauptsächlich 'den atlantischen Beziehungen in einer Zeit des Umbruchs'. Diskutiert werde unter anderem über Fragen zur Nato, Friedenssicherung, zum Arbeitsmarkt, zu den USA, zur Europäischen Union, zur Globalpolitik und zur Währungskrise.* ***Über die Gespräche wird traditionell völliges Stillschweigen bewahrt."***

Fragen:

Weshalb diese Geheimnistuerei? Ist das mit einer *„offenen Gesellschaft"* (Philosoph Karl R. Popper, Spekulant Soros), mit „Demokratie" vereinbar? Ist es richtig, wenn so viele hochrangige Personen des öffentlichen Lebens wie in einem verschwörerischen Zirkel – als Weltstaatsplaner? – zusammensitzen und über so wichtige Dinge nur unter sich beraten? Oder waren sie bloß Anweisungsempfänger?

Woher der extreme Internationalismus?

Unter der Schlagzeile *„Die Kluft zwischen Arm und Reich wächst"* druckte die *ZEIT* am 13.6.1997 ein Gespräch mit James Gustave Speth ab, Chef des Entwicklungsprogramms der *Vereinten Nationen*, woraus ein Auszug gebracht werden soll:

*„**ZEIT:** In Ihrem neuesten Bericht heißt es, daß das Vermögen der sieben reichsten Männer ausreichend wäre, um die Armut auszurotten. Plädieren Sie für eine Revolution?*

***Speth:** Mir gefällt ein anderer Vergleich besser: **Der Besitz von 358 Milliardären ist genausohoch wie das Jahreseinkommen von rund der Hälfte der Weltbevölkerung.** Das zeigt, wie dramatisch ungleich sich der Wohlstand in den vergangenen Dekaden entwickelt hat. Die Kluft zwischen den ärmsten zwanzig Prozent der Menschheit und den reichsten zwanzig Prozent hat sich seit 1960 mehr als verdoppelt, und zwar von 30 zu 1 auf 78 zu 1. Diese gewaltige Ungleichheit zwischen verschiedenen Ländern, aber auch innerhalb vieler Nationen, ist ein Gefahrenherd. **Wir bewegen uns auf eine Zweiklassenwelt zu.** Wenn es uns nicht gelingt, mehr Gerechtigkeit zu schaffen, werden wir unseren Kindern keine sehr sichere Welt hinterlassen."*

Schlußfolgerungen:

- **Das genaue Spiegelbild dieser von Speth beklagten extremen Kapitalkonzentration aber ist – ein extremer, volksverneinender Internationalismus bzw. Supranationalismus.**
- **In der kapitalistischen Weltgesellschaft von heute hat sich schon längst eine supranationale Geldkaste herausgebildet, deren Mitglieder sich, wie auch ihre Handlungen zeigen, weit mehr untereinander verbunden bzw. verpflichtet fühlen als ihren jeweiligen Völkern.**
- **Und weil der alte Spruch, daß „Geld die Welt regiert", richtig ist, ist die Macht großenteils schon längst von den Völkern an diese internationalen Finanzkreise gewandert.**
- Damit aber liegt die Entscheidungsmacht über die politische *„Streckenführung"* (Hans D. Barbier, s. o.) bereits weltweit großenteils leider in den falschen Händen.

Anonyme Geld- und Weltherren

„Wirtschaft im Größenwahn: Weltweit schließen sich Firmen zu immer größeren Konzernen zusammen." So hieß es im Vorspann zu dem *Spiegel*-Artikel *„Weltmarkt ohne Weltpolizei"* (Nr. 17/1998). Es entstünden Konglomerate, die in erster Linie nach *„Effizienzkriterien"* funktionieren und kaum mehr heimatliche Verbundenheit kennen. Die Umrisse eines *„globalen Kapitalismus"*

würden sichtbar. Eine Wirtschaftsordnung zeige sich, ***„in der anonyme Eigentümer, die Verwalter der Aktien- und Pensionsfonds, den Ton angeben.“*** Eine neue *„Kaste von Geldfürsten“* habe sich herausgebildet, vor allem in den USA und England, die beispiellos mächtig sei. Ihr Anlagekapital belaufe sich jetzt auf 12 Billionen Mark. 1991 seien es noch 4,3 Billionen gewesen. Sie forderten Rechenschaft selbst von Konzernvorständen, machten sie zu ***„Getriebenen“***, auch vielfach schon in Deutschland. Sie entschieden z. B. darüber, ob Firmenaufkäufe stattfinden, welche Betriebe geschlossen werden usw.

Und darauf sind sie eingeschworen: *„**Die Geldherren,** die wahren Verfechter der Shareholder-Gesellschaft, kennen im harten Konkurrenzkampf um neue Kunden nur ein Ziel: **bedingungslose Gewinnmaximierung im Interesse der Aktionäre.“***

Schlußfolgerungen:

- Man kann es kaum deutlicher vor Augen führen, wie im Zinssystem die leistungslose Geldvermehrung der beherrschende wirtschaftliche Handlungsantrieb ist.
- Leider ist es eine zerstörerische Handlungsweise, denn bei seinem ausräuberisch-mephistophelischen Charakter vernichtet Zinsgeld nicht nur Arbeitsplätze, sondern alle anderen Werte auch, letztlich die ganze Schöpfung.
- Dennoch nimmt man den *„globalen Kapitalismus“*, die anonyme Geldvorherrschaft und die überall sichtbare Megalomanie wie naturgegeben hin und überlegt nur noch, wie man solche Entwicklungen durch neue Spielregeln auf Weltebene und durch eine *„Weltpolizei“* irgendwie eindämmen könne. Man sieht hier deutlich, wie der durch die unbereinigte Geld- und Bodenfrage ausgelöste kapitalistische Wildwuchs widernatürliche globale Regelungen, letztlich eine diktatatorische Weltregierung, geradezu erzwingt.
- Was hoffen läßt: Die Wirtschaftsführer, auch die Fondsverwalter, sind selbst ***„Getriebene“***. Sie können kaum anders handeln, weil sie nur so lange im Amt bleiben, wie sie immerfort die *„bedingungslose Gewinnmaximierung im Interesse ihrer Aktionäre“* im Auge behalten.

Weltherrschaft der Multis

Aus dem *iws-Report Nr. 34* (1998) kann man hierzu erfahren:

In den vergangenen zehn Jahren habe ein dramatischer Anstieg der grenzüberschreitenden Direktinvestitionen stattgefunden. Zu dieser Entwicklung hätten ***„die Beseitigung von Marktabschottungen, die Liberalisierung des Kapitalverkehrs und die Deregulierung der Finanzmärkte beigetragen.“*** (S. 1)

Der Report stellt zusammenfassend fest: *„Im globalen Konkurrenzkampf werden so nur wenige, produkt- und branchenbeherrschende Giganten überleben, die dann wirklich global präsent und organisiert sind. Diese Super-Mul-*

tis werden über eine marktbeherrschende Stellung verfügen und ein ungeheures ökonomisches Machtpotential darstellen."

Die transnationalen Konzerne seien ferner dabei, *„ihre ökonomische Macht zunehmend in politischen Einfluß und Regulierungssysteme umzusetzen."*

Nachbemerkung:

o Ein Land, das zu einem offenen Tummelplatz ausländischer Unternehmen, gar von Großkonzernen, geworden ist, ist damit dem Herrschaftsbereich der Weltwirtschaft eingegliedert und hat seine Handlungsfreiheit, also seine Souveränität, zu einem Großteil verloren.

o Doch wird es mit dem *MAI*, dem *Multinationalen Investitionsabkommen*, das 1998 ratifiziert werden sollte, noch viel schlimmer werden.

Das *MAI*

Derselbe *iws-Report* gibt auch ausführlich über das *MAI* Auskunft, das *Multilateral Agreement on Investment*, und stellt zusammenfassend fest, es sei ***„eine 'globale Verfassung' für die Multis, mit der die politische Weltherrschaft der Multis, das Ende sowohl der nationalstaatlichen Souveränität als auch des Sozialstaats eingeläutet wird."***

Worum geht es im einzelnen?

Mehr als drei Jahr lang führten die Vertreter der 29 größten Industrieländer, die in der OECD zusammengeschlossen sind, in Paris Geheimverhandlungen über ein Multilaterales Investitionsabkommen, eben das *MAI*.

In allen Unterzeichnerländern soll der *MAI*-Vertrag ausländischen Investoren weitestgehende Rechte und Freiheiten sichern, die durch nationale Regierungen nicht mehr eingeschränkt werden können, auch wenn sie tief in ihre nationalen, sozialen und ökologischen Belange eingreifen.

Erklärtes Ziel des *MAI* ist es, **die nationale Selbstbestimmung gänzlich zu beseitigen,** einer supranationalen Wirtschafts- und Finanzherrschaft zum Durchbruch zu verhelfen und auf diese Weise eine Entwicklung, die mit *GATT/WTO*, *NAFTA*, *Maastrichter* und *Amsterdamer Vertrag* entscheidende Etappen zurückgelegt hat, ans Ende zu bringen.

Die Verhandlungen, die vom *US-Council for International Business* im Rahmen der *WTO* angestoßen wurden, liefen bisher weitgehend unter Ausschluß der Öffentlichkeit ab. In Deutschland und in Österreich erfuhr man kaum etwas darüber. Die Massenmedien hüllten sich in Schweigen, und selbst Bundestagsabgeordnete zeigten sich unwissend. Der Originaltext des Vertragsentwurfs wurde im Frühjahr 1997 unter strengster Geheimhaltung an die Regierungen der *OECD*-Länder verteilt. Nur weil er dem Kanadier Tony Clarke zugespielt wurde, der dann die Alarmtrommel rührte, erhielt auch eine größere Öffentlichkeit davon Kenntnis.

Wenn das *MAI* unterzeichnet wird – ursprünglich sollte das noch 1998 geschehen –, käme das einer Beerdigung der letzten Reste nationaler Souveränität und Demokratie gleich. **Alle nationalen Gesetze und Vorschriften, die die Rechte und Freiheiten der internationalen Konzerne einschränken könnten** – bei Arbeitsschutz, Umweltschutz, Verbraucherschutz, bevorzugenden Regelungen für einheimische Firmen und Arbeitnehmer usw. –, **verlören ihre Gültigkeit.** Nicht nur der Nationalstaat, der Sozialstaat gleichermaßen wären aufgehoben.

Auch der Bundesverband des *BUND* (*Bund für Umwelt und Naturschutz Deutschland*) rief zur Abwehr gegen dieses Vorhaben auf (*BUNDSCHAU* 3/1998):

„Beispiele für mögliche Auswirkungen des MAI finden sich schon heute in der Praxis der NAFTA: So hat ein amerikanischer Konzern die kanadische Regierung auf 251 Mio US-Dollar verklagt, weil sie ein Gesetz erlassen hat, das hochgiftige Zusatzstoffe im Benzin verbietet. Gentechnik-Firmen könnten in Zukunft die europäischen Staaten zwingen, ihre Produkte auf den Markt zu bringen."

Erfreulicherweise ist jetzt wegen heftigen Widerstands (der vor allem aus Kanada und Frankreich kam) die Verabschiedung des *MAI* – vorläufig! – vertagt worden.

Entlastendes:

- Man muß sich auch in die Lage der Konzernführer zu versetzen versuchen. Sie alle sind *„Getriebene"* (*Spiegel*, 17/1998). Sollte es ihnen nicht gelingen, die erforderliche Umsatzrendite zu erwirtschaften, ist ihre eigene Existenz und die des Unternehmens gefährdet. Deshalb lassen sie sich gerne zu Regelungen bewegen, die zwar Freiheit, Demokratie und Lebensgrundlagen bedrohen, die ihnen aber im weltweiten Konkurrenzkampf eine Atempause verschaffen. Jeder ist sich selbst der Nächste.
- Was denn sagte Hamish Maxwell, Chef des Lebensmittelmultis und Nestlé-Konkurrenten Philipp Morris, als er sich für 13,1 Mrd. Dollar den Konzern Kraft einverleibte? Dies: *„Entweder du frißt andere, oder die anderen fressen dich, da fresse ich doch lieber."* (*Spiegel*, 45/1988)
- Solange der letztlich zinsbedingte Wachstumszwang und der daraus hervorgehende mörderische Konkurrenzdruck nicht überwunden sind, solange sind Verträge wie das *MAI* und die Schaffung lebens- und freiheitszerstörender globaler Machtgebilde nicht aufzuhalten.

Greenpeace-Forderungen an die WTO

„Kennen Sie die Abkürzung WTO? Nein? Dann geht es Ihnen wie den meisten Menchen. Denn in den Medien wird nur selten darüber berichtet.

Dabei stellt die Welthandelsorganisation WTO eine Gefahr für den Erhalt der Natur und der Umwelt dar. *Wir müssen die Öffentlichkeit aufrütteln."*

Mit diesen Sätzen eröffnete *Greenpeace* den Februar-Rundbrief von 1999. Dann erfuhr man: Die WTO gestalte den rechtlichen Rahmen für die Globalisierung maßgeblich mit. Doch tage sie immer hinter verschlossenen Türen. Nur Handelsabgesandte von nationalen Regierungen hätten Zutritt. Umweltverbände, Gewerkschaften oder gar die Presse müßten draußen bleiben. Keine andere internationale Organisation entziehe sich so gänzlich der öffentlichen Kontrolle.

Demnächst entscheide die WTO über den Handelsstreit zwischen der EU und den USA über hormonbehandeltes Rindfleisch. In den USA ist es üblich, das Wachstum von Rindern mit Hilfe künstlicher Hormone zu beschleunigen, während das in der EU noch verboten ist. Die USA hätten vor der WTO geklagt, daß die EU das Hormonfleisch einführen muß: *„Ein Gremium von 3 WTO-Handelsexperten entscheidet jetzt darüber, ob wir demnächst Hormonfleisch in den Supermärkten und Gaststätten haben oder nicht."*

Die WTO sei 1994 als neue Dachorganisation der Welthandelsabkommen gegründet worden: ***„Das Ziel der WTO ist es, möglichst alle Handelshemmnisse abzubauen und so den freien Welthandel zu garantieren."*** Das höre sich für die meisten Menschen gar nicht so schlecht an. Die Kehrseite sei aber: *„Für die WTO ist z. B. ein Fisch nur ein Fisch, egal wie er gefangen wurde. Ob bei der Fischerei schwere Umweltschäden in Kauf genommen wurden, spielt keine Rolle. Fisch muß frei handelbar sein, unabhängig davon, was bei der Fischerei zerstört oder mitgetötet wurde."*

So habe die WTO in den USA erst kürzlich ein von Umweltschützern und *Greenpeace* erkämpftes Gesetz zerschlagen, das dem Schutz der vom Aussterben bedrohten Meeresschildkröten diente.

Greenpeace kommt zu dem Schluß: ***„Diese Art von freiem Welthandel wollen wir nicht! Das ist Handel, frei von jeglichen ethischen Werten, frei von jeder Moral. Der jeweils Rücksichtsloseste gewinnt dabei."***

Dagegen fordert *Greenpeace*: ***„Auch und gerade der Welthandel braucht soziale und ökologische Leitplanken. Kein Zurück zum ungeregelten Kapitalismus, wie er Ende des letzten Jahrhunderts herrschte!"***

Greenpeace klagt an: *„Ökologische Standards, wie wir sie seit langem fordern, gibt es in der WTO nicht.* ***Bisher hat die WTO bei Konflikten gegen diejenigen entschieden, die ihre höheren Umwelt-, Gesundheits- und Sozialstandards behaupten wollten.*** *Und leider gibt es keine ähnlich mächtige Umweltorganisation der UNO, die der WTO Paroli bieten könnte ... Dabei gilt:* ***WTO-Recht bricht nationales Recht*** *– so sind die Regeln."*

Aus dem *Greenpeace*-Schreiben ergibt sich:

- Allein das Vorhandensein der WTO mit ihren Machtbefugnissen zeigt, daß wir schon heute – *„frei von jeder Moral"* (*Greenpeace*) – in so etwas wie einem Weltstaat leben: *„WTO-Recht bricht nationales Recht."* Das betrifft so wesentliche Bereiche wie die aufgeführten *„Standards"* – und vermutlich noch vieles andere mehr.
- Weil die WTO eine rein kapitalistische Einrichtung ist, also aus dem Geiste des Renditedenkens geschaffen wurde, ist es unausbleiblich, daß sie dem **Schlechteren zum Durchbruch** verhilft und das Bessere unterdrückt: alle *„höheren Umwelt-, Gesundheits- und Sozialstandards"* werden beseitigt …
- Im selben Schreiben fordert Greenpeace von der WTO: *„Die WTO braucht ökologische Leitplanken in ihrem Regelwerk"; „höhere nationale Standards müssen weiter möglich sein"; „Demokratisierung der WTO: mehr Transparenz und demokratische Kontrolle sowie Erweiterung der Mitspracherechte auch für Nicht-Regierungsorganisationen"* usw. Solche Forderungen sind sicherlich alle richtig. Doch sind Zweifel angebracht, ob sie unter kapitalistischen Verhältnissen, d. h. unter den Renditezwängen des herrschenden Systems, auch nur annäherungsweise verwirklicht werden können.

Kulturvernichtung

Ein Beispiel für die kulturzerstörende Gewalt des Kapitalismus mit seinen großflächigen Einebnungszwängen ist das Sprachensterben.

Man bleibe in Europa und blicke nach Wales: Seit Jahrhunderten ist es eine Region Großbritanniens; ursprünglich hatte es eine keltische Einwohnerschaft. In der zweiten Hälfte des 20. Jahrhunderts wurde immer deutlicher, daß es den 2,7 Millionen Walisern schwerer fiel, ihre Eigenart zu bewahren. Die kulturzersetzende Wirkung ging vor allem von den Medien wie Rundfunk und Fernsehen aus. Das zeigte sich besonders auffallend beim Gebrauch der walisischen Sprache. Am Ende des 19. Jahrhunderts war für mehr als die Hälfte der Einwohner Walisisch noch die Muttersprache; 1981 war der Anteil auf 18 Prozent gesunken. Um zu verhindern, daß die Sprache völlig verschwand, machte man an den Schulen Walisisch zum Pflichtfach, und es gibt heute auch Rundfunk- und Fernsehsendungen in dieser Sprache. Das half nur wenig, und man nimmt an, daß bis zum Jahr 2010 das Walisische im Alltag fast nicht mehr in Gebrauch ist. (Quelle: Schulbuch *Pathway to Summit*, Schöningh, 1993, S. 87)

Die Notwendigkeit, nach Auflösung der regionalen Wirtschaftsformen auch außerhalb von Wales nach Arbeit zu suchen, dürfte beim Niedergang der eigenen Sprache eine ebenso große Rolle gespielt haben.

Ähnliches ereignet sich weltweit. Fachleute gehen davon aus, daß in den kommenden Jahrzehnten ein Drittel der etwa 6500 auf der Welt gesprochenen Sprachen abstirbt. Pessimisiten wie der Kölner Professor H.-J.Sasse befürchten sogar, *„daß im kommenden Jahrhundert bis zu neunzig Prozent der jetzt noch existierenden Sprachen verschwinden."* (*taz*, 14./15.3.1998)

Wird das Deutsche überleben? In den Vorständen vieler deutscher Großkonzerne ist heute schon Englisch die Verhandlungssprache, und an den im Entstehen begriffenen privaten Universitäten soll Englisch die Lehrsprache sein.

Der Altpräsident des Kieler *Instituts für Weltwirtschaft*, Herbert Giersch, ging noch weiter: Die weltweite Arbeitsteilung verlange *„nach einem* ***Weltgeld*** *ebenso wie nach einer* ***Weltsprache"***. Der Euro sei *„nur ein Zwischenschritt"*. (*STN*, 15.1.1996)

Schlußbemerkung:

Es sollte deutlich geworden sein, daß der Kapitalismus mit seinem extremen Internationalismus extrem natur- und kulturzerstörend ist. Solange es nicht gelingt, seine innerste Triebkraft, die ungerechte Geld- und Bodenordnung, auszuschalten, wird kaum zu verhindern sein, daß sich die Zentralisierung noch mehr zuspitzt und sich schließlich ein Weltstaat mit *„Weltgeld"* und einheitlicher *„Weltsprache"* herausbildet.

„Einzelwesen" und ein neuer *„Autoritarismus"*

In einem Artikel mit der Schlagzeile *„Weltbürger in der Drehtür"* zeigte sich der *Spiegel* ratlos (1/1999):

„Wie sehen Denker die Globalisierung? Gebiert der erbarmungslose Weltmarkt ***unbehauste Einzelwesen"***, eine *„Gesellschaft von Fremden? …* ***Wird die globale Ausweitung der Wirtschaftsmächte einzelne Kulturen, ja sogar Staaten und Gesellschaften endlich ganz beseitigen?"***

Der *Spiegel* bezieht sich auf Rolf Dahrendorf, der von einer *„Gefährdung des sozialen Zusammenhalts"* und von einer ***„konsequenzlosen Kommunikation zwischen atomisierten Individuen"*** gesprochen hatte, die nur noch durch einen neuen ***„Autoritarismus"*** zusammengehalten werden könnten.

Er läßt Anthony Giddens, *„Chef der renommierten London School of Economics"* und *„Berater von Großbritanniens Premier Tony Blair"*, zu Worte kommen: *„Man kann die Welt einfach nicht laufenlassen wie einen riesigen Marktplatz … Die meisten Länder haben keine klaren Feinde mehr. Statt dessen stehen sie Risiken – ökologischen zum Beispiel – gegenüber, die man nur gemeinsam anpacken kann. Die Welt braucht, glaube ich, dringend ein* ***besseres Gefüge von Institutionen und eine Erweiterung der Demokratie über die Ebene des Nationalstaats hinaus."***

Feststellungen:

- Leider trifft es zu, daß der Globalismus die Menschheit immer mehr in *„unbehauste Einzelwesen"* aufsplittert.

o Es stimmt auch, daß die klare Erkenntnis darüber fehlt, wer der *„Feind"* eigentlich ist.

o Je mehr die gewachsenen kleinräumigen Gemeinschaften der Auflösung anheimfallen, desto heimatloser fühlen sich die Menschen, desto chaotischer werden weltweit die Zustände und desto dringender erscheint es, dagegen vorzugehen.

o Weil man aber keine *„klare"* Erkenntnis darüber hat, wo der *„Feind"* eigentlich steht, packt man nicht bei der Ursache an, sondern begnügt sich mit symptomatischen Abhilfen: mit überstaatlichen Institutionen und Machtkonstruktionen, d. h. mit noch mehr Überwachung und Unterdrückung, mit noch mehr *„Autoritarismus"*, mit noch mehr weltstaatlichen Zwangmaßregeln. Dadurch wird alles nur noch schlimmer – wie jedesmal, wenn man eine tiefersitzende Krankheit übersieht und weiterwuchern läßt.

o In Wirklichkeit gibt es einen *„klaren Feind"*: das kapitalistische System, d. h. die Zinswirtschaft mit ihren Wucherungszwängen. Die wahre und zugleich sanfte Lösung bestünde in deren Überwindung.

Die große Langeweile

Die Welt ist inzwischen schon sehr vereinheitlicht worden, ein „globales Dorf" ist entstanden, in dem man sich viel zu gut auskennt – und herumlangweilt.

Auch die Herren des Geldes haben nicht immer Freude am Ergebnis ihrer imperialistischen Politik. Dazu zählt der amerikanische Finanzier Herbert A. Allen, den der *Spiegel* einmal für ein Gespräch gewann. Er stellte ihn so vor (Nr. 39/1995):

„Alle hören auf Allen. Der Investor (geschätztes persönliches Vermögen: über 1,2 Milliarden Dollar), der noch nie ein Interview gegeben hat, steuert seine Beteiligungen an 150 Unternehmen, darunter etliche Entertainmentfirmen, aus dem neunten Stock des Coca-Cola-Hauses an New Yorks Fifth Avenue."

Die Antworten des Milliardärs sind enthüllend:

„Spiegel: *Glauben Sie, daß die Medienkonzentration in den USA eine internationale politische Gefahr ist, weil zuviel Meinungsmache entsteht?*

Allen: *Nein. Mit Ausnahme des ausgesprochen konservativen Unternehmers Murdoch haben die Führer der großen Medienkonzerne keine politische Überzeugung, die sie verbreiten wollen.* [Stimmt das??] ***Eine viel größere Gefahr ist jedoch, daß die gesamte Welt eine einzige Kultur wird: Wir schauen das gleiche an, kleiden uns ähnlich, reden dieselben Phrasen – und langweilen uns gegenseitig zu Tode.***

Spiegel: *Übertreiben Sie nicht?*

Allen: Nein, ich glaube, das ist eine Gewißheit."

Ergänzender Hinweis:

- Man fühlt sich bei diesen Worten Herbert Allens an die *„grauen Männer“* und *„Zeit-Diebe“* in Michael Endes weltberühmtem Buch *Momo* erinnert. Obwohl Momo ein kleines und unerfahrenes Mädchen ist, nimmt es den Kampf gegen sie auf. Zunächst leisten ihre Feinde erbitterten Widerstand, sterben dann aber fast erleichtert, jedenfalls der letzte von ihnen, der mit dem Seufzer auf den Lippen erlischt: *„Es ist gut, - daß nun - alles - vorbei - ist - - -“*
- Übrigens: Michael Ende kannte Gesells Freiwirtschaftslehre und seine Vorschläge zur Zinsüberwindung. Er sagte mehrmals öffentlich, daß darin der Schlüssel zur Lösung unserer Probleme liege. In seinen Büchern finden sich immer wieder geld- und zinskritische Anspielungen.

Die neue Weltgerichtsbarkeit

„In den schöneren Teilen der Erde können Menschenrechte heute eingeklagt werden“, jubelte Jan Sellner in seinem Leitartikel für die *Stuttgarter Nachrichten* (7.12.1998) anläßlich des fünfzigsten Jahrestags der Verkündung der Menschenrechte und fuhr fort: *„Auch international finden sie heute Gehör.* ***Unter ihrem Druck bröckelt die Souveränität von Staaten.*** *Und wer sie mißachtet, kommt unter Beobachtung der Vereinten Nationen, demnächst vielleicht sogar vor das Welt-Strafgericht.“*

Auch der *Spiegel* (44/1998) nannte es einen *„Meilenstein in der Entwicklung des Völkerrechts“*, als Londons fünf Lordrichter dem *„einstigen Tyrannen Chiles“*, Augusto Pinochet, der sich zur einer Rückenoperation nach England begeben hatte und dann verhaftet wurde, die Staatsimmunität aberkannten.

Der *Spiegel* verwies in diesem Zusammenhang auf das Madrider Blatt *El Pais*, das geschrieben hatte: *„Wir stehen vor einer Globalisierung der Justiz, die der globalen Wirtschaft entspricht.“* Einige Wochen später führte er aus (Nr. 49/1998): Der *„heilige Respekt vor der Souveränität anderer Staaten“* sei so oder so zu Ende. Vor allem deshalb: ***„Doch seit dem Zusammenbruch des Sowjetimperiums müßte die Globalisierung der Wirtschaft, der Politik und der Technologie unvermeidlich auch eine Globalisierung des Rechts zur Folge haben.“***

Dieser Auffassung war der damalige deutsche Außenminister **Genscher** bereits 1991. Während eines Besuchs in den USA zur Entgegennahme der Ehrendoktorwürde der Universität von South Carolina sprach er sich *„für die Gründung eines Uno-Gerichtshofs zur völkerrechtlichen Ahndung von ‘Verbrechen gegen die Menschheit’ aus ... Die* ***Schaffung einer neuen Weltordnung*** *verlange auch die ‘Durchsetzung des Völkerrechts und des Menschenrechtspaketes der Vereinten Nationen.’“* (*STN*, 13.5.1991)

Zweiflerisches:

- Können solch weltstaatliche Einrichtungen wie die UNO und ein Weltgerichtshof besseres Recht sprechen als Nationalstaaten? Bezeichnend ist, daß die USA der vorgeschlagenen Gründung eines *Internationalen Kriminalgerichts* (*ICC*) nur zustimmen wollen, wenn eine Reihe von Bedingungen erfüllt seien. Darunter die: *„Klageberechtigt dürften nur die ständigen Mitglieder des Uno-Sicherheitsrates und andere Unterzeichner der Gründungsakte sein"* (*STN*, 18.6.1998) …
- Hierzu paßt ein Bericht, der in einer Sonderausgabe des amerikanischen Magazins *Time* (*Visions of Europe*, Winter 1998/99) erschienen ist: Sollte sich die NATO zu einer europäischen *„Friedensbewahrerin"* entwickeln, könnte sie zu diesem Zweck auch in Europa eingesetzt werden. Auf einer Karte sind die künftigen Konfliktgebiete eingezeichnet: darunter Vitrolles, die Hochburg des *Front National* in Südfrankreich, und *„national befreite Zonen"* in Magdeburg und anderen Städten der neuen Bundesländer. – Ist also damit zu rechnen, daß zukünftig jeglicher patriotischer Widerstand gegen die Anmaßungen der kommenden Weltpotentaten von den Weltrichtern als Verbrechen abgeurteilt und mittels *„Friedensmissionen"* der Weltstreitmacht gnadenlos niedergeschlagen wird?
- Andererseits ist es nicht falsch, daß bei der Zunahme der weltweiten Beziehungen der Länder untereinander das heutige Völkerrecht mancher Abwandlungen und Ergänzungen bedarf. Doch nur eine nachkapitalistische UNO bietet die Gewähr dafür, daß ein Weltgerichtshof, sollte es ihn einmal – für eng begrenzte Fälle – geben, überwiegend die richtigen Entscheidungen trifft.

Schöne neue Welt

Aldous Huxley fügte seinem 1932 entstandenen berühmten Roman *Schöne neue Welt*, in dem er anschaulich und packend das Zukunftsbild eines totalitären Weltstaats zeichnete, 1946 ein neues Vorwort hinzu:

„Alles in allem sieht es so aus, wie wenn uns Utopia [der in Huxleys Buch dargestellte totalitäre Weltstaat] *viel näher wäre, als es sich irgend jemand vor erst 15 Jahren hätte vorstellen können. Damals verlegte ich diese Utopie sechshundert Jahre in die Zukunft. Heute scheint es durchaus möglich, daß das Entsetzliche schon binnen eines einzigen Jahrhunderts über uns hereinbricht … In der Tat, wenn wir nicht den Entschluß fassen* ***zu dezentralisieren*** *und die angewandte Wissenschaft nicht zu dem Zweck gebrauchen, … ein Geschlecht freier Einzelmenschen hervorzubringen, dann bleiben uns nur nur zwei Möglichkeiten: entweder haben wir es mit einer Vielzahl nationaler, militarisierter und totalitärer Staaten zu tun … ; oder ansonsten bildet sich ein* ***übernationaler totalitärer Staat*** *heraus, hervorgerufen durch das gesellschaftliche Chaos, welches sich aus dem raschen technischen Fortschritt im allgemeinen*

und der atomaren Revolution im besonderen ergibt, und der sich, aus dem Bedürfnis nach Leistungsfähigkeit und Stabilität, zur ***Wohlfahrtsyrannei Utopia*** *entwickeln wird.“*

Erläuterungen:

o Huxley hat mit der zeitlichen Rückverlegung seines Utopia-Staates mehr als recht. Schätzungsweise zwei Drittel seiner Vorhersagen sind schon eingetroffen. Viele Leser dürften deshalb die Ironie seiner Schilderungen gar nicht mehr herausspüren, stimmen sie doch mit der heutigen Wirklichkeit bereits allzugenau überein.

o Huxley zeigt sich ziemlich hoffnungslos, so wie auch aus George Orwells Zukunftsroman *1984* überwiegend düstere Verzweiflung über das Kommende spricht. Das konnte nicht anders sein, denn beide kannten den Ausweg nicht.

o Doch wußte Huxley wenigstens, daß das wichtigste Erfordernis die *„Dezentralisierung“* wäre.

o Ansonsten haben sie sehr klar gesehen, in welche Richtung sich die kapitalistisch bestimmten Gesellschaften des 20. Jahrhunderts entwickeln mußten.

o Übernationale Freihandelszonen und Staatsgebilde – wie heute EU, NAFTA, Mercosur, Andenpakt, schließlich gar ein Weltstaat – liegen ganz auf der Linie einer katastrophenträchtigen Gesamtentwicklung, welche vom rahmensetzenden Zinsgeld vorgegeben ist und welche sich selbsttätig und aus sich heraus mit ungeheuerer Wucht beschleunigt und vorwärtswälzt.

o Freilich wird die vom Zinsgeld erzwungene falsche – d. h. natur-, völker-, und freiheitsvernichtende – Entwicklungsrichtung durch bestimmte politische Weichenstellungen noch begünstigt.

o Vermutlich meinen einige dieser stillen Weltplaner sogar, weil sie von keinem anderen Weg wissen, der Menschheit damit einen guten Dienst zu leisten – wie das auch in den Romanen *1984* und *Schöne neue Welt* bei den Machthabern der Fall ist.

o Doch wird der künftige Weltstaat, sollte er zustandekommen, auf Grund seiner Zinsgeldherkunft unvermeidlich zentralistisch-despotischen Charakter tragen.

21. Quo vadis, Amerika?

Die USA als beherrschende Weltmacht

„Kein Staat in der modernen Geschichte war je so unangefochten die Nummer eins auf der Welt: Die USA verfügen über die größte Militär- und Wirtschaftsmacht, sie dominieren die Zukunftsindustrien – und lassen ihre Überlegenheit provozierend spüren.“

Mit diesen Worten eröffnete der *Spiegel* vor nicht allzulanger Zeit einen ausführlichen Bericht über die heutige Stellung der USA auf der Welt (Nr. 36/ 1997). Noch nie habe in der modernen Geschichte ein Land mit seiner Politik und seinen Produkten die Erde so flächendeckend dominiert wie heute die USA. Aus dieser Führungsrolle erwachse politische Macht: *„Zwar können längst nicht alle Probleme der internationalen Politik mit Hilfe der USA gelöst werden, aber ohne die USA scheint keines mehr lösbar."* Schon seit Anbeginn betrachtete sich Amerika als *„Gottes eigenes Land"*, doch neige es jetzt dazu, *„selbst Gott zu spielen"*. Gegenüber dem Rest der Welt trete es so auf: *„Mit seinen Muskeln protzend, aufdringlich, einschüchternd"*, was mit einer langen Reihe von Beispielen belegt wird. *„Das amerikanische Jahrhundert setzt sich einfach fort und fort"*, habe der Kolumnist Richard Reeves gejubelt und hinzugefügt: ***„Wir können allen Nationen sagen, wie sie ihre Politik gestalten sollen.** Und mit der Ausnahme derer, die in den verfemten Staaten leben, Libyen und so, tun die Stämme ziemlich genau das, was wir ihnen aufgetragen haben."*

Diese Selbstherrlichkeit lasse sich nur aus der amerikanischen Geschichte erklären: Seit jeher war diese Nation von der Überzeugung durchdrungen, auf der Seite des *„Guten"*, des *„Richtigen"* zu stehen. Bereits die ersten Siedler, die im 17. Jahrhundert aus Europa kommenden Puritaner, hätten sich vorgenommen, eine weithin leuchtende *„Stadt auf dem Hügel"* zu bauen, auf der bewundernd *„die Augen der Menschheit ruhen"* sollten.

Die Frühzeit war dadurch geprägt, daß *„sich die Pioniere das Hinterland untertan machten, ohne jede Rücksicht auf Ureinwohner"*. In der zweiten Hälfte des vorigen Jahrhunderts habe mit dem Erwerb von Stützpunkten auf Samoa (1878) und Hawai (1887) ein *„imperiales Vorgeplänkel"* eingesetzt. Ein klarer Fall von **Imperialismus** – der *„Sündenfall"* – war dann die Eroberung der Philippinen im Jahr 1898: ***„Von nun an galt es in Amerika als unmoralisch, die Welt n i c h t nach amerikanischen Vorstellungen zu verändern, ganz gleich, ob es die 'Einheimischen' so wollten."***

Der *Spiegel* hält ergänzend fest: ***„Natürlich spielten dabei auch machtpolitische und wirtschaftliche Gründe eine Rolle."*** So hielt man es für nötig, neue Brückenköpfe zu erschließen. Dem ***American way of life*** wollte man weltweit Geltung verschaffen. US-Senator Albert Beveridge habe für viele gesprochen, als er die Dinge so verknüpfte: *„Der Welthandel muß und wird uns gehören."* Zum Wohle der Welt, denn: *„Die amerikanische Zivilisation wird an jenen Ufern Wurzeln schlagen, die in der Finsternis der Unwissenheit lebten."*

Und so ging es weiter: *„Mit diesem Sendungsbewußtsein ausgestattet, kolonisierten die wohlmeinenden **Imperialisten** in den nächsten Jahren mit ihren **Dollar,** und gelegentlich auch mit ihren **Kanonen,** die Karibik und Lateinamerika von Puerto Rico über Kuba und Panama."*

Und im 20. Jahrhundert *„kolonisierten"* sie den Rest der Welt.
Der *Spiegel* kommt zu dem Schlußurteil:
„Die hohe Politik und das Geschäft lieben sich in den USA."

„Geld und Macht"

Unter dieser Überschrift berichtete auch einmal die *Welt am Sonntag* (20.9.1998), wie eng *„Geld und Macht"* in den USA miteinander verquickt sind. Im Vorspann heißt es:

„Der letzte Wahlkampf in den USA kostete insgesamt 2,7 Milliarden Dollar. Teurer ist Einfluß in Amerika noch nie gekauft worden."

Robert Byrd, seit 39 Jahren Senatsmitglied, habe sich so geäußert: ***„Ideen? Prinzipien? Programme? Nein. Geld allein ist der große Herrscher und Beweger der amerikanischen Politik."***

Des weiteren erfährt man: *„So liegt der Durchschnittspreis für einen Senatssitz im Kongreß heute bei 4,6 Millionen Dollar, für einen Sitz im Repräsentantentenhaus bei 675 000 Dollar."* Das zwinge die Kandidaten, sich den Lobbyisten auszuliefern: *„In Washington allein sind heute 14 000 solcher Einfluß-Händler registriert. Mit anderen Worten: Auf jeden der 535 Volksvertreter im Kongreß entfallen 26 Lobbyisten."* Die rückten ihr Geld *„nicht aus Nächstenliebe"* heraus: *„Sie machen sich unentbehrlich als Wahlhelfer und erwarten dafür noble Gesten von den Verwaltern der Steuergelder."*

Das *„bittere Fazit"* heiße: ***„Wer Geld hat, hat mehr zu sagen in der amerikanischen Politik."*** Und weil das Geld eine so bedeutende Rolle spiele, sei der Kongreß in den letzten Jahren zu einem *„Club der Reichen"* geworden: *„So befinden sich unter den 535 Abgeordneten* inzwischen 115 Millionäre, *angeführt von John Kerry, der mit einem Vermögen von 550 Millionen Dollar die Rangliste anführt ..."*.

American way of life

Vom *American way of life* geht eine große Faszination aus, die der *Spiegel* so beschreibt (Nr. 36/1997):

„MTV, Microsoft, McDonald's, 'fast music, fast computer and fast food' haben die Sehnsuchtswelt der meisten Jugendlichen aller Kontinente auf ein **uniformes, von Amerika kontrolliertes** *Magic Kingdom reduziert. Ein riesiges Netz von Kommunikations- und Unterhaltungskanälen ist entstanden, das flächendeckend alles mit US-produzierten Filmen, Fernsehproduktionen und Musik-Clips* ***überschwemmen muß, um weiter Gewinne zu machen.*** *Die Unterhaltungsindustrie ist nach der Luft- und Raumfahrt Amerikas zweitgrößter Exportschlager, Tendenz steigend.*

Eine breite Mehrheit der amerikanischen Elite glaubt, daß mit der Verbreitung dieser Symbole des American Way of Life auch eine weltweite Demokra-

tisierung stattfinde. Präsident Clinton setzt unerschütterlich auf die 'demokratischen Märkte', als führten Geschäftsinteressen automatisch zu einer freien Gesellschaft, die Globalisierung zu pluralistischen Staaten mit freien Wahlen."

Anmerkungen:

- Der amerikanische „Kultur"-Imperialismus mit seinen *„uniformen"* Erzeugnissen hat mit dazu beigetragen, daß weltweit uralte Kulturen absterben. Man erinnere sich daran, was Walter S. Allen dazu gesagt hat.
- Ihrer eigenen Kultur entfremdete Völkermassen sind aber das geeignete Material zur Schaffung einer *„globalen Gesellschaft"* (Soros) und *„globaler"* Regierungsformen. Dazu paßt, daß in vielen sehr gut gemachten Hollywood-Filmen – jüngere Beispiele sind *Independence Day* und *Armageddon* – unterschwellig für die „Eine Welt" geworben wird. So lernt man in den genannten Filmen heldenmütige und zugleich lässige Amerikaner kennen, welche es schaffen, nicht weniger als die ganze Menschheit vor dem Untergang zu retten.
- Es wird auch deutlich, daß aus dem unvermeidlichen – kapitalistischen – Verdrängungswettbewerb imperialistisches Gehabe entspringt: Auch die amerikanische Unterhaltungsindustrie *„muß, um Gewinne zu machen"*, die ganze Welt mit ihren Produkten überschwemmen.
- Bezeichnend ist, wie die in Amerika Mächtigen ihren *way of life* mit *„Demokratisierung"* und *„Freiheit"* gleichsetzen, weshalb die ganze Welt damit beglückt werden müsse. In Wirklichkeit stecken *„Geschäftsinteresen"* dahinter, denn (s. o.): *„Die hohe Politik und das Geschäft lieben sich in den USA."*
- Schlußfrage: Ist es segensreich für die Welt, wenn die durch und durch kapitalistischen USA einen so übermächtigen Einfluß haben?

Soziale Spannungen

Auch das ist Teil des *American way of life*:

„Die Arbeitswelt hat sich in den USA immer mehr geteilt; in eine Oberschicht, die gut verdient und sozial abgesichert ist, und in eine breiter werdende Unterschicht von 'Saisonkräften', die bei einem konjunkturellen Absturz in den Abgrund gerissen werden könnte. Die USA sind heute weniger denn je nach dem Zweiten Weltkrieg auf eine Rezession vorbereitet." (*Spiegel*, 36/1997)

Der ehemalige US-Arbeitsminister der USA, Robert B. Reich, in einem *Spiegel*-Gespräch (31/1998):

„Auch in den USA leben Wohlhabende zunehmend hinter Zäunen. Wir haben mehr private Sicherheitskräfte als Polizisten. Noch sind wir keine zweigeteilte Gesellschaft, aber wir laufen Gefahr, eine zu werden. Eine gespaltene Gesellschaft verliert ihre moralische Autoriät."

Sympathisch ist die offene Art, wie Robert Reich, einer der ökonomischen Vordenker der US-Demokraten, jetzt Professor an der renommierten *Brandeis University* in Boston, im selben Gespräch seine **Ratlosigkeit** zeigt:

„Sollten die Staaten in Europa einfach unser Modell kopieren, stehen ihnen schmerzhafte soziale Verwerfungen bevor. Niemand hat alle Antworten. In den sechziger Jahren schauten wir nach ***Schweden*** *als Beispiel einer vollendeten gemischten Volkswirtschaft. In den achtziger Jahren fanden wir, daß die* ***Japaner*** *einfach nichts falsch machten. Dann gerieten die* ***asiatischen Tiger*** *in unser Visier, sie galten als schlicht brillant. Jetzt sind die* ***Vereinigten Staaten*** *dran. Nur,* ***wir haben Probleme, die wir einfach totschweigen.****"*

Anlaß zur Besorgnis:

- Kann das gutgehen, wenn ein am Kapitalismus so schwer erkranktes Land darauf besteht, die ganze Welt nach seinem Vorbild umzuschaffen? Was wird daraus folgen?
- Die Hauptursache dafür, daß sich in den USA – wie in allen anderen Ländern auch – die Kluft zwischen arm und reich immer weiter öffnet, ist der Kapitalismus.
- Nur bei ununterbrochenem Wirtschaftswachstum, bei stetig steigendem Sozialprodukt und Volkseinkommen – wie das über viele Jahre hinweg in den USA der Fall war –, kommen die Verlierermassen im Zins-Monopoly noch halbwegs über die Runden. Aber wie lange noch wird der Aufschwung anhalten?

Der Verdrängungswettbewerb …

Was treibt ein Land zum Imperialismus? Was treibt Amerika dazu?

Antwort: Es ist vor allem der *„brutale Verdrängungswettbewerb"* (*Wirtschaftswoche*, 11/1998), der auch in anderen Ländern unter dem Mittelstand immer schlimmer aufräumt. Laut MdB Hans Michelbach hat er z. B. in der BRD dafür gesorgt, daß 1997 die zehn größten Lebensmittelhändler 80 Prozent des Gesamtumsatzes kontrollierten; 1980 waren es gerade 31 Hundertstel gewesen (*MIT*, 6/1997).

Das Fressen von Konkurrenten nimmt immer hektischere Formen an: *„Viele deutsche Mittelständler sind für einen globalen Auftritt nicht gerüstet. Sie müssen wachsen oder weichen"*, schrieb die *Wirtschaftswoche* (30/1997). Vor allem wegen ihrer *„notorischen Kapitalschwäche"* müßten sie aufgeben. In allen Branchen blieben drei, höchstens vier Großunternehmen übrig. Kleine und mittlere Betriebe könnten nur in Nischen überleben – etwa dort, wo billige Massenproduktion nicht möglich sei oder wo rein lokale Nachfrage bestehe, wie bei frischem Brot oder ambulanten Pflegediensten. Freilich hätten sie noch die Möglichkeit, sich zusammenzuschließen. Das mittelständisch geprägte Deutschland stehe vor einer Zeitenwende: *„Zieht man die Grenze bei 500 Beschäftigten und 100 Millionen Mark Jahresumsatz, sind davon betroffen 98 Prozent aller deutschen Unternehmen, rund* *zwei Drittel der deutschen Erwerbstätigen, die dort etwa die Hälfte der Umsätze aller Unternehmen erwirtschaften.“* In dieser Welt gewinne, *„wer mit großen Stückzahlen die Märkte überschwemmt.“* Und wer zu dem Zweck ins Ausland geht.

Das ist die Strategie fast aller Konzerne. Auch Europas größter Autohersteller steuert diesen Kurs: *„Den weltweiten Überkapazitäten in der Automobilproduktion zum Trotz will Volkswagen expandieren und noch mehr Autos bauen.“* Piech will *„mit beinhartem Verdrängungswettbewerb“* bis in die Weltspitze vorstoßen und sich nicht länger hinter General Motors, Ford und Toyota lediglich mit Platz vier begnügen. Ende des Jahres 2002 sollen bei Volkswagen 2 Millionen Fahrzeuge mehr vom Band rollen. Jedoch: *„Ein solcher Zuwachs kann nur zu Lasten anderer Hersteller gehen.“* (*STN*, 20.3.1998)

… ist zinsverursacht

Schuld am mörderischen Verdrängungswettbewerb ist aber nicht der Wettbewerb an sich, sondern die Voraussetzungen, unter denen er – freilich seit jeher – stattfinden muß. Das ist der zentrale Punkt (welcher bei der universitären Wirtschaftswissenschaft bisher leider kaum Aufmerksamkeit findet.) Diese Voraussetzungen jedoch sind – wie bereits dargestellt – vom Zinssystem vorgegeben.

Die unaufhörlich zunehmende Verschuldung der Wirtschaft (auch der öffentlichen und privaten Haushalte) hat zur Folge, daß die Unternehmen – zur Abgeltung der immer schwereren Zinslasten – immer größere Gütermengen auf den Markt werfen müssen.

Die wachsende Verschuldung aller drei Sektoren ist aber nur die Kehrseite einer vor allem zinseszinsverursachten unaufhörlichen Vermehrung der Geldvermögensmasse, für welche Banken und Sparkassen immerfort geeignete Schuldner finden müssen. Es war schon davon die Rede.

Die Wiederanlage von Spargeldern ist auch aus volkswirtschaftlichen Gründen notwendig, weil andernfalls – bei stockendem Geldumlauf, d. h. schrumpfender Güternachfrage – Wirtschaftskrisen und noch schlimmere Arbeitslosigkeit eintreten.

Die – letztlich zinserzeugte – zunehmende Überfüllung der Absatzmärkte aber und die *„weltweiten Überkapazitäten“* führen unvermeidlich zu dem *„brutalen Verdrängungswettbewerb“* (*Wirtschaftswoche*), den nur die kapitalstärksten Firmen überleben.

Gäbe es den Wachstumsbeschleuniger Zins nicht – er ist in der Tat dem Wachstumshormon in manchen Unkrautvernichtungsmitteln vergleichbar – ließe sich sehr wohl eine vom Gleichgewichtsstreben bestimmte Wettbewerbsordnung denken und aufbauen. Der Zins aber sprengt alle Rahmenbedingungen, zuallererst die sinnvollen.

Bei diesem Verdrängungskrieg gibt es keine Ruhepause und keinen Frieden. Selbst wenn weltweit nur noch drei oder vier Großfirmen übrigbleiben, werden sie nicht aufhören, sich gegenseitig zu belauern.

Der bekannte Vergleich mit dem Fischteich ist durchaus richtig: Die Großen fressen die Kleinen, dann gehen die Großen aufeinander los, bis schließlich, wie beim Unterhaltungsspiel Monopoly, nur noch einige wenige Mächtige – die Superkapitalisten – übrigbleiben.

Kulturelle Einebnung

Zinsgeld ist imperialistisch und kulturauflösend. Es war schon davon die Rede.

Früher spielte sich der wirtschaftliche Wettbewerb überwiegend im regionalen und dann im nationalen Raum ab. Zwar gab es auch Welthandel – man denke an den Kolonialismus –, aber er war noch nicht überall bestimmend.

Der um 1800 in Europa einsetzende technische Fortschritt, die „Industrielle Revolution" – die ganz wesentlich vom zinsgesteuerten Rationalisierungszwang angetrieben wurde – führte dazu, daß auch der nationale Wirtschaftsraum viel zu klein wurde. Große Fabriken entstanden, und die Internationalisierung der Wirtschaft – ihrer Standorte und ihrer Erzeugnisse – machte gewaltige Fortschritte.

In der zweiten Hälfte des 20. Jahrhunderts wurden Großbetriebe immer mächtiger und kosmopolitischer. Weil man nur bei Massenabsatz der Konkurrenz standhalten kann, brauchte man große Absatzmärkte, auch jenseits des eigenen Landes, am besten auf der ganzen Welt.

So haben sich das Getränk Coca-Cola, westliche Kleidermoden, die Betonbauweise, Kraftfahrzeuge, Kunstdünger und Pestizide, neuartige Kommunikationsmittel, westliches Unterhaltungsmaterial, auch moderne Waffen – um ein paar bekannte Beispiele zu nennen – inzwischen auf dem ganzen Erdball verbreitet.

Sie haben sehr schnell – man erinnere sich an das Beispiel Ladakh – **lokale, regionale und nationale Wirtschafts- und Gesellschaftsformen teilweise oder weitgehend oder ganz und gar zum Verschwinden gebracht und im Zusammenhang damit Kulturen.**

Man kann auch das, und nicht nur die weltweite Vorherrschaft amerikanischer Medien, *„Kulturimperialismus"* nennen (wie es der ehemalige französische Kulturminister Jack Lang tat).

Im letzten Jahrzehnt dieses Jahrhunderts hat sich mit der Gobalisierungswelle die weltweite kulturelle Einebnung noch verschlimmert. Die „Deregulierung" und „Liberalisierung" der Märkte, d. h. die weitgehende Beseitigung hemmender nationaler Vorschriften und Regelungen, haben einen einheitlichen, zunächst kontinentalen, schließlich globalen Markt entstehen lassen, in dem vor allem die großen Konzerne mit ihren genormten Massenartikeln zu Hause sind.

Imperialismus und Krieg

Auch schon in früheren Jahrhunderten löste der Kapitalismus kriegerische Auseinandersetzungen aus. Es sei an Gustav Ruhlands Ausführungen erinnert:

„Der heute herrschende Kapitalismus in der Gesellschaft bedeutet ewigen Krieg. ***Jeder echte Kapitalist strebt, wie einst Cäsar, nach der Weltherrschaft.*** *Das liegt begrifflich schon in der Unersättlichkeit seiner Habgier."* (A.a.O., S. 297)

Das ist etwas einseitig gesehen. Nicht nur die *„Habgier"* treibt den Kapitalisten, sondern auch die Überlebensangst, weil er – zinsbedingt – unter Wachstumsdruck steht. Diese Ungenauigkeit ist Ruhland nicht übelzunehmen, weil sich zu seiner Zeit fast niemand mit der Zinsfrage und ihren Auswirkungen beschäftigte. Aber er hat sehr genau beobachtet, daß jeder *„echte Kapitalist"* die *„Weltherrschaft"* will. Im Zinssystem rettet nämlich nur das absolute Monopol vor der Gefahr des Absturzes, vor der Verdrängung durch einen Konkurrenten.

Ruhland veranschaulicht diesen Überlebenskampf anhand einiger Beispiele:

„Vorübergehende Bündnisse und Freundschaften ändern wenig an diesen Notwendigkeiten. Korinth war dauernd mit Athen befreundet, so lange noch gemeinsame dritte Konkurrenten zu vernichten waren, um dann erst den großen Entscheidungskrieg über die Frage, ob Korinth oder Athen die Weltherrschaft haben solle, zu beginnen. Venedig und Genua waren immer einig in den Kriegen gegen gemeinsame Mitbewerber, und doch blieb ihnen schließlich der Kampf auf Leben und Tod um die Weltherrschaft nicht erspart. Der Reichtum von Portugal, Spanien und Frankreich hat sich der Reihe nach in Kämpfen um die Weltherrschaft verblutet. Sollte diese Entwicklung heute zu Ende sein, wenn der Geist des kapitalistischen Erwerbs, der all diese Kriege im Grunde geleitet hat, mehr denn je dominiert?"

Leider dauert *„diese Entwicklung"* immer noch an. Durch die Ausweitung der Handelsbeziehungen in der Neuzeit sind die Spannungen noch heftiger geworden.

Der Kampf um Bodenschätze

Besonders wichtig für Überleben und Machterweiterung einer Kapitalgruppe bzw. eines Industrielandes ist der Zugriff auf Bodenschätze – sei es im Nahen Osten, in Zentralasien, in Afrika, oder sonstwo. Dabei treten mehrere Schwierigkeiten auf. Erstens sind diese Reichtümer meist im Besitz eines anderen Landes, und es ist nicht immer leicht, an sie heranzukommen. Zudem stößt man dort häufig auf andere Firmen bzw. Staaten, die gleichfalls Schürf- und Bohrrechte erwerben wollen. Mit aus dem Grund rangeln gegenwärtig Frankreich und die USA um größere Einflußsphären in Afrika. Auch das ölarme China ist hier inzwischen auf den Plan getreten. (*Wirtschaftswoche*, 29/ 1998)

Im Kampf um die Bodenschätze werden die Souveränitätsrechte der betroffenen Völker häufig mit Füßen getreten. Meist verbündet man sich mit den Oberschichten, manchmal nur mit dem jeweiligen Machthaber, und plündert das Land – und die Natur – gemeinsam aus.

Hierzu ein jüngeres, aber bezeichnendes Beispiel: der Bürgerkrieg im afrikanischen Riesenstaat Kongo, welcher unter Mobutu noch Zaire hieß. Die *Wirtschaftswoche* (15/97) berichtete darüber:

*„Das Ende von Mobutus Herrschaft läutet auch den Niedergang der französischen Hegenomie in Schwarzafrika ein ... **Bisher hatte ausschließlich Paris das Sagen darüber,** ob ein unbequemer Staatschef in Frankreichs afrikanischer Einflußsphäre aus dem Amt entfernt wird – entweder durch höflichen Druck der Diplomaten am Quai d'Orsay oder von starker Hand durch französische Elitetruppen ...“*

Doch nun müsse Paris ohnmächtig den Untergang des Verbündeten Mobutu mitansehen und könne den *„kommerziellen Vormarsch der USA im frankophonen Afrika“* nicht aufhalten. Seltsam kampflos fielen vor allem die Städte und Provinzen, die sich durch reiche Diamanten-, Kupfer- und Kobaltvorkommen auszeichnen, den Rebellen in die Hände. Kabila wolle nach seinem Sieg erfahrene internationale Bergbauunternehmen ins Land holen. Diese Absicht finde vor allem die *„Zustimmung“* der USA: ***„Da sie ihren politischen und wirtschaftlichen Einfluß in Afrika ohnehin weiter ausdehnen möchten, unterstützen sie Kabila ... Die Logistik des Rebellenführers trägt die Handschrift von CIA-Experten.“***

Doch war die Freude Amerikas über den Sieg ihres Schützlings nicht ungetrübt. Als Regierungschef war der ehemalige Kneipenwirt und Goldschmuggler völlig ungeeignet. Beim Volk machte sich der angebliche Befreier derweilen mindestens ebenso verhaßt wie sein Vorgänger. Kabila verbot sogar die unter Mobutu zugelassenen Parteien, ließ kritische Geister willkürlich verhaften und verschob die versprochenen freien Wahlen in die ferne Zukunft. Es war so schlimm wie noch nie: *„Weil er Angst um sein Leben hat, geht er über Leichen.“* (*Spiegel*, 21/1998)

Das von den USA auf die Seite gedrängte Frankreich schöpfte daraus die Hoffnung, wieder die eigenen Leute an die Macht bringen zu können. Insgeheim von ihm unterstützt, entstand eine neue Rebellenbewegung, die Kabila stürzen sollte. Auch China mischte sich in den wieder aufflammenden Bürgerkrieg ein. Anfang 2001 wurde Kabila dann von einem seiner Leibwächter ermordet.

Dieser Drang der Geld- und Wirtschaftsmächte zu imperialistischen Übergriffen entspringt nicht bloß Machtgelüsten. Er ist letztlich auch Ausdruck eines geld- und bodenzinserzwungenen Überlebenskampfes, in dem es für die Teilnehmer schlicht und einfach um die Frage geht: Wenn schon einer zugrundegehen soll – dann besser du als ich.

Oder es läuft auch so ab: Wir zwei, drei Starke tun uns zusammen – gegen den Rest der Welt. Dann haben wir endlich Ruhe. Dann können uns die anderen nichts mehr anhaben.

Dabei geht es einerseits um die Eroberung neuer Absatzmärkte und andererseits um die Gewinnung und Sicherung von Rohstoffquellen.

Amerikas imperialistischer Vorsprung

In Frieden 2000 (Nr. 5-6/1997), herausgegeben von Alfred Mechtersheimer, dem Friedensforscher und Gründer der *Deutschland-Bewegung*, fand sich unter der Überschrift *„Europa verliert den Wirtschaftskrieg“* ein besonders aufschlußreicher Beitrag, der auszugsweise wiedergegeben werden soll, weil er das oben Gebrachte gut ergänzt:

Der Kalte Krieg sei nicht der *„letzte globale Konflikt“* gewesen. Längst befinde sich die Welt in der nächsten Vorkriegszeit: ***„Eine Gruppe von hochindustrialisierten Ländern kämpft um Märkte, Einflußsphären und Ressourcen: Und diesen Krieg droht Europa zu verlieren, Amerika zu gewinnen.“***

Ein französischer Diplomat habe folgendes Zukunftsbild entworfen: ***„Zwölf oder dreizehn der weltweiten Rohstoff-Akkumulationen sind direkt oder indirekt von den USA dominiert,*** *Europa droht seinen Einfluß auf die restlichen zu verlieren.“* Amerika werde dadurch *„Herr über Rohstoffpreise und damit über Produktionsbedingungen“*. Komme es zu einem Wirtschaftskonflikt, wäre Europa *„auf Gedeih und Verderb der jüngeren, atlantisch-pazifischen Supermacht ausgeliefert“*. Viel zu wenig beachtet werde die Zukunftsvorhersage des amerikanischen Wirtschaftskenners Jeffrey Garden, welcher *„bereits 1992 den zukünftigen **Kampf** der drei Wirtschaftsblöcke USA, Europa (bzw. Deutschland) und Japan um die **Weltherrschaft“*** beschrieben habe.

Nach Ansicht des genannten Diplomaten habe Amerika bereits einen weiten Vorsprung gewonnen. Die folgenden wichtigen *„Schatzkammern“* der Welt hinsichtlich ihres Reichtums an Rohstoffen und Energieträgern stünden den USA schon heute zur Verfügung: *„Das Gebiet der USA selbst, Kanada, Australien, Mexiko, Venezuela, Brasilien, Südafrika, neuerdings das Gebiet Kongo-Zaire, die arabische Halbinsel, Nigeria (zusammen mit dem engen Verbündeten Großbritannien); via Aserbeijan das kaspische Ölgebiet; in Konkurrenz mit Japan – nicht mehr mit Europa – der Raum Südostasien (Malaysia,*

Indonesien, Brunei); sowie nunmehr die Erdöl- und Erdgasfelder der zentralasiatischen GUS-Republiken.“

Wegen ihrer atlantischen Einbindung seien die Europäer gezwungen, die politischen Strategien der USA mitzutragen: *„NATO-Osterweiterung, Blockadepolitik gegen Libyen und Irak wegen Lockerbie und Kuwait, der Mykonos-Streit mit dem Iran, die Bürgerkriegssituation in Algerien.“* Dadurch entfremdeten sie sich von einer Reihe möglicher Handelspartner.

„Wo bleibt die Strategie der europäischen Selbstbehauptung?“ fragt der Autor zum Schluß.

Anmerkung:

- Der *„französische Diplomat“* sieht richtig, daß wegen des Kampfes um *„Märkte, Einflußsphären und Ressourcen“* von neuem *„globale Konflikte“* drohen – wie es im friedlosen kapitalistischen System anders nicht sein kann.
- Allein schon die heutigen Anstrengungen fast aller Regierungen, das Wirtschaftswachstum anzukurbeln, leiten neue Konflikte ein. Wer soll denn all diesen Warenüberfluß kaufen und verbrauchen? Erst recht dann, wenn im eigenen Land – letztlich zinsbedingt – die Kaufkraft bzw. die Verschuldungsfähigkeit schwindet? Dann muß dies alles exportiert, anderen Bevölkerungen aufgedrängt werden, so daß auch dort die einheimische Industrie in Absatzschwierigkeiten gerät. Oft sucht man dann Zuflucht zu Währungsabwertungen, um die eigenen Ausfuhr zu begünstigen. All das ist Zündstoff für Streit zwischen den Nationen, für Handelskriege, bis diese schließlich in wirkliche Kriege ausarten.
- Der Franzose erkennt klar, daß es letztlich um die Erringung der *„Weltherrschaft“* geht, die mit Sicherheit nicht Deutschland oder Japan, sondern höchstwahrscheinlich den USA bzw. den dort bestimmenden Finanzzentren zufallen wird.
- Es wäre aber eine verkehrte Strategie für Europa und Japan, die USA an Imperialismus noch übertreffen zu wollen. Das wäre ebenso zerstörerisch für Mitmensch und Umwelt, wie wenn die USA die Oberherrschaft behielte. Nicht drei große – imperialistische – *„Wirtschaftsblöcke“* sollte es in Zukunft geben, die auf der Weltbühne ihre Machtkämpfe aufführen, sondern Hunderte und Tausende regionaler und nationaler Wirtschaftskreisläufe, welche, weil sie nicht mehr unter Wachstumsdruck stehen, friedlich untereinander vernetzt sind und sich gegenseitig voranbringen.

Imperialismus contra Völkerfreiheit

Im friedlosen, durch Überlebenskämpfe zerrissenen kapitalistischen System aber ist kein Raum für ein gleichberechtigtes, geordnetes Nebeneinander der Völker. Hier gilt nur: unbedingtes Machtstreben; Ausschaltung des Wettbewerbs; weltweite Beherrschung der Märkte und der Rohstofflager, Errichtung immer umfassenderer Monopole; und auch das: rücksichtslose Ausbeutung der Natur; gnadenloser Umgang mit Menschen – bis hin zu blutigen Kriegen, siehe Bürgerkrieg im Kongo.

Dazu braucht es aber schwache, gefügige Völker und Regierungen, denn diese eignen sich für kommerzielle, aber auch machtpolitische Bestrebungen am besten.

Es ist auch leicht begreiflich, daß unabhängige Völker, die noch eigene Vorstellungen von Fortschritt und Kultur haben, dem Imperialismus im Wege stehen und deshalb bekämpft und umerzogen werden müssen.

Das beste aber für die Weltgeschäfte und die weltweite Machtausübung des Großkapitals wäre die Umwandlung aller Völker in eine Einheitsmasse. Dann könnte sich ihren Endzielen – die totale und totalitäre Beherrschung aller Menschen – kein urwüchsiger, kraftvoller und planmäßig organisierter Widerstand mehr entgegenstellen.

Deshalb vor allem ist der heute beherrschende zinsgeldbedingte extreme Internationalismus ein geschworener Feind jeglicher Völkerfreiheit und tut alles, um den nationalen Gedanken in Verruf zu bringen.

Patriotismus als Vorwand

Gustav Ruhland erkannte ebenso fein ein zweites:

„Wo die kapitalistischen Welteroberer im Auslande neue Millionen zu gewinnen trachten, wissen sie in der Regel sehr geschickt ihre Erwerbssucht mit der Ehre und dem Ansehen der Nation, der sie angehören, zu verflechten. *Deshalb werden hier so leicht wirtschaftliche Konflikte mit den Welteroberern anderer Nationalitäten oder Konflikte mit den Opfern ihrer Ausbeutung zu staatlichen kriegerischen Konflikten."* (A.a.O., S. 298)

Hieraus wird deutlich, daß nicht das Vorhandensein von Völkern einen Kriegsgrund darstellt, sondern das Vorhandensein des Kapitalismus. Dieser nämlich ist es an erster Stelle, der *„Welteroberer"* hervorbringt, die dann ihre privaten Interessen, seien sie wirtschaftlicher oder weltpolitischer Art, in nationale oder humanitäre Pflichten umzufälschen wissen.

So kann man getrost mit Ruhland sagen, daß angebliche Völkerkriege im Regelfall letztlich von einflußreichen Finanz- und Wirtschaftskreisen ausgeheckt und in Gang gebracht werden.

Daraus ist die tiefere Einsicht zu gewinnen, daß Bürger- und Völkerfrieden erst dann in die Gesellschaft einkehren werden, wenn der Kapitalismus, genauer: das Zinsgeldssystem, daraus vertrieben ist.

„Kuwait ist befreit"

Der Mißbrauch des nationalen Freiheitsgedankens und anderer hehrer Überzeugungen dürfte in unserem kapitalistischen Zeitalter nicht die Ausnahme, sondern beinahe (s. Ruhland) die *„Regel"* sein. Zur Veranschaulichung diene eine jüngeres Beispiel – der Golfkrieg von 1991, in dem Amerika den Irak mit einem bisher beispiellosen militärischen Aufwand niederwarf.

Nach Einstellung der Kampfhandlungen gegen den Ölstaat, der einige Monate zuvor unter seinem Herrscher Saddam Hussein das Emirat Kuwait besetzt hatte – die Grenzziehung zwischen den zwei Ländern war zu Kolonialzeiten von den Engländern mit dem Lineal vorgenommen worden –, eröffnete der damalige US-Präsident George Bush seine Waffenstillstands-Erklärung in einer Ende Februar 1991 gehaltenen Fernsehrede an das amerikanische Volk mit den Worten:

„Kuweit ist befreit. *Iraks Armee ist besiegt. Unsere militärischen Ziele sind erfüllt." Des weiteren sagte er: „Heute abend weht die kuwaitische Flagge wieder über der Hauptstadt einer* ***freien und souveränen Nation*** *und die amerikanische Flagge über unserer Botschaft ... Es war nicht nur ein Sieg für Kuwait, sondern ein Sieg für alle Koalitionspartner.* ***Dies ist ein Sieg für die Uno, für die gesamte Menschheit, für die Herrschaft des Rechts und für das, was richtig ist ...*** *Möge* ***Gott*** *unsere tapferen Streitkräfte und ihre Familien segnen, lassen Sie uns sie in unsere* ***Gebete*** *einschließen. Gute Nacht,* ***möge Gott die USA segnen."*** (*STN*, 1.3.1991)

Einen anderen Grund für das kriegerische Einschreiten gegen den Irak als die oben wiedergegebenen hochidealistischen Anlässe nannte George Bush in seiner feierlichen Erklärung nicht.

Ganz ähnlich hatte einige Wochen zuvor der amerikanische Botschafter Vernon Walters im deutschen Fernsehen ernst dreinblickend verkündet: die Welt dürfe nicht zulassen, daß ein Land ein anderes plötzlich überfalle.

Auch US-Staatsmann Richard Lugar, außenpolitischer Sprecher der Republikaner im Senat, betonte im Gespräch mit dem *Spiegel* (12/1991):

„Einer der wichtigsten Gründe, die Präsident Bush für das Eingreifen in Kuwait genannt hat, war die Verletzung der Grenzen und der ***Souveränität eines Staates.*** *Ich hoffe, daß so etwas nicht wieder vorkommt."*

Die wichtigeren Kriegsgründe

Der Wahrheit kommen andere Erklärungen näher.

Offensichtlich sehr verärgert über die allgemeine Heuchelei sagte der deutsch-israelische Hochschullehrer Michael Wolffsohn damals im Fernsehen, der eigentliche Zweck der Niederwerfung des Iraks sei die **Zerschlagung seiner Militärmacht.**

Der entscheidende Grund aber dürfte die **Gefährdung der Ölversorgung** gewesen sein.

Der amerikanische Senator John McCain drückte es später in einem *Spiegel*-Gespräch so aus (40/1992):

„Saddam Hussein drohte, unsere wirtschaftlichen Lebensadern abzuschnüren. Auch Saudiarabien schien gefährdet. Unsere nationale Sicherheit stand auf dem Spiel.“

Vielleicht noch mehr als *„die nationale Sicherheit“* waren die Interessen der mächtigen amerikanischen Ölkonzerne bedroht!

Noch während der Golfkrieg tobte, befaßte sich eine deutsche Zeitung, *Sonntag Aktuell* (vom 17.2.1991), mit den tieferen Hintergründen dieses Krieges: *„Der Golfkrieg ist auch ein Kampf ums Öl.“* Im Nahen Osten liege ein Großteil der Erdölvorräte der Welt. Auf den Irak und Kuwait entfielen jeweils zehn Prozent. Sollte der Irak seine Beute behalten dürfen, wüchse sein Einfluß innerhalb der *Opec* (Organisation der erdölexportierenden Länder) und infolgedessen auch bei den Ölpreisen. *„Damit geriete die Versorgungssicherheit vor allem der westlichen Industriestaaten in Gefahr.“* Schwierig würde die Lage auch für die USA, die mehr als die Hälfte ihres täglichen Bedarfs von 16 Millionen Barrel importieren müssen: *„Hauptlieferanten sind Mexiko und Saudiarabien.“*

Unschöne Begleitumstände

Es ist schlimm genug, wenn ein Präsident sein Volk in einer Fernsehansprache über die Anlässe des Krieges so feierlich täuscht bzw. betrügt. Doch es kommt noch ärger.

Bis knapp vor Saddams Überfall auf Kuwait war es vor allem Amerika, das den Irak mit einer Überfülle modernster Waffen belieferte, damit es seinen Krieg gegen den Iran in Gang halten konnte. Deshalb: Der Iran, seit Chomeinis fundamentalistischer Machtergreifung ein vermeintlich viel gefährlicherer US-Feind, sollte durch Saddam in Schach gehalten werden; genauer: die beiden Länder sollten sich gegenseitig schwächen. Dementsprechend kabelte Außenminister George Shultz im Juni 1984 an den amerikanischen Geschäftsträger in Bagdad: *„Im Interesse regionaler Stabilität wünschen wir ein strategisches Gleichgewicht der kriegführenden Parteien.“* Das alles geschah in größter Heimlichkeit und zuwider dem Gesetz. Ein amerikanischer Richter, der sich eine Zeitlang mit dem Fall zu befassen hatte, kennzeichnete ihn so: *„Die Regierung hat es von Anfang an als nationale Politik verstanden, den Irak zu unterstützen. Um ihre Vorstellungen zu erreichen, nutzte sie die CIA. Viele Dinge, die geschehen sind, haben Kongreßbestimmungen verletzt. Die Regierung kannte das Gesetz und hat es umgangen.“* (*Spiegel*, 45/1993)

Vielleicht noch mehr als um die *„nationale Politik“* ging es um die Gewinn- und Machtpolitik der amerikanischen Ölindustrie.

Aber mit dem Einmarsch nach Kuwait wurde der Irak auf einmal zu einem *„Schurkenstaat“* und sein Oberherr zu einem neuen *„Hitler“*. Vorausgegangen war allerdings ein „Schurken“-Stück anderer Art. Saddam Hussein hatte nämlich bei der US-Regierung über deren Botschafterin April Glaspie anfragen lassen, ob man ihm den Überfall auf das Nachbarland durchgehen lasse, und darauf eine beruhigende Auskunft erhalten. Der irakische Despot war in eine Falle getappt.

Nun war noch die Aufgabe zu erledigen, die zögernde amerikanische Öffentlicheit für den Kriegseinsatz im Irak zu entflammen. Dazu brauchte man eine aufwühlende Geschichte über irakische Greueltaten. Gegen ein zweistelliges Millionen-Honorar nahm sich dessen die Washingtoner Lobbyisten-Firma Hill and Knowlton an und inszenierte vor einem parlamentarischen Untersuchungsausschuß eine dramatische Veranstaltung. Als Augenzeugin schilderte das *„15jährige kuwaitische Flüchtlingskind Nayirah"* unter Tränen, wie eines Morgens irakische Soldaten in Kuwait eine städtische Klinik gestürmt und neugeborene Kinder zu Dutzenden aus den Brutkästen gerissen und zu Boden geworfen hätten. *„Hinterher waren die kleinen Würmchen alle tot."* Hill und Knowlton filmte den erschütternden Auftritt und sorgte dafür, daß er von den Fernsehstationen des Landes gesendet wurde. Die beabsichtigte Wirkung trat ein. In der amerikanischen Öffentlichkeit verstummten schnell die Zweifel hinsichtlich eines militärischen Schlages gegen den Irak. Die Geschichte von den *„Bestien in der Säuglingsstation"* ging um die Welt. Berichtigungen aus Bagdad wertete der damalige US-Präsident Bush als *„weiteres Zeichen für die moralische Verworfenheit von Saddam Hussein"*.

Erst nach Ende des Golfkriegs kam heraus, daß Nayirah die Tochter des kuwaitischen Botschafters war und daß nichts von dem, was sie heulend erzählt hatte, stimmte. Ihr Vater gehörte zur milliardenschweren kuwaitischen Herrscherfamilie der Shababs, und die Rechnung für Hill and Knowlton war von seiner Regierung beglichen worden. (*Spiegel*, 40/1992; *STN*, 16.2.1994)

Eine Regierung für das Volk?

Wenn Washingtons Politik anderen Nationen schadet, nützt sie wenigstens der eigenen Bevölkerung? Und findet sie die Unterstützung der eigenen Bürger?

Das scheint, von künstlich erzeugten Gefühlsaufwallungen abgesehen, nicht der Fall zu sein.

Es sei daran erinnert, daß in keinem anderen Industrieland der Welt der Gegensatz zwischen arm und reich so ausgeprägt und bitterlich Arme so zahlreich sind.

Wie denken die Amerikaner über ihre Demokratie?

Anderthalb Jahre nach dem Golfkrieg hat sich der *Spiegel*-Reporter Matussek in Amerika umgesehen, hat Stimmungen einzufangen versucht und Einwohner befragt (*Spiegel*, 40/1992). Zu welchen Erkenntnissen ist er gelangt?

Kaum mehr als ein Drittel der wahlberechtigten Bürger geht zur Urne, wenn Wahlen für das Repräsentantenhaus oder den Senat anstehen. Weniger als die Hälfte ist noch daran interessiert, wer ins Weiße Haus einzieht. Die Demokratische Partei zählt lediglich 100 000 Mitglieder, deren Durchschnittsalter bei 70 Jahren liegt. Laut Umfragen sind heute zwei Drittel der Bevölkerung der Meinung, daß *„die Politik von Interessengruppen manipuliert"* wird. Der von Matussek befragte Journalist und Buchautor Greider bekundete seine Überzeugung, daß *„Washingtons Politik den Kontakt zu den Menschen im Land verloren"* habe. Sie sei im *„Würgegriff der Lobbyisten"* und sie *„erlebe eine Strukturkrise, deren Behebung Generationen dauern wird"*. Greider wörtlich: *„Die beiden großen Parteien sind zu Briefkastenfirmen verkommen, die lediglich alle vier Jahre, zur Wahlzeit, ihr Spektakel inszenieren."* Es sei eine schlimme Ironie, *„daß die amerikanische Demokratie in jenen Jahren verfiel, als sich die Länder Osteuropas demokratische Freiheiten erkämpften."* Über Amerika habe sich *„eine milde Anarchie des Desinteresses und des politischen Ekels"* gelegt.

Laut Matussek erleben die Amerikaner die Politik vor allem als *„Zehn-Sekunden-Spot"* in einer Nachrichtensendung, die bezeichnenderweise *News Show* heiße, auf eine *„kurzfristige Reizung der Nerven"* abziele und die Glaubwürdigkeit einer Reklamesendung habe.

Frage:

Wem dient eigentlich die Washingtoner Politik, wenn die Masse der Amerikaner kaum daran teilnimmt – außer als Manipulationsobjekt – und offensichtlich nicht viel davon hat?

22. Amerika – die einzige Weltmacht

Ein wichtiges Buch

Zbigniew Brzezinski brachte 1997 in den USA ein Buch heraus, das noch im selben Jahr unter dem Titel *Die einzige Weltmacht – Amerikas Strategie der Vorherrschaft* auch in deutscher Sprache erschien. Brzezinski ist nicht irgendwer. Von 1977 bis 1981 war er Sicherheitsberater des amerikanischen Präsidenten Carter. Heute lehrt er als Professor für Amerikanische Außenpolitik an der *Johns Hopkins Universität* in Washington und ist Berater am *Zentrum für Strategische und Internationale Studien* (*CSIS*) in Washington D.C. – Brzezinski ist auch Mitglied des *Executive Committee* der *Trilateral Commission* (laut einer englischsprachigen Selbstdarstellung dieser Organisation).

Das Buch ist in vielerlei Hinsicht äußerst aufschlußreich. In nüchterner Sprache schildert ein hervorragender Sachkenner, wo die USA heute stehen und in welche Richtung sie sich bewegen sollten.

Von vorneherein stellt er klar: *„Mit dem Scheitern und dem Zusammenbruch der Sowjetunion stieg ein Land der westlichen Hemisphäre, nämlich die Vereinigten Staaten, zur einzigen und im Grunde ersten wirklichen Weltmacht auf."* (S. 15)

Genschers Vorwort

Das Vorwort, vom ehemaligen deutschen Außenminster Hans-Dietrich Genscher verfaßt, ist vielsagend genug. Einige Auszüge:

„Es geht darum, eine ***stabile Weltordnung*** *im Zeitalter der Globalisierung zu gestalten. Und es geht um die Frage, was wir tun müssen, um dieses Ziel zu verwirklichen. Vieles hängt dabei von Amerika, unserem wichtigsten Verbündeten ab."*

Und: *„Angesichts neuer globaler Herausforderungen – Hunger und Not, der Bevölkerungsexplosion, der Gefährdung unserer natürlichen Lebensgrundlagen, der Proliferation von Massenvernichtungsmitteln – gilt mehr denn je Präsident Clintons Diktum über Amerika als die 'unentbehrliche' Nation. Umgekehrt gilt auch: Amerika allein wird diese Herausforderungen nicht meistern können."*

Der Ausdruck *„stabile Weltordnung"* erinnert sehr an die *„Neue Weltordnung"*, die US-Präsident Bush 1991 nach dem Sieg über Saddam Husseins Irak verkündete. Jedoch: Eignet sich das hochkapitalistische Amerika für diese verantwortungsvolle Aufgabe?

Genscher fährt fort:

„Sein Plädoyer, ***den Raum von Lissabon bis Wladiwostok als Einheit zu betrachten,*** *sollten alle jene bei uns beherzigen, die glauben, auch heute noch Europa in Grenzen denken zu können. Nichts wäre im Zeitalter der Globalisierung anachronistischer als eine Politik neuer Abgrenzung. Nur eine immer intensivere Zusammenarbeit zwischen den Staaten* ***von Vancouver bis Wladiwostok*** **[!]** *kann auf Dauer Sicherheit, Wohlstand und Stabilität garantieren."*

Flüchtig aufgenommen, hört sich das alles sehr schön an. Aber können die imperialistischen USA tatsächlich eine heile Welt gestalten? Und wie soll die *„immer intensivere Zusammenarbeit"* so vieler Länder aussehen?

Zudem soll diese *„stabile Weltordnung"* noch mehr Länder einschließen: ***„Beachtung verdient auch sein in die Zukunft gerichteter Vorschlag zur Schaffung eines Transeurasischen Sicherheitssystems, das die NATO, die OSZE, Rußland, Indien, China und Japan umfaßt."***

Fast die ganze Welt ist in diesem *„Sicherheitssystem"* versammelt! Eigentlich sind das bereits zu einem Weltstaat zusammengeschlossene Völker. Werden sie noch Reste von Freiheit übrigbehalten?

Es war übrigens Genscher, welcher im Februar 1988 im Alleingang, *„ohne jede Absprache mit Kohl oder dessen Finanzminister Gerhard Stoltenberg, gleichsam als Privatmann, ein fünfseitiges Memorandum"* zur Errichtung einer Europäischen Währungsunion veröffentlichte. Bundesbankpräsident Tietmeyer sagte später dazu: *„Im Grunde hat Genscher das Ganze in Gang gesetzt."* (*Spiegel*, 10/1998)

Genscher hat sich auch, wie bereits erwähnt, im Jahre 1991, kurz nach dem Golfkrieg, für die Gründung eines UNO-Gerichtshofs zur völkerrechtlichen Ahndung von *„Verbrechen gegen die Menschheit"* ausgesprochen. Die Menschheit habe jetzt die Chance *„einer neuen globalen Ordnung, einer Weltverantwortungsgemeinschaft"*, worauf er eine Aufzählung schöner Versprechungen folgen ließ. (*Remszeitung*, Schwäbisch Gmünd, 13.5.1991)

Freimaurerische Ziele

Genscher ist – so heißt es – Hochgradfreimaurer und war daher als Außenminister ein wichtiger Vertreter der weltumspannenden Bruderkette. Die Freimaurerei verkündet aber seit jeher, daß *„alle Menschen der gleichen Wurzel entsprossen und somit Brüder"* sind (Georg Emil Selter: *Form, Geist und Wesen der Freimaurerei*. Bauhütten Verlag, Hamburg; ohne Jahresangabe, etwa 1965). Sich auf den deutschen Dichter Lessing berufend, schreibt Selter, die ***„Gliederung"*** der Menschen ***„in Nationen, Religionen und Stände"*** sei ***„nicht gut"***, ***„nicht heilig"***. Die Aufgabe sei, *„diese Trennungen zwischen den Menschen aufzuheben."* Der *„einzelne Mensch"* und die *„gesamte Menschheit"* seien zu einer *„ständigen sittlichen Höherentwicklung und Vervollkommnung"* verpflichtet. *„Sittliche Aufgabe und Pflicht"* der Freimaurerei sei die *„Arbeit an dem sinnbildlichen Tempelbau der Menschheit.* ***Die Menschheit nämlich sieht sie als einen einzigen Tempel,*** *errichtet zur Verehrung des Großen Baumeisters der Welt, an."* (S. 4-6)

Das sind schönklingende Worte, und es heißt sogar, der Allerhöchste habe derartiges geboten. Doch unter der frommen Verkleidung schimmert ein sehr profaner Auftrag durch: Auflösung aller Völker, Vereinheitlichung der Menschheit – angeblich die Voraussetzung einer *„stabilen Weltordnung"* –, dann die Errichtung einer Weltrepublik, der *„One World"* – eines Weltstaats. Der aber wird unvermeidlich tyrannisch-zerstörerischer Art sein.

In Deutschland spricht man über die Freimaurerei nur selten, und wenn ja, dann hinter vorgehaltener Hand. In Amerika ist das anders. Dort rühmt man sich öffentlich der bedeutenden Rolle, die die Bruderschaft spielte und spielt. Freimaurer Allen E. Roberts z. B. schrieb im Vorwort zu seinem Buch *Freemasonry in American History* (1985): ***„Dieses Buch ist ein Versuch, ansatzweise und in aller Kürze die Geschichte der Vereinigten Staaten darzustellen und zu einem gewissen Teil den Einfluß zu zeigen, den die Freimaurerei bei der Schaffung des größten Landes hatte, das die Welt je gesehen hat."***

Soll man sich auf den kommenden Weltstaat also freuen? Oder darf man mit der *Wirtschaftswoche* fragen (44/1999, Titelblatt): „Is Big beautiful"?

Gigantomanie

Unsere Zeit ist durch eine immer ärger ausufernde Gigantomanie gekennzeichnet. Wohin man schaut – es wird alles schneller, größer, monsterartiger. Vor uns recken und spreizen sich: Großkraftwerke, Riesenstaudämme, Jumbos, Autobahnen, Riesentanker, Großtechnologie; Großkonzerne, Mammutfusionen, Agrarfabriken, Massentierställe, Großplantagen; Hochhäuser, Wolkenkratzer, Großstädte, Ballungszentren; immer phantastischere sportliche Rekorde, immer schnellere Eisenbahnzüge; Interkontinentalraketen, Wasserstoffbomben usw.

Es sei nochmals daran erinnert, was letztlich hinter dieser krankhaften Größensucht steckt: der **Zins,** der über die Ursachenkette „einseitige Vermögensanhäufung, Wachstumszwang, Rationalisierungsdruck, Verdrängungswettbewerb" immer größere Einheiten schafft bzw. erzwingt.

Diese unnatürlich großen Gebilde sind, schon bei der Entstehung, **natur- und kulturabtötend.** Sie haben kein menschliches Maß mehr. Sie lösen gewachsene Gemeinschaften auf. Sie nötigen uns zu Lieb- und Rücksichtslosigkeit gegenüber der uns umgebenden Natur, gegenüber Pflanzen, Tieren, Mitmenschen. Sie vernichten die Vielfalt. Sie zielen auf Massengüter ab und züchten den Massengeist. Sie sind von Hause aus zentralistisch.

Ähnliches gilt für das Größenwachstum im staatlichen Bereich. Zwar hat sich die Zahl der Nationalstaaten seit 1945 beträchtlich vermehrt – nicht zuletzt durch den Zusammenbruch der Sowjetunion –, doch sind auch die überstaatlichen Lenkungseinheiten zahlreicher und zudem einflußreicher und mächtiger geworden.

Immer umfassendere transnationale politische Gebilde sind entstanden: UNO, NATO, EU, NAFTA, OECD usw.; demnächst wird uns obendrein ein *„Transeurasisches Sicherheitssystem"* (Genscher) beschert ...

Solche politischen Wucherungen sind nichts anderes als das Gegenstück zum ähnlich unnatürlichen Größendrang im wirtschaftlichen Bereich. In Gang gebracht werden sie vom Urübel Zinsgeld.

Eine „Neue Weltordnung" auf der Grundlage des Kapitalismus schaffen zu wollen, kann also nur das bedeuten: noch mehr Zentralismus, noch mehr Ausbeutung und Unfrieden, noch mehr Auslieferung an beherrschende Finanzkreise, noch schlimmere Zerstörung aller überlieferten Werte.

Will man eine „Neue Weltordnung" schaffen, die eine wirkliche Wende zum Bessern hin bringt, müßte man genau umgekehrt vorgehen. Man müßte bemüht sein, die Ursachen auszuschalten, die das immerfortige Größerwerdenwollen verschulden. Doch das kann allein durch die richtige Beseitigung der Geld- und Bodenungerechtigkeiten gelingen.

Jetzt aber zu Brzezinskis Darlegungen.

Amerikas „*Hegemonie*"

Darauf kommt Brzezinski immer wieder zu sprechen: „*Amerikas globale Vorherrschaft ist in ihrer Ausdehnung und in ihrer Art einzigartig.*" (S. 277)

Seite 17: „*Hegemonie ist so alt wie die Menschheit. Die gegenwärtige globale Vorherrschaft der USA unterscheidet sich jedoch von allen früheren historischen Beispielen durch ihr plötzliches Zustandekommen, ihr weltweites Ausmaß und die Art und Weise, wie sie ausgeübt wird.*"

Worauf beruht die amerikanische „*Hegemonie*"?

„*Wie in der Vergangenheit beruht auch die* ***imperiale*** *Macht Amerikas in hohem Maße auf der überlegenen Organisation und auf der Fähigkeit, riesige wirtschaftliche und technologische Ressourcen umgehend für miliärische Zwecke einzusetzen, auf dem nicht genauer bestimmbaren, aber erheblichen kulturellen Reiz des American way of life sowie auf der Dynamik und dem ihr innewohnenden Wettbewerbsgeist der Führungskräfte in Gesellschaft und Politik.*" (S. 26)

Zwei wichtige Schritte zu Amerikas Machtausbau

Vor allem die beiden Weltkriege bedeuteten für Amerikas imperiale Bestrebungen einen gewaltigen Schritt nach vorn.

Brzezinski berichtet:

„*Der Erste Weltkrieg* ***bot erstmals die Gelegenheit*** *für einen massiven Einsatz amerikanischer Militärmacht in Europa.*"

Und: „*Das europäische Zeitalter der Weltgeschichte ging während des Zweiten Weltkriegs, der erstmals wirklich ein 'Weltkrieg' war, definitiv zu Ende ... Hätte der Krieg mit einem klaren Sieg des nationalsozialistischen Deutschlands geendet, so wäre* ***möglicherweise eine einzige europäische Macht mit weltweitem Übergewicht daraus hervorgegangen ...*** *Statt dessen wurde Deutschlands Niederlage zum größten Teil durch die beiden außereuropäischen Sieger, die Vereinigten Staaten und die Sowjetunion, besiegelt.* ***Sie meldeten nun,*** *nachdem Europas Weltmachtstreben gescheitert war,* ***Ansprüche auf die globale Vorherrschaft an.***

Die nachfolgenden fünfzig Jahre standen im Zeichen des ***amerikanisch-sowjetischen Wettstreits um die globale Vormachtstellung.*"** (S. 20)

Frage:

Haben die USA also doch nicht als bloße „Befreier" in die beiden Weltkriege eingegriffen, sondern etwa auch in Verfolgung eigennütziger, imperialistischer, welteroberischer Ziele?

Deutsche Alleinkriegsschuld?

Hierzu passen ein paar Sätze aus einem vielbeachteten Beitrag, den **Henry Kissinger** als damals häufiger Kolumnist der *Welt am Sonntag* für diese am 1. März 1992 geschrieben hat:

„Zweimal im Zeitraum von nur einer Generation führte Amerika Kriege, weil amerikanische Staatsführer davon überzeugt waren, daß die Vorherrschaft einer einzelnen feindseligen Macht in Europa eine Bedrohung der amerikanischen Sicherheits- und Wirtschaftsinteressen darstellte. *An dieser Realität hat sich* ***nichts geändert.*** *Auch wenn es heute scheinbar keine für Amerika feindlichen Mächte in Europa mehr gibt, könnte die Entstehung einer neuen hegemonialen Mächtekonstellation schnell als feindlich angesehen werden ...* ***Es kann in niemandes Interesse liegen, wenn sich Deutschland und Rußland gegenseitig als Hauptverbündete betrachten.*** *Wenn sich beide Mächte zu nahe kommen, besteht die Gefahr der Hegemonie ...“*

Henry Kissinger ist nicht ein Artikelschreiber wie viele andere. Er war einst US-Außenminister und auch noch danach als Politiker, Schriftsteller und Journalist von bestimmendem Einfluß.

Amerikas *„Geltungsbereich“* und seine *„Vasallen“*

Brzezinki fährt fort:

„Im Gegensatz dazu [zu früheren Weltreichen] *ist der Geltungsbereich der heutigen Weltmacht Amerika einzigartig. Nicht nur beherrschen die Vereinigten Staaten sämtliche Ozeane und Meere, sie verfügen mittlerweile auch über die militärischen Mittel, die Küsten mit Amphibienfahrzeugen unter Kontrolle zu halten, mit denen sie bis ins Innere eines Landes vorstoßen und ihrer Macht politisch Geltung verschaffen können. Amerikanische Armeeverbände stehen in den westlichen und östlichen Randgebieten des eurasischen Kontinents und kontrollieren außerdem den Persischen Golf. Wie die folgende Karte zeigt, ist der gesamte Kontinent von* ***amerikanischen Vasallen und tributpflichtigen Staaten*** *übersät, von denen einige allzu gern noch fester an Washington gebunden wären.“* (S. 41)

Laut beigefügter Karte (S. 39) ist Amerika in weit mehr als der Hälfte der Welt bestimmend. Seiner Vorherrschaft unterstehen fast ganz Westeuropa, die Türkei, Ägypten, Saudiarabien, Australien, Japan, Südkorea und noch einiges mehr; zu seinem *„Einflußbereich“* rechnen z. B. das restliche Westeuropa, Zentralasien, Südafrika, Mittel- und Südamerika.

Deutschland dürfte nicht nur *„Vasall“*, sondern auch *„tributpflichtiger Staat“* sein – die rasche Überweisung von 18 Milliarden Mark nach Amerika im Jahr 1991 als Kostenerstattung dafür, daß es im Golfkrieg nicht mitkämpfte, legt das nahe.

Immer wieder läßt der Autor mit einfließen, daß Deutschland ein amerikanischer *„Vasallenstaat"* ist (S. 26, 21, 23f., 80). Er weist darauf hin, daß *„Westeuropa und zunehmend auch Mitteleuropa weitgehend ein* ***amerikanisches Protektorat"*** seien (S. 92); erst recht gelte das für Japan (S. 49, 255). Er merkt aber an, daß dieser Zustand änderungsbedürftig sei.

Wie üben die USA ihre Vormacht aus?

Aufgrund innenpolitischer Faktoren *„stellt Amerikas globales Ordnungssystem stärker auf die Methode der* ***Einbindung*** *ab (wie im Fall der besiegten Gegner Deutschland und Japan und in jüngster Zeit sogar Rußland) als die früheren Großmächte."* (S. 45)

Einige Beispiele machen klar, was darunter zu verstehen ist:

„Die Nordatlantische Allianz, die unter dem Kürzel ***NATO*** *firmiert, bindet die produktivsten und einflußreichsten Staaten Europas an Amerika und verleiht den Vereinigten Staaten selbst in innereuropäischen Angelegenheiten eine wichtige Stimme. Die bilateralen politischen und militärischen Beziehungen binden die bedeutendste Wirtschaftsmacht Asiens an die USA, wobei Japan (zumindest vorerst) im Grunde genommen ein amerikanisches Protektorat bleibt. Darüber hinaus ist Amerika an den im Entstehen begriffenen transpazifischen multilateralen Organisationen, wie dem Forum für asiatisch-pazifische Wirtschaftskooperation* ***(APEC)****, beteiligt und nimmt auf diesem Weg großen Einfluß auf die Belange dieser Region. Da die westliche Hemissphäre generell gegenüber auswärtigen Einflüssen abgeschirmt ist, können die USA in den bestehenden multilateralen Organisationen auf dem* ***amerikanischen Kontinent*** *die Hauptrolle spielen. Besondere Sicherheitsvorkehrungen im* ***Persischen Golf,*** *vor allem nach der kurzen Strafexpedition gegen den Irak im Jahre 1991, haben diese wirtschaftlich vitale Region in ein amerikanisches Militärgebiet verwandelt. Sogar der* ***früher sowjetische Raum*** *ist mit verschiedenen von Amerika finanziell geförderten Abkommen zur engeren Zusammenarbeit mit der NATO, wie zum Beispiel der Partnerschaft für den Frieden, verknüpft.*

Als Teil des amerikanischen Systems muß außerdem das weltweite Netz von Sonderorganisationen, allen voran die ***internationalen Finanzinstitutionen,*** *betrachtet werden. Offiziell vertreten der Internationale Währungsfond* ***(IWF)*** *und die* ***Weltbank*** *globale Interessen und tragen weltweit Verantwortung. In Wirklichkeit werden sie jedoch von den USA dominiert, die sie mit der Konferenz von Bretton Woods im Jahre 1944 aus der Taufe hoben."* (S. 48f.)

Kommentar:

Es ist außerordentlich aufschlußreich zu erfahren, wie umfassend das Netz der *„Einbindungen"* ist und in welchem Ausmaß die USA darin tonangebend sind. Selbst Rußland zählt inzwischen – wenigstens teilweise – zu den *„Eingebundenen"*. Nicht Gleichberechtigung kennzeichnet diese Organisationen, sondern Ausnutzung einer Notlage (z. B. Japans militärische Schutzlosigkeit) oder Durchsetzung amerikanischer Vorherrschaftsziele.

Beispiel NATO: Der Kalauer eines früheren NATO-Generalsekretärs, Lord Ismays, scheint immer noch gültig, daß ihr Zweck in Bezug auf Europa sei, *„die Amerikaner drin, die Deutschen drunten und die Russen draußen zu halten"*. Nach dem Zusammenbruch des Sowjetreiches schien vielen Deutschen der weitere Verbleib in der NATO überflüssig. Die Grünen machten sich deshalb für deren Auflösung oder wenigstens den deutschen Austritt stark – und wurden von den anderen Parteien postwendend für nicht politik- und regierungsfähig erklärt. Inzwischen haben die Grünen diese Forderung aus ihrem Programm entfernt. Auch für die SPD, die gelegentlich Zweifel anmeldete, erklärte der damalige Kanzlerkandidat Gerhard Schröder bei einem Besuch in Washington, daß es mit einer von ihm geführten Bundesregierung in den deutsch-amerikanischen Beziehungen *„keine gravierenden Änderungen"* geben werde. (*STN*, 6.8.1998)

Doch was da auf die Deutschen sonst noch zukommen könnte, lassen gewisse Forderungen der Amerikaner erahnen. Die Türkei müsse in die EU aufgenommen werden, verlangen sie immer bedrängender. Eine Folge wäre, daß sich riesige Wanderungswellen aus dem von Bevölkerungswachstum und Arbeitslosigkeit geplagten moslemischen Staat in Richtung Deutschland in Bewegung setzen, womit keiner Seite gedient wäre.

Ferner verlangten die USA eine *„Globalisierung der Nato";* man müsse sie zu einer *„weltweiten Friedensmacht ausbauen."* (*Spiegel*, 8/1998) Auch das verschreckte die Europäer. Aber nur Frankreich bekundete Ablehnung.

Wenig später wurde die NATO tatsächlich in eine global agierende Streitmacht umgewandelt. Die Folgen ließen nicht lange auf sich warten. Als Terroristen am 11. Sepetember 2001 auf das World Trade Center und das Pentagon einen schrecklichen Anschlag verübten, wurde der Bündnisfall ausgerufen. Für die Bundesrepublik (auch andere Länder) bedeutete das soviel: *„Deutschland wird sich nicht abseits stellen können – weder bei Boykottmaßnahmen noch dann, wenn militärische Beiträge verlangt werden."* (*STN*, 17.9.2001)

„Vasall" zu sein hat eben auch den Nachteil, für die imperialen Vorhaben seiner Schutzmacht – Brzezinski: für *„Amerikas globales Ordnungssystem"* – Schweiß, Tränen und Blut vergießen zu müssen.

Bei einem im Volk verwurzelten Bewußtsein nationaler Zusammengehörigkeit, nationaler Würde und nationaler Höherentwicklung müßten derartige Zumutungen auf entschiedene Ablehnung stoßen. Auch sonst wäre man bemüht, die Fesseln einer fremden Vorherrschaft abzuschütteln.

Doch so etwas widerspräche ganz und gar den Wünschen des imperialen Vormunds. **Patriotismus (richtig verstandener Nationalismus) einerseits und Imperialismus andererseits schließen sich aus.**

Man braucht sich also nicht zu wundern, weshalb in Deutschland nicht nur extremistische Entgleisungen bekämpft werden. Auch echt nationale, auf Gewaltlosigkeit, Freiheitlichkeit, Rechtstaatlichkeit und Grundgesetztreue bedachte Bestrebungen werden nicht nur verunglimpft, sondern von Staatsseite aus oft entschlossen verfolgt – meist unter dem Vorwand, kriminelles Handeln verhindern zu müssen. Der von der rotgrünen Regierung ausgerufene „Kampf gegen Rechts“ und Kanzler Schröders gleichgerichtete Forderung nach einem „Aufstand der Anständigen“ passen ganz in dieses Bild.

Deshalb dürfte auch klar sein, weshalb die inländischen *„Eliten“* (s. u.) krampfhaft bemüht sind, das strahlende Siegerbild der Freiheitbringer von 1945 vor Beschädigungen zu bewahren und umgekehrt beim Verlierer die nationale Gleichgültigkeit zu fördern und ein den Widerstand lähmendes nationales Schuldgefühl am Leben zu erhalten.

Verlaß auf *„abhängige ausländische Eliten“*

Welche anderen Möglichkeiten hat Amerika, seinen Willen durchzusetzen? Brzezinski stellt es so dar:

„Ebenso stark setzt es auf die indirekte ***Einflußnahme auf abhängige ausländische Eliten …“***

Die Abhängigkeit ist häufig so zustandegekommen:

„Annähernd eine halbe Million ausländischer Studenten drängen alljährlich in die USA, und viele der Begabtesten kehren nie wieder nach Hause zurück. ***Absolventen amerikanischer Universitäten sind in den Regierungskabinetten aller Herren Länder vertreten.“*** (S. 45f.)

Doch verläßt sich Amerika nicht bloß auf gefügige *„Elite“*-Angehörige. Nach Schätzungen deutscher Sicherheitsfachleute sind beispielsweise in der Bundesrepublik mehr als 1000 amerikanische Spione und etwa hundert CIA-Agenten tätig, deren Auftrag es ist, die Wirtschaft auszuspähen und deutsche Politiker zu überwachen.

Die USA und Deutschland

Altbundeskanzler Helmut Kohl jedoch ist ein begeisterter Anhänger der USA. Am Grabe George C. Marshalls faßte er seine Sicht der deutsch-amerikanischen Beziehungen einmal in die Worte:

„Für uns Deutsche ist die transatlantische Partnerschaft und Freundschaft eine der größten Errungenschaften unserer Geschichte. *Ohne sie hätte sich die Bundesrepublik Deutschland nicht zu dem entwickelt, was sie ist:* ***die freiheitlichste und stabilste Demokratie, die es je auf deutschem Boden gegeben hat.“*** (*STN*, 13.5.1998)

Brzezinski sieht das deutsch-amerikanische Verhältnis etwas nüchterner:

„Deutschland sieht im Engagement für Europa die Grundlage für nationale Erlösung, während es sicherheitspolitisch auf eine enge Bindung an Amerika nicht verzichten kann. Folglich ist ein Europa, das seine Unabhängigkeit von Amerika stärker hervorkehrt, keine brauchbare Alternative. ***Für Deutschland bedeutet Erlösung plus Sicherheit = Europa plus Amerika.*** *Diese Formel umreißt seine Haltung und Politik, macht es zugleich zu Europas* ***Musterknaben*** *und zum stärksten Anhänger Amerikas in Europa."* (S. 95)

An anderer Stelle schreibt er:

„Wichtiger noch, es [Washington] *sollte stets daran denken, daß Frankreich ein maßgebender Partner bei der grundlegenden Aufgabe ist, ein demokratisches Deutschland auf Dauer fest in Europa einzubinden."* (S. 119)

Nachsatz:

Jetzt wissen wir also, was der entscheidende Grund sein könnte, weshalb die Bonner Parteien die Projekte EU und Europäische Währungsunion so entschlossen vorangetrieben haben.

Was macht Amerikas Faszination aus?

Nach Brzezinskis Auffassung dies:

„Der Nachdruck, den die USA auf Demokratie und wirtschaftliche Entwicklung legen, verbindet sich somit zu einer ***schlichten ideologischen Botschaft,*** *die bei vielen Anklang findet:* ***Das Streben nach persönlichem Erfolg vergrößert die Freiheit und schafft Wohlstand.*** *Das ist der Nährboden einer unwiderstehlichen Mischung aus Idealismus und Egoismus. Individuelle Selbstverwirklichung gilt als ein gottgegebenes Recht, das gleichzeitig anderen zugute kommen kann, indem es ein Beispiel setzt und Wohlstand erzeugt."* (S. 48)

Zwischenbemerkung:

Diese *„schlichte ideologische Botschaft"* stimmt nur zur Hälfte. Den Regeln der Zinswirtschaft entsprechend – der US-Kapitalismus ist es fast pur – gibt es in Amerika einerseits unermeßlichen Reichtum, eine überquellende Güterfülle, viel Glitzerkram, absolute Konsumfreiheit, auf der anderen Seite jedoch immer wieder wirtschaftliche Zusammenbrüche, eine Dauerbedrohng des Mittelstandes und eine an Dritte-Welt-Verhältnisse gemahnende, immerfort vorhandene breite Unterschicht von Armen. Auch auf die Natur wird wenig Rücksicht genommen.

Noch etwas fasziniert laut Brzezinsky die Welt:

„Die kulturelle Komponente der Weltmacht USA ist bisweilen unterschätzt worden; doch was immer man von ihren ästhetischen Qualitäten halten mag, ***Amerikas Massenkultur besitzt, besonders für die Jugendlichen in aller Welt, eine geradezu magnetische Anziehungskraft."*** Ferner: *„Die Sprache des Internets ist Englisch, und ein überwältigender Teil des Computer-Schnick-*

schnacks stammt ebenfalls aus den USA und bestimmt somit die Inhalte der globalen Kommunikation nicht unwesentlich.“ (S. 46)

Sehr fein beobachtet ist folgendes:

„Da der American way of life in aller Welt mehr und mehr Nachahmer findet, entsteht ein idealer Rahmen für die Ausübung der indirekten und scheinbar konsensbestimmten Hegemonie der Vereinigten Staaten. *Und wie in der amerikanischen Innenpolitik bringt diese Hegemonie eine komplexe Struktur miteinander verketteter Institutionen und Verfahrensabläufe hervor, die Übereinstimmung herstellen und ein Ungleichgewicht an Macht und Einfluß verdecken sollen.“* (S. 48)

Anmerkung:

Der *American way of life* – Brezinsky bringt ein paar Beispiele – ist internationalistisch, gleichmacherisch und allem Nationalen abhold. Er verstärkt somit das allgemeine Gefühl, das auch von der kapitalistisch-weiträumigen Wirtschaftsweise ausgeht, die Menschen auf der Welt bildeten eine Einheit, ihre Wünsche deckten sich und daß heute nicht mehr volkliche, sondern Menschheitsbelange im Mittelpunkt stehen sollten. Nicht nur die Massen, auch die tonangebenden Kreise unterliegen diesem Einfluß.

Aus diesem Gefühl heraus geben viele Politiker leichten Herzens nationale Kernanliegen preis und lassen sich gerne in supranationale Organisationen einbinden.

Jack Lang: *„Weltmacht Hollywood“*

Sehr lesenswert ist in diesem Zusammenhang ein Gespräch des ehemaligen französischen Kulturministers Jack Lang mit der *Wirtschaftswoche* (5/1998), in dem dieser vor den *„Gefahren des kulturellen US-Totalitarismus“* warnte:

*„**Wirtschaftswoche:** Wie bedenklich ist der kulturelle Einfluß Hollwoods?*

Lang:** Man darf die amerikanische Kultur nicht verteufeln. In Hollywood arbeiten zahlreiche Meister der Filmkunst. Sie finden immer wieder die universellen Ausdrucksmittel, **um Ideen in möglichst vielen Gehirnen rund um den Globus zu verankern.** Aber gerade deshalb ist das Risiko groß, daß Hollywood langfristig **zur Zerstörung traditioneller Werte in anderen Ländern beiträgt.

***Wirtschaftswoche:** Kann das politische Niederschläge zeitigen?*

Lang:** Und ob! **Je mehr sich die amerikanische Dominanz in der Kultur verstärkt, desto mehr entwickelt sie sich zu einer ungewöhnlich schlagkräftigen politischen und wirtschaftlichen Waffe der Hegemonialmacht USA …

***Wirtschaftswoche:** Wollen Sie sagen, es gäbe eine Art von geheimer Weltregierung, die hinter dem Rücken der Politiker die Fäden zieht?*

Lang: De facto hat sich schon so etwas wie ein ökonomisches und kulturelles Weltregime etabliert. Und dieses ist nicht etwa identisch mit der ame-

rikanischen Regierung. Es sind Riesenunternehmen, transnationale Gruppierungen, die oft aber nicht immer von amerikanischen Interessen beeinflußt werden. Aus demokratischer Sicht hat dieser Kulturtotalitarismus keinerlei Legitimation …

Wirtschaftswoche: *Wer soll diesen Widerstandskampf führen?*

Lang: *Hören Sie, das ist doch wohl die Aufgabe der Regierungen. Die Politiker wurden gewählt, um der autonomen und originären Entwicklung ihres Landes zu dienen –* ***nicht um sich von einer De-facto-Regierung mit unbekanntem Gesicht versklaven zu lassen."***

Nachbemerkungen:

○ Der ehemalige französische Kulturminister macht hier deutlich – um das Entscheidende nochmals hervorzuheben –, daß sich äußerst kapitalmächtige ***„transnationale Gruppierungen"*** herausgebildet hätten, die keiner demokratischen Kontrolle unterstehen und die auch nicht mehr im nationalen Auftrag zerstörenden Einfluß aus.

○ Freilich: Den *„Widerstandskampf"* gegen den *„kulturellen US-Totalitarismus"* und das laut Lang *„de facto"* bereits vorhandene ***„ökonomische und kulturelle Weltregime"*** wird weder Jack Lang noch sonst jemand gewinnen können, solange man nicht gegen die innersten Ursachen dieses Totalitarismus – das Geld- und Bodenmonopol – angeht.

Die *„unentbehrliche Nation"*

Brzezinsky bekennt sich nachdrücklich zur *„globalen Führungsrolle der USA"*. Die Alternative wäre eine *„internationale Anarchie"*. Er beruft sich auf Präsident Clinton, der Amerika als eine für die Welt *„unentbehrliche Nation"* bezeichnet hatte. Er weist darauf hin, daß die Weltlage höchst bedrohlich ist:

„Man muß hier dem Faktum der Unentbehrlichkeit das Potential für weltweite Anarchie gegenüberstellen. Die verheerenden Folgen der Bevölkerungsexplosion, Armutsmigration, sich rasant beschleunigender Urbanisierung, ethnischer und religiöser Feindseligkeiten und der Verbreitung von Massenvernichtungswaffen wären nicht zu bewältigen, sollte auch noch das bestehende, auf Nationalstaaten basierende Grundgerüst rudimentärer [erst am Anfang stehender] *geopolitischer Stabilität zu Bruch gehen."* (S. 278f.; s. auch S. 53f.)

Einspruch:

Die vielen Gefahrenherde sind häufig erst durch das – zentralistische – kapitalistische System hervorgerufen worden und können unmöglich durch noch mehr Zentralismus, d. h. durch einen weiteren Ausbau der hegemonialen Strukturen, gar einer Weltregierung, zurückgedämmt werden. Die hochkapitalistische USA ist am wenigsten geeignet, die kapitalistische Weltzerrüttung aufzuhalten. Erst die Entfernung des Kapitalismus aus den Einzelgesellschaften ermöglicht ein friedliches Zusammenleben von Menschen, Volksgruppen, Völkern und Nationalstaaten.

Spielfeld Eurasien

Brzezinski sagt es sehr deutlich:

„Eurasien [die „Weltinsel" Europa plus Asien] ***ist mithin das Schachbrett, auf dem der Kampf um globale Vorherrschaft auch in Zukunft ausgetragen wird."*** (S. 57)

Eurasien sei nämlich *„der größte Kontinent der Erde und geopolitisch axial"*. Dort befänden sich *„zwei der drei höchstentwickelten und wirtschaftlich produktivsten Regionen der Erde"*. Die Kontrolle über Eurasien ziehe zugleich *„die über Afrika nach sich"*. (S. 54)

So kennzeichnet der Autor Amerikas heutige Vormachtstellung:

„In der Geopolitik geht es nicht mehr um regionale, sondern um globale Dimensionen, wobei eine Dominanz auf dem gesamten eurasischen Kontinent noch heute die Voraussetzung für globale Vormachtstellung ist. ***Die Vereinigten Staaten, also eine außereurasische Macht, genießen nun internationalen Vorrang; ihre Truppen sind an drei Randgebieten des eurasischen Kontinents präsent, von wo aus sie einen massiven Einfluß auf die im eurasischen Hinterland ansässigen Staaten ausüben.*** *Aber das weltweit wichtigste Spielfeld – Eurasien – ist der Ort, auf dem Amerika irgendwann ein potentieller Nebenbuhler um die Weltmacht erwachsen könnte."* (S. 64)

Amerikas angebliche Mission

Brzezinski stellt fest:

„Amerikanische Politik sollte letzten Endes von der Vision einer besseren Welt getragen sein: der Vision, im Einklang mit langfristigen Trends sowie den fundamentalen Interessen der ***Menschheit*** *eine auf wirksamer Zusammenarbeit beruhende* ***Weltgemeinschaft*** *zu gestalten. Aber bis es soweit ist, lautet das Gebot,* ***keinen eurasischen Herausforderer aufkommen zu lassen,*** *der den eurasischen Kontinent unter seine Herrschaft bringen und damit auch* ***für Amerika eine Bedrohung*** *darstellen könnte. Ziel dieses Buches ist es deshalb, im Hinblick auf Eurasien eine umfassende und in sich geschlossene Geostrategie zu entwerfen."* (S. 16)

Einige Seltsamkeiten:

o Da müßte man zuerst fragen: Ist es möglich, daß ein imperialistisches Amerika, das seinen Aufstieg zahlreichen – selbstangezettelten – Kriegen und geheimdienstlichen Tätigkeiten verdankt, jetzt plötzlich, fast am Endziel angelangt, eine *„Weltgemeinschaft"* gestalten kann, die wirklich den *„fundamentalen Interessen der Menschheit"* entspricht? Kann solch ein Staat wirklich die *„Vision einer besseren Welt"* verwirklichen? Gilt das Wort Mahatma Gandhis nicht mehr, daß *„Weg und Ziel"* eins sein müssen, daß ein edler Zweck niemals durch üble Mittel erreicht wird?

- Weshalb ist nur von *„Menschheit"* und *„Weltgemeinschaft"* die Rede, nicht von Völkern und Völkergemeinschaft? Werden die Völker dann in einer Einheitsmenschheit aufgelöst sein?
- Was hat Amerika überhaupt in Eurasien verloren? Weshalb will es Eurasien beherrschen? Warum beschränkt es seine politischen Tätigkeiten nicht auf das eigene Land, welches doch wahrlich groß genug ist? Gäbe es da nicht sehr viel Sinnvolles zu tun? Weshalb ist es als eine *„Bedrohung"* anzusehen, wenn Amerika seine Vormachtstellung in Eurasien verlieren sollte?

Damit sind wir beim springenden Punkt angelangt.

Woher der Drang zur Hegemonie?

Wie in der Wirtschaft **gibt es im Zeichen des Kapitalismus auch unter Nationen einen wüsten Verdrängungswettbewerb.** Auch hier heißt es: Wer nicht mehr wachsen kann, muß weichen.

Das bekommt das mächtige Amerika durchaus zu spüren: An allen Fronten seines Imperiums muß es wachsam sein, muß bald abwehren, bald angreifen. Vielleicht hatte die Ostasienkrise auch darin ihre Ursache, daß Amerika die „Tigerländer" wirtschaftlich entscheidend schwächen und noch mehr in seine Gewalt bekommen wollte (auch entsprechende Bemerkungen Brzezinkis legen das nahe, s. S. 76f.). Denn verlöre es seine ostasiatischen Bastionen, wäre das nicht nur ein entscheidender Rückschlag beim Versuch, Eurasien vollends seiner Herrschaft zu unterwerfen, es könnte gar der Anfang eines machtpolitischen Abstiegs sein. Denn schon zeigt sich ein neuer *„eurasischer Herausforderer"*, das erstarkende China. Würde Amerika entscheidende Fehler machen, dürfte es irgendwann einmal dort anlangen, wo Deutschland 1945 war, wo jetzt Südkorea und Thailand stehen – oder gar, um das jüngste Beispiel eines Weltmachtabsturzes zu nennen, in eine so erbärmliche Lage geraten wie die, in der sich heute das vor kurzem noch so imperiale Rußland befindet. Denn eine neue Hegemonialmacht kann auch nur dadurch an die Spitze der Welt gelangen und dort verbleiben, daß sie alle übrigen Länder zu *„Vasallen und tributpflichtigen Staaten"* macht.

Das ist aber keineswegs der natürliche Zustand der Dinge. **Der imperialistische Drang zur Hegemonie, der seit jeher in der Staatenwelt zu beobachten ist, müßte nicht sein. Er ergibt sich gleichfalls aus dem unnatürlichen Verdrängungsdruck des kapitalistischen Systems.**

Nicht nur einzelne Firmen unterliegen ihm, auch ganze Staaten stehen deswegen unter einem sehr unfriedlichen Ausdehnungsdruck.

Und warum? **Weil die Finanz- und Wirtschaftsmächtigen in fast jedem Staat tonangebend sind.**

„Jeder echte Kapitalist strebt", um nochmals Ruhland sprechen zu lassen, *„nach der Weltherrschaft"*.

Das gilt auch für die Gruppe der Großkapitalisten eines Landes, und das gilt, bei der heutigen Globalisierung der Weltmärkte, erst recht für die internationalen, völkerübergreifenden Geldmächte, die *„transnationalen Gruppierungen"*, welche laut Jack Lang bereits heute *„de facto ... ein ökonomisches und kulturelles Weltregime"* ausüben.

Wohlgemerkt: **Es sind kaum die Völker, die nach Weltherrschaft streben.** Es ist das fehlerhafte Geldsystem, das internationale Finanzoligarchien nicht nur entstehen läßt, sondern sie fast dazu drängt, die totale Weltherrschaft anzustreben.

Heimatlose *„Geldfürsten"*

Brzezinski schreibt:

„Die früheren Imperien waren das Werk aristokratischer politischer Eliten und wurden in den meisten Fällen autoritär und absolutistisch regiert. Das Gros ihrer Bevölkerungen war entweder politisch gleichgültig oder ließ sich – wie in der jüngeren Geschichte – von imperialistischen Stimmungen und Symbolen mitreißen. Das Streben nach nationalem Ruhm, the white man's burden, la mission civilisatrice, ganz zu schweigen von den Möglichkeiten zu persönlicher Bereicherung, dienten dazu, ***Unterstützung für imperialistische Abenteuer zu mobilisieren und hierarchische Machtstrukturen aufrechtzuerhalten."*** (S. 45)

Hinter all diesen *„imperialistischen Abenteuern"* steht jedoch die ungelöste soziale Frage. In früheren Jahrhunderten, im Zeitalter des Feudalismus, hing sie mehr mit der Bodenungerechtigkeit zusammen; heute ist sie zusätzlich und vorrangig von der fehlerhaften Geldbeschaffenheit verursacht. Infolgedessen tat und tut sich in jeder Gesellschaft eine Kluft auf zwischen den Geldmächtigen und ihrem Anhang einerseits und dem Volk mit seinen wahren Bedürfnissen andrerseits.

Etwas abgewandelt sagt hier Brzezinski dasselbe, was bereits Gustav Ruhland über die *„kapitalistischen Welteroberer"* niederschrieb: Sie hätten es auf Millionengewinne im Ausland abgesehen, verstünden es aber sehr geschickt, *„ihre Erwerbssucht mit der Ehre und dem Ansehen der Nation zu verbinden"*.

In Wahrheit sind die heutigen *„Geldfürsten"*, *„Global Players"* und *„internationalen Kapitalanleger"* heimat- und vaterlandslos; sie fühlen sich – wie der *Spiegel* es ausdrückt – *„keiner Stadt, keinem Bundesstaat, oft nicht einmal mehr dem Nationalstaat verbunden."* (Nr. 17/1998)

Daß solche anonymen Geld- und Weltherren es auch für notwendig halten, eine globale und totale Geldherrschaft zu errichten – um jeglichen Wettbewerb auszuschalten und endlich Ruhe zu haben –, geht aus Brzezinskis späteren Ausführungen hervor.

Die USA – die letzte Supermacht

Brzezinski bringt gegen Ende seines Buches eine seltsame Feststellung: *„Die Konzentration hegemonialer Macht in den Händen eines einzigen Staates wird, auf Dauer gesehen, immer weniger in die weltpolitische Landschaft passen. Daher ist Amerika nicht nur die erste und die einzige echte Supermacht, sondern wahrscheinlich auch die letzte.“* (S. 298)

Was soll das heißen? Weshalb wird Amerika, nachdem es sich zur *„einzigen echten Supermacht“* emporgeschwungen hat, dennoch die letzte sein?

Der ehemalige Sicherheitsberater eines US-Präsidenten erklärt es so: Weil die nationalstaatlichen Grenzen immer durchlässiger würden, das Wissen sich immer mehr ausbreite und wirtschaftliche Macht sich immer breiter zerstreue, sei es unwahrscheinlich, daß es in Zukunft noch einmal einen *„einzelnen Staat oder Staatenbund“* mit dem *„weltweiten ... Übergewicht“* geben könne, *„wie es die USA im Laufe dieses Jahrhunderts erlangt haben“*.

Günstig sei auch, daß Amerika aufgrund seiner ***„multinationalen“*** Gesellschaft eine Hegemonie aufbauen konnte, *„ohne sie als streng nationale erscheinen zu lassen“*. Somit gelte: *„Jeder kann Amerikaner werden, aber Chinese ist man von Geburt.“* Die Welt aber würde sich die globale Hegemonie irgendeines Nationalstaats beileibe nicht so leicht gefallen lassen, wie die der USA. (S. 299)

Schlußfolgerung:

Man kann das auch so sehen: **Amerika ist bereits eine Weltgesellschaft im kleinen.**

Allerdings ist es eine **multikulturelle Gesellschaft,** in der sich *„die hohe Politik und das Geschäft lieben“* (*Spiegel*, 36/1997), **in der also eine Finanzoligarchie – d. h. das Zinssystem mit seinen Gesetzmäßigkeiten – beherrschend ist.**

Und diese Staatskonstruktion soll also offensichtlich auf die ganze Welt übertragen werden.

Kann Amerikas Gesellschaftsordnung Vorbild sein?

Es war schon davon die Rede, daß kein Land der industrialisierten Welt so krasse Vermögensunterschiede und soziale Gegensätze aufzuweisen hat wie die USA.

Darüber hinaus sieht Brzezinski weitere Gefahren heraufziehen, die ihn an den *„Niedergang“* früherer *„Weltreiche“* gemahnen: einen *„dramatischen Werteverfall in der Gesellschaft“*; *„Hedonismus“* (Genußschwelgerei, Amüsement als Hauptsache im Leben); ein kulturelles Leben, das *„mehr und* *mehr im Zeichen der Massenunterhaltung"* steht, in dem *„persönlicher Hedonismus und gesellschaftlicher Eskapismus"* die Themen bestimmen; die *„Verbreitung von Drogen"*; die *„Rassenproblematik"*; und schließlich: die *„ökonomische Wachstumsrate"* könne nicht mehr mit den *„wachsenden Ansprüchen Schritt halten"*, die von einer *„ganz auf den Konsum abstellenden Kultur"* ausgehen. Mit anderen Worten: die wirtschaftlichen Schwierigkeiten – einschließlich wieder ansteigender Arbeitslosigkeit – drohen überhandzunehmen. (S. 301f.)

Was der Autor hier aufzählt, sind eben die vielen **unlösbaren Probleme, die für jede kapitalistische Gesellschaft kennzeichnend sind.**

Und solch eine Supermacht maßt sich an, nicht nur die ganze Welt zu gängeln, sondern ihr sogar eine *„neue Ordnung"*, nämlich die eigene – d. h. die kapitalistische – aufzuerlegen?

Angesichts der gezeigten Verfallserscheinungen kommt Brzezinski zu dem Schluß:

„Kurzum, Amerika als die führende Weltmacht hat nur eine kurze historische Chance." (S. 303)

Schaffung einer „Neuen Weltordnung"

Der Autor findet viele schöne Worte für diese *„Herausforderung"*: Sie sei *„Amerikas Bürde und auch seine besondere Verantwortung"* usw.

Und darum gehe es:

„Diese beiden Ziele – weltweite Anarchie zu verhindern und das Emporkommen eines Rivalen zu vereiteln – sind untrennbar mit der längerfristigen Zielsetzung verbunden, die dem weltweiten Engagement Amerikas zugrunde liegt: nämlich, ***ein dauerhaftes Rahmenwerk globaler geopolitischer Zusammenarbeit zu schmieden."*** (S. 305)

Wird es das Rahmenwerk für ein wahrhaft friedliches, demokratisches Nebeneinander gleichberechtigter und freier Völker sein?

Die folgenden Ausführungen sprechen dagegen:

„Kurz, die Politik der USA muß unverdrossen und ohne Wenn und Aber ein doppeltes Ziel verfolgen: die beherrschende Stellung Amerikas für noch mindestens eine Generation und vorzugsweise länger zu bewahren und einen ***geopolitischen Rahmen*** *zu schaffen, der die mit sozialen und politischen Veränderungen unvermeidlich einhergehenden Erschütterungen und Belastungen dämpfen und sich zum* ***geopolitischen Zentrum*** *gemeinsamer Verantwortung für eine friedliche* ***Weltherrschaft*** *entwickeln kann."* (S. 306)

In diesem Zusammenhang sei es auch wichtig, sich um eine Verbesserung und *„Aufwertung der bestehenden und zunehmend veralteten UN-Strukturen zu bemühen."* (S. 306)

Wichtige Erkenntnis:

Darum also geht es: Einen ***„geopolitischen Rahmen“*** zu schaffen – EU, NAFTA, NATO usw. –, um dann von einem ***„geopolitischen Zentrum“*** aus – wo wird es sein? – die ***„Weltherrschaft“*** auszuüben.

Wird sie *„friedlich“* sein? Wird sie freiheitlich sein? Kann sie das – bei der zentralistischen Anlage des Gesamtunternehmens – überhaupt sein?

Doch sei den Urhebern zugestanden, daß vielen von ihnen – weil sie nur die kapitalistischen Gegebenheiten kennen – eine andere Lösung der Weltprobleme undenkbar erscheint.

Letzter Akt des Weltdramas

Die Schlußabschnitte enthalten noch ein paar weitere Auskünfte zum kommenden Weltstaat:

„Diese Bemühungen werden den zusätzlichen historischen Vorteil haben, ***von dem neuen Netz globaler Verbindungen zu profitieren,*** *das außerhalb des traditionelleren Systems der Nationalstaaten exponentiell wächst. Dieses von* ***multinationalen Korporationen, Organisationen*** *(regierungsunabhängig und oft transnationalen Charakters) geknüpfte Netz schafft bereits ein informelles Weltsystem, das an sich schon einer institutionalisierteren und engeren globalen Zusammenarbeit entgegenkommt.*

Im Laufe der nächsten Jahrzehnte könnte somit eine funktionierende Struktur weltweiter Zusammenarbeit, die auf den geopolitischen Gegebenheiten gründet, entstehen und allmählich ***die Insignien des derzeitigen Herrschers der Welt annehmen,*** *der vorerst noch die Last der Verantwortung für die Stabilität und den Frieden in der Welt trägt.“* (S. 306f.)

Überraschend und erschreckend:

Wie sind die Sätze zu verstehen, mit denen Brzezinski sein Buch beschließt?

o Hier wird nochmals ganz deutlich, wie die wirtschaftlichen Veränderungen, nämlich die Herausbildung transnationaler Konzerne und ähnlicher transnationaler Gebilde, erst die Voraussetzungen für die Einrichtung einer Weltregierung geschaffen haben.

o Die großen wirtschaftspolitischen Richtungsentscheidungen unserer Tage – Deregulierung, Liberalisierung, europaweiter Binnenmarkt usw. –, welche die Entstehung solcher Großgebilde außerordentlich begünstigt haben, sind sicherlich auch im Hinblick auf eine kommende Weltregierung vorgenommen worden.

o Wenn – binnen *„weniger Jahrzehnte“* – *„eine funktionierende Struktur weltweiter Zusammenarbeit, die auf den geopolitischen Gegebenheiten gründet“*, fertiggestellt ist (Brzezinski gebraucht immer sehr verschleiernde Worte), d. h. **wenn die institutionellen Voraussetzungen eines Weltstaates geschaffen sind, sollen die *„Insignien des derzeitigen Herrschers der Welt“*,** nämlich Washingtons, an die neuen Herrscher, **also an die Weltregierung,** gehen.

o Ist das nicht sehr edel- und opfermütig von den USA? Wahrscheinlich nicht. Denn die neuen Herrscher, *„Geldfürsten"* allerlei Art (*Spiegel*, s. o.), werden großenteils die alten sein, nur mit dem Unterschied, daß sie statt den USA mit ihrem Vasallensystem jetzt die ganze Welt zu ihrem Machtbereich haben.

o Wie diese – unter kapitalistischen Voraussetzungen zustandegekommene – **Weltherrschaft des Geldes** sich gestalten wird, soll, anhand der bereits gegebenen Hinweise, der Phantasie des Lesers überlassen bleiben.

Ausrufung der Weltdikatur?

In die Rede, die George W. Bush zu Beginn der US-Angriffe auf Afghanistan hielt (nach dem Terror-Anschlag in Amerika am 11.9.2001), war eine **atemberaubende Drohung** eingeflochten (*STN*, 8.10.2001):

„Heute zielen wir auf Afghanistan, aber die Schlacht ist eine größere. Jeder Staat wird sich entscheiden müssen. In diesem Konflikt gibt es keine Neutralität. Wenn eine Regierung Verbrecher und die Mörder unschuldiger Menschen unterstützt, macht sie sich selbst zu Verbrechern und Mördern. Und sie wird sich auf eigene Gefahr auf diesen einsamen Weg begeben."

Das muß man doch so verstehen: Wenn sich irgendein Staat hinsichtlich Terroristenverfolgung nicht Amerikas Wollen unterwirft, erklärt es ihn zum „Schurkenstaat", zum Feind, zum *„Verbrecher"*-Land, das man militärisch vernichten wird. Die Benennungshoheit darüber, wer „Terroristen" beherbergt, liegt aber bei der *„einzigen Weltmacht"* (Brzezinski), beim – imperialistischen! – Amerika. Damit nimmt sich die US-Regierung letztlich das Recht heraus, jeden mißliebigen Staat als von *„Verbrechern und Mördern"* regiert zu erklären, Forderungen an ihn zu stellen – und im Weigerungsfall auf ihn zu *„zielen"*.

Kommt Bushs Rede also der Ausrufung einer Weltregierung, ausgeübt von den USA, nicht sehr nahe?

23. Was ist mit Rußland?

Rußlands jetzige Lage aus amerikanischer Sicht

Unter der wenig respektvollen Kapitelüberschrift *„Das Schwarze Loch"* beschäftigt sich Brzezinski mehrere Dutzend Seiten lang mit dem Thema Rußland bzw. Russische Föderation.

Getreu seinem wichtigsten geopolitischen Imperativ, Amerika dürfe keinen eurasischen Herausforderer hochkommen lassen, der seine weltpolitischen Pläne durchkreuzen könnte, führt er gleich zu Beginn aus:

„Als langfristige Aufgabe jedoch bleibt das Problem zu lösen, wie man Rußlands Demokratisierung und wirtschaftliche Erholung unterstützen ***und dabei das erneute Entstehen eines eurasischen Imperiums vermeiden kann,*** *das Amerika an der Verwirklichung seines geostrategischen Ziels hindern könnte, ein größeres euroantlantisches System zu entwerfen, in welches sich dann Rußland dauerhaft und sicher einbeziehen läßt.“* (S. 130)

Er beklagt dann die fürchterlichen Opfer, die eine so lange kommunistische Herrschaft dem russischen Volk abverlangt habe: *„Millionen seiner begabtesten und erfindungsreichsten Menschen“* seien ermordet worden; die *„doktrinäre Orthodoxie“* habe das Land von der übrigen Welt abgeschnitten; wegen der ökologischen Verheerungen kämen nur etwa 40 Prozent der Neugeborenen gesund zur Welt; usw.

Durch die Auflösung der Sowjetunion sei **Rußlands Einflußgebiet beträchtlich geschrumpft.** Der **Abfall der Ukraine** stelle in vielerlei Hinsicht einen ***„zentralen Verlust“*** dar. Er hindere Rußland daran, jemals wieder eine imperiale Macht zu werden. Mit der Unabhängigkeit der zentralasiatischen Staaten sei Rußland auch die alleinige Verfügbarkeit über riesige Mineral- und Erdölvorkommen entglitten. (S. 134ff.)

Brzezinski faßt zusammen:

„Kurzum, Rußland, bis vor wenigen Jahren der Schmied eines großen Landreiches und Führer eines ideologischen Blocks von Satellitenstaaten, die sich bis ins Herz von Europa erstreckten und an einem Punkt sogar bis ins Südchinesische Meer, ist zu einem unruhigen Nationalstaat geworden, der geographisch gesehen keinen leichten Zugang zur Außenwelt hat und der an seiner westlichen, südlichen und östlichen Flanke kräfteverzehrenden Konflikten mit seinen Nachbarn ausgesetzt ist. Nur die unbewohnbaren und unzugänglichen nördlichen Permafrostgebiete scheinen geopolitisch noch sicher.“ (S. 142)

Er bedauert, daß die NATO-Erweiterung von den Russen *„als das Vorrükken einer von Amerika geführten, immer noch feindlichen Allianz“* mißverstanden werde (S. 150). Denn:

„Rußlands einzige geostrategische Option *– die Option, die ihm eine realistische Rolle auf der internationalen Bühne eintragen und auch seine Chancen für eine gesellschaftliche Veränderung und Modernisierung erhöhen könnte – ist Europa. Und zwar nicht irgendein Europa, sondern das* ***transatlantische Europa einer erweiterten EU und NATO.*** *Ein solches Europa nimmt Gestalt an, wie wir in Kapitel 3 gesehen haben, und es wird aller Wahrscheinlichkeit nach* ***auch eng mit Amerika verbunden bleiben.*** *An dieses Europa wird sich Rußland halten müssen, wenn es die Gefahr einer geopolitischen Isolation vermeiden will.“* (S. 173)

Deshalb müsse Rußland sich dazu durchringen, **„seiner imperialen Vergangenheit klar und deutlich abzuschwören“.** (S. 175)

Brzezinski spricht weitere Empfehlungen aus:

Rußland solle sich nicht *„auf nutzlose Bemühungen einlassen, seinen früheren Status als Weltmacht wiederzuerlangen."* Auf Grund der riesigen Ausdehnung und Vielfalt des Landes werde vermutlich ***„ein dezentralisiertes politisches System auf marktwirtschaftlicher Basis"*** die schöpferischen Energien des russischen Volkes angesichts der im Überfluß vorhandenen Bodenschätze besser zur Entfaltung bringen. Ein *„lockerer konföderiertes Rußland"* – es sollte aus einem europäischen Rußland, einer sibirischen und einer fernöstlichen Republik bestehen – wäre auch besser in der Lage, mit Europa, den neuen Staaten Zentralasiens und dem Fernen Osten engere Wirtschaftsbeziehungen zu unterhalten.

Sowohl im eigenen als auch in Rußlands Interesse müsse **Amerikas Ziel** sein, den ***„derzeit herrschenden geopolitischen Pluralismus im postsowjetischen Raum zu stärken".*** Möglichen *„imperialen Versuchungen"* beim russischen Partner werde dadurch vorgebeugt. Aus diesem Grund sei es wichtig, die *„Konsolidierung einer souveränen Ukraine"* und ihre Verankerung in Mitteleuropa kräftig zu unterstützen. (S. 288f.)

Dazu ist zu sagen:

- Rußlands Verzicht auf jeden neuen Imperialismus wäre zu begrüßen. Es ist aber widersprüchlich, daß die USA, die selber imperiale Absichten verfolgen, von Rußland so kategorisch verlangen, jeglichem Imperialismus zu entsagen.
- Ähnlich ist Brzezinskis Empfehlung zu beurteilen, Rußland möge sich für ein *„dezentralisiertes politisches System auf marktwirtschaftlicher Basis"* entscheiden.

Der russische Standpunkt

Unter dem Titel ***„ANTI-NATO.*** *Ein neuer Gedanke für russische Geopolitik; Taktik und Strategie für die heutige Zeit"* hat **Mitrofanow, Duma-Abgeordneter und Vorsitzender des Geopolitischen Ausschusses der Duma,** vor dieser Versammlung am 18.2.1997 eine Grundsatzrede gehalten, die nachfolgend teilweise wiedergegeben sei.

Mitrofanows Ausführungen fanden den Beifall des weit überwiegenden Teils der Abgeordneten, einschließlich der Kommunisten und der Anhänger General Lebeds. Doch hat die Rede weder in Deutschland noch sonstwo auf der Welt irgendein Echo ausgelöst. Dabei wurde sie im Parlament einer benachbarten Großmacht und des flächengrößten Landes der Welt vorgetragen! Sie enthält in der Tat viele neue Gedanken und hätte, weil sie überraschende Aussichten eröffnet, gründlich erörtert werden müssen. Doch ist es bezeichnend, daß dies im heutigen Deutschland nicht geschah.

Ende der Nachkriegszeit

Einige Auszüge:

„Der Zusammenbruch des weltweiten Kräftegleichgewichts, welches fünfzig Jahre Bestand hatte, war die unabänderliche Folge einer geplanten Zerstörung des Nachkriegssystems internationaler Beziehungen, so wie es in Teheran, Jalta, Potsdam, Dumbarton Oaks, San Francisco und zuletzt in Helsinki geprägt und formuliert wurde ...

Es ist sinnlos, Fehler der Vergangenheit zu beklagen oder zu versuchen, den Gang der Geschichte aufzuhalten. Wir müssen der geopolitischen Herausforderung des neuen Jahrtausends ins Auge sehen ...

Rußland – das Land, das Volk, die nationale Idee – verfügt über so unerschöpfliche eigene geistige und materielle Vorräte, daß nur wir selber, nicht andere, dieses Land zerstören können."

Die sowjetische Führung habe zu sehr auf die *„alten Faktoren der Weltgeltung: Rohstoffe, Stahl als Grundlage der Rüstung"* vertraut und damit den allgemeinen technologischen Wandel hin zur Informationsgesellschaft schlichtweg verschlafen.

Ähnlich wie bei der *„Schlacht um Stalingrad im Zweiten Weltkrieg"* stehe jetzt Rußlands Überleben als *„souveräner Staat"* auf dem Spiel:

„Es hängt nun von uns allein ab, ob wir dieser Prüfung standhalten und den Feind zurückwerfen, oder ob der Feind uns über die Wolga zurückwirft.

Eines ist vollkommen klar: Alle heutigen Entwicklungen führen zu ***Rußlands Lostrennung von Europa,*** *zur Schaffung eines* ***Quarantäne-Gürtels von uns unfreundlich gesinnten Staaten im Verbund mit den USA*** *und deren Verbündeten, beide vereinigt in einem an unseren Bereich grenzenden Militärblock. Das führt weiter zu einer fortgesetzten Schwächung, zu zentrifugalen Tendenzen und schließlich zum Zerfall unseres Landes, wonach etwa 10 bis 15 Vasallenstaaten sich bilden, die völlig von ihren Oberherren abhängig wären."*

Man müsse der ***„Idee der russischen nationalen Selbstverwirklichung"*** zum Durchbruch verhelfen, womit nur an eine altbekannte Tatsache erinnert werde:

„Jedes Volk, als eine Körperschaft, hat das Recht auf Selbsterhaltung. Es will sich selber fortpflanzen in seinen Kindern, will bauen und Handel treiben. Ein solches Volk lebt und wächst; sonst würde es sterben."

Die USA als Hauptfeind

Mitrofanow tadelt die *„blinde Amerikahörigkeit der russischen Führung"*. Die im Kalten Krieg siegreichen USA hätten keineswegs *„ihr geostrategisches Interesse am postsowjetischen Raum verloren"*. Die NATO werde *„mit aller*

Kraft nach Osten erweitert"; und Brzezinski habe bereits 1994 erklärt: *„Ohne die Ukraine wird Rußland nie wieder eine Weltmacht werden."*

Dann folgt eine Grundsatzerklärung:

„Wenn wir den schmerzlichen und für unser Land so schädlichen Pro-Amerikanismus überwinden wollen, dann müssen wir hier und nach draußen die volle Wahrheit verkünden: ***Unter den heutigen Bedingungen sind die Vereinigten Staaten der Hauptfeind unseres Landes.*** *Alle unsere Handlungen gegenüber den USA müssen von dieser Voraussetzung ausgehen. Wir müssen unseren Feind kennen und dürfen nicht fürchten, ihn beim Namen zu nennen.*

Großbritannien hat schon lange vergessen, was unabhängige Außenpolitik bedeutet. Es folgt mit hängendem Kopf der amerikanischen Führung. So ist auch Großbritannien ein Feind und natürlich auch die Türkei. ***Ein Feind ohne Zweifel ist der gesamte, aggressive NATO-Block.*** *Es ist der Grundgedanke unserer neuen geopolitischen Doktrin, unsere Feinde zu bekämpfen oder sie als* ***Verbündete*** *zu gewinnen, auf welche Weise auch immer, und dabei unseren Freunden Liebe und rücksichtsvolle Behandlung zu erweisen. Das sind die Grundgedanken unserer neuen geopolitischen Doktrin."*

Rußland solle aus der GUS (Gemeinschaft Unabhängiger Staaten) austreten und stattdessen mit diesen Ländern bilaterale Beziehungen pflegen: *„Sobald eine neue Generation von GUS-Führern heranwächst, frei von blinder Verehrung amerikanischer Zigaretten und billiger türkischer Textilwaren, wird auch der* ***Reichsgedanke, der Gedanke eines russischen Commonwealth,*** *wieder lebendig."*

Ein nächster Schritt müsse die *„förmliche Aufhebung aller Verträge"* sein, *„die die Nachkriegsgrenzen in Europa und Asien bestimmen und festlegen ... Ich möchte daran erinnern, daß sowohl in Jalta wie in Potsdam der Ausgangspunkt bei der Regelung der Nachkriegsordnung die polnische Frage war. Was auch immer andere sagen mögen: Der Zweite Weltkrieg brach in Polen aus ..."*

Deutschland als Bündnispartner?

Auf Deutschland gemünzt ist der Satz:

„Andere mögen versuchen zu beweisen, daß die atlantische Idee den Deutschen näher steht als die Idee der nationalen Wiedergeburt."

Dann kommt ein überraschender Vorschlag:

„Eine Analyse der gegenwärtigen geopolitischen Weltlage erweist, daß heute, vor der Jahrhundert- und Jahrtausendwende, ***Deutschland und Japan unsere natürlichen Verbündeten*** *werden müssen. Unsere Feinde – allen voran Großbritannien, die Türkei und die USA – verstehen das sehr wohl und verhindern mit allen Mitteln unseren Zusammenschluß. Sie scheuen auch nicht davor zurück, uns mit schmutzigen Tricks gegeneinander auszuspielen – be-*

stes Beispiel ist die Kurilenfrage, die von Amerika durch Intrigen aufgeheizt wird.“

Mitrifanow wünscht sich eine *„militärpolitische Allianz zwischen Deutschland, Rußland und Japan“*; diese *„Achse“* müsse im Süden gedeckt sein *„durch den russisch-chinesisch-indischen Block“*; danach könnten gemeinsame *„deutsch-russisch-japanische Einflußsphären“* geschaffen werden.

Ein Zusammengehen Japans und Deutschlands mit Rußland nütze allen Seiten:

„Deutschland und Japan nähern sich gegenwärtig der Wachstumsgrenze für rein ökonomische Ausdehnung. Der Gegensatz zwischen ihnen und den USA ist unvermeidlich erbitterter geworden. In den letzten Jahren sind diese Länder zu neuen und machtvollen Zentren geworden, nicht nur von regionaler, sondern von Weltbedeutung. Ihre weitere Entwicklung wird aber behindert durch den Mangel an Rohstoffen und hochentwickelter Rüstungstechnologie und durch den Fortbestand inzwischen bedeutungslos gewordener internationaler Verträge (die wir kündigen würden).

Die nationale Demütigung des deutschen und japanischen Volkes infolge des Kriegsausganges ist durch die fortbestehende amerikanische Militärpräsenz noch vertieft worden.

Wir rufen das deutsche und das japanische Volk auf, ihre erniedrigenden Verfassungen zu zerreißen, welche ihre *Möglichkeiten in der Innen- und Außenpolitik einschränken.*

Rußland kann diesen Ländern heute geben, was sie am meisten brauchen. *Erinnern Sie sich: In den späten 20er Jahren dieses Jahrhunderts, als Deutschland in einer weitaus schlechteren Lage war als heute, begann die deutsche Wehrmacht damit, ihr Offizierskorps in der UdSSR zu schulen.* ***Es war ein Unglück für unsere beiden Länder, daß es den Mächten der Weltverschwörung gelang, unsere Partnerschaft aufzulösen und die Kraft der Deutschen Wehrmacht gegen ihren natürlichen Verbündeten zu lenken, die UdSSR, anstatt daß sich diese gegen den wirklichen Feind des deutschen Volkes gerichtet hätte, die ‘internationale Finanzoligarchie’“.***

Eine andere Weltordnung

Der Redner skizziert in einigen Abschnitten, welche politischen Veränderungen eine neugeschaffene **Achse Berlin-Moskau-Tokio** auslösen würde. Ein Ergebnis wäre:

„Im gesamten asiatisch-pazifischen Raum gäbe es dann keine amerikanische Militärbasis mehr. Alle amerikanischen Landerwerbungen in dieser Region würden rückgängig gemacht. ***Die Völker würden sich für Freiheit und Selbstbestimmung entscheiden und gegen den erniedrigenden Status als amerikanisches Mandats- oder Übersee-Territorium.“***

Weitere mögliche Vorteile für die Teilnehmer beschreibt er so:

„Die Achse Berlin-Moskau-Tokio, flankiert vom Russisch-Chinesisch-Indischen Block, würde einen unvergleichlichen Markt darstellen, mit der Hälfte der Weltbevölkerung, mit Bodenschätzen aller Art, mit Energiereserven, einer stark industrialisierten Landwirtschaft usw.; kurz, dieser Markt wäre autark. Fügt man die japanischen Fortschritte auf dem Gebiet der Elektronik und russische mathematische Begabungen zusammen, könnte Rußland seinen Rückstand auf dem Gebiet der Informatik aufholen und seinerseits den Japanern und anderen Ländern helfen, sich von der Abhängigkeit von den USA auf dem Gebiet der Software zu befreien.

Die größten Zivilisationen der Welt** – die europäische, slawische, japanische, chinesische und indische – **würden nebeneinander bestehen in einem geordneten Raum, der ruhige Sicherheit mit volklicher und kultureller Vielfalt verbindet."

Hinsichtlich der bestehenden internationalen Organisationen empfiehlt er für Rußland den Austritt, da diese ohnehin meist von den USA abhängig seien. Deren *„außenpolitisches Konzept der Unipolarität"*, daß die Welt nur einen – den amerikanischen – Kraftmittelpunkt habe, sei abzulehnen. Statt dessen sei es erforderlich, ***„neue und wahrhaft demokratische, unparteiische internationale Organisationen aufzubauen, die das Interesse der Nationen verteidigen und ausdrücken, aber nicht das von Finanzzentren."***

Bewertungsversuch

Gerade im Hinblick auf die in Brzezinskis Buch dargestellten Zielvorgaben der US-amerikanischen Politik ist Mitrofanows Rede, die bei der Duma so viel Zustimmung fand, insbesondere für Deutschland von außerordentlicher Wichtigkeit:

- Sie eröffnet ganz neue Aussichten – und Auswege, nicht nur für Deutschland, sondern auch für viele andere Völker.
- Sie zeigt eine Möglichkeit, wie man der Verwirklichung einer von der *„internationalen Finanzoligarchie"* gesteuerten, extrem zentralistischen, alleszerstörenden Weltregierung zuvorkommen könnte.
- Die *„nationale Demütigung"* durch die westlichen Siegermächte von 1945 könnte ein Ende finden. Zwar wird sie infolge einseitiger Meinungslenkung von der Mehrheit der Deutschen kaum mehr wahrgenommen, hat jedoch extrem volksauflösende Auswirkungen.
- Anders als in dem von den Vereinigten Staaten ausgehenden *American way of life* herrscht in Rußland noch viel mehr der Gedanke vor, daß die *„volkliche und kulturelle Vielfalt"* erhaltenswert sei und daß man die *„nationale Selbstverwirklichung"* und die *„nationale Wiedergeburt"* anstreben müsse.

- Schon allein geopolitisch ist ein russisch-deutsches Zusammengehen näherliegend, zweckmäßiger und natürlicher.
- Freilich liegt Rußland, wie von Mitrofanow offen zugegeben, völlig darnieder und wird noch viele Jahre benötigen, bis es ein hilfreicher Partner sein kann.
- Und freilich ist die Gefahr groß, daß das kleine Deutschland nur seinen Oberherrn wechselt und zum Vasall eines neuerstandenen übermächtigen Rußlands wird.
- Die Entwicklung Rußlands zu einem imperialistischen und kapitalistischen Gebilde ist unter Beibehaltung des heutigen Geld- und Bodenrechts sogar unvermeidlich.
- Doch ist das von Kommunismus und Kapitalismus gleichermaßen enttäuschte und gegenüber allen *„Finanzzentren"* mißtrauische Rußland sicherlich reformbereiter; ist jedenfalls eher geneigt, grundlegende ordnungspolitische Neuerungen möglicher Bündnispartner zu dulden bzw. zu unterstützen – und im Erfolgsfalle sogar zu übernehmen.
- Deutschlands Heraustreten aus seiner vasallenhaften Abhängigkeit von den USA – und überhaupt aus seiner weltkapitalistischen Verstrickung – erfordert aber die grundlegende Lösung der sozialen Frage, was vor allem heißt: die Neuregelung der Geld- und Bodenverhältnisse.
- Doch wie weit ist Rußland den USA schon ausgeliefert bzw. alliiert? Das Angebot eines früheren US-Präsidenten mahnt zur Vorsicht: *„Keine Tür für Rußland darf verriegelt bleiben, nicht zur Nato und nicht zur EU"*, verkündete Bill Clinton in seiner Dankesrede bei der Verleihung des Karlspreises in Aachen (*STN*, 3.6.2000; man erinnere sich hier an Genschers Vorhersage im Vorwort zu Brzezinskis Buch!). Anschließend flog Clinton nach Rußland weiter, um mit seinem Amtkollegen Wladimir Putin zusammenzutreffen. Bekanntlich ist dieser von den „Oligarchen", insbesondere dem Milliardär Beresowski, auf den Präsidentenstuhl gehievt worden. Ist deren Macht endgültig gebrochen? Kann man Putin vertrauen? Ist er wirklich auf eine unabhängige Rolle Rußlands bedacht? Wählt er hierfür die richtigen Wege?

24. Macht ohne Moral

Macht und Gewalt

Macht ist die Fähigkeit, anderen seinen Willen aufzuzwingen.

Gewalt ist eine bestimmte Art, dies zu tun.

Je weniger Gewalt nötig wird, seien es körperlicher Zwang oder nichtkörperliche Druckmittel, desto besser ist es.

Beide – Macht wie Gewalt – sind an sich weder gut noch böse, also von Hause aus als wertfrei zu betrachten. Erst die Absichten und Voraussetzungen, unter denen sie zur Anwendung kommen, lassen eine Wertung zu.

Gesellschaftliche Hierarchie

Jede Gesellschaft ist hierarchisch-pyramidenförmig aufgebaut, d. h. auf allen Ebenen gibt es Vorgesetzte und Untergebene. Eine Gesellschaft ohne Macht- und Gewaltgebrauch ist deshalb undenkbar und würde in Anarchie ausarten, denn (sinnvolle) Anweisungen müssen befolgt werden.

Je besser sich die Angehörigen einer Menschengruppe verstehen und je gerechter und harmonischer ihr Gemeinschaftsleben abläuft, desto weniger Gewalt ist erforderlich.

Bereits in der Familie ist Machtanwendung unvermeidlich. Denn Kinder wollen erzogen sein, und zu dem Zweck muß immer wieder Druck ausgeübt werden, am besten liebevolle Strenge.

Auch Lehrer befinden sich Schülern gegenüber in einer Machtstellung. Sie verlangen die Erledigung von Hausaufgaben und ein Mindestmaß an Wohlverhalten (Disziplin). Sonst fehlte den jungen Leuten die häusliche Übung, und bei Lärm, Geschwätz und Schülerübermut während des Unterrichts wäre der Lernerfolg gering. Eindringliche Ermahnungen, gelegentliche Strafarbeiten u.dgl.m. sind dann kein Machtmißbrauch des Lehrers, sondern ein notwendiges Übel, um das gemeinsame Ziel besser zu erreichen. Auch hier gilt, daß der Lehrer seine Machtüberlegenheit desto weniger ausspielen muß, je besser die Übereinstimmung zwischen Zöglingen und Erzieher ist, d. h. je aufmerksamer und lernwilliger die Schüler sind und je geschickter der Lehrer den Unterrichtsstoff vermittelt.

Auch Lehrer haben Vorgesetzte über sich, zunächst den Schulleiter. Er wird sein Amt klugerweise so kollegial wie nur möglich versehen, aber notwendige Anweisungen letztlich doch durchsetzen.

Und so schichten sich die Anweisungsebenen immer höher übereinander, bis hinauf zum Bundesparlament als letztem Gesetzgeber, schließlich zum Kanzler als Richtliniengeber für die Politik, wobei er selber wieder an internationale Verträge u.a.m. gebunden ist.

Wann liegt Machtmißbrauch vor?

Sehr viele Menschen haben irgendwelche Machtstellungen inne und müssen Anweisungen erteilen. Diese sind aber keineswegs beliebig. Sie ergeben sich aus der Notwendigkeit, ein gemeinsames Ziel zu erreichen. Insofern liegt hier ein äußerer Sachzwang vor. Vorgesetzter wie Untergebene bzw. Helfer arbeiten an einer gemeinsamen Aufgabe, und ersterer ist deshalb anweisungsbefugt, weil er – hoffentlich in der Mehrzahl der Fälle – den anderen an Wissen und Können ein Stück voraus ist.

Diese Erklärungen fügen sich auch gut in die schon gelieferte Bestimmung des Begriffs Freiheit ein. Wahre Freiheit ist nicht so sehr die Erlaubnis, tun zu können, was immer man will, sondern vielmehr das Recht, das Gute und Richtige tun zu dürfen. Insofern stellt eine Anweisung keine Demütigung oder Freiheitsbeschneidung dar, sondern lediglich eine Aufforderung, das sachlich oder moralisch Richtige zu tun.

Natürlich gibt es Machtmißbrauch. Er liegt dann vor:

- wenn eine Anweisung auf bewußt schikanöse oder demütigende Weise gegeben wird;
- wenn sie sachlich oder moralisch falsch ist.

Der letztere Fall ist schwererwiegend. Denn damit sind wir bei der Systemfrage angelangt.

Systemerzwungener Machtmißbrauch

Im Kapitalismus, in dem alles Handeln letztlich vom Zins gesteuert wird, also einem sachlich falschen und höchst unmoralischen Bereicherungsmechanismus zum Vorteil einer leistungslos immer reicher werdenden Minderheit, ist der Machtmißbrauch allgegenwärtig und eigentlich unvermeidlich.

Die schon mehrfach genannte Ursachenkette – Verschuldungszunahme, Wachstumszwang, Rationalisierungsdruck, Absatznot, Verdrängungswettbewerb, Vernichtung alles Kleinräumigen, Globalisierung, Megalomanie, Naturverwüstung, Kulturvernichtung, Gemeinschafts- und Völkerauflösung, Imperialismus usw. – macht es fast unmöglich, sich sachlich und moralisch durchgängig richtig zu verhalten; weil sehr viele Anweisungen, die man empfängt oder selbst erteilt und welchen man schwerlich ausweichen kann, der Mitwirkung an einem umfassenden Zerstörungswerk gleichkommen.

Freilich nehmen das nur wenige wahr; weil den meisten gar nicht bewußt ist, wie schlimm beispielsweise ganz alltägliche Gewohnheiten – was man ißt, wie man sich kleidet, welche Geräte man benützt, wie man sich fortbewegt usw. – heutzutage die Naturzusammenhänge zerrütten.

Wer im heutigen Sytem bemüht ist, immerfort gut und richtig zu handeln bzw. schädlichen Zwängen und Anweisungen zu entgehen – weil er tiefere Einsichten gewonnen hat und strengere Maßstäbe an sich anlegt –, stürzt sehr rasch von beruflichen Höhen ab bzw. kommt erst gar nicht hinauf. Er kann nur in einfacheren Arbeitsverhältnissen überleben.

Es sei hier an frühere Darlegungen (s. Kapitel 6) erinnert.

Machiavellismus

In einigen vorausgegangenen Kapiteln, vor allem in dem mit „Quo vadis, Amerika“ überschriebenen, fanden sich Beispiele, zu welchen Heucheleien, Lügen und Schandtaten heutige Politiker imstande sind, denen Macht, Reichtum und öffentliches Ansehen mehr bedeuten als alles andere.

Doch ist das seit langem so und kann auch gar nicht anders sein, weil die Menschheit schon seit Jahrtausenden – heute noch um einiges schlimmer – unter dem Kapitalismus leidet, d. h. unter der Diktatur des Geld- und Bodenzinses in Gestalt von Priester-, Adels- und Großkapitalskasten.

Wie diese Diktatur die Menschen innerlich verformt und die Politik zu einem sehr „schmutzigen Geschäft“ macht, ist auch aus dem berühmten Buch *Der Fürst* des italienischen Staatsmannes und Geschichtsschreibers Niccolo Machiavelli (1469-1527) ersichtlich, wie die folgenden Sätze zeigen:

„Es ist also nicht nötig, daß ein Fürst alle aufgeführten ***Tugenden*** *besitzt, wohl aber, daß er sie zu besitzen scheint.* ***Ja, ich wage zu behaupten, daß sie schädlich sind, wenn man sie besitzt und stets ausübt, und nützlich, wenn man sie zur Schau trägt.*** *So muß der Fürst Milde, Treue, Menschlichkeit, Redlichkeit und Frömmigkeit zur Schau tragen und besitzen, aber wenn es nötig ist, imstande sein, sie in ihr Gegenteil zu verkehren ... Zudem beurteilt man die Taten der meisten Menschen, und insbesondere der Fürsten, die keinen Richter über sich haben, nach dem Erfolg. Ein Fürst braucht nur zu siegen und seine Herrschaft zu behaupten, so werden die Mittel dazu stets für ehrenvoll gelten und von jedem gepriesen werden.* ***Denn der Pöbel läßt sich durch den Augenschein und den Erfolg bestechen ...“***

Es geht auch anders:

- Was Machiavelli als eine Notwendigkeit darstellt, ist dies nur, solange wir kapitalistische Verhältnisse haben.
- Politischer Machtmißbrauch hat in früheren Jahrhunderten viel menschliches Leid und lokale Verwüstungen gebracht. Unter den heutigen Voraussetzungen aber – man denke z. B. an die großflächigen Vernichtungsmöglichkeiten der modernen Technik – bedeutet kapitalistisch gesteuerter Machtmißbrauch nicht wiedergutzumachende Schäden an der Natur und zunehmende Gefährdung der Lebensgrundlagen aller.
- Die heutigen Massenmedien mit ihrer einseitigen Lenkung und riesigen Reichweite machen es noch viel leichter möglich, den *„Pöbel“* mit Irrtümern und Lügen in die Irre zu führen bzw. zu indoktrinieren.
- Desto wichtiger ist in unserer Epoche die Überwindung des Kapitalismus.
- Erst dann kostet es keine häufig märtyrerhafte Opfer mehr, wenn man das Richtige tun und bei der Wahrheit bleiben will.
- Regierungen wäre es viel leichter möglich, eine ehrliche und wirklich aufbauende Politik zu betreiben.

25. Bessere Demokratie möglich

Unverzichtbare Voraussetzungen

Grundvoraussetzung einer wahren Demokratie ist die Lösung der sozialen Frage. Das wird immer wieder vergessen.

Schon bei ihren ersten zivilisatorischen Anfängen mußten weite Teile der Menschheit unter sozialen Ungerechtigkeiten leiden. Heute droht das Versagen gegenüber dieser wichtigsten Sanierungsaufgabe die ganze Welt in ein Sterbehaus zu verwandeln. Dieser schlimmste Krankheitsherd muß endlich fest ins Auge gefaßt und von Grund auf bereinigt werden.

Dabei sind das wahre Wesen dieser Gesellschaftsstörung, ihre tiefste Ursache und die geeigneten Abhilfen bereits seit einem Jahrhundert entschlüsselt. Vor allem **Silvio Gesell** (1862-1930) war es, der die entscheidenden Erkenntnissse beisteuerte.

Freilich hat der Ruf nach mehr sozialer Gerechtigkeit den Gang der Menschheit seit jeher begleitet. Besonders laut erscholl er im 19. Jahrhundert und führte zur Verkündung des „*Kommunistischen Manifestes*". Doch gab es neben Marx auch andere Rebellen. In den „*Forderungen des Volkes*", die am 12. September 1847 von den **Offenburger Revolutionären** verabschiedet wurden und die das „*erste liberal-demokratische und soziale Programm der deutschen Opposition*" genannt werden, finden sich die Sätze: „*Wir verlangen Ausgleichung des Mißverhältnisses zwischen Arbeit und Capital. Die Gesellschaft ist schuldig die Arbeit zu heben und zu schützen.*" (Art. 10)

Zur Art und Weise dieser „*Ausgleichung*" fiel den Revolutionären aber nur die „*progressive Einkommensteuer*" ein (Art. 8). Diese ist später tatsächlich in fast allen westlichen Staaten verwirklicht worden, hat aber die einseitige Reichtumszunahme nie verhindert. Das konnte auch nicht anders sein, ist sie doch den Verbesserungsvorschlägen zuzurechnen, die immer erst hinterher für soziale Gerechtigkeit sorgen sollen – durch nachträgliche Vermögensumverteilung. Das hat noch nie geklappt.

Statt dessen geht es darum, die leistungslosen Einkommen gar nicht entstehen zu lassen, sie von Anfang an zu verhindern – was aber die Überwindung des Geld- und des Bodenmonopols voraussetzt.

Das kleine Himalaya-Land **Ladakh** war in der Vergangenheit in der glücklichen Lage, nicht mit sozialen Problemen belastet zu sein. Leistungslose Einkünfte aus Geld und Boden waren dort unbekannt. Seine Gemeinschaften waren daher frei von Wachstumszwängen und wiesen eine recht gleichmäßige Vermögensverteilung auf. Vor allem deshalb war es imstande, unter dürftigsten äußeren Umständen eine vorbildliche gesellschaftliche Ordnung aufzurichten und eine bewundernswerte Kultur aufblühen zu lassen.

Freilich ging es in Ladakh lediglich um eine Vielzahl kleiner und nur lose verbundener Dorfgemeinschaften. Dennoch sind darin fast alle Elemente eines wahren Volksstaats anzutreffen (siehe frühere Ausführungen).

Bei Industrieländern freilich dürfte die Aufgabe, eine vorbildliche Gesellschaftsordnung zu schaffen, weitaus schwieriger sein, da sie zivisilatorisch auf einer viel höheren Stufe stehen und viel verwickeltere Verhältnisse aufweisen. Aber man darf nicht vergessen, daß sich derlei nicht zuletzt unter dem Druck des Kapitalismus herausgebildet hat.

Auf jeden Fall wird sich hier nach Neugestaltung des Geld- und Bodenrechts die Gesellschaft tiefgreifend und umfassend wandeln – sicherlich zum Besseren, auch zum Einfacheren hin.

Auswirkungen der Geld- und Bodenrechtsverbesserung

Ist die Vorherrschaft des Geldes durch geeignete Eingriffe so gebrochen, daß es kein leistungsloses Einkommen mehr gibt, stellt sich ganz natürlich eine breite Vermögensstreuung ein. Es wird – je nach Können und Wollen – noch gewisse Unterschiede geben. Aber sie schaden nicht mehr, im Gegenteil, sie helfen: Der wahrhaft Tüchtige, d. h. wer sich um seine Mitmenschen besser verdient gemacht hat, ist jetzt häufig auch wirtschaftlich erfolgreicher und wird deshalb, zu aller Vorteil, mehr Einfluß ausüben.

Der starre Zinsmechanismus, der bisher in die unternehmerische Tätigkeit steuernd eingriff und sie bis ins Irrsinnige voranpeitschte, ist dann endgültig ausgeschaltet. Damit sind der unnatürliche Wachstumsdruck und der Zwang zu unaufhörlichen Rationalisierungen fortgefallen, zugleich der übersteigerte Konkurrenzdruck samt nachfolgenden Absatznöten.

Vor allem die wahren Bedürfnisse der Menschen und eine erst jetzt mögliche, auf das Gemeinwohl abzielende sinnvolle Rahmenplanung lenken fortan die Wirtschaft. Der einzig richtige Zustand ist Wirklichkeit geworden: Geld und Wirtschaft dienen nunmehr den Menschen, und nicht anders herum.

Der Zins mit seiner umfassenden Zerstörungsgewalt ist entthront. Es gibt auch keinen Bereicherungsmechanismus zugunsten einer Minderheit mehr.

Damit sind die unerläßlichen Grundvoraussetzungen einer wahren Demokratie gegeben.

Ohne solche Grundbereinigungen wird sie niemals verwirklichbar sein!

Spiegelbildlich zum Abschmelzen der – unverdienten – Großvermögen und Großeinkommen werden auch die wirtschaftlichen und gesellschaftlichen Maßstäbe wieder kleiner und menschengemäßer.

Statt Globalisierung ist jetzt Renationalisierung und Regionalisierung angesagt. Die Verhältnisse werden wieder kleinräumiger und überschaubarer – eine wichtige Voraussetzung wahrer Demokratie.

Solche Verhältnisse dienen auch der Schonung der Lebensgrundlagen: Man bekommt die Folgen selbst veranlaßter Naturzerstörungen rascher am eigenen Leib zu verspüren.

Die Hauptursachen von Wirtschaftskrisen und Massenarbeitslosigkeit sind ausgeräumt. Damit ist eine ruhige wirtschaftlich-gesellschaftliche Entwicklung gesichert. Unter solchen Voraussetzungen ist es fast ausgeschlossen, daß zwielichtige politische Abenteurer nach oben kommen.

Zudem erfolgt – nach Ausschaltung der einseitigen leistungslosen Vermögensanhäufung – ein Abbau bisher monopolistisch auftretender Medienmächte, und deshalb gibt es kaum mehr Aufhetzungen durch einseitige Berichterstattung. Wahlkämpfe, die einst vor allem denjenigen zum Siege verhalfen, die vom Großkapital mit Abermillionen unterstützt wurden, dürften gleichfalls der Vergangenheit angehören.

Überhaupt sind in solch einem Staatswesen die Weichen neu gestellt: Wer sich ökologisch, sozial, politisch, moralisch, kulturell usw. richtig verhält, wird finanziell und sonstwie nicht mehr bestraft, sondern eher belohnt.

So wächst eine neue Elite heran, die ihren Aufstieg vor allem echten Tugenden und dem besseren Dienst an der Allgemeinheit verdankt. In diesen Menschen wird sich der wahre Volkswille verkörpern, d. h. das Besorgtsein um das langfristige Wohlergehen von Mensch und Natur. In solch einem Gemeinwesen wird ein ganz neuer und besserer Geist tonangebend sein. Dann werden auch allerorts wieder Kulturen aufblühen.

Man könnte in der Aufzählung von grundsätzlichen Verbesserungen noch lange fortfahren.

Doch soll hier nicht behauptet werden, daß jetzt paradiesische Zustände einträten. Es ist lediglich der systembedingte Zwang weggefallen, in der falschen Richtung weiterzuschreiten.

Damit aber ist ungeheuer viel erreicht.

Daraus ergibt sich als Wichtigstes, daß der allgemeine Marsch in den Abgrund und ein bisher unbremsbarer Niedergang aufhaltbar geworden sind und daß sich endlich Möglichkeiten eröffnen, zu schöpfungsgemäßen Verhaltensweisen aufzusteigen. Kurz gesagt: Die Dinge haben sich normalisiert.

Durch die Brechung des Geld- und des Bodenmonopols hat man also die Voraussetzung dafür geschaffen, daß sich die bisherige Teufelsspirale der Weltzerstörung in eine aufbauende und schöpfungsbejahende Kreisbewegung verwandelt.

Doch bleibt der Mensch weiterhin ein Wesen, das sich irren kann und das zudem die Willensfreiheit besitzt, sich des öfteren auch zugunsten des moralisch Falschen zu entscheiden.

Ferner: Die Verheerungen der kapitalistischen Vergangenheit stellen eine schwere Erblast dar, die so schnell nicht zu bewältigen ist.

Bedeutung der Kleinräumigkeit

Nicht die (gemäßigt) hierarchische Gliederung der Gesellschaft ist abzulehnen – sie ist eine Notwendigkeit und zudem unschädlich –, sondern das Großmaßstäbliche und Unübersichtliche der heutigen Gesellschaft. Dies aber ist eine Fehlentwicklung, die vor allem von der ungelösten sozialen Frage herrührt.

Sie hängt mit der leistungslosen Geld- und Machtzusammenballung bei Minderheiten zusammen. Die Gesellschaftspyramide hat deshalb in dieser Hinsicht eine unnatürlich verbreiterte Spitze und eine gefährlich schmale Basis – ein für alle unbequemer Zustand, der auf längere Frist nur durch Gewalt aufrechtzuerhalten ist.

Nur die Kleinräumigkeit, weil sie überschaubar ist, ist dem Menschen gemäß. Man erinnere sich, was uns hierzu die Herausgeber der Video-Kassette *Lernen von Ladakh* abschließend mitzuteilen hatten (2. Buchkapitel):

„Ich denke, die wichtigste Lehre aus Ladakh ist, daß die Menschen sich verbunden fühlen. Sie brauchen eine Beziehung zu dem Ort, an dem sie leben, zu der Erde unter den Füßen. Sie brauchen eine Gemeinschaft, in der sie langfristige Beziehungen zueinander aufbauen und ihre Identität entfalten können ... In der alten Kultur waren diese Beziehungen auf Grund des kleinräumigen Maßstabes des täglichen Lebens möglich. Die politischen und wirtschaftlichen Einheiten waren klein genug, damit die Menschen wirklich sahen, welche Auswirkungen ihre Handlungen auf ihre Umwelt hatten. Und, noch wichtiger, es war ihnen möglich, an den Entscheidungen, die ihr Leben betrafen, direkt teilzunehmen." Usw.

Die hier empfohlene Kleinräumigkeit ist nicht als Abtrennung und Zersplitterung zu verstehen, sondern als Wichtignehmen aus sich heraus lebensfähiger kleinerer Einheiten, die freilich mit der näheren und weiteren Umgebung vielfach vernetzt sein sollten.

Die großkapitalistisch gelenkte westliche Konzernwirtschaft mit ihrer weitreichenden Arbeitsteilung, ihren globalen Ausmaßen und dem ihr innewohnenden Ausdehnungsdrang hat nicht nur das alte Ladakh zerstört – sie hat die gleichen Schäden, wie mehrmals gezeigt, schon längst den Herkunftsorten der Konzerne zugefügt, den westlichen Ländern selber.

„Sehnsucht nach der alten Dorfgemeinschaft"

Überschaubarkeit und Kleinräumigkeit sind die wichtigsten Bedingungen wahrer Demokratie. Sie setzen, wie schon ausgeführt, wirtschaftliche Regionalisierung und andere Kleinstrukturen voraus. In Ladakh waren sie vorbildlich verwirklicht. Sie entsprechen überdies menschlichen Grundbedürfnissen.

Das wird beispielsweise aus einem Zeitungsbericht deutlich (*Remszeitung*, Schwäbisch Gmünd, 20.11.1996), in dem es, mit obiger Überschrift versehen, um den Bau eines *„Gemeinschaftshauses"* in Wustenriet, einem Teilort Schwäbisch Gmünds, geht:

„Ein schönes Beispiel für bürgerschaftliches Engagement zugunsten eines gesunden Sozialgefüges ist die Dorfgemeinschaft Wustenriet ... Ausgerechnet dort, wo Menschen in Betonburgen auf engstem Raum zusammenleben, herrscht oft die größte soziale Distanz ... Heute sind bereits 87 Haushalte mit 250 großen und kleinen Wustenrietern Mitglied dieser Gemeinschaft, die man aus sozialen und politischen Überlegungen heraus gegründet hatte ... Auch gab's und gibt's gegenüber der Stadt manches Anliegen zu vertreten. Dazu gesellte sich die schlichte Sehnsucht nach Gemeinschaft und Nachbarschaft – ein Gefühl, das in den letzten erfolgsorienierten Jahrzehnten in Stadtteilen und Gemeinden fast schon in Vergessenheit geraten war und nun vielerorts bemerkenswerte Wiedererstehung feiert ... Das Veranstaltungsprogramm des Vereins ist riesig. Noch nie war in Wustenriet soviel geboten. Und noch nie war die Gemeinschaft so lebendig ... Und innerhalb dieses Programmangebots entstehen unzählige soziale Kontakte. Die Bürger wissen wieder voneinander, können sich bei kleinen und großen Problemen helfen. Der Vereinsamung von alten Menschen wird vorgebeugt. Kinder und Jugendliche fühlen sich nicht allein gelassen. Sozialen Konflikten oder gar Kriminalität, wie sie in der Anonymität oft heranwachsen, wird bereits im weiten Vorfeld der Boden entzogen. So betrachtet leistet eine solche Dorfgemeinschaft wie in Wustenriet eine Sozial- und Zukunftsarbeit zum Nulltarif, die unbezahlbar wäre, müßte sie von der öffentlichen Hand getragen werden."

Überlegungen:

Dieser Bericht zeigt, wie notwendig für den einzelnen menschliche Gemeinschaften sind. Sie sind in einer hochindustrialisierten Gesellschaft leider schwer zu verwirklichen. Wegen deren Großräumigkeit liegen die Stätten menschlicher Tätigkeit meist weit auseinander. Berufsausübung, Essen und Trinken, Einkäufe, Freizeitbeschäftigungen, Weiterbildung usw. finden nur selten nah beisammen statt. Das wirkt gemeinschaftsauflösend. Auch politisch kann man sich hinsichtlich seines Wohnorts kaum betätigen, werden doch die maßgeblichen Beschlüsse zu allen Lebensbereichen meist weit entfernt gefaßt. Die persönliche Einflußnahme ist so gut wie ausgeschlossen. Selbst der Entscheidungsbereich eines Gemeinderats ist eng begrenzt, schon allein in finanzieller Hinsicht.

Initiativen wie in Wustenriet sind selten genug und beschränken sich im allgemeinen auf Nächstliegendes wie die soziale Fürsorge.

Wirklich lebendige soziale und demokratische Gemeinschaften setzen eine Rückverlagerung möglichst vieler wirtschaftlicher und politischer

Vorgänge in den Nahbereich voraus. Nur so kann sich auf die Dauer tätiger Gemeinsinn entwickeln. Freilich entsteht dann ein gewisser Zwang, sich um Gemeinschaftsbelange zu kümmern. Doch vor allem aus dieser Notwendigkeit heraus erwachsen echte Gemeinschaften. Und nur so gewinnen Menschen die Möglichkeit wahrer Selbstbestimmung und Selbstverantwortung zurück – wie das einst in Ladakh der Fall war.

Die Wiedererstehung wahrer demokratischer und sozialer Gemeinschaften bedingt jedoch die Lösung der sozialen Grundfrage, d. h. die Überwindung des Geld- und Bodenunrechts.

Bessere Handlungsfähigkeit

Überhaupt sind nur durch solche Rückverlagerungen der Verantwortung die großen Herausforderungen unserer Zeit zu bewältigen.

Heute überläßt man die Befassung damit fernen Politikern und verschließt die Augen davor, daß diese in den meisten Fällen nicht in der Lage sind, sie zu lösen; im Gegenteil, sie verschleppen sie meist, wodurch alles noch schlimmer wird.

Man nehme das Beispiel der Trinkwasserverseuchung durch Industrie und Landwirtschaft: Hier sind die Politiker weder willens noch imstande, die Grundursachen abzustellen, können also auch vor Ort nicht helfen. Bestenfalls bemühen sie sich, über Fernleitungen noch unverschmutzten Nachschub herbeizuschaffen.

Die unaufhaltsame Zerstörung der Lebensgrundlagen hat in solchen Fehlentscheidungen eine ihrer Hauptursachen.

Eine wirtschaftlich weitgehend auf sich gestellte und selbstverantwortliche Gemeinde wäre hier weit handlungsfähiger. Zudem wäre sie gezwungen, etwas zu unternehmen, weil sie zuallererst die Folgen zu spüren bekommt und niemand anders zur Hilfe bereitsteht.

BUND und Bahro

Angesichts der zunehmenden Zentralisierung der wirtschaftlichen und politischen Entscheidungen – Stichworte hierfür sind Globalisierung, EU, WTO, internationales Finanzsystem, Weltbank usw. – werden die Stimmen immer lauter, die eine **Rückkehr zu lokalen und regionalen Wirtschaftskreisläufen** verlangen.

Der *BUND* beispielsweise legt das Schwergewicht seiner Arbeit inzwischen auf die *„nachhaltige Entwicklung der Kommunen“*, wobei er sich vor allem auf das Buch *Zukunftsfähiges Deutschland* beruft. Es wurden daraus schon Auszüge gebracht. Der *BUND* bezieht sich dabei auch auf die *„Lokale Agenda“*, ein Kapitel der *Agenda 21*, des Abschlußdokuments der UN-Konferenz über Umwelt und Entwicklung in Rio de Janeiro 1992.

Freilich wird solchen Bemühungen wenig Erfolg beschieden sein, solange man nicht die tieferen Ursachen des wirtschaftlichen Wachtumsdranges und der sozialen Ungerechtigkeiten angeht.

Beachtenswert sind in diesem Zusammenhang einige Erkenntnisse, zu denen der bekannte DDR- und SED-Kritiker Rudolf Bahro in seinen letzten Lebensjahren gelangt ist. Ein Nachruf anläßlich seines Todes am 5. Dezember 1997 nahm darauf Bezug:

Bahro habe geschrieben: *„Wenn wir das Abenteuer der menschlichen Existenz nicht vorzeitig beenden ... wollen, dürfen wir auf dieser endlichen Erde nicht länger einen* ***schrankenlos expansiven Lebensstil*** *pflegen."* Denn im Moment kuriere man an Symptomen herum, nehme sich aber nicht der Ursachen an, nicht der in seinen Augen dringend notwendigen *„Lebensreform, die wesenhaft auf* ***Selbstbegrenzung*** *und die entsprechende* ***nachhaltige Kreislaufwirtschaft*** *hingeordnet"* sein müßte. Ziel sei eine **Subsistenzwirtschaft,** weil sie sich durch *„einfache statt erweiterte Reproduktion der materiellen Existenzgrundlage"* auszeichne. Zudem müßten alle Einheiten ***„von überschaubarer Größe"*** sein und sich im wesentlichen *„auf* ***unmittelbare Kommunikation zwischen den Menschen*** *gründen"*. An der Basis sollte soziales Leben wieder ermöglicht werden, denn auch nur dort seien *„echte Autorität und herrschaftsfreier Umgang miteinander vereinbar"*. **Sein Lob galt den kleinen Einheiten, der persönliche Umgang des Menschen mit dem Menschen war für ihn allein erstrebenswert.** Nur so sei die gegenwärtige Distanz der Menschen zu ihrer Umwelt überwindbar. (Zitiert nach *Junge Freiheit*, 19.12.1997)

Zur Beachtung:

Man kann Bahro freudig zustimmen, doch stößt man auch hier auf die Vorstellung, daß der *„schrankenlos expansive Lebensstil"* und die Rücksichtslosigkeit der Menschen untereinander und gegenüber der Natur lediglich die Folge falscher Denkweisen sei und sich durch einen bloßen Gesinnungswandel beheben lasse. Nichts ist verkehrter als das!

Mahatma Gandhi über Demokratie

„Wahre Demokratie kann nicht von zwanzig Personen an der Spitze der Regierung vertreten werden. Wahre Demokratie muß von unten her ausgeübt werden, durch die Einwohner jedes einzelnen Dorfes." (*Gedanken von Mahatma Gandhi*, hrsg. v. Mira Behn, Sensenverlag Wien, 1962, S. 20)

Föderaler Gesellschaftsaufbau

Im Gleichschritt mit der zunehmenden Vermögenskonzentration in immer weniger Händen konzentriert sich die politische Macht bei immer weniger Leuten und in immer weiterer Entfernung vom Bürger. Die Länder in Deutschland haben einen großen Teil ihrer Befugnisse – wirtschaftlichen Erfordernissen nachgebend – an den Bund abgetreten, und dieser hat seine Souveränitätsrechte zunehmend nach Brüssel überreicht.

Kann man da noch von Demokratie – gleich Volksherrschaft – reden?

Umgekehrt sollte es sein: Der politische Machtaufbau müßte einer Pyramide gleichen und auf einer breiten Grundlage ruhen. Die Macht sollte vor allem bei den Gemeinden und Regionen liegen und nur so weit nach oben abgegeben werden, wie übergeordnete Aufgaben es verlangen.

Die heutige Kapitalzusammenballung in den oberen Etagen läßt eine solch demokratische Machtverteilung aber nicht zu.

Voraussetzung wäre aber eine breite, natürlich entstandene Vermögensstreuung – nach Ausschaltung leistungsloser Einkünfte. Dann wäre ein unverfälscht föderaler Staatsaufbau möglich, der diesen Namen wirklich verdient. Nur auf solche Weise kann sich auch eine gedeihliche europäische Völkergemeinschaft herausbilden, die ihrerseits Teil eines Weltbundes der Völker wäre. Dann hätte man die richtige Mischung aus Kommunalismus, Regionalismus, Nationalismus und Internationalismus.

Staatspolitisch ginge es darum, aus einer Bevölkerungsmasse einen gegliederten Organismus erstehen zu lassen, dessen Teile – einzelne, Familien, Sippen, Siedlungsgemeinschaften, sonstige Gruppen, Stämme und schließlich Völker – wieder mehr oder weniger über sich selbst bestimmen können. Dann ließen sich die Ideen der Föderalisten zur Schaffung eines echten Volksstaates, einer wahren Demokratie verwirklichen. Constantin Frantz, der Widersacher Bismarcks, sei hier genannt; ferner Artur Mahraun, der hitlergegnerisch und zugleich patriotisch war; auf Rudolf Kinsky sei verwiesen, der in unserer Zeit lebte und einer der wenigen Soziologen war, die die Bedeutung der Geld- und Bodenfrage begriffen hatten. In sein Hauptwerk *Der Staat der Zukunft. Ein Staat auf naturgesetzlicher Grundlage* (1969) arbeitete er sie mit ein.

Rolle der Familie

Keine Gesellschaft ist gesund, wenn ihre Keimzelle, die Familie, beschädigt ist. Leider ist das in den Industriestaaten, nicht zuletzt in Deutschland, immer häufiger der Fall.

„Erschrocken" zeigte sich 1997 die Familienministerin Claudia Nolte, als sie das Ergebnis einer von ihr in Auftrag gegeben Studie in Händen hielt und daraus erfuhr: Die traditionelle Familie zerbricht. Für Soziologen ist das *„Folge der offenbar unaufhaltsamen Individualisierung der Industriegesellschaft ... In den Städten ist die klassische Kernfamilie – Mutter, Vater, Kind – besonders oft gesprengt worden. In jeder dritten Familie fehlt entweder Vater oder Mutter – oder einer von beiden hat einen neuen Lebenspartner."* (*Spiegel*, 46/1997)

Leider dürfte es sich hier weniger um neue oder gar fortschrittliche Formen des Zusammenlebens handeln, sondern eher um Zersetzungserscheinungen, ausgelöst hauptsächlich vom Kapitalismus.

So sieht das offensichtlich auch Marian Offmann, Vorstandsmitglied der Israelitischen Kultusgemeinde München, wenn er in der *Allgemeinen Jüdischen Wochenzeitung* (vom 22.1.1998) schreibt:

„Der sich abzeichnende Verfall unseres Wertesystems hat zu einem gewaltigen Schaden an unseren Seelen geführt – mit einer ungleich größeren Dramatik als die Umweltverschmutzung. Ein unendliches Heer von vereinsamten Menschen, von psychosomatisch Erkrankten und Hoffnungslosen belegt dies überdeutlich. In den Großstädten gibt es mehr Single-Haushalte als Familien. Doch allein die Familie überwindet die Einsamkeit. Sie steht für Zuflucht, Geborgenheit und menschliche Wärme. ***Und in ihr wird erlernt, was unsere bürgerliche Gesellschaft ausmacht. Es ist die Verantwortung untereinander, zwischen Kindern und Eltern und umgekehrt.***

Die Familie ist Bezugspunkt konservativer Politik und auch eine Säule jüdischen Lebens. Jüdisches Leben wiederum ist durchdrungen vom Glauben."

Ohne die *„Säule"* unversehrter Familiengemeinschaften und Sippenverbände kann eine Demokratie nicht gedeihen.

Sie zerbirst aber unausweichlich unter den Einwirkungen der kapitalistischen Industriegesellschaft.

Umgekehrt ist eine Gesellschaft noch lebensfähig, auch wenn die staatliche Ordnung zusammengebrochen ist, sofern die *„Säulen"* Familie und Sippenverband heil geblieben sind. Beides trifft z. B. auf Pakistan zu, das wegen *„Korruption, Gewalt und Verelendung"* am *„Abgrund"* steht (*Spiegel*, 5/1997). 1997 kandidierte dort der 44jährige *„Seiteneinsteiger"* und *„Ex-Sportler"* Imran Khan, vorerst vergeblich, für das Amt des Ministerpräsidenten. Im Gespräch mit dem *Spiegel* hob er die Familie als entscheidendes gesellschaftliches Ordnungselement hervor:

„In der gesamten moslemischen Welt ist die Familie intakt geblieben. ***Sie ist das einzige, was die pakistanische Gesellschaft zusammengehalten hat.*** *Wir haben keine Gesetze, keine Ordnung, keine Institutionen, keine Sozialversicherung und eigentlich auch keine Regierung. Aber die Familie zwingt die Menschen zu einer gewissen Disziplin.* ***Wenn dieses Land noch nicht in schierer Anarchie versank, so deshalb."***

Solschenizyn zum Thema Demokratie

Von unten her und föderal muß ein Gemeinwesen aufgebaut sein, beginnend bei der Gemeinde und endend bei der Bundesregierung, deren Entscheidungsbefugnisse sich dementsprechend auf weit weniger Bereiche erstrecken, hier aber voll durchsetzbar sind. So sieht das auch Alexander Solschenizyn, der *„unerbittliche Prophet Rußlands"*, wie das aus einem *Spiegel*-Gespräch erhellt (44/1994):

„Solschenizyn: *... Nach gründlichem Überlegen kommt man zu dem Schluß, ein Land wie Rußland, so riesig und geographisch so mannigfaltig, mit den unterschiedlichsten Religionen und Nationalitäten, mit einem so komplizierten Verkehrsnetz, braucht in der Tat eine starke Zentralmacht ... Daher glaube ich, die wahre Lösung für Rußland liegt gegenwärtig in einer vernünftigen Verbindung der mehr oder weniger etablierten Zentralmacht, die von einer starken Präsidentenmacht ausgeht, mit der lokalen Selbstverwaltung.* ***Das Wichtigste, was heute in Rußland fehlt, ist eine aktive, echte Gemeinde, die an der Wurzel beginnt, ganz unten, die langsam nach oben wächst.*** *Diese beiden Mächte müssen sich wechselseitig kontrollieren, so daß wirklich das Volk Herr über das eigene Schicksal sein kann. Anders läßt sich Demokratie nicht aufbauen.*

Spiegel: *Das erinnert an die Reformen des Zaren Alexander II., der eine lokale Selbstverwaltung einführte, die 'Semstwo'.*

Solschenizyn: *Sie haben den Punkt getroffen. 'Semstwo' ist ein alter russischer Begriff, der jahrhundertelang die Mitwirkung unseres Volkes verkörperte, besonders in der 'Zeit der Wirren' zu Anfang des 17. Jahrhunderts, als es keinen Zaren gab und die Bojaren auseinandergelaufen waren. Ausländer drangen nach Moskau vor und hatten halb Rußland schon in der Hand.*

Spiegel: *Die Zeit der Wirren währte 15 Jahre und scheint nun wiederzukehren.*

Solschenizyn*: Damals entstand die* ***Semstwo****-Bewegung, eine Initiative von unten. Von einer Siedlung zur anderen, von einer Stadt zur anderen wurden jeweils Vertreter entsandt. Der ganze Norden Rußlands, das 'Pomorje', schloß sich zusammen, stellte eine Landwehr auf, verjagte die Polen aus Moskau und errichtete eine neue Staatsordnung. Unter dem Zaren Michail Fjodorowitsch, dem ersten Romanow, wurden regelmäßig Semstwo-Sitzungen einberufen: eine Vertretung des ganzen Volkes, die der Zar nicht ignorieren konnte."*

Aus einem Grünen-Programm

Nun könnte man einwenden, daß das, was sich Solschenizyn mit der *„lokalen Selbstverwaltung"* für Rußland erhofft, in Deutschland schon längst gegeben sei. Das ist insoweit richtig, als sich die Gemeinden hierzulande in der Tat einer größeren Selbstverwaltung erfreuen als anderswo. Doch war diese seit jeher – im kapitalistischen Umfeld – auf wenige lokale Angelegenheiten beschränkt und ist zweitens im Laufe der Zeit – bei immer größer werdenden Strukturen – immer mehr ausgehöhlt worden.

Beachtenswert ist hier eine Programmaussage der Grünen zur Landtagswahl in Baden-Württemberg im Jahr 1984, also aus ihrer Anfangszeit, als sie noch eine größere Gedankenbreite zuließen:

„Dezentralisation statt entfremdeter Zentralverwaltung!

Die große Kreis- und Gemeindereform hat den Menschen gezeigt, wohin der politische Kurs gerichtet ist: Zentralisierung heißt das Ziel der CDU und nicht Bürgernähe!

Je weiter aber die Verwaltung von Bürgerinnen und Bürgern entfernt ist, desto geringer sind ihre Einflußmöglichkeiten, desto unverständlicher und undurchdringlicher sind Strukturen und Hierarchien. Der Mensch fühlt sich zurecht nur noch verwaltet und von der Gestaltung seines direkten Umfeldes ausgeschlossen. Projekte werden gegen den Willen der betroffenen Bevölkerung und ohne Berücksichtigung gewachsener Strukturen durchgesetzt ...

Die Grünen fordern die Direktwahl von Bezirksbeiräten sowie die Kompetenzerweiterung einschließlich Haushaltsrecht für Ortschafts- und Bezirksbeiräte. Die Grünen setzen sich ein für den Erhalt dezentraler Infrastrukturen (Schulen, Postämter, Krankenhäuser, Verkehrssysteme).

Politische Entscheidungssysteme sind auf die jeweils niedrigst mögliche Ebene zu verlagern. ***Insbesondere die Kompetenz der Kommunen muß in rechtlicher und finanzieller Hinsicht gestärkt werden.***

Durch die Vielfalt der sogenannten Gemeinschaftsaufgaben zerstören Land und Bund den Entscheidungsspielraum der Gemeinden. Dabei werden durch eine strenge Zuschußpolitik Investitionen und Modelleinrichtngen festgelegt. Die Grünen treten für eine massive Einschränkng der Gemeinschaftsaufgaben bei gleichzeitiger Erhöhung des Steueranteils der Kommunen ein."

Anmerkung:

Wie die Grünen unter Joschka Fischer sich gewandelt haben! Inzwischen bekennen sie sich vorbehaltos zur EU (und Schlimmerem!) und nehmen damit in Kauf, daß der *„Entscheidungsspielraum"* der *„Ebene"* Nation *„zerstört"* wird. Sie sind also von der Einsicht abgekommen, daß *„politische Entscheidungssysteme ... auf die jeweils niedrigst mögliche Ebene zu verlagern"* sei.

Doch wenn man heutzutage mitregieren will, muß man seinen basisdemokratischen Überzeugungen von einst unvermeidlich abschwören und sich den realpolitischen Zwängen fügen. Denn die konzernkapitalistische Wirklichkeit zeigt sich so: Die kleinräumigen Verhältnisse von einst – freie Bauern, selbständige Handwerker, überlebensfähige Kleinindustrielle, örtlicher Kleinhandel – sind weitgehend beseitigt. Damit fehlen die Grundvoraussetzungen für lokale Selbständigkeit und Selbstverwaltung: **Wenn die wichtigen Entscheidungen in fernen Konzernzentralen fallen, gibt es lokal nicht mehr viel zu tun.**

Solschenizyn zur Bodenfrage

Basisdemokratische Mitbestimmung setzt dezentrale Wirtschaftsstrukturen voraus. Aber die gibt es heute kaum mehr.

Will man sie wiedererstehen lassen, muß man dafür sorgen, daß die Hauptquellen versiegen, die zu leistungslosen Vermögensanhäufungen bei einigen wenigen führen.

Wie aus dem vorerwähnten *Spiegel*-Gespräch (44/1994) hervorgeht, kommt Solschenizyn solchen Einsichten sehr nahe. Er weiß auch um die entscheidende Bedeutung der Bodenfrage:

„Ich bin kein Wirtschaftsfachmann und werde keine grundsätzlichen Lösungen vorschlagen. Was mich besonders besorgt macht, ist das geplante Gesetz über Grund und Boden, das durch ein Wunder erst einmal gestoppt worden ist. Beabsichtigt war der freie Kauf und Verkauf durch Versteigerung von Grundstücken, wobei nicht einmal die landwirtschaftliche Nutzung dieses Bodens kontrolliert werden sollte. Das würde Rußland vernichten ... ***Boden ist keine gewöhnliche Ware.*** *Niemand, der bäuerliche Arbeit leisten kann, hat heute das Geld, um Boden zu kaufen. Bei einer Versteigerung werden dieselben Leute das Land kaufen, die mit Produktion noch nichts zu tun hatten, aber auf ihre Gaunerart zu Geld gekommen sind. Die werden Lohnbetriebe einrichten, wir werden zu einer Art Leibeigenschaft zurückkehren oder zur Tagelöhnerwirtschaft."*

Solschenizyn weist zu Recht darauf hin, daß bei einer fehlerhaften Bodenordnung *„Rußland vernichtet"* würde. Seine weiteren Hinweise kommen der richtigen Lösung dieses Fragenkreises sehr nahe. Sie zielen darauf ab zu verhindern, daß der Boden lediglich zum Zwecke der Bereicherung und zur Ausbeutung anderer erworben wird. Man müsse den Nachkommen der von den Kommunisten enteigneten Bauern das Land *„unentgeltlich"* zurückgeben. Die Landwirtschaft sei aber eine *„hohe Kunst"*. Wer sich dafür eigne, sollte die Möglichkeit erhalten, an Grund und Boden zu kommen: *„Dafür müssen als erstes Agrarbanken geschaffen werden, die den Boden verkaufen oder in Erbpacht übergeben. Mit langfristigen Krediten, zu geringen Zinsen." „Agrarkomitees"* hätten darüber zu wachen, daß eine *„effektive und ökologisch vertretbare Nutzung des Bodens"* stattfinde.

Die Marktwirtschaft definiert Solschenizyn – sehr treffend – folgendermaßen: *„Marktwirtschaft heißt, daß sich Angebot und Nachfrage gegenseitig regeln."* So aber laufe das in Rußland gegenwärtig nicht ab. Die Preise würden ganz willkürlich festgesetzt. Solschenizyn fährt dann fort: ***„Freie Marktwirtschaft hatten wir schon einige Jahrzehnte vor der Revolution.*** *Das hat wunderbar funktioniert. Nun sagt man uns, wir sollten das vom Westen übernehmen. Wir müssen nichts übernehmen, wir hatten das. Aber wenn die Produk-*

tion abgewürgt wird, dann kann man keine Werte schaffen. Wir haben am falschen Ende angefangen: Bei uns wurden die Preise freigegeben – in einer monopolistisch gestalteten Umwelt, ohne Konkurrenz. Der Ratschlag vom Internationalen Währungsfonds war absolut unangemessen: Den Monopolbetrieben wurde gesagt, sie könnten die Preise so steigern, wie sie wollen, und das taten sie, um das Fünffache, das Zwanzigfache, Tausendfache."

Zukunftsbild

Erst nach Überwindung der Plutokratie, der absolutistischen Macht des Geldes mit seinen demokratiefeindlichen Einflußmöglichkeiten, d. h. erst nach Abbau der Kapitalballungen und erst beim Vorhandensein einer großen Zahl freier, unabhängiger und selbstverantwortlicher Bürger kann sich ein freies Gemeinwesen, ein Volksstaat, eine echte Demokratie entwickeln.

Die Voraussetzung dafür ist die Durchführung der vorgeschlagenen Reformen des Geld- und des Bodenrechts, weil sie erst die ungesunden Kapitalballungen zum Abschmelzen bringen und das leistungslose Einkommen beseitigen. Ohne diese beiden grundlegenden Veränderungen ist also – das ergibt sich aus den vorhergegangenen Überlegungen – der Aufbau eines Staatswesens, das nicht mehr tyrannischer Selbstzweck, sondern zweckmäßiges Hilfsmittel ist, unmöglich.

Erst dann wächst eine Garde selbstbewußter, wirtschaftlich unabhängiger und freiheitsliebender Bürger heran. Sie sind es jetzt, denen – gemäß Artikel 20, 2 des *Grundgesetzes*: *„Alle Staatsgewalt geht vom Volke aus"* – der politische Wille entsteigt, und nicht mehr irgendwelchen Dunkelmännern eines anonymen, unverantwortlichen, hab- und machtgierigen Großkapitals. Und eine Großmacht Medien, die sich aus solchen Quellen finanziert, gibt es dann auch nicht mehr.

Dieser Volkswille wird sich bereits in der allernächsten politischen Umgebung, in der Gemeinde, bemerkbar machen. Diese ist ohnehin, zugleich mit der nachkapitalistischen Dezentralisation und Demonopolisierung der Wirtschaft, kleinräumiger und überschaubarer geworden. Man holt sich dorthin viele politische Recht zurück, die im Laufe der Jahrzehnte und Jahrhunderte verlorengegangen sind.

Was darunter verstanden werden kann, erhellt – teilweise – aus dem bereits besprochenen Auszug aus einem früheren Grünen-Programm.

In der Zeit des Nachkapitalismus werden sich die Millionenstädte, Spiegelbild des kapitalistischen Akkumulationsdranges, allmählich wieder auflösen, so allmählich, wie sie entstanden sind (wobei aber so manche Länder feststellen werden, daß sie restlos übervölkert sind). Die kleiner gewordenen Städte werden wieder überschaubarer.

Mahrauns Demokratiebegriff

Der föderalistische Denker Artur Mahraun hatte recht genaue Vorstellungen davon, wie die Demokratie der Zukunft aussehen könnte.

Nach seinen Vorschlägen sind alle größeren Gemeinden in sehr kleine Abstimmungs- und Verwaltungsbezirke zu gliedern. Daraus könnten sich dann lebendige Gemeinschaften – *„Nachbarschaften"* – entwickeln. Weil die Menschen dort tagtäglich miteinander zu tun haben, kennten sie sich sehr gut. Steht nun eine Wahl an, werde sie zu einer *„mitverantwortlichen Prüfung der Eigenschaften des zu Wählenden"* (Mahraun: *Jungdeutsches Manifest*, S. 69). Was unter einer Nachbarschaft zu verstehen sei, beschrieb Mahraun so:

„Die Nachbarschaft als eine politische Körperschaft ist durchaus keine Neuerscheinung in der Geschichte. Sie hat ihre Vorbilder in der Agora der griechischen Stadtstaaten und im Thingplatz der germanischen Staatsordnung ... Die verantwortlichen Staatsbürger versammelten sich auf dem Marktplatz, der Agora, zur Volksversammlung. Diese Volksversammlung war so lange ein Gegenstück zu der für den Volksstaat geforderten Nachbarschaft, solange die Volksversammlung den Gesetzen der Gemeinschaft unterworfen war. Die auf dem Marktplatz vereinten Staatsbürger waren sich gegenseitig bekannt. Ihr Handeln war den Gesetzen der Verantwortung unterworfen. Auge in Auge mit den gewählten Führern rechtete die Staatsbürgerschaft über die Führung des Staates. Als bei zunehmender Bevölkerungsziffer die Volksversammlung zur Masse wurde, gewann die Demagogie die Oberherrschaft. Hiermit begann der Niedergang der Staaten.

Ihre Geschichte ist ein Beweis dafür, daß die Grenzen der Demokratie dort liegen, wo der Gemeinschaftsbegriff des Volkes aufhört und die Masse beginnt." (*Jungdeutsches Manifest*, S. 105)

Wie können nun in einem Millionenvolk solche *„Thing"*-Versammlungen durchgeführt werden? Wenn im folgenden Mahrauns Antwort auf diese Frage abgedruckt wird, dann mit dem Vorbehalt, man möge nicht an einem Sprachgebrauch Anstoß nehmen, der in der Weimarer Zeit allgemein üblich war. Mahrauns Vorschlag:

„Für ein Volk, welches mehrere Millionen Wähler mit staatsbürgerlichen Grundrechten ausstatten will, kommt die ursprüngliche Volksversammlung nicht in Frage ... Es ist also ein ganz natürliches Gebot, statt eines Thingplatzes soviel Thingplätze zu organisieren, daß auf jedem einzelnen die Grundforderung nach Gemeinschaft erfüllt ist. Die Nachbarschaften sind also die Thingplätze des Volksstaates. Sie sind die Erfüllung des Gebotes der Dezentralisation. Die im Reichsinteresse notwendige Zentralisation ist eine Frage der Führerschaft." (*Jungdeutsches Manifest*, S. 106f.)

Kritische Anmerkung:

Unerläßliche Voraussetzung der Aufgliederung eines Millionenvolkes in lauter kleine, dezentrale, sich weitgehend selber verwaltende *„Nachbarschaften"* – die dann natürlich im *„Reichsinteresse"* wieder zu größeren Einheiten zusammengefaßt werden müssen – ist aber die Überwindung des Konzernkapitalismus. Unter der Herrschaft des Zinsgeldes besteht nämlich die zentralistische Sogwirkung fort, so daß überschaubare Gemeinden mit echtem wirtschaftlich-politischem Eigenleben – Mahraunsche *„Nachbarschaften"* – gar nicht erwachsen könnten.

Wie sieht die heutige Wirklichkeit aus?

In genauer Entsprechung zur kapitalistischen Spezialisierung bzw. Ausgliederung sind die wichtigsten menschlichen Betätigungen – Berufsausübung, Einkäufe, Arzt- und Ämterbesuche, Bildung, Freizeitbeschäftigungen – auf viele entlegene Orte verteilt, zwischen denen die Menschen in ihren Kraftfahrzeugen alltäglich hin- und herfluten. So können sich in den Bezirken, wo man wohnt, d. h. schläft und bestenfalls die Abende und Wochenenden verbringt, keine lebendigen *„Nachbarschaften"* entfalten.

Der Wohnort hat deshalb im Regelfall kein wirtschaftliches Eigenleben mehr, selbst wenn man ihn zu einer Mahraunschen *„Nachbarschaft"* erklären sollte. Er ist auch verwaltungstechnisch, juristisch-gerichtlich, politisch, kulturell usw. weitgehend ferngesteuert, fremdbestimmt. Hier stehen ja kaum mehr Dinge von Wichtigkeit zur Entscheidung an. Wozu also Bürgerversammlungen abhalten?

Einer Siedlung, einem Stadtteil, einem Dorf unter solchen Voraussetzungen gesellschaftlich-politisches Leben einhauchen zu wollen, ist so gut wie unmöglich.

Erst wenn der zur Zentralisation zwingende Konzernkapitalismus überwunden, d. h. die vorgeschlagene Reform des Geld- und Bodenrechts durchgeführt ist, erst wenn die krankhaften Kapitalballungen sich aufzulösen beginnen und der natürliche und gesunde Zustand eintritt, daß überall kleine und mittelgroße Unternehmen das Bild bestimmen, erst dann sind die materiellen Voraussetzungen für die Entstehung lebendiger Nachbarschaften gegeben.

„Führerschaft" statt bürokratischer Verwaltung

Nicht uninteressant ist, wie Mahraun sich das Verhältnis zwischen dem aus einer Nachbarschaftswahl hervorgegangenen politischen *„Führer"* und seiner Wählerschaft vorstellt. Darüber läßt er sich – in der Sprache der Weimarer Zeit – folgendermaßen aus:

„Der in der Gemeinschaft entstandene Führer ist gezwungen, sich durch die Macht seiner Persönlichkeit vor seiner Gemeinschaft zu behaupten ... Er muß danach trachten, durch eine liebevolle, gerechte, peinliche und fürsorg-

liche Tätigkeit tiefinnerliche Bindungen zwischen sich und den Seinen herzustellen ... Der Führer einer Gemeinschaft von Staatsbürgern muß seine Macht auf höhere sittliche Werte gründen. Er bedarf höherer Fähigkeiten, um seiner Tätigkeit gerecht zu werden. Wo es ihm gelingt, mit diesem Staatsbürgertum innerlich verbunden zu werden und auf dieser Bindung seine Macht aufzubauen, löst er politische Kräfte aus, welche weit über den Rahmen der Pflichttreue ehrbarer Untertanen hinweggehen ...

Für das deutsche Volk hat der Begriff Staat eine besondere Prägung angenommen. Die Berührung mit den Einrichtungen des modernen Staates drängt dem gewöhnlichen Staatsbürger die Überzeugung auf, daß er nur eine Nummer in der Masse ist, für welche die Staatseinrichtung zu sorgen hat ... In den Großstädten aber stellt sich der Staat dem einzelnen Bürger nur in Form von großen Geschäftszimmern oder Verwaltungsgebäuden dar ... Hierdurch ist in den weitesten Volkskreisen eine Gleichgültigkeit gegenüber dem Staat entstanden, die sich vielfach zur Staatsfeindlichkeit entwickelt. Der Staat muß da sein, aber man liebt ihn nicht.

Wenn wir in jene Zeiten deutscher Vergangenheit zurückblicken ... Der Vertreter jenes alten Staates war dem damaligen Staatsbürger kein Fremder. Ausgestattet mit Befugnissen der Rechtspflege, Schirmherr von Leben und Eigentum, ja selbst der Ehre der ihm anvertrauten Volksgenossen, war er eine Persönlichkeit, die mit jedem Einzelnen eng verbunden war.

Die jungdeutsche Auffassung vom Volksstaat strebt nach der inneren Verbindung zwischen dem Vertreter des Staates und den ihm anvertrauten Staatsbürgern zurück.“ (*Jungdeutsches Manifest*, S. 121f.)

Nachsatz:
Unabdingbare Voraussetzung für die Verwirklichung eines solchen Vertrauensverhältnisses zwischen Staatsbürgern und ihren politischen Vertretern ist aber an erster Stelle die Überwindung des Kapitalismus mit seinen Zentralisationszwängen.

Götzens und Goethes Staatsauffassung

Obige Ausführungen Mahrauns mögen auf den heutigen Leser, der den Staat in der Tat nur als anonyme Behörde kennt, ungewöhnlich und fremdartig wirken. Doch bereits der junge Goethe muß das Gefühl gehabt haben, daß das Verhältnis zwischen Staatsmacht und Bürger gestört sei. Sonst hätte er in seinem Bühnenstück *Götz von Berlichingen* den in seiner Burg Jagsthausen von seinen Feinden belagerten Reichsritter *„mit der eisernen Hand“* nicht so reden lassen:

*„**Götz:** Es lebe die Freiheit!*
***Alle:** Es lebe die Freiheit!*

Götz: *Und wenn die uns überlebt, können wir ruhig sterben ... Hab ich nicht unter den Fürsten treffliche Menschen gekannt, und sollte das Geschlecht ausgestorben sein? Gute Menschen, die in sich und ihren Untertanen glücklich waren; die einen edeln freien Nachbar neben sich leiden konnten und ihn weder fürchteten noch beneideten; denen das Herz aufging, wenn sie viel ihresgleichen bei sich zu Tisch sahen und nicht erst die Ritter zu Hofschranzen umzuschaffen brauchten, um mit ihnen zu leben.*

Georg [Götzens treuer Knappe]*: Habt Ihr solche Herren gekannt?*

Götz: *Wohl. Ich erinnere mich zeitlebens, wie der Landgraf von Hanau eine Jagd gab und die Fürsten und Herrn, die zugegen waren, unter freiem Himmel speisten und das Landvolk all herbeilief, sie zu sehen. Das war keine Maskerade, die er sich selbst zu Ehren angestellt hatte. Aber die vollen runden Köpfe der Bursche und Mädel, die roten Backen alle, und die wohlhäbigen Männer und stattlichen Greise, und alles fröhliche Gesichter, und wie sie teilnahmen an der Herrlichkeit ihres Herrn, der auf Gottes Erdboden unter ihnen sich ergetzte!*

Georg*: Das war ein Herr, vollkommen wie Ihr!*

Götz: *Sollten wir nicht hoffen, daß mehr solcher Fürsten auf einmal herrschen können? daß Verehrung des Kaisers, Fried und Freundschaft der Nachbarn und Lieb der Untertanen der kostbarste Familienschatz sein wird, der auf Enkel und Urenkel erbt? Jeder würde das Seinige erhalten und in sich vermehren, statt daß sie jetzo nicht zuzunehmen glauben, wenn sie nicht andere verderben."*

Einige Erläuterungen:

Goethe stellt seinen Helden als einen Mann vor, der sich Verhältnisse zurückwünscht wie einst, als Fürsten und Volk noch mehr im Einklang miteinander lebten. Der Dichter hielt sich dabei eng an seine Vorlage, Götzens eigene Lebensbeschreibung, welche dieser von 1557 ab verfaßte hatte.

Was aber hat die genannte Entfremdung herbeigeführt? Sie steht in engem Zusammenhang mit der **Übernahme des römischen Rechts,** die im Spätmittelalter einsetzte und welche (gemäß Goethes Darstellung) zu Lebzeiten Götzens – und Martin Luthers – in vollem Gang war. Beim *Corpus iuris civilis* handelt es sich um eine Hinterlassenschaft des Kaisers Justinian, der im sechsten Jahrhundert auf dem oströmischen Thron saß. Vor allem die Landesfürsten und Bischöfe waren ihr zugetan, weil sie ihre Macht vergrößerte. Verlierer waren die Reichsritter, die Städte, das Volk insgesamt, aber auch der Kaiser und das Reich. Der Zerfall der Reichseinheit setzte sich fort. An die Stelle der jahrhundertealten deutschen Rechtsüberlieferung traten umfängliche Gesetzbücher aus einer fernen Epoche. Die Rechtsprechung fiel einem volksfremden Gelehrtenstand, den Juristen, anheim. Das alles wird in der Dichtung breit geschildert.

Auch der schicksalhafte Bauernkrieg ist szenisch vergegenwärtigt.

Bereits der junge Goethe befaßte sich also in dieser Sturm-und-Drang-Dichtung mit den Hauptursachen der ungelösten sozialen Frage.

Die **Bodenthematik** klingt an. Die Einführung des römischen Bodenrechts hatte verheerende Auswirkungen. Es dürfte der entscheidende Grund für den Ausbruch der Bauernunruhen gewesen sein. Die weltlichen und geistlichen Landesherren bedienten sich seiner, um das freie Land – die Allmende –, welches die Bauern bis dahin gemeinschaftlich genutzt hatten, mit Beschlag zu belegen. Die Empörung darüber fand auch in den berühmten *Zwölf Artikeln* des *Bundschuh* ihren Niederschlag. Artikel 4 lautete: *„Der arme Mann soll wieder Gewalt haben über Wildbret, Geflügel und die Fische, die im fließenden Wasser sind. Wer nicht genugsam beweisen kann, daß er sein Fischwasser gekauft hat, soll es der Gemeinde zurückgeben."* Art. 5: *„Alle Waldungen, welche Geistliche und Weltliche nicht erkauft, sondern sich willkürlich angeeignet haben, sollen wieder der Gemeinde zurückfallen. Jedem Mann in der Gemeinde soll es freistehen, sich Holz zum Zimmern und Brennen aus dem Wald zu nehmen, jedoch nur mit Wissen derer, die von der Gemeinde zur Aufsicht erwählt wurden."* Art. 10: *„Wiesen und Äcker, die vormals der Gemeinde gehörten, sollen wieder an die Gemeinde zurückgegeben werden."*

Glückliche Brakteatenzeit

Wenn Götz von dem einstmals *„wohlhäbigen"* und *„fröhlich"* gestimmten *„Landvolk"* spricht, wenn er ein Zukunftsbild zeichnet, wo *„Verehrung des Kaisers"* und *„Fried und Freundschaft der Nachbarn"* bestimmend sind, so tut er das möglicherweise aus der Erinnerung an eine Zeit, die diesem Wunschtraum sehr nahe gekommen war und ein Jahrhundert zuvor geendet hatte – die Brakteatenepoche. Sie bezog sich auf Mitteleuropa und währte drei Jahrhunderte. Manche Forscher stellen sie als die glücklichste Ära des neueren Europas heraus. Es war die Zeit, als die freien Reichsstädte blühten und zahllose gotische Dome gebaut wurden. Ermöglicht wurde sie durch ein Geld, das immer wieder „verrufen", d. h. mehrmals im Jahr zum Umtausch aufgerufen und nur nach Zahlung eines Abschlags wieder in Verkehr gegeben wurde. Es hatte also eine Umlaufsicherung, welche auf den Zins drückte. Im zweiten Teil dieses Buches wird darauf noch näher eingegangen.

Aus irgendwelchen Gründen kamen die so segensreichen Bakteaten außer Gebrauch. Statt dessen wurde der „ewige Pfennig" eingeführt, ein Geld, das wieder hortbar war und das wir heute noch haben – und erleiden müssen. Danach trat der Zustand ein, den Götz anprangert, daß die Leute nämlich *„nicht zuzunehmen glauben, wenn sie nicht andere verderben."* Auch Martin Luther meldete sich damals zu Wort und schalt den Zins einen *„in der Wolle gefärbten Dieb und Mörder"*.

Im zweiten Teil seines *Faust*-Dramas (s. 1.Akt) hat Goethe später die entscheidende Geldfrage, mit Blick auf die Assignatenwirtschaft des revolutionären Frankreichs, sehr tiefgründig behandelt. Der bekannte Schweizer Umweltökonom, H. Ch. Binswanger, hat dazu ein lesenswertes Buch verfaßt (*Geld und Magie*, 1985).

„Entmassung der Masse"

Über ein besseres Verhältnis zwischen Volk und Staat dachten auch die Vertreter des **deutschen Widerstandes im Dritten Reich** nach. Dem üblichen Muster der Demokratie mit Parteienallmacht standen sie ablehnend gegenüber. Die politischen Zustände der Weimarer Republik wirkten abschreckend auf sie. Sie sahen hier vor allem *„Korruption und Kollektivismus, Bonzen und Demagogen."* Besseres erhofften sie sich von der *„diktatorischen Durchsetzung der Vernunft"*. Darüber hinaus war **Carl-Friedrich Goerderler** der Auffassung: *„Wir brauchen den beruhigenden Ballast einer von Wahlen unabhänggen Staatsspitze."* **Graf von Stauffenberg** fragte sich, *„ob und wie es möglich sei, eine Volksvertretung in Deutschland vielleicht auf ganz andere Weise als durch politische Parteien bisheriger Art zu begründen, etwa aus den politischen Realitäten von Gemeinden, Berufsgruppen und Interessegemeinschaften, die dann im Parlament öffentlich für sich selbst einstünden und nicht durch Behandlung von Parteien mit Eigeninteressen oder durch Handel mit solchen Parteien ihre Ziele umwegig verfolgen."*

Die Entwurzelung der Menschen, mit ein Ergebnis der industriellen Revolution, erschien vielen Männern vom Widerstand als höchst bedrohlich für Staat und Moral, die *„Entmassung der Masse"* daher als vordringlich.

Sie waren zudem meist Patrioten und Nationalisten. Nach der heutigen Sprachregelung müßte man viele unter ihnen beim „Rechtsextremismus" einordnen. Doch werden sie auch heute noch alljährlich – am 20. Juli, dem Tag des Anschlags auf Hitler – von den höchsten Repräsentanten der Bundesrepublik feierlich geehrt. (*Spiegel*, 30/1984)

Erläuterungen:

Goerdeler und Stauffenberg wollten also eine Demokratie ohne *„politische Parteien bisheriger Art"* begründen und die ***„Entmassung der Masse"*** in die Wege leiten.

Das aber hätte die Beendigung der kapitalistischen Ausbeutung, d. h. die Überwindung des Zinsgeldsystems, vorausgesetzt – eine Schwierigkeit, die Goerdeler und Stauffenberg nicht gesehen haben.

Interessant und bedenkenswert ist aber ihr Hinweis, daß es einer ***„von Wahlen unabhängigen Staatsspitze"*** bedürfe, also einer obersten Instanz, die allein dem Gesamtwohl verpflichtet sei und sich weder vom Parteienhader noch von aufgeputschten Volksmassen beirren lasse.

Doch kann hier nicht der Ort sein, zum Aufbau einer nachkapitalistischen Demokratie noch weitere Überlegungen anzustellen (z. B. über ein besseres Wahlverfahren; über die Beziehung zwischen Staat und Wirtschaft; über das richtige Mischungsverhältnis von Markt und Plan usw.). Das alles wäre Stoff für eine gesonderte Abhandlung. Außerdem liegen hierzu beispielsweise die Bücher Artur Mahrauns und Rudolf Kinskys (die allerdings schwer erhältlich sind) und anderer Autoren vor.

Denn im vorliegenden Buch geht es vor allem darum, deutlich zu machen, welch schlimme Störungen alle Gesellschaftsbereiche erleiden, solange beim bestehenden Geld- und Bodenrecht einige entscheidende Fehler nicht ausgemerzt sind.

26. Die wahren Fronten

Was ist rechts, was links?

Was sind im politisch-gesellschaftlichen Bereich die wahren Gegensätze?

Heißen sie: rechts oder links?

Doch was ist darunter zu verstehen?

Gerhard Schröder, kurz vor der entscheidenden Wahl in seinem Regierungsland Niedersachsen vom *Spiegel* dazu aufgefordert, lieferte diesen Erklärungsversuch (Nr. 8/1998):

„Spiegel: *... Sie waren Juso in Göttingen. Wie hätten Sie damals links definiert – und wie heute?*

Schröder: *Damals war die Definition* ***links*** *durch* ***Marx*** *festgelegt. Links war der, der das Privateigentum an Produktionsmitteln ablehnte.* ***Diese Frage ist historisch erledigt.*** *Das mag man bedauern, aber man muß es zur Kenntnis nehmen.*

Spiegel: *Links gibt es nicht mehr?*

Schröder: *Doch. Aber in einem anderen Sinne.* ***Links ist für mich zum Beispiel diese Idee von der Teilhabe der arbeitenden Bevölkerung am erarbeiteten Wohlstand.*** *Die nicht aufzugeben wäre auch heute noch links für mich. Links hat aber auch etwas mit Demokratie zu tun und dem Eintreten dafür. Links heißt für mich nicht Ablehnung von Eliten, wohl aber, daß keiner vom Zugang ausgeschlossen werden darf.*

Spiegel: *Und was ist für Sie heute rechts?*

Schröder: Rechts ist jede Form von überzogen Autoritärem. *Links ist Diskurs, rechts ist Anordnung. Wobei Diskurs nicht die Abwesenheit von Führung heißt.*

Spiegel: *Also ist Helmut Kohl rechts, und Sie sind links?*

Schröder: *In dem Sinne sicher, ja."*

Überlegungen dazu:

- Der damalige Kanzlerkandidat legt die beiden Begriffe so unbestimmt und beliebig aus, daß man annehmen könnte, es gebe kaum mehr einen Unterschied zwischen „links“ und „rechts“ bzw. zwischen politischen Grundüberzeugungen. Dem entspricht auch, daß sich die beiden Großparteien CDU und SPD in den entscheidenden Fragen zum Verwechseln ähnlich geworden sind.
- Schröder unterschlägt hier zudem, daß das Wort „rechts“ nach landläufiger Meinung irgendwie den Volksgedanken mit einschließt.
- Doch sind in der Tat die Begriffe „links“ und „rechts“ durch unterschiedliche und schludrige Verwendung fast unbrauchbar geworden. Auch sind sie nicht umfassend genug.
- Das angeblich gegensätzliche Begriffspaar Kapitalismus und Kommunismus hat sich gleichfalls überlebt. Selbst Alt-„*Juso*“ Gerhard Schröder meint, daß sich Marx bei seiner Verstaatlichungsforderung – die für dessen Lehre zentral ist – geirrt habe. Im vorliegenden Buch wurde kurz herausgestellt, daß Marxismus-Kommunismus nichts anderes ist als Staatskapitalismus und damit extremer Konzern-Kapitalismus, unter alleiniger und diktatorischer Leitung seiner jeweiligen Manager, wie immer sie auch hießen: Stalin, Mao Tse Tung, Ho Chi Minh, Pol Pot, Honecker usw.

Kapital gegen Arbeit

Und dennoch gibt es im politisch-gesellschaftlichen Bereich polare Gegensätze – seit jeher, und auch heute noch.

Das Grundproblem besteht darin, daß man allgemein um die wahren Machthintergründe nicht weiß. Eben deshalb ist heute weltweit das Durcheinander so groß und läuft alles so gänzlich schief, denn immer noch gilt das Wort des chinesischen Weisen Konfuzius, daß falsche Begriffe und Denkungsarten zu falschem Handeln führen.

Die **begriffliche Unklarheit** bei ganz entscheidenden Dingen trat wieder einmal zutage, als sich laut *Wirtschaftswoche* (9/1998) Oskar Lafontaine und Gerhard Schröder in ihren Reden anläßlich der Niedersachsenwahl zu Beginn des Jahres 1998 angeblich sehr unterschiedlich äußerten:

„Noch aber tourt Lafontaine als leibhaftiger Gegenentwurf zu Schröder durch dessen Land. Sagt Schröder: 'Nur wenn es den Unternehmern gutgeht, springt auch für die Arbeitnehmer was raus', macht Lafontaine dem Publikum klar, daß 'eine Gesellschaft krank ist, in der die Aktienkurse steigen, wenn auch die Arbeitslosenzahlen steigen.'“

Beide Wahlkämpfer reden, bewußt oder unbewußt, um den entscheidenden Problempunkt herum: die ungelöste Geldfrage. Zwar haben irgendwie beide recht. Erstens Schröder: Nur wenn es den Unternehmern gutgeht, wenn die Wirtschaft wächst und gedeiht, können neue Arbeitsplätze geschaffen werden.

Aber die Grundvoraussetzung dafür ist, daß die Betriebe eine Rendite, sei es Kreditzins, Dividende oder Wertsteigerung („shareholder value"), erzielen. Denn im Kapitalismus gilt die Grundregel: Kein Zins? dann kein Geld – und keine neuen Arbeitsplätze. Und im (zinsbedingten) Verdrängungswettbewerb unserer Tage muß der Unternehmer immerfort rationalisieren, also Arbeitskräfte freisetzen, wenn seine Firma nicht untergehen soll.

Lafontaine bewegt sich in Marxschen Denkbahnen, wenn er auf einen Gegensatz zwischen Unternehmer und Arbeiter anspielt. Der aber ist nur scheinbar. **Der wahre Gegensatz ist der zwischen Arbeiter und Unternehmer einerseits und dem zins- und dividendenheischenden Geldbesitzer andrerseits.**

Freilich ist die Trennungslinie zwischen Arbeiter und Geldbesitzer nicht genau zu ziehen, denn sie verläuft oft durch ein und denselben Menschen. Auch die kleinen Leute beziehen meist Zinsen, wenn auch nur wenig. Und viele Millionäre und Milliardäre haben oft noch ein Arbeitseinkommen.

Dennoch gibt es heute in allen Gesellschaften eine deutliche Kluft zwischen der großen Mehrheit jener, die von ihrer Hände Arbeit leben, und einer immer reicher werdenden Minderheit, die überwiegend von ihren Kapitalerträgen zehrt. Dazu gesellen sich noch weitere leistungslose Einkünfte: aus Inflationsgewinnen, Großspekulation, Monopolen, Grundrenten, Patent- und Lizenzrechten, Steuervermeidung, Subventionen, anderen staatlichen Begünstigungen usw. Und diese Minderheit weiß ihren Reichtum oft auch in politische Macht umzusetzen (wozu sie sich, wie schon mehrmals herausgestellt, aus purem Selbsterhaltungswillen gedrängt sieht).

An sich deckt sich die genannte Polarität mit dem geläufigen Begriffspaar **„Arbeit und Kapital"**, allerdings mit der Einschränkung, daß man unter Kapital heute noch viel zu vordergründig lediglich den *„Bestand der Produktionsausrüstung"* und das *„Geld für Investitionen"* versteht (*Gabler Wirtschaftslexikon*).

Das Wesen des Kapitals besteht aber darin, daß es ein leistungsloses Einkommen abwirft. Nur solange **Sachen** (Produktionsgüter, Boden u.a.m.) und **Geld** (als Leihgeld) Zinsen, Grundrenten, Dividenden, Monopolgewinne u.a.m. einbringen, kann man sie mit dem Namen „Kapital" belegen bzw. brandmarken (wobei es für das Übel des Kapitalismus letztlich – das soll als Behauptung so hingestellt sein – nur zwei echte Entstehungsursachen gibt: die **Urmonopole Geld und Boden.**

Geld und Boden aber lassen sich entkapitalisieren.

Wer die soziale Ungerechtigkeit also grundlegend überwinden will, muß die Geld- und Bodenfrage angehen – dies aber auf freiwirtschaftliche Weise (siehe zweiter Buchteil).

Völkerfreiheit – oder globale Finanzdiktatur

Der Gegensatz zwischen Kapital und Arbeit ist auch die tiefere Ursache für das Gegeneinander von Imperialismus und Völkerfreiheit, von Globalismus und Regionalismus, von extremem Internationalismus und Nationalismus, von überstaatlichen Machtgebilden und Föderalismus, von Weltstaatsbestrebungen und dem Festhalten am Volksstaat und an Völkergemeinschaften.

Ursprünglich und natürlicherweise gestaltete sich das Zusammenleben der Menschen nach diesen Gemeinschaftsarten: Familie, Verwandtschaft (Sippe), Stamm, Volk, Völkergemeinschaft. Parallel dazu entwickelten sich die Verwaltungsformen Gemeinde, Bezirk, Kreis, Region, Land, Bund bzw. Nationalstaat, übernationale Bündnisse und Verträge.

Die Macht war anfangs also in breiter Streuung auf viele kleine Einheiten verteilt.

Der Hauptwidersacher dieser natürlichen, freiheitlichen und kulturfördernden Ordnung ist der lebensfeindliche, dem ausbeuterischen Geld- und Bodenmonopol entsteigende Kapitalismus.

Schon sehr früh hat er, zuerst eher in Gestalt des Bodenmonopols, mancherlei Störungen verursacht.

Doch dank des technischen Fortschritts ist der Kapitalismus heute zu einer Macht herangewachsen, die mit ihrer Zerstörungsenergie inzwischen den ganzen Erdball in Mitleidenschaft zieht. Er ist im Begriff, alles Natürliche, Kleinräumige und Gemeinschaftliche zu beseitigen und weltweit nicht nur Pflanzen, Tiere und Landschaften auszurotten, sondern auch die in Jahrtausenden entstandene Vielfalt von Stämmen und Völkern samt ihren Kulturen. Übrig bleiben wird eine bunt gemischte Masse halt- und gestaltloser Einzelmenschen.

Ein nationaler Vorkämpfer hat es außerordentlich treffend so ausgedrückt: ***„Denn Globalisierung heißt nichts anderes als Herrschaft des internationalen, anonymen Kapitals und ständig steigende Arbeitslosigkeit für alle Zeiten, Zerstörung aller gewachsenen Kulturen und Völker und aller Ideale und Werte, die nicht käuflich sind. Unter diesem System gibt es überhaupt keine lebenswerte Zukunft. Nur Großverdiener und anonyme Knechte, ohne Wurzeln, ohne Heimat, ohne Lebenssinn. Wer dieses System nicht aus ganzem Herzen haßt, der hat sein Land noch nie geliebt.“***

Die mächtigen Nutznießer und *„Großverdiener“* dieses Systems verstehen es, dank ihrer Medienbeherrschung und dank der kapitalistischen Entwurzelung der Menschen, auch unter vielfacher Ausnutzung menschlicher Schwächen, **die Wahrheit auf den Kopf zu stellen** und den Massen einzureden, daß der Volksgedanke, daß nationale Freiheit und Anhänglichkeit ans eigene Land, etwas Veraltetes, ja sogar Kriminelles und Verfolgungsbedürftiges seien.

Natürlich geschieht das auf begriffsverdreherischen Umwegen und unter dem Anschein der Rechts- und Humanitätsbewahrung: Da benützt man historische Zerrformen des Volksgedankens, um diesen an sich anzuschwärzen und zu verteufeln; da stilisiert man Rabauken und Gewalttäter zu Nationalisten hoch, um solches Gedankengut in Mißkredit zu bringen; usw. Weh ihm, der trotzdem daran festhält. Er wird zum „Neonazi", zum „Rassisten", zum „Rechtsextremisten", zum „Ausländerfeind" erklärt, wird eingeschüchtert und schließlich wenn nötig gerichtlich verfolgt.

Eine globale *„de-facto-Regierung mit unbekanntem Gesicht"* bzw. *„transnationale Gruppierungen"* (Jack Lang) können dabei auf die Unterstützung vieler Truppenteile rechnen: auf die Scharfmacher in den Parteien, Gewerkschaften, Kirchen, Medien; bei den Marxisten-Kommunisten, bei den Antifaschisten – bis hinunter zu den Schlägerbanden der Autonomen.

Die Kapitalisten-Clique muß so handeln. Denn ein ruhiges Nebeneinander von Globalismus und Völkerfreiheit ist nach den Gesetzen des Zinssystems unmöglich. Hier gilt ein Entweder-Oder. Solange es noch freie Völker gibt, solange ist die totalitäre und endgültige Sklavenherrschaft über die Menschheit nicht gesichert.

Man wisse also:

Wir haben nur die Wahl zwischen völkerüberspannenden, von Kapitalinteressen geleiteten Diktaturen bzw. Halbdemokratien bis hin zum totalitären Weltstaat einerseits und freien Volksstaaten und Völkergemeinschaften andererseits.

Fällt es da schwer, wofür man sich entscheiden soll?

„Nationaler Alzheimer"

Wohltuend einsichtig las sich in diesem Zusammenhang ein Aufsatz von Ernst Elitz, der am 7.6.1998 in *Sonntag Aktuell* unter obigem Titel erschienen ist. Er kann aus Platzgründen nur teilweise abgedruckt werden, obwohl er eine vollständige Wiedergabe verdiente:

„Ist es nicht kleinkariert, heute von der Nation zu reden? Ist die Nation nicht ein längst verstaubtes Museumsstück, abgestellt auf dem Speicher der Zeitgeschichte? ...

Pardon, ich sehe das anders. Wenn alle nur noch eine Sprache sprechen – Englisch statt Esperanto –, wenn alle Produkte – vom Dosenbier bis zur Fernsehserie – auf ein global vermarktbares Einheitsformat gebracht werden, wenn internationale Verlagsgiganten nur noch Bestseller produzieren, die dem Trivialgeschmack von Millionen von Lesern von Europa bis Australien entsprechen – dann ist das ***Nationale,*** *das sich aus unterschiedlichen Sprachen, Traditionen und Kulturen speist,* ***gemessen an der globalen Einheitssoße ein Aus-***

druck von erfrischender Vielfalt. *Es ist farbig und vital und damit genau das Gegenteil von kleinkariert.*

Wer heute durch die Straßen von Stuttgart oder Moskau, London oder Ludwigshafen geht, muß schon sehr aufmerksam schauen, um im Stadt- und Straßenbild noch etwas von nationalen Eigenheiten zu spüren. Die Labels auf den Turnschuhen und Sweatshirts gleichen sich. Coca-Cola, Burger King, Grisham, der letzte Hollywood-Film und die Spice Girls sind allgegenwärtig. Das Eigene wird vergessen. Der nationale Alzheimer grassiert überall.

Ist das Nationale also doch nur noch eine Museumsstück – gepflegt in ein paar Akademien und auf einigen Bücherregalen? Das Straßenbild mit seinen Schaufenstern und Passanten trägt schließlich längst die Uniform einer globalen Alltags- und Konsumkultur; in den Forschungslabors, in den Vorstandsetagen von Banken und Unternehmen brummen die Überlandleitungen der internationalen Kommunikation, werden nationale Debatten nur noch als lästige Störsender empfunden ...“

Ernst Elitz stellt dem entgegen, daß *„eine Nation aus unterschiedlichen regionalen Traditionen“* lebe und kommt am Ende zu dem Ergebnis: *„Wer die Nation vergißt, ist nicht reif für die europäische Einheit und für globales Denken.“*

Nachbemerkung:

Es sei hier an den schon wiedergegebenen Auszug aus Gottfrieds Kellers Novelle *Das Fähnlein der sieben Aufrechten* erinnert, in dem der Dichter – wie Ernst Elitz – das preist, was eine lebendige Nation besonders auszeichnet: die *„Mannigfaltigkeit in der Einheit“*. Und was Keller vor 150 Jahren heraufdämmern sah – einen kultur- und völkerzerstörenden Kapitalismus – ist leider, siehe Elitzens Schilderung, in einem erschreckenden Ausmaß Wirklichkeit geworden.

Nachtrag: Ansonsten kämpft Ernst Elitz seltsamerweise in seinen Kommentaren für *Sonntag Aktuell* regelmäßig gegen *„rechtes Gedankengut“* an (siehe z. B. die Ausgabe vom 5.8.2001).

Geld oder Leben

Unser irdisches Dasein kennzeichnet sich durch Polaritäten: Auf den Tag folgt die Nacht; Hitze setzt Kälte voraus; es gibt die zwei Geschlechter Mann und Frau; usw. Im moralischen Bereich heißt der Gegensatz: böse oder gut. Allgemeiner gesprochen, ist es der Gegensatz zwischen lebenszerstörendem und lebenserhaltendem Tun. In der zweiten Hälfte des 20. Jahrhunderts mit seiner hochentwickelten Technik entstand daraus ein noch umfassenderer Widerstreit:

Schöpfungsvernichtung oder Schöpfungsbewahrung.

Wie kam es zu diesem allesbedrohenden Zwiespalt? Als bestimmende Merkmale des Menschen gelten seine Vernunftbegabung und seine Willensfreiheit. Er ist weit weniger von Instinkten gesteuert als noch die höheren Tiere. In vielem kann er frei entscheiden, wie er handeln will: ob falsch oder richtig, ob lügenhaft oder wahrheitsgemäß, ob böse oder gut.

Diese Entscheidungsfreiheit ist etwas Ewigwährendes und im Schöpfungsplan Liegendes, und deshalb wird der Kampf zwischen falsch und richtig, zwischen böse und gut – man erinnere sich an die betreffenden Worte Friedrich Schillers – auf Erden niemals enden. Dieser Wettstreit um den richtigen Weg zur Problemlösung ist von Hause aus keineswegs vom Übel. Im Gegenteil: Weil er die körperlichen, geistigen und seelischen Fähigkeiten des Menschen unaufhörlich herausfordert und übt, ist er letztlich ein aufbauendes Prinzip. Er hat die kulturelle und zivilisatorische Weiterentwicklung der Menschheit überhaupt erst ermöglicht und in Gang gehalten.

Mit der Erfindung des Tauschmittels Geld aber und beim Knapperwerden des verfügbaren Boden bildeten sich die **zwei Urmonopole Geld und Boden** heraus. Der unselige Kapitalismus war geboren. In der Schöpfunggeschichte war er ein außerordentlich einschneidendes Ereignis. Er lenkte die Menschheitsentwicklung in eine andere, zerstörerische Richtung. Denn der Geld- und Bodenzins ist ein mephistophelisches Prinzip. Er stachelt den Menschen zum Bösen an. Was noch schlimmer ist: Er belohnt das Böse und Falsche finanziell, während er das Gut- und Richtighandeln erschwert. Seitdem gilt: Der Ehrliche ist der Dumme. Die Folge war, daß die unmoralischen, destruktiven und schöpfungsfeindlichen Bestrebungen gegenüber den aufbauenden, evolutionären, menschen- und schöpfungsfreundlichen immer mehr die Oberhand gewannen, eine Entwicklung, die gegenwärtig das Stadium eines bedrohlichen Finale erreicht zu haben scheint.

Die wichtigste Aufgabe unserer Zeit besteht also darin, aus den vorhandenen Geld- und Bodeneinrichtungen die todbringenden Mechanismen zu entfernen und dadurch den Kapitalismus zu überwinden.

Im jetzigen Zeitalter – es wird hoffentlich bald der Vergangenheit angehören – heißen also die wahren Fronten im Ringen zwischen böse und gut, falsch und richtig:

Geld – oder Leben.

Diese Fronten verlaufen heute so: Auf der einen Seite stehen die allbeherrschenden Geldmächte, d. h. die bewußt oder unbewußt von der zerstörerischen Gewalt des Geldes Geführten; auf der anderen Seite befinden sich die dem Leben Verpflichteten (und häufig geht die Trennungslinie durch ein und denselben Menschen hindurch).

Es sind ihrem Wesen nach unversöhnliche Fronten.

Die folgende Gegenüberstellung (siehe Kasten) soll schlagwort- und streiflichtartig den Gegensatz zwischen „**falsch** – oder **richtig**“ erhellen. Sie will nicht vollständig sein, sondern greift nur einige wichtige Möglichkeiten des politischen und gesellschaftlichen Handelns und Gestaltens heraus.

Die **linke** Spalte kennzeichnet eine lebenszerstörende Haltung, die **rechte** die lebensbewahrende.

Es sollte auch deutlich werden, daß die wahre Lösung der sozialen Frage die Sicherung der Völker- und Kulturenvielfalt ganz natürlich mit einschließt.

Der wahre Gegensatz
(falsch oder richtig)

Geld	–	**oder Leben**
Beispiele:		
Lüge, Verleumdung	–	oder Wahrheit
indoktrinieren, fanatisieren	–	oder überzeugen, begeistern
Terorrismus	–	oder Gewaltlosigkeit
Gleichmacherei, Gleichschaltung	–	oder gewachsene Vielfalt
Naturzerstörung	–	oder Naturbewahrung
Völkerverneinung und -auflösung	–	oder Völkererhaltung
hortbares Geld	–	oder umlaufgesichertes Geld
hortbarer Boden	–	oder umlaufgesicherter Boden
Zins- und Inflationsgeld	–	oder zins- und inflationsfreies Geld
Ausbeutung	–	oder leistungsgemäßes Einkommen
Vermögensballung (Klassengesellschaft)	–	oder breite Vermögensstreuung
zinsbedingter Wachstumsdruck	–	oder Gleichgewichtswirtschaft
ungerechter und unbezahlbarer „Sozialstaat“	–	oder soziale Gerechtigkeit, Fähigkeit zur Selbsthilfe
wachsende Arbeitslosigkeit	–	oder Vollbeschäftigung
Medienkonzentration	–	oder Medienvielfalt
gesteuerte Einheitsmeinung	–	oder Meinungsvielfalt
Konzern- bzw- Staatswirtschaft	–	oder Vielfalt freier Unternehmen
Kapitalismus, Kommunismus	–	oder Markt- und Wettbewerbswirtschaft
„Abschaffung des Privateigentums“ (Marx)	–	oder privates Eigentum
Großstrukturismus, Globalisierung	–	oder Kleinräumigkeit
zentralistisch	–	oder dezentral, föderal
Masse	–	oder Gemeinschaft
extremer Internationalismus	–	oder (wahrer) Föderalismus
Scheindemokratie, Diktatur	–	oder (wahre) Demokratie
EU	–	oder Europa der Vaterländer
Weltdiktatur	–	oder Völkergemeinschaften
Schöne neue Welt (A. Huxley), *1984* (G. Orwell)	–	oder (wahre) Freiheit, Weltgemeinschaft freier Völker

II. Teil:
Besseres Geld- und Bodenrecht als Ausweg

A. Zur Geldfrage

27. Herkömmliches Geldsystem

Zinsgegnerschaft reicht weit zurück

Die Zinsfrage ist uralt. Schon von Anfang an, sobald das Geld in Gebrauch gekommen war, begann der Streit darüber, ob der Zins berechtigt sei. Als leistungssloses Einkommen schien er mit dem Gebot sozialer Gerechtigkeit unvereinbar. Im Altertum bis zum ausgehenden Mittelalter war er als Wucher verfemt. Bereits Aristoteles erteilte dem Zins eine Absage. In den Heiligen Schriften der drei westlichen Weltreligionen finden sich Zinsverbote: im *Alten Testament*, ganz eindeutig im *Koran*, weniger ausdrücklich in den *Evangelien*. Das Kanonische Zinsverbot der katholische Kirche galt bis in die Neuzeit hinein. Martin Luther wetterte mit schärfsten Worten gegen das Zinsnehmen. Erst in der Neuzeit, als Geld in größerem Umfang als Kapital gewinnbringend angelegt wurde, fing man an, das Zinsnehmen wissenschaftlich zu untersuchen und seine angebliche Berechtigung nachzuweisen. Doch wurde das immer wieder bestritten. Im 19. Jahrhundert sah der Sozialreformer Pierre Proudhon, der von Karl Marx deswegen scharf befehdet wurde, im Zins das entscheidende Übel. Noch viele andere kritische Geister reihten sich in die Phalanx der Zinsgegner ein.

Falsche Lösungsvorschläge

Der Kampf der Zinsgegner mußte erfolglos bleiben, weil ihnen die tiefere Einsicht in die Zinsentstehung abging. Bei der bisherigen Beschaffenheit des Geldwesens ist der Zins in der Tat unverzichtbar, weil er den wichtigsten Anreiz zur Geldhergabe für Leihzwecke darstellt.

Wie ging man gegen den Zins vor?

1. Am häufigsten mit einem schlichten **Zinsverbot.** Das war nur möglich, solange das Geld noch keine allzu große Rolle spielte. Weil man aber schon damals zinslose Darlehen offensichtlich nur mit Mühe bekam (auch bei der vielgenannten Ökobank, 2001 scheiterte sie schließlich, liefen sie nur spärlich ein),

besorgte man sich Kredite – zu hohen Risikozinsen – auf dem Schwarzmarkt oder ging zu den einzigen Leuten, denen das Geldgeschäft gestattet war, den Juden. Ein Zinsverbot ist also für eine moderne Geldwirtschaft absolut untauglich.

2. Gottfried Feder (1883-1941), Nationalsozialist und Verfasser des Manifests *Brechung der Zinsknechtschaft*, forderte zur Erreichung dieses Zieles, ähnlich wie Karl Marx, eine weitgehende Verstaatlichung des Geld- und Bankensystems. Dann sollte die *„Staatsbank"*, d. h. die frühere Reichsbank, zinslose *„Kassengutscheine"* herausbringen, die vor allem für öffentliche Vorhaben zum Einsatz kommen sollten. Feder schwebte also eine **Zinsabschaffung durch Bankenverstaatlichung** vor. Mit diesen Vorschlägen konnte er sich aber nicht einmal bei seinen Parteigenossen durchsetzen.

3. Schließlich kann man noch auf Heinrich Färber (1864-1942) verweisen, der den Zins so loszuwerden hoffte, indem man **jeglichen Geldverleih und alles Geldsparen unterbindet.**

Schlußbemerkung:
Auf die Weise kann man das Zinsproblem nicht lösen.

Die Geld- und Bodenfrage anzupacken ist aber unumgänglich, weil sie die Grundursache all unserer Schwierigkeiten darstellt und wir ansonsten aus keiner einzigen heil herauskommen. Das zu verdeutlichen war ja die Hauptabsicht des ersten Teils dieses Buches.

Dem Geld- und Bodenzins muß man auf andere Weise entgegentreten.

Zwei versagende Geldumlaufsantriebe

Das Geld ist das Tauschmittel der Wirtschaft und sollte als solches gleichmäßig umlaufen. Wenn der Volksmund sagt *„Taler, Taler, du mußt wandern"* oder *„Der Rubel muß rollen"*, so trifft das den Kern der Sache. Bleibt das Geld irgendwo liegen, stockt auch der Güteraustausch: Unternehmen werden ihre Erzeugnisse nicht mehr los, in schlimmeren Fällen müssen sie Mitarbeiter entlassen oder die Tore für immer schließen. Das Haupterfordernis eines fehlerfreien Geldes ist also seine stetige Kreisbewegung.

Das heutige Geld kennt zwei Umlaufsantriebe. Der eine ist der **Zins,** der als Prämie und Zuckerbrot wirkt. Der andere heißt **Inflation,** die wie eine Peitsche zuschlägt und dafür sorgt, daß man sein Geld rasch wieder ausgibt (bevor alles noch teurer wird) oder zur Bank bringt, damit man wenigstens den Zins als Ausgleich für den Geldwertverlust erhält.

Die Bundesbank weiß über das letztere sehr wohl Bescheid und plante bisher zur Vermeidung von Geldstockungen bei der Bemessung der richtigen Geldmenge für das folgende Jahr immer auch eine kleine Inflationsrate mit ein: die *„unvermeidliche"* bzw. *„normative Preissteigerungsrate"* von etwa zwei Prozent.

Zins und Inflation haben aber den Nachteil, daß sie nur solange wirken, wie sie eine gewisse Mindesthöhe haben. Sinken sie darunter, erlahmt ihre Antriebskraft.

An sich sind Nullzins und Nullinflation höchst erstrebenswert und das eigentliche Ziel geldverbessernder Reformbemühungen. Ohne zuvor aber einen anderen Geldumlaufsmotor eingebaut zu haben, wäre das Ergebnis eine Katastrophe.

Japans Rezession als Lehrbeispiel

In einem Gespräch mit *Sonntag Aktuell* (16.8.1998) gab Professor Norbert Walter, Chefvolkswirt der Deutschen Bank, zunächst seiner Sorge Ausdruck, daß *„für Europa in der Tat das ernstzunnehmende Risiko eines sinkenden Preisniveaus"*, d. h. einer Deflation, bestehe und fuhr dann warnend fort: *„In Japan können wir das derzeit wie in einem Schulbuch sehen.* ***Dort sinkt das Preisniveau, außerdem herrschen eine ausgeprägte Kaufzurückhaltung und Zukunftsangst.*** *So eine Entwicklung müssen wir in Europa vermeiden."*

Das Land der aufgehenden Sonne erleidet in der Tat schon seit Jahren einen beängstigenden wirtschaftlichen Niedergang: das Wirtschaftswachstum stockt, immer mehr Firmen geben auf, die Arbeitslosigkeit wird von Jahr zu Jahr schlimmer.

Die Hauptursache, so heißt es überall, sei der **„Konsumverzicht"** der Bevölkerung, weshalb vor allem die Amerikaner auf Steuersenkungen und staatliche Ausgabenprogramme drängen. Doch sind dort die öffentlichen Haushalte bereits jetzt viel zu hoch verschuldet.

Woher rührt die Kaufunlust bzw. Sparbesessenheit der Bevölkerung?

Sicherlich regt sich dahinter die Angst vor den Unsicherheiten der Zukunft. Man erlebt ja mit, welchen Krisen die benachbarten Länder ausgeliefert sind, und man weiß um die Gefahrenlage der eigenen Banken. Ein psychologisches Moment spielt hier also mit herein: Allein schon die Angst vor der Krise beschwört die Krise herauf.

In erster Linie aber hat die Kaufverweigerung **geldpolitische Gründe.**

Um der finanzschwachen Wirtschaft den Kreditzugang zu erleichtern, hat die Zentralbank Ende der neunziger Jahre notgedrungen ihre Geldhergabe beispiellos verbilligt: Schon seit langem beträgt der Diskontsatz nur 0,5 Prozent! **Entsprechend niedrig sind die Guthabenzinsen:** 0,3 Prozent für Dreimonats-Einlagen und ganze 1,5 Prozent für zehnjährige Staatsanleihen. **Die Inflationsrate ist inzwischen auf fast null Prozent abgesunken.** (Zahlen von 1998; in den Jahren darauf ähnlich niedrige Raten.)

Damit sind die herkömmlichen Geldumlaufsantriebe Zins und Inflation unwirksam geworden!

Die unvermeidlichen Folgen sind: viel weniger mittel- und langfristige Spareinlagen bei den Banken. Statt dessen massenhafter Kauf ausländischer, vor allem amerikanischer und deutscher Wertpapiere, wo eine drei- bis vierfach höhere Rendite winkt. Was noch schlimmer ist: Weil man den einheimischen Finanzinstituten, auch Pensionskassen und Lebensversicherungen, mißtraut, wird zu Hause, im Schrank oder in neugekauften Privattresoren, **massenweise Bargeld gehortet.** (*Die Welt*, 11.4.1998; *Wirtschaftswoche*, 16.7.1998; *Spiegel*, 19/1998)

Die Stillegung von immer mehr Geld bedeutet aber eine Unterbrechung des Geldkreislaufes bzw. der monetären Nachfrage. Infolgedessen hat eine **deflationäre Entwicklung** eingesetzt, d. h. ein Rückgang des Durchschnittspreisstandes. Bei sinkenden Preisen aber verschiebt man alle nicht unbedingt notwendigen Einkäufe auf später – und treibt damit die Wirtschaft noch ärger in die Krise.

All das hat sich während der letzten Weltwirtschaftskrise, unter welcher Deutschland vor allem von 1929 bis 1933 litt, schon einmal ereignet.

Deflationskrisen bald auch anderswo?

Geldstillegungen finden gegenwärtig nicht nur in Japan, sie finden bzw. fanden weltweit statt. Auch deshalb sind überall die Arbeitslosenzahlen so hoch. Zwar wird noch nicht buchstäblich, wie in Japan, Bargeld gehortet, doch ist überall die Liquidität in Gestalt kurzfristiger und leicht abrufbarer Geldanlagen sehr hoch. **Der Hauptgrund ist der Mangel an rentablen Anlagemöglichkeiten.** Selbst langfristige Staatsanleihen brachten in Deutschland Ende 1998 kaum mehr als 4 Prozent Zinsen ein. Deshalb blieb den Geldanlegern als letzte Möglichkeit der Kauf von Aktien, die dementsprechend in die Höhe gingen.

Aus der Fülle der Pressemeldungen hierzu eine kleine Auswahl:

Stuttgarter Nachrichten, 21.3.1998: *„Vieles spricht dafür, daß bei den Aktien noch Luft nach oben drin ist. Es sind die weltweit niedrigen Zinsen und die steigenden Unternehmensgewinne, die Aktien attraktiv machen – vor allem für* ***institutionelle Anleger.*** *Versicherungen, Pensionskassen und Investmentfonds stehen unter großem Druck, ihre Gelder hoch rentabel anzulegen. Doch mit festverzinslichen Papieren läßt sich angesichts* ***historisch niedriger Zinsen*** *kein großer Wertzuwachs erzielen. Vor allem japanische Banken suchen eine Geldanlage im Ausland, weil zu Hause die Zinsen im Vergleich noch niedriger sind. Häfen für diese Gelder sind der europäische und der nordamerikanische Markt."*

Ralph Acampora, Chefanalyst der New Yorker Investmentbank Prudential Bache, antwortete auf die Frage der *Wirtschaftswoche* (40/1997), was die Aktien-Hausse antreibe: *„Nach wie vor die* ***unglaubliche Liquidität.*** *Zweistellige Milliardenbeträge fließen jeden Monat an die Börse, und die Wall Street führt die Parade rund um den Globus an."*

Das Wirtschaftsmagazin *Finanzen* forderte 1998 in der ersten Ausgabe seine Leser zur Geldhortung auf: ***„Schwerpunkt 1998 auf kurzfristige Zinsanlagen legen – 'cash is king'*** *... Kurzfristige Zinsanlagen – Geldmarktfonds, Tagesgelder – sollten deshalb aktuell den Depotschwerpunkt bilden. Nicht als Daueranlage – steigen die Zinsen oder fallen die Aktienkurse, wird umgeschichtet.“*

Erkenntnisse:

Die zunehmende Liquidität ist Ausdruck sich ausweitender Geldstillegungen. Damit verringert sich die Güternachfrage, was die Unternehmen in Schwierigkeiten bringt und noch mehr Arbeitslosigkeit auslöst. Die Liquidität sammelt sich vor allem bei den ohnehin Begüterten an. Im selben Ausmaß schrumpft die Kaufkraft und damit die Nachfragefähigkeit bei der Bevölkerungsmehrheit.

Der **Zins** bewirkt also mehrerlei Unheil:

- **Erstens veringert er durch seine vermögensumschichtende Wirkung die Kaufkraft bei der Mehrheit.**
- **Zweitens versagt er dann als Geldumlaufsicherung,** wenn er unter eine Mindestgrenze absinkt.
- Drittens kann sich daraus die schon beschriebene alleslähmende **Deflationsspirale** entwickeln.

28. Heutige Geldpolitik

Die Bundesbank im Kreuzfeuer

Daß Inflation (Geldwertverringerung) und Deflation (Geldwerterhöhung) schlimme Übel sind, zählt heute zum Allgemeinwissen. Eine Währung sollte stabil bleiben, nicht nur für ein paar Jahre, sondern auf Dauer. Maßgebliche Leute haben das immer wieder betont. Als Beispiel diene ein Ausspruch des früheren Präsidenten der Deutschen Bandesbank, Karl Otto Pöhls:

„Jeder von uns möchte, daß die Währung stabil bleibt, weil wir Inflation für einen Krebsschaden halten, der letzten Endes unser Gesellschaftssystem zerstört.“ (*Dt. Bundesbank, Auszüge aus Presseartikeln*, Nr. 3/1980)

Im Bundesbankgesetz ist die Forderung nach Währungsstabilität seit jeher fest verankert. Derselben Verpflichtung unterliegt auch die *Europäische Zentralbank.*

Trotzdem ist es traurige Wirklichkeit, daß auch die Deutsche Mark seit der Währungsreform im Jahr 1948 drei Viertel ihres Wertes verloren hat. Unablässig zehrte an ihr eine Inflationsrate von durchschnittlich drei Prozent. Die Bundesbank hat ihren Stabilitätsauftrag also nur unzureichend erfüllt. Wie ist es dazu gekommen? Der Hinweis auf andere Länder, die viel schlechter abschnitten, ist ein schwacher Trost.

Erstaunlicher Widerspruch

Aber es kommt noch seltsamer. Obwohl die Bundesbank mehr oder minder hohe Preisstandsauftriebe nicht verhindern konnte noch wollte, also offensichtlich zuviel Geld in Umlauf setzte, wurde sie immer wieder gerügt, sie halte zu starr an ihrem Stabilitätsauftrag fest. Infolgedessen verschlimmere sich die Arbeitslosigkeit. Gewerkschaftsvertreter und SPD-Leute erhoben solche Anklagen, in jüngerer Zeit auch amerikanische Wissenschaftler. Heiner Flassbeck, *„Konjunkturchef des Deutschen Instituts für Wirtschaftsforschung (DIW) in Berlin"* und *„im Nebenjob der heimliche Chefökonom des* [damaligen] *SPD-Vorsitzenden"*, also Lafontaines, griff die Bundesbank noch schärfer an: *„Für Flassbeck sind die vielgepriesenen* ***Währungshüter die Hauptschuldigen*** *an der Job-Misere:* ***Aus hysterischer Inflationsangst würgten sie jeden Aufschwung mit Zinserhöhungen ab,*** *statt – wie Greenspan – etwas zu riskieren und Platz für einen Job-Boom zu lassen." (Wirtschaftswoche*, 23.10.1997)

Wie empfänglich der damalige Wahlsieger Lafontaine für solche Belehrungen war, zeigte eine Meldung der *Stuttgarter Nachrichten* (6.10.1997):

„Der mögliche Finanzminister, Lafontaine, hatte niedrigere Leitzinsen gefordert, um die Konjunktur anzukurbeln. Tietmeyer lehnte dies dagegen ab."

Es wäre zu einfach, jetzt mit dem bekannten Ausspruch Helmut Schmidts zu kontern, der während seiner Kanzlerschaft in den siebziger Jahren bekanntlich einmal sagte, fünf Prozent Inflation seien ihm lieber als fünf Prozent Arbeitslosigkeit – und dann beide Plagen ins Haus bekam.

Systembedingte Schwierigkeiten

Solche Vorwürfe haben real-existierende Ursachen: Die Bundesbank befand sich bei ihrer Geldpolitik – wie jede andere Zentralbank auch – in einem ärgerlichen Dilemma. Brigitte Bertram, mit zuständig für Wirtschaftsfragen in den *Stuttgarter Nachrichten*, hat es so beschrieben (25.2.1998):

„Vollbeschäftigung und Geldwertstabilität, das sind zwei Dinge, die sich nicht vereinbaren lassen. *Eine Volkswirtschaft kann das eine nur auf Kosten des anderen haben. Eine Tatsache, die die Freude über die niedrige Inflation trübt. Der Mittelweg wäre ein ausgewogeneres Verhältnis zwischen Inflation und Beschäftigung. Doch der ist schwierig. Die Bundesbank müßte dafür ihre solide Geldpolitik lockern, was in Zeiten des Euros nicht geboten ist."*

Diese Auskunft ist erschreckend, aber leider zutreffend: Das Geldsystem ist so beschaffen – nicht nur das heutige, sondern seit jeher – daß eine bessere Geldpolitik kaum möglich ist.

Eingriff mit Folgen

Die Notenbanken können heute bestenfalls den von Frau Bertram genannten *„Mittelweg"* ansteuern, was Bundesbankpräsient Tietmeyer laut *Wirtschaftswoche* (37/1997) einmal in die Worte faßte: ***„Die Aufgabe des Zentralbankrats ist es, den Wein immer dann vom Tisch zu nehmen, wenn die Party am schönsten ist."***

Ist das nicht schlimm? Immer dann, wenn die Wirtschaft so richtig in Schwung gekommen ist und für mehr Arbeitsplätze sorgt, muß die Notenbank mit ihrem *„geldpolitischen Instrumentarium"* bremsend eingreifen. Der durchaus ernst zu nehmende Grund: Inflationsgefahr. Denn, aufgeweckt durch die Wirtschaftsbelebung, geraten bisher ruhende Gelder in Bewegung – die Bundesbank nennt sie *„inflationäres Potential"* – und drohen eine Übernachfrage auszulösen. Die Währungshüter versuchen dann durch eine Verteuerung des Zentralbankgeldes (mittels höherer Diskont-, Lombard- und Pensionspapier-Zinsen u.a.m.) die Kreditausweitung und damit die monetäre Güternachfrage zurückzustutzen. (Die 1999 eingerichtete *Europäische Zentralbank* hat sich einen etwas anderen Instrumentenkasten zugelegt.)

Doch was bedeuten gestiegene Kreditzinsen für die Konjunktur? Für sehr viele Firmen – weil sie meist hoch verschuldet sind – das endgültige Aus.

Im Hinblick auf die Wall Street und eine ähnliche Vorgehensweise der amerikanischen Zentralbank (der *Fed*) schrieb der *Spiegel* einmal (18/1997; diese Sätze seien nochmals angeführt):

„Oberste Gottheit dieser Straße ist Zentralbank-Chef Greenspan. Er allein hat Macht über die Zinsraten und kann mit einer Erhöhung jede Konjunktur abwürgen."

Weitere Pannen

Umgekehrt verfährt die Zentralbank, wenn die Inflationsgefahr gebannt ist und die Konjunktur zu lahmen beginnt: Dann erleichtert sie den Kreditzugang, indem sie ihre Zinssätze verbilligt.

Doch auch das mißlingt des öfteren: Stellen die Unternehmen fest, daß der Binnenkonsum schwach ist, investieren sie nur begrenzt, auch wenn die Kredite günstig zu haben sind.

Siehe das japanische Beispiel: Obwohl die Zentralbank ihr Geld fast zum Nulltarif herausrückt, bleibt Japan *„derzeit das einzige führende Industrieland auf Rezessionskurs ... Der japanische Binnenmarkt – vor allem bei langlebigen Konsumgütern wie Autos und Elektronik – liegt nahezu flach."* Aus dem Grund: *„Die Konsumenten verweigern sich, weil sie ihrer Regierung mißtrauen und um die Zukunft fürchten."* (*Süddeutsche Zeitung*, 24.2.1998)

Ähnliches spielt sich in der Bundesrepublik ab. Es wurde bereits geschildert.

Wenn aber vermehrt Geld liquide gehalten wird und die Nachfrage verweigert, bleiben auch viele Güter liegen oder können keine neuen mehr hergestellt werden. Man braucht sich deshalb nicht zu wundern, daß die Arbeitslosigkeit bei uns so groß ist.

Billiges Zentralbankgeld hilft bei beginnender Deflation also auch nicht weiter.

Die Schlußfolgerung aus allem ist:

Zins und Inflation sind als Umlaufsantrieb für das Geld in Wahrheit untauglich.

Sie machen es der Notenbank unmöglich, die Währung ihrem Auftrag entsprechend dauerhaft stabil zu erhalten und das auf volkswirtschaftlich unschädliche Weise zu tun.

Schlußfolgerungen

Ein *Geld ohne Zinsen und Inflation* – so der Titel des 1991 bei Goldmann erschienenen Buches von Magrit Kennedy – wäre eine feine Sache. Auch die Ökonomen, die Wirtschaft und die Zentralbanken wünschen sich grundsätzlich eine stabile Währung und niedrige Zinsen.

Aber ist das unter den heutigen Voraussetzungen möglich?

Solange es bei dem Zustand bleibt, daß der Zins den wichtigsten Sparanreiz liefert – solange kann der Zins nicht verschwinden.

Wenn Inflation als Geldumlaufspeitsche unverzichtbar ist – dann gibt es eben Inflation.

Die Währungshüter können bestenfalls zu verhindern versuchen, daß die Inflation ausufert – mittels krisenerzeugender Zinserhöhungen!

Die – nur relative – Währungsstabilität wird also durch immer neue wirtschaftliche Einbrüche erkauft.

Zudem hat eine Rezession politische Auswirkungen, weswegen Zentralbanken des öfteren in Verdacht geraten, keine neutrale Instanz zu sein.

Auch die umgekehrte Geldpolitik hat ihre Tücken: **Immer dann, wenn Zins und Inflation ungewöhnlich tief absinken – eigentlich ein höchst wünschenswertes Ereignis! – versagen sie naturgemäß als Umlaufsantriebe.** Die Geldhortung nimmt zu, was den Güteraustausch unterbricht und gleichfalls Krisen hervorruft – die noch schlimmere Deflationsspirale.

Es geht letztlich also darum, einen Geldumlaufsantrieb zu finden, der von den geschilderten Mängeln frei ist.

29. Urübel des heutigen Geldes

Gibt es einen „Dritten Weg“?

Zwei Drittel der Deutschen in den neuen Bundesländern lehnen die sogenannte „soziale Marktwirtschaft“ ab und sind der Auffassung, daß es einen „Dritten Weg“ zwischen Kapitalismus und Kommunismus geben müsse. Dies ergab eine Umfrage des Meinungsforschungs-Instituts *FORSA* im Dezember 1997. Auch der bekannte Kommunismusforscher und Buchautor Wolfgang Leonhard prophezeite um dieselbe Zeit in der *Woche*, es werde mit Sicherheit dazu kommen, daß bei den Menschen das Verlangen nach einer völlig neuen Gesellschaftsordnung erwacht.

In der Tat gibt es einen „Dritten Weg“ – aber nicht „zwischen“, sondern jenseits von Kapitalismus und Kommunismus.

Die Grundeinrichtungen Geld und Boden

Voraussetzung ist die Erkenntnis, daß zuvor ein gewaltiges Hindernis aus dem Weg zu räumen ist: die ausbeuterischen Eigenschaften des altüberkommenen Geld- und Bodenrechts. Es geht in der Tat darum, ein *„Geld ohne Zins und Inflation“* zu schaffen.

Geld und Boden sind uranfängliche, grundlegende Einrichtungen. Auf ihnen baut sich alles weitere auf. Sie stellen die Grundfesten dar, auf denen jedes Gesellschaftsgebäude ruht bzw. ruhen sollte.

Grund und Boden ist eine unverzichtbare Lebensgrundlage. Er liefert Nahrungsmittel und Rohstoffe, kurzum, fast alles, was wir zum Leben brauchen. Auch zum Wohnen ist er unentbehrlich.

Ebenso nötig ist in der hochgradig arbeitsteiligen Wirtschaft von heute das Tauschmittel Geld. Hier lauten die Zusammenhänge so: Kein Geld – kein Warenaustausch – keine Wirtschaftstätigkeit – kein Leben.

Außerordentlich wichtig wäre es nun, daß diese zwei grundlegenden Einrichtungen eines jeden Staatswesens, die Geld- und Bodenordnung, keine Mängel haben.

Leider ist das durchaus nicht der Fall. Unser Geld ist immer noch mit den Urübeln Zins und Inflation behaftet. Der Löwenanteil der Bodenrente fließt weiterhin einer reichen Minderheit zu. Und wie ein Gebäude, das auf Rutschboden gebaut ist, unvermeidlich Risse bekommen und endlich einstürzen muß, so wird eine Gesellschaft, die sich nicht um die Gebrechen ihrer Geld- und Bodeneinrichtungen kümmert, regelmäßig in schlimme Krisen und schließlich Katastrophen hineingeraten.

Der erste Teil des vorliegenden Buches sollte diese Erkenntnisse vermitteln:

- **Die ungelöste soziale Frage wurzelt in der fehlerhaften Geld- und Bodenordnung.**
- **Daraus entspringen alle großen Schwierigkeiten, mit denen wir es heute zu tun haben:** Umweltverwüstung, Kulturzerstörung, Demokratieabbau, Wirtschaftskrise, Arbeitslosigkeit, Kriege u.v.a.m.
- **Ohne Verbesserung des fehlerhaften Geld- und Bodenrechts ist keines dieser Großprobleme lösbar.**

Worin aber besteht der Grundfehler des althergebrachten Geld- und Bodenrechts?

Besserer Umlaufsantrieb erforderlich

Geld hat aus sich heraus keinen Umlaufsantrieb. Freilich gibt man den größten Teil seines Monatseinkommens wieder aus, weil man ja zur Bestreitung seines Lebensunterhalts eine Menge einkaufen muß. Aber für den restlichen Teil, den man zu sparen geneigt ist, ist ein Anreiz erforderlich, soll man dazu gebracht werden, für kürzere oder längere Zeit auf die Verfügung darüber zu verzichten. Andernfalls würde man sein übriges Geld liquide halten, „horten", in Gestalt von Bar- oder Giralgeld. Man würde es ruhen lassen, nicht ausgeben.

Damit entzöge man es aber dem Geldkreislauf, was, wie bereits geschildert, üble Wirtschaftsstockungen auslösen könnte.

Geld kommt daher ohne Umlaufsantrieb nicht aus. Diesen Anstoß besorgen heute Zins und Inflation. Die aber haben die schon ausführlich beschriebenen schlimmen Nachteile.

Es geht darum – es sei nochmals gesagt –, für das Geld einen besseren Antriebsmotor zu finden.

Hortbarkeit von Geld und Boden

Weil Geld – auch Boden – aus sich heraus keinen Umlaufsantrieb besitzen, besteht das **Grundübel bei ihnen darin, daß sie seit jeher** – solange es ihren jeweiligen Besitzern behagt – **„hortbar" sind.**

Was ist darunter zu verstehen?

Zunächst sei die **Bodenfrage** betrachtet.

Der *Spiegel* schrieb dazu einmal (15/1981): „ *... ein Zehntel deutschen Baulandes wird gehortet ... Und das hat einen einleuchtenden Grund: Boden zu horten hat noch immer gelohnt ... In zwanzig Jahren verzehnfachte sich der Wert des Schorndorfer Grundes auf Spitzenpreise von 600 Mark je Quadratmeter.*"

Die Bodenhortung lohnt sich deshalb, weil im Vergleich zur Wertsteigerung die Grundsteuer unverhältnismäßig niedrig ist. Solche leistungslosen Gewinne kommen überwiegend einer Minderheit reicher Grundstückseigner zugute.

Wäre eine reine Grundsteuer (ohne Miterfassung der Gebäude) so hoch, daß die Bodenwertsteigerung neutralisiert würde, verlöre der Boden seine Hortbarkeit und wäre dann auch kein Spekulationsgegenstand mehr.

Soviel – vorläufig – zur Bodenhortbarkeit bzw. zur Bodenfrage.

Auch das Geld ist für Hortbarkeit anfällig.

Immer dann, wenn Zins und Inflation unter eine Mindestgrenze abzusinken beginnen – es war schon davon die Rede –, verlieren sie ihre Motorwirkung und setzt die Bar- und Buchgeldhortung ein. Jedermann, Kleinsparer wie Großgeldbesitzer, handelt da ähnlich. Schätzen sie erstens den Inflationsschaden und zweitens den Zinsverlust als gering und verschmerzbar ein, fühlen sie sich immer weniger gedrängt, auf die freie Verfügbarkeit über ihre Bargeldbestände zu verzichten.

Geldhortung aber löst Deflationskrisen aus.

Weshalb Zins und Inflation bisher Ewigkeitscharakter hatten

Um das Geld – trotz seiner Hortbarkeit – in Umlauf zu halten, sind heute also Dauerinflation, noch mehr aber ein angemessener Zins, unverzichtbar.

Die Inflation dient als „Peitsche", der Zins als „Zuckerbrot".

Die schleichende Dauerinflation ist allerdings eher ein Kennzeichen der modernen Geldpolitik. In früheren Jahrhunderten gab es gleichfalls größere und kleinere Inflationen, doch entsprangen sie mehr den Bereicherungsabsichten der Herrschenden: Sie druckten einfach Geld, wenn die Staatskasse leer war.

Zum Zins aber läßt sich sagen: **Da der Zins seit Anbeginn als Geldantriebsprämie unentbehrlich ist, besaß er bisher Ewigkeitscharakter und konnte nicht verschwinden.**

Für die Inflation gilt dasselbe: **Wenn Inflation als Geldumlaufspeitsche unverzichtbar ist – dann gibt es eben Inflation.**

Der Zins als *„Liquiditätsprämie"*

Man sollte meinen, daß Geld als Tauschmittel bzw. -vermittler den Tauschwaren gleichgestellt sei. Dem ist aber nicht so.

Der Warenbesitzer – Hersteller wie Händler – steht immerfort unter Angebotsdruck. Mißlingt der rasche Verkauf, erleidet er Verluste. Er hat beträchtliche *„Durchhaltekosten"* (Keynes), denn alle Erzeugnisse verlieren mit der Zeit an Wert: Sie verwelken, verfaulen, verderben, verrosten, veralten, verursachen Lagerkosten. Dazu einer der größten Wirtschaftswissenschaftler des 20. Jahrhunderts, J. M. Keynes: *„Die meisten Vermögensbestände, mit Ausnahme von Geld, erleiden einen Schwund oder bedingen Kosten lediglich durch den Zeitverlauf."* (J. M. Keynes: *Allgemeine Theorie der Beschäftigung, des Zinses und des Geldes*. Duncker und Humblodt, Berlin 1966, S. 189)

Beim Geld aber ist es anders. Von Hause aus wohnt ihm kein Antrieb inne. **Bei fehlender oder geringer Inflationsrate steht es nicht unter Angebotsdruck.** Seine Zurückhaltung kostet nichts. Es wird dadurch hortbar. Das verschafft ihm den Waren gegenüber eine Überlegenheit. **Und diese Überlegenheit findet ihren Ausdruck in einer „*Liquiditätsprämie*“,** einer Prämie für den Verzicht auf Liquidität. Keynes: *„Es ist eine Eigenheit des Geldes, daß ... seine Durchhaltekosten unbeachtlich, aber seine Liquiditätsprämie beträchtlich* [ist].*“* (*Allgemeine Theorie*, s. o., S. 189)

Weshalb Liquidität, d. h. Bargeldhaltung, mit einer Reihe von Vorteilen verknüpft ist, erklärt Keynes so: Wessen Kasse gefüllt ist, kann ungestört die laufenden Geschäfte erledigen (Faktor *„Umsatzmotiv“*); er besitzt einen finanziellen Rückhalt für die Unsicherheiten der Zukunft (*„Vorsichtsmotiv“*); und er kann jederzeit gewinnbringende Gelegenheiten nutzen (*„Spekulationsmotiv“*).

Denn Geld – wenn es in liquider Form vorliegt – ist immer und überall einsetzbar. Geld wird dadurch in der Wirtschaft zu einer Art **Universalschlüssel,** einem **„*Joker*“** (so der Spielkartenvergleich Prof. Dieter Suhrs), den jeder gerne in Empfang nimmt und dann nach Möglichkeit festhält. Waren hingegen werden erst dann „liquide“ und bringen Einkünfte, wenn sich dafür ein Käufer findet.

Den Verzicht auf all diese Liquiditätsvorteile läßt sich der Geldbesitzer durch eine „Prämie“ erstatten: den Zins. Der Zins vergoldet also den Hortungsverzicht. Keynes sagt deshalb, *„daß der Zinsfuß die Belohnung für die Aufgabe der Liquidität für einen bestimmten Zeitabschnitt ist“*, also *„die Belohnung für die Nichthortung“* des Geldes (S. 140).

Was ist Geld?

Obwohl also eine Zins-*„Belohnung“* ansteht, wenn der Geldbesitzer *„für einen bestimmten Zeitabschnitt“* auf die Liquidität seines Geldes zu verzichten bereit ist, müssen die Banken dennoch seiner Liquiditätsvorliebe weit entgegenkommen. Sie bieten ihm daher **Anlageformen** an, die **leicht liquidisierbar** (in Bargeld umwandelbar) sind – **und vergüten ihm trotzdem einen Zins.** Die *Volkswagen-Bank* beispielsweise hat schon vor Jahren ein *„Plus Konto“* eingerichtet, von dem wie bei einem Girokonto alles Geld jederzeit abrufbar ist – und zahlt dennoch einen Zins (September 1998: 3 Prozent; bei einem Zinssatz von 4,1 Prozent für zehnjährige Staatsanleihen!). Das ist deshalb möglich, weil offensichtlich durchschnittlich nur eine Minderheit von der sofortigen Abhebungsmöglichkeit Gebrauch macht. Trotzdem bleibt ein Risiko, vor allem in Krisenzeiten wie der unsrigen.

Wegen solcher banküblichen Zugeständnisse **verwischen sich die Grenzen zwischen Bargeld und Sparguthaben** und fällt es Ökonomen wie Zentralbanken immer schwerer, den Geldbegriff genauer zu fassen. Dieser ist inzwischen ins Unbestimmbare zerflossen: Zentralbankgeld, M1 (Bargeldumlauf plus Sichteinlagen), M2 (M1 plus Termingelder unter 4 Jahren), M3 (M2 plus Spareinlagen mit dreimonatiger Kündigungsfrist), seit neuestem: M3 erweitert (M3 plus Geldmarktfonds-Anteile u.a.m.) …

Auch dies ist zu beachten: Weil die Sparer langfristige Bindungen scheuen und statt dessen kurz- und bestenfalls mittelfristige Anlagen bevorzugen – und dies auch durchzusetzen wissen –, fehlen den Banken die Mittel, um auch nur annähernd die langfristigen Kreditwünsche ihrer Kundschaft erfüllen zu können. Sie sind deshalb – mit Erlaubnis des Kreditwesengesetzes! – zu oft **waghalsigen Manövern** gezwungen, z. B. **zur Finanzierung auch langfristiger Darlehen mit kurz- und mittelfristigen Einlagen,** oft bei veränderlichem Zinssatz. Durch all diese Kreditkonstruktionen kommt in die Wirtschaft sehr viel zusätzliche Unsicherheit hinein.

Heutiges Geld als Blockade-Instrument

Das Geld ist eine Einrichtung des öffentlichen Rechts und ein öffentliches Leihgut an alle. Sein Zweck ist, den Güteraustausch unter den Wirtschaftsteilnehmern zu ermöglichen bzw. zu erleichtern. Wer es also dem monetären Kreislauf entzieht, indem er es zurückhält – „hortet“-, unterbricht damit den Güterkreislauf und schadet anderen. Bei der heutigen Beschaffenheit des Geldes kann er das nicht nur straflos tun, im Gegenteil, er heimst sogar eine Belohnung, den Zins, ein, wenn er gnädigst unterläßt, eine gemeinschädliche Blockade fortzusetzen.

Bei allen anderen Leihgütern, z. B. privaten und öffentlichen Transportmitteln, geht man anders vor: **Wer Bücher, Kraftfahrzeuge oder Bundesbahn-Güterwagen ausborgt, muß dafür selbstverständlich eine Mietgebühr bezahlen.** Diese wirkt auch als Druckmittel – oder Strafe –, wenn man die ausgeliehenen Verkehrsmittel länger als nötig zurückhält. Deshalb säumt man hier nicht lange. Hier wird man keineswegs dafür belohnt, daß man das Ausgeliehene wieder zurückbringt. Es wäre nicht gerechtfertigt und außerdem weniger wirksam.

Nur beim öffentlichen Leihgut und „Verkehrsmittel“ Geldschein (bzw. Sichteinlage) ist es noch anders …

30. Die entscheidende Geldrechtsverbesserung

Ein Geld mit „*Durchhaltekosten*“

Das Kernstück einer Geldrechtsverbesserung muß darin bestehen, die Hortbarkeit, diesen dem Geld seit jeher anhaftenden Kardinalfehler, end-

gültig zu überwinden. Damit wäre etwas Entscheidendes gelungen: Bar- und Buchgeld sind jetzt ihrer Blockadeeigenschaften entkleidet und stehen somit unter demselben Angebotsdruck, dem das Tauschgut Unternehmenserzeugnis seit jeher unterliegt.

Die Forderung heißt also: Zins und Inflation, diese zwei altüberlieferten, äußerst destruktiven und unzuverlässigen Antriebsmotoren des Geldes, müssen durch einen konstruktiven Umlaufsanreiz ersetzt werden.

Aus dem bisher Gesagten ergibt sich folgerichtig, daß die Hortbarkeit von Bar- und Buchgeld am besten so beseitigt würde, daß man ihm ***„künstliche Durchhaltekosten“*,** so etwas wie eine Leih- und Benützungsgebühr, anheftet. (Keynes: *Allgemeine Theorie*, s. o., S. 196) Wir hätten dann *„rostende Banknoten“*, die ebenso wie Verbrauchs- und Gebrauchsgüter unter Angebotsdruck stehen.

Anders ausgedrückt: **Auf alles Bargeld – indirekt auch auf Giralgeld – muß eine Gebühr erhoben werden, die seinen Umlauf sichert.** Entsprechend ihrer Aufgabe kann man sie so nennen: Geldumlaufsicherungsgebühr, kürzer: Umlaufgebühr, (Geld-) Benützungsgebühr, Hortungsabgabe, Liquiditätsabgabe usw.

Wie das bei Wirtschaftsgütern schon immer der Fall ist, wäre dann auch das Tauschmittel Geld einem unaufhaltsamen Wertschwund ausgesetzt, stünde unter demselben Angebotsdruck und verlöre damit seine Überlegenheit. Diese Gebühr dürfte 4 bis 6 Prozent betragen (erst bei der praktischen Durchführung würde sich der angemessene Schwundsatz genauer ermitteln lassen). Ihre Wirkung soll sein – wie das mehr schlecht als recht auch bei der Dauerinflation geschieht –, die Vorteile der Bargeldhaltung zu neutralisieren bzw. zu beseitigen.

Dieses umlaufgesicherte Geld müßte auch dann noch in der Volkswirtschaft kreisen, wenn die Zinsbelohnung immer geringer wird und schließlich unter die bisher noch niemals dauerhaft durchbrochene Sperre der Liquiditätsprämie sinkt. Keynes selber – man höre und staune! – ist *„überzeugt“*, daß unter solchen Voraussetzungen der Zins tatsächlich verschwindet und somit der Kapitalismus mit seinen Zins- und Dividenden-*„Rentnern“* und *„funktionslosen Investoren“* eines *„sanften Todes“* stirbt. (S. 317)

Silvio Gesell – und seine Bewunderer

Der Kopernikus der Wirtschaftswissenschaften heißt Silvio Gesell (1862-1930).

Günter Hannich, Verfasser des Buches *Sprengstoff Geld. Wie das Kapitalsystem unsere Welt zerstört* (1998) faßte die Lebensleistung Gesells in die Worte (S. 105):

„Vor über hundert Jahren, im Jahr 1891, veröffentlichte der aus Deutschland stammende und in Argentinien tätige Kaufmann Silvio Gesell zum ersten

Mal zusammenfassende Gedanken zur Reformation des Geldwesens. Durch eingehende Beobachtung erkannte Gesell als einer der ersten den umfassenden Zusammenhang zwischen Schwankung des Durchschnittspreises und der umlaufenden Geldmenge. 1916 veröffentlichte er erstmals sein Hauptwerk 'Die natürliche Wirtschaftsordnung', in dem er ein geschlossenes Konzept vorstellte, welches sowohl die Störungen der Wirtschaft erklärte wie auch eine Lösung aufzeigte. Der Ausgangspunkt von Gesell war die Beobachtung, daß Geld eine Überlegenheit über Ware und Arbeit habe."

Gesell war es, der als erster die geniale Einsicht hatte, daß unser Geld einer Hortungsabgabe bedürfe, um seinen Umlauf zu sichern und somit Krisen zu verhindern.

Während der Weimarer Zeit versammelte sich um ihn eine große Schar begeisterter Anhänger; der große Durchbruch zur Öffentlichkeit gelang aber nicht. Die Professorenschaft verweigerte sich seinen Erkenntnissen. **John Maynard Keynes,** der bereits erwähnte hochberühmte englische Nationalökonom, befaßte sich erst später aufmerksamer mit Gesells *„Freiwirtschaftslehre"*. In seinem 1935 erschienenen grundlegenden Werk *Allgemeine Theorie der Beschäftigung, des Zinses und des Geldes* ist die Wirkung davon nachzulesen. Auf vielen Seiten setzte er sich mit Gesells Gedanken auseinander und stimmte ihnen in weiten Bereichen zu.

Allerdings hatte er auch Vorbehalte. Mit Recht. Gesell habe nur *„eine halbe Theorie des Zinsfußes aufgebaut"*, weil *„ihm die Vorstellung der Vorliebe für Liquidität entgangen"* sei. Diese eigene Erkenntnis befähigte Keynes zur Aufstellung einer Zinstheorie, die weit zutreffender und heute noch gültig ist. In den vorangegangenen Abschnitten wurde sie schon für die Überlegungen dieses Buches verwendet.

Dennoch habe Gesell, fährt der berühmte Engländer fort, *„seine Theorie weit genug entwickelt, um zu einem praktischen Schluß zu kommen"*, nämlich zu der Forderung, daß *„das Geld Durchhaltekosten bedingt"*, d. h. daß das Geld einer Umlaufsicherung bedürfe. Er lobt den Reformvorschlag mit den Worten: ***„Der hinter dem gestempelten* [= umlaufgesicherten] *Geld liegende Gedanke ist gesund."*** Er prophezeit: *„Ich glaube, daß die Zukunft mehr vom Geiste Gesells als von jenem von Marx lernen wird."*

Es ist einfach ein Skandal, daß die Ökonomen, die Keynes' grundlegendes Buch ja kennen müßten, über all diese Ausführungen hinwegzulesen pflegen, als seien sie nicht geschrieben worden.

Freilich sieht Keynes bei der praktischen Verwirklichung *„viele Schwierigkeiten"*, z. B. durch mögliches Ausweichen auf *„eine lange Reihe von Ersatzmitteln"* (S. 302) für das dann umlaufgesicherte Geld. Wir aber meinen, daß solche Probleme durch weitere Vorkehrungen sehr wohl in den Griff zu bekommen sind.

Jedenfalls hält Keynes es durchaus für möglich, daß – bei einem nicht hortbaren Geld – selbst *„innerhalb einer einzigen Generation"* der Zins verschwindet. Es sei *„der vernünftigste Weg"*, *„um allmählich die verschiedenen anstößigen Formen des Kapitalismus loszuwerden."* (*Allgemeine Theorie*, s. o., S. 185)

Natürlich stellen sich die Probleme, mit denen Gesell und Keynes sich beschäftigt haben, heute anders dar. Damals gab es noch nicht eine ähnlich steile Überentwicklung der Geldvermögen und Verschuldungen. Als drängendstes Übel ist inzwischen die Umwelt- und Wachstumsproblematik hinzugekommen. Die sozialen Krankheitsherde aber schwelen weiter wie eh und je – und flammen in vielen Ländern schon offen auf.

Gesell hatte noch weitere berühmte Bewunderer, z. B. den amerikanischen Ökonomieprofessor **Irving Fisher.** Keynes weist selber darauf hin, daß Fisher *„als einziger unter den akademischen Ökonomen ihre Bedeutung erkannt"* habe (S. 300). Dieser schrieb sogar, Gesells *„Freigeld könnte der beste Regulator der Umlaufgeschwindigkeit des Geldes sein, die der verwirrendste Faktor in der Stabilisierung des Preisniveaus ist."* Und er bekannte: *„Ich bin ein bescheidener Schüler des Kaufmanns Gesell."* (*Stamped Scripts*. New York, 1933. S. 67) Sein Versuch, in Amerika ein umlaufgesichertes Geld – *„stamped scripts* [gestempelte Geldscheine]*"* – einzuführen, scheiterte am Verbot des damaligen Präsidenten Franklin Roosevelt.

Alan Greenspan auf der richtigen Spur

Wie nahe auch Alan Greenspan, das berühmte Oberhaupt der US-Notenbank, der Lösung der Geldfrage inzwischen ist, zeigen seine Ausführungen, die er am 17. Februar 2000 vor dem US-Finanzausschuß machte (zitiert nach *CGW-Rundbrief*, September 2001):

„Hier ist vielleicht die Erinnerung daran angebracht, daß die Stabilisierung der Kaufkraft des Geldes vorrangiges Ziel aller Notenbanken ist. Diese Kaufkraftstabilität wird aber nicht nur von der Menge des Geldes im Verhältnis zum Angebot auf den Märkten bestimmt, sondern ebenso von seiner Einsatzhäufigkeit. ***Da diese Einsatzhäufigkeit jedoch eine schwankende und letztlich unbekannte Größe ist****, waren auch die Ergebnisse der Geldmengen-Steuerung und damit der Kaufkraftstabilität bislang unbefriedigend."*

Wenn Greenspan hier von der *„Einsatzhäufigkeit"* des Geldes spricht, meint er damit dessen Umlaufgeschwindigkeit. Könnte man diese zu einer festen Größe machen, wäre jede Notenbank in der Lage, auf Dauer *„Kaufkraftstabilität"* zu garantieren. Diese Erkenntnis ist Greenspan bisher anscheinend noch versagt. (Siehe auch die folgenden Ausführungen.)

Währungsstabilität erreichbar

Eine Währung ist dann stabil, wenn es der Notenbank gelingt, die umlaufende Geldmenge dem Waren- und Dienstleistungsangebot der Volkswirtschaft genauestens anzupassen. Es geht darum, dieses dynamische Gleichgewicht dauerhaft aufrechtzuerhalten.

Auskunft darüber, inwieweit sie dieses Ziel erreicht hat, ob sie also nicht einmal allzusehr auf die Inflationsseite geraten ist, geben eine Vielzahl von Warenpreis-Indices, z. B. der Lebenshaltungskosten-Index.

Unerläßliche Voraussetzung für die Stabilitätsbemühung der Zentralbank ist jedoch, daß sie beide Bestandteile der monetären Nachfrage – die Geldmenge und deren **Umlaufgeschwindigkeit** – fest im Griff hat.

Als Umlaufgeschwindigkeit bezeichnet man die Umsatzhäufigkeit einer Geldmenge. Wenn z. B. ein Hundermarkschein im Jahr zwanzig Mal den Besitzer wechselt, entwickelt er eine Kaufkraft von 20 x 100 = 2000 Mark. Wird er aber rascher ausgegeben, sagen wir 24 Mal, steigert sich seine Kaufwirkung auf 2400 Mark. Damit hätte sich seine Umlaufgeschwindigkeit um 20 Prozent erhöht.

Weil im herkömmlichen Geldsystem die Umlaufgeschwindigkeit unberechenbaren Schwankungen unterliegt – bald bewegt sich das Geld zu schnell, dann wieder zu träge –, ist damit eine weitere Schwierigkeit bezeichnet, weshalb den Notenbanken bisher die richtige Steuerung der Geldmenge immer wieder mißlang.

Die Erhebung einer Umlaufgebühr wird zur Folge haben, daß sich die Umlaufgeschwindigkeit von Bar- und Buchgeld verstetigt, zu einer festen und verläßlichen Größe wird. Die Notenbank brauchte sich dann nur noch um die richtige Bemessung der Geldmenge zu bekümmern. Und die hat sie – nach Freigabe der Wechselkurse – fest im Griff. **Sie wäre dann in der Lage, und zwar zum ersten Mal seit Beginn der Geldwirtschaft, die Währung dauerhaft zu stabilisieren.**

Umlaufsicherung in der Praxis

Bei **Sichteinlagen** ist die Abführung der Liquiditätsabgabe in der Praxis sehr einfach: Sie wird regelmäßig abgebucht. Ist sie beispielsweise auf jährlich ungefähr 6 Prozent festgesetzt, beträgt der wöchentliche Abzug – 6 geteilt durch 52 – rund ein neuntel Prozent.

Die **Bargeldbelastung** könnte sich so abspielen: Von Zeit zu Zeit und am besten unerwartet – etwa so wie bei der Radarüberwachung von Kraftfahrzeugen – ruft die Zentralbank eine Geldstückelung, beispielsweise die Hundertmarkscheine, zum Umtausch auf. Banken und sonstige Stellen, die mit der Rücknahme der vielleicht noch einen Monat gültigen Geldscheine befaßt sind, behalten darauf einen Abschlag ein, dessen Höhe so bemessen sein sollte, daß alles Bargeld zusammen jährlich etwa 6 Prozent an Wert verliert.

Zur Bargeldbehandlung gibt es noch weitere Vorschläge: kostenpflichtiges Bekleben oder Abstempeln freier Felder auf den Geldscheinen; Seriengeldausgabe u.a.m.

Sicherlich findet man bei der praktischen Erprobung Techniken der Umlaufsicherung, die noch bequemer zu handhaben sind.

Ein weiterer Vorschlag wäre: Zum Einkauf in Ladengeschäften führt jeder eine bei Banken aufladbare Geldkarte mit sich, die man ähnlich wie die Telefonkarte benützt. Im Unterschied zur letzteren aber unterliegt sie einem Chipgesteuerten Wertschwund gemäß der jährlichen Hortungsabgabe. Wohlgemerkt: Die Anonymität des Kaufvorgangs bleibt gewahrt! Münzen und kleinere Geldscheine (bis vielleicht 20 DM) bleiben aus praktischen Gründen (in begrenzter Menge) weiterhin in Verkehr, und zwar ohne Umlaufsicherung, die hier wohl verzichtbar ist. (Falls dringend erforderlich, könnte man die Schock-Methode anwenden und z. B. die 10-DM-Scheine hin und wieder unerwartet zum kostenpflichtigen Umtausch aufrufen.)

Liquiditätsabgabe – Zins in neuer Gestalt?

Der gelegentliche Einwand, mit der Umlaufgebühr habe sich doch wieder etwas ähnliches wie der Zins zurückgemeldet, läßt sich leicht entkräften:

- Erstens sind diese Gebühren im Vergleich zur Zinsbelastung sehr viel geringer: Ende 1997 waren in Deutschland etwa 400 Milliarden Mark Nachfragemittel wirklich in Umlauf (Bargeld plus Sichteinlagen, nach Abzug des gehorteten oder im Ausland befindlichen Anteils, der mehr als die Hälfte ausmachte). Bei einem Gebührensatz von 6 Prozent hätten also 24 Milliarden Mark entrichtet werden müssen. Im selben Jahr aber beliefen sich die Zinszahlungen von Staat, Wirtschaft und privaten Haushalten auf etwa 540 Milliarden Mark (bei deren Gesamtverschuldung von rund 9000 Milliarden Mark und einem angenommenen durchschnittlichen Sollzinssatz von 6 Prozent).
- Zweitens, und das ist das Entscheidende, kommen diese Zinszahlungen vor allem einer kleinen Minderheit ohnehin schon sehr reicher Privatleute zugute! Die Hortungsabgabe aber fließt in die Kasse irgendeiner öffentlichen Einrichtung, etwa der Notenbank – wie einst der Deutschen Bundesbank – und fällt der Allgemeinheit zu. Um den Betrag dieser Einnahmen könnten also, nach Abzug der mit dem Banknotenumtausch und sonstigen Arbeiten verknüpften Kosten, irgendwelche Steuern gesenkt werden.
- Drittens: Anders als der Zins hat die Hortungsabgabe eine sozial ausgleichende Wirkung. Wohlhabendere Haushalte und größere Firmen sind davon stärker betroffen, weil ihre liquiden Geldbestände in der Regel höher sind.

o Viertens: Die eingesammelten Umlaufgebühren könnten auch, wie die Bodenrente (s. Kap. 41), gleichmäßig je Kopf der Bevölkerung rückvergütet werden. Dann ist in Wahrheit derjenige, der einen durchschnittlichen Betrag seines Geldes liquide hält, mit der Hortungsgebühr fast gar nicht (abzüglich der Verwaltungskosten) belastet.

Liquiditätsabgabe – so etwas wie Inflation?

Man sollte wissen, daß der durch die Umlaufgebühr verursachte Wertschwund nicht mit dem schleichenden Geldwertverfall verwechselt werden darf, der für die Dauerinflation der letzten Jahrzehnte kennzeichnend war.

Zwar stimmt es, daß in beiden Fällen Bar- und Buchgeld eine Wertminderung erleiden und damit unter Angebotsdruck geraten. Das Besondere der freiwirtschaftlichen Geldrechtsverbesserung besteht aber darin, daß bei ihr Geldumlaufsicherung und Währungssteuerung säuberlich entkoppelt sind: Die Umlaufgebühr verringert nur den Wert der liquiden Mittel und löst nicht gleichzeitig – wie die Inflation – eine Währungsverschlechterung aus. Im Gegenteil, weil sie die Geldumlaufgeschwindigkeit zu einer festen Größe macht, ermöglicht sie im Grunde erst die Schaffung eines gleichbleibenden Gesamtpreisspiegels und damit den Werterhalt der Sparguthaben.

Flucht in die Sachwerte?

Muß unter Hergabedruck stehendes Geld nicht rasch wieder ausgegeben werden? Besteht hier nicht die Gefahr der Geldverschwendung? Wird das ungesunde Wirtschaftswachstum dadurch nicht noch mehr angeheizt, und führt das nicht zu einer noch schlimmeren Naturausplünderung?

Dazu diese Überlegungen: Der viel größere Teil der monatlichen Einkünfte – in Deutschland durchschnittlich 85 – 90 Prozent – wird für notwendige Einkäufe rasch wieder ausgegeben. Der Rest – 10 bis 15 Prozent – wird gespart: bei Banken, Lebensversicherungen, Renten- und Aktienfonds u.dgl.m. Als Anreizmittel dienen der Zins, die Dividende und Spekulationsgewinne. Welche Verheerungen von den letzteren ausgehen, wurde schon ausführlich dargestellt.

Ganz anders sind die Abläufe nach Erhebung einer Geldhortungabgabe. Dann müssen Bar- und Buchgeld, auch wenn sie unter Hergabedruck stehen, keineswegs sinnlos verschleudert werden. Der Ausweg heißt: sparen, und das gelingt weit besser als in den Zeiten davor. Deshalb: Die inflationäre Geldwertverschlechterung ist endgültig überwunden. Dank Umlaufsicherung ist die Stabilerhaltung des Geldwerts auf Dauer möglich. Für Geld, das man erübrigen kann, steht damit, gerade wenn man längerfristig spart, endlich, endlich ein sicherer Aufbewahrungsort bereit. Man wird es sehr reichlich dort hinbringen. Denn der Spartrieb als Ausdruck des Vorsorgeverlangens für die Zukunft ist im Menschen tief verankert.

Der leichtfertige Umgang mit Geld ist eher für die bisherigen Zustände kennzeichnend. Immer dann, wenn die Inflationsrate zu sehr in die Höhe geht, pflegen „Konsumrausch“, „Investitionswut“ und „Flucht in die Sachwerte“ einzusetzen – was eine noch größere *„Plünderung des Planeten“* (Herbert Gruhl) als traurige Begleiterscheinung hat.

31. Zur Wechselkursproblematik

Die Wechselkursfrage heute

Eine Zentralbank hat nur dann die Geldmenge fest im Griff, wenn der Wechselkurs gegenüber den Auslandswährungen frei pendeln kann. Sind im Rahmen eines Festkurssystems die Austauschverhältnisse zwischen den Währungen festgepflockt, muß die Notenbank immer dann am Devisenmarkt „intervenieren“, also z. B. Dollars aufkaufen oder abgeben, wenn es zu größeren Abweichungen kommt. Auf die stabilitätspolitischen Erfordernisse im eigenen Land kann sie dann keine Rücksicht nehmen.

Bundesbankpräsident Karl Otto Pöhl urteilte damals rückblickend über das einstige System von Bretton Woods: *„Die Bundesbank war in besonderem Maße das Opfer der Fehlentwicklungen im System fester Wechselkurse. Sie wurde das Ziel massiver Kapitalzuflüsse, die zu einer unerträglichen Inflationierung des inneren Geldkreislaufs führten. Allein zwischen Ende Januar und Anfang März (1973) hatte die Bundesbank per Saldo Devisen im Gegenwert von nicht weniger als 24 Milliarden DM aufnehmen müssen.“* (*Frankfurter Allgemeine Zeitung*, 1.3.1983)

Diese zusätzlich im Umlauf gebrachten DM trieben damals die Inflationsrate bis auf 7 Prozent hinauf.

Entgegen solchen Erkenntnissen Pöhls hat sich die Bundesrepublik später doch wieder in ein Korsett fester Wechselkurse einzwängen lassen – in das EWS (Europäisches Währungssystem) –, und hat damit ihre währungspolitische Automie großenteils eingebüßt. Aufgrund neuer spekulativer Angriffe ist das EWS jedoch Mitte der 90er Jahre so gut wie aufgegeben worden.

Jetzt hat man – im Zuge der Schaffung einer Einheitswährung, des Euro – die europäischen Länder endgültig in ein Festkurssystem eingebunden. **Dabei wäre genau das Umgekehrte, die Zulassung kleinerer Währungsräume, das Richtige!** In Kapitel 19 (Das Beipiel EU) wurde dazu einiges ausgeführt.

Wer drängt auf Festschreibung der Wechselkurse?

- In erster Linie ist es die Ausfuhrindustrie, welche, was durchaus verständlich ist, auf verläßliche Preisverhältnisse Wert legt.
- Auch das Finanzkapital wünscht stabile Zustände, weil andernfalls die Verlustrisiken zu groß sind.

o Währungsspekulanten haben an Festkursen gleichfalls ihre Freude, weil sich bei den unvermeidlichen Auf- und Abwertungen der Ländervaluten sehr viel Geld verdienen läßt. Die Spekulation gegen das Britische Pfund im Jahr 1995 verhalf Soros bekanntlich zu einem Beutegewinn von einer Milliarde Dollar.

o Das Bestehen auf Festkursen ergibt sich letztlich aus der Internationalisierung und Globalisierung der Wirtschaft, also aus dem Vorhandensein transnationaler Industrie- und Finanzkonzerne, für welche überall einheitliche Verhältnisse weit bequemer sind, auch solche im monetären Bereich.

o Schließlich steckt dahinter die ungelöste Geld- und Bodenfrage. Sie erst macht es möglich, daß Großkonzerne und Riesenmassen vagabundierender Gelder heranwachsen, die anlagesuchend um den Erdball kreisen, die die Börsen- und Wechselkurse bald in schwindelnde Höhen treiben – um sie dann beim Crash wieder in die Tiefe trudeln zu lassen.

Der Wechselkurs morgen

Wie wird – nach den freiwirtschaftlichen Umstellungen – die Zukunft aussehen?

o Bei einem Geld *„ohne Zins und Inflation"* steigen die Geldvermögen nur noch nach Maßgabe zusätzlicher menschlicher Arbeit, nicht mehr nach dem Zinseszinsprinzip. Sie nehmen also nur noch langsam zu oder pendeln sich auf einer gewissen Höhe ein – vor allem auf Kosten bisher überreicher Minderheiten, die davon nicht mehr so viel abkriegen.

o Es wird kaum mehr vagabundierende Geldmassen geben, die auf Anlagesuche sind, geschweige denn globusumkreisende. Das verhindert die Umlaufgebühr. Bargeldhaltung ist jetzt kostspielig! Stattdessen ist man bemüht, sein übriges Geld – möglichst langfristig – bei Banken und Sparkassen unterzubringen und Liquidität nach Möglichkeit zu vermeiden.

o Internationale Geldbewegungen – damit die Wechselkursspiegel – werden dann nicht mehr, wie leider noch heute, von sprunghaften spekulativen Erwägungen bestimmt, sondern hauptsächlich vom grenzüberschreitenden Waren- und Dienstleistungsverkehr. Plötzliche Währungsabstürze bleiben somit aus.

o Wenn die Währung eines Landes, dank umlaufgesichertem Geld, dauerhaft stabil geworden ist, stellt sich auch, von seiten dieses Landes, ein stabiler Wechselkurs ein. Denn mit der Ausschaltung der Inflation ist eine Hauptursache sinkender Wechselkurse beseitigt.

o Zwischen Ländern, die auf Währungsfestigkeit bedacht sind, ist auch der Außenwert ihres Geldes überwiegend stabil. Einseitige Zinserhöhungen (zur Kapitalanlockung), Festpflockungen oder sonstige marktwidrige Eingriffe sind dann nicht mehr nötig.

- Dann noch mögliche Wechselkursschwankungen haben eine heilsame Wirkung: So schützt z. B. ein sinkender Kurs ein Land vor der Übermacht eines wirtschaftlich fortgeschritteneren Nachbars und spornt es andererseits zum unternehmerischen Gleichziehen an.

Kapitalflucht?

Oft wird die Befürchtung geäußert, daß bei Niedrig- oder Nullzins eine Kapitalflucht ins Ausland einsetze, um wenigstens dort noch Zinsen zu erzielen. Wird das gelingen? Es sei daran erinnert, daß im neuen Währungssystem freie Wechselkurse gelten. Nimmt man an, daß Deutschland wieder zur Mark zurückgekehrt sei und die zinsüberwindende Geldreform durchgeführt habe, würde sich folgendes ereignen:

- Im Ausland spricht sich sehr bald herum, daß deutsches Finanzkapital keine Zinsen mehr abwirft; daß Liquidität sogar Kosten verursacht. Deshalb dürfte das Interesse an solchem Geld geringer sein. Mit anderen Worten: Auf dem Devisenmarkt wird man zinsloses und umlaufgesichertes deutsches Geld nur mit einem beträchtlichen Abschlag los. Dieser Wertverlust würde die Rendite-Erwartungen von Inhabern deutschen Fluchtkapitals zunichte machen.
- Stattdessen könnte sich ein Kapitalstrom auch in umgekehrter Richtung entwickeln: Weil im zinsfreien Deutschland die Güterherstellung jetzt konkurrenzlos preiswert geworden ist, locken große Gewinnspannen: einerseits bei Pionierfirmen, andrerseits wegen der Kostenvorteile gegenüber anderen Staaten. Das dürfte auch viele Ausländer zu Investitionen veranlassen.

Kurzum: Für bloße Kouponschneider, für „raffendes Kapital“ (um einer alten Wortprägung einen neuen Sinn zu geben) ist in Deutschland nichts mehr zu holen; für Wagnisgelder, für „schaffendes Kapital“ aber noch eine ganze Menge.

- Die vorausgegangenen Überlegungen zeigen, daß ein zinsfreies Deutschland schon wegen seiner wirtschaftlichen Besserstellung eine sehr ansteckende Wirkung hätte. Alle übrigen Länder würden sein Beispiel sehr rasch nachahmen wollen.
- Eine Kapitalflucht aus Deutschland würde auch aus dem bereits genannten Grund erschwert, daß es sehr viel weniger liquides und daher spekulativ verschiebbares Kapital gäbe: Wegen seiner Kostenpflichtigkeit müßte es sehr rasch mittel- und langfristig angelegt werden.
- Es käme nicht mehr zu einer zinseszinsbedingten Finanzkapitalschwemme, so daß die Notwendigkeit wegfiele, dafür weltweit nach Unterbringungsmöglichkeiten zu suchen.
- Schließlich würden sich in einer nachkapitalistischen Epoche auch ganz neue Betriebsformen entwickeln. Aktiengesellschaften herkömmlicher Art und Unternehmen als Schacherobjekt anonymer Eigentümer aus aller Welt gäbe

es möglicherweise nicht mehr. Das Kapital wäre fester an seine bisherige Wirkungsstätte gebunden und könnte sich so leicht nicht davonmachen.

o Zum besseren Verständnis trage noch dieser Hinweis bei: Fluchtgeld kehrt immer ins eigene Währungsgebiet zurück, weil es nur dort Verwendung findet. – Spricht man heute von „Kapitalflucht", so handelt es sich meist um Fremdwährungen – um „hartes" Geld, insbesondere Dollars –, die man vom Ausland erhielt (für irgendwelche Lieferungen; als Entwicklungshilfe; als IWF-Kredit usw.), die man aber bei ausländischen Banken beläßt, sie also gar nicht in eigene Währung umtauscht.

32. Weitere Merkmale eines besseren Geldwesens

Geldpolitik der künftigen Zentralbank

Indem das Geld durch die Hortungsabgabe zu einem stetigen Kreislauf durch die Wirtschaft angeregt wird, vereinfacht sich die Arbeit der Zentralbank ganz außerordentlich:

o Die bisherige Mindestreservepolitik, die zur Regulierung des Geldumlaufs gebraucht wurde, erübrigt sich.

o Diskont-, Lombard- und Offenmarktpolitik (und ähnliche Techniken der neugeschaffenen Europäischen Zentralbank), mittels deren heute noch Unternehmen und privaten Haushalten der Geldzugang bald erleichtert, bald erschwert wird, stellen sich gleichfalls als überflüssig heraus.

o Die Zentralbank hat dann nicht mehr die zusätzliche – und jetzt entbehrliche – Aufgabe, die *„Wirtschaftspolitik der Bundesregierung zu unterstützen"* (§ 12 BBankg). Ihr alleiniges Ziel ist die Währungssicherung, d. h. die Vermeidung von Inflation und Deflation. Hinsichtlich der Bemessung der Geldmenge hält sie sich an die Entwicklung der Warenpreis-Indices. Silvio Gesell schrieb dazu in der *Natürlichen Wirtschaftsordnung* (S. 244): *„Je nach den Ergebnissen dieser Ermittelung, je nachdem der Durchschnittspreis Neigung nach oben oder nach unten zeigt, wird der Geldumlauf eingeschränkt oder erweitert."* Ist das letztere erforderlich, überreicht die Zentralbank der Regierung neugeschaffenes und zinsloses Geld. Im selben Umfang kann diese daraufhin die Steuerlast ermäßigen. Privathaushalte und Unternehmen verfügen infolgedessen über mehr Geld, welches sie verbrauchen oder sparen oder investieren. Der *„Geldumlauf"* ist jetzt also *„erweitert"*. Gesell beschrieb den Vorgang so (S. 244): *„Um die Geldausgabe zu vergrößern, übergibt das Reichswährungsamt dem Finanzminister neues Geld, der es durch einen entsprechenden Abschlag von allen Steuern verausgabt."* Noch einfacher ist nach Gesell die Verminderung des Geldumlaufes: *„Denn da die Gesamtmenge des Geldes durch den Umlaufsverlust* [durch die Liquiditätsabgabe] *um 5 % jähr-*

lich abnimmt, so braucht man, um den Geldbestand zu vermindern, überhaupt nichts zu tun. Der etwaige Überschuß verbraucht sich selbsttätig. Genügt das nicht, so kann durch Steuerzuschlag nachgeholfen werden.“ Auch das letztere wäre leicht machbar: Für freilich andere Zwecke hat in den siebziger Jahren Finanz- und Wirtschaftsminister Karl Schiller bereits etwas ähnliches unternommen, nämlich eine (rückzahlbare) „Konjunktursausgleichsabgabe“ erhoben.

Gesell lieferte einen weiteren Vorschlag, wie das *„Währungsamt“*, d. h. die Zentralbank, die Geldmenge regeln könnte (S. 245): *„Der Zweck läßt sich auch erreichen, indem das Währungsamt Staatsschuldscheine kauft und verkauft“*, also durch eine neue Art von „Offenmarktpolitik“.

Etwas überspitzt, aber treffend faßt Gesell die sehr vereinfachte Arbeit der künftigen Zentralbank in die Worte (S. 245): *„Das ist die ganze Einrichtung. Eine* [Noten-] *Presse und ein Ofen* [zur Banknotenverbrennung]. *Einfach, billig, wirksam.“*

Stellung des neuen *„Währungsamtes“*

Eine Zentralbank sollte autonom und von *„Weisungen der Regierung unabhängig“* sein. Die *Deutsche Bundesbank*, die so etwas wie eine Einrichtung des öffentlichen Rechts ist, war das erfreulicherweise von Anfang an. Sie konnte vom Staat niemals als kostenlose Geldquelle mißbraucht werden. Daraus erklärt sich auch die relative Stabilität der Deutschen Mark.

Diese Unabhängigkeit läßt eine Zentralbank der Zukunft – man könnte sie wie Gesell auch *„Währungsamt“* nennen – nicht zu einem Staat im Staate werden, so wenig wie das beim Richterstand der Fall ist. Die Autonomie verschafft ihr nur den erforderlichen Freiraum, innerhalb dessen sie ihrem gesetzlichen Auftrag nachkommen kann, welcher so lautet: dauerhafte Bewahrung der Währungsfestigkeit. Freilich läßt sich dieser Auftrag erst nach den freiwirtschaftlichen Verbesserungen richtig und pflichtgemäß erfüllen.

Der einstige Bundesbankpräsident Tietmeyer hat zur Stellung einer Zentralbank in einem längeren Vortrag am 5. November 1998 einiges Passende gesagt (*Deutsche Bundesbank, Auszüge aus Presseartikeln*, Nr. 66/1998, S. 1ff.):

„Der Staat der sozialen Marktwirtschaft ist ein starker Staat; ein Staat, der sich partikularen Interessen verweigert und statt dessen ein Anwalt der Interessen der Gesamtheit ist, und zwar der längerfristigen; ein Staat, der Regeln setzt, die für alle gleichermaßen gelten ...

Und er hat auch zu prüfen, ob es effizienter sein kann, eine staatliche Aufgabe an eigenständige, ja unabhängige Institutionen zu delegieren. Ein Paradebeispiel ist die Delegation der staatlichen Aufgabe, für ein dauerhaft stabiles Geld zu sorgen, an eine von der Tagespolitik unabhängige Zentralbank ... ***Um zu delegieren, muß der Staat allerdings einen eindeutigen Auftrag an die unabhängige Zentralbank formulieren.“***

Rolle der Geschäftsbanken

Zu den Geschäftsbanken wäre anzumerken, daß es grundfalsch wäre, sie zu verstaatlichen. Wenn es übermächtige Privatbanken gibt, dann stecken dahinter dieselben Ursachen, die zur Herausbildung von Großkonzernen führten – nämlich die ungelöste Geldfrage.

Geschäftsbanken liegt es ob, Spargelder weiterzuvermitteln, und diesem Auftrag sollten sie, wie andere Unternehmen auch, im freien Wettbewerb nachkommen. Bei dieser Regelung fahren auch ihre Kunden am besten.

Einen Nullzins brauchen die Banken, sollte dieser Zustand eintreten, in keiner Weise zu fürchten. Banken leben seit jeher nicht etwa von den Zinsen selbst, sondern von der Zinsmarge, d. h. der Gewinnspanne zwischen Einlagen- und Verleihzinsen. Sofern zwischen Banken ein freier Wettbewerb herrscht, ist dafür gesorgt, daß diese Spanne nicht gar zu hoch wird. Den Nutzen davon hat zuallererst der Kunde. Solchen Bankeinkünften liegt eine wirkliche Arbeitsleistung zugrunde: die Weitervermittlung von Geldern an Kreditsuchende. Zudem muß noch, berechtigterweise, ein Risikoprämie verlangt werden. Völlig umsonst erhält man daher auch im Zeitalter der Zinslosigkeit ein Darlehen nicht. Es bleibt auch dabei, daß für eine Leihsumme Sicherheiten geboten werden müssen – und die Gewähr, daß sie zurückerstattet werden kann. Genauer betrachtet sind solche Bankforderungen keine Zinsen. Sie sind auch heute lediglich Bestandteil des Brutto- bzw. Nominalzinses.

Es sei hier auch darauf hingewiesen, daß von solchen Kreditaufschlägen kein Wachstumszwang ausgeht; sie fließen ja nicht an die Einlagengläubiger und vermehren daher nicht die Summe der Geld- bzw. Sparvermögen.

Kleinere Währungsgebiete vorteilhafter

Die Schaffung immer größerer Währungsräume ist ein Unding, schon allein aus ökonomischen Gründen. Im Kapitel über die EU und den Euro war davon die Rede.

Dem seien einige Überlegungen hinzugefügt.

Politisch war es vielleicht unvermeidlich, ökonomisch aber ein Fehler, nach der Maueröffnung im Jahr 1989 in den neuen Bundesländern von heute auf morgen die D-Mark einzuführen und die zwei Teile Deutschlands auch währungspolitisch zu vereinigen. Die Folgen waren katastrophal: In kürzester Zeit brach im hinzugekommenen Teil die gesamte Wirtschaft zusammen. Massenarbeitslosigkeit breitete sich aus, die bis heute andauert und hohe Unterstützungzahlungen nötig macht, welche 1997 angeblich die Rekordhöhe von 189 Mrd. Mark erreichten. Freilich spielte auch manches andere mit herein wie z. B. dies, daß ein Großteil der früheren Ausfuhrmärkte verloren ging, als Rußland und die anderen Ostländer ähnliche Umwälzungen erlebten.

Doch die wichtigste Ursache des raschen Niedergangs dürfte die vorschnelle Währungsunion gewesen sein. Damit waren die rückständigen „LPGs" und „Kombinate" der neuen Bundesländer dem Wettbewerb mit den hochrationalisierten Westbetrieben voll ausgesetzt – was vernichtende Folgen hatte.

Eine eigene Währung, die freilich nach westlichen Begriffen hätte verwaltet werden müssen, dazu frei bewegliche Wechselkurse, hätten das Schlimmste verhütet. Sie hätte den vom Kommunismus freigekommenen Deutschen die Möglichkeit und die Zeit gelassen, allmählich das Versäumte aufzuholen, sich nach eigenen Vorstellungen eine neue Wirtschaft aufzubauen, neues Eigentum zu schaffen – statt daß sie dann wie ein Kolonialgebiet von westlichen Konzernen und Finanzmaklern überrannt und in Besitz genommen worden wären.

Die **Schutzwirkung freier Wechselkurs** läßt sich so beschreiben: Bei mangelnder Wettbewerbsfähigkeit geht der Güterverkauf ins Ausland zurück; infolgedessen verringert sich die Nachfrage nach eigener Währung, so daß diese auf einen tieferen Stand absinkt. Das erleichtert jedoch den Güterabsatz nach draußen und verschafft allmählich wieder die Geldmittel, um den Rückstand aufzuholen. Andrerseits verteuert ein niedriger Wechselkurs auswärtige Waren, was deren Einfuhr erschwert. Auch das ist sinnvoll. So bleibt die einheimische Gütererzeugung vor auswärtigen Mitbewerbern weitgehend geschützt, sei sie nun tatsächlich rückständig oder will man auch aus Gründen der Natur- oder Traditionsbewahrung lieber am Älteren festhalten.

Ein frei schwankender Wechselkurs zwischen dem wirtschaftlich viel moderneren Westteil Deutschlands und den neuen Bundesländern hätte diesen also den Übergang in die neue Zeit wesentlicher verträglicher gemacht – und ihnen ökologische und sonstwie bessere Sonderentwicklungen verstattet.

Selbst in der alten Bundesrepublik wäre die Einteilung in zwei neue Währungsbereiche denkbar und hilfreich. Wegen ihrer besseren Wirtschaftsleistung müssen die Südländer Bayern und Baden-Württemberg schon seit vielen Jahren riesige Milliardenbeträge an Länder wie das Saarland, Rheinland-Pfalz, Niedersachsen und Schleswig-Holstein überweisen, wobei sich dieser Streit um den Länderfinanzausgleich immer mehr verschärft. Das ist nicht nur ein Art Geldstrafe für eine möglicherweise bessere Wirtschaftspolitik, sondern es zeigt auch an, daß die schwächeren Länder offensichtlich unter ungünstigeren Bedingungen wirtschaften, denen sie aus eigener Kraft bisher nicht entfliehen konnten. Ein Währungsverbund der Nordländer mit freiem Wechselkurs gegenüber dem Süden könnte einen Schutzraum schaffen, der neue, vielfältigere und bessere Entwicklungen zuließe. Man beachte auch, daß es bisher in Europa eine durchaus lebensfähige Währungsvielfalt gegeben hat, zu welcher so kleine Länder wie die Niederlande und Dänemark zählten (s. dazu einen Beitrag Günter Hannichs in der Zeitschrift *Der Dritte Weg*, September 1998, S. 28ff.).

Die Währungshoheit ist in Wahrheit eines der wichtigsten Souveränitätsrechte eines Staates. Ihr Verlust beraubt ihn weithin der Möglichkeit und des Rechts, die Verhältnisse im eigenen Land nach eigenen Vorstellungen zu gestalten.

Großwährungen als Spielfeld der Mächtigen

Doch statt die bisherige Währungsvielfalt zu belassen oder gar durch neue Beispiele zu bereichern, standen die Zeichen bekanntlich auf Vereinheitlichung bzw. Auslöschung von zehn bis zwölf Einzelwährungen durch den Euro allein im Bereich der heutigen EU.

Die treibende Kraft dahinter ist die zunehmende und völlig unnatürliche Kapitalzusammenballung bei immer weniger Leuten, Geldsammelstellen und Großkonzernen, die sich von kontinentalen Währungsräumen wirtschaftliche und politische Vorteile im Verdrängungsgerangel um die endgültige weltweite Vorherrschaft versprechen.

Die große Mehrheit der Menschen aber, kurzum: die Völker, werden die großen Verlierer sein. Schon ein paarmal war davon die Rede: Sie müssen es mit noch mehr Arbeitslosigkeit, zunehmender Armut, schrumpfender demokratischer Mitbestimmung, Wanderungszwängen, nationaler Entfremdung, Heimat- und Kulturverlust bezahlen.

Von einer Währung geht nämlich immer eine vereinheitlichende Wirkung aus. Sie schafft alle treffende Wettbewerbsbedingungen, denen sich niemand entziehen kann (es sei denn, er erhält staatliche Unterstützung). Unter kapitalistischen Verhältnissen ist dann im selben Währungsbereich jedermann denselben – schon mehrfach beschriebenen – zerstörerischen Zwängen unterworfen: dem Zwang zu wachsen, zu rationalisieren, in Massen zu produzieren, die Natur auszubeuten, den Konkurrenten zu vernichten, großmaßstäblich vorzugehen, zu globalisieren usw.

Wer völkerübergreifende Währungen, gar eine Weltwährung fordert und vorbereitet, schwächt bzw. beseitigt damit auch die Demokratie und befördert – bewußt oder ungewollt – länderübergreifende kapitalbestimmte Diktaturen, letztlich die Weltdiktatur.

33. Zusammensetzung des Zinses

Bestandteile des Zinses

Bis hierher wurde zum Zinsthema eine Menge Neues vorgebracht, so daß manches vermutlich noch der Erklärung bedarf. So lautet eine häufige Frage: Ist eine Marktwirtschaft ohne Zins überhaupt denkbar? Ist denn der Zins im Hinblick auf die Anlage freier Geldmittel nicht ein unverzichtbares Steuerinstrument?

Um auf diese Frage – und andere – erwidern zu können, ist es hilfreich, den Zinsaufbau zu betrachten. Wie aus dem Schaubild auf der nächsten Seite hervorgeht, ist der Nominalzins eine vielfach zusammengesetzte Größe.

Der **Kreditzins,** den man als Bankschuldner bezahlen muß, besteht erstens aus dem Bankaufschlag, der **Zinsmarge,** in Höhe von durchschnittlich etwa drei Prozent. Diese ist hauptsächlich eine Vergütung für den Dienst der Kreditvermittlung. Selbst wenn der Zins auf null sänke, müßte sie bezahlt werden. Sie ist somit kein wirklicher Bestandteil des Zinses.

Dasselbe gilt für die **Risikoprämie,** als Bestandteil des Bankaufschlags. Auch sie ist nichts Verwerfliches. Ihre Höhe kann sehr unterschiedlich sein, je nach Gefährdung eines Kredits.

Den Hauptteil des Kreditzinses macht der **Guthabenzins** aus, den die Bank an ihre Einleger, d. h. Geldgeber, zahlt.

Dieser setzt sich zusammen aus einem **Inflationsaufschlag,** dem Ausgleich für die Geldentwertung, und ferner dem **Realzins,** dem tatsächlichen Gewinn des Geldanlegers (ohne Berücksichtigung der Kapitalertragssteuer). Der Realzins errechnet sich aus dem Guthabenzins abzüglich der Inflationsrate.

Die **Inflationsprämie** als Zinsbestandteil ist also eine traurige Folge der laufenden Geldwertverschlechterung. Sie würde verschwinden, wenn die Notenbanken imstande wären, eine Politik wirklicher Währungsstabilität zu betreiben.

Der Knappheitspreis muß bleiben!

Der noch übrigbleibende Realzins ist gleichfalls eine zusammengesetzte Größe. Er besteht erstens aus dem **Grundzins** und zweitens einem **Knappheitsaufschlag.**

Der **Knappheitsaufschlag,** als Bestandteil des Nominal- bzw. Bruttozinses, tritt dann in Erscheinung, wenn die Nachfrage nach Finanzkapital dessen Angebot übersteigt. **Er kann und soll nicht abgeschafft werden!** Allein die Marktkräfte sollen über seine Höhe entscheiden! Der häufige Einwand geht völlig fehl, wenn uns vorgeworfen wird, wir wollten mit dem Zins auch das damit verkoppelte Steuerungselement beseitigen. Wir wollen hier keineswegs die Marktwirtschaft aushebeln!

Schaubild: Heutiger Zins

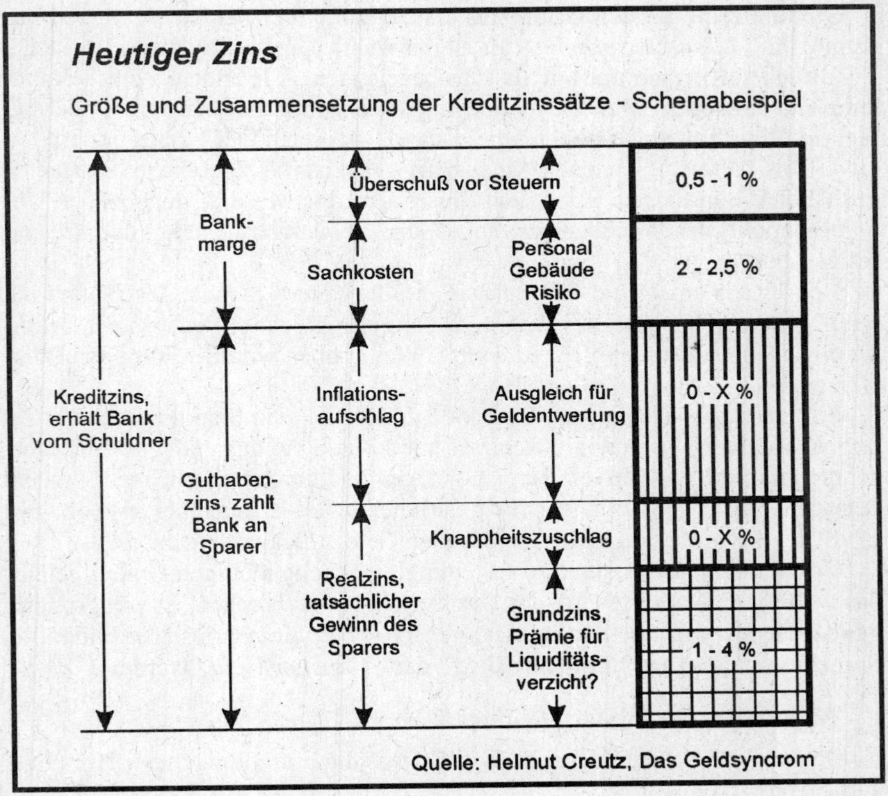

Das Kostenelement Knappheitsanzeiger muß und soll erhalten bleiben! Alle anderen Zinsbestandteile erfüllen diese wichtige Aufgabe nicht. Im Gegenteil, die Inflation verursacht bekanntlich eine sehr schädliche Fehllenkung des knappen Finanzkapitals. Und der Grundzins (von dem anschließend die Rede sein wird), kommt vor allem einer ohnehin schon reichen Minderheit zugute und wird dort verschwendet oder zu weiterer leistungsloser Geldhekkung von neuem angelegt.

Das Urübel Grundzins

Besonders an einer Stelle muß im Zinsaufbau tatsächlich etwas abgeschafft werden (allerdings auf marktwirtschaftliche Art), muß ein wettbewerbsfeindliches, verbrechensbeladenes, uraltes Monopol geschleift werden – beim **Grundzins.**

Silvio Gesell hat den Grundzins als *„Urzins"* bezeichnet; J. M. Keynes nannte ihn *„Liquiditätsprämie"*. Er ist der wahre Zins, die tiefste Störursache. Eigentlich sollte man nur ihn als Zins bezeichnen. Alle anderen Zinsbestandteile sind entweder Folgeerscheinungen (wie der Inflationsausgleich) oder berechtigte Forderungen (Bankmarge, Knappheitspreis). Der Urzins beträgt nur etwa 1 bis 4 Prozent – je nach Anlagefrist – und ist die eigentliche Ursache all der Übel, die in diesem Buch dem Zins zugeordnet wurden: der sozialen Ungerechtigkeit, des Wachstumszwanges, der Umweltverwüstung, der Arbeitslosigkeit usw.

Der Urzins entspringt der Hortbarkeit des Geldes (Silvio Gesell) und ist, wie Keynes herausgestellt hat, die *„Belohnung für die Aufgabe der Liquidität für einen bestimmten Zeitabschnitt"*. Weiter oben wurde schon darauf verwiesen.

Das im Urzins steckende Monopol entzieht sich den Marktkräften. Der auf dem Kapitalmarkt erzielbare Realzins hat deshalb bei uns in den letzten Jahrzehnten immer im positiven Bereich gelegen und durchschnittlich vier Prozent betragen. Aber wenn er längerfristig darunter sinkt – so auch bei uns von etwa 1998 ab – kommt es zu krisenauslösenden Geldzurückhaltungen.

Gesells Erkenntnis, daß die Erhebung einer regelmäßigen Umlaufgebühr das wohl beste Mittel sei, um das Urzinsmonopol zu brechen, ist von grundlegender Bedeutung. Sie habe zur Folge, schrieb er einmal in seiner bildhaften Sprache, daß aus dem *„Raubtier Geld"* das *„Haustier Geld"* werde.

Wirkungen der Umlaufgebühr

Das nächste Schaubild macht deutlich, was die Einführung dieser Hortungsabgabe bewirken könnte:

- Die Bankmarge müßte noch bezahlt werden.
- Der Inflationsausgleich ist verschwunden. Das dürfte sich sehr rasch ereignen, denn von jetzt ab sind die Zentralbanken zur Aufrechterhaltung strenger Währungsfestigkeit gesetzlich verpflichtet. Das kann man von ihnen verlangen, weil ihnen zur Erreichung dieses Ziels die technischen Mittel zur Verfügung stehen.
- Das Allerwichtigste ist geschehen: Der Urzins ist ausgemerzt. Das ist die Wirkung der laufend erhobenen Umlaufsicherungsgebühr, die voll auf die Liquiditätsprämie (den Urzins) abzielt und diese sehr schnell auf Null drückt. Der Geldbesitzer bzw. die Bank stehen jetzt nämlich, ähnlich dem Warenbesitzer, unter Weitergabedruck – weil ansonsten liquides Geld, dank Hortungsabgabe, „verrostet", d. h. einen Wertschwund erlitte! Auch hier stellt sich der Erfolg fast sofort ein.

o Übrig bleibt der Knappheits-„Zins“ bzw. die Knappheitsprämie. Die wird im kurzfristigen Bereich fast von Anfang an bei Null liegen, weil das Spargeldangebot sehr groß ist (so wie heute will auch nach der Geldreform jeder möglichst liquide bleiben). Im mittel- oder bestenfalls im langfristigen Bereich wird, je nach Angebot und Nachfrage, vielleicht noch eine kleiner Knappheits-„Zins“ von vielleicht 0,5 bis 2 Prozent herausspringen. Solche Prämien sind dann aber berechtigt!

Es ist aber zu beachten, daß die Hortungsabgabe, z. B. von 6 Prozent jährlich, die Sparer zunächst zur mittel- und dann langfristigen Geldanlage drängt, weil sie nur dann hoffen können, diesem Abzug zu entgehen. Die Banken, die nach Einzahlung der Gelder die Gebühr dafür an die Bundesbank zu entrichten haben, werden diese natürlich auf ihre Anleger überwälzen; und je mehr Spargelder (als nicht verleihbar) bei ihnen liegenbleiben, desto größer wird dann der Gebührenanteil, mit dem die betreffenden Sparer belastet werden. So müssen beispielsweise für kurzfristige Einlagen noch 6 oder 5 Prozent bezahlt werden, für mittelfristige vielleicht 3 und erst für langfristige kaum mehr ein oder gar null Prozent (weil sich hier Angebot und Nachfrage nach Kreditgeld die Waage halten). **Die Umlaufgebühr drängt also die Sparguthaben in die langfristige Anlage.**

Schaubild: Kreditverhältnisse nach der Geldreform

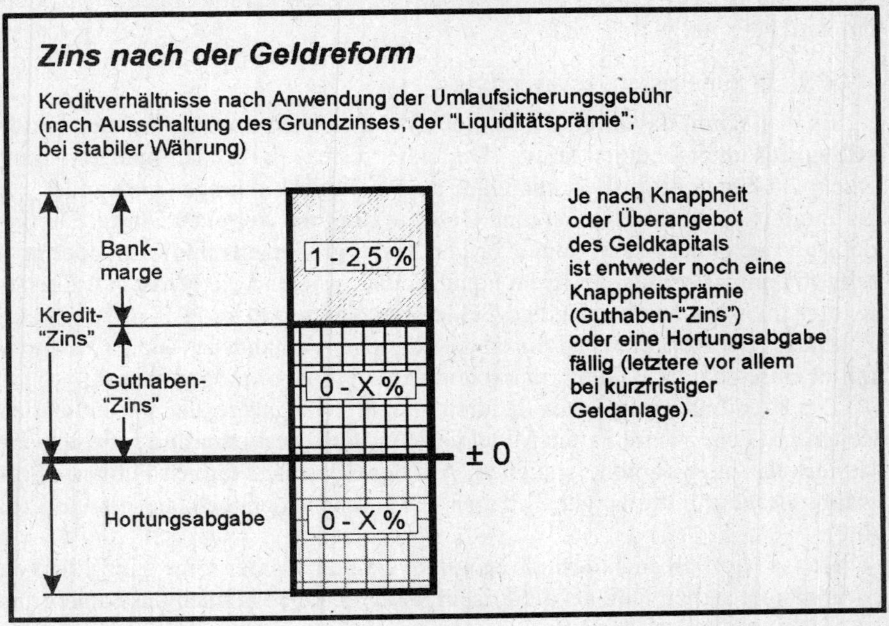

34. Zur Buchgeldfrage

Die Bedeutung des Buchgeldes

Bargeld spielt heute nur noch eine untergeordnete Rolle. Immer mehr Zahlungen – auch die im Endverkauf – erfolgen mittels Scheck oder Überweisung und zunehmend mit der Kreditkarte, also durch Abbuchungen vom Girokonto. **Also muß nicht nur das Bargeld, sondern noch viel mehr das Buchgeld von der Hortungsabgabe getroffen werden.**

Hierbei ist einiges Wichtige zu beachten.

Was ist mit Buchgeld gemeint?

Der Begriff Buchgeld wird in dieser Untersuchung im engeren Sinn verstanden, nämlich als Einzahlung aufs Girokonto. Gemeint sind also **Sichteinlagen** bzw. Giroguthaben bei Banken und Sparkassen, über welche deren Inhaber jederzeit verfügen kann.

Zum Umfang der zwei Geldarten: Ende 1997 betrug der „Bargeldumlauf" 276 Mrd. Mark; die Sichteinlagen erreichten 691 Mrd. Mark, überstiegen also den ersteren um weit mehr als das Doppelte. Ferner sollte man wissen, daß das Bargeld großenteils gar nicht „umläuft", sondern laut Bundesbank zu 30 bis 40 Prozent im Ausland befindlich ist oder bei uns als Schwarzgeld stilliegt, so daß nur etwas mehr als ein Drittel davon tatsächlich für Einkäufe verwendet wird.

Zwang zur Fristenverlängerung

Es war schon davon die Rede, daß man zwischen **zwei Arten der Geldstillegung** unterscheiden könne. Die erste besteht darin, daß man Bar- und Buchgeld länger als bisher ruhen läßt, also nicht für Zahlungen verwendet.

Zugleich gibt es seit jeher eine **Geldhortung im weiteren Sinne.** Sie findet statt, wenn der Sparer seine übrigen Mittel großenteils nur kurz- oder mittelfristig anlegt, zudem oft leicht liquidisierbar, während die Wirtschaft für viele ihrer Investitionen langfristige Gelder benötigt.

Dieses Mißverhältnis ist durch die seit jeher vorhandene – und als Druckmittel einsetzbare! – Geldhortbarkeit unvermeidlich vorprogrammiert.

Die Kreditinstitute geraten dadurch in eine Zwangslage, der sie seit uralten Zeiten mit dem zweifelhaften Mittel der **„Fristentransformation"** (Fristenverlängerung) zu entrinnen versuchen: Auf der Grundlage täglich fälliger, kurzwährender und mittellanger Einlagen gewähren sie dennoch langfristige Kredite.

Das ist freilich auch deshalb möglich, weil der Sparer seine Einzahlungen meist länger stehen läßt, als die Fristen besagen. Doch können die Banken aus einem anderen Grund und ziemlich unabhängig vom Sparerverhalten längerfristige Kredite zur Verfügung stellen: durch freie Buchgeldschöpfung (s. u.).

Unvermeidliche Betrügerei

Bei genauerer Betrachtung muß man die Fristentransformation – „aus kurz mach lang" – als eine Art Betrug am Sparer bezeichnen, auch wenn sie schon seit Jahrhunderten oder gar Jahrtausenden in Gebrauch ist und dadurch vielleicht als „geheiligt" erscheint. Der Inhaber eines Giroguthabens oder eines Sparbuchs nimmt das nur deshalb nicht übel, weil er vom längerfristigen Weiterverleih seiner Gelder nichts bemerkt; er kann ja weiterhin darüber verfügen; bei den Sichteinlagen jederzeit, bei den Sparbuchgeldern nach Ablauf der Frist.

Die Fristentransformation ist nur deshalb entschuldbar, weil sie bei der Beschaffenheit des heutigen Geldes – seine Hortbarkeit führt zu einem Mangel an langfristigen Einlagen – schlechthin unentbehrlich ist.

Aus diesem „Betrug" ergeben sich für die Kreditinstitute im Krisenfall – wenn ihre Gläubiger Bargeld sehen wollen und zu Tausenden anstürmen – schlimme Bargeldengpässe und **Zusammenbruchsgefahren, sogar für das gesamte internationale Finanzsystem.** Beim Börsenkrach im Oktober 1987 hätte sich das beinahe ereignet. In solchen Fällen bleibt als letzter Ausweg, daß die Zentralbanken, als „lender of last resort", mit neugedruckten Banknoten aushelfen. Das ist damals auch geschehen. Doch führt das unvermeidlich zu einem inflationsbegünstigenden Überhang von Geldmitteln beim großen Publikum. Der *Spiegel* berichtete (42/1990):

„Der Börsencrash weckte allenthalben düstere Erinnerungen an jenen 29. Oktober 1929, der die kapitalistischeWelt in eine katastrophale Rezession getrieben hatte. So weit wollten es die Politiker diesmal nicht kommen lassen, die Krise sollte nicht von den Finanzmärkten auf die ganze Welt übergreifen. Das Gegenmittel war allen klar: ***Die Nationalbanker in Japan, Nordamerika und Europa pumpten massiv Geld in die Wirtschaft.*** *"*

All das hat sich später bei der Asienkrise – in Südkorea, Thailand, Indonesien, Japan – und beim Rußlanddebakel wiederholt: Ein „Run" auf die Kreditinstitute, Bankzusammenbrüche, Bargeldhortung, Wirtschaftsstockungen, Massenelend, Rückkehr zur Tauschwirtschaft. Und Banker wie Politiker waren fieberhaft bemüht, ein Übergreifen auf die westlichen Länder und den weltweiten Absturz des Finanzsystems zu verhindern.

Buchgeldschöpfung

Bei einer ähnlichen, nicht leicht durchschaubaren Eigenheit des Bankwesens spielt die Fristentransformation gleichfalls eine Rolle: bei der **Buch- bzw. Kreditgeldschöpfung.**

Die Bankverantwortlichen wissen nämlich aus uralter Erfahrung, daß die Girokonto-Inhaber meistens mit Scheck oder Überweisung bezahlen und nur gelegentlich Bargeld abheben. Das gibt ihnen schon seit grauer Vorzeit die Möglichkeit, die Sichteinlagen großenteils weiterzuverleihen, auch wenn deren Besitzer über die sofortige Verfügung darüber keineswegs verzichtet hat und damit sogar weiterhin Zahlungen vornimmt. Er tut das sozusagen mit fast gänzlich entleerten Geldschatullen, was aber weder ihm noch dem Empfänger der Überweisung klar bewußt ist. Sind sie doch beide des Glaubens, daß sie ihr Buchgeld jederzeit in greifbares Bargeld zurücktauschen können.

Buchungstechnische Schwierigkeiten gibt es bei solchen Doppelverwendungen nicht.

In der Broschüre *Unser Geld. Ein Heft für die Schule* (Ausgabe 1994/95), zu dem der frühere Bundesbankpräsident Tietmeyer und Stellvertreter Gaddum das Geleitwort verfaßten, heißt es hierzu:

„Die Notenbank muß dafür sorgen, daß nicht zuviel Geld im Umlauf ist und daß der Wert des Geldes stabil bleibt. Diese Aufgabe der Notenbank wird dadurch erschwert, daß nicht nur Banknoten und Münzen Geldeigenschaften besitzen ...

Wie wir bereits gesehen haben, entsteht Giralgeld durch Bareinzahlungen auf Bankkonten. ***Wichtiger aber ist, daß die Geld- und Kreditinstitute auch von sich aus Giralgeld schaffen können.*** *Vor allem durch die* ***Kreditgewährung*** *an ihre Kunden beteiligen sie sich an der sogenannten* ***Geldschöpfung.“*** (S. 2 und 12)

Umfang der Buchgeldschöpfung

Auf Seite 2 erfährt man noch: ***„Der größere Teil des Geldes, das sogenannte Buchgeld,*** *wird nämlich im Verkehr mit den Banken geschaffen, über das z. B. mit Scheck oder Überweisung relativ einfach verfügt werden kann."*

Wie umfangreich die Kreditgeldschöpfung der Geschäftsbanken ist, ergibt sich bereits daraus, daß die Bestände der Sichteinlagen schon seit langem den Bargeldumlauf um mehr als das Doppelte übersteigen. Doch ist in Wirklichkeit das Verhältnis noch viel krasser. Wie schon mitgeteilt, läuft vermutlich nur etwas mehr als ein Drittel der ausgegebenen Barmittel in Deutschland wirklich um. Zudem sollte man die Gesamtsumme der Sichteinlagen (1997: 691 Mrd. DM) strenggenommen nur auf die Kassenbestände aller Kreditinstitute beziehen (die betrugen Ende 1997 lediglich rund 30 Milliarden Mark) und teilweise die Zentralbankguthaben der Banken, soweit sie regelmäßig in Anspruch genommen werden. Das bankerzeugte Buchgeld zeigt also riesige Ausmaße.

Grenzen der Buchgeldschöpfung

Freilich können die Banken heute nicht endlos durch Bargeld nicht gedeckte Kredite schaffen. Aus mehreren Gründen:

o Erstens müssen in ausreichender Anzahl Kreditsuchende da sein, die entsprechende Sicherheiten bieten können.

o Zweitens gibt es eine Art *„automatischer Steuerung“* (*Unser Geld*, S. 13): *„Die Giralgeldvermehrung setzt sich nämlich immer dann nicht mehr fort, wenn das Giralgeld wieder in Bargeld zurückverwandelt wird.“* Wenn beispielsweise die Barabhebungen der Kunden ein Zehntel aller Giralgelder betreffen, können diese bestenfalls auf das Zehnfache der Barbestände bei den Banken ansteigen.

o Drittens müssen die Banken bei der *Bundesbank* – jetzt bei der *Europäischen Zentralbank*, freilich in geringerem Umfang – sogenannte *„Mindestreserven“* unterhalten: *„Das sind unverzinsliche Guthaben, deren Betrag sich nach der Höhe der Kundeneinlagen bei den Banken richtet. Je mehr Giralgeld die Banken schaffen, desto mehr Zentralbankgeld* [Bargeld bzw. Zentralbankguthaben] *brauchen sie: Zum einen für die auf ihre Kundeneinlagen zu haltenden Mindestreserven und zum anderen für die Barabhebungen der Kunden.“* (Anmerkung: Bei der *EZB* werden die Mindestreserven inzwischen verzinst.)

Die Verfasser der Schrift *Unser Geld* kommen zu dem Schluß: *„Das Monopol auf Zentralbankgeld ist somit der Hebel, mit dem die Deutsche Bundesbank die Geldschöpfung der Banken zu steuern versucht.“*

Die *Bundesbank „versucht“* es – eine ganz sichere Steuerung ist also nicht möglich!

o Viertens *„versucht“* die *Bundesbank*, die Buchgeldschöpfung der Kreditinstitute auf die Weise in den Griff zu bekommen, daß sie auch bei der Fristentransformation die Einhaltung bestimmter Regeln überwacht. Die sind in den *„Grundsätzen I, II und III“* des *„Kreditwesengesetzes“* niedergelegt und schreiben vor, bis zu welchen Grenzen Fristenverlängerungen gestattet sind. Z. B. dürfen (täglich fällige!) Sichteinlagen zu 60 Prozent für Kredite mit einer Laufzeit von bis zu 4 Jahren verwendet werden; 10 Prozent sogar länger als 4 Jahre. Bei den Sparguthaben mittlerer Fristigkeiten (von 3 Monaten bis unter 4 Jahren) sieht es so aus, daß die Banken 60 Prozent davon langdauernd, also für mehr als 4 Jahre, verleihen dürfen; usw. (Diese *„Grundsätze“* wurden Ende 1999 allerdings etwas abgeändert und praxisnäher gestaltet.)

Buchgeldschöpfung einst …

Die Kreditgeldschöpfung ist, wie gesagt, seit jeher üblich. Um sie noch besser begreiflich zu machen, sei auf ganz ähnliche Vorgehensweisen der Goldschmied-Banken früherer Jahrhunderte eingegangen.

Sehr anschaulich werden sie von den beiden Wirtschaftswissenschaftlern Joan Robertson und John Eatwell in ihrem 1974 veröffentlichten Buch *Einführung in die Volkswirtschaftslehre* geschildert (S. 308f.):

„Als das Kreditwesen noch wenig entwickelt war, bildeten Goldmünzen das allgemein anerkannte Zahlungsmittel. Da es gefährlich war, Gold zu Hause zu halten, deponierten die reichen Individuen das, was sie hatten, bei Goldschmieden, damit diese es in ihre Stahlkammern einschlössen. Dann konnte die Quittung, die für das Gold, das dem Individuum gehörte, ausgestellt wurde, als Zahlungsmittel benutzt werden. Schulden zwischen den Individuen wurden mit einem Stück Papier beglichen, und der Goldschmied notierte den Besitzwechsel des Goldes in seinem Tresor. Später wurden Noten gedruckt, die einen bestimmten Anspruch auf Gold auswiesen und die ein geeignetes Zahlungsmittel darstellten. Hieraus folgte die Grundregel des Bankwesens. Noten konnten gedruckt und ausgeliehen werden, um Geschäfte zu finanzieren. Ein Schuldner benutzte Noten, um seine Lieferanten zu bezahlen, und umgekehrt benutzten sie die Empfänger, und so zirkulierten sie weiter und kamen nur selten zu der Bank zurück, um gegen Gold eingetauscht zu werden. ***Daher konnten Ansprüche auf dasselbe Gold in zehn- oder zwölffacher Höhe bestehen,*** *die Bank jedoch blieb zahlungsfähig.*

So 'schufen' die Banken 'Geld'. *Ein Zahlungsmittel war geschaffen worden, welches allgemein anerkannt war, da es für jedes Individuum Gold darstellte, obgleich, wenn alle auf einmal Gold verlangt hätten, sie es nicht bekommen konnten. Solange der Kredit der Bank* [d. h. ihre Glaubwürdigkeit] *aufrecht erhalten wurde, standen sich die ursprünglichen Goldbesitzer nicht schlechter, während die Volkswirtschaft durch die tatsächliche Produktion, die die Kreditnehmer durchführen konnten, bereichert wurde. Aber wenn aus irgendeinem Grund, gleichviel ob richtig oder falsch, eine* ***Bank in den Verdacht*** *geriet, zahlungsunfähig zu sein, pflegte ein* ***Ansturm*** *einzusetzen, wobei jeder Einleger versuchte, seine eigenen Noten vor den anderen umzuwechseln.* ***Die Bank schloß ihre Tore und die Noten wurden wertlos.“***

Was damals die Goldschmiede betrieben, war unbezweifelbar eine – wenn auch für die Wirtschaft nützliche – Ausweitung der monetären Nachfrage, war zugleich aber, genauer besehen, eine **Geldfälscherei bzw. Scheckbetrügerei** von beträchtlichen Ausmaßen.

Sie vermehrten nämlich – zur besseren Verdeutlichung sei es wiederholt – die Depot-*„Quittungen“* (die alle Goldansprüche darstellten!) weit über die Metallvorräte hinaus. Sie hatten nämlich bemerkt, daß ihre Kunden im Geschäftsverkehr meist mit einem *„Stück Papier“* bzw. *„Noten“* bezahlten und nur selten das hinterlegte Edelmetall verlangten. Diese „Betrügerei“, wenn man es so nennen will, flog dann auf, wenn die Goldschmiedsbank aus irgendeinem

Grund das Vertrauen ihrer Anleger verlor. Brach dann ein *„Ansturm"* los und wollte eine größere Zahl von Berechtigten ihre Noten in Gold umwandeln, wurde die Zahlungsunfähigkeit der Bank offenkundig, und sie brach zusammen. Dann waren die *„Noten ... wertlos."*

Die **Grundursache** steckte darin, daß die Goldschmiede zehn- oder zwölfmal mehr Banknoten in Umlauf brachten, als sie Gold empfingen, so daß *„Ansprüche auf dasselbe Gold in zehn- oder zwölffacher Höhe"* entstanden.

Buchgeldschöpfung heute

Auf genau dieselbe Weise wird auch heute noch Kreditgeld geschaffen. Robertson und Eatwell:

„In den meisten Ländern ist die Notenversorgung heute vom Staat übernommen, und die Noten sind offizielles Geld, dem der Status eines gesetzlichen Zahlungsmittels gegeben wurde ...

Die Banken halten nun Reserven in gesetzlichen Zahlungsmitteln, aber dieselbe Grundregel des Bankwesens wird auch jetzt angewandt ..."

Das soll heißen: An die Stelle der Edelmetalle von einst sind heute Banknoten (und Münzen) getreten, und statt der Depotquittungen sind heute Schecks und Überweisungen in Gebrauch. Und so wie damals statt der Edelmetalle die Depositenscheine umliefen, so wird heute statt mit Bargeld überwiegend mit Buchgeld, d. h. mit Schecks, Überweisungen und immer mehr mit der Kreditkarte bezahlt, also mit Abbuchungen vom Girokonto. Nur bei den kleineren alltäglichen Einkäufen (die sich freilich auch zu größeren Summen aufaddieren können) verwendet man noch Bargeld, also Banknoten und Münzen.

Das aber gibt den Banken die Möglichkeit – und hier wird der eigentliche Ursprung der Buchgeldschöpfung sichtbar –, über ein und denselben aufs Girokonto eingezahlten Bargeldbetrag gleichzeitig viele andere Kunden verfügen zu lassen, weiterhin den Ersteinzahler und außerdem eine stattliche Anzahl von Kreditnehmern einschließlich deren Zahlungsempfängern.

Banken und Sparkassen errichten also auf der schmalen Basis einer einmaligen Bargeldeinlage einen wahren Turm von Buchgeldkrediten, die in Wirklichkeit „Schwindelgeld" sind.

Im Ernstfall – und zur Verhinderung von Schlimmerem – sind aber die meisten Notenbanken, jedenfalls eine Zeitlang, bereit, dieses Scheingeld mit zusätzlichen Banknoten zu unterfüttern – leider dann mit Inflationsgeld.

35. Strenge Fristenkongruenz

Weiterhin Fristentransformation?

Die wichtigste freiwirtschaftliche Forderung heißt: Erhebung einer Umlaufsicherungsgebühr auf Bar- wie Buchgeld. Annahme ist, sie sei verwirklicht. (Auch eine unverzichtbare begleitende Maßregel, die Belastung aller Zentralbankguthaben der Banken mit derselben Abgabe, sei eingeführt.)

Würde jedoch den Geschäftsbanken die Fristenverlängerung – somit die Möglichkeit der autonomen Kreditgeldschöpfung – weiterhin zugestanden, müßte die Geldreform mißlingen.

Aus mehreren Gründen:

- Erstens besäße dann die Notenbank nicht die volle Herrschaft über die Geldmenge, was ihr die zielgenaue Währungslenkung sehr erschwerte. Denn die Geschäftsbanken wären dann immer noch in der Lage, das mengenmäßig weit überwiegende Buchgeld zu schaffen bzw. dies zu unterlassen. Somit hätte die Notenbank den Faktor Geldmenge so wie bisher nicht fest im Griff.
- Bei einem Bankenkrach wäre die Zentralbank weiterhin gezwungen – im schlimmsten Fall zur Rettung des internationalen Finanzsystems –, mit zusätzlichem (inflationsbegünstigendem) Bargeld auszuhelfen.
- Am störendsten aber ist ein dritter Umstand: Auch wenn Buchgeld – so wie Bargeld – mit einer Hortungsabgabe belastet würde, ergäben sich **bei weiterhin erlaubter Fristenverlängerung zahlreiche Ausweichmöglichkeiten.**

Denn was geschähe? Dies: Jedermann räumt so schnell wie möglich sein Girokonto leer und wählt stattdessen kurzfristige und leicht auflösbare Termineinlagen als neuen Fluchtort für seine Barmittel. Hier ist man der Umlaufsicherungsgebühr großenteils entwischt und kann von neuem der Hortung frönen – ähnlich erfolgreich wie zuvor bei den Sichteinlagen.

Freilich bliebe der Zentralbank die Möglichkeit, auch die Termineinlagen, angefangen bei den sehr kurzfristigen, mit einer Zwangsabgabe zu bedrängen. Aber in welcher Höhe? Zum vollen Gebührensatz? Um wieviel weniger? Und wie soll man verfahren, wenn die Gelder, um diesen Kosten zu entgehen, in etwas längere Sparformen zurückweichen? Soll man dann von neuem mit der Gebührenpeitsche zuschlagen? Wie weit soll man sich auf dieses Spiel einlassen? Kurzum: Das Ganze riecht nach Dirigismus und willkürlicher Gebührenfestsetzung.

Man bedenke auch: Unterstützt werden diese Ausweichmöglichkeiten der Sparer durch die Erlaubnis der Fristenverlängerung. So wie heute würden die Banken das auf den Konten gehortete Geld nicht nutzlos dort stehenlassen, sondern großenteils gewinnbringend verleihen. Auf den kürzerfristigen Konten bliebe nur ein kleiner Liquiditätsrest zurück. Infolgedessen wären diese insgesamt nur mit einem kleinen Bruchteil der Hortungsgebühr belastet. Das hieße auch, daß die Banken nur diesen Restbetrag auf ihre Einzahler überwälzen müßten. Genau das gleiche spielte sich auf den mittelfristigen Konten ab: Auch hier würde sich der Druck der Hortungabgabe sehr verringern, weil die Banken alle jeweils liegenbleibenden Spareinlagen weiterverborgen oder sonstwie anlegen könnten bzw. – aus Konkurrenzgründen – müßten.

Bei einer solch abgemagerten Abgabe würde jedoch die Liquiditätsprämie keineswegs auf null gedrückt. Die Hortungsmöglichkeit bestünde fort und damit die Notwendigkeit einer Zinszahlung als Geldumlaufsantrieb. Das aber hieße, daß trotz Einführung der Liquiditätsabgabe der Zins nicht verschwände – und daher nicht eines der mit dem Zins verknüpften Übel.

Kurzum: **Mit einer solch unvollständigen Geldreform erreicht man bei weitem nicht das gesteckte Ziel.**

Fristenkongruenz als Ausweg

Das Ergebnis aus den bisherigen Überlegungen lautet: **Die Erhebung einer Umlaufsicherungsgebühr auf alle Liquidität bringt** – als wichtigste Neuerung – **nur dann den erhofften Erfolg, wenn gleichzeitig die Erlaubnis der Fristenverlängerung abgeschafft wird.**

Die Banken müssen deshalb gesetzlich dazu verpflichtet werden, **Fristenkongruenz** zu beachten (d. h. die Übereinstimmung der Laufzeiten von Einlagen und Krediten).

Das würde bedeuten, daß die auf den Konten liegenbleibenden Gelder von den Banken nicht anderweitig verliehen oder für Wertpapierkäufe verwendet werden dürfen.

Damit wäre eine uralte, immer wieder störende, im Grunde betrügerische Vorgehensweise beseitigt; die freilich bei der Mangelhaftigkeit des überlieferten Geldes bisher nicht vermeidbar war und deshalb zu entschuldigen ist.

Bei Fristenübereinstimmung sind Bar- und Buchgeld so eng miteinander verknüpft, daß man sie als identische Größen bezeichnen kann.

Gilt Fristenübereinstimmung, würde es ausreichen, allein das Bargeld (aber auch die Guthaben der Kreditinstitute bei der Zentralbank!) zu belasten. Dann schlüge die Umlaufgebühr, die das Bargeld trifft, voll auf die Sichteinlagen durch (zugleich auf die Zentralbankguthaben, s. weiter unten). Beide Geldarten stünden dann unter genau dem gleichen Angebotszwang.

Gewährsleute

Die hier vorgetragenen Gedanken sind keineswegs neu (obwohl sie in freiwirtschaftlichen Kreisen gegenwärtig kaum erörtert werden). Nicht wenige Wirtschaftswissenschaftler – darunter sehr angesehene – sind hinsichtlich der

Fristenverlängerung zu ganz ähnlichen Ergebnissen gekommen. Milton Friedman beispielsweise, laut *Gabler Wirtschaftslexikon* der *„bedeutendste amerikanische Nationalökonom"*, hat in seinem *Chicago-Plan* – zur besseren Beherrschung der Geldmenge – eine 100prozentige Bargeldabdeckung der Giroguthaben gefordert. Auch Bernd Senf, Professor der Volkswirtschaftslehre in Berlin, spricht sich in seinem 1996 erschienenen Buch *Der Nebel um das Geld* für eine noch umfassendere Fristenkongruenz aus. Unter Verweis auf die letzte Weltwirtschaftskrise mit ihren Bankzusammenbrüchen und im Hinblick auf jüngere Vorfälle dieser Art schreibt er (S. 171):

„Ganz ähnlich scheint mir die Gefahr im bestehenden Geldsystem mit Giralgeldschöpfung zu sein, in dem die Sichteinlagen nur zu einem kleinen Teil durch Barreserven gedeckt sind. *Für den Normalbetrieb reicht diese Deckung erfahrungsgemäß völlig aus. Aber wer will ausschließen, daß es nicht eines Tages zu dramatischen Zuspitzungen politischer oder währungspolitischer Ereignisse mit einem entsprechenden Sturm auf die Banken kommt – und trotz Feuerwehrfond eine Kette von Bankzusammenbrüchen ausgelöst wird? Das Risiko hierfür wäre wesentlich geringer, wenn die Sichteinlagen zu 100 % durch Barreserven gedeckt wären. Oder ganz allgemein:* ***Wenn die Fristen in der Ausleihung von Geldern mit den Fristen der Geldanlage zur Deckung gebracht würden:*** *Täglich fällige Einlagen dürften gar nicht ausgeliehen werden, Termingelder mit z. B. einmonatiger Kündigungsfrist dürften nur für einen Monat ausgeliehen werden; aus drei Jahre festgelegten Spargeldern könnten Kredite mit einer dreijährigen Laufzeit vergeben werden.* ***Dann wären die Verhältnisse klar, einfach und durchschaubar – und vor allen Dingen wäre das Risiko plötzlicher Bankzusammenbrüche und entsprechender Kettenreaktionen deutlich geringer.*** *Bei entsprechendem politischem Willen sollte es auch wirksame Mittel geben, die Einhaltung solcher Regeln bei den Geschäftsbanken durchzusetzen."*

Das müßte schon deshalb möglich sein, weil die Beachtung der viel verwickelteren Vorschriften zur Fristentransformation, wie sie in den *„Grundsätzen I und II"* des Kreditwesengesetzes niedergelegt sind, bereits heute von der Bundesbank gegenüber den Kreditinstituten durchgesetzt und laufend überwacht wird.

Barreserve von jeweils 100 Prozent

Daraus ergäbe sich, daß die Barreserve (auch in Gestalt von gleichfalls gebührenpflichtigen Zentralbankguthaben; s. weiter unten) für die ja allzeit abrufbaren Giroguthaben 100 Prozent betragen muß. Die dafür fälligen Hortungsgebühren müßten die Banken, und durchaus zu Recht, gänzlich auf die Sichteinlagen überwälzen, womit diese im selben Ausmaß – zu 100 Prozent – unter Angebotsdruck kämen.

Ein Ausweichen in kurzfristige Anlagenformen würde nicht viel nützen; denn es ist zu erwarten, daß sich dort sehr viele Einzahlungen anderer Girokontoflüchter ansammeln, so daß das Geldangebot über die Nachfrage weit hinauswächst. Zunächst hätte das die erfreuliche Folge, daß dort der Zins – nicht nur der Urzins, sondern auch die Knappheitsprämie – sehr rasch absinkt und vermutlich völlig verschwindet.

Darüber hinaus ereignet sich etwas völlig Neues: Bei vorgeschriebener Fristengleichheit können die Banken die liegenbleibenden Sparguthaben (die jetzt mit Bargeld bzw. Zentralbankguthaben identisch sind) nicht mehr über die Einlagenzeit hinaus weiterverleihen. Sie sehen sich daher genötigt, die anfallenden Hortungsabgaben den Einlagengläubigern unverkürzt aufzubürden. Solche Kosten dürften bei sehr kurzfristiger Anlage – weil hier die Kreditnachfrage sicherlich rasch befriedigt ist – nahe an die volle Geldbenützungsgebühr heranreichen und sich erst bei mittelfristigem Sparen ermäßigen. **Die Hortungsabgabe auf nicht verleihbares Bar- bzw. Zentralbankgeld macht sich also auf jeder Sparstufe bemerkbar und ist in Gänze vom Geldanleger zu bezahlen.** Da aber bei längerwerdenden Fristen das Spargeldangebot kleiner und im Vergleich dazu die Kreditnachfrage zunehmend größer wird, können die Einlagen immer besser verliehen werden. Daher fallen immer weniger an die Konteninhaber umzuverteilende Umlaufgebühren an, und desto geringer wird infolgedessen deren Belastung damit.

Liquiditätsabgaben treten also nicht geballt und schlagartig allein im Bereich der Kassehaltung und der Giroguthaben auf (wo die Barhaltung offen zutage liegt), sondern verteilen sich, allmählich absinkend, fast auf die gesamte Laufzeit der Spargelder.

Das ist sehr sinnvoll. **Die Sparwilligen werden dadurch gedrängt** – dies zu erkennen, ist besonders wichtig –, **ihre Gelder mittelfristig und endlich sogar längstlaufend anzulegen, weil sie nur dann hoffen können, der Hortungsgebühr gänzlich zu entrinnen;** und am Ende kassieren sie sogar hin und wieder (bei nachlassendem Finanzkapitalangebot) einen geringen Knappheitspreis.

Besonders erfreulich ist dabei, daß dies alles selbsttätig und nach den selbststeuernden Mechanismen einer freien Marktwirtschaft abläuft.

Negativzinsen?

Wenn selbst bei längstwährenden Spareinlagen im Vergleich zur Nachfrage ein Überangebot entsteht, so kann dies, genau betrachtet, nicht zur Folge haben, daß der Zins sogar unter die Nullgrenze absinkt und negativ wird. Eine solche Preisentwicklung gibt es nicht (wenn man von den weiterhin zu zahlenden Kontoführungsgebühren absieht). Dann geschieht dasselbe wie bei den liegengebliebenen Einlagenresten davor: die Bank überwälzt die Hortungsgebühr.

Selbst längstfristige Einlagen werden also für ihre Inhaber noch (leicht) kostenpflichtig.

Das ist höchst sinnvoll. Denn nach dem kybernetischen Prinzip der negativen Rückkoppelung erhalten jetzt die Reicheren ein Signal, nicht noch mehr Geldvermögen zu bilden. Was tun sie dann? Entweder geben sie mehr Geld für Einkäufe aus; oder sie spenden es für gute Zwecke; oder sie investieren es für umwelterhaltende oder kulturelle Vorhaben; oder sie zahlen eben diese Gebühr – oder sie arbeiten weniger.

Warum könnte es zu einem Überangebot langfristiger Spargelder kommen? Sicherlich auch deshalb, weil es jetzt, um eine weitere Ausplünderung der Erde zu verhindern, viel strengere Umweltschutzgesetze gibt. Mit aus dem Grund dürfte irgendwann einmal der Kreditbedarf für Neuinvestitionen wesentlich kleiner sein.

Die selbsttätige Signalwirkung einer zwar geringen, aber unausweichlichen Hortungsgebühr sogar für sehr langfristig angelegtes Geld (diese ist nur scheinbar eine Art „negativen Zinses") beugt also, zusammen mit besseren Gesetzen zur Schonung der Natur, der Gefahr vor, daß infolge zu großen Arbeitseifers (welcher zu einer überschießenden Geldvermögensmehrung führen könnte) erneut ein schädliches Wirtschaftswachstum einsetzt.

Viele langfristige Spargelder

Erst in Verbindung mit Fristenübereinstimmung (Fristengleichheit, Fristenkongruenz) hat eine Geldbenützungsgebühr die erwünschte Wirkung, daß in immer reichlicherem Ausmaß auch langfristig gespart wird. Denn nur so kann man der Bargeldabgabe schließlich gänzlich entgehen (vom vorgenannten Fall abgesehen). Überwunden wäre damit auch die Geldhamsterung im weiteren Sinn (s. Abschnitt „Zwang zur Fristentransformation").

Den Banken stehen dann auch sehr viele langfristige Finanzmittel zu Gebote. Es fehlt ihnen also nicht an Geld, um entsprechende Kreditwünsche der Wirtschaft zu befriedigen.

Die Notwendigkeit der Fristentransformation (Fristenverlängerung) zwecks Bereitstellung langfristiger Kredite, wie sie heute noch gegeben ist, fällt hiemit weg.

Zentralbankguthaben statt Bargeld

Ein möglicher Einwand ist noch zu bedenken: Die Vorschrift der hundertprozentigen Bargeldabdeckung bei Giroguthaben bedeutet natürlich nicht, daß die Banken all diese Geldscheine und Münzen in ihren Tresoren stapeln und bei Überweisungsaufträgen zu den betreffenden Banken karren müßten. Selbstverständlich wird die Bank den größten Teil des eingezahlten Bargeldes, weil sie ihn nicht benötigt, an die Bundesbank weitergeben und sich dafür, so wie heute, auf ihrem Konto eine Gutschrift verbuchen lassen; die dann allerdings, anders als heute, regelmäßig mit der Liquiditätsabgabe belastet wird. An Bargeld behält sie nur die kleine Reserve, die sie für die täglichen Abhebungen braucht. **Die Überweisungen erledigt sie unbar durch bloße Umbuchungen (über ihr Zentralbankkonto), so wie bisher.**

Die Einziehung der Hortungsabgabe ist beim Buchgeld besonders leicht; sie wird, wie schon dargestellt, einfach vom Giroguthaben abgebucht.

Die Abwicklung der Geldgeschäfte geht zukünftig also nicht viel anders und keineswegs plumper vor sich, als wie das vorher der Fall war.

36. Forderungen für ein neues Notenbankgesetz

Entwurf für eine besseres Währungssystem

Der Entwurf für ein besseres Währungssystem sollte die folgenden **Kernforderungen** enthalten:

1. **Erhebung einer Umlaufsicherungsgebühr auf alles Bargeld**
2. **Strenges Gebot der Fristenkongruenz**
(Übereinstimmung der Fristen von Bankeinlagen und daraus hervorgehenden Krediten)
3. **Freigabe der Wechselkurse**
4. **Zulassung kleinerer (nicht größerer!) Währungsgebiete**

Erläuterungen:

Zu 1:

Eine Gleichgewichtswirtschaft ist ohne dauerhaft stabile Währung undenkbar. Zu dem Zweck müssen für eine Zentralbank beide Bestandteile der monetären Nachfrage, Geldmenge und deren Umlaufsgeschwindigekeit, berechen- und beherrschbare Größen sein. Durch eine Umlaufsicherungsgebühr (Geldbenützungsgebühr, Hortungsgebühr, Hortungsabgabe, Liquiditätsabgabe) auf alles Bargeld (bzw. auf die Zentralbankguthaben der Kreditinstitute) würde sich der Geldumlauf verstetigen und zu einer etwa gleichbleibenden Größe werden. Die Zentralbank brauchte sich dann zur Aufrechterhaltung der Währungsfestigkeit nur mehr um die richtige Bemessung der Geldmenge zu bekümmern. Als Richtschnur dienen ihr dabei die verschiedenen Warenpreisindices.

Die Geldumlaufsicherungsgebühr würde – gemäß J. M. Keynes – die Liquiditätsvorteile der Bargeldhaltung, die *„Liquiditätsprämie"* (den Grund- oder Urzins), abschöpfen und damit einen wesentlichen Nominalzinsbestandteil zum Verschwinden bringen, welcher – wieder nach Keynes – lediglich die *„Belohnung für die Nichthortung"* des Geldes ist. Bei stabiler Währung bedarf es auch keiner Inflationsentschädigung mehr.

Inflation und Zins (gemeint ist die Liquiditätsprämie, nicht der Knappheitsaufpreis!), die bisherigen Geldantriebsmittel, sind nach Anwendung der Umlaufgebühr entbehrlich.

Mit Zins und Inflation verschwinden auch zwei wesentliche Ursachen der unsozialen Vermögenszusammenballung und des naturzerstörenden Wachstumsdruckes.

Zu 2:

Bei Beachtung der Fristenkongruenz werden Bar- und Buchgeld miteinander eins und ist auch alles Buchgeld (Giralgeld, Einzahlungen aufs Girokonto) voll von der Umlaufsicherungsgebühr erfaßt.

Das Gebot der Fristenkongruenz nimmt den Geschäftsbanken zugleich die Möglichkeit der selbständigen Kreditgeldschöpfung. Damit ist eine weitere Voraussetzung für die volle Beherrschung der Geldmenge durch die Notenbank und also zur Stabilerhaltung der Währung gegeben. Fristenkongruenz in Verbindung mit Geldumlaufsicherung läßt den Banken aber langfristige Einlagen so reichlich zufließen, daß die bisher übliche Fristentransformation (langfristige Kredite auf der Grundlage kurzfristiger Einlagen) entbehrlich wird. Bei einem so beschaffenen Geld befindet sich die Notenbank auch nicht mehr in der Zwangslage, zur Erhaltung der Währungsfestigkeit die Geldzufuhr an Banken und Produktionsunternehmen durch eine Zinsheraufsetzung verteuern und damit einen Wirtschaftseinbruch auslösen zu müssen.

Zu 3:

Freie Preise, also auch freie Wechselkurse, sind Grundbedingungen einer freien Marktwirtschaft. Nur bei freien Wechselkursen hat eine Notenbank die zur Währungssicherung erforderliche freie Verfügung über die Geldmenge.

Spekulativ verursachte Wechselkursschwankungen mit störenden Auswirkungen auf die Wirtschaftsentwicklung sind die Folge übergroßer und vagabundierender liquider Geldbestände. Nach Durchsetzung der freiwirtschaftlichen Geldverbesserung werden diese rasch abschmelzen, auch deshalb, weil ein Druck entsteht, sie längerfristig anzulegen.

Zu 4:

Übergroße Währungsgebiete sind vom Übel, auch in nachkapitalistischer Zeit, wenn sich das zins- und inflationsfreie Geld durchgesetzt hat. Nur dann, wenn Wirtschaftsräume ungefähr denselben Entwicklungsstand erreicht haben, sollten sie sich eine Einheitswährung zulegen. Andernfalls kommt es zu Kapitalumschichtungen, Wanderungsbewegungen oder Verarmungen, was staatliche Unterstützungszahlungen nötig macht.

Unter den jetzigen Voraussetzungen aber eine europäische Einheitswährung zu erzwingen, ist falsch und verhängnisvoll, und erst recht gölte das für das Vorhaben einer Weltwährung.

Im Gegensatz zu den heute verkündeten Lehren könnte es sogar sinnvoll sein, noch mehr Währungen zuzulassen. Regionen, die aus klimatischen, kulturellen, politischen oder sonstigen Gründen noch auf einer anderen Wirtschaftsstufe stehen, fiele es dann leichter, sich aus eigener Kraft hochzuarbeiten bzw. weiterzuentwickeln oder auch, wenn sie es besser finden, am Alten festzuhalten.

37. Antworten auf weitere Einwände

Gibt es einfache Lösungen?

Der häufigste Einwand gegen unsere Überlegungen geht in die Richtung, daß sie zu einfach und zu „monokausal" seien; alles werde von einer Ursache, vom Zins her, erklärt; das gelte auch für den Lösungsvorschlag Umlaufgebühr.

Darauf wäre zu erwidern:

- Erstens behaupten wir nicht, daß mit der Zinsüberwindung schon alles gebessert wäre. Wir sagen nur, daß damit das größte Hindernis aus dem Weg geräumt sei, welches bisher jeden Wiederaufstieg versperrte. Es wird lediglich eine Art Gefängnistür geöffnet, so daß ein Neubeginn möglich ist.
- Zweitens: Es gibt tatsächlich Patentlösungen, d. h. Einfälle, die auf einfache Art einen großen Fortschritt bringen. Viele bedeutende Erfindungen gehören dazu, z. B. die des Rades, welche das gesamte Verkehrswesen in neue Bahnen lenkte.
- Drittens: Ein so gewaltiges Problem, wie es die ungelöste soziale Frage darstellt, kann nicht etwas sein, das so verwickelt ist, daß nur ein paar hochgelehrte Professoren es begreifen. Dann würde sich nie etwas ändern. In Wirklichkeit liegen hier Mißstände vor, die jedermann durchschauen kann, wenn er nur will und wenn es ihm klar genug gesagt wird. Die gesamte Freiwirtschaftslehre kann in wenige einfache Sätze gefaßt werden, die jedermann versteht.

„Die Gesinnung muß sich ändern"

Antwort: **Absinkende Moral, die ihre Ursache in einem unmoralischen Gesellschaftssystem hat, läßt sich nicht durch Moralpredigten aufrichten.**

So ist der heute vielbeklagte „Konsumismus" leider eine ökonomische Notwendigkeit: Schwächt sich die Binnennachfrage ab, droht eine Wirtschaftskrise. Wer also weniger einkauft, verschlimmert die Arbeitslosigkeit und fügt, strenggenommen, einem Teil seiner Mitmenschen schweres Leid zu.

Dabei ist es richtig, daß irgendwelche Mißstände ohne eine „Gesinnungsänderung", d. h. ohne das Vorhandensein einsatz- und opferbereiter Menschen, kaum zu beheben sind.

Doch hängt alles davon ab, ob solcher Idealismus auch mit dem richtigen Wissen um die systembedingten Ursachen unserer Probleme gepaart ist. Sonst läuft er ins Leere.

Zwei gegensätzliche Formeln

Selbst große und verwickelte Dinge, wie z. B. Gesellschaften es sind, können bisweilen von einem Punkt her völlig zerstört – oder in harmonischen Zusammenklang zurückgeführt werden.

Karl Marx hat – fälschlicherweise – im freien Wettbewerb und freien Unternehmertum den sozialen Grundfehler gesehen und seine Lehre demgemäß wörtlich auf die kurze Formel gebracht: ***„Aufhebung des Privateigentums"*.**

Die Folgen der Verwirklichung dieser falschen Forderung waren überall katastrophal.

Die Gesellsche Freiwirtschaftslehre kann man gleichfalls in einem einzigen Satz zusammenfassen: ***„Überwindung der Geld- und Bodenhortbarkeit"*.**

Eine weitere große Leistung Gesells bestand darin, daß er – mit seinem Vorschlag einer besseren **Geldumlaufsicherung** – auch den Zauberschlüssel zur Beseitigung dieser Hortbarkeit lieferte.

Erst auf diese Weise ist die Abschöpfung des Geld- und Bodenzinses, d. h. des eigentlichen arbeitslosen Einkommens, damit die grundlegende Lösung der sozialen Frage, möglich geworden.

38. Historische Beispiele

Gesells einzigartige Leistung

Der Vorschlag einer Umlaufgebühr auf liquides Geld zur Währungssicherung und Zinsüberwindung ist von revolutionärer Neuheit. Silvio Gesell (1862-1930) kann hier nur mit Nikolaus Kopernikus (1473-1543) verglichen werden, der als einer der ersten verkündete, nicht die Erde, sondern die Sonne stehe im Mittelpunkt unseres Planetensystem. Doch ist, genauer betrachtet, Gesells Entdeckung weitaus bedeutender, weil sie, sofern sie rechtzeitig verwirklicht wird, ein soziales Grundübel beseitigt, das bisher entsetzlich viel Leid, Unglück und Verheerungen nicht nur über die Menschen, sondern auch über die anderen Mitbewohner der Erde, die Tier- und Pflanzenwelt, gebracht hat.

Doch gab es bereits in der Vergangenheit einige Vorformen dieses heilstiftenden umlaufgesicherten Geldes.

Die ägyptische Getreidewährung

Bernard Lietaer, ehemals maßgeblich bei der Belgischen Zentralbank und in mehreren Wirtschaftsorganisationen tätig und jetzt Gastprofessor an der Berkeley-Universität in Kalifornien, stellte in einem Gespräch mit der *Yes*-Herausgeberin Sarah van Gelder zunächst die Vorzüge lokaler Währungen heraus, dabei auf die bahnbrechenden Arbeiten Gesells Bezug nehmend. Auf die Frage: *„Ist das jemals ausprobiert worden?"*, antwortete er:

„Ich habe nur drei Epochen gefunden: das ***klasssische Ägypten,*** *etwa dreihundert Jahre im* ***europäischen Mittelalter*** *und einige wenige Jahre* ***um 1930.***

Im alten Ägypten bekam jemand, der Getreide lagerte, einen Gutschein, der eingetauscht werden konnte und damit eine Art Währung bildete. Wenn Sie nach einem Jahr mit 10 Gutscheinen zurückkehrten, bekamen Sie nur Getreide im Wert von 9 Gutscheinen, weil Ratten und Plünderung den Vorrat verringerten und weil die Wächter des Getreides bezahlt werden mußten. Dies wirkte wie eine Art Liegegeld. Ägypten war damals der Brotkorb der antiken Welt, ein Geschenk des Nils. Warum? Weil, anstelle der Aufbewahrung des Reichtums in Form von Geld, jedermann in produktive Anlagen investierte, die ihren Wert nicht verloren – Leistungen wie Landverbesserungen und Bewässserungssysteme wurden erbracht.

Der Beweis, daß dieses Geldsystem etwas mit dem Wohlstand zu tun hatte, liegt darin, daß alles sofort beendet war, als die Römer diese Getreidewährung [durch ein Geld] ersetzten, bei dem es positive Zinssätze gab." (Zitiert nach *Der Dritte Weg*, Dez. 1998)

Mit andern Worten: Die *„Gutscheine"*, welche wie Geld umliefen, waren mit einer Nutzungsgebühr von jährlich 10 Hundertsteln belastet. Das machte Geldzurückhaltung und damit die Zinserpressung unmöglich – ähnlich wie das von der freiwirtschaftlichen Umlaufgebühr zu erwarten ist. Die Folge war eine für die Allgemeinheit sehr segensreiche stetige Wirtschaftsentwicklung.

Weshalb das nicht zu einem sinnlosen Mehrproduzieren führen mußte, wurde weiter oben erläutert.

Die Brakteaten des Mittelalters

Zum mittelalterlichen Geld führte Lietaer aus:

„In Europa wurden im Mittelalter vom 10. bis 13. Jahrhundert lokale Währungen von den Fürsten ausgegeben und dann wieder eingezogen und neu ausgegeben, versehen mit einer Steuer. Auch dies war eine Art von Liegegeld (Vorhaltegeld), so daß es unattraktiv war, Geldreichtum anzuhäufen. Das Ergebnis war ein Aufblühen der Kultur, ein allgemeiner Wohlstand, der genau in der Zeit herrschte, als die lokalen Währungen verwendet wurden.

Praktisch alle Kathedralen wurden in dieser Zeit gebaut. Wenn man bedenkt, was es für einen kleinen Ort bedeutete, solche Kirchen zu bauen, dann ist das eine gewaltige Leistung."

Eine etwas ausführlichere Beschreibung dieses umlaufgesicherten Geldes im Hochmittelalter, Brakteaten genannt, liefert Günter Hannich in seinem Buch *Sprengstoff Geld. Wie das Kapitalsystem unsere Welt zerstört* (S. 112ff.):

„Um 1150 begann Erzbischof Wichmann (1110-1192) aus Magdeburg damit, Münzen herauszugeben, welche zweimal im Jahr zum Umtausch aufgerufen wurden. Ziel war es, die Steuern einfach und regelmäßig einzutreiben. Dabei wurden 12 alte Pfennig gegen 9 neue ausgetauscht, die Differenz war die Steuer. Um die Münzen schnell und ohne viel Aufwand wieder einschmelzen und umprägen zu können, waren sie nur einseitig geprägt und aus dünnem Blech, daher ihr Name 'Brakteaten' (bractes = dünnes Blech). Bald schon breitete sich diese Methode über das ganze Land aus. Das führte dazu, daß sich Geldhortung nicht mehr lohnte. Um dem nächsten Umtausch zu entgehen, wurde Geld zinslos weiterverliehen, da nur der Besitzer der Münzen die Umtauschgebühr zahlen mußte. Damit war Geld wieder reines Tauschmittel, nicht mehr [hortbares] *Schatzmittel. Das Ergebnis war die größte Entwicklungsperiode der deutschen Geschichte. Damals waren die sozialen Unterschiede so ausgeglichen wie nie mehr im historischen Verlauf. Wer viel besaß, hatte den Wohlstand durch Arbeit erworben, nicht durch leistungslose Zinsen. Die Zahl der mindestens arbeitsfreien Tage lag bei 90, oftmals über 150. Sehr bald wurde auch der Montag als arbeitsfrei eingeführt, damit mußten die Handwerker nur 4 Tage in der Woche arbeiten. Noch am Ausgang dieses Zeitalters, um 1450, konnte Erzbischof Antonin von Florenz es als selbstverständlich bezeichnen, daß für die Gewinnung des notwendigen Lebensunterhaltes eine kurze Arbeitszeit genüge und daß nur derjenige lange und viel arbeiten müsse, der nach Reichtum und Überfluß strebe."*

Wie gewaltig dieser wirtschaftliche Aufschwung gewesen sein muß, zeigt die Entwicklung der Städteneugründungen in Deutschland. Diese erreichten um 1300 einen beispiellosen Höhepunkt. In der Zeit von 1150-1450 wurden auch die großen Dome und Kathedralen gebaut, finanziert durch freiwillige Spenden der Bürger. Allein hieraus wird deutlich, wie zuversichtlich die Menschen damals gewesen sein mußten.

Die Verhältnisse änderten sich aber grundlegend, als im Laufe des 15. Jahrhunderts ein Geld eingeführt wurde, das nicht mehr verrufen wurde. *„Das Augsburg der Fugger gehörte mit zu den ersten Plätzen, an denen die Münzverrufung auf 4 Jahre hinausgeschoben wurde. Nach vollständiger Einführung des Dickpfennigs (beidseitig geprägtes dickes Geld) konnten die Fugger sich zu einer der mächtigsten Familien der damaligen Welt aufschwingen. Geld wurde dann nur noch hochverzinst verliehen."* Innerhalb weniger Jahrzehnte ging die Wirtschaftstätigkeit so weit zurück und wurde die Vermögensverteilung so ungleich, daß die gotischen Bauwerke aus Geldmangel nicht mehr fertiggestellt werden konnten. Dann erst gewannen abergläubige

Vorstellungen die Oberhand und verbreitete sich das Unwesen der Hexenverbrennung. Das „finstere Mittelalter", zutreffender: eine „finstere" frühe Neuzeit, zog herauf.

Das Wunder von Wörgl

Während der Weltwirtschaftskrise in den dreißiger Jahren kam es in Deutschland und Österreich, aber auch in anderen Ländern, zu ersten Versuchen, mit Hilfe von Gesells umlaufgesichertem Geld dem allgemeinen Elend zu entkommen.

Am bekanntesten wurde das Geldexperiment von Wörgl, einer damals 4200 Einwohner zählenden Stadtgemeinde in Tirol. Auch dort war die Wirtschaftstätigkeit erlahmt und die Arbeitslosigkeit in bisher ungeahnte Höhen gestiegen. Steuern wurden kaum mehr bezahlt, und die Verschuldung der Gemeinde nahm dramatische Ausmaße an.

Wörgls damaliger Bürgermeister Unterguggenberger war aber mit Gesells „Freigeld"-Gedanken vertraut. In einem von ihm verfaßten *Nothilfe-Programm*, das er dem örtlichen Wohlfahrtsausschuß am 5.7.1932 zur Abstimmung vorlegte, hieß es: *„Langsamer Geldumlauf ist die Hauptursache der bestehenden Wirtschaftslähmung ... Jede Geldstauung bewirkt Warenstauung und Arbeitslosigkeit ... Das träge und langsam umlaufende Geld der Nationalbank muß im Bereich der Gemeinde Wörgl durch ein Umlaufsmittel ersetzt werden, welches seiner Bestimmung als Tauschmittel besser nachkommen wird als das übliche Geld. Es sollen 'Arbeitsbestätigungen' in drei Nennwerten zu 1, 5 und 10 Schilling ausgegeben werden ..."* Der Wohlfahrtsausschuß nahm dieses Programm einstimmig an.

Die *„Arbeitsbestätigungen"* waren mit einem Umlaufsantrieb ausgestattet: Zu Monatsbeginn mußten diejenigen, in deren Händen sich die Scheine gerade befanden, Marken im Wert von einem Hundertstel des jeweiligen Nennbetrags in die dafür vorgesehenen Felder aufkleben. Für das neue Geld wurden Schillinge hinterlegt, und es war jederzeit umtauschbar. Die Gemeinde brachte es auf die Weise in Umlauf, daß sie ihre Angestellten damit bezahlte.

Dieses umlaufgesicherte Geld wirkte Wunder. Weil jeder der monatlich fälligen Gebühr entgehen wollte, gingen die *„Arbeitsbestätigungen"*, anders als die wegen der allgemeinen Deflation an Wert sogar gewinnenden Schillinge, rasch von Hand zu Hand. Die Folge war, daß die Wirtschaft zu neuem Leben erwachte. Auch Steuern wurden wieder bezahlt, manchmal sogar im voraus. So konnten öffentliche Bauvorhaben in Angriff genommen werden. Während sonst in Österreich die Arbeitslosigkeit von August 1932 bis August 1933 um 10 Prozent zunahm, ging sie in Wörgl um 25 Prozent zurück.

Die Erfolge mit dem neuen Geld riefen national und weltweit großes Aufsehen hervor. Schon 1933 wollten 170 österreichische Stadt- und Landgemeinden das Wörgler Geld bei sich einführen. Im Sommer desselben Jahres stattete sogar der spätere französische Ministerpräsident Daladier der weithin bekannt gewordenen Stadt einen Besuch ab und empfahl, nach Frankreich zurückgekehrt, seinem Land den Umbau des Geldwesens nach dem Wörgler Beispiel.

Doch dann schritt die österrreichische Nationalbank ein. Unter Verweis auf ihr Recht der alleinigen Geldherausgabe setzte sie am 15.9.1933 beim Verwaltungsgerichtshof in Wien ein endgültiges Verbot der *„Arbeitsbestätigungen"* durch. Damit wurde Wörgl wieder in sein früheres Elend zurückgeworfen, so wie auch das übrige Österreich noch viele Jahre unter einer sich immerfort verschlimmernden Wirtschaftskrise litt.

39. Zur Gesellschaftsentwicklung nach der Zinsüberwindung

Die wahre Lösung der Verteilungsfrage

Vorweg einige Zahlen: ***„Es gibt keine volkswirtschaftliche Größe, die sich hinsichtlich Umfang und Überentwicklung mit den Zinsen vergleichen läßt"***, schreibt hierzu der bekannte Aachener Wirtschaftsanalyst Helmut Creutz.

Bezogen auf das Volkseinkommen, lagen die Bankzinserträge 1950 erst bei vier Prozent, 1995 bereits bei 19 Prozent.

In absoluten Zahlen ausgedrückt, hätten 1998 die Geldvermögen und Schulden 9,5 bzw. 9,9 Billionen und die sich daraus ergebenden **Zinslasten** ungefähr 600 Mrd. DM betragen, zu welchen man weitere 300 Milliarden DM für die Nutzung unverschuldeten Sachkapitals hinzuzählen müsse (s. Kap. 4: Ausmaß der Zinseinkünfte und -zahlungen).

Das sind erschreckend hohe Beträge, und es sollte deutlich werden, daß hier die Grundursache der ungelösten sozialen Frage verborgen liegt.

Zinsen lassen sich aber nicht nachträglich, z. B. durch Besteuerung, beseitigen. Das hat massenhafte Kapitalflucht in auswärtige Steueroasen oder auch Geldstreik, d. h. deflationsauslösende Geldstillegungen zur Folge (weil sich längere Ausleihungen nicht mehr lohnen).

Zinsen muß man auf die schon geschilderte Art durch eine Hortungsabgabe, also an der Quelle, bekämpfen und auf Null drücken.

Was sind die Folgen?

Geld und Produktionsmittel verlieren ihren Kapitalcharakter, d. h. sie werfen keinen Zins mehr ab. Mit dem leistungslosen Einkommen reicher Minderheiten ist es vorbei. Die Arbeitenden erhalten ihren Lohn unverkürzt. **Das Recht auf den vollen Arbeitsertrag ist verwirklicht.**

Kein Wachstumszwang mehr

Herrscht **Niedrig- bzw. Nullzins,** so hat sich etwas Entscheidendes ereignet: **Der Zinseszinsmechanismus ist beseitigt,** der bisher die Geldvermögen, spiegelbildlich dazu die Schulden, aus sich heraus wachsen ließ. Damit ist eine schicksalsträchtige Wende herbeigeführt. **Es gibt keine immerfort wachsende Schuldenlast mehr, die der Wirtschaft bis dahin eine andauernde Ausweitung ihrer Gütererzeugung aufzwang, weil sie anders die anschwellenden Zinsverpflichtungen nicht erfüllen konnte.** Die alleszerstörende „positive Rückkoppelung" – der Zwang zur endlosen Gütervermehrung – hat aufgehört.

Damit ist die Grundursache einer Vielzahl schlimmster Störungen beseitigt.

Zwischenbemerkung

Es sei nochmals betont, daß hier von dem Niedrig- bzw. Nullzins die Rede ist, der sich fast zwangsläufig einstellt, wenn eine Hortungsabgabe und Fristenübereinstimmung eingeführt sind. Ein Niedrig- oder gar Nullzins unter kapitalistischen Voraussetzungen – also mit Zins und Inflation als Umlaufsmotoren – hat hingegen katastrophale Auswirkungen. Im Zusammenhang mit der Deflationskrise in Japan war davon die Rede.

Es sei auch klargestellt, daß im folgenden mit Zins nur der Ur- und Grundzins, die Keynes'sche Liquiditätsprämie, gemeint ist, nicht die Knappheitsprämie für Spargeld. Der Urzins wird durch die Gegenkraft der Umlaufgebühr fast sofort zum Verschwinden gebracht. Die Knappheitsprämie aber ist etwas Natürliches und marktwirtschaftlich Notwendiges. Sie wird je nach Finanzkapitalangebot zwischen null und vielleicht zwei Prozent schwanken.

Nullzins als Umweltgefahr?

Setzt nun nicht so etwas wie eine neue „Gründerzeit", eine **hektische Wirtschaftstätigkeit** ein, wenn Geld für Verbraucher wie Unternehmer so günstig zu erlangen ist?

Antwort:

- Auch in Zukunft ist ein Bankdarlehen nicht kostenlos erhältlich. Die Vermittlungsgebühren der Bank und eine Risikoprämie muß man weiterhin aufbingen und zudem die Leihsumme auch regelmäßig tilgen!
- Deshalb wird der Kreditgeber Sicherheiten verlangen und sehr genau prüen, ob das geplante Vorhaben die Rückzahlung auch ermöglicht – und andernalls den Kredit versagen.
- Zudem erinnere man sich: Den marktwirtschaftlich unverzichtbaren Knappheitspreis für Geld gibt es weiterhin. Bei übergroßer Kreditnachfrage geht er in die Höhe, was sich bremsend bemerkbar macht.

o Vor allem darf man nicht vergessen, **daß bei Nullzins das zwanghafte Geldwachstum aus sich heraus beendet ist!** Der Mißstand hat aufgehört, daß sich die Ersparnisse vor allem aus bloßen Zinsgutschriften (wofür andere arbeiten mußten!) speisen.

o Sofern nicht zusätzliche Arbeit geleistet und dann mehr gespart wird, bleibt die Summe der Geldvermögen – somit der Kreditmittel – gleich groß.

o Allerdings ordnet sich die Einkommensverteilung zwischen Arbeit und Besitz neu: Die leistungslosen Einkünfte der Kapitalistenklasse von einst fallen jetzt der Arbeit zu.

o Die gesamte Spargeldmenge wächst jetzt nur noch um die Beträge, die durch freiwillig erbrachte zusätzliche Arbeit zustandekommen und bei den Banken eingezahlt werden. So dürfte sich die Vermehrung der Sparguthaben – damit auch der Kreditmittel – in Grenzen halten.

o Ob jedoch soviel mehr gearbeitet wird, ist schon deshalb fraglich, weil durch den Wegfall der Zinsausbeutung das Einkommen der Arbeitenden beträchtlich zunimmt.

o Es dürfte also eher der umgekehrte Fall eintreten, daß viele auf eine weitere Verbesserung der materiellen Verhältnisse verzichten und sich für eine Arbeitszeitverkürzung entscheiden, weil sie einen Freizeitzugewinn höher einschätzen. Das würde sogar zu einem Abbau der Spargelder, damit zu einer Wachstumsverringerung führen.

o Solch eine Wachstumsverringerung – sie geht ja von einer Schrumpfung der Gesamtgeldmittel aus – hat anders als unter kapitalistischen Verhältnissen keinerlei krisenhaften Auswirkungen! (Umlaufgesichertes Geld kann ja nicht zurückgehalten werden!)

o Der vielfache Verzicht auf noch mehr materielle Güter ist in der nachkapitalistischen Epoche sehr wahrscheinlich. Denn anders als heute stehen die Unternehmen nicht unter zinsbedingtem Ausweitungszwang, weshalb die unaufhörliche Anstachelung zum Konsum durch Werbung und falsche Leitbilder großenteils unnötig ist.

o Wenn aus Gründen der Marktsättigung weniger konsumiert wird, verringert sich auch die Notwendigkeit und die Möglichkeit, unnötig viel zu produzieren – was der Umwelt zugute kommt.

Nullzins und Konzerne

Noch aus anderen Gründen ist nicht anzunehmen, daß bei Nullzins (nochmals: als Folge der Hortungsabgabe) ein blindwütiges, der Natur noch ärger zusetzendes Drauflosproduzieren anhebt. Genau das Umgekehrte könnte eintreten: Null- bzw. Niedrigzins (niedrige Knappheitspreise) können auch Ausdruck dessen sein, daß man es mit einer Regierung zu tun hat, die strenge Umweltgesetze erlassen hat und Verstöße dagegen unerbittlich ahndet. Ökologisch unerwünschte Vorhaben werden dadurch undurchführbar. Dadurch verringert sich die Nachfrage nach Geldmitteln, was auf den Knappheitspreis drückt. Niedrigzinsen stellen dann keine Aufforderung an Konzerne dar, rasch zuzugreifen und hemmungslos ans Werk zu gehen, sondern sind umgekehrt Ausdruck der Unfähigkeit, den neuen Naturschutzgesetzen gerecht zu werden.

Ideenreiche Kleinbetriebe befinden sich hier in einer besseren Lage: Wollen sie Pläne verwirklichen, die umweltverträglich oder sogar -verbessernd sind, haben sie Zugriff auf preisgünstiges Geld.

Unter solchen Voraussetzungen wäre die Ausweitung des Sozialprodukts nicht nur zulässig, sondern sogar wünschenswert.

Bessere Umweltgesetze möglich

Um Mißverständnisse zu vermeiden: **Eine Neuordnung des Geldwesens und des Bodenrechts kann nur vorbereitende Wirkung haben: Sie macht den Weg frei für die aufbauenden Kräfte im Einzelmenschen und in der Gesellschaft.** Mehr kann sie nicht leisten – obwohl das eine gewaltige Tat wäre, weil sie sozusagen ein Gefängnistor aufbricht.

Die Zinsüberwindung macht jedenfalls Schluß mit dem Wachstumszwang.

Eine Wirtschaft ohne das ist aber nicht mehr starr auf stupiden Mehrerzeugungskurs festgelegt. Sie kann auch wieder andere Ziele ansteuern. Sofern sie das nicht von sich aus tut, ist es jetzt der Politik viel besser möglich, sie auf umweltverträgliche Vorgehensweisen hinzulenken. Das bisherige Dilemma – entweder mehr Wachstum oder mehr Arbeitslosigkeit – gibt es nicht mehr.

Sozial, kulturell und ökologisch sinnvolle Rahmengesetze – Umweltabgaben, Verbote, Auflagen, Haftungsverpflichtungen, arbeitsrechtliche Veränderungen u.a.m. – lassen sich jetzt viel leichter durchsetzen. Statt einer Zunahme der Arbeitslosigkeit lösen sie einen wünschenswerten Umbau der Wirtschaft zu natur- und menschengemäßeren Herstellungsweisen aus.

Solche Schutzgesetze waren bisher nur ansatzweise möglich. Die dauernde Notlage der hochverschuldeten und unter Wachstumsdruck stehenden Wirtschaft ließ größere Belastungen kaum mehr zu, wollte man sich nicht noch schlimmere Beschäftigungkrisen einhandeln. Zudem war sie zinsbedingt in eine ganz falsche Richtung gedrängt.

Doch umlaufgesichertes Geld ist seiner „Streik"-Fähigkeit beraubt. Es muß sich immerfort anbieten, selbst bei Nullzins; es ist immerfort investitionsbereit, auch für Dinge, die bisher als völlig unrentabel galten. So können unaufhörlich neue Arbeitsplätze geschaffen werden. Die neuen Rahmengesetze sorgen dafür, daß dies auf fortschrittliche Weise geschieht. Sollten Großkonzerne dazu nicht mehr in der Lage sein – man sollte ihnen aber eine Übergangszeit gewähren –, fällt diese Aufgabe mittelständischen und handwerklichen Betrieben zu.

Weiterhin Wirtschaftwachstum erlaubt?

Unter Umweltökonomen ist es eine alte Streitfrage, ob weiteres Wachstum noch zulässig sei und wie man es von bloßer „Quantität" auf „Qualität" umpolen könne.

Bei Nullzins löst sich auch dieses Problem.

Da die Grundursache der Umweltzerstörung der **Wachstumszwang** war, der die wirtschaftliche Tätigkeit fast unkorrigierbar in eine falsche Richtung lenkte, hat man es nach seiner Aufhebung mit einer Wirtschaft zu tun, **die wieder steuerbar geworden ist,** und zwar auf bessere Ziele hin.

Deshalb darf sie gegebenenfalls auch wieder wachsen – welches, wie schon gesagt, dann der Fall sein wird, wenn insgesamt mehr gearbeitet wird.

Und natürlich darf das nur im Rahmen der neugeschaffenen Umwelt- und Sozialgesetze geschehen.

Nicht Wirtschaftswachstum an sich ist vom Übel. Entscheidend ist immer, was da an Neuem entsteht und wie es sich mit der Lebensordnung verträgt.

Nachlassendes Verdrängungsgerangel

Bei sinkendem bzw. abgesunkenem Zins verringert sich die selbsttätige Vermehrung der Geldvermögen, somit auch der Schulden. Der wirtschaftliche Wachstumsdruck schwindet. Die Zeiten sind vorbei, als man zur Ableistung eines immerfort zunehmenden Kapitaldienstes immerfort mehr Güter fabrizieren mußte.

Damit hat sich die Lage auf den Absatzmärkten entspannt. **Der heillose Verdrängungs-„Wettbewerb" hat sein Ende gefunden.** Um überleben zu können, muß ein Unternehmen nicht mehr mit allen Mitteln versuchen, seine Produktivität zu steigern, auch wenn das der Natur schadet. Der bisherige **Rationalisierungszwang** – hin zu immer größeren Ausmaßen unter Einsatz von immer mehr Kapital – **lockert sich.** Der Verschuldungsdruck, der insbesondere die kleineren Firmen so schwer belastete, schwächt sich ab. Die mittelständischen Betriebe, die sich rascher auf eine umweltverträgliche Herstellungsweise auszurichten imstande waren, können sich gegenüber der Großindustrie viel besser behaupten.

Abschmelzen des Großkapitals

Bei absinkendem und Nullzins versiegen allmählich die leistungslosen Einkünfte aus Geldzins und Bodenrente. Infolgedessen verliert auch die Automatik der zinsbedingten Vermögensumschichtung an Wirkung.

Die einseitigen Vermögensanhäufungen flachen sich ab.

Damit verringert sich auch ihr verfälschender Einfluß auf Wirtschaft, Politik und Kultur.

Die Vorrangstellung der Großindustrie mit all ihren Sonderrechten und Monopolen läßt sich nicht länger aufrechterhalten. Man kommt dem Ideal einer echten Wettbewerbswirtschaft wieder näher.

Bisher einflußlose schöpferische Einzelpersönlichkeiten und Minderheiten haben jetzt viel bessere Gelegenheiten, ihre Ideen und Vorhaben zu verwirklichen. Geld ist jetzt viel leichter erhältlich und zudem preisgünstiger. In allen Bereichen der Gesellschaft setzt ein lebhafter Wettstreit um die besten Problemlösungen ein. Daraus entstehen ganz neue Dinge: fortschrittliche Technologien, ganz andere Lebensformen, sonstige Veränderungen zum Besseren hin.

Ein freierer, frischerer Geist lebt wieder auf. Neue wie auch alte Wahrheiten brechen sich Bahn. Das platte Nützlichkeitsdenken wird aus seiner beherrschenden Stellung verdrängt. Das geistige Klima wandelt sich, und man fühlt sich wieder höheren Werten verpflichtet.

Aufblühendes Geistesleben

Es war schon davon die Rede: Sollte dank fleißiger Arbeit das Geldangebot so reichlich werden, daß selbst längstfristig angelegtes Geld nicht mehr gänzlich weiterverliehen werden kann, so droht eine Einbuße, weil die Sparkasse es dann, wenn auch geringfügig, mit der Umlaufgebühr belasten muß. Das wirkt wie eine Aufforderung, beim Arbeiten langsamer zu tun, und diese „negative Rückkoppelung" ist im Hinblick auf die wirtschaftliche Gesamtlage – Eintritt einer Marktsättigung – durchaus sinnvoll.

Daraus könnte sich eine freiwillige Begrenzung der Arbeitszeit ergeben. Noch andere Möglichkeiten eröffnen sich: Statt preisniedriger Massenwaren erwirbt man jetzt höherwertige Güter: Nahrungsmittel von ökologisch wirtschaftenden Bauerhöfen, Kleidungsstücke aus Naturstoffen, handwerklich hergestellte Gegenstände oder sonstige Dinge, die höheren Ansprüchen genügen. **Dadurch fördert man naturverträgliche Wirtschaftsweisen und das Kunsthandwerk.**

Oder man kauft mit seinem Geldüberfluß Dinge, deren Wert tatsächlich unverlierbar ist: Gemälde, Bildwerke, kostbare Antiquitäten, Schmuckstücke, wertvolle alte Gebäude usw. Damit leistet man einen bedeutsamen **Beitrag zur Bereicherung des kulturellen Lebens** im Land.

Oder man schenkt sein Geld einfach für ideelle Zwecke her: z. B. für die Wiederherstellung zerstörter Landschaftsteile, für die Sanierung alter Müllkippen, für die bessere Einsargung radioaktiver Abfälle, für die Arbeit gemeinnütziger Gruppen und Verbände usw.

Oder man widmet die gewonnene Freizeit der ehrenamtlichen Mitarbeit in diesen Gruppen.

Kurzum, wenn es unter solchen Umständen zu wirtschaftlichem Wachstum kommt, wird es, nach der positiven Umpolung des Eigennutzes, einen lebens- und kulturfördernden Charakter haben.

Neue Rolle des Staates

Der Staat sieht sich jetzt nicht mehr im selben Maße wie früher geldmächtigen Finanz- und Wirtschaftsgruppen ausgeliefert, die ihn durchdringen, sehr einseitig beraten und immer wieder unter Druck setzen (z. B. durch die Drohung mit Massenentlassung von Arbeitern).

Somit kann die Politik ihre Aufgabe, Anwalt des Gemeinwohls zu sein und in dieser Absicht z. B. die Lebensgrundlagen zu schützen, sehr viel besser erfüllen.

Überhaupt wird sich jetzt der Staat viel mehr auf die ihm wesensgemäßen Aufgaben zurückziehen können. Nach der Zinsüberwindung gibt es z. B. keine großen sozialen Probleme mehr, deren er sich annehmen müßte, und so braucht er kaum noch nachträgliche Umverteilungen vorzunehmen. Die kommunismusverdächtige Staatsquote von heute 50 Prozent und eine Abgabenquote von 42 Prozent dürften auf geringe Bruchteile zurückschrumpfen. Der Staat – vor allem auf Bundesebene – ist in seiner Tätigkeit darauf beschränkt, sich um Rechts-, Verkehrs- und sonstige rahmengebende Ordnungsfragen zu kümmern und das Land nach außen hin zu vertreten.

Auch ist zu beachten, daß nach der Lösung der sozialen Frage das Gesellschaftsgefüge seine Kopflastigkeit verliert: Die Macht liegt wieder beim Volk, so daß sich die Gesellschaft von unten her aufbaut. Sehr viele staatliche Aufgaben sind auf tieferliegende Verwaltungsebenen, nicht zuletzt auch in den Gemeinde- und Kreisbereich, zurückverlagert.

Das hängt ganz wesentlich damit zusammen, daß nach Auflösung der unnatürlichen Kapital- und Firmenballungen auch das Wirtschaftsgeschehen sich wieder mehr im lokalen und regionalen Bereich abspielt.

B. Zur Bodenfrage

40. Verheerende Wirkungen des geltenden Bodenrechts

Was stimmt nicht bei unserem Bodenrecht?

Der Kapitalismus hat seine Ursache nicht, wie Karl Marx es lehrte, im *„Privateigentum an den Produktionsmitteln"*, sondern in der immer noch ungelösten Geld- und Bodenfrage.

Was ist nun bei unserem Bodenrecht nicht in Ordnung?

Teilweise auf schon Gesagtes zurückgreifend (s. Kapitel 4), sei folgendes herausgestellt:

Wie Licht, Luft und Wasser, so ist auch der Boden eine unentbehrliche Voraussetzung menschlichen Lebens auf der Erde. Er war von Anfang an da, ist natur- bzw. gottgegeben. Zudem ist er nur in begrenzter Menge vorhanden und stellt insofern ein Monopolgut dar. Er unterscheidet sich dadurch grundlegend von menschgeschaffenen und zudem vermehrbaren Gütern wie Wohnhäusern, Fabriken, beweglichem Eigentum usw.

Weil das Angebot von Boden naturbedingt knapp ist, erzielen Grundstükke einen Preis bzw. einen Zinsertrag – **eine Boden- oder Grundrente** –, der umso höher liegt, je größer die Nachfrage ist. Doch wann steigt die Nachfrage? In der Regel dann, wenn die Bevölkerung zunimmt; wenn Straßen, Schulen, Krankenhäuser usw. gebaut wurden; wenn der Gemeinderat die Umwandlung von landwirtschaftlicher Fläche in Bauland beschließt; wenn eine höhere Geschoßzahl zugelassen wird; kurzum immer dann, wenn die Allgemeinheit – und nicht der jeweilige Grundstücksbesitzer – irgendwelche Anstrengungen unternommen bzw. Leistungen erbracht hat.

Das entscheidende Problem besteht nun darin, daß der von Natur aus knappe Boden demjenigen, der ihn besitzt (und nutzt bzw. nutzen läßt), **ein leistungsloses Einkommen abwirft, die Boden- bzw. Grundrente.**

Weil Grundbesitz aber wie die Geldvermögen sehr ungleich verteilt ist, ist es auch hier eine Minderheit von Menschen, die die Hauptnutznießer des geltenden Bodenrechts mit seinen Unzulänglichkeiten sind. Diese Ungerechtigkeit ist weltweit anzutreffen. In den Dritte-Welt-Ländern sind es vor allem die Eigentümer großer landwirtschaftlicher Flächen – häufig Konzerne als Plantagenbetreiber –, die aus der ungelösten Bodenfrage Nutzen ziehen, in den Industriestaaten sind es die Großeigner städtischen Bodens. (Man erinnere sich hier an Kronawitters *Spiegel*-Artikel, s. Kapitel 4.)

So ist die ungelöste Bodenfrage ein wesentlicher Bestandteil der ungelösten sozialen Frage, d. h. der leistungslosen Vermögens- und Machtzusammenballung bei einigen wenigen.

Bodenrecht und Spekulationsgewinne

Das geltende Bodenrecht ist mit dem entscheidenden Fehler behaftet, daß das **leistungslose Einkommen aus Bodenwertsteigerungen** teilweise, großenteils oder sogar gänzlich in den Händen des jeweiligen Eigentümers verbleibt.

Dadurch wird der Boden zu einer Ware, mit der man vorzüglich spekulieren kann. Je länger man ihn vom Markt zurückhält und je besser man seine politischen Beziehungen spielen läßt, desto höher pflegt der – arbeitslose – Gewinn zu sein.

Die Beispiele hierzu sind Legion. *„Vor allem in den Ballungsgebieten sind die Außenbereichsflächen Gegenstand eines* ***Multi-Milliarden-Monopoly,*** *das sich zumeist hinter den Kulissen der Kommunalpolitik vollzieht"*, schrieb dazu einmal der *Spiegel* (17/1983). Lokalpolitikern obliege es *„kraft kommunaler Planungshoheit, darüber zu entscheiden, welche Teile des Gemeindegebietes Ackerland, Wald oder Wiese bleiben (und damit nur relativ wenig wert sind) und in welchen Gegenden gebaut (und damit groß verdient) werden darf."* Diesbezügliche Beschlüsse bedeuteten *„für die Betroffenen regelmäßig einen leistungslosen Wertzuwachs in Millionenhöhe."*

Die *„Betroffenen"* können kleine Leute sein, sind aber häufiger **kapitalkräftige Mitbürger.** Dem Buch *Für eine soziales Bodenrecht* von Peter Conradi und Volker Hauff (*Europäische Verlagsanstalt*, 1973, S. 50) war dereinst folgendes zu entnehmen:

„Fast ohne Ausnahme werden diese 'Schlupflöcher in unseren bestehenden Gesetzen' von Großverdienern in Anspruch genommen. So besitzt beispielsweise der Münchner Multimillionär August von Finck im unmittelbaren Umland von München 20 Millionen qm Bauerwartungsland. Das Gebiet hat eine durchschnittliche Wertsteigerung von 20 DM je qm erfahren. Diese Tatsache kommentierte der bayerische SPD-Landtagsabgeordnete Kronawitter mit folgenden Worten (Welt der Arbeit vom 19.3.1971): 'Jeden Morgen, wenn Herr von Finck wach wurde, dürfte er um 1 Million reicher geworden sein – auf ganz legale Weise, ohne Arbeit, ohne Leistung, ohne eigenes Zutun.'"

Bodenrecht und Umweltzerstörung

Doch nicht nur die einseitige Bereicherung ist zu beklagen. Fast noch schlimmer ist, daß unser fehlerhaftes Bodenrecht die Siedlungstätigkeit in eine falsche Richtung lenkt. **Eine sinnvolle Raumplanung wird dadurch sehr erschwert und der Boden- und Landschaftsverbrauch vorangetrieben.**

Bereits 1973 hat die damalige – sozialliberale – Bundesregierung in einem Gesetzentwurf festgehalten:

„Das geltende Bodenrecht führt weiterhin dazu, daß bei Nutzungskonflikten, d. h. beim Wettbewerb mehrerer Nutzungen um dasselbe Grundstück, sich

in aller Regel diejenige Nutzung durchsetzt, die den höchsten Ertrag für den Eigentümer ermöglicht ... Der Bodenmarkt führt zu einem Verdrängungswettbewerb mit seinen vielfältigen negativen sozialen, wirtschaftlichen und städtebaulichen Folgen ... Das hat zur Verödung der Städte, zur Verdrängung der Wohnbevölkerung aus den Innenstadtgebieten, zur Zerstörung schutzwürdiger Bausubstanzen, aber auch zur Blockierung der Seeufer und zur Zersiedelung der Landschaft in starkem Maße beigetragen.“ (*Neues Bodenrecht*, hrsg. v. F. Froemer, Opladen 1974, S. 79)

Das will heißen: Weil der Grundstückseigner nach dem geltenden Bodenrecht den neuentstehenden Wertzuwachs für sich behalten darf, wird er begreiflicherweise dazu gebracht, sich für diejenige *„Nutzung“* zu entscheiden, die ihm den *„höchsten Ertrag ... ermöglicht“*. **Er wird dadurch verführt, seine Entscheidung zuallererst nach seinen persönlichen Gewinnaussichten zu treffen, also nach rein materiellen Gesichtspunkten, ohne die Belange der Allgemeinheit zu bedenken, seien es soziale, ökologische oder kulturelle.**

Je hemmungsloser er dabei vorgeht, je rücksichtloser er beispielsweise wertvolle alte Häuser abreißen läßt, um häßliche Neubauten hinzustellen, die aber *„höchste Erträge ... ermöglichen“*, desto größer ist sein Gewinn.

Unser Bodenrecht belohnt also die Skrupellosigkeit.

So wird durch unser Bodenrecht ein blindwütiger Privategoismus entfesselt, der dann freie Bahn erhält, über unsere Städte und Landschaften herzufallen. Das führt ganz gesetzmäßig *„zur Verödung der Städte ... zur Zerstörung schutzwürdiger Bausubstanzen ... und zur Zersiedlung der Landschaft.“*

Ein bezeichnendes Beispiel

In der *Ludwigsburger Zeitung* vom 27.2.1992 fand sich ein aufschlußreicher Bericht:

In einem Ortsteil sollte das Wohngebiet ausgedehnt werden. Die Naturschutzbehörden äußerten aber Bedenken, weil auch Streuobstwiesen betroffen waren. Daraufhin holzten die Grundstückseigner die Bäume einfach ab. Das war legal, weil das Fällen vor dem ersten März gesetzlich erlaubt ist. Es ging den ganz plötzlich zur Tat Schreitenden, so die Zeitung, aber darum, *„zu erzwingen, den Wertzuwachs, den jedes neue Baugebiet den Eigentümern von Grund und Boden beschert, auf ihre Mühlen zu lenken.“* Dabei war die Ausweisung zum Baugebiet aus mehreren Gründen noch sehr ungewiß!

Aber es kam noch toller. Die Aktion fand rasch Nachahmer: *„Das Nußdorfer Beispiel macht jetzt auch in Asperg Schule. Bürgermeister Sinz kennt zwei Stellen, an denen bereits Bäume umgesägt wurden.“* Weshalb? Der Bürgermeister wußte eine Erklärung: *„Offensichtlich haben die Stücklesbesitzer Angst, ihre Grundstücke könnten als Grünschutzzone ausgewiesen werden und* *somit für immer als Bauland verloren sein."* Der Bericht endete so: *„Schultes Sinz befürchtet, daß das steigende Bewußtsein der Bevölkerung über die Ausweisung von Landschaftsschutzgebieten zur Folge haben könnte, daß nicht nur mehr Asperger den Bäumen mit der Säge zu Leibe rücken, sondern daß schon gleich gar niemand mehr bereit ist, Apfel- oder Birnbäume neu zu pflanzen."*

Landschaftsverbrauch

Auch bei der **Zerstörung der Alpen** spielte und spielt das fehlerhafte Bodenrecht eine unglückselige Rolle: Die Aussicht auf hohe Wertsteigerungsgewinne veranlaßte dort viele Bauern, ihre Wiesen und Äcker in Talflächen und reizvollen Hanglagen an städtische Bauherren und an Hotelgesellschaften zu verkaufen oder für die Schaffung von Skisporteinrichtungen zur Verfügung zu stellen.

Ein zweites Übel folgte sogleich: Sofern sie der Almwirtschaft weiterhin treu blieben, mußten sie in höhere und bis dahin weniger genutzte Regionen ausweichen. Überweidungen und schädliche Kunstdüngeranwendung waren die Folge. Weil auch der Ausflüglerverkehr zugenommen hat, sind die Alpen inzwischen soviel Gefährdungen ausgesetzt, daß selbst die dort wohnenden Menschen bedroht sind.

Aus ganz ähnlichen Gründen ist auch die **Insel Sylt** der Verbauung und Betonierung anheimgefallen: Weil die Gemeinderäte meist mitspielten, ließen sich die Inselbewohner von Immobilienhändlern sehr gerne dazu verleiten, ihren armseligen Sandboden – die naturgeschützten Dünen oft mit dazu – für reichtumbringende Bauvorhaben wegzugeben (s. dazu *Spiegel*, 46/1980).

Gestörte Stadtentwicklung

Unter dem Diktat des fehlerhaften Bodenrechts entwickelt sich bzw. verödet eine Stadt geradezu gesetzmäßig in der Weise, wie es in einem 1973 zustandegekommenen Parteibeschluß der CDU – ganz ähnlich wie in dem bereits genannten Gesetzentwurf der damaligen liberalsozialen Regierung – dargestellt ist:

„Hohe Bodenpreise veranlassen eine übermäßige Nutzung des Bodens, verdrängen bei konkurrierenden Nutzungsinteressen die weniger rentable Wohnnutzung und die Einrichtung des Gemeinschaftsbedarfs und tragen damit zur Verödung der Innenstädte ebenso bei wie zur Unterversorgung vieler Städte und Stadtteile mit öffentlichen Einrichtungen."

Weil sich deshalb die Innenbereiche der Städte zu reinen Geschäftsvierteln entwickelten, wurden die dort früher Beheimateten zum Wohnen und Schlafen in die Außenbezirke und Vororte abgedrängt. Von dorther strömen sie allmorgendlich zum Arbeiten oder Einkaufen in die Stadt und fluten abends wieder zurück.

Daraus ergab sich die Problematik eines ausgedehnten und hektischen Berufsverkehrs mit all seinen ökologischen Folgeschäden: Bau langer Verkehrswege, Unentbehrlichkeit der Kraftfahrzeuge mit all ihren Nachteilen für die Umwelt, die menschliche Gesundheit usw.

Das alles führte auch zu der großflächigen Zersiedlung des Umlandes einer Stadt.

Was aus den Stadtkernen wurde, hat der Grünen-Politiker Holger Heimann in einer Rede vor dem Stuttgarter Landtag am 2. April 1981 wie folgt geschildert und beklagt:

„An der Entwicklung unserer Städte wird deutlich, in welcher Weise Werte, die an Begrifflichkeiten wie Heimat, Zusammengehörigkeit oder Solidarität gebunden waren, zertrümmert wurden. Ob Mannheim, Heidelberg, Freiburg, Stuttgart, bis auf ein paar Wahrzeichen wie Wasserturm, Schloß, Münster, Fernsehturm gleichen sie sich bald wie ein Ei dem anderen. Die Fußgängerzonen sind von McDonald bis hin zum Horten identisch. Unterschiedslos sind ebenso die Betonsilos der Schlafstädte am Rande ... Die Menschen werden an den Rand gedrängt, die Banken und Geschäfte werden in die Innenstadt hereingebracht. Entwickelt wird z. B. in Heidelberg ein touristisches Walt-Disney-Land mit historischer Kulisse." (*Die Unabhängigen*, 18/1981)

Holger Heimann hat damals lediglich versäumt, auf das geltende Bodenrecht als wesentliche Mitursache solcher Fehlentwicklungen hinzuweisen.

Japan als Opfer der Bodenspekulation

Weil die Bodenfrage weltweit ungelöst ist, kommt es **auch im Ausland** aus denselben Gründen zu ähnlichen Stadtbildzerstörungen.

Nachstehend die Schilderung eines Beispiels aus dem Fernen Osten, das auszugsweise einem längeren *Spiegel*-Bericht (4/1991) entnommen ist:

„Die fast 1200jährige Kaiserstadt Kyoto ist in Gefahr: Bodenspekulation und Baulöwen zerstören ein unersetzliches Kulturerbe ...

In Kyoto hat das alte Japan die Zeiten überdauert ... Nun aber kapitulieren mehr und mehr Hausbesitzer vor den Kosten einer stilgerechten Restaurierung ihrer Anwesen. Überdies: In Leichtbeton eilig hochgezogene Apartmenttürme sind billiger und bringen bessere Rendite ... Viele Menschen sind verbittert, weil 'dieser Boom vorrangig von Kapital aus Tokio oder Osaka gespeist' wird ... Hinter den noch verbliebenen Teehäusern türmen sich Bürogebäude, die neue City frißt das alte Zentrum. Die Kaiserstadt wird gnadenlos zubetoniert ... Bis 1988 war Kyoto die einzige Stadt Japans mit einer amtlichen Bauhöhenbegrenzung ... Doch dann wurde das erste Hochhaus genehmigt ... Mit Blick auf das unvergleichliche Kulturerbe Kyoto verschonten die amerikanischen Bomberstrategen im Zweiten Weltkrieg die Kaiserstadt. Jetzt, klagt Denkmalschützer Mayumi Okada, falle Kyoto 'einer Kraft zum Opfer, die mächtiger ist als alle Bomben: Japans Spekulanten.'"

Das Beispiel Kyoto zeigt geradezu exemplarisch, wie die durch ein fehlerhaftes Bodenrecht entfesselte Habgier wahrlich *„mächtiger"* als Atombomben ist und wertvollste Kulturgüter zertrümmert: Der *„besseren Rendite"* wegen werden *„Apartmenttürme"* hochgezogen (die hinterher vielfach leerstehen, weil die Mieten, spekulativ übersteigert, am Ende unbezahlbar teuer sind!); Baudenkmäler und Grundstücke sinken zu bloßem Spielmaterial in den Händen der Bodenspekulanten ab; schließlich fallen die letzten schützenden Bauvorschriften.

Japans Deflationsskrise

Die vom geltenden Bodenrecht angestachelte Spekulation hat nicht nur das tausendjährige Kulturerbe der Kaiserstadt Kyoto in Schutt und Asche gelegt, sie hat auch die entscheidenden Schläge geführt, die Japans langjährige Wirtschaftswunderwelt zum Einsturz brachte.

Von der beispiellosen **Bodenspekulationwelle** ist hier die Rede, die um 1990 wahnwitzige Höhen erreichte. Besonders in den großen Städten schossen die Baulandpreise nach oben. Im Zentrum mancher Großstädte stiegen sie bis auf eine Million Mark je qm, und schließlich entsprach der Bodenwert des Großraums Tokio dem der ganzen USA!

Doch dann platzte die Spekulationsblase. Die Bodenwerte brachen auf weniger als ein Fünftel ein. Das riß auch die Banken, selbst die vorsichtigsten, mit in die Tiefe, weil ihre Kredite uneinbringlich wurden. Japans Banken sind deshalb großenteils bankrott. Amerikanische Rating-Agenturen schätzen die Summe ihrer faulen Kredite auf mehr als zwei Billionen DM. Zunehmende Bargeldhortung der privaten Haushalte – es war schon davon die Rede – und die Zinsherabsetzung der japanischen Zentralbank zur Wirtschaftsankurbelung haben dann eine **deflationäre Spirale** in Gang gesetzt, welche die Krise immer mehr verschlimmert.

Ein entscheidender Auslöser aber war die vom mangelhaften Bodenrecht entfesselte Bodenspekulation!

41. Wie das Bodenrecht verbessern?

Historischer Rückblick

Seit jeher war wacheren Beobachtern bewußt, daß es eine ungelöste Bodenfrage gibt und daß seine ungleiche Verteilung zu schlimmen sozialen Ungerechtigkeiten führt. Wer sehr viel mehr Land als andere besaß, kam in den Genuß zusätzlicher – leistungsloser – Einkünfte, die ihm eine unverdiente Vorrangstellung verschafften. Daraus entwickelten sich unerträgliche Unterdrückungszustände, die einerseits zu Aufständen führten, andererseits Neuerer auf den Plan riefen. **Wiederholt haben diese versucht, das Verhältnis des Menschen zum Boden gerechter zu gestalten.** Denn immer wieder geschah dasselbe: Die Bauern mußten sich noch ärger verschulden und dafür ihr Land verpfänden, woraufhin sie in die Abhängigkeit von Großgrundbesitzern gerieten.

Solon, der berühmte athenische Staatsmann und Gesetzgeber (ca. 649-561 v. Chr.), war einer der ersten, die gegenzusteuern versuchten. Als die sozialen und politischen Kämpfe zwischen dem Adel und den in Schuldknechtschaft geratenen Bauern gar den Staat in Gefahr brachten, griff er mit einem Schuldenerlaß und Verpfändungsverboten ein.

Der **alt-israelische Prophet Hesekiel** war bemüht, den im Elend versinkenden Bauernstand durch die Einführung eines *„Jobel- und Halljahres"* zu helfen: Alle 49 Jahre sollten die Posaunen (Jobel) erschallen und den Rückfall des Bodeneigentums an die früheren Besitzer sowie die Befreiung der jüdischen Sklaven verkünden (3. Mose 25, 8ff.).

Die beiden altrömischen **Gracchen** (2. Jahrhundert v. Chr.), ein Brüderpaar vornehmer Abkunft, wollten in ihrer Eigenschaft als Volkstribunen mit einem „Ackergesetz" auf dem Lande neue Bauernstellen schaffen. Die Nobilität sollte deshalb mit Beschlag belegtes Staatsland an mittellose Städter vergeben. Es kam zu Aufständen, die blutig niedergeschlagen wurden. Die beiden Gracchen büßten für ihr keckes Vorhaben mit dem Leben.

In seiner ***Germania*** (um 100 n. Chr.) weiß der römische Geschichtsschreiber Tacitus zu berichten, daß bei den Germanen die Bodenverhältnisse noch besser geordnet waren: *„Ackerland wird in einem Umfange, der der Zahl der Bebauer entspricht, von der Gesamtheit in Besitz genommen; dann teilt man es untereinander nach Rang und Würde auf, und die weite Ausdehnung der Feldmark gewährleistet eine leichte Teilung."*

Der **Bauernkrieg in Deutschland** zu Beginn der Neuzeit, den Martin Luther mit so scharfen Worten verurteilte, wurde wesentlich durch die Einführung des römischen Bodenrechts verschuldet. Es lieferte kirchlichen und weltlichen Würdenträgern, auch den Landesherren, die Rechtstitel, sich bisher frei genutztes, im Gemeindebesitz befindliche Land – die Allmende – anzueignen. In den *Zwölf Artikeln* des Bauernverbands *Bundschuh* wurde deshalb besonders dringlich die Rückgabe von *„Waldungen"* und von *„Wiesen und Äcker, die vormals der Gemeinde gehörten"*, gefordert (in Kapitel 25 dieses Buches war bereits davon die Rede). Artikel 4 lautete: *„Der arme Mann soll wieder Gewalt haben über Wildbret, Geflügel und die Fische, die im fließenden Wasser sind. Wer nicht genugsam beweisen kann, daß er sein Fischwasser gekauft hat, soll es wieder der Gemeinde zurückgeben."* Man wandte sich auch gegen überhöhte Pachtgebühren: „*Die Pachtgüter der Bauern sollen durch ehrbare Leute geschätzt werden, und soll der Pachtzins nach dieser Schätzung festgesetzt werden ...*"

Das **19. Jahrhundert** brachte mit der Industriellen Revolution und dem Erstarken des Kapitalismus auch große soziale Spannungen, die zum ***Kommunistischen Manifest*** von Marx und Engels Anlaß gaben, doch auch zu anderen Reformbemühungen, unter anderem einer Bodenrechtbewegung.

Der Amerikaner **Henry George** (1839-1897) ortete die Hauptursache der Massenarmut fast ausschließlich in der ungelösten Bodenfrage und sah die Lösung in der restlosen Abschöpfung der Grundrente, die zudem die einzige Steuer bleiben sollte.

H. George fand mit seinen Gedanken auch Anhänger in Deutschland. Doch begnügte sich **Adolf Damaschke** (1865-1935) mit der Forderung, nicht die gesamte Grundrente, sondern nur die Grundrentensteigerungen zu besteuern.

Karl Marx forderte im *Kommunistischen Manifest* die „*Expropriation* [Enteignung] *des Grundeigentums und Verwendung der Grundrente zu Staatsausgaben*". Doch während H. George und A. Damaschke die Unternehmerfreiheit und den Wettbewerb nicht antasten wollten, kam bei Marx als wichtigste revolutionäre Veränderung die Verstaatlichung der Produktionsmittel mit hinzu. Die Auslieferung des einzelnen an die Staatsmacht wurde dadurch total. Außerdem schloß Marx für die Bodenwegnahme eine Entschädigung aus.

Silvio Gesell (1862-1930) trat zwar auch dafür ein, den Boden an die Allgemeinheit zu übertragen, sah aber eine Entschädigung vor, wofür er einen genauen Plan ausarbeitete. In entschiedenem Gegensatz zu Marx wollte er aber durch die Zinsgeldüberwindung das private Eigentum sichern, eine ausbeutungsfreie Markt- und Wettbewerbswirtschaft ermöglichen und freies Unternehmertum fördern.

In den sechziger Jahren des 20. Jahrhunderts war es vor allem **H. K. R. Müller,** der in Anlehnung an Gesell eine steuerliche Lösung der Bodenfrage ausarbeitete, weil er zu Recht die Forderung nach Bodenvergesellschaftung als nicht zeitgemäß und der Öffentlichkeit als nicht vermittelbar ansah.

Offensichtlich in Kenntnis dieser Vorschläge begann in den siebziger Jahren zuerst bei der **SPD,** dann auch bei den anderen Parteien eine öffentliche Erörterung bodenrechtlicher Fragen, die aber nicht allzulange anhielt.

Durchgreifende Lösung angezeigt

Das geltende Bodenrecht stellt in Wahrheit seit jeher ein ungeheuerliches Unrecht dar, weil es einzelnen die Möglichkeit verschafft, sich auf Kosten der Allgemeinheit zu bereichern. Zudem führt diese private Bereicherungsmöglichkeit zu einem unsozialen, naturverwüstenden und stadtbildbeschädigenden Verhalten. So dürfte klar sein, was zu geschehen hat:

Die beim Grundbesitz möglichen leistungslosen Einkünfte sind zu besteuern. Mit anderen Worten: Es ist eine diese Einkünfte voll erfassende Grundrentensteuer (Grundrentenabgabe; oder kurz: Grundsteuer, Bodensteuer) zu erheben.

Doch muß fester Bestandteil dieser Bodenrechtverbesserung sein, die steuerlich abgeschöpften Grundrenten wieder gleichmäßig an die Allgemeinheit zurückzuvergüten.

Diese so einfache Lösung der Bodenfrage ist vor allem deshalb nicht schon längst verwirklicht, weil sie begreiflicherweise den milliardenschweren Interessen der großen Nutznießer der heutigen Regelungen gänzlich widerspricht. Diese verstehen es zudem sehr gut, die Eigenheimbesitzer in der Bundesrepublik, 40 Prozent der Haushalte, gegen jegliche Änderung in der Bodenfrage aufzuwiegeln. Deshalb scheuen alle Parteien davor zurück, ein solch heißes Eisen anzupacken. Sie liefen dabei Gefahr, einen Großteil ihrer Wähler zu verlieren.

Ein BVG-Präsident war empört

Wie bereits gesagt, haben sich in den siebziger Jahren ein paar besorgte SPD-Politiker an die Bodenfrage herangewagt. Sie schafften es sogar, darüber eine Zeitlang eine lebhafte öffentliche Aussprache in Gang zu halten. Das dürfte Mächtigeren nicht genehm gewesen sein. Bald wieder kehrte völlige Stille ein. Die Friedhofsruhe ist dann ein Jahrzehnt später durch einen lauten Paukenschlag unterbrochen worden, der ein vielfaches, allerdings auch rasch verhallendes Echo weckte. Besonders empört zeigte sich – es konnte nicht anders sein – der *Zentralverband der Haus-, Wohnungs- und Grundeigentümer.*

Urheber der allgemeinen Aufregung war der damalige Präsident des Bundesverfassungsgerichts, **Professor Zeidler,** der in einem Gespräch mit dem *Spiegel* (50/1984) hinsichtlich der leistungslosen Grundrenteneinkünfte und Spekulationsgewinne erfrischend Richtiges sagte:

„Spiegel: *Wenn der Staat, wie Sie vorschlagen, auf Milliarden aus der Lohn- und Einkommensteuer verzichtet, muß das Geld woanders herkommen.*

Zeidler: Da gibt es nicht nur fast unerschöpfliche Goldadern, sondern ganze Goldberge, die sich erschließen ließen, wenn die Politik nicht einer bestimmten Klientel gefällig wäre …

Spiegel: *... den Wohlhabenden?*

Zeidler: *Es müßte ernst gemacht werden mit dem Abbau zahlreicher Subventionen. Es müßte Ernst gemacht werden mit dem Abbau zahlreicher Steuervergünstigungen ...* ***Und vor allem hat der Staat in den letzten Jahrzehnten einige hundert Milliarden dadurch verschenkt, daß er darauf verzichtet hat, die ungeheuren Vermögen, die im Grundeigentum stecken, in einer auch nur annähernd angemessenen Weise zu besteuern.***

Spiegel: *Wollen Sie den Haus- und Grundbesitz, anders als bisher, nicht mehr nach einem* ***fiktiven Einheitswert,*** *sondern nach dem* ***realen Verkehrswert*** *besteuern?*

Zeidler: Ja, sicher, nach dem Verkehrswert, alles andere ist realitätsfremd. Das jetzige Recht bewirkt eine ungeheure Bevorzugung teils des Grundeigentums, teils aber auch der Gewinne, die aus dem Handel mit Grundstücken fließen.

Spiegel: *Soll auch der Wertzuwachs erfaßt werden?*

Zeidler: *Zu dem Thema sagen die Fachleute ja immer, den Bodenwertzuwachs könne man gar nicht feststellen. Ich halte das für faule Ausreden.* ***Im Zeitalter des Computers ist das sicher machbar.*** *In den letzten Jahrzehnten sind in den deutschen Ballungsgebieten – München, Stuttgart, Ruhrgebiet, Frankfurt, Hamburg – große neue Verkehrsverbindungen im öffentlichen Nahverkehr geschaffen worden, mit der Folge, daß die Grundstücke, die günstig lagen, enorm im Wert gestiegen sind.* ***Kein Mensch ist je ernsthaft darum bemüht gewesen, diese gewaltigen Wertzuwächse steuerlich anzuzapfen.***

Um es deutlich zu sagen: ***Die bisherigen Maßstäbe bei der Besteuerung des Grundeigentums haben das materielle Prinzip der Steuergerechtigkeit in solchem Maße mißachtet, daß seit 1948 von Einnahmeverzichten des Staates in Höhe von mehreren 100 Milliarden Mark ausgegangen werden kann, wahrscheinlich mehr als heute die gesamte Verschuldung aller öffentlichen Hände beträgt. Hier hat sich die Staatsgewalt bisher weitgehend mit der Rolle des Croupiers am Roulett-Tisch begnügt."***

Bisherige Grundsteuer

Professor Zeidler forderte, daß man Grundstücke nicht nach dem *„fiktiven Einheitswert"*, sondern nach dem *„realen Verkehrswert"* besteuern müsse.

In der Tat gibt es schon heute eine Grundsteuer; die aber den Nachteil hat, an einem doppelten Mangel zu leiden.

Erstens ist sie an völlig veralteten und damit *„fiktiven Einheitswerten"* ausgerichtet, die nur zehn bis zwanzig Prozent des *„realen Verkehrswertes"* erfassen, und wird zudem nach umständlichen kommunalen „Hebesätzen" berechnet. Und zweitens ist sie mit dem ordnungspolitischen Fehler behaftet, **nicht nur eine Boden-, sondern zugleich eine Gebäudesteuer** zu sein. Damit betrifft sie zwei grundverschiedene Dinge: einerseits etwas Naturgegebenes, den von Anfang an vorhandenen Boden, andererseits etwas von Menschenhand Geschaffenes: Wohngebäude, Garagen, Fabrikanlagen, Lagerhäuser usw.

Diese gleichzeitige Besteuerung von sehr Ungleichartigem offenbart die allgemeine Unwissenheit über die Sonderstellung des Bodeneigentums und muß als erstes beseitigt werden. **Die neue Grundsteuer darf sich nur auf Grund und Boden beziehen.**

Die Grundsteuer als laufende Abgabe

Dennoch ist die jetzige Grundsteuer in einem Punkt richtig beschaffen: Sie wird laufend erhoben. Genau diese Eigenschaft sollte die zukünftige Grundrentenabgabe, die freilich wesentlich höher sein wird, auch haben: **Sie müßte laufend entrichtet werden,** etwa viertel- oder halbjährlich. Die privaten Grundrenteneinkünfte fallen ja auch regelmäßig an. Erst dann gerät der Boden unter den erforderlichen stetigen Angebotsdruck und stellt sich der Zwang ein, den Boden möglichst sparsam, d. h. wirtschaftlich sinnvoll, zu verwenden. **Erst dann hört der verschwenderische Umgang mit einem der kostbarsten Naturgüter, dem Boden auf!**

Es wäre falsch, eine Bodensteuer nur im Verkaufsfalle anzuwenden. Dann würden Grundstücke, die nicht zu vermieten oder zu verpachten sind, noch viel weniger veräußert – sofern sie nicht zu Schwarzmarktpreisen gehandelt werden.

Überwindung der Bodenhortbarkeit

Das Umgekehrte träte ein, hätte man eine Steuer, **die die Grundrente voll abschöpft und zudem laufend fällig ist:** dann wäre jegliche Bodenhortung beseitigt; denn dergleichen käme sehr teuer.

Ganz ähnlich würde eine Umlaufgebühr auf alles liquide Geld dessen Hortung kostenträchtig und damit unmöglich machen.

Zwei Kernforderungen zur Lösung der sozialen Frage

Umlaufgesicherter Boden und umlaufgesichertes Geld würden die Eintreibung eines „Mehrwerts" – des Geld- und des Bodenzinses – zugunsten kleiner Minderheiten verhindern.

So läuft letztlich die Bereinigung der sozialen Frage auf die Forderung hinaus, die Geld- und die Bodenhortbarkeit zu überwinden.

Keine Bodenspekulation mehr

Die Überwindung der Bodenhortbarkeit würde auch jeglicher Bodenspekulation ein Ende setzen: weil die dafür erforderliche Bodenzurückhaltung sehr teuer käme.

Bei der Unmöglichkeit, mit Grund und Boden weiterhin leistungslose Einkünfte zu erzielen, fielen auch all die bereits geschilderten üblen Auswirkungen weg, welche wesentlich dazu beitragen, die Natur, die Landschaft und unsere Dörfer und Städte zugrundezurichten.

Erläuterungen zur Grundrente

Weil Boden knapp ist, wirft er einen Knappheitspreis, die Grundrente ab. Diese entspricht ungefähr der Nutzungsgebühr, d. h. dem Pachtpreis für ein Stück Boden. **Daraus läßt sich der Wert eines Grundstücks errechnen.** Dazu „kapitalisiert“ man die Grundrente. Beträgt sie z. B. 1000 DM, so hat bei einem Zinssatz von 10 Prozent das Grundstück einen Wert von 10 000 DM (1000 geteilt durch 10 mal 100). Sinkt der Geldzins im Land auf 5 Prozent, so steigt der Grundstückswert auf 20 000 DM an (1000 : 5 x 100).

Freilich sind heute durch spekulative und behördliche Einflüsse die Zusammenhänge zwischen Ertragswert und Pachtpreis einerseits und erzielbarem Verkaufsergebnis öfters gestört, z. B. bei landwirtschaftlichen Flächen.

Beides gleichzeitig

Wenn nun durch eine freiwirtschaftliche Geldrechtsverbesserung der Zins in die Tiefe trudelt, schnellen zwangsläufig die Bodenpreise in die Höhe. Bei einem Zinssatz von 2 Prozent erzielte man für obengenanntes Grundstück nach dieser Rechnung bereits 50 000 DM, bei 1 Prozent 100 000 DM. Sinkt der Zins gar auf null, wäre es unendlich viel wert, d. h. unverkäuflich.

Daran erkennt man, daß eine Geldrechtsverbesserung unvermeidlich die volle Abschöpfung der Grundrente erfordert, um eine Geldflucht in die Bodenwerte zu verhindern.

Eine Entkapitalisierung (Zinsbefreiung) des Geldes setzt also eine Entkapitalisierung des Bodens voraus. Mit anderen Worten: **Soll die grundlegende Lösung der sozialen Frage gelingen, müssen sowohl Geld- wie Bodenrecht bereinigt werden.**

Bodenwertschwankungen

Die Grundrente – infolgedessen der Bodenpreis – sind keine gleichbleibenden Größen. Je nach Lage und Nutzungsart schwanken sie.

Der **Lagewert** hängt von vielem ab: Klima, Wirtschaftsentwicklung, technischem Fortschritt, Bodenbeschaffenheit, Absatzmöglichkeiten, Verkehrsanbindung, Bevölkerungsdichte u.a.m.

Die **Nutzungsart** wird von staatlichen Stellen bestimmt: ob landwirtschaftlich oder für Siedlungszwecke; ob Wohnungs- oder Gewerbegebiet; ob ein- oder vielstöckig usw.

Weil die meisten der aufgeführten Bestimmungsgrößen veränderlich sind, verändern sich auch die Bodenpreise. So haben Wälder und landwirtschaftliche Flächen in den vergangenen Jahrzehnten fast überall an Wert sehr verloren, während sich im städtischen Bereich die Grundstückpreise vervielfachten.

Dementsprechend müßte zukünftig die Grundsteuer in passenden Zeitabständen entweder gesenkt oder erhöht werden.

Ähnlich äußerte sich auch Professor Zeidler im vorgenannten Gespräch mit dem *Spiegel*. Zunächst verweist er ganz allgemein auf die *„ungeheuren Vermögen, die im Grundeigentum stecken“*, und beklagt, daß man sie nicht angemessen besteuere. Dann kommt er auf die *„gewaltigen Wertzuwächse"* zu sprechen, die in den Ballungsgebieten z. B. durch *„große neue Verkehrsanbindungen im öffentlichen Nahverkehr"* entstanden seien. Auch die habe man versäumt, *„steuerlich anzuzapfen"*.

Neuerlicher Vorstoß der SPD

Ganz überraschend beschäftigte sich 1992 – leider wieder nur kurzfristig – eine Kommission von SPD-Bundestagsabgeordneten noch einmal mit der Bodenfrage und kam zu ganz ähnlichen Schlußfolgerungen wie seinerzeit Prof. Zeidler. So finden sich in der ***Dokumentation*** zur ***Reform der Bodenordnung*** (*Öffentliche Anhörung der SPD-Bundestagsfraktion am 30. April 1992*) auf Seite 85f. höchst bemerkenswerte Sätze:

*„Notwendig ist eine Reform des Bodenrechts, die es auch erlaubt, **Spekulationsgewinne abzuschöpfen** und die **Verwertungsdruck** bei baureifen unbebauten Grundstücken erzeugt ... Nötig ist, eine veränderte Ausgestaltung der Grundsteuer über eine Bodenwertsteuer, durch einen dem Verkehrswert naheliegenden Einheitswert oder unter Zugrundelegung der aktuellen Verkehrswerte, in Angriff zu nehmen. Um kurzfristig den Bodenwertzuwachs abzuschöpfen, ist eine pauschale Erhöhung der momentan geltenden Einheitswerte denkbar ... Die Bodenwertsteuer muß so ausgestaltet werden, daß sie **Verwertungsdruck erzeugt** und damit den Boden als Wertaufbewahrung unattraktiv macht. Sie hätte dann eine **verteilungspolitische, nutzungsintensivierende und damit direkte ökologische und letztlich bodenpreissenkende** Wirkung."*

Erläuterungen:

Das Wichtigste steht in den zwei letzten Sätzen: *„Die Bodenwertsteuer"* müsse *„Verwertungsdruck erzeugen"*. Sie hat also eine laufende Abgabe und so hoch zu sein, daß sie imstande ist, die Hortung von Boden – seinen Mißbrauch als Mittel der *„Wertaufbewahrung"* – zu verhindern. Im Schlußsatz werden die Vorteile dieser *„Bodenwertsteuer"* aufgezählt, woraus umgekehrt hervorgeht, daß das geltende Bodenrecht – wie in den vorausgegangenen Kapiteln dargestellt – verheerende Auswirkungen zeitigt: Es scheffelt Minderheiten auf Kosten der Mehrheit Reichtümer zu (*„verteilungspolitische"* Folgen); es ist nicht *„nutzungsintensivierend"*, d. h. es läßt eine gewinnbringende Bodenhortung zu und verhindert somit eine *„bodenpreissenkende"* Mehrung des Grundstücksangebots auf dem Markt; es verursacht schlimme *„ökologische"* Schäden, indem es die Natur, die Landschaft, auch kulturelle Werte zerstört.

Selbstgeschaffene Wertzuwächse

Selbstverständlich darf nur die durch das Zutun anderer entstandene Wertsteigerung besteuert werden. **Die durch eigene Arbeit herbeigeführte Grundstücksverbesserung bleibt davon ausgenommen.**

Ein Beispiel soll es verdeutlichen: Hat ein Bauer durch naturgemäße Bodenbehandlung und Anpflanzung standortgerechter Bäume den Wert seiner Ländereien erhöht, so berechtigt das in keiner Weise zu einer Heraufsetzung der Grundsteuer, ist diese Wertvermehrung doch durch eigene Anstrengung geschehen.

Der völligen Klarstellung wegen sei nochmals gesagt, daß sich die Grundsteuer lediglich auf die Bodenfläche als naturgegebenen Standort bezieht und alles durch Menschenhand Geschaffene – Bepflanzung, Wege, Gebäude usw. – davon ausgenommen ist.

Wird eine Wiese desselben Bauern aber zu Bauland erklärt und schnellt deshalb der Quadratmeterpreis um das Zwanzig- oder Fünfzigfache noch oben, so sollte dieser leistungslose Mehrgewinn besteuert werden.

Der Bodenwert ist ermittelbar

Eine Bodenrechtsverbesserung setzt natürlich voraus, daß man den jeweiligen Grundstückswert auch feststellen kann. Bereits Professor Zeidler wies diesen Einwand, das sei nicht machbar, als eine *„faule Ausrede"* zurück. In der schon genannten SPD-*Dokumentation* zur *Reform der Bodenordnung* heißt es klipp und klar (Anh., S. 3):

„Die Ermittlung der Verkehrswerte ist als langfristige Maßnahme, über die in jeder größeren Gemeinde vorliegenden Bodenrichtwerte, **unproblematisch."**

Prof. Dietrich führte aus (S. 62f.):

„Die Bodenbewertung bebauter Grundstücke ist eines der schwierigsten Probleme bei der Grundstückspreisermittlung überhaupt, aber das ist ein Problem, das alle Gutachterausschüsse in Deutschland mit links bewältigen. Denn es gibt Bodenrichtwerte, Bodenrichtwertkarten in jeder Stadt, in der es einen ordentlichen Gutachterausschuß gibt, und diese Richtwerte sind nach dem Gesetz als reine Bodenwerte zu ermitteln ... Ich halte also dieses Problem der Wertermittlung für die Bodenwertsteuer eigentlich für kein Problem. Und ich darf mich da auch wieder auf dänische Erfahrungen stützen. Wenn wir heute sagen, so etwas ginge nicht im Zeitalter des Computers, dann ist es so, daß wir es nicht wollen. In Dänemark sind sämtliche Grundstücke des Landes auf einem großen Computer bei der Finanzbehörde in Kopenhagen, und da wird jedes Jahr der Verkehrswert, wohlvermerkt, fortgeschrieben ... Aber so, wie das die Dänen können, so würde das bei uns auch jederzeit gehen. Ich behaupte, es geht schon heute mit den Gutachterausschüssen, mit den Bodenrichtwerten ohne weiteres."

Das dänische Beispiel

An den Universitäten findet die Bodenfrage bisher keinerlei Beachtung – so wenig wie der Zins an sich in Zweifel gezogen wird.

Im Ausland ist man hier gelegentlich aufmerksamer und fortschrittlicher. Als Beispiel diene das von Prof. Dietrich oben angesprochene Dänemark. Dort wird schon seit Jahrzehnten eine Grundsteuer anderer Art erhoben. Sie betrifft erstens, wie es richtig ist, allein den Boden, und erfaßt ihn außerdem zu seinem tatsächlichen Verkehrswert. Zwar sind die Steuersätze noch niedrig, doch haben sie angeblich die Wirkung, daß Bauland viel weniger zurückgehalten und mit Grund und Boden kaum mehr spekuliert wird. (*Fragen der Freiheit*, Heft 208, 1/2/1992)

Boden als Gemeineigentum?

Grund und Boden ist etwas von Anfang an Vorhandenes und sozusagen eine Gabe Gottes. Darf er deshalb einzelnen gehören? **In der Frühzeit der Völker war er vielfach Gemeinbesitz.** Bei manchen Naturvölkern ist er es noch heute.

Doch hat sich seit dem Spätmittelalter immer mehr das römische Recht mit seiner Forderung nach privatem Bodeneigentum durchgesetzt.

Es wäre aber völlig verkehrt, in der Frage, ob Boden privates oder öffentliches Eigentum ist, das Hauptproblem zu sehen.

Sehr viel wichtiger ist die Frage, wem – und in welchem Umfang – das leistungslose Einkommen aus Grundbesitz, das Nutzungsentgelt, d. h. die Grundrente, zufällt – ob privaten Minderheiten oder der Allgemeinheit.

Das letztere allein entscheidet darüber, ob im Bodenbereich die soziale Gerechtigkeit hergestellt und ob den Spekulanten für immer das Handwerk gelegt ist.

Es ist deshalb sehr wohl eine vollgültige Neufassung der Bodenrechts möglich, auch wenn das private Eigentum bestehen bleibt. Angesichts der Tatsache, daß heute bald die Hälfte der Deutschen im Eigenheim auf meist sehr kleiner, aber dennoch eigener Scholle wohnt, wäre es mißverständlich, zudem unnötig, die Rückführung des Bodens in Gemeinbesitz zu fordern. Man würde leicht mit kommunistischen Eiferern verwechselt. Es wäre auch nicht ungefährlich, weil sich ohne gleichzeitige Geldzinsüberwindung die Allmacht des Staates gegenüber dem einzelnen dadurch noch verschlimmern könnte.

Auch sind die Fälle, wo in Deutschland gemeindeeigener Boden nach dem Erbbaurecht vergeben wird, keineswegs vorbildlich. Meist ist der Pachtbetrag viel zu niedrig, so daß die jeweiligen Grundstückinhaber daraus beträchtlichen finanziellen Nutzen ziehen, den sie beim Verkauf ihres Erbbaurechts sehr wohl zu versilbern wissen. Meistens gelingt es einer Gemeinde in dem bodenkapitalistischen Umfeld von heute nicht, eine eigentlich berechtigte Erhöhung der Pachtgebühr durchzusetzen.

Dennoch ist es völlig richtig, die Gemeinden aufzufordern, ihre Grundstücke bei Geldnot nicht einfach zu verschleudern und sie auf die Notwendigkeit hinzuweisen, sie zu Marktpreisen zu verpachten. So könnten möglicherweise weithin ausstrahlende vorbildliche Anschauungsbeispiele eines wirklichen Boden-„Rechts“ geschaffen werden.

Rückvergütung der Grundrente

Ein wesentlicher Bestandteil des neuen Bodenrechts ist die Rückvergütung der einkassierten Grundrente an die Bevölkerung, und zwar **gleichmäßig an jedermann,** sei er jung oder alt, reich oder arm.

Die Masse der Einwohner eines Landes würde dabei gewinnen – ähnlich wie bei der Überwindung des Geldzinses die große Mehrheit davon den Nutzen hätte, weil ihrer Ausbeutung durch eine Minderheit ein Ende gesetzt wäre.

Das wäre wahrer Sozialismus und ein entscheidender Beitrag zu Lösung der sozialen Frage!

Niemand würde dabei etwas weggenommen. Freilich müßte eine Minderheit auf unberechtigte Ansprüche verzichten, die dann der Mehrheit – die sie erarbeitet hat! – zugute kommen. Damit wäre auch von der Bodenseite her die Forderung nach der Verwirklichung des vollen Arbeitsertrags verwirklicht.

Weil der Boden ein Geschenk des Weltenschöpfers an die Menschheit ist, heben sich bei demjenigen, der einen nur **durchschnittlichen Anteil** der Erdoberfläche bzw. Landesflur für sich in Anspruch nimmt, Bodennutzungsentgelte und Rückvergütungen gegenseitig auf (allerdings abzüglich der Verwaltungskosten). **Er wohnt dann sozusagen kostenlos.** Wer sich mit einem Grundstück unterdurchschnittlicher Größe bescheidet, wird sogar mit einer Zuzahlung belohnt. Das Umgekehrte gilt freilich auch.

Silvio Gesell schlug vor, die Grundrenteneinkünfte an die Mütter entsprechend ihrer Kinderzahl zu geben. Ihnen gebühre sie deshalb, weil sie es seien, die durch Schwangerschaft und Aufziehen des Nachwuchses erst die Bevölkerungzahl ermöglichten, die die Grundrente zum Fließen bringt. (Doch wird diesem Vorschlag in freiwirtschaftlichen Kreisen auch widersprochen: Aus ordnungspolitischen Gründen sei die Zahlung eines angemessenen Mütter- bzw. Erziehungsgehalts wohl doch die bessere Lösung der brennenden Frauenfrage. – Übrigens wären Frauen mit Kindern bei einer gleichmäßigen Verteilung der Grundrentengelder je Kopf der Bevölkerung gleichfalls bevorzugt.)

Auswirkungen des neuen Bodenrechts

- Die neue Grundsteuer schöpft nach Möglichkeit die (erzielbare) Grundrente voll ab.
- Nach Erhebung dieser Steuer gibt es keine privaten Nutznießer der Grundrente mehr.

- Die Grundrente fließt statt dessen in die entsprechende Kasse der Gemeinde, des Landes oder des Bundes und wird gleichmäßig je Kopf der Bevölkerung rückverteilt (z. B. in Gestalt einer Verringerung der jeweiligen Steuersumme).
- Der Boden wirft jetzt kein leistungloses Einkommen an Inhaber besonders ertragreicher Flächen mehr ab.
- Damit hört von der Bodenseite her die unnatürliche und unsoziale Vermögensanhäufung bei einigen wenigen auf.
- Mit der Überwindung des Bodenmonopols wäre die zweitwichtigste Ursache der kapitalistischen Ausbeutung beseitigt. (Nach der Brechung des Geldmonopols wäre damit dem Kapitalismus – als Gegensatz zur Markt- bzw. Wettbewerbswirtschaft verstanden – vollends der Garaus gemacht.)
- Die neue Grundsteuer ist die gerechteste Steuer, die man sich denken kann, weil sie nicht auf die Leistung abzielt, sondern auf den unverdienten Gewinn.
- Der Boden hört auf, Spekulationsgegenstand zu sein. Er ist keine Quelle riesiger spekulativer Einkommen mehr.
- Ist der Boden nicht mehr Spekulationsgegenstand, kehren auf dem Grundstücksmarkt und bei der Raumplanung klare und saubere Verhältnisse ein. Irgendwelchen korrupten Machenschaften bei der Ausweisung neuer Baugebieten ist damit vorgebeugt.
- Der Boden wird überall zu einer ertragsbezogen gleichwertigen Fläche, die ihren Besitzern keine unverdienten Nach- oder Vorteile mehr einbringt. Sie wirft nur noch soviel Gewinn ab, wie ehrlich erarbeitet wurde.
- Der Boden ist nicht mehr hortbar. Er ist unter Umlaufzwang gestellt und wandert immer zum „besten Wirt“ (wobei passende Einzelregelungen unberechtigte Härten abmildern werden).
- Auch bei ausgewiesenem Bauland ist Zurückhaltung nicht mehr möglich.
- Weil Boden nicht mehr als Anlagegut taugt und weil er nicht mehr hortbar ist, vergrößert sich das Angebot, was auf die Grundstückspreise drückt. Möglicherweise sinken sie gar (dann allerdings nicht, wenn sich die Zuwanderung fortsetzt).
- Der Grundbesitzer hat von einer gemeinschädlichen Nutzung seines Grundstücks keine geldlichen Vorteile mehr zu erwarten. Der verhängnisvolle Widerstreit zwischen Eigen- und Gemeinnutz ist also beseitigt. Der Grundeigner wird nicht mehr dazu gedrängt, seine privaten Gewinninteressen auf Kosten sozialer, ökologischer und kultureller Erfordernisse zu befriedigen.
- Damit fällt der materielle Anreiz weg, unpassende Hochhäuser zu errichten, das Stadtinnere vor allem geschäftsmäßig zu nutzen und daraus die Wohnbevölkerung zu verdrängen. Das heißt, eine wichtige Ursache zur Entstehung von Ballungsgebieten mit Vorortsiedlungen und zur Aufspaltung menschlicher Betätigungen ist beseitigt.

o Mit der Rückbildung von Ballungsgebieten fällt auch die Notwendigkeit weg, lange Verkehrswege zu bauen.
o Durch die neue Grundsteuer, die laufend zu bezahlen ist, sieht sich der Boden- und Hausbesitzer gezwungen, seine Wohnansprüche einzuschränken und leerstehende Räume zu vermieten. Bei dem jetzt wahrscheinlichen Überangebot von Wohnungen finden auch kinderreiche Familien eine Unterkunft.
o Es ist jetzt eine freie Stadt- und Landschaftsplanung möglich, unbehindert durch private Gewinninteressen der Grundstücksbesitzer.

42. Wie sind Bodenschätze zu behandeln?

Der uralte Kampf um Bodenschätze

Eine wesentliche Ursache der Umweltverwüstung ist die Ausbeutung des Erdmantels, in welchem all die festen und flüssigen Stoffe, deren wir bedürfen, verborgen liegen. Besonders in der zweiten Hälfte des 20. Jahrhunderts hat sie beispiellos räuberische Ausmaße angenommen.

Ein wesentlicher Antrieb solcher Plünderungszüge ist der – es sei nochmals gesagt: letztlich zinsbedingte – wirtschaftliche Wachstumszwang.

Die damit zusammenhängende Suche nach immer neuen Rohstoffquellen dürfte auch ein Hauptanlaß der imperialistischen Ausgriffe vieler Staaten bzw. mächtiger Konzerne sein, woraus sich viele Kriege entwickelten. In Kapitel 21 (Quo vadis, Amerika?) wurde darüber berichtet. Denn die Verfügungsgewalt über Bodenschätze verhilft großkapitalistischen Einzelpersonen, Gruppen und Staaten zu mehr Reichtum und Macht.

Wem also an Naturbewahrung und Friedenserhaltung liegt, der muß darauf hinwirken, auch die mit den Bodenschätzen verbundenen Probleme in den Griff zu bekommen.

Bodenrente und Rohstoffe

Tiefreichende Überlegungen zur Geld- und vor allem zur Bodenfrage werden im *Seminar für freiheitliche Ordnung* angestellt (Badstraße 35, D-73087 Bad Boll). Das private Institut gibt auch die Vierteljahreszeitschrift *Fragen der Freiheit* heraus. In Heft 222/1993 ist von Vorstandsmitglied Eckhard Behrens unter dem Titel *Ökologische Rohstoffwirtschaft. Eine ordnungspolitische Studie* ein Aufsatz erschienen, dessen wichtigste Gedanken hier mitgeteilt seien.

Ähnlich zu betrachten wie der Boden als Erdoberfläche seien die im Boden liegenden Rohstoffe: Sie sind naturgegeben, nicht von Menschenhand geschaffen, sind *„das Erbteil des ganzen Menschengeschlechts.“* Auch mit Rücksicht auf künftige Generationen wäre ein schonender Umgang mit ihnen dringend geboten.

Kommen sie aber nicht viel zu billig auf den Markt? Führt das nicht zur Verschwendung? Wäre es nicht sehr wichtig, sie mit hohen Umweltabgaben zu belegen? Wie bilden sich hier die Preise?

Die **Rohstoffpreise** müssen mindestens die Kosten decken, die bei ihrer Förderung aus der Erde und bei der Weitergabe bis zum Verbraucher entstehen. Doch ist hierbei etwas Wesentliches zu beachten. Behrens: *„Tritt ein Überschuß auf zwischen den genannten Kosten und den Rohstoffpreisen, so ist dies die* ***Bodenrente,*** *die beim Inhaber der Abbaurechte anfällt. Die Bodenrente ist Einkommen aufgrund der Knappheit der Rohstoffe."*

Es gilt also die Formel: *„Förder- und Transportkosten + Bodenrente = Rohstoffpreise."*

Die Bodenrente ist kein Entgelt für irgendwelche Kosten. **Sie ist der Preis für etwas Naturgegebenes, das knapp ist.** Je mehr die Nachfrage im Vergleich zum Angebot zunimmt, um so mehr geht sie in die Höhe. Und um so höher ist dann das leistungslose Einkommen derjenigen, die über die Bodenschätze verfügen.

Die private Einbehaltung der leistungslosen Gewinne aus Bodenschätzen zeitigt aber ähnlich schlimme Folgen wie dieselbe private Bereicherungsmöglichkeit im Grundstücksbereich (d. h. bei der Nutzung der Bodenfläche).

Üble Auswirkungen

Die Rohstoffvorräte sind endlich, und doch wirtschaften wir, als seien sie unerschöpflich. Wie läßt sich solch ein Verhalten erklären? Der **Hauptgrund** ist der Umstand, daß die anfallende Bodenrente (Grundrente, Rohstoffrente) an private oder staatliche Bodeneigentümern fließt (das letztere z. B. in Gestalt von Konzessionsabgaben an Regierungsstellen).

Wie bei der Bodenflächennutzung werden hierdurch **Eigennutz und Habgier aufgestachelt,** was zur Verschwendung unvermehrbarer Naturschätze führt.

Behrens bringt zwei **Beispiele:**

„Viele Rohstoffe werden in Ländern mit politisch unsicheren Verhältnissen gefördert. Fällt in diesen die Rohstoff-Bodenrente an Private, werden diese sie so rasch wie möglich restlos ausbeuten, weil der geringste Gewinn auf einem Schweizer Konto sicherer erscheint als das Recht, die Bodenschätze auch künftig auf eigene private Rechnung ausbeuten zu dürfen ...Soweit die Rohstoffe verstaatlicht sind, kommen die politisch unstabilen Staaten in die Versuchung, durch rasche Ausbeutung und Export der Rohstoffe alle möglichen politischen Probleme durch Geld zu lösen – ohne Rücksicht auf die Wünschbarkeit, Zukunftsreserven im Boden zu lassen.

Deshalb kann das OPEC-Kartell die Fördermengen für Mineralöl nicht genügend beschränken, um die Ölpreise so hoch zu treiben, wie nicht nur sie sie gerne hätten."

Möglicher Lösungsansatz

Wenn in diesem Buch immer wieder vor dem kommenden Weltstaat gewarnt wurde, so heißt das nicht, daß es keine internationalen Regelungen oder Aufsichtsbehörden geben sollte. Sie sind in der Tat unentbehrlich, besonders in unserer Zeit, in welcher durch die moderne Technik und deren Folgen die schicksalhafte Verkettung der Nationen miteinanander sehr viel enger geworden ist. Doch sollten die überstaatlichen Einrichtungen zuvor ihrer kapitalistischen Verfälschung entkleidet werden.

Behrens fährt fort: ***„Eigentlich müßte die Gesamtmenschheit (wohl bei der UNO) Organe bilden, die darüber entscheiden, von welchem Rohstoff jährlich welche Menge ausgebeutet werden darf.*** *Außerdem muß geregelt werden, wo welcher Teil dieser Menge jeweils abgebaut werden darf und wo dies in welchen Mengen erst später geschehen soll."*

Behrens weist darauf hin, daß innerstaatlich die Rohstoffgewinnung schon seit langem durch das Bergbaurecht weitgehend gesteuert wird. Nur geschehe das noch nicht nach Gesichtpunkten der Ökologie und der Zukunftsvorsorge:

„Der nationale Rahmen reicht für die Bewältigung des Problems, Rohstoffreserven für künftige Generationen im Boden zu lassen, nicht aus. *Fast jeder Staat importiert den größten Teil der benötigten Rohstoffe; nur wenige Staaten verfügen über große Mengen von Rohstoffen, meist auch nur von einzelnen Rohstoffarten.* ***Kein Staat ist von Rohstoffimporten völlig unabhängig.*** *Der weltweite Rohstoff-Austausch ist der Ansatzpunkt für die Bildung eines weltweiten Bewußtseins von dem allgemeinen Menschheitsinteresse an der planmäßigen Bildung unantastbarer Reserven.*

Für Rohstoffe, die auf dem Grund der Weltmeere zu gewinnen sind, gibt es schon einen solchen internationalen Vertrag. Dieser setzt eine internationale Behörde ein, die das Recht zum Abbau von Rohstoffen auf dem Grund internationaler Gewässer gegen Entgelt vergibt ...

Die durch die UNO-Zukunftsvorsorge bewirkte Verknappung des Rohstoffangebotes würde Folgen haben:

- *die* ***Rohstoffpreise würden steigen,*** *bis sich die Nachfrage dem geringeren Angebot angepaßt hat;*
- *der Rohstoffverbrauch würde sparsamer werden wegen gestiegener Preise;*
- *das Recycling von Rohstoffen würde wirtschaftlich lohnender und daher erheblich zunehmen;*
- *die Bodenrente wird dort steigen, wo die Rohstoffausbeutung erlaubt wird."*

Wer erhält die Rohstoffrente?

Hierzu macht Behrens einen neuartigen, weiterführenden, auf jeden Fall erörterungswürdigen Vorschlag:

„Die voraussichtlich gewaltige Steigerung der Bodenrente infolge einer zukunftsorientierten gesamtmenschheitlichen (UNO-) Regulierung der Rohstoff-Ausbeutung verschärft die Frage, wem die Bodenrente zusteht, die bei der Rohstoff-Förderung unvermeidlich anfällt. ***Es kann nicht richtig sein, daß die Bodenrente Privatpersonen oder den Staaten zufällt, auf deren Territorium Rohstoffe gefunden werden.*** *Denn ihren Wert erhalten sie erst durch den Bedarf und die zahlungsbereite Nachfrage der ganzen Menschheit ....*

Die Bodenrente aus allen gewonnenen Rohstoffen ist – wie die Bodenrente aus landwirtschaftlicher oder städtischer Bodennutzung – für die jeweils ***lebende Gesamtmenschheit einzuziehen und auf den Kopf der Weltbevölkerung zu gleichen Beträgen vollständig zu verteilen.*** *An den Früchten und Schätzen der Erde soll jeder Mensch einen gleichen Anteil haben. Durch die Rückverteilung wird die umweltpolitisch motivierte Rohstoffverteuerung überhaupt erst sozialverträglich."*

Schlußfolgerungen in Thesenform

- Nicht nur bei der Grundstücksnutzung fallen Renten an, sondern auch bei der Hebung von Rohstoffen: die Rohstoffrenten.
- Auch sie müssen in Zukunft möglichst restlos besteuert werden.
- Solche Abgaben bzw. Steuern auf Rohstoff-Renten betreffen nicht die Arbeitsleistung, sondern etwas Naturgegebens, denn Bodenschätze sind ein Schöpfungsgeschenk an die Gesamtmenschheit.
- Dann gäbe es bei der Rohstoffgewinnung nur noch Arbeits- und Unternehmereinkünfte, außerdem Pioniergewinne, deren Höhe von der Wettbewerbsfähigkeit der betreffenden Unternehmen abhängt.
- Es fallen **keine leistungslosen Einkünfte mehr** an. Rohstoffe sind damit keine Quelle privater bzw. staatlicher Bereicherung mehr.
- Heute kommt die Rohstoffrente teils den Bergbauunternehmen zugute, teils den lizenz-erteilenden Regierungsstellen von Einzelstaaten.
- Bei Rohstoffen ist es angebracht, keine laufende, sondern eine **einmalige Abgabe** bzw. Steuer zu erheben gemäß der entnommenen Menge (und entsprechend dem leistungslosen Knappheitsgewinn). Sie wird wohl am besten von den jeweiligen Bergbauunternehmen entrichtet.
- Nach Einführung dieser Rohstoffrentenabgabe gibt es **keine vom Eigennutz angestachelte Rohstoffplünderung** mehr. Der Anreiz ist weg, mehr Rohstoffe zu fördern, als wirklich nachgefragt werden.
- **Auch staatliche Stellen haben keinen Anlaß mehr,** ihre Bodenschätze hemmungslos auszubeuten.

- Das ist dann der Fall, wenn die Rohstoffrenten der teilnehmenden Länder (in der Endphase dürften es alle sein) bei einer Sammelstelle der (nachkapitalistischen) UNO abgeliefert werden.
- Die Aufgabe dieser Sammelstelle ist lediglich verwaltungstechnischer Art: Die eingelaufenen Rohstoffrenten sind gleichmäßig auf den Kopf der Bevölkerung der teilnehmenden Länder (im Endstadium: aller Länder) rückzuverteilen.
- Das entspricht der Vorstellung, daß die Bodenschätze *„das Erbteil des ganzen Menschengeschlechts"* (Behrens) sind. Wer also nur einen durchschnittlichen Anteil dieses Schöpfungsgeschenks in Anspruch nimmt, erhält diesen – dank Rückvergütung – kostenlos.
- Der (nachkapitalistischen) UNO fiele wahrscheinlich auch eine weit schwierigere Aufgabe zu: Mit Rücksicht auf die Natur und spätere Generationen müßte sie bemüht sein, den fossilen Rohstoffverbrauch zu begrenzen. Allerdings dürfte das nach Wegfall des (zinsbedingten) Wachstumszwanges wesentlich leichter fallen.
- Gewisse Regelungen dieser Art gibt es heute schon: *Artenschutzkonvention, Internationale Walfisch Kommission* (*IWC*) u. ä. m.
- Die zum Abbau freigegebenen Rohstoffe sollten **frei handelbar** sein. Es müßte dafür gesorgt werden, daß keine Rohstoffmonopole entstehen (was nach Überwindung des Kapitalismus viel leichter fallen dürfte).
- Die wichtigste Veränderung: Mit solchen Maßregeln wären die **schlimmsten Ursachen des heutigen privatkapitalistischen und staatlichen Imperialismus ausgeräumt. Es käme viel seltener zu kriegerischen Auseinandersetzungen.**

Dritte-Welt-Länder als Verlierer?

Man könnte gegen diese Vorschläge einwenden, daß die ohnehin viel ärmeren Entwicklungsländer mit der Abtretung der Rohstoffrenten einer ihrer bedeutendsten Einkommensquellen beraubt würden. Darauf wäre zu anworten:

- daß nur ein Teil der Entwicklungsländer über Rohstoffe verfügt;
- daß die Einkünfte aus der Verschleuderung der Naturschätze meist bei einer dünnen einheimischen Oberschicht hängenbleiben;
- daß ohnehin ein mehr oder minder großer Teil der Rohstoffrente in die Kasse der mit Schürfrechten belehnten ausländischen Konzerne gelangt.

Noch mehr Gewicht haben folgende Überlegungen (die hier nur kurz angesprochen werden und keineswegs Anspruch auf völlige Richtigkeit erheben):

- Nicht nur die Rohstoffrente, auch die **Bodenrente aus Grundflächenbesitz** sollte in der Endphase der nachkapitalistischen Neugestaltung der Gesellschaft in die globale Gemeinschaftskasse fließen, um an die Erdbevölkerung rückverteilt zu werden. Hiermit kehrte viel Geld aus den Industriestaaten in rohstoffreiche Dritte-Welt-Länder zurück.

o Des weiteren ist denkbar, daß schließlich auch die einzelstaatlichen Einnahmen aus **Umweltabgaben** (auf die Verschmutzung der globalen Gemeinschaftsgüter Erde, Wasser und Luft) in der Rückverteilungskasse der Weltbehörde anlangen. Solche Abgaben würden einerseits die Naturverwüstung in den industrialisierten Ländern abbremsen und andererseits die noch weniger davon betroffenen Länder davon abhalten, denselben abschüssigen Weg zu beschreiten (weil sie dann solcher Einkünfte verlustig gingen und zweitens selber Abgaben entrichten müßten). – (Zu letzterem Fragenkreis siehe die ausführlichen Darlegungen von Fritz Andres in Heft 257 der Schriftenreihe *Fragen der Freiheit*, erhältlich beim schon genannten *Seminar für freiheitliche Ordnung* mit Sitz in 73087 Bad Boll.)

III. Teil: Zur Vorgehensweise

43. Was man im Vorfeld tun könnte

Vorüberlegungen

Die freiwirtschaftlichen Ideen sind hinsichtlich ihrer Auswirkungen mit der Ablösung des ptolemäischen Weltbildes durch das kopernikanische zu vergleichen. Doch dürften sie noch umwälzendere Veränderungen hervorrufen. Sie würden die Grundursache der jahrtausendealten sozialen Ungerechtigkeit beseitigen. Das käme einer Weltenwende gleich.

Die Umsetzung dieser Ideen ist deshalb schwierig, weil sie die materiellen Interessen geldmächtiger und beherrschender Minderheiten massiv bedroht.

Zugleich verlangt sie den Mitmenschen ab, uralt eingeschliffene Denk- und Handlungsgewohnheiten aufzugeben.

Möglichkeiten der Verwirklichung

„Wie lassen sich die freiwirtschaftlichen Ideen verwirklichen?"

Diese Frage bekommt man immer wieder zu hören, wenn man andere Menschen mit den Vorschlägen zur Überwindung des Kapitalismus bekannt gemacht hat.

Wenn jetzt versucht wird, darauf ein paar Antworten zu geben, dann mit dem Vorbehalt, daß diese keineswegs als ausschließlich zutreffend gelten sollen. Vielleicht ergeben sich in Zukunft noch andere und bessere Vorgehensweisen.

Was wäre als erstes zu tun?

Weiterverbreitung des neuen Gedankenguts

Die Weitergabe und Bekanntmachung einer neuen Idee ist die wichtigste Voraussetzung ihrer Verwirklichung.

Man trage also sein Teil dazu bei, um sie in der Öffentlichkeit zum Gesprächsthema zu machen. Materialien für die Aufklärungsarbeit, was Schriften und Bücher anbetrifft, gibt es inzwischen reichlich. Doch mangelt es an guten Kurzdarstellungen zu Einzelfragen, auch an passenden Flugblättern. Je einfallreicher man für die neuen Ideen wirbt, um so besser. Anregungen hierzu finden sich in den freiwirtschaftlichen Zeitschriften. Wichtig wäre es, einflußreiche Leute aller Richtungen für die neuen Gedanken zu gewinnen.

Die Zeitumstände für eine erfolgreiche Werbung sind günstig: Den marxistisch-staatskapitalistischen Ideen wird nach dem Zusammenbruch fast aller kommunistischen Systeme kaum mehr Glauben geschenkt, und inzwischen zweifelt man auch die Richtigkeit und Tauglichkeit des westlichen Konzernkapitalismus an. Man hält Ausschau nach neuen Wegen. Zudem verschlimmert sich die Weltlage von Jahr zu Jahr. Nachdenklichere Menschen sehen das sehr wohl und zeigen sich immer aufnahmebereiter für neue Ideen.

Nachahmenswerte Modelle schaffen

Tausendmal besser als gute Worte sind gute Taten, heißt es. Nichts ist richtiger als das. Über Theorien und Hypothesen wird man ewig streiten, letztlich überzeugend wirken nur gelungene Anschauungsbeispiele. Das gilt auch für die Geld- und Bodenfrage. Praktische Beispiele würden zudem allen Gutwilligen die Teilnahme ermöglichen.

Da es heute vorläufig ausgeschlossen ist, die neuen Währungsvorstellungen im nationalen Bereich zu verwirklichen und auf europäischer Ebene erst recht nichts zu bestellen ist, sollte man bemüht sein, sie im kleinen umzusetzen, wie das schon einmal 1932 während der Weltwährungskrise – erfolgreich und weithin ausstrahlend – in dem Tiroler Landstädtchen Wörgl versucht worden ist. Es war schon davon die Rede. Unter Hinweis auf ihr alleiniges Monopol der Banknotenausgabe schritt damals allerdings die österreichische Nationalbank mit einem Verbot ein und beendete so das hoffnungsvolle Wörgler Experiment. Mit denselben Schwierigkeiten hätte ein heutiger Versuch zu kämpfen. Es kommt hinzu, daß durch die Abnahme des lokalen Warenaustausches wegen zunehmender Internationalisierung der Wirtschaft die Voraussetzungen für eine lokale Währung noch ungünstiger geworden sind.

Das Ithaca-Geld in den USA

In den USA sind die Bedingungen für Währungsexperimente viel besser, weil dort die Herausgabe eines eigenen Geldes noch gestattet ist. Das machten sich einige Bürger der Stadt Ithaca im Staate New York zunutze, indem sie eine Ortswährung, die *Ithaca-Hours* in Umlauf setzten. Im Internet erschien darüber von Teilnehmern ein Bericht, der auszugsweise wiedergegeben werden soll:

„Seit 1991 sind wir in Ithaca, New York, dabei, Einfluß auf die Auswirkungen von Handel und Gewerbe auf Gemeinschaft und Umwelt zu nehmen, indem wir an mehr als 1500 Teilnehmer lokal gültiges Papiergeld im Gesamtwert von über 60 000 Dollar ausgegeben haben. Mit diesem Geld sind bereits Tausende von Käufen gemacht worden, ***es sind viele neue Bekanntschaften***

entstanden, und es sind durch den örtlichen Handel ca. 2 000 000 Dollar zum Sozialprodukt der Basiswirtschaft** ('Grassroots National Product') **hinzugefügt worden.

*Wir haben unser eigenes Geld gedruckt, weil wir schon lange beobachtet hatten, wie Bundesdollars hierher kommen, durch einige Hände gehen und dann abwandern und für Holz aus dem Regenwald und zur Kriegführung verwendet werden. Dagegen bleiben Ithaca-HOURS (so heißt unsere Währung) in unserer Gegend und dienen dazu, daß wir einander anstellen können. Während der US-Dollar uns zunehmend von multinationalen Konzernen und Bankiers abhängig werden läßt, **verstärken die HOURS den Handel in der Gemeinde und kommen einem Geschäftsleben zugute, das eher auf unsere Besorgnis um Ökologie und soziale Gerechtigkeit Rücksicht nehmen wird.***

*Wie funktioniert das? Die Ithaca-HOUR gilt in Ithaca wie ein 10-Dollar-Schein ... Mit diesen HOUR-Scheinen, die es in fünf Einheiten gibt, kann man eine Unzahl von Dienstleistungen und Artikeln erwerben wie etwa Klempner- oder Zimmermannsarbeit, Handwerk, Elektroinstallation, Bedachung, Krankenpflege, Chiropraktik, Kinderbetreuung, Auto- und Fahrradreparatur, Lebensmittel, Brillen, Brennholz, Geschenke usw. **Die HOURS werden bei unserem Kreditverein als Ratenzahlungen für Hypotheken und Darlehen angenommen.** Mit HOURS kann man auch Miete zahlen. Die feinsten Restaurants der Stadt nehmen HOURS entgegen, ebenso Kinos, Bowlingbahnen, zwei Lebensmittelgeschäfte in örtlichem Besitz, Leute, die auf ihrem Grundstück ausrangierte Haushaltsgegenstände verkaufen ('garage sales'), vierzig Händler des Wochenmarkts und zweihundert andere Geschäfte. Hunderte von Menschen, deren Namen nicht auf der Teilnehmerliste in unserem Informationsblatt Ithaca Money stehen, haben HOURS verdient und ausgegeben ... Einmal ausgegeben, ist das Geld jedermann zugänglich, ob er als Mitglied eingetragen ist oder nicht ...*

*Die bisher bekannt gewordenen Geschichten von 300 erfolgreichen Teilnehmern bezeugen das von Großzügigkeit und Gemeinschaftsgefühl bestimmte Handeln, das durch unser System ausgelöst wird. **Indem wir unseren Lebensunterhalt verdienen, bauen wir eine Gemeinschaft ...***

*Gleichwohl machen **Ithacas Läden,** die sich in örtlichem Besitz befinden und Wohlstand am Ort halten, Geschäfte, die sie sonst nicht gemacht hätten, und **ziehen Kaufkraft an sich ...***

*In dem Maße, wie wir neue Wege der gegenseitigen Versorgung entdecken, **verringern wir die Abhängigkeit von Einfuhr.** Doch unsere so gewachsene Selbständigkeit isoliert Ithaca nicht, sondern gibt uns Möglichkeiten, durch umweltfreundliche Ausfuhr auf die Welt einzuwirken. **Wir können neue Firmen mit Darlehen in eigener Währung ausstatten. HOUR-Kredite sind zinslos.***

Wir betrachten Ithacas HOURS als wirkliches Geld, hinter dem wirkliche Leute, wirkliche Zeit, wirkliche Fähigkeiten und Werkzeuge stecken. ***Dollars sind dagegen Scheingeld,*** *hinter ihnen steht nicht mehr Gold oder Silber, sondern weniger als nichts: 5 Billionen Dollar Staatsverschuldung ...*

Mehrfarbige HOURS, manche gedruckt auf hier am Ort aus Rohrkolben gemachtem Wasserzeichenpapier, ... sind schwieriger zu fälschen als Dollars ... Die Ortswährung macht viel Spaß und ist außerdem ganz legal.“

Hinweise:

Es seien nochmals die wohltätigen Wirkungen dieser Ortswährung herausgestellt:

o Die Ortswährung fördert das lokale Wirtschaften (weil sie brachliegende Fähigkeiten nutzbar macht und weil sie überwiegend eigene Bürger zu Abnehmern hat).

o Sie läßt dadurch *„viele neue Bekanntschaften“* entstehen und stärkt das Gefühl der Zusammengehörigkeit und gemeinsamen Verantwortung.

o Das neue Gemeinschaftsgefühl verhindert grobe soziale Ungerechtigkeiten und lenkt die Aufmerksamkeit auf gemeinsame Anliegen wie z. B. die Bewahrung der Lebensgrundlagen.

o Im selben Maß, wie die Abhängigkeit von der Wareneinfuhr geringer wird, wächst die Absicherung gegenüber Störungen durch Wirtschaftskrisen.

o Man traut sich zu, zinslose Darlehen zu vergeben. (Die Vergabe bzw. Schöpfung *„zinsloser HOUR-Kredite“*, ohne daß zuvor Spareinlagen geschaffen wurden, ist allerdings eine fragwürdige Sache. – Weit besser wäre die Einführung einer Umlaufgebühr auf Bar- und Giral-„HOURS“ – entsprechend unseren Vorschlägen –, was den Zins selbsttätig zum Verschwinden brächte.)

o Gut wäre es, wenn die Begründer dieser Ortswährung zugleich auch die freiwirtschaftlichen Reformvorschläge zu verwirklichen versuchten. Dann könnten die Ithaca-HOURS im neuen Jahrtausend zum Fanal eines wahrhaft zins- und inflationsfreien Geldwesens werden und von ihrem Ursprungsort aus überall auf der Welt Verbreitung finden.

Tauschringe

In Deutschland gibt es seit einigen Jahren ähnliche Einrichtungen, nämlich Tauschringe. Rund 250 sollen es inzwischen sein, die aber selten mehr als hundert Teilnehmer zählen. Nach anfänglichem Schwung erlahmt oft das Interesse. Da die Herausgabe eines eigenen Geldes nicht erlaubt ist, dienen Verrechnungseinheiten als Tauschmittel. Zur Verwaltung der persönlichen Konten richtet man meist einen zentralen Computer ein. Die Mitglieder erhalten eine Marktzeitung mit den Angeboten und Gesuchen. Eine begrenzte Kontenüberziehung ist nicht nur gestattet, sondern sogar notwendig, weil ansonsten der Leistungsaustausch gar nicht in Gang käme. Die Ausnutzung des Verschuldungsrahmens ist zinsfrei.

Eine Umlaufsicherung auf Kontenguthaben ist nicht üblich, weil sie nicht sinnvoll wäre. Häufig fehlt es an passenden Angeboten. Eine Liquiditätsgebühr wäre aus dem zweiten Grund verfehlt, daß die Ausweichmöglichkeit des längerfristigen Sparens nicht gegeben ist; dies zu bewirken, ist ja der eigentliche Zweck einer Abgabe auf Liquidität.

Tauschringe sind also wichtig und wertvoll, insofern sie auf das Geldproblem aufmerksam machen, bewegen sich aber hinsichtlich einer Lösung desselben noch in einem Vorhof dazu.

Pläne zu einem „München-Geld"

Die begrenzte Tauglichkeit von Tauschringen hat man auf freiwirtschaftlicher Seite schon seit längerem erkannt und weitergehende Überlegungen angestellt. Vielversprechend ist, was sich Thomas Mayer, 1965 geboren, vorgenommen hat. In Anlehnung an Entwürfe von Prof. Dieter Suhr möchte er für München ein ***„zinsfreies und umlaufgesichertes Zahlungsnetzwerk"*** aufbauen. Nach eigenen Angaben befaßt er sich schon seit 15 Jahren mit dem Zinsproblem, habe aber *„praktisch zu diesem Thema nichts gemacht"* – weil es keine Umsetzungsmöglichkeit gab. Das soll nun anders werden. Von 1993 bis 1995 war er Organisator des erfolgreichen Volksbegehrens *„Mehr Demokratie in Bayern"*. Seit 1997 bereitet er zusammen mit anderen das Bürgerbegehren *„Unser München aus der Schuldenfalle"* vor, wofür die erforderlichen 35 000 Unterschriften bereits gesammelt sind. Thomas Mayer versteht das als *„Vorlauf für das Bürgerbegehren 'München-Geld'"*. Er hält es für aussichtslos, *„die Parteien und Zentralbanker in Deutschland"*, jetzt gar noch *„in der ganzen EU, ... überzeugen"* zu wollen: ***„Eine Geldreform werde wohl nicht zentral, sondern durch regionale Parallelwährungen zustandekommen."*** Wichtig für das Gelingen des geplanten zinsfreien Zahlungsnetzwerkes sei die *„offizielle Beteiligung der Stadtsparkasse und der Stadt München"*. Hierzu aber bedürfe es eines *„Handlungsauftrags"* durch die Einwohnerschaft. Diese müsse ohnehin in geduldigen Aussprachen in das Vorhaben mit einbezogen und darüber aufgeklärt werden. Auf das bloße Wohlwollen der Stadtoberen könne man sich nicht verlassen. Deshalb müsse zum Thema *„München-Geld"* gleichfalls ein Bürgerentscheid abgehalten werden. Die Vorbereitung dürfte vier Jahre in Anspruch nehmen, und ein genauer Plan dafür ist bereits ausgearbeitet. Mayers Hoffnung: ***„Wenn wir in München ein funktionierendes Modell schaffen, wird es eine schnelle Verbreitung finden.*** *Denn jeder könnte dann vor Ort die Initiative ergreifen und die gewonnenen Erfahrungen nutzen."* (*Der Dritte Weg*, März 1999)

In der April-Ausgabe 1999 der freiwirtschaftlichen Zeitschrift *Der Dritte Weg* wurde dieses zinsfreie und umlaufgesicherte *„Zahlungsnetzwerk"* vorgestellt. Der – nicht leicht lesbare – Aufsatz ist, wie es bescheiden heißt, *„als Diskussionsbasis zu verstehen"*. Zur Mitarbeit daran wurde aufgefordert (tatsächlich erschienen hierzu in der genannen Zeitschrift und anderen Blättern später weitere Beiträge). Aus obigem Artikel ein paar kennzeichnende Sätze:

„Das München-Geld ist keine neue Währung, sondern gewöhnliche DM. Jedoch befindet sich das München-Geld auf einem Bankkonto, das sich von herkömmlichen Bankkonten unterscheidet ... Dieses [Zahlungsnetzwerk] *ist nach außen offen, d. h. ein Übergang zum sonstigen Geldkreislauf ist jederzeit möglich ... Langfristige Kredite und langfristige Sparguthaben sind zinslos ... Liquiditätsgebühren werden für alle positiven und negativen Bestände auf den Girokonten des Zahlungsnetzwerkes verlangt."* Der eigene Vorteil sei es, was dazu verlocken könne, auf *„München-Geld"* umzusteigen.

Noch ist unklar, ob das Münchener Vorhaben ausgeklügelt genug ist, um halten zu können, was es verspricht. Manche bezweifeln es. Aber der Ansatz, bereits auf lokaler Ebene ein gelingendes Anschauungsbeispiel eines besseren Geldes zustandezubringen, ist unzweifelhaft richtig.

Verwirklichungsvorschlag des Verfassers

Wenn nachfolgend Überlegungen zur praktischen Umsetzung angestellt werden, soll das nicht heißen, daß sie Anspruch auf volle Gültigkeit hätten.

Entsprechend den Darstellungen im zweiten Buchteil muß der Versuch, neben der DM bzw. dem Euro eine lokale oder regionale Währung ins Leben zu rufen, die folgenden Elemente enthalten:

- **Umlaufsicherung** auf Liquidität (Bar- und Buchgeld);
- Strenge Einhaltung der **Fristenübereinstimmung**, d. h. nur fristengleicher Weiterverleih von Geldeinlagen bei einer Bank (bzw. „Verrechnungsstelle") und damit Verzicht auf Kreditgeldschöpfung.

Da bei einem Erprobungsversuch selbst auf lokaler oder regionaler Ebene die Beteiligung von staatlichen Stellen (Ämtern, Behörden) vorläufig höchst unwahrscheinlich ist, sei nachstehend ein Vorgehen in privater Verantwortung, zunächst als Experiment im kleinsten Kreise, beschrieben.

Vorweg: Das neue, umlaufgesicherte Geld soll hier, ganz unverbindlich, nach seinem Erfinder Gesell-Mark (G-Mark, GM) genannt werden.

Benötigt wird, wie bei Tauschringen, eine GM-Verrechnungsstelle mit Computerausstattung (GMV). Der dafür Verantwortliche, der GMV-Geschäftsführer, ist (neben anderem) für die Betreuung der Mitgliederkonten zuständig. Bei einer herkömmlichen Bank besteht außerdem ein DM-Konto. Auf dieses zahlen Mitglieder in dem Ausmaß, wie sie sich am GM-Netz beteiligen wollen, von Fall zu Fall Geldbeträge in DM bzw. Euro ein (z. B. zur Begleichung der Rechnung eines GM-Partners). Sobald der GMV-Geschäftsführer davon erfährt, schreibt er diese Überweisungen auf das Bank-Konto zugleich auch dem Konto des jeweiligen Zahlungsempfängers bei der GMV gut. Nur so kommt man in das GM-Zahlungsnetz hinein. Der GMV-Geschäftsführer sorgt auch dafür, daß von den vorhandenen Sichteinlagen bei der GMV regelmäßig die Umlaufgebühr – etwa 6 G-Mark jährlich – erhoben wird.

Anders als bei Tauschringen sollten die G-Mark also durch DM bzw. Euros abgedeckt sein. Aus diesen Gründen:

- zur Verhinderung einer uferlosen G-Mark-Vermehrung;
- zur Vertrauensbildung bei den Teilnehmern (die G-Mark sind durch DM abgesichert);
- zur Zahlung eines **Inflationsausgleichs**. Die aufs Konto der herkömmlichen Bank eingezahlten DM-Beträge verbleiben nämlich dort, z. B. als Festgeldanlage (gegebenenfalls werden sie auch bei einer anderen Bank untergebracht) und bringen Zinserträge. Diese werden großenteils dazu verwendet, den Inhabern längerfristiger GM-Spareinlagen wenigstens teilweise die Inflationsverluste zu erstatten. Die Gutschriften erfolgen zu Recht (s. Kapitel 33: Zusammensetzung des Zinses), weil die Zinszahlungen herkömmlicher Banken großenteils aus Inflationszuschlägen bestehen, also aus Geldern, worauf man als GM-Sparer ein Anrecht hat! – Solche Zuzahlungen auf Spareinlagen stellen einen wichtigen Anreiz dar, am GM-Experiment teilzunehmen, und tragen auch dazu bei, das Wesen einer umlaufgesicherten Währung besser zu erfassen. Denn diese garantiert für die Zukunft ja absolute Geldwertstabilität und damit Sparersicherheit.

Das Hauptproblem bei solchen Währungsexperimenten ist jedoch, daß es nicht leicht ist, für das neue Geld Abnehmer zu finden, auch wenn man bereit ist, nur teilweise damit zu bezahlen; denn die Geschäftspartner müssen befürchten, ihrerseits keine Einkäufe damit vornehmen zu können.

Hilfreich wäre deshalb am Anfang das Vorhandensein einer Gemeinschaft von ein paar hundert Menschen, darunter Handwerker und Ladeninhaber verschiedenster Art, die untereinander Geschäftsbeziehungen haben und beim Mitmachen nichts verlören, sondern sogar Nutzen daraus zögen. Ein ansatzweise geschlossener lokaler Wirtschaftsraum ließe das neue Geld also rascher umlaufen.

Noch besser: Solch ein Geld könnte eine Wiederbelebung lokaler und regionaler Wirtschaftskreisläufe veranlassen!

Wer die G-Mark zunächst nicht loswird, dem bleibt jedoch ein verlockender Ausweg – das (überwiegend wertgesicherte!) Sparen.

In der ersten Zeit sollten nur wenige und vor allem langfristige Sparformen angeboten werden, z. B. 5- oder 10-jährige Einlagen.

Auf dieser Grundlage könnten dann – man erinnere sich: entsprechend dem Gebot der Fristenkongruenz! – 5- oder 10-Jahres-Kredite vergeben werden.

Diese Kredite werden – dank Umlaufsicherung – zinslos sein. Allerdings fallen Vermittlungskosten („Bankgebühren") an. Theoretisch könnte sich sogar, je nach Angebot und Nachfrage, ein Knappheitspreis bilden. Dies ist jedoch auf lange hinaus sehr unwahrscheinlich – weil mögliche Leihgeldbedürftige vermutlich vor demselben Problem wie die Geldbesitzer stehen: Sie finden zu wenig Abnehmer für die G-Mark. (Das könnte, es sei nicht verschwiegen, zur Folge haben, daß die auf ihrem Geld sitzenbleibenden G-Mark-Sparer vom GM-Geschäftsführer noch einen Teil der Hortungsabgabe aufgebürdet bekommen.)

Die Aufgabe besteht also darin, den Kreis der Teilnehmer – der Zahl der Angebote und Gesuche – allmählich zu erhöhen. Dann erst wird sich der Vorteil zinsloser Kredite deutlicher zeigen. Zu dem Zweck sollte man auch überregional nach Mitgliedern Ausschau halten – ähnlich wie es die Schönauer Rebellen vom Schwarzwald aus mit ihrem Angebot umweltfreundlich erzeugten elektrischen Stroms tun (und damit jedermann die Gelegenheit geben, selber etwas zur Überwindung der Umweltkrise beizutragen).

Möglicherweise beteiligen sich später die Behörden, was der Sache einen gewaltigen Auftrieb gäbe.

Es wären noch viele Einzelheiten zu klären: Z. B. die Frage einer passenden Marktzeitung; das Erfordernis von Barzahlungen in Ladengeschäften (anders als in den USA ist in der BRD und der EU die Herausgabe von eigenem Geld verboten); usw. Für solche Überlegungen fehlt hier leider der Platz. Es kommt hinzu: Viele neue Schwierigkeiten – aber auch Lösungsmöglichkeiten! – zeigen sich erst beim praktischen Versuch.

„Wo ein Wille ist, ist auch ein Weg", lautet die tröstliche Auskunft eines Sprichworts.

Es gibt kaum etwas Wichtigeres, als ein anschauliches Beispiel einer besseren Währungsordnung zustandezubringen und der Öffentlichkeit vorzeigen zu können. Ein solches Vorhaben ist wahrhaftig „des Schweißes der Edlen wert". Es würde nicht nur bundesweit, es würde weltweit Aufsehen erregen – freilich auch heftigen Widerstand hervorrufen!

44. Machtübernahme möglich?

Wer ist der Gegner?

Will man in einen Kampf eintreten, muß man zuallererst wissen, wer der Gegner ist. Hierzu eine Klarstellung:

o **Der schlimmste Widersacher alles Guten und Rechten sind heute weniger irgendwelche Machthaber mit ihren bösen Absichten, sondern das**

Gesellschaftssystem, dessen Zwängen wir alle – Regenten wie Regierte – ausgeliefert sind.

o Dieses unfreie System heißt **Kapitalismus.** (Seine noch extremere Variante ist der Staatskapitalismus, Kommunismus genannt.) Die **Zwangsläufigkeiten dieses Systems** sind (sie seien nochmals aufgezählt): Vorrang der Kapitalansprüche gegenüber dem Einzel- und Gemeinwohl; leistungslose Kapital- und Machtzusammenballung bei immer weniger Leuten; Aushöhlung der Demokratie; Verarmung von immer mehr Menschen, inzwischen auch des Mittelstandes; nicht abbaubare Massenarbeitslosigkeit; „Wachsen oder Weichen" als Grundgebot der Wirtschaft, woraus sich ein gnadenloser Verdrängungsdruck und Rationalisierungszwänge ergeben; immer größer werdende Strukturen; Globalismus; unvermeidliche Naturausplünderung und -verwüstung; neue Völkerwanderungen; Entfesselung der Raff- und Machtgier bis hin zu Weltstaatsplanungen; usw.

o Gegen diese systembedingten Widerstände **dennoch Natur-, Demokratie-, Kultur- und Völkerschutz betreiben zu wollen,** ist so schwierig, als nähme man sich vor, einen Waldbrand mit dem Handfeuerlöscher zu bekämpfen.

o **Nicht so sehr die Menschen sind böse, sondern der Kapitalismus, d. h. das Zinssystem, ist es.** Dieses urböse System drängt die Menschen dazu, sich millionenfach an ihren Artgenossen und an der Schöpfung zu versündigen. Ausgeprägt Machtlustige spornt es zur Völkerversklavung geradezu an. **Nur über eine Systemverbesserung ist durchgreifende Abhilfe zu erwarten.**

o Im Mittelpunkt aller ernsthaften politischen Neuerungsbestrebungen müßte deshalb die Überwindung des Kapitalismus stehen (freilich nicht auf marxistisch-kommunistische, sondern auf fortschrittlich-zinsüberwindende Art). Ansonsten würde man, selbst bei Regierungsbeteiligung oder gar Alleinregierung, kaum mehr als symptomatische Linderungen erzielen. **Ist doch das kapitalistische System von Hause aus nichts anderes als ein umfassendes Programm der Schöpfungszerstörung.** Die geringen Erfolge heutiger Naturschutzbemühungen sollten dafür ein Lehrbeispiel sein.

o Der weltberühmte Dichter **Michael Ende** prägte den Satz: *„Auf einem Schiff, das in der falschen Richtung fährt, kann man nur wenige Schritte in der richtigen Richtung gehen."* Michael Ende wußte, weshalb er das schrieb: Er war erklärter Anhänger des freiwirtschaftlichen Lösungsansatzes zur Überwindung des Kapitalismus bzw. Zinssystems.

o **Will eine politische Bewegung Erfolg haben, muß sie über die obengenannten tiefsten gesellschaftlichen Störursachen genau Bescheid wissen und also wahrhaft antikapitalistisch sein.** Dann erst wäre sie imstande, ein klares, verwirklichbares und zündendes **Kontrastprogramm** zu der extrem internationalistischen Politik des herrschenden Konzern- bzw. Staatskapitalismus bereitzustellen – und begehbare Wege zu neuen Zielen zu zeigen.

Klare Fronten

Der bereits vorgestellte Silvio Gesell, Begründer der Freiwirtschaftslehre und Hauptgedankengeber für Abhandlungen wie diese, sagte einmal, daß es nach dem Bekanntwerden seiner Reformvorschläge eigentlich **nur noch zwei Parteien** geben könne: die seiner **Anhänger** und die seiner **Gegner.** Es stimmt. Die Bereinigung des Geld- und Bodenunrechts ist das Kernproblem überhaupt. Hat man das begriffen, lichtet sich der Nebel über dem politisch-weltanschaulichen Programmwirrwarr von heute und klären sich die Fronten. Hat man das Begriffspaar „Zinsgeld oder Leben“ vor Augen, läßt sich alles fein säuberlich nach „falsch oder richtig“ einordnen.

In Kapitel 26 (Die wahren Fronten) wurde das versucht. Man möge die betreffende Zusammenstellung nochmals durchgehen.

Daraus wird deutlich, daß sehr viele Bestrebungen, die heute oft fremd nebeneinander herlaufen, sich häufig sogar befehden, im Grunde viel Gemeinsames haben, sofern sie – in versuchter Abwendung von den heutigen Geldzwängen – der Lebensbewahrung gewidmet sind: Naturschutz; ökologischer Landbau; Erhaltung der eigenen Landwirtschaft; Naturheilkunde; umweltfreundliche Energiegewinnung; Vollwerternährung; Atomgegnerschaft; Plebiszit-Demokratie; „fairer“ Handel mit den Ländern der Dritten Welt; Marktwirtschaftsbejahung; Friedensbewegungen; Bemühungen um soziale Gerechtigkeit; Rückkehr zu lokalen und regionalen Wirtschaftskreisläufen; föderalistische Bestrebungen, d. h. Versuche zur Wiederbelebung der politischer Kleinräumigkeit; Bejahung des (föderalistisch geprägten) Nationalstaats; Denkmalschutz; Vereine zur Erhaltung der deutschen Sprache; Bemühungen zur Rettung der „indigenen“ Völker und Kulturen; usw.

Dementsprechend gehören hierher auch: **Patriotismus, wahrhaft „rechte“ Grundhaltungen, Festhalten am Volksgedanken, nationales Freiheitsstreben, Bejahung und Verteidigung der überlieferten Völkervielfalt. Denn nicht nur urtümliche Kulturen, auch die Völker der industrialisierten Weltgegenden haben Überlebensrechte. Auch sie sind seit Vorzeiten gewachsene und aufeinander eingespielte menschliche Gemeinschaften, und ihnen gegenüber muß derselbe Grundsatz gelten, daß sie bewahrens- und fördernswerte Kulturgebilde seien.**

Daß solche Bemühungem mit den gleichmacherischen Zielen des globalistischen Kapitalismus nicht in Einklang zu bringen sind, ist leicht zu verstehen. Das ist der tiefste Grund, weshalb der „Nationalismus“, d. h. der Volksgedanke, überall so giftig verteufelt und bekämpft wird.

Volksbewegung in Gang bringen

Der jahrtausendealte Kapitalismus dürfte in sein letztes Stadium getreten sein. Von wenigen Zentralen aus beherrscht er heute die Welt. Unter ihm leiden fast alle Menschen, selbst die Reichen, die sich vor Ausraubung und Entführung häufig in festungsartig gesicherten Wohnanlagen verbarrikadieren müssen. Er gefährdet die Lebensgrundlagen von Pflanze, Tier und Mensch. Alle Völker sind unter seinen kulturzerrüttenden Einfluß geraten. Die Schöpfung als Ganzes ist bedroht. Die Errichtung eines Weltstaates – der wüst diktatorisch sein wird – steht bevor. Dieses schöpfungsfeindliche Gewalt- und Ausbeutungssystem zu überwinden, ist die wichtigste Aufgabe.

Es geht also darum, möglichst viele Menschen aller Volksschichten und Berufsgruppen für die hilfreichen freiwirtschaftlichen Grunderkenntnisse zu gewinnen. Darauf aufbauend, sollte daher in Deutschland – auch in anderen Ländern – eine entschlossen handelnde **politische Bewegung** heranwachsen, die sich dem Leben verpflichtet fühlt – eine **„Lebensliga"** („Lebensallianz", „Lebensschutzverband"). Sie träte besser nicht als Partei auf, weil sie sonst das Merkmal des Offenseins für alle Gutwilligen verlöre und in Kürze den Zwängen des „Parteiismus" (Mahraun) erläge. In ihrem Programm dürften nicht nur die zwei Hauptanliegen – Umgestaltung des Geld- und Bodenrechts – zu finden sein. Im Gegenteil, eine Bewegung, die den freien Ideenwettbewerb so sehr schätzt, sollte sich für alle Vorschläge, sofern sie der Lebensbewahrung dienen, aufgeschlossen zeigen. Als Ziel müßte vorschweben, sich mit den vorerwähnten Gruppen zu vernetzen. Darüber hinaus sollte man bemüht sein, bei weiteren Organisationen – bei Parteien, Kirchen, Wirtschafts- und Arbeitnehmerverbänden, den vielen Berufsgruppen usw. – aufnahmebereite Menschen für die Kern- und zusätzlichen Anliegen der neuen Bewegung zu gewinnen. Für alle Einzelprobleme müßten dann kurzgefaßte Handlungsprogramme vorliegen. Diese sollten einerseits neue Horizonte eröffnen und die systembedingten Ursachen bisher unüberwindbarer Schwierigkeiten herausstellen, zugleich aber kürzerfristige und teilweise schon jetzt verwirklichbare Abhilfen anbieten, sofern sie grundsätzlich auf der Linie des freiwirtschaftlichen Lösungsansatzes liegen.

Die „Lebensliga" könnte so zu einer breiten Volksbewegung werden.

Dabei sollte man immer wieder betonen, daß es in der Tat eindeutige Unterscheidungen zwischen falsch und richtig gibt, gemäß dem **polaren Gegensatz zwischen Kapitalismus und Leben.** Es stünden sich dann klar gegenüber: die **„Geld- und Todesfront"** auf der einen und die **„Lebensliga"** auf der anderen Seite. Alle müßten erkennen, daß die Bereinigung der Geld- und Bodenfrage der Schlüssel zur Verwirklichung vieler guter Einzelvorschläge ist und daß man es hier mit einer **alle verbindenden Ideengrundlage und einem vordringlichen Handlungsziel** zu tun hat.

Denn solange es ein mächtiges Großkapital, die Nötigung zum Wirtschaftswachstum und sonstige kapitalistische Sachzwänge gibt, solange ist nicht viel zu erreichen.

Ja zum Volksgedanken unverzichtbar

Solch eine „Lebensliga", es sei nochmals gesagt, darf das Vaterländische nicht ausschließen. Im Gegenteil, diese gewaltige Kraftquelle gilt es zu nutzen.

Ohne ein Ja zum Volksgedanken – bezieht es doch das Ja zur Rückgewinnung der nationalen Selbstbestimmung mit ein! – unterwirft man sich von vornherein dem Diktat der kapitalistischen Gegner. Man verbleibt in ihrer Knechtschaft und kann auch sonst nicht viel ausrichten.

Den Volksgedanken abzulehnen, die nationalen Belange des eigenen Volkes zu mißachten – und dennoch zu meinen, man könne die rettende Tat einer Geld- und Bodenrechtsverbesserung im eigenen Land durchsetzen, das ist ein Widerspruch in sich.

Zudem ist der Kapitalismus vom Drang besessen, alle langjährig gewachsenen Ordnungen, darunter Gemeinschaften aller Art, aufzulösen. Hat man es also mit einem „Volk" zu tun, das überwiegend aus Spaßverliebten, Konsumisten, Egoisten, Hedonisten, Vaterlandsgegnern und sonstwie Irregeführten besteht, lassen sich keine Siege für übergeordnete Ziele erfechten. Nur durch den Appell an den Gemeinsinn, an nationale Aufgaben, kann man – zunächst im kleinen – dieser Fehlentwicklung entgegenwirken.

Zwar stimmt es, daß auch der Kapitalismus imstande ist, Massen von Menschen in Bewegung zu setzen – aber leider meist nur durch planmäßige Hetze und für zerstörerische Zwecke. Höhere und schöpfungsgemäße Ziele dagegen können nur von lebendigen Gemeinschaften erstrebt und erstritten werden. Gar ein so schwieriges und weltbedeutsames Werk, wie die Überwindung des Kapitalismus es ist, vermag nur ein Volk – sofern es wachgerüttelt ist –, vermag nur eine Großgemeinschaft zu vollbringen.

Natürlich wird am Anfang eine Neuerungsbewegung wie die **„Lebensliga"** klein sein. Aber das Ziel muß bleiben, die ganze Nation – anfangs vielleicht auf Regionalebene – zu durchdringen, weil anders die politische Machtübernahme, als Voraussetzung der Verwirklichung, nicht möglich ist.

Mit der **„Geld- und Todesfront"** darf man nicht paktieren. Man sollte sich nicht anbiedern, ihre falschen Parolen nicht übernehmen (was nicht heißt, daß man an richtige Aussagen nicht freudig anknüpfen dürfe). Glaubt man etwa, so käme man weiter? Die dort Tonangebenden werden aus freien Stücken niemals zulassen, daß irgendjemand das bestehende Geld- und Bodenrecht seiner zinserpresserischen Eigenschaften entkleidet, wissen sie doch, daß sie dadurch die Grundvoraussetzungen ihrer einzigartigen Machtstellung verlören.

Stattdessen muß man die „Kapital- und Todesfront" offen, hart und angriffsfreudig bekämpfen. Nur so ist sie letztlich zu besiegen. Man sollte ihre Irrtümer, auch ihre Lügen, Verleumdungen und Untaten aufdecken – nicht zuletzt ihre Versäumnisse in nationalen Angelegenheiten. Das Sündenregister der heute Mächtigen ist lang, und hier sind sie auch angreif- und verwundbar. Zudem kann die „Lebensliga" mit weit hilfreicheren Lösungsvorschlägen aufwarten. Geht man so vor, ist die Wahrscheinlichkeit groß, daß der bessere Teil ihrer Gefolgsleute auf unsere Seite überwechselt. Die moralische und ideologische Entlarvung ist daher eine wichtige Möglichkeit, die heute alleslenkenden Kräfte und Mächte – Antifaschismus, Extremglobalismus, Imperialismus, Kapitalismus usw. – zu Fall zu bringen. Das kann und wird anfangs wohl von einem einzigen Land aus geschehen. Wichtig ist dabei geschicktes Taktieren unter bestmöglicher Ausnutzung aller propagandistischen Möglichkeiten. Zugleich gilt es, durch unangreifbare Vorgehensweisen die moralische Überlegenheit der „Lebensliga" andauernd unter Beweis zu stellen.

Entscheidend ist aber, daß man den alten Mächten mit den neuen, freiwirtschaftlichen Ideen etwas entgegenhält, das zutiefst problemlösend und wahrhaft aufbauend ist.

Neuartiger Nationalismus

Zunächst bereits Gesagtes: Nicht eine verwirbelte und wurzellos gewordene Einheitsmenschheit liegt im Schöpfungsplan, sondern die seit alters vorhandene Völker- und Kulturenvielfalt. Wer um deren Erhaltung bemüht ist, erfüllt zugleich einen religiösen Auftrag.

Es sei auch zugegeben, daß in der Vergangenheit bis in unsere Tage patriotische Gefühle und nationales Freiheitsverlangen immer wieder für üble Zwekke mißbraucht worden sind. Das war unter kapitalistischen Verhältnissen fast unvermeidlich (s. frühere Ausführungen).

Eine wahrhaft nationale Bewegung, dies ist von überragender Wichtigkeit, müßte sich deshalb zur Hauptaufgabe machen, das kapitalistische System – d. h. dessen Ursache: den Geld- und Bodenzins – zu überwinden. **Ihre erste Pflicht wäre es, sich die freiwirtschaftlichen Gedanken anzueignen.**

Daraus entstünde ein Nationalismus, wie es ihn bisher noch kaum gegeben hat. Es wäre ein **nationaler Aufbruch, der sittlich hochstehend und begründungsmäßig unangreifbar** ist. Solch ein Nationalismus ließe sich auch problemlos in ein föderales Gesamtgefüge einbinden.

Freiwirtschaftlich geläutert, erhielten Begriffe wie Nation, Vaterland und Nationalismus einen ganz neuen – einen problemlösenden, aufbauenden und friedensstiftenden Sinn.

Neuartiger Internationalismus

Unter dem Kapitalismus, d. h. unter der Zinsdiktatur, leidet die ganze Menschheit. Wer sich im eigenen Land um deren Abschüttelung bemüht, tut das zugleich für die Freiheit aller Völker. Ein solcher Versuch dürfte weltweit ähnliche Anstrengungen auslösen. Das ist wichtig, denn ein Volk alleine schafft es schwerlich. Aufrichtige gegenseitige Unterstützung ist hier von allerhöchstem Wert. Hier zeigte sich dann, was unter internationaler Solidarität in Wahrheit zu verstehen ist.

Umfassendere nationale Programmpunkte

Nach Aneignung der freiwirtschaftlichen Erkenntnisse hätten nationale Vorkämpfer nicht nur neue und bessere Ziele, sie wüßten auch um die Wege, wie man dorthin gelangt, und wären damit den kommunistischen und kapitalistischen Widersachern begründungsmäßig weit überlegen. Mit solchen Programmaussagen:

- Brechung des wirtschaftlichen Wachstumszwanges;
- Beendigung der Naturausplünderung möglich;
- keine zinsbedingte Aufspaltung der Gesellschaft in reich und arm mehr;
- stattdessen breite Vermögensstreuung entsprechend den eigenen Anstrengungen;
- keine beherrschenden wirtschaftlichen, politischen, kulturellen und meinungsverformenden Monopole mehr;
- wesentlich geringere Verpestung des Völkerlebens durch hetzerische Lügen;
- Rückverlagerung der wirtschaftlichen und politischen Tätigkeit in kleinere, überschaubare Bereiche;
- föderaler (bündischer) Staatsaufbau von unten nach oben;
- Beschränkung der Staatsmacht auf ihre eigentlichen Aufgaben (Außenpolitik, Rahmenordnungen u.ä.m.);
- Völker als gewachsene Schicksalsgemeinschaften statt haltloser Menschenmassen;
- Herausbildung einer wahren Demokratie;
- Ruhige Wirtschaftsentwicklung, Dauerkonjunktur (dank umlaufgesicherter, stabiler Währung und dank geringerer Abhängigkeit vom Ausland);
- Arbeit für alle;
- kein übersteigerter Rationalisierungsdruck und Verdrängungswettbewerb mehr (nach Wegfall des Wachstumszwanges);
- Selbsttätiger Abbau des eroberungssüchtigen, imperialistischen Großkapitals;
- die Raubzüge nach Bodenschätzen erübrigen sich (dank verbessertem Bodenrecht);

- deshalb viel weniger Anlässe zu Bürger- und Völkerkriegen;
- stattdessen freier und anspornender Wettbewerb nicht nur innerhalb, sondern auch zwischen den Völkern;
- Schaffung einer von Kapitalzwängen befreiten UNO;
- usw. usf.

Entlarvung des Gegners

Ein solches Gerechtigkeits- und Friedensprogramm liefert Nationalisten bzw. nationalen Föderalisten bzw. freiheitlichen Ethnopluralisten die besten Agumente, um die üblichen Verdächtigungen und Verleumdungen der transnationalistisch-kapitalistischen Gegner abzuwehren.

Noch besser: **Mit Hilfe dieser Programmatik ist man imstande, von der Verteidigung zum Angriff überzugehen und den „grauen Männern" von der „Geld- und Todesfront" nachzuweisen, daß in Wirklichkeit sie es sind, die verbrecherische Ziele verfolgen.**

Denn indem sie die ungerechten Geld- und Bodenverhältnisse beibehalten wollen, ordnen sie sich den unausweichlichen Handlungsgeboten des Kapitalismus unter. Sie verhindern also nicht oder erstreben sogar:

- Aushebelung der Demokratie (durch Vorherrschaft des Geldes);
- unaufhaltsame gesellschaftliche Aufspaltung in arm und reich;
- Notwendigkeit eines „Sozialstaats" (mit steuerlicher Ausplünderung, Unbezahlbarkeit, ungerechten Umverteilungen, Entmündigungen);
- Abwürgung des freien Wettbewerbs (durch Großindustrie, Konzerne, Staatseingriffe, Steuerlast);
- kapitalistische Verfälschung und Abtötung der Marktwirtschaft;
- Vernichtung des Mittelstandes;
- andauernde Wirtschaftskrisen und soziale Spannungen;
- zunehmende Arbeitslosigkeit;
- Vernichtung aller Kleingebilde;
- immer größere wirtschaftliche und politische Beziehungsverhältnisse (Absterben der Demokratie);
- extremer wirtschaftlicher und politischer Internationalismus und Globalismus;
- als drohendes Endziel: totale Weltwirtschaft und totalitärer Weltstaat;
- Naturverwüstung (durch Großstrukturen, Wachstumszwang);
- Vermüllung und Verseuchung der Erde (von Wassser, Boden, Luft);
- zwanghafter wirtschaftlicher, politischer und kultureller Imperialismus;
- Auslöschung unzähliger uralter Kulturen, Gleichmacherei (*American way of life*);
- innere und zwischenstaatliche Spannungen bis hin zu kriegerischen Auseinandersetzungen;

- Abermillionen von Kriegs-, Wirtschafts- und Umweltflüchtlingen;
- wüster Rassismus (weil heuchlerischer „Antirassismus" zur Auflösung von Völkern führt);
- Untergang der Demokratie durch Verschwinden des Demos, der Völker;
- Totalherrschaft des weltüberspannenden Finanzkapitals mit seinem Zerstörungdrang;
- Lügenflut und Heuchelei allüberall (Medienmonopole, Zwang zu unmoralischem Handeln);
- usw. usf.

Versöhnliches Vorgehen geboten

Ein bekanntes Sprichwort lehrt uns: „Der Zweck heiligt die Mittel nicht". Es trifft zu. Eine politische Bewegung, die sich – gemäß der zinsüberwindenden Freiwirtschaftslehre – höchst idealistische Ziele gesetzt hat, muß durch die Art, wie sie mit den eigenen Leuten und mit politischen Gegnern und selbst Feinden verfährt, all das schon vorleben, was die angestrebte Gesellschaftsordnung auszeichnen soll. Je erfolgreicher sie dabei ist, d. h. je vorbildlicher sich ihre Mitstreiter verhalten, desto besser wird es ihr später gelingen, die ursprünglichen Ziele zu verwirklichen.

Nichts eignet sich dafür mehr als das freiwirtschaftliche Handlungsprogramm. Es zeigt, wie man vorgehen muß, damit die jahrtausendealte Ausbeutung von Natur und Mensch durch systembegünstigte einzelne endlich aufhört. Es möchte dauerhaft Frieden schaffen und unnötiges Leid auf Erden verhindern.

Schon allein im Hinblick auf solche Ziele sind freiwirtschaftliche Mitstreiter jeder Art terroristischer Gewalt abgeneigt (nicht aber aufsehenerregenden Unternehmungen, wie z. B. *Greenpeace* sie ausführt!). Gewalt schadet nur. Geht es doch darum, möglichst viele Leute, auch solche von großem Einfluß, auf die neuartigen Lösungsmöglichkeiten aufmerksam zu machen und zur Mitarbeit zu gewinnen. Mit terroristischen Mitteln – wozu auch Heimtücke, Verleumdungen, verbale Gewalttätigkeit zählen – überzeugt man sie bestimmt nicht von der Richtigkeit freiwirtschaftlicher Ideen.

Doch ist es unumgänglich, die Torheiten, Irrtümer und Bosheiten der Gegenseite offen anzuprangern und zu bekämpfen. Man zeige aber immer wieder, daß man im Grunde versöhnlich und verständnisbereit ist. *„Dem Feinde baue man goldene Rückzugsbrücken"*, sagte Silvio Gesell. Richtig. Die Gegner sind mehr oder weniger Sachzwängen ausgeliefert und handeln als *„Gefangene ... des allgemeinen Systems"* (Rudolf Augstein; *Spiegel*, 35/1983); oder mangels besserer Einsicht; oder aus menschlicher Schwäche; nur selten mit entschlossener Bosheit. Eine versöhnliche Haltung im richtigen Augenblick ist aber nicht nur ein Gebot der Gerechtigkeit, sondern auch der Klugheit. Der endgültige

Sieg ist nur erreichbar, wenn es gelingt, möglichst viele von jenen, die heute noch auf der anderen Seite stehen, für sich zu gewinnen; denn darunter befindet sich eine große Anzahl fähiger und tatkräftiger Menschen.

Hinzu kommt, daß auch die vorgeschlagenen Mittel zur Überwindung der heutigen Wirrnisse durchaus friedlicher Art sind. Noch besser: Sie werden überall gutgeheißen. Worauf zielen die freiwirtschaftlichen Kernforderungen denn ab? Darauf: **Sie sollen uralte tiefsitzende Mißstände beseitigen, die weitreichend üble Auswirkungen haben und die jedermann beklagt: Inflation, Hochzins, Bodenspekulation.** Man will endlich verwirklichen, was von Wirtschaftswissenschaftlern, Unternehmern, Politikern, auch Gewerkschaftlern schon seit langem grundsätzlich für richtig gehalten wird: **bleibende Währungsstabilität.**

Ist das geschafft, werden Tausende weiterer Verbesserungsvorschläge, deren Erfüllung allen Vorteile brächte, endlich durchführbar.

Mahrauns evolutionärer Handlungsplan

Aufschlußreich und erörternswert sind in diesem Zusammenhang die Erwägungen Artur Mahrauns am Ende seines Buches *Das Jungdeutsche Manifest* (S. 200-202). Darin legte er dar, wie er sich nach dem voraussehbaren Scheitern der Weimarer Republik die Machtübernahme durch den von ihm gegründeten *Jungdeutschen Orden* zur Errichtung eines echten *„Volksstaates"* vorstellte. Mahraun lehnte es übrigens ab, mittels einer politischen Partei seine Ziele erreichen zu wollen. Er war der Auffassung, daß eine Partei von ihrer Struktur her zu einer Vorgehensweise zwinge, die es später unmöglich mache, die ursprünglichen Ziele zu verwirklichen (s. dazu die entsprechenden Ausführungen im Kapitel „Bessere Demokratie möglich"). Mahraun schrieb:

„Kein System politischer Willensbildung gibt sich von selbst auf. Je verrotteter es ist, um so selbstsüchtiger und hemmungsloser ist der Wille, seine Macht zu erhalten. Es weicht nur gezwungenermaßen vor aufkommenden und herandrängenden Gewalten zurück.

Die Revolution ist die letzte Möglichkeit eines Volkes, einen Zustand zu beseitigen, der dem Willen des Volkes nicht entspricht. ***In der Evolution liegt die organische Entwicklung politischer Kräfte und der allmähliche Wandel unter dem Druck ihrer Gewalt.*** *Revolution bedeutet: die Anwendung der Gewalt der Waffen. Evolution bedeutet: die Organisation der Willenskräfte ...*

Die Träger des gegenwärtigen Systems sind keineswegs innerlich so weit miteinander verbunden, daß sie eine geschlossene Kampffront darstellen. Innerhalb ihrer Reihen befinden sich starke Kräfte, die mit der evolutionären Entwicklungsbewegung zum Volksstaat sympathisieren. Weil die Evolution nun eine bedeutend wohltuendere Form der Umwälzung im Interesse von Volk und Staat bedeutet, ist die Pflicht der neugeordneten Kräfte, alle ihre Mög-

lichkeiten zu erschöpfen. ***Dazu gehört in erster Linie, daß alle evolutionswilligen Kräfte des gegenwärtigen Systems in irgendeiner Form in den Kampf für den Volksstaat mit eingestellt werden ...***

Es ist ferner *möglich, daß die großen ständischen Organisations- und* ***Wirtschaftsverbände*** *in der Erkenntnis der Gefahren, die dem deutschen Staate drohen, sich mit der evolutionären Bewegung verbinden. Hierfür kommen insbesondere diejenigen wirtschaftlichen Organisationen in Frage, deren Anhängerschaft selbst* ***durch die Plutokratisierung gefährdet*** *wird.*

Alle diese Möglicheiten rücken aber nur dann in die Nähe, ***wenn die evolutionären Kräfte Beweise ihrer ideellen Macht und ihres erfolgversprechenden Druckes gebracht haben ...*** *Der Jungdeutsche Orden setzt also auch in diesem Kampfe* ***die Macht der Gemeinschaft gegen die Macht des Geldes ...***

Der Jungdeutsche Orden arbeitet im Einvernehmen mit allen politischen Kräften, die sich der Volksstaatsbewegung anschließen, auf die ***Volksabstimmung*** *hin.*

Die Wahl des Zeitpunktes dieser Volksabstimmung ist von zwei Dingen abhängig. Die eine Vorbedingung liegt in der ***restlosen Abwirtschaftung des alten Systems.*** *Diese Abwirtschaftung ist eine natürliche Folge seiner grundlegenden Fehler. Die andere Vorbedingung ist die* ***klare Formulierung des neuen Zustandes*** *in Form eines auf breitester politischer Grundlage entstandenen* ***Verfassungsentwurfes.*** *Die Volksabstimmung erfolgt für oder gegen diesen Entwurf. Sie erfolgt unter der Parole:* ***Volk gegen Kaste und Geld!*** *...*

Die Volksabstimmung erhebt den aus der Bewegung unserer Zeit geborenen Verfassungsentwurf zur gesetzmäßigen Grundlage des mit ihrem Siege ausgerufenen Volksstaates."

Ergänzendes:

- Mahraun bevorzugt bei weitem den friedlichen – *„evolutionären"* – Weg der Machtübernahme.
- Er betont immer wieder, daß möglichst viele *„einsichtige Kräfte"* aller wirtschaftlichen und politischen Gruppen für das Neue gewonnen werden müssen.
- Voraussetzung für den Erfolg seien Beweise *„ideeller Macht"*. – Sie müßten heute ganz entscheidend von der Freiwirtschaftslehre her geprägt sein.
- Wichtig wäre in dem Zusamenhang, auf gelingende örtliche Modelle eines besseren, d. h. zins- und inflationsfreien Geldes hinweisen zu können.
- Die *„Plutokratie"*, die *„Macht des Geldes"*, ist für Mahraun der Hauptgegner. Er hatte allerdings noch keine klare Vorstellung davon, was die tiefsten Ursachen der Geldmacht sind und wie sie bereinigt werden können.
- Von entscheidender Bedeutung ist für Mahraun die *„klare Formulierung des neuen Zustandes"* in Gestalt eines *„Verfassungsentwurfes"*. Das gilt

genauso für den heutigen politischen Kampf. Hier aber herrscht selbst bei *„evolutionären"* Kräften ein heilloser Programmwirrwarr. Er würde sich klären, wenn im Mittelpunkt die Lösung der Geld- und Bodenfrage stünde.

- Sehr nachdenkenswert ist Mahrauns Forderung nach einer *„Volksabstimmung"* über einen *„Verfassungsentwurf"* – der dann freilich die *„evolutionären"* Erkenntnisse Silio Gesells gleichfalls berücksichtigen sollte.
- Vielleicht sollten solche *„Volksabstimmungen"* zunächst im regionalen Rahmen stattfinden.

45. Zur Souveränitätsfrage

Politische Probleme

Dauerhafte Währungsfestigkeit zu erlangen, indem man liquides Geld mit einer Umlaufsicherung versieht, bereitet **technisch** kaum Schwierigkeiten. In der Bundesrepublik, sogar in einem Bundesland, könnte das Wagnis unternommen werden. Ist zugleich dafür gesorgt, daß die Wechselkurse frei schwanken dürfen (daß also die Notenbank an der Devisenbörse nicht eingreift), ist die neue Währung auch nach außen hin abgesichert.

Es entstehen aber Schwierigkeiten **politischer** Art.

Solch eine Währungsumstellung wäre auf längere Sicht nämlich gleichbedeutend mit der Entmachtung des Weltkapitalismus in Deutschland, was sich das *„Hohepriestertum"* des Großkapitals bzw. die *„internationale Hochfinanz"* (V. C. Vickers, ehemaliger Gouverneur der *Bank von England*, s. o.) nicht so leicht gefallen ließe. Sie würde es geradezu als eine Kriegserklärung auffassen – und entsprechend handeln. Gewisse Ereignisse aus der jüngeren Vergangenheit weisen darauf hin.

Erschreckende Souveränitätsmängel

Trotzdem muß der Versuch einer Währungsverbesserung, diesmal mit weit tauglicheren Mitteln als früher, eben mit freiwirtschaftlichen, zudem auf völlig gewaltlose Weise, wiederholt werden. Sonst hat Deutschland keine Zukunft mehr. Und die anderen Völker auf der Welt auch nicht. Denn andernfalls geht die Zerstörung der Lebensgrundlagen Natur, Kultur und Demokratie ungebremst weiter.

Unerläßliche Voraussetzung für den Versuch, in der Bundesrepublik ein solch wichtiges Pioniervorhaben durchzuführen, ist jedoch die ungeschmälerte politische Handlungsfreiheit.

Daran aber hapert es.

Schon während der Nachrüstungsdebatte Anfang der achtziger Jahre wurden Zweifel an der Souveränität der Bundesrepublik laut. Der französische

Soziologe Raymond Aaron sagte damals gegenüber dem *Spiegel* (43/1983), *„daß die Bundesrepublik de facto noch immer von Ausländern besetzt wird und deshalb auch nicht wirklich ein Staat ist im normalen Sinne des Wortes."* Der Berliner Pfarrer Heinrich Albertz äußerte sich ähnlich: *„Wir sind doch ein besetztes Land."* (*Frankfurter Allgemeine Zeitung*, 2.8.1983) Die Theologin und Nachrüstungskritikerin Dorothee Sölle befand, daß wir *„eine Militärkolonie Amerikas"* seien. (*Spiegel*, 41/1983)

Ist das inzwischen anders geworden? Nach Auffassung des bekannten Friedensforschers Alfred Mechterheimer wohl kaum. In einem Flugblatt, worin er für den 30. April 1999 zur Teilnahme an einer Mahnwache anläßlich der NATO-Bombardierung Jugoslawiens aufforderte, hieß es:

„Hier in Stuttgart-Vaihingen befindet sich in den 'Patch-Barracks' ***das größte Hauptquartier der US-Streitkräfte außerhalb der USA. Hier im EUCOM (European Command) wird auf deutschem Boden Krieg vorbereitet und gesteuert, und keine deutsche Regierung kann das verhindern.*** *Das Eucom ist keine NATO-Einrichtung. Es ist ein nationales Instrument der USA für ihre globale Vorherrschaft.* ***Der Kommandobereich des EUCOM geht weit über Europa hinaus.*** *Vom Nordkap bis zum Mittleren Osten und bis nach Südafrika reicht das Einsatzgebiet. Schon im Golfkrieg wurden 95 Prozent aller Lufttransporte und 90 Prozent aller Kampfflugzeuge von Stuttgart aus eingesetzt ...* ***Das EUCOM ist eine Einrichtung, die ein selbstbewußtes Land niemals auf seinem Territorium dulden würde ..."***

In seinem Blatt *Frieden 2000* (vom 21.2.2001) wurde Mechtersheimer noch deutlicher: *„Daß Deutschland ein* ***besetztes Land*** *ist, das sich noch immer nicht von den westlichen Siegerstaaten emanzipiert hat und nach innen und außen nicht souverän ist, haben die Altparteien noch lange nicht realisiert."*

Bestehen also in der BRD noch Besatzungsverhältnisse? In dem Zusammenhang könnte man auf den ***Zwei-plus-vier-Vertrag*** verweisen, der am 12.9.1990 zwischen Deutschland und den Siegermächten von 1945 anläßlich der Wiedervereinigung mit den neuen Bundesländern abgeschlossen wurde. Angeblich liegen dazu geheime Zusatzabkommen vor. Sie gestehen den Siegermächten, so liest man, das Recht zu, in der Bundesrepublik weiterhin militärische Hoheitsgebiete innezuhaben, und gewähren ihnen zudem bei den Medien und im Erziehungs- und Bildungsbereich einschneidende Vorbehaltsrechte. Nachdem die Bundesrepublik lediglich ein *„Vasall"* der USA ist (Brzezinski), ist das Vorhandensein solch eines Zusatzabkommens – oder ähnlicher Regelungen – keineswegs ausgeschlossen. Tatsache ist jedenfalls, daß die damalige Regierung Kohl/Genscher am 27./28.9.1990 durch eine Note anerkannte, *„daß die weiterhin gültigen Bestimmungen des Überleitungsvertrages* [vom 23.10.1954]*"* auch auf die neuen Bundesländer ausgedehnt werden sollten. **Aus dem Inhalt dieser *„weiterhin gültigen Bestimmungen"* aber ergibt sich,**

daß die Politik der BRD auch zukünftig in allen wesentlichen Bereichen an den Regelungen auszurichten sei, die nach 1945 von den Besatzungsbehörden festgesetzt wurden (siehe dazu: *Bundesgesetzblatt*, Jahrgang 1990, Teil II, Nr. 42, Bonn, 9.11.1990, S. 1386ff.; ferner die Zeitschrift *Freiheit und Recht*, Folge 1, 26.6.2001).

Überdies sind aus der UNO-Charta immer noch nicht die „Feindstaatenklauseln" entfernt (die Artikel 53 und 107), die den Siegermächten von 1945 auch heute noch das Recht einräumen, unter gewissen Umständen, wenn erforderlich sogar mit Waffengewalt, in Deutschland wieder die Regierungmacht zu ergreifen.

Es kommt hinzu, daß die Bundesrepublik durch die Einbindung in viele internationale Organisationen, auch im Rahmen der EU, ihre sonstigen Souveränitätsrechte weitgehend eingebüßt hat. Die *Wirtschaftswoche* schreibt dazu (16/1999):

„Deutschland hat wie andere Länder auch die ***Entscheidung über Krieg und Frieden,*** *ein Essential des im 19. Jahrhundert zur Blüte gelangten Nationalstaates, an verschiedene Bündnisse wie die Nato, die Westeuropäische Union (WEU) und die Organisation für Sicherheit und Zusammenarbeit in Europa (OSZE) abgegeben ...*

Brüssel zählt eindeutig zu den Gewinnern im europäischen Machtgeschiebe. *Nach dem am 1. Mai in Kraft tretenden Amsterdamer Vertrag geben die EU-Staaten* ***selbst Kompetenzen in der klassischen Innenpolitik*** *wie der Flüchtlingspolitik und der inneren Sicherheit ab. Noch streiten sich die Europäer um Quoten und Kosten, wie gerade wieder in der Frage der Kosovo-Flüchtlinge. Doch kann das nicht darüber hinwegtäuschen, daß auch in diesen Politikbereichen die Entscheidungen letztlich in Brüssel fallen – wie in weiten Teilen der Wirtschafts-, Wettbewerbs- und Agrarpolitik, wo* ***bis zu 80 Prozent aller wichtigen Entscheidungen schon in die EU verlagert sind."***

Nachbemerkung:

Die aufgezählten Souveränitätsverluste, die Deutschland – aber auch viele andere Länder – hinnehmen mußten, sind eine fast unvermeidliche Folge der Konzentration von Geld und Macht in immer weniger Händen. Daraus ergaben sich noch umfassendere wirtschaftliche und politische Strukturen.

Doch Großstrukturen haben die schlimme Eigenschaft, stets größere Probleme hervorzurufen. Weil man sich nicht an die Grundursache – die ungelöste Geld- und Bodenfrage – heranwagt, sucht man das Heil in noch weitergreifenden, in globalen Kontrolleinrichtungen. Auf solche Weise ist man gegenwärtig beispielsweise bemüht, die Störanfälligkeit des internationalen Finanzsystems in den Griff zu bekommen. Das Ergebnis sind aber Scheinlösungen,die bestenfalls kurzfristig helfen, die Grundkrankheit aber weiterwuchern lassen und Großkatastrophen unvermeidlich machen.

Am Ende sehen wir uns in einer totalitären und apokalyptischen Weltrepublik gefangen.

Mahatma Gandhi als Vorbild

Der Bundesrepublik, einem bloßen *„Vasallen"* Amerikas (Brzezinsky), wird es schwerlich gestattet, so mir nichts dir nichts eine Währungsumstellung vorzunehmen, die in die Belange der Wallstreet sehr schmerzlich eingreifen und sogar ihren Lebensnerv treffen würde.

Deshalb müßte der Versuch, die Geld- und Bodenrechtsverhältnisse neu zu ordnen, **zugleich die Bemühung einschließen, Deutschlands politische Handlungsfreiheit wiederherzustellen** und es so unabhängig zu machen, daß währungspolitische Alleingänge auch gegen den Willen der kapitalistischen Großmächte durchsetzbar sind.

Man muß sich hier den großen Vorkämpfer des gewaltlosen Widerstandes, **Mahatma Gandhi,** zum Vorbild nehmen, **der sowohl für soziale Gerechtigkeit als auch für nationale Freiheit kämpfte,** und der einmal sagte:

„Ich lebe für Indiens Freiheit und würde auch für sie sterben, weil sie ein Teil der Wahrheit ist. Nur ein freies Indien kann den wahren Gott anbeten. Ich arbeite für Indiens Freiheit, da mein Swadeshi mich lehrt: Du bist in Indien geboren und hast seine Kultur geerbt, also bist du vor allem geschaffen, ihm zu dienen, und Indien hat den ersten Anspruch an deine Dienste." (*Vom Geist des Mahatma*. Holle Verlag Baden-Baden 1957, S. 105f.)

Gandhi war deshalb unablässig bemüht, bei seinen Landsleuten den Freiheitswillen anzufachen. Auch Deutschland wird die Freiheit sicherlich nicht geschenkt. Doch regt sich hierzulande noch kaum das Verlangen, am gegenwärtigen Zustand viel zu ändern. „Es geht uns doch so gut", heißt es immer noch. Gegen dieses umwerfende Argument ist nicht viel auszurichten. Aber ob das auch in Zukunft so sein wird? Zudem bietet die bereits länger als ein halbes Jahrhundert währende „Vergangenheitsbewältigung", d. h. die Verketzerung alles Nationalen, eine bequeme Ausrede dafür, sich für volkliche Belange in keiner Weise einsetzen zu müssen. „Volk", „nationale Freiheit", „Vaterland" – pfui, das ist doch Nazi-Ideologie! So ist vielen, was mit Deutschland geschieht, im großen und ganzen egal.

Aber solange diese Geisteshaltung vorherrscht, wird Deutschland wohl oder übel *„Militärkolonie"* bleiben (Dorothee Sölle) und können die soziale, die ökologische, die demokratische Frage und hundert andere Schwierigkeiten nicht gelöst werden.

Andererseits wußte schon **Gandhi** genau, **daß die Gewinnung der nationalen Freiheit ohne gleichzeitige Lösung der sozialen Frage nur etwas Halbes ist.** Er sagte einmal:

„Wenn die Veränderung nur darin besteht, daß wir statt eines weißen Militärregimes ein braunes [indisches] *bekommen, ist es kaum der Mühe wert, viel Aufhebens davon zu machen. Jedenfalls zählen dann die Massen nicht. Sie sind dann derselben Ausraubung ausgeliefert wie heute, wenn nicht gar einer schlimmeren ... Ich bin nicht daran interessiert, Indien lediglich vom englischen Joch zu befreien. Ich bin darauf aus, Indien von jeder Art von Joch zu befreien.“* (*All men are brothers*. Unesco 1958, S. 141f.)

Wie ganz und gar recht Gandhi mit dieser Feststellung und – leider unerfüllt gebliebenen – Forderung hatte, zeigte der spätere Zustand der indischen „Demokratie“. Der Sikh-General Aurora beschrieb sie angesichts der von Hindus im Oktober 1984 an der Volksgruppe der Sikhs begangenen Massaker in einem *Spiegel*-Gespräch so (46/1984):

„Aber leider ist die Politik in Indien längst so weit verkommen, daß der nächste Wahlsieg wichtiger ist als alles andere, wichtiger als die Stabilität, selbst als die Existenz des Landes. Die Politik ist weitgehend in die Hände asozialer, ja krimineller Elemente geraten. Geld und Muskeln regieren.“

Soziale und nationale Befreiung müssen also Hand in Hand gehen. Das eine ist nur die Kehrseite des anderen. Es muß eine Erneuerung aus einem Guß sein.

Man handle ferner im Bewußtsein, **daß dieser Freiheitskampf nicht nur für das eigene Land, sondern für alle Völker der Welt geführt wird.** Eine ansteckende Vorbildwirkung wird von ihm ausgehen, so daß überall neuartige Befreiungsbewegungen zum Leben erwachen, die sich jetzt endlich gegen den wirklichen Feind, die alle knechtende Welttyrannei des Geldes, zur Wehr setzen. Somit gebiert dieser neue Nationalismus auch einen neuartigen Internationalismus, der völkerfreundlich, vielfaltbejahend und wahrhaft solidarisch ist.

IV. Teil: Zusammenfassung des Buchinhalts in Thesenform

Vorbemerkung. Der Abschlußteil des Buches stellt den Versuch dar, in wenigen Sätzen einige wichtige Schlußfolgerungen wiederzugeben. Voraussetzung für deren volles Verständnis ist jedoch die Kenntnis der betreffenden genaueren Ausführungen im Gesamtwerk.

Unüberwindbare Schwierigkeiten. Die ganze Welt befindet sich heute in einem beispiellos krisenhaften Zustand. Probleme, wohin man schaut: Wirtschaftsstockungen; Massenarbeitslosigkeit; Demokratieabbau; Kulturverfall; bedrohliche Verschuldungen; immer krassere Einkommens- und Vermögensunterschiede nicht nur innerhalb von Völkern, sondern auch zwischen ihnen; Kriege; Terroranschläge; Flüchtlingsströme; Naturverwüstungen; u.a.m.

Ungelöste soziale Frage. Die Grunderkenntnis des vorliegenden Buches lautet: Die gemeinsame Ursache dieser und anderer Probleme ist in erster Linie die noch immer ungelöste soziale Frage.

Die soziale Frage ist schon uralt, spitzt sich heute jedoch überall gefährlich zu. Es geht hauptsächlich darum, das leistungslose Einkommen zu beseitigen und auf solche Weise die Ausbeutung von Mensch und Natur zu überwinden.

Einseitige Kapitalvermehrung. Daß diese Ausbeutung fortdauert, zeigt sich in der ungebremsten Zusammenballung von Kapital und Macht in den Händen weniger und in einer offenbar unaufhaltsamen imperialistischen Ausdehnung des Kapitals über den ganzen Globus hin (Stichwort: Globalisierung).

Der Kapitalismus ist wettbewerbsfeindlich. Der westliche Konzernkapitalismus ist ganz und gar nicht mit Markt- und Wettbewerbswirtschaft gleichzusetzen. Im Gegenteil, er steht dazu in unversöhnlichem Widerstreit.

Marxismus-Kommunismus. Der offenbar endgültig gescheiterte Marxismus-Kommunismus ist nur eine Spielart des Kapitalismus. Er ist Staatskapitalismus bzw. extremer Privatkapitalismus, nämlich Stalin-, Ho Chi Minh-, Pol Pot- und Honecker-Kapitalismus.

Privateigentum ist berechtigt. Die Grundursache der ungelösten sozialen Frage liegt nicht, wie Karl Marx gelehrt hat, im „Privateigentum an den Produktionsmitteln", sondern in der seit jeher fehlerhaften Geld- und Bodenordnung.

Entscheidende Rolle des Geld- und Bodenrechts. Geld- und Bodenrecht bilden das Fundament einer jeden Gesellschaft. Mängel in solch grundlegenden Einrichtungen haben für das Gesellschaftsgebäude, das darauf errichtet ist, verheerende Auswirkungen.

Fehlerhaftes Bodenrecht. Die Bodenfrage harrt immer noch der Lösung. Das geltende Bodenrecht läßt eine hemmungslose Grundstücksspekulation nicht nur zu, sondern stachelt wesentlich dazu an; es begünstigt die Entwicklung hin zum Großgrundbesitz; es ermöglicht riesige Summen leistungsloser Einkommen; es treibt unaufhörlich zu Verbrauch und Verwüstung von noch mehr Landschaft an.

Verfälschungen des Geldwertmaßstabs. Die Geldfrage ist ungelöst. Das erkennt man erstens daran, daß nirgendwo auf der Welt ein Land zu finden ist, dessen Währung dauerhaft stabil bliebe. Überall ereignen sich Inflationen (Geldwertverschlechterungen). Noch bedrohlicher sind Deflationen (Geldwerterhöhungen). Japan gibt hierfür schon seit Jahren ein bedauernswertes Beispiel ab.

Grundübel Zins. Noch viel schlimmer ist, daß das Geld seit jeher einem starren Verzinsungszwang unterliegt. Das hat – und hatte schon immer – verheerende Auswirkungen.

Hortbarkeit von Geld und Boden. Die ungelöste Geld- und Bodenfrage besteht vor allem darin, daß Geld und Boden seit jeher hortbar sind, d. h. ohne große finanzielle Einbußen von ihren jeweiligen Besitzern zurückgehalten und dem Gebrauch durch andere entzogen werden können.

Aus dieser Hortbarkeit entspringt der Zins – als eine Art Tribut für die Freigabe dieser zwei unverzichtbaren Wirtschaftsvoraussetzungen.

Waren unterliegen Angebotsdruck. Die Hortbarkeit des Geldes rührt von seiner Überlegenheit über die Wirtschaftserzeugnisse her: Während diese unter andauerndem Angebotsdruck stehen – sie verfaulen ansonsten, verrosten, verursachen Lagerkosten –, ist zurückgehaltenes Bar- bzw. Giralgeld (wenn die Währung, wie es sein sollte, stabil ist) solch einem Hergabezwang nicht ausgesetzt.

Auch gering besteuerte Grundstücke stehen kaum unter Angebotsdruck.

Heutige Geldmotoren. Wenn das heutige – hortbare – Geld dazu gebracht werden soll, durch die Wirtschaft zu kreisen, braucht es die Anreizmittel Zins und Inflation – den Zins als „Zuckerbrot", die Inflation als „Peitsche". Beide Antriebskräfte aber haben eindeutig zerstörerischen Charakter. Außerdem versagen sie bei einem rezessionären Wirtschaftszustand – wie während der Weltwirtschaftskrise vor siebzig Jahren, und wie heute in Japan.

Kapitalismus gleich Zinswirtschaft. Die Zinszahlungspflicht bzw. der Rentabilitätszwang ist das hervorstechende Merkmal unserer Geldwirtschaft.

Wir leben unter der Fuchtel des Zinses, und Kapitalismus ist nichts anderes als dies: Zinswirtschaft.

Umverteilung von arm zu reich. Der Zins veranlaßt – siehe das Gesellschaftsspiel Monopoly – eine unaufhörliche Vermögensumschichtung von der Arbeit zum Besitz. Wer viel hat, wird allein dadurch noch reicher – auf Kosten anderer. Der Zins führt deshalb unvermeidlich zu einer Aufspaltung der Gesellschaft in reich und arm.

Versteckte Zinszahlungen. Was fast niemandem bewußt ist: Zinsen zahlt man nicht nur dann, wenn man ein Darlehen aufgenommen hat. Zinsen sind stattdessen fast täglich fällig – bei jedem Einkauf. Denn in allen Warenpreisen, auch in Steuern und Gebühren, sind Zinsansprüche versteckt. Dahin überwälzt werden sie vom hochverschuldeten Staat und vor allem von der Wirtschaft, die noch weit schlimmer mit Zinsen belastet ist. Es gibt Schätzungen, daß der Zinsanteil in den Preisen durchschnittlich ein Drittel ausmacht.

Weitere Vergünstigungen. Kapitalstarke Einzelpersonen und kapitalstarke Firmen werden nicht nur durch den Zins leistungslos immer reicher, sondern auch dank der vielen Vorteile, die mit einer – häufig zinserlangten – Macht- und Monopolstellung verbunden sind.

Geld regiert die Welt. Das Vorhandensein einseitiger Kapitalballungen führt in allen Gesellschaftsbereichen fast unvermeidlich zu sehr undemokratischen Machtzusammenballungen. Daher heißt es nicht zu Unrecht: „Geld regiert die Welt."

Halbdemokratien. Das Grundübel der heutigen Demokratien liegt darin, daß sie auf obengenannten kapitalistischen Verfälschungen errichtet sind.

Klassengesellschaft. Im Zinsmonoply gibt es viele Verlierer, aber auch Gewinner. In jeder kapitalistischen Gesellschaft bildet sich deshalb eine Geldkaste heraus, die weniger durch ihre Verdienste um die Allgemeinheit nach oben gekommen ist, sondern nach den Eigengesetzlichkeiten des Finanzkapitals. Diesen Gesetzlichkeiten bleiben sie auch weiterhin verpflichtet.

Die Folge ist eine immer breitere Kluft und Interessenverschiedenheit zwischen den in einer Gesellschaft Mächtigen und dem Volk mit seinen ganz anderen Bedürfnissen.

Eine weitere Folge ist die Notwendigkeit und Allgegenwart der Lüge.

Geldvermögensmehrung durch Zinseszins. Vor allem zinseszinsbedingt – weil die Zinsen aus Geldanlagen überwiegend auf den Konten stehenbleiben und neue Zinsen hecken – nehmen die Geldvermögen unaufhörlich zu. Es ist ein Geldwachstum aus sich heraus.

Zinsbedingter Wachstumszwang. Daraus entwickelt sich ein unheilvoller Wachstumsdruck: Wenn zinseszinsbedingt – national wie international – die Geldguthaben immerfort zunehmen, wachsen spiegelbildlich dazu die Schulden und die Zinszahlungspflichten bei den Kreditnehmern.

Die immer höher verschuldete Wirtschaft muß deshalb zur Ableistung des Kapitaldienstes immerfort mehr produzieren. Der Staat, welcher sich in einer ähnlich mißlichen Lage befindet, hofft gleichfalls auf hohe wirtschaftliche Wachstumsraten, weil nur dann die Steuerquellen sprudeln.

Der Zins erlegt den Unternehmen also den Zwang auf, ihre Gütererzeugung immerfort auszuweiten.

Unbremsbare Umweltverwüstung. Je mehr produziert wird, desto größer sind Verbrauch und Verschmutzung der stofflichen Lebensgrundlagen. Der zinsbedingte Wachstumszwang ist daher die tiefste Ursache der gegenwärtigen Naturausplünderung. Ohne Zinsüberwindung – d. h. ohne geeignete Verbesserungen des Geld- und Bodenrechts – ist sie nicht zum Stillstand zu bringen.

Wesen der Zinswirtschaft. In einer Wirtschaft, die zinsbedingt dem Wachstumsdruck unterliegt, ist Hauptzweck der unternehmerischen Anstrengungen dies: Erreichung der Kapitalrentabilität, eines Zins- oder Dividendenertrags, eines immer höheren „shareholder value“.

Die Menschen mit ihren wahren Bedürfnissen spielen eine untergeordnete Rolle.

Firmenkonzentration und Rationalisierungszwang. Wenn die Unternehmen nicht anders können, als den Güterausstoß unaufhörlich zu vermehren, ist eine Überfüllung der Absatzmärkte die Folge. Daraus entsteht ein erbarmungsloser Konkurrenzkampf und Verdrängungswettbewerb, in dem meist die kapitalstarken Firmen – keineswegs immer die besseren! – überleben. Der Mittelstand gerät gegenüber den Großkonzernen – die selber ums Überleben kämpfen! – mehr und mehr ins Hintertreffen.

Das Handwerkliche und Überschaubare, das Kleinere, Genügsamere und Menschlichere verschwindet, das Großmaßstäbliche wird beherrschend.

Vor allem der Rationalisierungszwang – noch mehr Maschinen und Apparate, noch mehr Chemieeinsatz, Ausstoß noch größerer Warenmassen – wirkt in diese Richtung.

Massenarbeitslosigkeit. Vom Rentabilitätszwang veranlaßte Rationalisierungen – Ersetzung von Menschen durch noch mehr Maschinen u.dgl.m. – sind eine wesentliche Ursache der Massenarbeitslosigkeit. Ein weiterer Grund ist die Verminderung der Massenkaufkraft, weil sich zinsbedingt die Gelder bei immer weniger Sparern ansammeln.

Imperialismus. Der innerste Antrieb zu imperialistischen Ausgriffen in unserer Zeit ist das Zinsgeld mit seinen Ausdehnungszwängen. „Wachsen oder weichen“ – so lautet das Grundgebot kapitalistischen Wirtschaftens.

Der Globalismus unserer Tage ist vor allem als das Spiegelbild einer extremen Kapitalzunahme und Kapitalzusammenballung in den Händen weniger.

Weltweit agierende Konzerne und Finanzkreise haben inzwischen fast alle Grenzen niedergerissen, unzählige gewachsene Kulturen vernichtet und bewährte einheimische Lebensformen verdrängt.

Dabei gehen wirtschaftliche und politische Beherrschungsabsichten oft Hand in Hand.

Zur Friedensfrage. Zinsgeld ist die Grundursache der Friedlosigkeit auf der Welt. Weil es Ausbeutungs- und Herrschaftsverhältnisse schafft, erzeugt es überall feindselige Spannungen: zwischen Mann und Frau, zwischen Unternehmer und Arbeiter, zwischen Regierung und Volk, zwischen Nord und Süd.

Wer ist schuld? Es wäre verkehrt und irreführend, wollte man die heute Mächtigen zu den allein Schuldigen an den heutigen Zuständen erklären. Der Hauptschuldige ist das kapitalistische System, genauer gesagt, das fehlerhafte Geldwesen und das ähnlich schlechte Bodenrecht.

Unaufhörlich verlocken sie dazu, das Falsche und Gemeinschädliche zu tun. Noch schlimmer: Meist zwingen sie dazu, bei Strafe der Existenzvernichtung.

Letztlich sind auch viele Reiche und Mächtige Getriebene.

Weltdiktatur. Zinsgeldsysteme kennzeichnen sich durch Zentralismus. Wie das Gesellschaftspiel Monopoly zeigt, sind sie so programmiert, daß nur ein einziger Superkapitalist übrigbleibt – nach Vernichtung aller Gegner. Auf die politischen Verhältnisse von heute übertragen, heißt dies also, daß eine Weltregierung bevorsteht.

Der kommende Weltstaat. Die Weltregierung bzw. Weltdiktatur kündigt sich schon seit langem an. Die Vorbereitungen dazu sind weit gediehen. Mit der Verabschiedung des Maastrichter und später des Amsterdamer Vertrages und mit der Einführung des Euro als europäischer Einheitswährung haben sich die EU-Staaten ihrer nationalen Hoheitsrechte weitgehend entkleiden lassen. Inzwischen entstehen weltweit ähnliche überstaatliche wirtschaftliche und politische Länderzusammenschlüsse und Steuerungszentralen: Nafta, Mercosur, WTO, NATO u.dgl.m.

„Amerikas Strategie der Vorherrschaft“ (Zbigniew Brzezinski). Die USA – zutreffender: die diesen Bundesstaat lenkenden Finanzkreise – fühlen sich offenbar berufen, eine Weltregierung aufzurichten. Die Verwirklichung dieses Vorhabens – die Schaffung einer „Neuen Weltordnung“ – ist schon so weit fortgeschritten, daß sie kaum noch aufzuhalten ist. Auf obige Formel und auf den Golfkrieg von 1991 Bezug nehmend, prägte US-Präsident George Bush damals den Satz: *„What we say goes.“* (*„Was wir sagen, wird gemacht.“*)

Weltherrschaft des Bösen. In einem kapitalistischen System wird moralisch richtiges Handeln finanziell sehr oft bestraft, Falschhandeln dagegen finanziell belohnt. Deshalb gewinnt hier geradezu gesetzmäßig das Falsche, Böse, Zerstörerische die Oberhand. Das Gute hingegen ist häufig zu einem märtyrerhaften Dasein verurteilt.

Die Wahrheit in Acht und Bann. Weil Wahrheitsliebe gefährlich ist, weil niemand gern zum Märtyrer wird, sind Zinsgeldgesellschaften unvermeidlich irrtums- und lügendurchseucht.

Völker als Freiheitsbastionen. Wer sich – zinsgeldgesteuert – dem Imperialismus verschrieben hat, wer gar an der Weltdiktatur bastelt, dem stehen die Völker im Wege. Sie behindern seine wirtschaftlichen und politischen Absichten. Denn freie Völker stellen eine Vielzahl kleiner Machtzentren dar, ohne deren Schwächung oder Beseitigung die imperialistischen Ziele nicht zu erreichen wären. Solch störende Freiheitsbollwerke muß man also beseitigen.

Das ist die wahre Ursache der unaufhörlichen Verketzerung und Kriminalisierung des Volksgedankens. Passende Anlässe aus Gegenwart und Vergangenheit werden dazu benutzt, um jede nationale Regung als „Rassismus", „Rechtsextremismus", „Neonazismus", „Antisemitismus", „Ausländerfeindlichkeit" u.dgl.m. zu verteufeln und zu verfolgen, und zwar weltweit.

Freie Völker – oder Weltdiktatur. Wer sich von der Hetze gegen alles Nationale hat anstecken lassen, muß wissen, daß es eine klare Entscheidung zu treffen gilt: Entweder Bejahung des Volksgedankens – oder Unterwerfung unter eine gnadenlose, zerstörerische globale Finanzdiktatur nach dem Muster der schauerlichen Zukunftsromane von Aldous Huxley (*Schöne neue Welt*) und George Orwell (*1984*).

Demokratie ohne Völker? Gibt es keine Völker mehr, ist auch die Staatsform Demokratie vernichtet. Mit dem Verschwinden volklicher Gemeinschaften ist ihr die unverzichtbare Grundlage entzogen.

Kulturenreichtum. Ein Wesenszug der Schöpfung ist die Mannigfaltigkeit. Je nach geophysikalischen, klimatischen und anderen Gegebenheiten haben sich innerlich wie äußerlich sehr unterschiedliche Lebensformen herausgebildet. Diese Daseinsfülle ist erhaltenswert. Das gilt auch für die Völker. Deren Kulturenvielfalt – sofern noch vorhanden – ist gottgewollt. Das bedeutet, daß kein Volk – auch kein Volksstamm – darin gestört werden sollte, seinen besonderen Weg zu einer sinnerfüllten Daseinsgestaltung zu gehen.

Vernichtungsprogramm. Dem Kapitalismus ist ein satanisches Endziel einprogrammiert: Schöpfungsvernichtung.

Das geschieht über die schon beschriebene Folgenkette: zinseszinsbedingte Geldvermögens- und Schuldenaufblähung – Wachstums- und Rationalisierungszwänge – Absatzschwierigkeiten – Verdrängungskämpfe – Vernichtung alles Kleineren – Überleben der Kapitalstärkeren – unaufhörliche Kapitalkonzentration – zunehmende Großräumigkeit – wirtschaftliche und politische Globalisierung – globale Finanzdiktatur.

Der Kapitalismus macht die Handarbeit unrentabel, nimmt den Menschen die Arbeitsplätze weg, vertreibt sie von Haus und Hof, stürzt sie in Not und Elend, drängt Millionen zur Auswanderung in ferne Länder, löst dörfliche, städtische und volkliche Gemeinschaften auf, entfremdet sie den eigenen Sitten und Gebräuchen, wandelt sie in eine entwurzelte Weltmenschenmasse um.

Zur Erfolglosigkeit verurteilt. Wenn Nationalgesinnte glauben, auf solch schwankendem Grund und ohne Bereinigung der Geld- und Bodenfrage volkliche Wertetafeln wieder aufrichten zu können, unterliegen sie einem fatalen Irrtum. Dem törichten Don Quichotte ähnlich, kämpfen sie nutzlos gegen Windmühlenflügel an.

Naturschutzbeflissenen sei dasselbe gesagt.

Einsatz für die Menschheit. Unter dem Kapitalismus, d. h. unter der Zinsdiktatur, leidet die gesamte Menschheit. Wer sich im eignen Land um deren Abschüttelung bemüht, tut das zugleich für die Freiheit und die Wohlfahrt aller Völker. Ein solcher Versuch dürfte weltweit ähnliche Anstrengungen auslösen. Das ist wichtig, denn ein Volk alleine schafft es schwerlich. Hier zeigt sich dann die wahre internationale Solidarität.

Zinsgeld – oder Leben. Die Bereinigung der Geld- und Bodenfrage (gemäß der Freiwirtschaftslehre Silvio Gesells, 1862-1930) ist heute die wichtigste Aufgabe überhaupt. Hat man das begriffen, lichtet sich der Nebel über dem politisch-weltanschaulichen Programmwirrwar von heute und klären sich die Fronten. Hat man das Begriffspaar „Zinsgeld – oder Leben" vor Augen, läßt sich alles fein säuberlich nach „falsch – oder richtig" einordnen.

Dann stehen sich, um ein paar Beispiele zu nennen, polar gegenüber:

- Vermögensballung – oder Vermögensstreuung
- Diktatur, Halb-„Demokratie" – oder (wahre) Demokratie
- Kommunismus-Kapitalismus – oder freie Markt- und Wettbewerbswirtschaft (mit staatlicher Rahmenordnung!)
- Masse – oder Gemeinschaft
- „Sozialstaat" – oder soziale Gerechtigkeit und Fähigkeit zur Selbsthilfe
- Usw.

Der Ausweg. Die Lösung der sozialen Frage bzw. der Geld- und Bodenproblematik darf nicht darin bestehen, den Zins nachträglich wegsteuern zu wollen, ihn gar im Stil des Mittelalters zu verbieten oder – wie es einst Gottfried Feder (1883-1941) gefordert hat – den Staat zur Herausgabe zinsloser Darlehen (von „Staatskassengutscheinen") zu ermächtigen. Stattdessen heißt die Aufgabe, das überkommene Währungssystem von einigen uralten Mängeln zu befreien und auf die richtige Art zu modernisieren. Gleich zu Beginn, schon bei der Entstehungsursache, sollte der Zins verhindert werden.

Dabei muß der Nominalzinsbestandteil Knappheitspreis als Lenkungsinstrument erhalten bleiben.

Es geht um die Schaffung eines *„Geldes ohne Zins und Inflation"* (Prof. Margrit Kennedy), nach den Vorschlägen Silvio Gesells (welcher hierfür die Pionierarbeit leistete), von J. M. Keynes, Prof. Irving Fisher, Prof. Dieter Suhr, Prof. Bernd Senf (und vielen anderen mehr).

Besserer Umlaufsantrieb möglich. Entscheidend wichtig ist, die destruktiven Geldumlaufsantriebe Zins und Inflation durch einen konstruktiven zu ersetzen.

Ein solcher wäre die stetige Belastung allen Bargeldes mit einer Umlaufgebühr (einer Hortungs- bzw. Liquiditätsabgabe) von 4 bis 6 Prozent.

Zugleich muß dafür gesorgt werden – am besten durch das Gebot der Fristengleichheit (der genauen Übereinstimmung von Einlagen- und Verleihfristen) –, daß sich diese Umlaufsicherung auch auf das „Buchgeld" (die Sichteinlagen) voll überträgt.

Damit wären beide Geldarten – Bar- wie Giralgeld – unter Umlaufzwang gestellt.

Eine Art Tobin-Steuer auf alles Bar- und Giralgeld (und nicht ausschließlich und verspätet auf erdballumkreisendes Spekulationskapital) – das wäre die Lösung!

Zur Beachtung. Zum neuen Geldsystem findet sich im zweiten Buchteil eine umfassende und bis ins einzelne reichende Darstellung. Auf mögliche Einwände wird gleichfalls erwidert.

Brechung des Geld- und Bodenmonopols. Die Hortbarkeit von Geld und Boden ist die tiefste und versteckteste Entstehungsursache des Kapitalismus. Sie macht Geld und Boden zu marktwidrigen Monopolen, die seit Urzeiten ein arbeitsloses Einkommen fließen lassen und damit die Grundursache der sozialen Verwerfungen auf der Welt sind.

Beseitigt man diese zweifache Hortbarkeit, so schleift man das innerste Bollwerk des Kapitalismus und bricht ein für allemal seine Tyrannei.

Die Urmonopole Geld und Boden lassen sich, es sei nochmals gesagt, auf die Weise überwinden, daß man den Geldzins (durch eine Umlaufgebühr) und den Bodenzins (durch eine Grundrentenabgabe) zugunsten der Allgemeinheit laufend abschöpft.

Dauerhaft stabiles und zinsloses Geld. Mittels obengenannter Neuerungen gerieten die Bar- und Buchgeldmassen eines Währungsgebietes in gleichmäßige Bewegung. Die Geldumlaufgeschwindigkeit würde zu einer festen Größe. Die Zentralbank brauchte dann nur auf die richtige Bemessung der Geldmenge zu achten (die Wechselkurse müssen selbstredend freigegeben sein). Es fiele ihr dann nicht schwer, die Landeswährung sicher zu steuern und auf Dauer fest zu erhalten.

Folgen der Grundbereinigung. Wenn die Währung stabil geworden und der Zins verschwunden ist – es bleiben freilich die „Bankmarge" (das Entgelt an die Kreditinstitute für ihre Vermittlungsarbeit) und gegebenenfalls ein Geldknappheitspreis –, müßte sich die bisherige allgemeine Abwärtsentwicklung fast gesetzmäßig umkehren: Die leistungslosen Einkünfte aus Geld- und Bodeneigentum versiegen allmählich; infolgedessen flachen sich die einseitigen Kapitalanhäufungen ab. Damit verringert sich ihr verfälschender Einfluß auf Wirtschaft, Kultur und Demokratie. Man kommt dem Ideal einer echten Wettbewerbswirtschaft wieder näher. Ein ganz neuer, besserer Geist lebt auf. Es ist jetzt viel leichter möglich, eine am Gesamtwohl ausgerichtete Politik zu betreiben.

Mit verschwindendem Zins läßt auch die selbsttätige Geldvermögensmehrung und ihr unschönes Gegenstück, die unaufhörliche Schuldlastvergrößerung, nach. Infolgedessen schwächt sich der Wachstumsdruck ab.

Damit lockert sich für die Wirtschaft der Zwang, wie wildgeworden drauflos produzieren zu müssen.

Da jetzt dank Umlaufsicherung die Währung dauerhaft stabil ist, läuft in der Wirtschaft – die Notenbank muß zur Inflationsabwehr nicht mehr an der Zinsschraube drehen! – alles sehr viel ruhiger ab.

Die Arbeitendem empfangen den vollen Lohn, d. h. ein Entgelt, das nicht durch leistungslose Einkünfte anderer geschmälert ist. Wirtschaftsstockungen, die von mangelnder Kaufkraft herrühren, gibt es deshalb nicht mehr. Das stetig umlaufende, nicht mehr hortbare Geld wirkt in dieselbe Richtung. Damit sind die wichtigsten Ursachen der Massenarbeitslosigkeit beseitigt.

Staatsfürsorge weitgehend entbehrlich. Nach Beendigung der Zinsausbeutung sind die Menschen viel besser imstande, sich selbst zu helfen, und bedürfen kaum mehr staatlicher Fürsorge. Damit entfällt auch die oft unwürdige behördliche Bevormundung. Die allseits lähmende und oft ungerechte sozialstaatliche Umverteilung kann nun – im Gleichschritt damit die Steuerbelastung! – auf einen kleinen Rest zurückgeführt werden.

Bessere Demokratie möglich. Nach Ausschaltung der leistungslosen Besitzanhäufungen und des Wachstumszwanges stellt sich ganz natürlich eine breite Vermögensstreuung ein. Das macht die Rückkehr zu lokalen und regionalen Wirtschaftskreisläufen möglich. Die Machtausübung ist damit breit verteilt und auf die unteren Ebenen rückverlagert. Auf natürliche Weise wird alles wieder kleinräumiger und überschaubarer. Es können von neuem echte, kulturgetragene Gemeinschaften aufblühen.

Allein auf solch einer Grundlage vermag eine wahre, durch Freiheit und Rechtstaatlichkeit sich auszeichnende Demokratie heranzuwachsen.

Föderaler Weltaufbau. Nur wahre Gemeinschaften und wahre Demokratien geben Hoffnug auf einen friedlichen und zugleich lebensvollen Weltzustand. Erst unter solchen Voraussetzungen kann sich eine gedeihliche europäische Völkerfamilie herausbilden, die ihrerseits Teil eines Weltverbandes der Völker würde. Dann hätte man die richtige Mischung aus Kommunalismus, Regionalismus, Nationalismus und Internationalismus.

Entscheidende Kursänderung. Die Bereinigung des Geld- und Bodenrechts bedeutet nicht, daß sich die Zustände damit schlagartig verbessert hätten. Sie bewirkt lediglich, daß der ansonsten unaufhaltsame Marsch in die Selbst- und Weltzerstörung endlich zum Stillstand kommen kann. Zudem ist jetzt wieder eine Umkehr, ein Neubeginn möglich.

Zur Vorgehensweise. Der Zweck heiligt niemals die Mittel. Das gilt auch für die Bemühung, die Welt vom Kapitalismus, vom Zinsfluch zu erlösen.

Nur auf friedliche, gewaltlose, versöhnliche Weise kann das geschehen. Es wäre ohnehin Wahnsinn, den kapitalistischen Mächten auf dem Gebiet, wo sie allbeherrschend sind, nämlich bei der Gewaltanwendung, Paroli bieten zu wollen. Es liefe auch der Absicht zuwider, möglichst viele Mitstreiter zu gewinnen, nicht zuletzt aus den Reihen derer, die heute noch auf der anderen Seite stehen. Darunter befinden sich viele wohlmeinende, tatkräftige Menschen.

Es muß ferner Ziel sein, praktische Anschauungsbeispiele vorweisen zu können. Hier gilt es, große Widerstände zu überwinden. Auch das gelingt nur bei Mithilfe neugewonnener Gefolgsleute.

Utopisch? Dieser Einwand regt sich vermutlich bei nicht wenigen Lesern. Doch läßt sich leicht darauf erwidern.

Man prüfe genau, ob die These dieser Untersuchung, daß die Wurzel all unserer Probleme die ungelöste Geld- und Bodenfrage sei, falsch oder richtig ist. Lautet die Antwort ja und verabscheut man bloße Kurpfuscherei, sollte klar sein, welchen Entschluß man faßt: Aufbietung all seiner Kräfte, um dieses Grundübel auszuräumen.

Empfehlenswerte Bücher zum Thema Geld

Günter Hannich: *Sprengstoff Geld* (135 Seiten)
Günter Hannich: *Börsenkrach und Weltwirtschaftskrise* (320 Seiten)
Jürgen Probst: *Fehlentwicklungen einer Zinswirtschaft* (60 Seiten)
Helmut Creutz: *Das Geldsyndrom* (620 Seiten)
Margrit Kennedy: *Geld ohne Zinsen und Inflation* (250 Seiten)
Hermann Benjes: Wer hat Angst vor Silvio Gesell? (300 Seiten)
Bernd Senf: *Der Nebel um das Geld* (250 Seiten)
Bernard A. Lietaer: *Das Geld der Zukunft* (475 Seiten; teilweise brauchbar)

Freiwirtschaftliche Zeitschriften

Humanwirtschaft (früher: Der Dritte Weg; zweimonatlich)
Zeitschrift für Sozialökonomie (vierteljährlich)

Bestellanschrift (nicht unbegrenzt gültig!):

Verlag Humanwirtschaft
Humboldtstraße 108
D-90459 Nürnberg
Tel: 0911/4300771

Zur Beachtung: Dort liegt zum Geldthema eine Literaturliste mit weiteren 30 Buchtiteln vor.